트랜서핑 해킹 더 매트릭스

Взлом техногенной системы
By Вадим Зеланд

Original copyright © ОАО Издательская группа «Весь», 2012
Korean Translation Copyright © Inner World Publishing, 2021
This Korean edition was arranged through Mediana Literary Agency, Russia.
All rights reserved.

진짜 관찰자들은 이렇게 한다

트랜서핑
해킹 더 매트릭스

바딤 젤란드 지음

정승혜 옮김

정신세계사

일러두기

• 원문에 있는 각주는 저자 주로 표기했고, 그 외의 모든 각주는 옮긴이가 쓴 것입니다.

• 단행본은 겹묶음표《》, 작품 제목과 간행물은 묶음표〈〉로 표기했습니다.

• 편의상 러시아어는 되도록 영어로 대체하여 병기했습니다.

트랜서핑 해킹 더 매트릭스

ⓒ 바딤 젤란드, 2012

바딤 젤란드 짓고 정승혜 옮긴 것을 정신세계사 김우종이 2021년 7월 28일 처음 펴내다.
이현율과 배민경이 다듬고, 변영옥이 꾸미고, 한서지업사에서 종이를, 영신사에서 인쇄와 제본을,
하지혜가 책의 관리를 맡다. 정신세계사의 등록일자는 1978년 4월 25일(제2018-000095호),
주소는 03965 서울시 마포구 성산로4길 6 2층, 전화는 02-733-3134, 팩스는 02-733-3144,
홈페이지는 www.mindbook.co.kr, 인터넷 카페는 cafe.naver.com/mindbooky 이다.

2024년 9월 24일 펴낸 책(초판 제4쇄)

ISBN 978-89-357-0450-7 04320
978-89-357-0309-8 (세트)

차례

4부

사회

친애하는 독자여!

당신은 지금 어떠한 힘에 의해 쓰인 책을 읽고 있다. 이 책을 쓴 것은 내가 아니다. 어떤 힘이 나를 움직여 이 책을 쓰게 했다. 확실하게 말할 수 있다. 첫째로 나 혼자만의 힘으로는 도저히 이러한 내용을 써낼 수 없었을 것이며, 두 번째로 어떤 힘이 도와주지 않았더라면 이 책의 제목이 나타내는 '인공 시스템을 깨뜨리는 행위'는 완전히 불가능했을 것이기 때문이다. 왜 혼자서는 불가능하다는 걸까? 머지않아 당신도 깨닫겠지만, 이 책의 내용은 제목과 완전히 일치하기 때문이다. 그 누구도 이 내용을 감히 떠벌리고 다녀서는 안 된다. 지구의 종말, 외계 행성, 어떤 것들의 추종자나 비판론자들, 우리 사회의 비밀스러운 약점과 결함, 또는 은밀하게 우리 세계를 지배하고 있을지도 모르는 단체들에 대해서는 얼마든지 이야기해도 좋다. 하지만 시스템 자체를 깨뜨리는 것에 대해서만은 절대로 입을 열어서는 안 된다. 이것은 금기다. 당신은 이런 사실에 대해 들어본 적이 있는가?

이것은 환경보호 따위에 대한 책이 아니다. 인간이 지닌 가장 가치 있는 것, 즉 자유와 개성을 위협하기 때문에 자연환경 못지않게 심각한 또 다른 문제가 있다. 그것은 바로 영혼이 처한 환경이다.

이유는 알 수 없지만, 이에 대해 신경을 쓰는 사람은 극소수에 불과한 것 같다. 세상은 우리의 시각 너머에 있는 숨겨진 측면에서 빠르게 모습을 바꾸고 있는데, 정작 우리는 딴 데 정신이 팔려 그다지 중요하지도 않고 의미도 없는 문제에만 관심을 기울이고 있다. 언뜻 아무 일도 일어나지 않는 것처럼 보일 수 있다. 그러나 사실은 무슨 일이 일어나고 있다.

겉으로는 딱히 별문제가 없는 것처럼 보일지도 모른다. 모든 것이 정상적으로 돌아가고 있으며, 우리 문명은 기술의 진보로 인해 발전하고 있다고 말이다. 그러나 사실 진보는 인간에게 결실을 안겨주는 그 즉시 진보하는 과정을 멈추고, 자가증식하는 구조체가 되어 시스템에 유리한 방향으로 움직이기 시작한다. 그리고는 마치 종양처럼 인간의 의지와는 무관하게 어마어마한 속도로 뻗어나간다. 이 과정이 이미 통제불능의 지경으로 진행되어버렸다는 사실을 주변의 모든 것이 보여주고 있다.

기술의 진보는 인간에게 거저 주어지지 않는다. 진보에 대한 대가로 인간의 능력은 제한되고, 기회는 훨씬 줄어든다. 바로 이것이 시스템의 목표다. 시스템은 그것이 필요한 방향으로 성장하는 데 인간이 방해물이 되지 않게 하려고 한다. 하지만 인간은 그 어떤 것도 눈치채지 못하고, 느끼지 못한다. 이 '작전'은 환자의 전신이 마취되어 깊은 잠에 빠져 있을 때 일어나기 때문이다. 물론 환자는 무슨 일이 일어나고 있는지 꿈에서도 상상할 수 없다. 그의 의식에는 다음과 같은 명령어가 입력되고 있다.

매트릭스의 칸 속으로 들어가 정해진 버튼을 눌러라.
시스템을 위한 제품을 만들고, 시스템이 주는 모든 것을
사용해라. '나와 똑같이 행동하라'는 펜듈럼* 의 규칙에
복종해라. '모든 사람이 행동하는 방식이 옳은 방식'이라는
사회의 원칙에 따라라. 대열에서 벗어나는 것은 꿈도 꾸지
마라. 하지만 그중에서도 가장 중요한 것은 네트워크에
연결된 상태를 유지하는 것이다. 시스템을 벗어나지 마라.
그 안에 연결되어 있기 위해 필요한 장치들을 손에서 놓지
마라. 머릿속으로 흘러들어오는 정보의 흐름에 집중해라.
네트워크에 반응하고, 그것의 일부가 되기 위해 모두가
외치는 '클릭'과 '좋아요'의 향연에 동참해라. 이끌리는 대로
따라가기만 하면 되니, 자신의 길을 찾지 마라. 전부 다
알게 되고 보게 될 테니, 쓸데없이 '생각'이라는 것을 하며
골머리를 썩이지 마라. 네가 할 일은 아주 원시적인 수준에서
'클릭'을 하고 '좋아요'를 누르는 방법을 배우는 것이며,
마우스의 버튼을 누르든, 장바구니에 물건을 담든, 후보자를
선택하든, 적절한 시기에 적절한 자리에서 반사적으로
올바르게 '좋아요'를 누르는 훈련을 하는 것이다. 그러다
때가 되면 대열의 구성원이 되어… 뭐, 어디로 가야 하는지
알게 될 것이다. 중요한 것은 준비가 되어 있으라는 것이다,

---

* 어떤 집단의 생각이 한 방향으로 초점 맞추어지고, 그 결과로 각자의 사념 에너지의 매개변수가 동일해질 때 하나의 에너지 구조체가 생겨난다. 이 구조체를 '펜듈럼'이라고 한다. 펜듈럼은 자신의 진동수에 동조하는 지지자를 계속 끌어모아 에너지를 뽑아내며 점점 더 강해지고, 다른 펜듈럼들과도 끊임없이 경쟁하고 충돌한다. 지금 우리가 믿고 있는 모든 가치는 무수한 펜듈럼들로부터 강요된 것이다.

부속품이여.

이른 아침, 직장이나 학교에 도착했는데 모두가 꿈을 꾸고 있다고 상상해보라. 모든 사람이 성공을 좇고 있지만, 마치 꿈을 꾸고 있는 것처럼 집단의 알고리즘과 본능에 따라 행동하고 있다. 아마 당신도 모든 사람과 마찬가지로 성공하기를 원하고, 당신이 속한 무리에서 돋보이고 싶다는 욕망을 가지고 있을 것이다. 하지만 당신이 긴 대열을 따라 이동하는 부속품에 불과하며, 당신의 의식과 에너지가 나머지 구성원들과 똑같을 뿐이라면, 어떻게 그게 가능하겠는가? 오늘날에는 모두가 높은 수준의 교육을 받았고, 모두가 성공을 위한 '비결'을 알고 있다. 당신도 마찬가지다. 하지만 그것이 어쨌단 말인가? 그래서 당신이 가진, 당신만의 뚜렷한 강점이 무엇이란 말인가? 아무것도 없다. 다시 말해, 당신에게 올 기회는 아주 적다.

본질적으로 인공 시스템은 지구의 생물권(biosphere)은 물론 인간에게도 아주 파괴적이다. 하지만 세상의 모든 존재는 균형을 이루려고 하기 때문에, 조화를 깨뜨리는 모든 행동에는 항상 그에 대한 반작용이 뒤따른다. 바로 이 대립에서 앞서 말한, 보이지 않는 '힘'이 탄생한다. 시스템을 없애야 한다는 말이 아니다. 그것은 불가능할뿐더러, 어차피 시스템은 언젠가 자멸하거나 어떠한 자연재해로 인해 파괴될 것이기 때문이다.

대신, 시스템의 작동 원리와 아직 밝혀지지 않은 게임의 규칙을 알고 나면 당신의 삶의 질은 확연하게 향상될 것이다. 시스템 안에 존재하면서 당신의 목표를 위해 시스템을 이용하고, 동시에 그것으로부터 자유로워질 수 있는 방법이 있다.

　　이제 다른 장면을 상상해보라. 당신의 의식은 자유롭고 분명해진 상태이며, 당신의 에너지는 다른 사람들보다 훨씬 강하다. 당신은 더 이상 '다른 사람들처럼' 생각하고 행동하지 않는다. 대열에서 벗어났지만, 대열을 완전히 떠나지는 않았다. 잠든 체하고 있지만 정말로 잠이 든 것은 아니다. 이제 당신은 잠에 빠진 주변의 모든 사람과는 달리, 당신만큼은 의식이 분명하다는 사실을 확실하게 자각하고 있다. 대열에서 벗어난 사람은 항상 이런 강점을 가진다.

- 다른 모두가 어디를 향하는지 거리를 두고 볼 수 있다.
- '집게'가 걸린 상태에서 벗어나 사회가 만들어둔 고정관념으로부터 자유로워진다.
- 다른 사람들이 볼 수 없는 것, 이해할 수 없는 것들을 당신만은 볼 수 있고 이해할 수 있다.
- 따라서 최고가 되려고 노력하기를 멈추고 특별한 존재가 된다.

　　시스템이 당신에게 강요했던 여러 제약과 조건들로부터 자유로워지면, 지금까지 개성이 무시당하고 획일화되었던 것에 대한 복수를 할 수 있는 기회가 생길 것이다. 당신은 특별하고, 이제는 자유롭기까지 하다. 이것은 아주 훌륭한 특권이다. 이 특권을 이용하라.

1부

트랜서핑

당신은 그 어떤 세계도 만들 수 있다

오늘날 많은 사람들이 '생각은 물질적'이라고 주장한다. 물리학자로서 말하자면, 이것은 완전히 헛소리다. 생각은 그 어떤 물리적 도구로도 관찰될 수 없으며 전파 속도도 한계가 없다는 점에서, 이미 이것은 틀린 주장이다. 당신이 어떤 것에 대해 생각할 때, 그 생각은 조금도 지체되지 않고 곧바로 우주의 끝까지 방사된다. 뇌전도가 기록하는 것은 생각 자체가 아니라 사람이 생각을 하는 결과로 생기는 두뇌의 자극일 뿐이다. 컴퓨터의 램프가 깜빡이는 것 또한 프로그램 자체가 아니라, 프로그램이 처리되고 있다는 것을 보여줄 뿐이다. 에너지는 그보다 단순하다. 에너지는 관측될 수도, 느껴질 수도 있으며 심지어 오실로그래프*를 통해 시각화될 수도 있다. 하지만 생각은 훨씬 복잡하다. 만일 누군가가 '염력'으로 사물을 움직였다면, 다시 한 번 말하지만, 사물을 움직인 것은 생각이 아니다. 사물을 움직인 것은 에너지다. 물질에 해당하는 것은 바로 이 에너지이며, 생각 자체는 물질적인 것이 아니다.

애초에 생각이란 무엇인가? 이 질문에 대해 생각해본 적이 있는가? 한 가지는 분명하다. 생각은 그 안에 어떤 정보를 담고 있다.

---

* 전기에너지의 변화를 관측하여 기록하는 장치.

하지만 생각이 무엇인지 설명할 수 있는가?

이것은 무한함이 무엇인지 설명하는 것만큼이나 불가능한 일이다. 우리가 지구로부터 점점 멀어져 태양계와 은하계를 벗어나고, 성단을 지나쳐 우리 우주를 벗어나 무한대로 뻗어나간다고 생각해보라. 상상조차 할 수 없고 심지어는 두려움마저 느껴질 것이다. 나의 머리는 이런 것들에 대해 생각하면 아주 불안해진다. 이유가 무엇일까?

그뿐만이 아니다. 그보다 더 불편한 진실이 있다. 무한대와 점은 위상학적으로 동일하다는 사실이다. 그러니 이번에는 우리가 외부가 아니라 내부를 향해 끝없이 이동한다고 상상해보라. 분자 속으로, 원자 속으로, 행성들처럼 핵 주위를 돌고 있는 전자를 지나쳐 양자 속으로 들어간다. 그 안에는 또 쿼크*가 있다. 앞서와 마찬가지로 한없이 멀고 오랜 여정이 계속된다. 여기에는 시작도 끝도 없으며 뭔가를 발견할 방법도 없다. 뭔가 하나라도 알아내기 위해 지성이라는 나무를 뿌리 내리게 할 땅이, 기초가 없는 것이다.

그렇다면 우리는 어떻게 해야 할까? 그저 우리가 누구인지, 어떤 세계에서 살고 있는지 대략적으로나마 가장 근접하게 설명할 수 있는 기초적인 모델에 만족하는 수밖에 없다. 그렇지 않으면 우리의 이성은 말 그대로 '미쳐버릴' 것이다. 실제로도 그렇지 않은가? 어떤 사람의 마음이 이 세상에 발을 딛고 서 있을 수 있는 기반을 잃게 되

---

* 핵의 양성자나 중성자의 구성요소이자 기본입자. 우리 우주를 구성하는 가장 근본적인 입자로 알려져 있다.

면, 그의 연결점**은 평행세계로 날아가버린다. 그렇게 되면 그 사람은 소위 말하듯이 '미쳐버린다.' 하지만 어떻게 설명하든, 어떤 모델을 만들든, 어쨌거나 이 질문에 대한 궁극적인 답은 과거에도 찾을 수 없었고 현재에도 미제로 남아 있다.

트랜서핑 모델 역시 이 이상하고 이해 불가한 현실을 조금이나마 어떤 윤곽을 가지고 받아들일 수 있도록 돕는 데 목표를 두는 수많은 해석들 중 하나에 불과하다. 우리가 트랜서핑에서 유일하게 위안을 얻을 수 있는 점은, 이것이 모든 것을 설명해주지는 않을지라도 적어도 효과가 있다는 사실이다.

트랜서핑의 기본 원칙은 자신의 생각대로 현실을 만들 수 있다는 것이다. 생각은 물질이 아닌데 이것이 어떻게 가능할까? 그 이유는, 생각이 머릿속에 있는 것이 아니라 과거, 현재, 미래의 일들이 영구적으로 저장되어 있는 비물질적이고 형이상학적인 공간에 존재하기 때문이다. 생각은 TV 수신기의 채널들과 같다. 인간은 욕망을 통해 바로 이 생각들이 위치한 가능태의 여러 섹터들 — TV 방송 — 에 접속할 수 있는 완전한 생체 TV일 뿐이다. 그리고 프로그램을 '만드는' 것이 아니라 TV처럼 그것을 수신한다.

이 세상의 모든 생명체는 어떤 TV 프로그램을 '방영하고' 있다. 식물들에게도 엄격하게 고정되어 있는 식물 나름의 프로그램이 있다. 기어다니고, 헤엄치고, 뜀박질하고, 날아다니는 동물들이 방영하

** assemblage point: 육체와 에너지체가 연결되는 지점. 카를로스 카스타네다Carlos Castaneda의 책에서 소개된 개념으로, 우리는 이 연결점을 통해 외부의 현실을 인식하므로 이것의 위치가 이동하면 다른 차원을 경험하게 된다고 한다.

는 프로그램은 그보다는 좀더 유연하다고 볼 수 있지만, 본능이라는 측면에서 아주 엄격하게 '고정되어' 있다는 점은 똑같다. 오직 인간만이 자유와 의식을 가지고 '채널'을 바꿀 수 있다. 하지만 인간은 현실에서 '방영되는 연속극'에 너무 몰입한 나머지, 이런 가능성을 충분히 펼치지 못한 채 살아간다. 십중팔구 암울한 내용일 것이 뻔한 이 연속극을 멈출 수도 없다. TV의 '채널 변경 버튼'이 고장나 버렸으니 말이다.

하지만 인간은 '리모컨'을 가지고 채널을 바꿀 수 있다. 물론 리모컨을 누르는 즉시 현실이 바뀌지는 않을 것이다. 처음에는 타성에 의해 예전의 방송이 계속 나온다. 하지만 일정 시간 동안 버튼을 누르고 있다 보면, 지금까지 보던 방송에서 다른 드라마의 형체가 서서히 나타나기 시작하고, 결국엔 새로운 현실이 과거의 현실을 대체한다. 생각은 바로 이런 식으로 물질화된다. 당신이 반드시 지켜야 하는 유일한 조건은, 사념체가 물질화되도록 만들기 위해서 그 사념체에 충분히 오랫동안 용의주도하게 주의를 고정해두어야 한다는 것이다.

트랜서핑 이론에는 이것이 어떻게 작동하는지를 '보여주는' 몇 가지 모델이 있다. 그중 하나는 특정 주파수에 라디오 전파를 맞추는 것과 똑같은 원리로 만들어져 있다. 당신은 '사념 방사'에 일치하는 매개변수를 가진 인생트랙을 타게 된다. 다시 말해, 어떤 전파를 받는지에 따라 당신이 처하는 현실이 달라지는 것이다.

이전의 책들에서 사용한 '사념 방사'와 '사념 에너지'라는 용어가 이런 개념을 아주 정확하게 담고 있지는 않지만, 그럼에도 이 용어들은 세계가 어떻게 만들어졌는지에 대한 설명을 보다 쉽게 이해하게 해준다. 우리는 세계의 거울 앞에 서 있으며, 그렇기 때문에 모든 것의 좌우가 뒤바뀌어 나타난다는 사실을 줄곧 잊어버리곤 한다. 다시 한 번 말하지만, 우리는 사실 '사념을 방사하고' 있는 것이 아니라 그와 정반대로 '사념에 접속하고' 있다. 왜냐하면 사념은 비물질적인 것들을 위해 만들어진 형이상학적 공간에 존재하기 때문이다. 구체적으로 어떤 방식으로 사념에 접속하는지는 아무도 모른다. 중요한 사실은, 우리는 특정한 가능태 공간의 섹터를 '주의'라는 손전등으로 비추며 그곳에 있는 정보를 받아들이고 있기 때문에, 마치 그 생각들이 우리의 머릿속에 처음으로 떠올랐다고 착각한다는 사실이다. 또한 어떤 섹터를 충분히 오랫동안 비추면 그에 해당하는 사념체가 현실에서 이루어지는 '물질화'가 일어난다는 사실이다.

또 다른 유용한 모델은 '거울'이다. 우리의 주위를 둘러싼 실제 세계는 당신의 사념 안에 들어 있는 심상이 거울에 비쳐 만들어진 반영이다(거울과 완전히 일치하는 모습은 아닐지라도, 그것과 아주 유사한 형상을 띤다). 모든 것은 아주 간단하다. 당신은 그저 거울 속에서 보고자 하는 바로 그 심상을 만들기만 하면 된다. 밝은 얼굴을 보고자 한다면 미소 지으라. 반영이 당신을 향해 다가오길 바란다면 거울을 향해 한 발짝 다가가라. 하지만 이것은 보기보다 어렵다. 사람들은 거울이 만들어내는 환상의 포로로 아주 쉽게 전락해버리기 때문이다. 그들은 마치 주술에 걸린 것처럼 거울에서 눈을 떼지 못한다. 그들을 둘러싼 실제 세계에 목매는 것이다. 그래서 마치 꿈을 꾸듯이 자기 자신, 즉 자신의 심상을 잊곤 한다. 자신의 심상을 주시하고 그것이 자신이 원하는 모습에서 벗어나지 않도록 집중해야 한다는 생각이 그들의 머릿속엔 떠오르지 않는다.

"그게 뭐가 어려워?"라며 의문을 품을지도 모르겠다. 거울에서 심상으로 주의를 옮겨, 자신이 원하는 모습 그대로의 심상을 만들고, 그에 대해 어떤 반영이 만들어지는지 지켜보기만 하면 되는 것 아닌가? 하지만 그것은 생각만큼 쉽지 않다. 사람은 뭐든지 반대로 한다. '혹독한 현실'에 처하면 지레 겁을 먹고, 그것이 어쩔 수 없는 현실이며 앞으로도 달라지지 않을 것이라고 믿어버리고는 그 현실을 받아들인다. 그리고 심리적 틀에 자신을 욱여넣고는 거울에서 자신의 모습, 자신의 생각으로 시선을 옮길 힘을 잃은 채, 암담한 현실 속의 삶을 이어나가며 고장 난 '채널 변경' 버튼을 무의미하게 누를 뿐이다.

여기에서 조금 전의 질문을 다시 하겠다. 그렇다면 우리는 어떻게 해야 하는가? 첫 번째로, 거울이 거는 최면에 걸려 깊은 꿈 속으로 빠지지 않도록 의식이 깨어난 상태를 유지해야 한다. 두 번째로는 거울이 아니라 자신을 봐야 한다. 이 두 조건을 지켜야만 주변의 현실, 즉 당신의 세계의 층이 곧바로는 아닐지라도 조금씩 꾸준히 당신 앞에 굴복할 것이다. 중요한 것은 실제 세계에서 어떤 일이 일어나든 포기하지 말고, 당신에게 필요한 심상을 만들기 위해 꾸준히 노력하는 것이다. 결국 반영은 심상에 일치하는 모습이 될 것이니 말이다. 달리 무슨 수가 있겠는가!

사실, 당신은 그 어떤 세계도 만들 수 있다. 의식적으로 꾸준히 하든, 의식 없이 강박적으로 하든, 특정한 사고의 심상에 당신의 주의를 고정하고 있다면 당신을 둘러싼 현실은 점차 모습을 바꾸기 시작한다. 그러면 이상한 일들이 일어난다. 당신이 주의를 고정해둔 바로 그것들이 말 그대로 당신의 세계를 채워나가고, 당신이 상상한 바로 그 일들이 일어나는 모습이 눈에 띄기 시작할 것이다. 크게 신경 쓰지 않았던 다른 것들은 흔적도 없이 사라진다. 어떻게 이런 변화가 일어날 수 있을까? 모두가 함께 살아가는 현실 하나만 존재하는 것이 아니었단 말인가?

사실은 그렇게 단순하지 않다. 현실은 하나지만, 누구나 저마다 다른 자기만의 세계의 층을 가지고 있다. 공통의 현실은 변하지 않지만, 자기 세계의 층은 그 형상을 바꿀 수 있다. 당신 옆에 있는 사람은 당신과 전혀 다른 세계의 층에 살고 있을 수도 있다. 믿을 수 없는 일처럼 보이겠지만 그것이 사실이다. 우주는 모든 사람에게 저마다의 층을 경험하게 해줄 만큼 아주 다채로운 곳이다. 당신은 사념을 이용하여 자기만의 독특하고 개별적인 버전의 층을 만든다. 이 층 속으로 당신의 사념 안에 존재하는 일들이 흘러들어가고, 당신의 사념 안에 존재하지 않는 일들은 이 층에서 찾아볼 수가 없게 된다.

술 취한 사람을 극도로 싫어하는 여자가 있다고 가정해보자. 이유는 알 수 없지만, 그녀는 현실에서 계속 그런 사람들과 마주친다. 당신도 알다시피, 우리는 싫어하는 것에 주의를 기울여버린다. 그래서 잉여 포텐셜*로 인한 양극화가 생긴다. 마치 철가루가 자석에 달라붙듯, 나의 신경을 곤두세우는 요인들은 결국 나의 세계의 층에 달라붙는다. 만일 이 여성이 술주정뱅이들을 계속해서 혐오하기만 한

---

* 에너지의 불균형 또는 기압차.

다면, 결과적으로 그녀의 세계의 층은 술주정뱅이들로 가득 차게 되고 만다. 이 불쌍한 여성은 술에 취해 비틀거리고, 길거리에 아무렇게나 드러누워 있거나 그녀에게 추근거리는 주정뱅이들을 끊임없이 마주하게 될 것이다. 그녀의 남편도 그런 사람들 중 하나일 것이며, 아이들도 마찬가지다.

같은 맥락에서 자신이 완벽함과는 거리가 멀다는 생각을 마음 깊은 곳에 가지고 있어 모든 여자가 음탕하거나 머리가 나쁘다고 끊임없이 자신을 설득하려고 하는 남자는 실제로도 결국 그런 여자들만 만난다. 그러나 사실 '최상위 리그'의 여자들이 그가 사는 세계로부터 멀리 떨어진 곳에 존재하는 이유는, 그 자신이 바로 그런 세계를 선택하고 그런 세계에 살겠노라고 선언했기 때문이다.

지어낸 말 같은가? 그렇지 않다. 거울은 이런 식으로 무수히 많은 현실을 만들어낸다. 혹자는 내가 설명한 우리 세계의 모습이 너무 무섭다고 생각할지도 모른다. 하지만 너무 두려워 말기를 바란다. 이 모든 것은 이중거울*이 가진 수많은 특징들 중 우리 눈에 보이는 부분에 불과하니 말이다. 우리가 볼 수 없는 현실의 숨겨진 면은 그보다 훨씬 더 무시무시하다.

---

* 저자는 어떤 의미에서 이 세상은 가장자리가 없는 무한 크기의 이중거울(양면거울)이라고 말한다. 그 한쪽 면에는 물질세계가 있고, 다른 쪽 면에는 비물질적인 가능태 공간이 펼쳐져 있다.

- 생각은 비물질적이며, 머릿속이 아니라 형이상학적인 공간에 존재한다.

- 생각은 TV 채널과 같은 특성이 있다.

- 인간은 생각을 만들거나 방사하지 않고, 생체 TV처럼 생각에 접속한다.

- 인간은 의식과 의도를 가지고 채널을 바꿀 수 있다. 즉, 자신의 사고의 흐름을 통제하는 것이다.

- 그러나 인간은 그런 능력을 완전히 발휘하지 못한다. 현실에서 '방영되는 연속극'에 너무 몰입한 상태이기 때문이다.

- 사념체는 인간이 주의를 고정해둔 'TV 프로그램'이다. 사람은 이 프로그램에 접속하여 주변 세계로 이것을 방출할 수 있다.

- 사념체가 물질화되도록 만들기 위해서는 사념체에 충분히 오랫동안, 용의주도하게 주의를 고정해두고 그 상태를 유지해야 한다.

- 현실은 하나지만 우리는 저마다 개별적인, 자신만의 세계의 '층'을 가지고 있다.

- 사념을 이용하여 독특하고 개별적인 버전의 세계의 층을 만들 수 있다.

- 사념 안에 존재하는 것이 세계의 층을 이루며, 사념 안에 부재하는 것은 세계의 층에서 제외된다.

　　인간이 저지르는 가장 큰 실수는, 그가 항상 수동적인 시청자의
역할만을 한다는 데 있다. 인간은 마치 최면에 걸린 것처럼 현실의
거울에서 눈을 떼지 못한다. 인간은 마치 생체 TV처럼 외부로부터
수신되는 방송을 수동적으로 시청하기만 한다. 이 책을 다 읽고 나면
그 이유를 이해하게 될 것이다. 자신의 세계를 만들기 위해서는 외부
의 화면(거울)을 바라보는 것이 아니라, 내부의 화면(자기 자신)을 들여
다봐야 한다. 외부의 방송을 수신하는 것이 아니라 자신의 방송을 외
부로 송신해야 한다.

변화의 시작

이제 당신에게 질문을 하겠다. 어떻게 하면 자기 세계의 층을 필요한 방식으로 '환경설정'할 수 있겠는가? 방법은 아주 간단하다. 종이 한 장을 꺼내 당신의 사념체를 적어보라. 당신이 보고자 하는 주변 세계와 그 안에 있는 당신의 자리를 몇 문장으로 묘사하는 것이다.

예를 들자면 이런 식이다. "나는 나의 세계를 돌보고, 나의 세계는 나를 돌보고 있다. 나의 세계는 항상 모든 문제에 관심을 가지고 그 문제들을 해결해줄 것이다. 나는 아무것도 걱정할 것이 없다. 모든 일은 그것이 흘러가야 할 방향대로 흘러가고 있다. 나의 행성은 점점 아늑한 방이 될 것이다. 나는 뭐든 할 수 있다. 나의 외모는 훌륭하고, 매일 더 좋아질 것이다. 나의 성격은 아주 매력적이며, 사람들은 나의 내면으로부터 흘러나오는 빛을 느끼고 나에게 호감을 보일 것이다. 나의 건강도 더할 나위 없이 좋은 상태이며, 에너지는 강하고 지성은 뛰어나다. 나는 그 어떤 문제든 쉽게 해결할 수 있다. 힘은 나에게 있다. 힘이 나를 이끌고 있기 때문에, 나는 모든 일을 기발하고 훌륭하게 해낼 수 있다."

이런 식으로 써보라. 당신이 노력하는 것과 이뤄내려고 하는 것을 담아 문장을 더 구체화하거나, 추가하거나, 범위를 넓혀도 좋다.

이를 통해 자기 세계의 '운영체제'를 위한 일종의 환경설정 파일*을 생성하게 된다.

이와 같이 자기 세계를 이루고 있는 환경설정에 대해 적어보기만 하더라도 생각을 정리하고 체계화하는 데 큰 도움이 될 것이다. 당신은 아마 실제 현실에서 보고자 하는 것이 무엇인지 차분하게 자리에 앉아 구체적으로 생각해볼 시간을 내본 적이 단 한 번도 없을 것이다. 그러니 이참에 당신만의 비전vision을 만들어보길 바란다.

이것의 매개변수들이 당신의 머릿속에 완벽하게 새겨질 때까지, 당신에게는 이런 '환경설정 파일'이 필요하다. 다만 사념체를 써놓은 종이를 모두가 볼 수 있도록 벽에 붙여놓지는 말라. 이 사념체는 당신이 실현해낼 세계와 당신 사이의 연결고리이기 때문이다.

이제 이 환경설정 파일을 가지고 무엇을 해야 하는지 알려주겠다. 첫째, 세계(거울)를 바라볼 때마다 당신이 만들어둔 '환경설정'이라는 프리즘을 통해 바라보라. 다른 말로, 먼저 자신을 통해 거울을 보고, 그다음으로 거울 그 자체를 보라는 뜻이다. 거울 속에서 무슨 일이 일어나든 자신이 만족하는 것, 마음에 드는 것에 주의의 광선을 고정하고, 동시에 이 광선이 실망스럽거나 장애물이 되는 것들은 비추지 않도록 해야 한다. 걸림돌들에는 굳이 신경을 쓸 필요가 없다. 그것들과 완전히 작별을 고하라. 당신과는 아무 상관이 없는 것들이니 말이다. 그저 무시하면 끝이다. 그러면 모든 잡동사니는 당신의 행성에서 금세 먼지가 되어 날아갈 것이다.

---

* configuration file: 컴퓨터의 운영체제가 시작될 때 초기 상황을 설정하기 위한 명령어를 담고 있는 파일.

예를 들면 어쩔 수 없이 상대해야 하는 사람들도 이런 방법으로 걸러낼 수 있다. 성별과는 무관하게 매력적이고 외모가 출중한 사람들이나 흥미로운 사물에만 주의를 고정하라. 그 대상을 감상하고, 관계를 맺고, 미소를 지어보기도 하고, 그들의 세계로부터 만족감을 끌어내라. 당신을 불쾌하게 만드는 대상을 대해야만 할 때는 그저 잠시 당신을 그들에게 빌려준다 생각하고 눈을 감고 예의를 지키며 견디라. 만약 그 대상과 관계를 이어가는 것이 아무짝에도 쓸모가 없다는 생각이 든다면 그저 등을 돌려 그들을 피하면 된다. 아주 약간의 관심도 보이지 말고 그들을 스쳐 지나가라. 곧 당신의 세계에는 매력적인 사람들만 가득하게 될 것이다. 더 놀라운 사실은, 당신이 즐거운 시간을 보낼 것이라고는 기대조차 하지 않았던 곳에도 그런 매력적인 사람들만 있을 거라는 점이다.

물론 매사가 당신이 원하는 것처럼 순조롭게 흘러가지는 않을 것이다. 때로는 현실의 부정적인 측면과 맞닥뜨릴 수도 있다. 하지만 그렇다 하더라도, 침착함을 잃지 말고 환경설정의 필터를 통해 그 모든 잡동사니를 꾸준히 걸러내야 한다. 그 어떤 일이 일어나든, 당신을 어떻게 보살펴야 할지는 당신의 세계가 가장 잘 알고 있으며 모든 일은 그것이 흘러가야 할 방향대로 흘러가고 있음을 끊임없이 자각해야 한다. 꾸준히 따르기만 한다면 반드시 효과를 가져다주는 '의도 조율의 원칙'[**]이 있기 때문이다.

[**] 설령 비관적으로만 보이는 일들이 일어나더라도, 그것을 낙관적으로 바라보겠노라고 선택하면 우리는 인생트랙의 바람직한 갈래에 오르게 된다. 가능태 공간에서 인생트랙 위의 모든 사건은 양 갈래(바람직한 쪽, 바람직하지 않은 쪽)를 가지고 있기 때문이다.

둘째, 여유가 생길 때마다, 특히 자신의 사념체가 현실이 되어가고 있음을 확인할 때마다 사념체를 거듭 선언하라. 이렇게 선언하는 시간을 특별히 따로 만들라. 또한 신에게 기도하듯이 사념체를 최대한 자주 반복하기 위해서는, 계속 사념체에 대해 생각하며 그것을 배경 모드로 설정해두고 있어야 한다. 생각의 흐름을 통제하는 방법을 익히는 것은 현실을 통제하는 방법을 익히는 것과 같다. 이로써 당신은 주변 현실을 원하는 모습으로 재구성할 수 있게 된다.

문자 그대로 이렇게 이해하면 된다. '영사기'에 당신이 원하는 '영화 필름'을 끼워 넣고 그것을 용의주도하게, 꾸준히 돌려보는 것이다. 잡념이 떠올라도, 때로는 부정적인 필름이 재생된다 해도 그냥 내버려두라. 그런 것들을 거부하려고 애쓰지 말고, 침착함을 유지하며 고집스러울 정도로 당신이 원하는 장면으로 돌아가라. 결과적으로 당신의 영사기 속에서 돌아가는 필름이 보여주는 영화를 현실에서도 보게 될 것이다.

사념체를 속으로 되새기는지, 입 밖으로 소리 내어 말하는지는 중요치 않다. 말은 부차적인 것이며 공기의 진동에 불과하기 때문이다. 의미가 있는 것은 오직 생각, 그중에서도 꾸준히 용의주도하게 방출되는 생각이다. 당신이 의도를 가지고 선택하여 고정한 하나 또는 여러 개의 프로그램을 마치 살아 있는 안테나처럼 꾸준히 송출한다면, 당신의 세계의 층은 당신이 만든 환경설정과 일치하는 모습으로 서서히 변할 것이다.

강조하건대, 사념체는 반드시 용의주도하게 송출해야 한다. 이것은 뜬구름 잡는 소리가 아니라 구체적인 행동 방식이다. 반드시 알아야 하는 단 하나의 '비결'이지만, 애초에 비결이라고 할 수조차 없는 것이다. 여기에는 그 어떤 비밀도 없다. 은비교隱秘敎(esoterism)의 모든 교리는 이미 공개되어 있다. 누구나 그 지식을 손에 넣는 것은 아니지만 말이다. 이 '비밀'의 문을 직접 열어젖히는 사람만이 현실의 지배자가 된다.

다만 한 가지 어려운 점은, 곧바로 결과가 나타나지는 않는다는 것이다. 그러니 인내심과 꾸준함이 필요하다. 지나치게 맹목적으로 보인다 할지라도, 자신의 올바른 환경설정을 우주를 향해 끊임없이 송출해야 한다. 당신이 원하는 바로 그 대상이 현실에서 물질화될 때까지 말이다.

반드시 알아야 할 또 다른 점은, 기계처럼 무신경하게 되뇌기만 하는 사념은 그다지 힘이 강하지 않다는 사실이다. 외부의도*는 영혼과 마음이 일치하는 바로 그 순간 마음 깊은 곳에서 진심이 우러나오며 발생한다.

글로 쓴 사념체는 그보다 더 큰 힘을 가진다. "펜은 칼보다 강하다"는 속담이 괜한 말은 아니지 않은가? 당신이 어떤 것에 대해 진지하게 생각할 뿐 아니라 그 생각을 글자로 써서 선언한다면, 영혼과 마음의 힘이 살아나 서로 일치하는 점을 향해 움직이게 된다. 바로 이런 이유로 인해 작가들은 자신의 책에서 썼던 주제나 사건, 사람들을 현실에서 적잖이 마주치곤 한다. 나 또한 경험을 통해 확실하

---

* 의도는 내부의도와 외부의도로 나뉜다. 내부의도는 목표를 향해 움직여가는 자신의 활동 과정에 주의를 집중하는 것이고, 외부의도는 목표가 스스로 실현되는 이치에 주의를 집중하는 것이다. 트랜서핑은 외부의도를 강조한다.

게 말할 수 있다.

특히, 특정 인물에게 감정을 담아 글을 쓰면 그 글에는 사념의 힘이 담기게 된다. 그러므로 편지를 보낼 때는 더욱 조심스럽게 글을 써야 한다는 사실을 기억하길 바란다. 최근 인터넷 여기저기에서 특이한 현상이 일어나고 있다. 누군가가 단순히 화풀이를 하기 위해 다른 사람에게 혹은 불특정 다수에게 분노, 경멸, 적대적인 사념체를 보내는 모습이 자주 보인다. 친구를 사귀기 위해 가상공간에 접속해 본 적이 있다면, 날이 선 말투로 당신을 공격하거나 깎아내리고 당신의 기분을 상하게 하려고 하는 사람들을 본 적이 있을 것이다. 그들은 심성이 악해서 그러는 것이 아니다. 오히려 그들은 외롭고 불행하다. 그렇기 때문에 다른 사람을 깎아내림으로써 어떻게든 자신을 높이려고 하거나, 자신의 투영을 타인에게 씌우려는 것이다.

아마 당신은 좋아하지 않는 대상과 마주치면 그저 그것을 지나쳐서 마음에 드는 대상을 향해 걸어갈 것이다. 모든 사람이 저마다 당당하게 존재할 권리가 있듯이, 내 마음에 안 드는 것들도 다른 누군가에게는 필요하니까 존재하겠거니 하면서 말이다. 하지만 이런 사람들은 그렇지 않다. 그들은 절대 당신처럼 그곳을 그냥 지나치지 않는다. 그들은 무슨 수를 써서라도 '영역 표시'를 해서 난장판을 만들어놓고, 그런 다음에야 만족스러운 마음으로 그곳을 떠날 것이다.

이런 사람들을 보고 있노라면 엄청난 두려움이 느껴진다. 그런 행동은 자해를 하는 것과 다름없기 때문이다. 적대적인 말투와 온갖 비난으로 다른 사람을 불쾌하게 하는 그런 언행은 결국 부메랑이 되어 자기 자신에게 반드시 돌아온다는 사실이 그들의 머릿속엔 떠오르지 않는 것이다. 다른 무슨 결과가 있겠는가? 행동은 어떤 형태로든 반드시 자신에게 돌아오게 되어 있다. 어쩌면 파급력이 더욱 커질 수도 있다. 양동이 속의 구정물을 쏟아부었더니, 맞바람에 부딪혀 온통 자신이 뒤집어쓰는 꼴이다. 실제 부메랑과의 유일한 차이라면, 이 부메랑은 곧바로 돌아오지 않으며, 날렸을 때와는 달라진 모습으로 돌아올 수도 있다는 사실이다. 결과적으로 사람들은 그 부메랑이 자신의 행동이 가져온 결과라는 것을 모르고, 어떤 행위의 대가로 반드시 큰코다치게 되어 있다는 사실을 알지 못한 채 자신의 행성에 계속해서 쓰레기를 버린다.

누군가에게 악의에 찬 부메랑을 던지는 것이 실질적으로 아무짝에도 쓸모없다는 것은 자명한 사실이다. 반대로, 쓰레기를 버리는 대신 자리에 꽃을 놓아두는 편이 낫지 않겠는가? 다른 사람에게 응원, 배려, 감사의 말을 보내는 것 말이다. 실컷 욕을 퍼붓고 싶을 때도 있겠지만, 그러지 않는 것이 좋다. 그냥 그 사람을 외면하고, 의도를 가진 채 자신의 태도를 부정에서 긍정으로 돌려놓으라. 참 신기하게도, 부메랑을 악에서 선으로 '재구성하는' 것은 아주 쉽다. 언제든지 꿈에서 깨어나, 현실을 자각하고 욕망을 가지기만 하면 된다. 선한 메시지는 악한 메시지만큼이나 강한 힘을 지니고 있으며, 발신자에게 훨씬 더 큰 기쁨을 선물한다. 메시지를 받는 그 순간에도, 시간이 지난 뒤에도 말이다. 사랑과 선함의 부메랑이 당신에게 돌아올 것 같은가? 물론이다!

- 환경설정 파일은 사념, 욕망, 목표를 정리하고 분명하게 한다는 점에서 중요한 기능을 한다.
- 당신이 생성한 '환경설정 파일'이라는 프리즘을 통해 세계를 바라봐야 한다.
- 당신을 불안하게 만들거나 방해하는 것으로부터 주의의 빛을 멀리 떨어뜨려야 한다. 그다음, 당신을 만족스럽게 하거나 마음에 드는 것으로 주의의 빛을 옮기라.
- 여유가 생길 때마다, 특히 자신의 사념체가 현실이 되어가고 있음을 확인할 때마다 사념체를 거듭 선언하라.
- 당신은 영사기에서 돌아가는 필름이 보여주는 영화를 현실에서도 보게 될 것이다.
- 용의주도하게 사념체를 방출해야 한다.
- 사념체를 글로 쓰면 그 효과가 더욱 커진다.
- 부메랑의 원칙: 반영에서 적대감, 공격성, 비난, 거부감을 보고 싶지 않다면, 거울을 향해 그런 심상을 보여주지 말아야 한다.

참고

환경설정 파일은 당신의 사념을 정돈해준다. 생각이 어느 정도 정리가 된 다음에는 당신의 세계의 층으로 들어오는 것들 중 마음에 드는 것만 골라, 그것들에 가느다란 주의의 빛을 비추라. 그러면서 당신에게 아직은 없지만 앞으로 보고자 하는 것을 의도를 가지고 주변 현실로 방출해야 한다. 당신은 서치라이트인 동시에 영사기가 된다. 이것은 수신기에서 송신기가 되는, 멋진 변신의 첫 단계다. 당신은 자신의 현실에서 어떤 멋진 변화가 뒤따르는지를 곧 목격하게 될 것이다.

나는 모든 걸 할 수 있다!

우리는 네 가지 기법을 통해 자신의 세계의 층을 만들어낼 수 있다. 환경설정, 주의의 빛, 영사기, 부메랑이 그것들이다. 이번에는 구체적인 예시를 들어 변화가 어떻게 일어나는지 살펴보자.

사흘 연속으로 고양이가 우연히 눈에 띄고 있는데, 이 현상을 어떻게 설명할 수 있을까요? 하루는 이웃집에서 키우는 고양이가 제 눈앞에서 죽는 것을 봤습니다. 그다음 날 영화를 보러 갔는데(1년 만에 영화관에 갔는데 말이지요), 그 영화에서도 고양이가 죽는 장면이 나왔고요. 어느 날 밤에는 처음 보는 고양이가 저희 집 발코니로 뛰어들어 우는 일도 있었습니다(저희 집은 5층인데 말이지요!). 그 밖에도 서로 관련이 있는 것들, 그러니까 어떤 표현, 물건, 행동이 반복된다는 사실을 알게 되었는데 이런 일이 왜 일어나는지 모르겠습니다.

아주 단순하다. 당신이 주의를 고정하고 있는 것이 당신의 세계의 층에 쌓여가고 있는 것이다. 먼저 당신은 수신기처럼 외부로부터 들어오는 정보의 흐름에서 어떤 신호를 받아들인다. 그리고 그것이 당신의 주의를 끌게 되면, 똑같은 신호를 외부로 방출한다. 이런 식의 피드백이 반복되면서 그 신호는 점점 더 강해진다.

> 저는 구직 중입니다. 저에게 들어오는 일자리 제안은 모두
> 유럽에 있는 큰 회사들이지만(실제로 제가 그걸 바라기도
> 합니다) 전부 담배나 맥주 회사입니다. 저는 술과 담배를
> 하지 않기 때문에 그 회사들의 일자리 제안을 받지 않겠다고
> 결심했습니다. 제 철칙에 반하는 일이니까요. 그런데 계속해서
> 그런 대기업들로부터 제안을 받고 있습니다. 주변 사람들이
> 취업 준비는 잘 되어가냐고 물어보면 저는 '흡연가'들과 맥주
> 회사들밖에 없다고 말합니다. 제가 이런 말을 반복하고 있기
> 때문에, 그런 회사들이 눈에 더 띄게 되는 결과를 저 스스로
> 만들어버린 걸까요?

당신이 받아들이지 않겠노라고 안간힘을 다해 거부하는 대상은 당신의 생각을 지배하게 된다. 당신이 어떤 것을 단순히 거부하는 데서 그치지 않고 그 거부감을 꾸준히 내보인다면 주의가 그 대상에 고정되기 때문이다. 그 결과 당신은 현실의 거울에서 자신이 거부하는 대상을 돌려받게 된다. 술과 담배를 하지 않아도 좋지만, 동시에 다른 사람들은 술을 마시고 담배를 피울 수 있다는 사실을 의연하게 받아들여야 한다. 왜 다른 사람이 그들 자신이 되도록 허용하지 못하는가?

최근에 '222'라는 숫자가 계속해서 눈에 들어옵니다. 왜인지는 모르겠지만 직감으로 알 수 있어요. 예를 들어 무심코 계기판을 보면 똑같은 숫자가 서너 개(두 개뿐이 아니라요) 연속으로 이어지곤 합니다. 시계를 보면 이상하게도 11시 11분, 22시 22분처럼 똑같은 숫자가 반복되고요. 이런 일이 꽤 자주 일어납니다. 예전에는 이런 일이 없었는데, 최근 몇 달 동안 계속 일어납니다. 이렇게 숫자의 형태로 나타나는 신호는 어떤 의미일까요?

아무 의미도 없다. 당신의 세계의 층에서는 당신의 주의의 빛이 비추고 있는 것이 주도권을 잡게 된다. 특히 그것이 당신을 놀라게 하거나 분노하게 만드는 경우라면 더더욱 그렇다. 그런 사례는 얼마든지 찾을 수 있다. 노숙자에게 혐오감을 느낀다면 계속해서 노숙자가 눈에 띌 것이다. 이웃이나 룸메이트로 인해 짜증이 났다면 어떻게든 그들과 마주치게 되어 있다. 당신이 예쁜 여자를 좋아하고 계속해서 예쁜 여자를 보기를 바란다면 그런 여자를 더 자주 만나게 될 것이다. 슈퍼마켓에서 거스름돈을 잘못 주거나, 못된 식당 사장이 당신이 시키지도 않은 메뉴를 은근슬쩍 계산에 넣어버려 화가 머리끝까지 났다면 똑같은 일이 계속 반복될 것이다.

당신의 경우에는 계속해서 숫자가 눈에 들어오는 상황이다. 그 모든 것은 눈에 띄는 반복적인 숫자에 당신의 주의가 사로잡혔을 때 시작된 것이다. 사념은 어떻게든 세계의 거울에 반사되어 당신을 둘러싼 현실에서 물질화된다. 그 결과, 시간이 어느 정도 흐르고 나면 당신은 또다시 신기한 숫자를 보게 된다. 당신은 그 사실에 놀라움을 느끼고, 그 감정이 충분히 강하다면 영혼과 마음은 한 지점에서 일치하기 때문에 거울 앞의 심상은 더욱 선명해진다. 그 이후부터는 이런 효과가 더 강해진다. 당신의 주의가 고정되어 있는 바로 그 대상이 그야말로 당신의 세계의 층을 가득 채우게 되는 것이다.

평범한 인간의 마음은 바로 이런 식으로 사념이 주변 현실을 만들 수 있다는 사실을 좀처럼 믿으려 하지 않는다. 이 모든 것이 인간의 지각 능력에 의해 결정된다는 사실이 믿기지 않는가? '정말로 내가 사념을 이용하여 이 모든 노숙자와 성가신 이웃들과 예쁜 여자들을 만들었다는 말인가? 그들은 객관적으로 존재하는 사람들이고, 단지 내가 너무 신경을 곤두세우고 그 사람들에게 주의를 집중해서 그런 것이 아닌가? 그래서 그들이 계속해서 눈에 띄는 것이다!'

하지만 모든 것은 그렇게 단순하지 않다. 지각이 어느 정도 영향을 미치는 것은 맞지만, 그것은 극히 일부에 불과하다. 어떤 사건을 목격했을 때 그것이 아주 이상한 현상임을 발견하고 놀라움을 금치 못할 때가 있다. 가령 당신을 감동시키던 사물이 어느 날 갑자기 당신의 인생에서 자취를 감추어버렸을 때, 혹은 반대로 우연히 눈에 들어온 사물이 그날 이후로 당신을 끈질기게 쫓아다니기 시작할 때처럼 말이다. 여기에서 분명한 것은, 지각은 아무 관련이 없다는 사실이다. 노숙자들에게 관심을 끊었더니, 어느 날 갑자기 그들이 보이지 않는다. 다들 어디로 사라졌단 말인가? 연인을 만나 마음의 안정을 찾은 다음부터 길에서 예쁜 여자들을 보는 일이 줄었다. 이 세상의 예쁜 여자들이 사라지기라도 했다는 말인가? 길가에 아무렇게나 굴러다니는 쓰레기처럼, 과거에는 몹시 거슬리던 것들을 받아들이기 시작했더니 거리가 깨끗해지기 시작했다. 그 이유가 무엇일까?

이런 현상은 모든 사람의 세계의 층이 저마다 일정한 자율성 또는 '개별성'을 가지고 있기 때문에 일어난다. 세계의 층들은 겹겹이 쌓이거나 서로 얽혀 있지만, 동시에 층의 주인들이 가진 주의의 빛이 끌어당기는 방향으로 저마다 독립적으로 움직인다. 현실이라는 큰 테이블 위에서 수많은 카드들이 한데 섞여 있는 것과 같다. 층의 주인이 특정 대상에 주의의 빛을 쏘아 보내면, 그 빛을 받은 대상이 아주 많이 몰려 있는 영역으로 그의 층(카드)이 즉시 움직이기 시작한다. 사실 사념이 집중하고 있는 인물들이 모두 물질화되는 것이 아니다. 그들이 더 많은 곳으로 당신의 세계의 층이 '이동하는' 것이다.

> 저는 작곡가이자 랩 작사가입니다. 저는 제가 쓴 가사의 내용이 저나 주변 사람에게 실제로 일어나는 일을 자주 경험하곤 합니다. 어떤 노래를 만들고 한두 주가 지난 다음 그 가사 내용과 똑같은 사건이 뉴스로 보도된 것을 알고 충격에 빠진 적도 있었습니다. 온전히 제가 만들어낸 내용을 스토리텔링 형식으로 쓴 가사였습니다. 말하자면, 음악과 리듬을 듣고 머릿속에 떠오르는 내용을 1절의 가사로 담아낸 거예요. 이런 일이 한두 번이 아닙니다. 이제 그 사실을 확실하게 체감하고 있어요. 저는 이제 50센트와 같은 가수들이 어떻게 랩을 작사하면서 그렇게 큰돈을 벌 수 있었는지 알 것 같습니다. 그 사람들은 유명세를 타기 한참

전부터 자신의 성공에 대한 랩을 해왔기 때문이겠죠. 이제
저도 의식을 가지고 주제를 골라, 더 신경 써서 곡을 만들어야
할 것 같습니다.

더 이상의 설명은 필요치 않은 것 같다.

세상에는 수많은 자연재해가 일어납니다. 제가 제대로 이해한
것이 맞다면, 우리에게 일어나는 모든 일은 우리의 사념이
만들어낸 결과물입니다. 만약 어떤 사람이 자연재해가
일어날 것이라는 사념을 방출한다면, 같은 재해를 겪은 다른
사람들의 머릿속에도 똑같은 생각이 떠올랐었다고 할 수 있는
것인가요?

우리에게 일어난 모든 일이 우리 사념의 결과라는 의견은 트랜
서핑이 아니라 소위 말하는 '순수 은비교'의 것이다. 다시 말해 절대
적인 존재로 떠받들어지는, 형이상학적인 것이다. 그리고 그런 의견
에는 늘 오류가 있다.

우리는 물질적인 측면과 형이상학적인 측면으로 이루어진 이
중세계 속에 살고 있다. 따라서 상반되는 것들을 동시에 고려해야 한
다. '물질 현실의 방정식'에는 변수가 너무나 많다. 특별한 사건이 발
생하면, 그 결과로 어떤 치명적인 변수가 실현된다. 아주 긍정적인
사고방식을 가진 사람의 인생에서도 일어나지 못할 일이란 없다. 지
진대에 살고 있는데 지진으로부터 완전히 자유로울 수 있겠는가? 순

수 은비교는 이를 당신의 사념과 불행이 가진 개연성 간의 상관관계로 설명할 수 있을 뿐이다.

게다가 이 세상에는 당신 말고도 수많은 사람이 살고 있다. 수많은 사람의 층이 같은 시공에서 얽히고설켜 있는 것이다. 따라서 자기 세계의 층을 타인의 층과 완전히 분리하여, 그 누구의 층과도 얽히지 않은 순수한 형태로 만드는 것은 불가능한 일이다. 당신의 층은 어떻게든 타인의 층과 반드시 얽혀 있게 마련이며, 거기서 분리될 수는 없다. 다만 재난과 재해에 대해 말하자면, 그런 뉴스에 주의를 기울이지 않는다면 당신 세계의 층에서는 그런 일이 일어나지 않을 가능성이 확실히 커진다.

제 세계의 층 중 상당 부분이 저의 사념으로 만들어진다는 것이 사실이라면, 어떤 것을 갈망하는(성공하지 못할 것이라고 두려워하는) 마음이 조금이라도 들었을 때는 실제로 아무 일도 일어나지 않을 것이라는 뜻이겠네요.

우리가 사는 세계는 흑백논리의 원칙에 따라 기계처럼 돌아갈 정도로 그렇게 단순하지 않다. 실제 현실은 수십억 개의 1과 0으로 구성되어 있다. 그 결과 모든 사건이 동시다발적으로, 확정적인 동시에 우연히 일어날 수 있는 아주 복잡한 시스템이 만들어진다. 아마 당신은 우연은 없다고 생각할지 모른다. 모든 일에는 반드시 원인이 있다고 말이다. 하지만 시스템이 지닌 복잡성으로 인해, 우리는 현실의 확정적인 결과가 아니라 발생할 가능성이 있는 결과를 얻는다. 우리 자신도 아주 복잡하게 만들어진 존재다. 인간의 머릿속은 불이 켜지거나 꺼지거나 둘 중 하나인 램프 같은 것이 아니다. 실은 그보다 훨씬 더 복잡하다. 인간과 현실 간의 관계는 그보다도 훨씬 더 복잡하다.

따라서 '만약 ~이라면 어떻게 될까?'라는 예측을 세운다면, 그것은 절대적인 법칙과 엄격한 알고리즘이 아니라 경향성이나 가능성을 염두에 두고 말하는 것이다. 트랜서핑에는 법칙이라고 할 것이 없고 원칙만 있다는 사실을 이미 당신도 눈치채지 않았는가? 예를 들자면, 갈망(욕망하는 동시에 두려워하는 것)이 크면 클수록 바라는 것을 얻을 가능성은 더욱 줄어든다. 하지만 당신이 두려워하는 마음을 조금 가진다고 해서 아무것도 이루지 못할 것이라고 주장하는 이는 아무도 없다. 오히려 '겨자씨만 한 믿음'만으로도 산을 움직일 수 있다. 그러나 다시 한 번 말하지만, 결과물을 얻기 위해서 당신의 믿음이 얼마나 강해야 하는지는 아무도 모른다. 여기에서 '겨자씨만 한 믿음'은 그저 비유일 뿐이다.

그러니 절대적인 것은 없다고 보면 된다. 다행스러운 일이다. 모든 욕망 또는 아주 사소한 두려움까지도 곧장 실현되는 현실이었다면, 이 세상은 혼돈 그 자체가 되었을 테니 말이다.

재앙이 도래할 것이라는 말을 여기저기에서 듣고 있어서
미리 대비하고 있습니다. 그러다 보니 추적자*가 된 듯한
기분입니다. 거리를 걸을 때마다 마치 낯선 세상에 있는
느낌이 들어요. 모든 것이 정신없이 돌아가고, 마트에서는
아무 쓸모도 없고 불쾌한 잡동사니들만 팔고 있지요. 냄새도,
소리도 모두 자연적이지 않고요…. 사람들은 별로 중요하지도
않은 문제로 골머리를 썩이는 것처럼 보입니다…. 문명이
매트릭스 속으로 붕괴하고 있기라도 한 걸까요? 마음이 참
불편합니다.

추적자는 매트릭스로 인해 일어나는 이 모든 현상을 거리를 두
고 지켜봐야 한다. 모든 것을 있는 그대로 내버려두라. 당신이 아무
리 애써도 매트릭스를 상대로 '승리'를 거둘 수는 없을 것이다. 오히
려 그런 태도를 유지한 채 쓸모없는 잡동사니들을 자신의 세계에서
치워버리는 것이 좋다. 싫어하는 것에 대해 불편함을 드러내거나 불
쾌감을 적극적으로 나타낼 필요가 없다. 펜듈럼을 상대로 싸우는 것
은 그보다도 더 의미 없는 일이다. 일반적으로 당신을 불쾌하게 만
드는 것들은 사념을 지배하게 되며, 그 결과 그것들은 당신의 세계의
층을 가득 채우고도 남을 것이다. 오히려 거슬리는 것들을 받아들이
고(그저 '알고 있는 사실' 정도로 말이다), 당신을 스쳐 지나가도록 슬쩍 비

---

* 자기 자신의 태도를 통제하는 것을 '추적하기(stalking)'라고 하며, 이렇게 하는 사람을 '추적자
(stalker)'라고 한다. 카를로스 카스타네다의 책에서 소개된 개념 또는 기법으로 바딤 젤란드도 종종 언
급한다.

켜선 다음 손을 흔들어 작별 인사를 하면 그만이다. 당신이 그것을 그냥 보내주면 그것도 마찬가지로 당신을 그냥 스쳐갈 것이다.

저의 문제는 이렇습니다. 저는 친유럽파이며 자유주의적, 민주주의적 정치 성향을 가지고 있습니다. 작가님도 아시다시피, 최근 러시아에서 보이는 현상(집단주의 체제를 향한 움직임)은 제게 마치 페스트처럼 보입니다. 어떻게 해야 할까요? 정치를 완전히 무시하고 살 수는 없을 것 같습니다. 재난이나 살인 사건과 같은 기사들은 완전히 외면하려고 노력하고 있습니다. 하지만 저의 이런 노력에도 불구하고, 인터넷이나 언론으로부터 안 좋은 소식이 물밀듯이 쏟아지고 있습니다. 그런 뉴스를 완전히 차단할 수는 없겠지요. 정치 '우두머리'들의 사진을 보는 순간 즉시 신경이 곤두섭니다. 저는 어떻게 해야 하나요? 이렇게 매일 흥분하기 때문에 트랜서핑을 하려는 저의 모든 노력이 물거품이 되는 것 같습니다.

당신은 당신이 사는 사회를 '당신의 세계의 층'의 평화와 연결하는 실수를 범하고 있다. 얼핏 듣기에는 이해하기 어렵겠지만, 사실 이 둘은 아무런 관련이 없다. 집단주의 국가든 민주주의 국가든, 당신은 어디에서도 행복한 삶을 살 수 있다. 더군다나 본질적으로 그 둘의 차이는 순전히 허구에 불과하다. 무대가 어떻든 간에, 당신은 어떤 연극이든 상영할 수 있다. 그 사실을 인식한다면 정치는 더 이상 걱정거리가 되지 않을 것이다.

작가님은 악한 의도를 방출한 사람은 나쁜 결말을 맞이할 거라고 했습니다. 그런데 어떻게 그런 일이 생기는지 알고 싶습니다. 제가 악한 의도를 보내면서도 스스로 아무 고통도 받지 않을 거라는 굳은 확신이 있다면, 실제로 그렇게 되어야 하는 것이 아닌가요? 이런 상황에서는 어떤 힘이 작용하는 것인가요? 우주에는 범죄자를 처벌하려고 하는, 온 우주의 정의의 법칙이라도 있는 것인가요? 하지만 작가님께서도 말씀하셨다시피 업보라는 것은 없지 않나요? 또한 흑마법을 믿는 사람들은 자신의 악행을 자각하면서 처벌받기를 두려워하지 않기도 하지 않나요?

업보라는 것은 없다. 당신의 '환경설정 파일'에 업보가 없다면 당신에게 업보란 것은 존재하지 않는다. 업보는 운명과 마찬가지로 주관적인 것이다. 운명이 이미 결정된 것이라고 받아들인 사람은 실제로 이미 결정된 운명을 살게 될 것이다. 반면에 자기 손으로 운명을 개척할 수 있다는 입장을 선택한 사람은 실제로도 운명을 통제할 수 있다.

하지만 부메랑이라는 객관적인 원칙이 있다. 악의를 품은 욕망을 누군가에게 보낸다면, 그 욕망은 어떤 형태로든 당신에게 돌아오게 되어 있다. 세계는 거울과 같으니 말이다. '가는 말이 고와야 오는 말이 고운' 것이다.

그러나 흑마법에 관해서라면 상황이 조금 다르다. 흑마법은 직접적으로 작용하는 것이 아니라 펜듈럼을 통해 간접적으로 작용하기 때문에, 그 부메랑은 던진 사람에게 되돌아오지 않는다. 그러므로 굳이 누군가를 불쾌하게 만들고자 한다면 그에 상응하는 펜듈럼을 사용하는 방법을 익히거나, 아예 시도조차 말아야 한다. 어쨌든 쓸모없는 일이니 말이다.

저는 몇 년 동안 여러 영성 계발 센터에서 공부했습니다. 하지만 그곳에서 알게 된 모든 방법이 효과가 있음에도 불구하고, 그것들이 평탄한 삶을 살겠다는 궁극적인 목표에 도달하도록 도와주지는 못한다는 사실을 어느 순간 깨닫게 되었습니다. 마치 '제자리 뛰기'를 하는 것 같아요. 그런 결과가 마음에 들지 않습니다. 개인적으로 거의 7년 동안 꽤 괜찮게 '뛰어온' 결과가 있긴 하지만 말입니다. 예컨대 저는 비를 멈추게 하는 등 날씨도 그럭저럭 통제할 수 있었고, 땅이나 차를 물질화할 수도 있었습니다. 하지만 성공이나 평탄한 삶을 얻게 되는, 꾸준한 인생트랙에는 아직 도달하지 못했습니다. 성공 뒤에는 항상 실패가 뒤따랐어요.

안정적이고 평탄한 삶을 당신의 세계의 층으로 끌어들이기 위해서는 의도 조율의 원칙과 아말감 기법*을 꾸준히, 용의주도하게

---

* 중세 베네치아인들이 거울의 아말감 칠에 금을 섞어 따뜻한 색채를 냈듯이, 우리도 자신의 세계의 층을 아늑하게 만들어줄 독특한 아말감을 만들어내서 이중거울(현실)에 변화를 꾀할 수 있다. 예컨대 어릴 때의 달콤한 아이스크림 맛을 떠올리며 "나의 세계는 나를 위해 최상의 것을 골라준다"고 되뇌는 습관을 들이는 식이다.

사용해야 한다. 모든 비결은 꾸준함에 있기 때문이다. 또한 거울은 일정 시간이 지나야 반응하기 때문에 한두 번의 노력만으로는 부족하며, 현실은 안정적인 습관과 사고방식을 통해 만들어진다. 아말감 기법과 조율의 원칙을 습관으로 만들어야 한다. 성공적인 인생트랙으로 계속 미끄러져 흘러가기 위해서는 반드시 그렇게 해야 하며, 동시에 그것만으로도 충분하다. 모든 것은 아주 단순하다. 지속적이고 꾸준하게 생각하고 행동해야 하는 것이다. 하지만 보통 사람들은 그렇게 하지 않는다. 그들은 빠르게 달아오르고 빠르게 식어버리기 때문에, 살면서 공황에 빠지기도 하고, 때로는 일시적으로 '뜀뛰기'만 하는 시기를 겪기도 한다.

진정성과 내면의 기쁨을 잃었습니다. 이런 감정들을 기억하고 느껴보려고 애써봤지만, 아무리 해도 안 되네요. 생각이 너무 많고 머릿속이 복잡해서 하나로 완전하게 정리할 수가 없습니다. 패닉 상태에 빠진 것은 아니지만, 이런 상태에서 벗어나고 싶습니다. 이런 상황에서는 어떻게 해야 할까요? 제가 원하는 것이 무엇인지는 알고 있습니다. 바로 확신과 영혼의 편안함과 기쁨입니다.

현실을 바로잡아야 한다. 당신의 세계의 층을 짙은 먹구름 속에서 끌어내 가능태 공간의 맑은 곳으로 옮겨두어야 한다. 이것을 어떻게 할 수 있을까?

아주 간단하지만 기발한 방법이 하나 있다. 아이가 울 때 어떻게 달래주는가? 말로 타이르는 것은 효과가 없다. 아이를 돌봐주고, 관심과 애정을 주고, 아이에게 주의를 기울여야 한다. 이와 같이, 당신의 기분이 좋지 않다면 그것은 당신의 내면에 있는 아이가 울고 있다는 뜻이다. 그 아이를 달래야 한다. 아무리 진지하고 굳세고 멋진 사람이라도, 우리 모두는 본질적으로 여전히 어린아이다. 이 사실을 기억하길 바란다. "자기 자신을 회전목마에 태워 놀아주라." 이 말은 당신이 가장 좋아하는 일을 하라는 뜻이다. 현실을 바로잡기 위해 특별한 휴식 시간을 가지라. 이 시간 동안은 아무 문제도 생각하지 말고 그저 휴식에만 전념해야 한다. 자기 자신에게 말하라. "오늘 우리는 세계와 놀러갈 거야!" 그럴 만한 가치가 있는 시간이다. 당신의 세계의 층에 따라 많은 것이 달라지기 때문에, 이 층을 깨끗하게 정화해야 한다. 맛있는 요리를 마음껏 사먹으라. "많이 먹으렴, 우리 아가, 많이 먹고 쑥쑥 크렴" 하며 말이다. 만족스러운 상태를 되찾기 위해, 즉 자신을 위해 온전히 하루를 보내보라. 자기 자신을 돌보고, 침대에 눕혀 살뜰히 보살피라. "잘 자라, 우리 아가. 네 세계가 모든 것을 해결해줄 거야."

시간이 조금 흐르고 나면 주변 현실의 대기가 한층 따뜻하고 포근해짐을 느낄 수 있을 것이다. 당신의 세계의 층이 먹구름이 낀 지역을 벗어나고 있는 것이다. 그다음에는 의도 조율의 원칙, 환경설정, 주의의 빛, 영사기와 부메랑 같은 현실 변환 기법들을 사용하라. 그것들을 습관으로 만들어, 당신의 사념과 세계관을 심상으로 만들어야 한다. 언젠가는 "나는 모든 걸 할 수 있다"라고 자신에게 말할 날이 올 것이다.

- 세계의 층에는 주의가 고정되어 있는 것이 모인다.
- 사념은 당신이 적극적으로 거부하려고 하는 것에 사로잡힌다.
- 어떤 대상이 더 이상 거슬리지 않는다면 그것은 당신의 인생에서 사라지며, 반대로 어떤 것으로부터 '강한 인상을 받으면' 그것은 즉시 끈질기게 당신을 따라다니기 시작한다.
- 세계의 층은 주의의 빛이 끌어당기는 방향으로 움직인다.
- 무대가 어떻든 간에, 어떤 연극이든 상영할 수 있다.
- 이와 동시에, 모든 것이 사념 하나만으로 결정되는 것은 아니다. 세계는 이중적이며, 여러 사람의 층들이 서로 얽힐 수 있기 때문이다.
- 시스템은 복잡하게 구성되어 있기 때문에, 우리는 현실의 확정적인 결과가 아니라 일어날 가능성이 있는 결과를 얻게 된다.
- 안정적인 현실은 한두 번의 노력으로는 부족하며, 안정된 습관과 사고방식을 통해 이루어진다.

참고

　계속해서 구체적인 사례들을 살펴보며, 자신의 세계의 층을 만드는 과정에서 생길 수 있는 전형적인 문제들을 탐구해보겠다.

사랑에 빠진 사람들의 슬라이드

특정 인물이 들어간 목표 슬라이드를 돌려도 되나요?

트랜서핑 기법을 사용해서 세계의 층을 만들면 당신이 가지고자 하는 모든 것을 물질화할 수 있다. 당신이 가게에 가서 필요한 물건들을 사오는 것과 별반 다르지 않은 일이다. 실제로 가능태 공간에는 집, 차, 요트, 승진 등 실제 세계에서 물질화될 수 있는 긍정적인 현실들이 저장되어 있다. 이것은 시나리오와 무대장치들이 저장되어 있는 틀이다. 그런 그곳에도 없는 것이 있다. 그것이 무엇일까?

사실 가능태 공간에는 사랑이나 혐오감, 평온한 영적 상태와 압박감, 기쁨이나 슬픔이라는 것이 없다. 이곳에 부재하는 것이 무엇인지 이해하겠는가? 바로 당신의 영혼이다. 꿈속에서 마주치는 가능태 공간의 등장인물들과 실제 사람들 사이에는 어떤 차이가 있을까? 실제 사람들과는 달리 꿈속의 등장인물들은 영혼과 자의식을 가지고 있지 않다. 이 등장인물들은 그저 틀이나 마네킹, 또는 사람을 흉내 내는 프로그램에 불과하다. 만약 당신이 꿈속에서 의식을 갖고 누군가에게 "당신은 내가 잠들어 있고, 당신이 내 꿈속에 존재하는 사람이라는 것을 아시나요?"라고 물어본다면, 그에 대한 반응으로 코웃음만 돌아올 것이다. 왜냐하면 그들은 그런 질문의 의미를 이해하지 못하기 때문이다. 꿈속의 등장인물들은 컴퓨터 게임이나 영화 속 주인공들처럼 정해진 시나리오에 따라서 행동하기만 한다. 모든 일은 당신이 지금 보고 있는 영화의 시나리오에 쓰여진 그대로 일어나는 것이다.

물론 여러 가지 시나리오가 흘러가는 영화 필름들은 무한대로 많다. 따라서 등장인물들의 행동은 관객과 영사기사(생각 발생기)의 역할을 동시에 수행하는 '마음'이 무엇을 예상하는지에 따라 자유자재로 변화한다. 마음은 꿈을 꿀 때 온갖 예상과 상상을 하며 순간순간 시나리오를 수정하려고 한다. 이에 따라 영화 필름도 순식간에 교체된다. 그 결과 사람은 꿈을 꾸는 것이 아니라 이것이 실제 삶이라는 착각을 한다. 하지만 그것은 어디까지나 착각일 뿐이다. 그 속에서 일어나는 모든 사건이 현실적이고 객관적으로 존재하긴 하지만, 그것은 결코 현실이 아니다(영화는 환상이며, 영화 필름이야말로 현실인 셈이다). 그 속의 등장인물들은 생명도, 영혼도 없는 틀에 불과하다.

그렇다면 당신이 슬라이드에 특정 인물을 넣을 때 어떤 일이 생기겠는가? 가능태 공간에 존재하는, 그 사람이라는 등장인물이 있는 영화 필름에 주의의 빛을 비추게 된다. 즉, 이 영화에는 그 사람이라는 틀이 들어가게 된다. 하지만 그것이 무슨 의미가 있는가? 슬라이드 속의 그 사람은 실제로 살아 있는 사람이 아닌데 말이다. 이것은 영화를 보면서, 그 영화의 주인공과 실제 세계에서 소통한다고 생각하는 것과 다를 것 없다. '망자^{亡者}의 영혼'을 부르는 것이 바로 이와 같은 상황이다. 강신술^{降神術} 집회에 참여하는 사람들은 참 순진하게도 그들이 '망자들' — 예전에 운명을 다했고 지금은 저승 어딘가에 살고 있는 사람들 — 과 소통한다고 믿는다. 하지만 그들이 소통하는 '사람들'은 태어난 적도, 운명을 달리한 적도 없다. 그저 꿈속의 등장인물, 즉 가능태 공간의 선반 어딘가에 쭉 보관되어 있었으며 앞으로도 그곳에 존재할 영화 필름의 복제품, 모조품이다. 그리고 실제 원본인 영혼들은 이미 오래전에 새로운 신체를 얻어 환생했거나, 오직 신만이 접근할 수 있는 공간 어딘가에서 여정을 계속하고 있다.

물론 원칙적으로 당신과 그 사람이 서로 사랑하는 슬라이드를 돌려볼 수는 있다. 그것도 시나리오이기 때문에 가능태 공간에는 그런 가능태가 저장되어 있다. 형이상학적 세계에서 물질세계로 그 시나리오를 끄집어내는 것, 즉 물질화하는 것도 이론적으로는 가능하다는 말이다. 그러나 다시 한 번 말하지만, 타인은 수동적인 대상이 아니라 자신만의 의도를 능동적으로 실현할 수 있는 존재다. 슬라이드를 돌려보며 뭔가를 성공할 수 있을지도 모르겠다. 하지만 효과는 아주 미미할 것이다. 진짜 상대방은 가능태 공간에 영원히 꼼짝않고 있는 것이 아니라 언젠가 다른 곳으로 떠나버릴 테니 말이다. 당신이 그 사람을 '슬라이드로 돌려보는' 동안, 그 사람은 보다 더 '현실적인' 연인을 찾기 위해 잽싸게 달아날 것이다.

애초에 다른 사람에게 영향을 미치려고 하는 것은 트랜서핑 원칙에 반하는 일이다. 음식점에서는 당신이 원하는 셰프를 언제든지 지정할 수 있다. 하지만 당신이 누군가를 붙잡아 당신을 사랑하도록 만드는 것이 무슨 이득을 주는가? 바로 여기에서 모든 문제가 시작되는데 말이다. 어쩌면 그 사람은 당신의 사랑이 전혀 필요하지 않을 수도 있고, 서로 연인이 되는 슬라이드에 그 사람을 묶어두는 것이

어쩌면 그에게 사랑을 강요하는 것일 수도 있지 않겠는가?

여기에서 어떤 메커니즘이 작용하는지는 모르겠지만, 당신이 누군가를 '슬라이드'에 넣어 돌려보려고 한다면 그 사람의 영혼은 그 것을 감지할 것이다. 그리고 그 사실이 내키지 않는다면, 그 사람은 무의식적으로 당신에게 거부감을 느낄 것이다. 그렇게 되길 바라는 가? 그렇지는 않을 것이다. 그러니 형이상학적 세계를 가지고 모험을 하는 대신, 프레일링*의 원칙을 사용하여 직접 관계를 만들어가는 편이 좋을 것이다. 인간관계는 구름 속을 떠다니며 공상에 잠기는 것이 아니라 실제로 살아 있는 사람과 소통하는 일이기 때문이다. 그러나 아직 마음에 드는 사람이 없는 상황이라면 당신이 이상형으로 생각하는, 어떤 추상적인 인물이 들어간 슬라이드를 돌려보아도 좋다. 그러면 그 이상형과 비슷한 사람을 만나게 될 것이다.

다른 사람에게 기쁨을 주는 일('에너지적 선물'을 주는 일)은 왜 아무 원칙도 어기지 않는 것인가요? 작가님께서는 이것이 정신적 차원에서의 선물이라고 하셨습니다. 제 경험을 예로 들자면, 에너지적 선물을 받은 사람은 한 여성입니다. 저는 아무 대가도 바라지 않고 그녀에게 사랑을 주는 모습을 상상하려고 합니다. 하지만 구체적인 사람이 들어간 '슬라이드를 돌리는 것'이 안 된다면 왜 에너지가 담긴 선물을

---

* frailing: 자신의 내부의도와 상대방의 내부의도를 충돌시키는 대신, 자신의 내부의도를 버리고 상대방의 내부의도가 먼저 실현되도록 허용하고 그의 주파수에 동조해주는 트랜서핑의 인간관계 방식이다. 그러면 당신이 내려놓았던 내부의도는 외부의도로 전환되어 저절로 실현될 것이다.

주는 것은 되나요? 그것도 마찬가지로 그 사람과는 무관한
현실에서 그 사람이 있는 모습을 상상하는 것이 아닌가요?

"사랑을 준다"라! 그런데 그녀에게 당신의 사랑이 필요한 것이
확실한가? 다른 사람에게 만족감을 선사하는 것이 꼭 당신이어야 한
다는 얘기가 있었던가? 에너지적 선물을 주는 것은 자전거를 타든,
맥주를 마시며 앉아 있든, 축구를 하든, 선물을 받는 바로 그 사람이
만족해하는 상황을 떠올리는 것이다. 그 장면에서 당신의 존재는 결
코 필수적이지 않다. 어떤 선물을 해야 하는지 알아내려면 그녀에게
진정한 관심을 보여야 한다. 어떤 상황에서 그 사람이 편안함을 느끼
는지, 무엇이 부족한지 파악하는 것 말이다. 이것은 슬라이드가 아니
라 당신의 에너지적 선물의 문제다. 그 사람이 당신과 함께 있을 때
만족감을 느낀다면, 그것은 당신이 방사하는 에너지에 그녀에게 부
족한 것이 담겨 있기 때문일 것이다.

내 책을 더 주의 깊게 읽어보길 바란다. 오디오북을 듣는 것이
아니라, 적어도 한 번은 직접 '읽어보아야' 한다. 오디오북으로 책 내
용을 듣는 사람은, 문자 그대로 많은 정보를 놓치게 되기 때문이다.
또한 전자책이 아니라 종이책을 읽는 편이 좋다. 책은 살아 있는 존
재이기 때문이다. 당신이 책과 직접 소통한다면, 책은 반드시 당신을
도울 것이다. 이것은 완전히 믿을 수 있는 사실이다.

연인 관계로 발전할 수 있는 사람을 찾는 것이 목표라면
어떻게 행동해야 하나요? 저의 목표는 연인이 되기 위해

필요한 조건을 완벽하게 충족하는 사람을 찾는 것입니다. 심상을 시각화하는 것은 그럭저럭 나쁘지 않게 해낼 수 있습니다. 하지만 이미 오랫동안 시각화를 해오고 있는데, 상황이 변한다는 그 어떤 신호나 표시도 없습니다. 솔직히 말씀드리자면, 저는 이미 10년 넘게 목표 슬라이드를 시각화하고 있습니다.

원인은 두 가지인 것 같다. 첫 번째는 헛된 시각화다. 슬라이드는 의도의 '필름'에 붙어 있어야 한다. 단순히 욕망이 이루어지는 상황을 사념 안에 그려보는 것이 아니라, 결과물을 얻겠노라고 의도함과 동시에 목표물이 있는 방향으로 두 다리를 옮겨놓아야 한다. 두 번째로 당신은 눈과 귀는 닫은 채, 당신을 향해 열려 있는 문 옆을 스쳐 지나가고 있다. 만약 두 원인 모두가 어느 정도 맞다면, 흡사 이런 상황이라고 보면 된다.

예컨대 당신은 버섯을 따러 숲으로 가려고 한다. 산속 이곳저곳을 다니며 버섯을 아주 많이 캐서 그것들을 요리해 먹는 상상을 한다. 슬라이드는 모든 면에서 완벽하다. 다만 한 가지가 부족하다. 나의 모든 생각과 행동이 오직 시각화 단계에만 머물러 있다는 점이다. 그저 먼 산을 바라보며 꿈을 꾸기만 할 뿐 정작 발아래는 살펴보지 않고 있다. 아니면 바구니를 집에 두고 왔는지도 모른다. 또는 애초에 소파에 길게 누워 열심히 상상만 하고 있는지도 모른다. 그렇지만 버섯이 소파로 알아서 뛰어 들어올 일은 없지 않은가. 어쨌거나 당신은 직접 산으로 가서 버섯을 캐야 한다.

도저히 저 자신을 받아들일 수가 없습니다. 다시 말해, 받아들이고 사랑할 수가 없다는 말입니다. 저 자신을 받아들이기 위해서 여러 가지 조건을 세워두곤 합니다. '내가 예뻤다면 나를 사랑할 수 있었을 텐데'와 같은 조건들 말이에요. 마음 깊은 곳에서는 이런 조건들이 전부 무의미하다는 사실을 알고 있습니다. 하지만 입술에 난 흉터라든지, 매부리코라든지, 실제로 제 외모에는 단점이 많아요. 솔직히 말하자면, 사실은 충분히 호감이 가는 외모라고 생각하기는 해요. 하지만 몇몇 단점들이 제 외모 전체를 망치는 것 같습니다. 더 정확히 말하자면 단점들이 외모를 망치는 것이 아니라, 저 자신이 이 단점들을 예민하게 받아들이고 있어요. 늘 이런 외모 때문에 평생 혼자일 거라고 생각해왔어요.

그러다 스무 살이 되던 해에 남편을 만나 딸을 낳게 되었어요. 그래도 뭔가 잘못하고 있다는 느낌을 지울 수 없었습니다. 제 남편은 잘생기고, 착하고, 배려심 많은 사람이었어요. 그리고 가장 중요한 것은 저와 제 딸을 사랑한다는 점이었죠. 저도 남편을 사랑한다고 생각했습니다. 하지만… 제가 기억하기로는 그와의 결혼 생활에서 행복했던 적이 단 한 번도 없는 것 같습니다. 그저 제 영혼이 아이처럼 서럽게 울고 있음을 느낄 뿐이었죠.

그러던 어느 날 친구 하나가 트랜서핑 책을 빌려줬습니다. 이 책을 보자마자 관심이 생겼고, 목표 슬라이드를 돌려보기 시작했습니다. 어떻게 되었을까요? 효과가 있었죠. 하지만…
제가 한 것은… 그렇게 하면 절대로 안 되는 일이었습니다.
저는 더 행복해지고, 사랑스러워지고, 그리고 가장 중요한,
사랑을 나눠주는 저 자신의 모습을 상상했습니다. 다만 저와
함께하는 사람은 남편이 아닌 다른 사람이었죠.

결국 모든 것이 어긋나버렸습니다. 남편은 뭔가 잘못된 것을
직감하고는 저를 떠나버렸어요. 솔직히 말하면, 저는 남편이
떠나버려서 기쁩니다. 영혼이 한결 가볍고 편안해졌어요.
하지만… 제 남편은 아직 저를 사랑하면서도 저를 용서할 수
없어 힘들어하고 있습니다.

그러다 저는 인터넷으로 한 남자를 알게 되었습니다.
우리는 서로 연락을 주고받기 시작했어요. 그러다 실제로
그를 만났고, 그가 아주 마음에 들었어요. 마치 뭔가가
저를 관통하는 느낌이 들 정도였습니다. 하지만 그는 저와
같은 마음이 아니었던 것 같아요. 도저히 마음이 맞지
않았습니다. 결국 그는 떠났지만, 그러면서도 계속 연락을
하며 지내자고 하더군요. 하지만 문제는 그가 제 연락을
받지 않는다는 것입니다. 아무리 전화해도 받질 않습니다.
어쩌다 전화를 받더라도, 우리가 연락을 하며 지낼 수는
있지만 지금이 아니라 나중에 그렇게 하자더군요. 조금만 더
기다려달라고요. 그런데 얼마나 기다려야 할까요? 그를 잃고
싶지 않습니다. 그가 다시 돌아왔으면 해요. 아직 직접적으로
저를 '거절한' 것은 아니니까요. 저는 그와 제가 행복한

연인이 된 모습이 담긴 목표 슬라이드를 돌려보곤 합니다.

이렇게 해도 괜찮을까요?

한 가지 단순한 진실을 확실하게 해두고 싶다. 첫 번째로, 당신의 연인이 당신을 떠났다면, 그것은 그가 당신의 짝이 아니라는 뜻이다. 직접 판단해보라. 당신의 짝이 당신을 버릴 수 있겠는가? 그럴 리 없다. 하지만 안타깝게도 사람들은 이 단순한 사실을 믿지 않는다. 두 번째로, 떠난 사람이 돌아오도록 만들 수는 없다. 이에 대해 반대하는 사람은 뭔가 크게 착각하고 있는 것이다. 여기에서도 모든 것이 매우 단순하다. 마음속에 어떤 '보호막'을 친다 해도, 그것으로는 이 사실을 정당화할 수는 없다. 떠났던 사람이 돌아오도록 할 수 있을지는 몰라도, 그것은 무의미한 일이다. 하지만 그것은 이미 다른 문제이니, 그 주제에 대해서는 나중에 다루도록 하겠다.

사실 당신은 잃은 것이 아무것도 없기 때문에 돌려놓을 것도 없다. 환상으로 자기 자신을 위로하며 소중한 인생을 헛되이 보낼 필요가 없다. 그러기엔 인생이 너무 짧다. 당신이 희망을 가지는 이유는 '그가 직접적으로 당신을 거절하지 않았다'는 데에 있다. 하지만 모든 사람이 그렇게 면전에서 단호하게 상대방을 거절할 수 있는 것은 아니다. 오히려 실제로 그렇게 할 수 있는 사람은 매우 드물다. 아예 거절 자체를 못하는 사람들도 있다. 여자들은 "좋다"고는 안 했어도 그게 꼭 "싫다"는 뜻은 아닐 수 있지만, 남자들은 "좋다"고 안 했으면 싫은 것이다. 그런 점에서 남자들의 사고방식은 아주 단순하다. 남자들은 '흑백논리'로 생각한다고 해도 과장이 아니다.

'특정 인물이 들어간' 슬라이드를 돌리는 것은 최후의 수단으로만 해야 한다. 되도록 그런 방법은 사용하지 않는 편이 좋다. 아마도 그는 당신의 짝이 아닐 테니까 말이다. 당신이 만난 사람이 진짜 인연이라면, 그를 옆에 묶어두기 위해 고군분투하지 않아도 된다. 굳이 그러지 않아도 그는 당신에게 끌릴 것이다. 지금은 슬픔을 삼키고 그를 보내줘야 할 것 같다. 그러나 걱정할 것 없다. 아말감의 기법과 의도 조율의 원칙을 사용하면 된다.

외모의 단점에 관해서 말하자면, 아예 생각할 가치도 없는 문제다! 모두의 기준에서 단점이 있어 보이는 외모는 오히려 당신만의 분위기를 만들어줄 것이다. 남자들이 인형 같은 외모에만 매력을 느낀다고 생각하는가? 말도 안 된다. 그런 고민이라면 마음 푹 놓고, 갓 태어난 아기처럼 자기 자신을 있는 그대로 받아들이는 편이 좋다. 그렇게 한다면 주변 사람들도 자연스럽게 당신을 그렇게 받아들일 것이다. 주변 세계는 그저 거울일 뿐이다.

어쩌면 작가님이 맞을지도 모르겠습니다. 그런데 "슬픔을 삼킨다"는 말이 무슨 뜻인가요? 그러니까, 그를 돌아오게 만든다고 하더라도 저희 둘은 행복해질 수 없다는 말씀인가요?

만약 그 문이 당신의 문이라면, 오직 당신만을 위해 활짝 열려 있는 문이라면, 모든 일은 쉽고 순탄하게 흘러갈 것이다. 처음부터 뭔가 잘 안 풀리거나, 처음에는 문이 열려 있었지만 눈앞에서 '쾅' 소리를 내며 닫혀버렸다면, 그것은 그 문이 당신의 것이 아니라는 뜻이다. 물론 그런 문의 틈으로도 겨우 비집고 들어갈 수는 있겠지만, 그런다고 별다른 결과를 얻진 못할 것이다. 그러니 아쉬워할 것이 전혀 없다.

연인 관계도 마찬가지다. 당신은 그저 아직 당신의 짝을 만나지 못한 것뿐이다. 이 문제에 있어서 당신은 혼자가 아니다. 대다수의 사람들이 똑같은 문제를 가지고 있으니 말이다. 자신의 목표와 인연을 찾는 것은 인생에서 가장 어려운 과제다. 그 외의 것들은 평범한 문제에 지나지 않는다. 영혼은 어떤 대상을 처음 봤을 때 단번에 흥미를 느끼고 사랑에 빠지곤 한다. 그리고 자신의 것을 찾았다고 착각한다. 그러다 시간이 흐르고 나서야 그것이 그저 잠깐뿐인 관심에 불과했다는 사실을 깨닫는다. 그렇다 하더라도 슬픔에 빠지지 말고 여정을 계속해야 한다. 의도만 있다면 목표는 이루어질 테니 말이다.

누군가를 '슬라이드로 돌리는 것'은 그 사람의 현실이나 내면세계로 침입하는 것이나 다름없지 않나요? 그래도 누군가가 들어간 목표 슬라이드를 계속 상상한다면 어떤 피해가 생기는지 알고 싶습니다…. 어떤 일이 일어나나요? 어떤 결과를 얻을지 인지하고, 제가 그 결과에 책임져야 한다는 사실을 염두에 두고 있어야 하나요?

그 어떤 결과도 가져오지 않으며, 당신은 죄책감을 느낀다는 것 외에는 그 어떤 책임도 질 필요가 없다. 도덕적 책임감은 누군가를 홀리기 위해 마법을 사용한 사람들이나 지는 것이다. 마법은 지저분한 기술이다. 일반적인 사람은 다른 사람의 의식에 직접적으로 접근할 수 없다. 그렇게 할 수 있는 것은 펜듈럼이다. 마법사들은 펜듈럼을 매개로 이런 접근을 이루어낸다. 하지만 그렇게 목표를 이룬다 해도, 자신을 사랑해달라는 요청을 한 사람이 얻게 되는 것은 '좀비화된 사랑'일 뿐이다. 당연히 이런 인위적인 행복은 금세 불행으로 이어지고 만다.

슬라이드 작업은 누군가를 자신의 세계의 층으로 끌어오는 효과만 낼 수 있다. 서로가 서로의 눈에 더 자주 띄게 되거나, 어쩌면 서로 연락을 주고받는 사이가 될 수 있다. 하지만 슬라이드를 사용하여 그 사람이 '당신을 사랑하도록' 만들 수는 없을 것이다. 오히려 부작용이 더 클 것이다. 앞서 말한 것처럼 당신이 그를 '슬라이드로 돌리고 있다'는 사실을 그의 영혼이 눈치채고, 그 사실을 마음에 들어하지 않는다면 말이다. 십중팔구 그는 그런 상황을 달갑지 않게 받아들일 것이다. 입장을 바꾸어보라. 당신도 모르는 사이에 누군가 당신을 '소유하려' 한다면 어떻겠는가.

그럼에도 불구하고, 그 정도로 수단과 방법을 가리지 않고 누군가를 자신의 인생으로 끌어들이고 싶은 데다 다른 선택의 여지도 없다면, 특정 인물이 들어간 슬라이드에 매달려도 좋다. 다만 당신도 알아차렸겠지만, 그런 방법은 진심을 가지고 전략적으로 사용해야 한다. 다시 말해, 입장을 바꾸었을 때 당신 자신도 수용하지 못할 것들을 상대방에게 원해서는 안 된다는 뜻이다.

- 특정 인물이 들어간 슬라이드를 돌리는 것은 권하지 않는다. 효과도 없을뿐더러 부작용이 더 클 것이다.
- 구체적인 사람을 슬라이드로 돌리는 방법은 최후의 수단으로만 사용해야 한다.
- 슬라이드로 이룰 수 있는 유일한 일은 자기 세계의 층으로 누군가를 끌어들이는 것뿐이다.
- 당신은 욕망이 실현되는 장면을 그저 머릿속으로 상상하는 데서 그치지 않고 정말로 그 결과를 얻겠다는 의도를 가져야 한다. 또한 목표물이 있는 방향으로 당신의 두 발을 옮겨두어야 한다.

참고

인간관계는 살아 있는 사람과 소통하는 일이다. 프레일링 기법을 사용하라. 이에 대해서는 전작들에서 자세히 알 수 있다.

의도의 수력학

'가지려는 의도'가 이미 만들어진 상태라면 그다음에는
시각화를 하면 되나요?

가지려는 의도가 생기면 그런 질문을 할 필요성은 저절로 사라
진다. 가지겠다고 의도한 것을 이미 손에 넣었을 것이기 때문이다.
하지만 질문을 한 것을 보니, 노력을 조금 더 해야 할 것 같다.

만약 가지려는 의도가 의심이나 두려움이라는 불순물 없이 순
수한 상태라면, 영원의 문지기가 가능태 공간의 슈퍼마켓으로 당신
을 들여보내줄 것이다. 그러면 당신은 필요한 물건을 자유롭게 골라
가져오기만 하면 된다. 고전적인 사례로 신문 가판대를 떠올려보자.
이곳에서 당신이 읽고자 하는 조간신문을 살 수 있다는 사실에는 의
심의 여지가 없다(가지려는 결정). 그저 편하게 가판대로 다가가 그곳에
서 신문을 사면 된다(행동하려는 결정). 가지려는 결정과 행동하려는 결
정이 순수하다면, 당신이 욕망하는 것을 무조건 손에 넣을 수 있다.
물 위를 걷고 싶은가? 그쯤은 문제도 아니다.

그러나 가지려는 의도에 의심하거나 두려워하는 마음이 조금
이라도 섞여 있다면, 목표 슬라이드를 돌려보는 것 외엔 별다른 방법
이 없다. 슬라이드는 수압 펌프처럼 의도를 믿음으로 퍼 올리기 위한

작업이다. 단지 한두 방울씩 퍼 올리게 될지라도, 분명한 방향성을 가지고 규칙적으로 해야 한다. 이렇게 용의주도하게 하다 보면, 이 행동이 점차 쌓여 막강한 힘이 된다. 동시에 당신의 안락지대*는 넓어지며, 주변 현실에서 다양한 변화가 일어나고 있음을 확인하게 될 것이다. 당신이 주의를 계속해서 비추는 형이상학적 공간의 섹터로부터 당신의 세계의 물리적인 층으로, 말 그대로 과거에는 존재하지 않았고 존재할 수도 없었던 일들이 압력에 의해 솟아오를 것이다. 의도의 수력학**은 바로 이렇게 작동한다.

믿음을 한층 더 강하게 만들기 위해, 독자들의 후기들 중 이런 사실을 잘 보여주는 사례를 몇 가지 소개해드리겠다.

저는 어느 날 갑자기 모든 것이 환상일 뿐이라는 사실을
알게 된, 영화 〈매트릭스〉의 주인공 네오가 된 기분입니다.
트랜서핑은 이 세계가 아무것도 아니라는 단순한 사실을
완전히 깨닫게 해주었습니다. 어린 시절에 그랬던 것처럼,
저는 세계를 바라보며 공포심이나 기쁨을 느끼지 않습니다.
물론 때로는 정신이 흐려져 무의미한 근심 속에서
허우적거리기도 하지만, 시간이 지나면 그런 환영을 저
자신으로부터 떨쳐버립니다. 작가님 덕분에 제 앞에는
진정한 자유의 문이 열렸고, 저는 그런 자유를 가지고 원하는

---

* 의심이나 불안 없이 자기 자신이 갖도록 허락할 수 있는 것들을 총칭한다. 어떤 슬라이드를 꾸준히 돌려보는 것은, 달리 말하면 그것을 포함하는 방향으로 안락지대를 넓히는 작업이라고 할 수 있다.

** 水力學: 물의 역학적 성질을 공학에서 응용하기 위한 학문.

것이라면 뭐든 할 수 있습니다. 예를 들어 스스로 규칙을 정해 그 규칙대로 행동하든지, 제가 좋아하는 것들로 인생을 가득 채우든지 하는 일들 말입니다. 이런 마법 같은 기분은 어렸을 때 이후로 느껴본 적이 없는 것 같습니다.

세계는 환상이 아니다. 세계는 물질적인 측면과 형이상학적인 측면의 두 가지로 구성되어 있다. 절대로 이 사실을 잊어서는 안 된다. 그러나 이 양면성에는 훌륭한 특징이 하나 있다. 바로 우리가 형이상학적 세계에 있는 것들을 물질적 세계로 끌어낼 수 있다는 점이다.

가능태 공간은 데이터 창고와 달리 어떤 사건의 가능태가 실현될 가능성을 담고 있다. 선반에서 CD를 꺼내 그것을 살펴볼 뿐 아니라, 그 CD를 재생할 수도 있는 것이다. 그 CD를 재생함으로써 당신의 영화가 현실에서 상영된다.

저는 트랜서핑을 처음 접하자마자 마치 그것이 원래부터 제 삶의 일부였던 것처럼 단숨에 받아들였습니다. 특별히 기다릴 필요 없이 원하던 것을 손에 넣었지만, 전부 사소한 것들에 불과했습니다. 차가 필요했을 때도, 더 큰 집이 필요했을 때도 문제가 없었습니다. 마치 가능태들이 저를 찾아온 것 같았어요. 하지만 의도의 힘은 무궁무진하여 시간이나 공간의 제약조차 없다는 사실을 상상하는 것은 쉽지 않네요. 쉽게 말해 예전의 저는 다른 사람들과 다름없는 평범한 인생을 살아왔습니다. 딱히 좋을 일이라는 것이 없었죠.

제 영혼이 부탁하는, 더 정확히 말해 '애원하는' 것이
있었지만, 마음이 '봉사자' 역할을 자청하며 완전히 정반대로
행동해왔지요. 그런 상태가 계속되다가, 어느 날 영혼이
마음에게 이렇게 말했어요. "내가 한번 해볼게. 내게 핸들을
넘겨. 이번 한 번만, 잠깐이면 돼." 마음은 마지못해 핸들을
넘겼습니다. 그러자 놀라운 일이 일어났습니다. 단 하루 만에
현실이 바뀐 것이죠! 마음은 충격을 받았고 영혼은 노래를
부르며 날아올랐습니다! 영혼이 가리키는 길이라는 것이
무엇인지 비로소 알게 되었습니다.

모든 사람은 자기 세계의 지배자입니다. 그러나 어렸을
때부터 사회(매트릭스)가 그를 불구로 만들어놓죠. 어떤 결정을
내릴 때, 특히 그것이 인생에서 아주 중요한 결정일 때, 모든
'봉사자'들과 훈수를 두려는 사람들을 멀리 보내버리고,
한심한 TV를 끄든, 숲으로 가든, 방구석에 틀어박히든,
침묵 속으로 파고들어 모든 것을 저울질하려고 하는 생각을
접어두고 고요한 영혼의 목소리에 귀 기울이기만 하면
됩니다. 바로 이 영혼의 대답이 유일하게 올바른 결정입니다.
얼핏 보기에는 논리적으로 맞지 않는다고 생각되더라도요.
인생에서 행복을 위해 필요한 모든 것은 항상 코앞에
있더군요. 영혼의 목소리를 따라 길을 찾았다면, 그 외의
모든 것(여러 가지 물질적인 이득)은 그것이 필요할 때마다
알아서 따라오게 되어 있습니다. 단순히 그렇다고 생각만
하는 것이 아니라, 저는 이 사실을 확실하게 알고 있습니다!

모두가 성공하고 행복해지기를 바랍니다. 불가능이라는
것은 없어요! 중요한 점은 어떤 상황에서도 포기하지 않는
것입니다! 인생은 그 어떤 훌륭한 판타지 영화보다도 훨씬 더
신비스럽고 놀라운 것입니다.

한 가지만 덧붙이자면, 때로는 물리적 세계의 TV뿐 아니라 머릿속에 있는 내면의 TV도 꺼놓아야 한다. 참 이상하게도, 아주 간단한데도 인간이 하지 못하는 일이 하나 있다. 책상 앞에 차분하게 앉아 펜을 꺼내 들고, 세계에 대해 내가 요구하는 것이 무엇인지, 그 세계 속에서 내가 보고자 하는 나의 자리는 어디인지 종이에 쓰는 것이다. 마치 운영체제를 실행하듯, 잠에서 깨어났을 때 하루에 한 번이라도 자기 세계의 층에서 가동시킬 수 있는 환경설정 파일을 만드는 것 말이다. 하지만 이렇게 할 수 있는 사람은 거의 없다. 놀랍지 않은가? 모두가 정신이 나간 것처럼 이리저리 날뛰기만 할 뿐이다. 항상 시간이 부족하다고 나중으로 미루기만 하다가, 결국에는 정말 아무것도 할 수 없게 된다. 그래도 앞서 설명한 방법대로 환경설정을 해보길 바란다. 그러고 나면, 첫 번째로 사실은 이것이 가장 먼저 해결해야 할 과제였으며, 두 번째로 이것이 실제로 효과가 있음을 알게 될 것이다.

실질적인 측면에서 이것을 아주 확실하게 보여주는 사례를 하나 더 알려드리겠다.

저는 자가용으로 출퇴근합니다. 출퇴근길에 거리에서 손을 흔들고 있는 사람들을 보면 그들을 태워주곤 합니다. 단순히 하루에 50~300루블(약 1,000~5,000원)을 더 벌겠다고 그러는 것은 아닙니다. 물론 돈을 벌 수 있다는 장점도 있기는 하지만요. 저는 운전 자체를 좋아합니다. 운전에 집중할 때의 느낌이 좋습니다. 또 낯선 사람들과 대화하는 것도 좋아해요(때로는 대화하기 싫은 사람을 만나기도 하지만요).

낯선 사람들과 동행하는 두세 시간은 제 나머지 일상과는 공통점이 거의 없습니다. 집을 나서서 이 게임에 한 시간 내지 한 시간 반 정도 몰두한 뒤 회사에 도착하면, 직장에서는 또 다른 세계, 또 다른 삶이 펼쳐집니다. 일과가 끝나고 나면 평소처럼 집으로 운전해 가는 길에 또다시 한두 시간, 때로는 세 시간을 모르는 사람과 동행합니다. 다른 사람을 태우는 일을 그만할 수도 있어요. 하지만 월수입에 보탬이 될 만한 약간의 돈도 못 벌게 될뿐더러, 인생의 흥밋거리를 또 하나 잃게 되겠지요.

그러던 어느 날 트랜서핑을 알게 되었습니다. 그리고 아이디어 하나가 떠올랐죠. 집에서 회사까지 이동하는 과정을 '트랜서핑 모델'로 상상해볼 수 있겠다는 생각이었습니다. 낯선 사람과의 동행은 하나의 작은 인생인 것 같아요. 처음, 끝, 여정, 성공과 실패, 우연성과 적합성, 사고가 일어날 가능성, 기분 좋은 동행을 바라는 마음(예쁜 여성과 함께 차를 타고 간다든지), 지독한 원수(수풀 속에 속도 감지기를 들고 숨어 있는 교통경찰)가 있는 인생 말이에요.

가장 중요한 점은, 이 모든 것의 흐름이 오로지 제 '선택'에
달려 있다는 사실입니다. 제가 어떤 경로를 선택하는지에
따라 달라지죠. 오랫동안 갈아입지 않은 속옷 냄새와 술
냄새가 지독하게 풍기고 면도도 하지 않은 모습으로 손을
흔드는 이 남자를 태울지 말지, 노란 불일 때 이 교차로를
건널지 정지선에 고분고분하게 멈출지 등, 저는 여러 선택의
갈림길에 놓입니다. 게다가, 생각해보면 이 짧은 여정의
결과도 '완전히' 제 선택에 의해 달라집니다. 모든 점에서요.
제 여정에서 일어나는 모든 일은 그 일이 있기 전에 제가 어떤
선택을 했는지에 달려 있어요!

참고로 말씀드리자면, 이것은 어떤 '결과'일까요? 첫 번째로는
물론 순전히 금전적인 결과가 나타났습니다. 바로 제가
벌었던 돈의 액수 말입니다. 하지만 이런 수입의 증가는 극히
일부에 지나지 않습니다. 제가 회사나 집에 도착할 때의
상태가 달라지니까요. 화가 나고 지친 상태일 수도 있고,
반대로 매력적인 사람들과 함께한 성공적이고 즐거운 동행을
통해 기분이 밝고 긍정적이 될 수도 있죠.

이와 같은 동행이 트랜서퍼가 따라야 하는 원칙들에
들어맞는다는 사실을 알게 되었을 때, 저는 다음의 원칙들을
지켜보기로 결심했습니다.

- 출퇴근길에 얻을 수 있는 금전적 결과의 중요성을 0의
  상태로 줄인다. 돈을 벌면 좋은 것이지만, 돈이 생기지

않더라도 '될 대로 되라지, 내일은 더 좋은 하루가 될
테니'라며 대수롭지 않게 받아들인다.

■ 다른 운전자들과 손님을 두고 싸우지 않는다. 다른
운전자를 추월하거나, 손님과 협상하려고 하지 않는다.
어딘가 불쾌한 인상을 풍기는 사람은 절대로 태우지
않는다.

■ 경로를 선택할 때 '생각'을 줄이고, 내면에서 느껴지는
순간적인 감정에 온전히 따른다. 가고 싶은 길, 끌리는 길,
영혼이 더 편하다고 느끼는 길로 간다.

■ 목적지로 가는 길에서는 되도록 모든 사람에게 양보한다.
무의미한 경쟁에 절대로 말려들지 않는다.

■ 어쩌면 이것이 가장 중요한 원칙일 것이다. '그 무엇에
대해서도 절대로' 불평하지 않고, 심지어 뻔뻔한
거짓말이나 욕설을 듣더라도 화내지 않는다.

예를 들어보겠습니다. 마르샬 주코프 대로*의 2차선으로
가고 있을 때였습니다. 흰색 코트를 입은 젊은 여자가 손을
흔들고 있는 모습을 보고, 저는 속으로 쾌재를 불렀지요. "내
손님이다!"라고 외치면서요. 하지만 바로 옆 차선에 있던
낡은 코페이카**가 속도를 높여 제 앞에 끼어들었고, 저는
급하게 차를 세워야 했습니다. 그 운전자는 성공적으로 '저의'

---

* 소련의 전쟁 영웅인 게오르기 주코프 장군의 이름을 딴 대로. 모스크바와 상트페테르부르크에 동명
의 대로가 있는데, 여기에서 언급된 대로가 어느 지역에 위치한 것인지는 알 수 없다.

** 러시아의 대중적인 자동차 브랜드 라다의 차종 중 하나. 러시아에서 가장 흔히 볼 수 있는 차량이다.

아가씨 손님을 가로챘습니다. 예전의 저였다면 속으로(또는 소리 내서) 아주 거칠게 욕했을 겁니다. 그것도 실수로 손님을 놓친 저 자신에게 말입니다. 하지만 지금은 이런 상황에서도 미소를 지으려고 노력합니다. '저런, 바보같이…. 힘들겠네…. 젊은 여자야 저 손님만 있는 것도 아닌데. 더 아름다운 손님을 찾으면 되지!'

이 방법은 100퍼센트 효과가 있습니다. 예전에는 첫 손님이 무례한 사람이었다면 기분이 몹시 나빴고, 그 손님을 태워준 이후에도 보통은 모든 일이 실패로 끝났습니다. 이제 그런 손님을 만나더라도 제가 신경 쓰지 않으면(또는 거의 신경을 쓰지 않는다면요), 이 실패(예전이었다면 실패라고 할 만한 것들)는 그 이후의 출퇴근길에 '절대로' 영향을 주지 않습니다.

제가 궁금한 것은 이겁니다. 이 상황에서 제가 얻게 된 것이 있을까요? 솔직히 말하면 잘 모르겠습니다! 어쩌면 그럴 수도 있겠지만 단 한 번도 계산해본 적은 없어요. 어쨌거나 소득 측면에서는 그 어떤 '도약'도 없었습니다. 하지만 다른 측면에서 달라진 것이 있다는 사실은 분명하게 느낄 수 있어요. 도로에서 예전과는 전혀 다른 사람들을 만나게 된 것입니다! 한 번 태우고 나면 차 안을 한참이나 환기해야 했던 시끄러운 술주정뱅이들, 엉덩이를 붙이자마자 운전은 어떻게 해야 하는지, 심지어 '카프카스 출신 유명인사들'이 누구인지에 대해(참고로 저는 그들에 대해 아무런 적대감도 없습니다) 강의를 하려고 드는 거렁뱅이들이 줄어들기 시작했습니다. 그 대신에 훨씬 더 매력 있는 커플들, 정 많은 40대 아주머니, 록 음악과 축구를 좋아하는 아저씨와 같은 손님들을 자주 만나게 되었어요. 내면의 긴장을 줄이기 위해 기울인 노력이 제 세계의 층을 더욱 선명하고 부드러운 색깔로 칠하고, 그 세계에 큰 영향을 미친 느낌이에요.

요약

■ 사람들은 마치 정신이 나간 것처럼 이리저리 날뛰기만 한다. 항상 시간이 부족하다며 나중으로 미뤄두기만 하다가, 결국에는 정말 아무것도 할 수 없게 된다. 어떻게든 모든 것을 인생의 조금 뒤로 미뤄두려고 하지 말고, 이제부터는 현재의 삶을 살아야 한다.

■ 목표 슬라이드를 용의주도하게 돌려보는 작업은 마치 수압 펌프처럼 의도를 믿음으로 퍼 올린다. 한두 방울씩 아주 느리게 퍼 올리게 될지라도, 분명한 방향성을 가지고 규칙적으로 한다면 의도는 믿음으로 변할 것이다.

참고

사념은 머릿속에 있는 것이 아니다. 그것은 가능태 공간 안에 존재한다. 우리는 시각화를 통해 이 가능태 공간에서 우리가 필요로 하는 영화 필름을 꺼내 영화를 재생하기 시작한다. 이 작업을 충분히 오랫동안 하면 영화는 현실에서 물질화된다. 이것이 바로 당신에게 필요한 '끌어당김'의 원칙이다.

수십억 개의 반영

트랜서핑을 하며 생길 수 있는 복잡한 문제들에 대해 계속 알아보도록 하겠다. 메일들을 읽어보면, 슬라이드의 원칙을 잘못 이해하고 있는 독자들이 여전히 많은 것 같다.

저는 제가 원하는 것이 무엇인지 아주 확실하게 알고
있습니다. 저는 저 자신을 위해 살고 싶어요. 저만의 집을
가지고 싶고, 여행과 자기계발을 하고 싶고, 여러 언어를
배우고 싶습니다. 다만 저의 사업을(어떤 사업이든) 하고 싶지는
않습니다. 그러니까 목표를 달성하는 방법이 누군가에게
유산을 물려받거나, 어떤 쪽으로 투자를 해서 큰 이익을
보거나 하는 식이었으면 해요. 제 소유의 집에 살면서 제 차를
운전하고 다니는 모습을 시각화하는 슬라이드를 돌려보기만
하는 것이 제대로 하고 있는 걸까요? 아니면 유산을 물려받는
상속서에 서명하는 슬라이드를 떠올려야 하나요?

슬라이드는 자기 소유의 집이나 여행과 같이, 목표가 달성된 장면을 포함하고 있어야 한다. 그런데 유산을 상속받는 협의서에 서명하는 것은 목표가 아니라 수단이다. 당신도 모를 목표 달성 방법을

프로그래밍할 필요는 없다. 어떤 방식으로 목표가 달성될지는 당신의 마음이 결정할 문제가 아니다. 마음이 할 일은 주의를 목표 슬라이드에 맞춰놓는 것이다. 그렇지 않으면 목표를 달성하는 과정은 길어지기만 할 뿐이다. 당신이 어마어마한 재산을 물려받는 장면에 꾸준히 주의를 집중하면 일정 시간이 지나 그것에 상응하는 문, 즉 목표로 향하는 길이 열릴 것이다. 그게 구체적으로 어떤 문일지는 알 수 없다. 오히려 그 문은, 당신이 그 문에 대해서 열린 태도로 신경을 꺼버렸을 때 열릴 것이다. 그러니 그저 목표 슬라이드를 묵묵히 떠올리는 데서 오는 만족감을 느끼라. 그 문이 열리는 순간, 당신의 영혼과 마음이 목표를 달성하게 해줄 수단이 다가오고 있다는 사실에 동의할 것이다. 그렇게 영혼과 마음의 일치가 이루어지면 모든 것은 자연히 뒤따라온다.

저는 살아오는 내내 보이지 않는 벽에 머리를 부딪히고
있다고 느껴왔습니다. 그러면서도 그 벽 너머에는 모든 것을
가능하게 해주는, 놀랍도록 눈부신 무한함이 있다는 확신
비슷한 감각이 있다고 믿어왔어요.
저는 고통과 우울함을 해소하고자 이 책 저 책을 들춰보기만
하면서 살았습니다. 매번 새로운 책을 읽을 때마다 새로운
세계관을 접했고, 처음에는 큰 희열을 느꼈습니다. 하지만
모든 것이 결국 예전으로 돌아가고 마는 것을 경험하며
슬퍼하기를 반복했죠. 고통은 사라지지 않았습니다. 제 삶은
여전히 그대로였으니까요.

작가님의 책을 읽으면서도 희열을 느끼고 있습니다. 예전과
마찬가지로 어마어마한 쾌감을 느껴요. 하지만 다른 책들을
읽었을 때처럼, 곧 실망하게 될 것 같아 조금 걱정스럽습니다.
하지만 저의 왕국에서 이런 걱정은 참을 만한 것입니다.
저는 슬라이드의 원칙이 어려운 것 같습니다. 슬라이드는
어떤 모습이어야 하며, 그것을 어떻게 돌려볼 수 있나요?

당신의 삶이 여전히 그대로인 이유는 바로, 당신이 주술에 걸린
듯 영화 스크린에서 눈을 떼지 못한 채로 상영되는 그 영화가 얼마
나 환상적인지를 생각하며 그것이 주는 쾌감을 누리려고만 하기 때
문이다. 다른 사람이 쓴 책을 읽으면 당신은 다른 사람의 슬라이드를
보게 된다. 그런 식으로는 당연히 아무것도 바뀌지 않는다.

영화나 텔레비전 같은 대중매체뿐 아니라 책도 허구의 것이다.
이것들은 모두 자신의 현실을 스스로 만드는 인간의 능력을 제한하
기 위해 고안된 매트릭스의 기발한 발명품이다. 어린아이들이 무엇
을 가지고 놀든, 그들의 창작물이 잘 정비된 시스템 전체를 혼돈으로
몰아넣지는 못한다. 어차피 시스템은 그것이 흘러가야 할 방향으로
움직이니 말이다. 그렇다면 여기서 당신이 가야 할 곳은 어디인가?

그 무엇도 당신을 대신하여 당신의 슬라이드를 만들어줄 수는
없다. 다른 사람의 영화는 그만 감상하고, 이제는 자신의 영화를 만
들어야 한다. 게임의 원칙은 아주 간단하다. 당신은 당신의 머릿속에
서 상영되는 영화 필름을 현실에서 보게 된다.

이 작업을 '가이드라인에 따라' 하는 것이라고 받아들이지 말

고, 그저 되는대로 하는 것이라고 생각하길 바란다. 말 그대로 '되는 대로' 해야 하는 것이다. 시각화는 순전히 개인적인 것이며, 저마다 다른 방식으로 이루어진다. 시각화를 하는 데 가이드라인 같은 것은 없다. 가장 중요한 조건은, 이제 연기를 하는 것은 바로 당신이며 당신 자신이 만족감을 느낄 수 있는 방식으로 연기해야 한다는 것이다.

목표 슬라이드를 돌려보고 있지만 도저히 생각을 멈출 수가 없습니다. 곧바로 머릿속에 수많은 문제가 떠오릅니다. 그것도 아주 의미 없는 생각들입니다('다른 사람들은 어떻게 생각할까?', '거리를 두고 보면 어떤 모습일까?', '그것이 가능하기는 할까?', '어떻게 가능한 것일까?', '이렇게 하면 어떨까?', '저렇게 하면 어떨까?' 등등). 이해는 합니다. 전부 다 펜듈럼 때문이며, 무시해야 한다는 사실을요. 하지만 잘 되지 않네요. 생각들이 톱니바퀴처럼 돌아가기를 멈추질 않아요. 술을 마시면 생각을 잠깐 꺼둘 수는 있지만, 술을 마시고 싶진 않습니다. 그런데 다른 방법이 없는 것 같습니다.

방해되는 요인을 없애려고 애쓸 필요는 없다. 그것은 너무 어려운 일이라, 오히려 트랜서핑은 그런 시도 자체가 무의미하다고 본다. 문제는 자신의 '영사기'를 잠시 꺼두는 것이 아니라 당신이 필요로 하는 영화 필름을 영사기에 넣는 것이다. 당신의 영사기가 돌아가기를 멈추면 의식은 다른 영화로 날아가버리고, 그때 의식은 또다시 당신의 것이 아니라 다른 낯선 사람의 손아귀에 놓이게 된다(사람이 아니라 물건일 수도 있다).

부수적인 생각이 떠오르는 것은 어쩔 수 없는 일이다. 우리의 마음이란 것이 그렇게 만들어져 있으니 말이다. 하지만 중요한 것은, 생각의 방향이 목표를 가리키고 있어야 한다는 점이다. 의심을 해도 좋고, 두려워해도 좋으며, 심지어는 우울해해도 좋다. 다만 계속해서 목표 슬라이드로 주의를 되돌려놓으라. 무슨 일이 있어도 말이다.

저희 회사는 젊은 세대들의 옷을 디자인하고 제작하는 일을 하고 있습니다. 그리고 이 옷들을 판매점에 공급하고 있어요. 시각화를 통해 매출을 늘리고 싶은데, 딜레마에 빠졌습니다. 손님이 저희 브랜드의 모든 매장에 들어와 옷을 구매하는 슬라이드를 시각화해야 하나요? 하지만 매장이 한두 개가 아닐뿐더러, 옷도 한두 종류가 아닌걸요.

이런 경우에 반드시 제품이 잘 팔리는 슬라이드를 '봐야 하는' 것은 아니다. 확신을 가지고 사념체를 선언하는 것만으로도 충분히 목표를 쉽게 달성할 수 있다. 예를 들어, 시각화를 하지 않고 그저 사념체만 가지고 의도를 선언하는 '의도 발생기' 기법[*]을 사용할 수 있다. 의도를 선언하면 세계의 거울을 향해 심상을 보내게 되고, 그 심상은 머지않아 반영이 되어 당신에게 돌아올 것이다. 가장 중요한 것

---

[*] 동양의 기공 수련처럼 양 손바닥으로 어떤 공과 같은 모양의 에너지를 생생하게 느끼고, 만지고, 움직이면서 원하는 바를 확인하는 방법. 저자는 이렇게 하면 의도가 주변으로 훨씬 강력하게 방사될 뿐만 아니라 몸의 에너지도 빠르게 충전된다고 한다.

은 방법이 무엇이든 용의주도하게 하는 것이다. 거울은 항상 일정 시간이 지나야 반응한다는 사실을 잊지 말라.

저는 남편과 우리가 가진 모든 꿈 하나하나에 대해 진지하게 대화를 나눠봤습니다. 알고 보니, 거의 모든 점에서 일치하더군요. 우리는 해변에서 살고 싶다는 꿈을 가지고 있습니다. 포르쉐와 요트도 가지고 싶고, 세계 곳곳을 돌아다니며 살고 싶어요. 하지만 작가님께서는 두 사람이 하나의 공통된 꿈을 가질 수 있다고 그 어디에도 쓰시지 않았습니다. 바로 여기에서 시각화의 문제가 생깁니다. 집이나 상황, 마당, 요트 등, 각자가 원하는 것들에 대해 서로에게 말로 설명한다고 하더라도 머릿속으로는 다른 것을 상상할 수밖에 없습니다. 꿈이 이루어지는 데 이것이 방해가 되거나, 우리가 원하는 인생트랙이 바뀌지는 않을까요? 아니면 한 사람만 시각화를 해야 하는 것인가요? 그러니까 공통된 꿈을 위해 두 명이 시각화를 하는 것이 문제가 되진 않을까요? 사실 요트를 가지고 싶다고 한 것은 남편이었고, 저는 딱히 요트를 가지고 싶지 않아요. 머리로는 동의했지만, 제 영혼은 그 꿈을 받아들이기가 힘드네요. 너무 비싼 것 같아서요(물론 역설적이게도, 땅이나 집을 사는 데 훨씬 돈이 많이 든다는 사실을 저도 머리로는 이해하고 있습니다.)

시각화는 둘 다 할 수 있으며, 또 그렇게 해야만 한다. 다만 각자의 슬라이드에는 각자의 목표만을 반영해야 한다. 예를 들어, 만약 당신이 요트를 원하지 않는다면 그것을 남편과 똑같이 원하도록 자기 자신에게 강요해서는 안 된다. 물리적으로 그 사람과 가까이 있다는 이유로 느껴지는 압박감을 가장 먼저 버려야 한다. 너무 내 생각만 하는 게 아닌가 하는 걱정은 할 필요가 없다. 중요한 점은 그 목표를 당신의 안락지대 안으로 옮기는 것이다. 물론 잘 알다시피, 안락지대를 넓히는 방법이 바로 슬라이드 기법이다. 목표가 언제, 어떻게 이루어질지에 대해서는 생각하지 말라. 그저 슬라이드를 돌려보고 기다리기만 하면 된다. 어쩌면 1년 정도의 기다림으로도 부족할 수 있다. 당신이 원하는 것은 무엇인가? 당신이 고급스러운 저택에서 사는 가능태 공간의 섹터는 당신의 현실에서 아주 멀리 떨어진 곳에 저장되어 있다. 당신의 현실이 그 섹터로 이동하려면 시간이 필요하다. 그러므로 인내심을 가지고 용의주도하게 슬라이드를 돌려봐야 한다. 포기하지만 않는다면 반드시 결과물을 손에 넣을 수 있을 것이다.

> 작가님은 특정 인물과 연인이 되는 슬라이드를 시각화하면
> 안 된다고 말씀하셨습니다. 만약 이미 어떤 사람과 연인이
> 된 후라면, 그와 함께 잘 지내고 앞으로 관계가 더 좋아지는
> 슬라이드를 시각화해도 되나요?

문제는 해도 되는지 안 되는지가 아니라, 과연 그것이 의미가 있는지다. 당신이 이미 어떤 사람과 연인이 되었다면, 이제는 시각화는 잊고 그냥 사랑을 할 때다. 사랑은 어느 날 저절로 찾아온다. 그러

나 그것은 화롯불처럼 소중히 다뤄지고 지켜져야 한다. 프레일링 원칙을 이용해서 깊은 관계를 맺으라. 여기에 슬라이드는 아무 관련이 없다. 프레일링은 결코 가벼운 작업이 아니지만, 그렇다고 어려운 일도 아니다. 중요한 점은 주의와 의도를 올바른 방향에 맞추는 것이다. 받는 것이 아니라 주는 것을 목표로 해야 한다. 당신은 거울 앞에 있기 때문에, 거울 속 모습이 당신을 향해 다가오도록 하려면 직접 거울을 향해 한 발자국을 내딛기만 하면 된다. 받으려는 의도를 버리고 그것을 주려는 의도로 대신하면, 당신이 포기한 바로 그것을 얻게 될 것이다. 모든 것이 아주 간단하다. 그러나 이렇게 하지 않는다면 사랑의 불씨는 금방 꺼질 것이다.

시각화를 하다 보면 제가 원하는 것을 이미 가지고 있는
모습을 상상하기 때문에, 벌써부터 눈물이 흐를 정도로
감격스러운 마음이 듭니다. 이러면 잉여 포텐셜이 생길까요?
실제로도 저는 아주 기쁘거나 행복하거나 감사하는 마음이
북받쳐 오르면 울음을 터뜨리곤 합니다. 이런 행동이 잉여
포텐셜을 만들까요?

당신이 원하는 만큼 기뻐하라. 아무런 해도 되지 않는다. 다만 분명한 방향을 가지고 용의주도하게 슬라이드를 돌려야 한다. 그러면 쾌감을 느끼던 마음은 어느 정도 차분해지고, 결과도 손에 넣을 수 있을 것이다.

저는 판타지, 공포, 전쟁 영화를 좋아합니다. 하지만 사람들은
그런 영화들을 볼 때마다 주인공을 보며 걱정하고, 심지어
어느 정도는 주인공에게 감정이입을 하곤 하죠. 그렇다면
이런 종류의 영화를 주기적으로 보거나 이런 소설을 읽는
관객의 사념이 가능태 공간의 부정적인 섹터로 전송되어 결국
실제 현실에서 물질화되나요?

이 질문에는 크게 걱정하지 말라고 답변해도 좋을 것 같다. 주
체적인 창작자의 역할을 버리고 수동적인 관객의 역할, 외부 정보의
소비자 역할에 완전히 몰입한다면(대다수의 사람들이 바로 이렇게 행동한
다), 현실을 만드는 능력은 거의 사라지고 만다. 하지만 그렇다 해도,
가령 블라디미르 중앙교도소*에 대한 말이 계속 들리고, 그것에 대
한 글을 계속 읽게 되고, 그것에 대한 생각이 계속 머릿속에 떠오른
다면, 당신은 결국 그 교도소 신세를 지게 될 것이다. 당신의 주의가
확고하게 고정되어 있는 것은 어떤 형태로든 당신의 삶에 나타나게
되어 있다.

저는 영화 제작과 관련된 일을 하고 싶습니다. 더 정확히는
영화감독이 되고 싶어요. 아직 목표를 이룰 기회는 못
찾았지만 그 점에 대해서는 걱정하지 않습니다. 외부의도의
판단에 맡겨두고 있으니까요. 하지만 외부의도가 그 길을

---

* 러시아 블라디미르 시에 위치한 교도소. 과거에는 정치범들을 수용했으나 현재에는 악질 범죄자들
을 수용하고 있는 것으로 알려져 있다.

찾도록 하기 위해서는 최종 목표가 이루어진 슬라이드를
돌려봐야겠지요. 바로 이 부분이 어려운 것 같습니다.

미래의 직업과 관련된 모든 것을 상상해보라. 무엇이 맞고 무엇
이 틀린지는 생각하지 말고, 그저 가상적인 현실로 인한 만족감을 느
끼기만 하면 된다. 문이 열리기 시작하면 그다음부터 무엇을 어떻게
해야 할지 직접 알게 될 것이다.

저는 이미 10대 때부터 자각몽을 꾸기 시작했습니다.
꿈속에서 깨어 있게 된 거죠. 저는 잠에 들 때마다 이것이
꿈인지 아닌지부터 확인하는 습관이 있어요. 뭔가 황당하거나
현실에서는 불가능한 일을 해보고, 그게 성공하면 모험을
시작합니다!
꿈속에서 저는 성공과 행운의 파도를 타고 있음을 느껴요.
꿈의 주인이 된 것처럼요. 생각만으로 빌딩을 부수고,
슈퍼맨처럼 빠르게 날아다니고, 벽을 통과하는 등 놀라운
일들을 해냅니다. 이때는 제한적 사고방식이 잠들어 있기
때문에, 무엇을 원하든 쉽게 실현할 수 있지요.
어쨌든 제 질문은 다른 데 있습니다. 작가님의 책에는 나쁜
일에 대해 생각하면 그 일이 일어나고 만다는 개념이 있지요.
하지만 왜인지 몰라도 저에게는 특이한 재능이 있는 것
같습니다. 장면이 선명하면 선명할수록, 제가 미래의 일을 더
생생하게 그리면 그릴수록 그 슬라이드가 현실이 될 가능성이

오히려 줄어들거든요.

반대로 말하자면, 일어날 가능성이 큰 상황은 도무지
선명하게 그려지지가 않아요. 원칙적으로는 가장 선명한
슬라이드가 물질화되어야 하겠죠. 하지만 왜인지 모르게 제
현실에서는 가장 흐릿한 슬라이드가 물질화된답니다.
저는 세상의 진실과 원리를 알아내기 위해 끝없이 탐구하고
있지만, 시간이 흐를수록 그 어떤 개념도 확고하지 않다는
점이 확실해지는 것 같습니다. 유일하게 존재하는 것은
작가님이 말씀하시는 '마음과 영혼의 일치'뿐이지요. 개념이란
물질세계의 일부에 불과하며, 우리가 그것들을 만들어내고
있을 뿐입니다.

맞는 말이다. 우리의 세계가 실제로 어떻게 만들어졌는지는 아
무도 모르며, 앞으로도 그것을 알아내는 사람은 없을 것이다. 왜냐하
면 세계는 고정되어 있거나 '하나의 가능태'를 가진 것이 아니라, 서
로 마주 보고 있는 두 개의 거울 사이에서 끝없이 이어지는 반영처
럼 무한히 다양한 모습을 가지고 있기 때문이다. 손거울을 든 채 또
다른 거울을 들여다본 적이 있는가? 당신이 그 거울 속에서 볼 수 있
는 모습, 즉 거울이 만들어내는 무한대의 반영이 바로 우리 세계를
가장 잘 보여주는 모델 중 하나다. 그럼에도 우리는 이런 수많은 현
실의 반영들 중에 각각의 개별적인 반영을 연구하고 뭔가를 알아낼
수 있다. 어떤 개념(손거울)을 가지고 세계의 거울 앞에 서는지에 따라
당신이 얻는 반영은 다른 모습을 띨 것이다. 당신의 손거울이 물질주

의의 원칙을 비추고 있다면, 당신은 그 개념에 상응하는 세계의 현실을 보게 될 것이다. 만약 관념론의 손거울을 가지고 있다면(그게 주관적이든 객관적이든 중요치 않다), 당신의 세계는 그 개념을 거부하지 않고 아주 논리적이고 분명한 반영을 만들어낼 것이다.

그러므로 우리는 우리가 어떤 존재이며 어떤 세계에 살고 있는지를 가장 근접하게 보여줄 수 있는 모델들로 만족해야 한다. 다양한 세계의 모델을 가지게 되면 그만큼 다양한 세계를 보게 될 것이다. 중요한 점은 '이 여러 가지 모델들로 우리가 과연 무엇을 이룰 수 있는가?'이다. 예컨대 핵폭탄을 만드느냐, 지구의 생물권과 조화롭게 공존하는 인도주의적인 사회를 건설하느냐, 혹은 모든 일의 흐름에 수동적으로 몸을 맡기느냐, 의도를 가지고 자신의 운명을 통제하느냐의 문제 말이다.

슬라이드가 물질화되거나 물질화되지 않는 문제에 대해서 말하자면, 당신이 보낸 편지에는 두 개의 핵심적인 문장이 있다. 바로, "내가 꿈의 주인이고, 무엇을 원하든 쉽게 실현할 수 있다"와 "일어날 가능성이 큰 상황은 도무지 선명하게 그려지지가 않는다"는 문장이다.

슬라이드는 상상의 공간 속 벽에 걸린 그림이 아니라, 의도의 화폭 위에 그려지는 그림이어야 한다. 당신이 꿈속에서 현실의 주인이 된 자신의 모습을 상상했다면 그때는 의도를 가질 필요조차 없다. '나는 뭐든 할 수 있다'라는 감각이 믿고 말고의 문제가 아니라, 이미 암묵적으로 동의된 기정사실이기 때문이다. 그리고 당신의 마음과 영혼이 암묵적이고 당연하게 받아들인 것은 거울에 의해 그대로 물질화된다. 하지만 마음은 의도보다는 거울의 환상에 더 얽매이는 경향이 있기 때문에, 마음만으로 결정을 내리면 성공률은 낮아진다.

성공하기 위해서는 의도를 가지고 자신의 '영사기'를 다룰 줄 알아야 한다. 영상의 질이 영 시원찮다고 해도 끈질긴 포위 작전으로 목표물을 손에 넣을 수 있다. 다시 말해, 용의주도하게 자신의 영화를 돌려보아야 한다는 말이다.

당신의 '선명한' 슬라이드들은 별생각 없이 즉흥적으로 만들어진, 즉 상상력에만 의존한 그림이기 때문에 그 어떤 영향력도 가지지 못했다. 그러나 당신이 의도를 가지고 그려보려고 했던 '불분명한' 그림들은 시간이 흐르며 물질화되었다. 바로 이런 이유로 나는 물질화의 '기술' 자체에 큰 의미를 부여하지 말기를 권하는 것이다. 성공을 보장하는 가장 중요한 열쇠는 뚜렷한 목표를 가지고 용의주도하게 반복하는 것이다.

요약

■ 슬라이드는 목표를 달성하는 시나리오나 방법이 아니라 목표가 달성된 장면을 포함하고 있어야 한다.

■ 당신의 머릿속에서 돌아가는 필름이 보여주는 영화를 현실에서 보게 될 것이다.

■ 내면의 독백을 멈출 필요는 없다. 중요한 사실은 사념의 근본적인 방향이 목표에 맞추어지도록 하는 것이다.

■ 시각적인 심상을 만들기 어렵다면, '의도 발생기' 기법과 같이 언어로 이루어진 사념체를 사용해도 좋다.

■ 인간관계는 프레일링의 원칙으로 만들어나가야 한다. 슬라이드는

불필요하다.

■ '블라디미르 중앙교도소'에 대한 말이 계속 들리고, 그것에 대한 글을 계속 읽게 되고, 그것에 대한 생각이 계속 머릿속에 떠오른 다면 결국 그 교도소 신세를 지게 될 것이다.

■ 슬라이드는 상상력의 공간 속 벽에 걸린 그림이 아니라, 의도의 화폭 위에 그려지는 그림이어야 한다.

■ 영상의 질이 영 시원찮다고 해도 끈질긴 포위 작전으로 목표물을 손에 넣을 수 있다. 다시 말해, 용의주도하게 자신의 영화를 돌려 보아야 한다.

참고

사실 이 질문들 자체는 쉽고 명료하지만, '자신의 영화를 돌려 보는' 원칙은 보기만큼 딱 떨어지는 것이 아니기 때문에 자세하게 다루어보았다.

포커페이스

작가님께서는 슬라이드를 적어도 하루에 30분 정도는 돌려보아야 한다고 말씀하셨습니다. 그 말씀이 머릿속에 완전히 박힌 것 같습니다. 거리를 두고 본다면, 이 '30분'이 이를 닦거나 운동을 하는 것과 같이 조건이 붙은 상황이라는 점은 알겠습니다. 다시 말해, 정당성이나 강제성뿐만 아니라, 용의주도하게 행동하며 목표의 주파수에 맞춰져 있는지 주기적으로 확인하는 것도 중요하겠지요. 하지만 실전에서는 이 모든 일이 귀찮은 일상이 되어버립니다.

그러면 이런 상황이 생겨요. 며칠 또는 몇 주 동안 매일 30분 이상 슬라이드를 돌려보면 모든 일이 아주 잘 풀립니다. 하지만 어느 날 아침 눈을 떴을 때, 변화를 위해 시간을 내야 '한다는' 생각이 들더라도 오늘은 그럴 여유가 없을지 모른다는 걱정이 그 즉시 뒤따라오게 됩니다. 마음은 그 어떤 말도 듣기 싫어하는 것 같아요. 마음은 잉여 포텐셜을 너무 크게 만들어버려서, 슬라이드를 규칙적으로 돌려본다는 작은 부담이라고 하더라도 그것이 가슴속에 억눌려져 견딜 수 없는 압박감이 되어버리곤 합니다. 목표의 중요성은 그렇게 최고치에 다다르지요. 그때가 되어서야 심상화가 부담스러운

의무사항이 되어서는 안 된다는 작가님의 말을 떠올리고,
그러면서 더 큰 불안에 휩싸입니다. 악순환이 계속되죠.
정신이 이상해진다는 표현이 더 정확하겠네요!

마음대로 되는 게 하나도 없다고 생각될 때는, 그날을 쉬는 날
로 정해두고 때로는 휴식을 취해야 한다. 카를로스 카스타네다의 가
르침 중에는 '안 하기'*라는 기법이 있다. 당신이 아무것도 하지 않
도록 의식적으로 자신을 내버려둔다면, 내면에 축적된 잉여 포텐셜
의 에너지도 그 활동성과 함께 사라진다. 이와 동시에 앞으로 할 행
동에 대한 의도는 활시위가 팽팽하게 당겨지듯 더 강력해진다. 아무
것도 하지 않는 휴식의 시기가 끝나 의도의 활시위가 손을 떠나면,
팽팽한 활시위에 모였던 힘이 발사된다.

또 다른 방법이 있다. 용의주도하게 슬라이드를 돌려보는 일이
부담이 되지 않도록 하기 위해서는 그것을 습관으로 만들어야 한다.
하지만 그렇게 하려면, 먼저 조금은 의식적으로 노력을 해야 한다.
슬라이드를 습관적으로 돌려볼 수 있게 된 이후에는 더 이상 그 일
이 부담스럽지 않을 것이다.

일상생활을 하면서 배경 모드로 슬라이드를 돌리는 습관을 들
이면 더 좋다. 이렇게 하면 효과가 더 커진다. 무슨 일을 하든 생각의
방향을 목표 쪽으로 돌려놓고, 입력되는 모든 정보와 당신이 이루고
자 하는 것을 끊임없이 대조해보는 것이다. 다른 말로, 영사기가 당

---

* not-doing:《돈 후앙의 가르침》시리즈에서 소개된 지식들 중 하나. 카스타네다에 따르면 '안 하기'
는 설명될 수 없고 그저 체득을 통해 직접 아는 방법밖에 없다고 한다.

신의 목표를 담은 필름을 항상 상영하도록 붙들고 있어야 한다. 의식을 가지고 행동하라. 그리고 아무 걱정도 하지 말라.

심상화에 대해 여쭤보고 싶습니다. 최근 들어 심상화의
내용이 조금 헷갈리는 것 같습니다. 더 정확히 말하자면 너무
큰 부담을 느끼고 있는지도 모르겠습니다. 분명하고 완전한
장면을 상상하기 위해 시간과 에너지를 들여야 하나요?
아니면 그저 되는대로 하면 되나요?

자신에게 부담을 지우지 말아야 한다. 여기에서 필요한 것은 노력이 아니라 집중력이다. 노력과 집중력은 다른 것이다. 그저 자신이 만족감을 느낄 수 있게끔 하는 것이 좋다. 사람은 항상 만족감을 느끼는 것에 가장 쉽게 집중하기 때문이다.

저는 지금 기숙사 생활을 하고 있기 때문에, 아파트에 살고
싶다는 목표가 생겼습니다. 처음에는 제가 살게 될 새
아파트를 상상하면 기분이 좋아지고, 폴짝폴짝 뛰고 노래하며
춤을 추고 싶었습니다. 하지만 시간이 흐르면서 저는 그것이
제게 필요한 목표가 아니라는 사실을 알게 되었습니다. 저는
도심에 있는 아파트가 아니라 교외에 있는 전원주택에 살고
싶습니다. 그런 집을 상상하면 만족감이 더 커져요. 하지만
당장 관심이 있는 것은 집 자체를 마련하여 이사를 하는
것입니다. 어쩌면 안락지대를 넘어서는 이동에 아직 준비가

안 된 것인지도 모르겠습니다.

주문은 처음부터 완전하게 해야 한다. 그렇게 해야 안락지대도 넓힐 수 있고, 당신의 인생트랙은 어떻게든 목표를 향한 지름길에 다가설 것이다. 물론 당신이 달성하기 매우 힘든, 야심 찬 목표를 가지고 있다면 당신의 외부의도가 처음으로 보여주는 가능태는 예전의 현실과 약간만 다를 것이다. 그런 가능태를 보게 되더라도, 이 작은 선물을 받게 된 것에 기뻐하며 앞으로는 더 비싼 선물들을 받을 일만 남았다고 생각하면 된다.

장편 영화의 형태로 슬라이드를 돌려봐도 되나요? 그러니까,
일정 시간 동안은 제가 간접적으로만 등장하기도 하면서
사건이 끊임없이 이어지도록 슬라이드를 돌리는 것입니다.
아니면 단편적인 장면들을 여러 번 돌려봐야 하나요?

당신이 원하는 대로 하면 된다. 슬라이드 기법에는 엄격한 제한이나 규칙이라는 것이 없다. 당신에게 필요하고 편안하다고 느껴지는 방식으로 하면 되고, 바로 그것이 올바른 방식이다. 슬라이드를 돌릴 때 편안하다고 느껴진다면, 당신이 제대로 하고 있다는 뜻이다. 중요한 점은 그 일이 부담스럽지 않고 만족스럽게 느껴져야 한다는 것이며, 슬라이드가 그저 화면 속의 낯선 장면이 아니라 당신이 직접 만들어낸 가상의 삶이어야 한다는 것이다. 그렇게만 한다면 슬라이드는 점차 당신의 실제 현실이 될 것이다. 일시적인 경계를 만들어둘

필요도 없다. 자신만의 슬라이드 기법이 있어야 한다.

제게는 놀라울 정도로 강한 에너지를 가진 친구가 하나
있습니다. 그 친구가 원하는 것은 뭐든지 놀라운 방법으로
이루어집니다. 그 친구는 제 사업이 잘되도록 도와주고
싶어해요. 처음에는 제게 필요한 사람들과 상황들을
심상화하여 도와주려고 했지만 효과가 없었어요. 그 친구는
제가 어떻게 사업을 하는지 한 번도 본 적이 없기 때문이죠.
그래서 그녀가 어떻게 도와주든 성공할 수 없었던 겁니다. 그
친구가 저를 도와주려면 어떻게 해야 하나요?

그녀가 할 수 있는 것은 없다. 당신은 오직 당신의 세계의 충만
통제할 수 있다. 사람들은 저마다 개별적인 현실을 가지고 있다. 아무
리 가까운 사람이라 할지라도 말이다. 당신은 다른 사람의 현실에 정
신적인(또는 형이상학적인) 요소를 통해 영향을 미칠 수 없다. 마찬가지
로 다른 사람도 당신의 현실에 아무런 영향을 미칠 수 없다. 함께 노
력하여 둘이 함께 꿈꾸는 현실을 만들 수는 있지만, 그렇게 하려면 권
한을 둘이 나눠 가져야 한다. 예를 들어, 당신의 사업은 친구가 영향
을 미칠 수 없는 당신의 사업일 뿐이다. 하지만 당신과 친구가 함께
살 집을 만드는 일이라면, 그때는 충분히 도움을 주고받을 수 있다.

저는 러시아 국립 영화학교[*]에서 공부하면서 친구와 함께 단편영화를 제작하고 있습니다. 그 시나리오의 일부는 제가 개인적으로 경험했던 일들을 담고 있어요. 다만 영화의 결말은 실제와 다릅니다. 아직은 일어나지 않은 일이니까요. 그 영화 속 주인공 역할을 제가 직접 연기하게 되었어요. 첫 장면을 찍고 나서 저희는 시나리오를 수정해야 한다는 사실을 알게 되었습니다. 기발한 아이디어가 생각나서 그것을 시나리오에 넣었더니, 제 인생이 바로 그 시나리오처럼 흘러갔기 때문입니다. 이러다가는 곧 미쳐버릴 것 같다는 생각이 들어요.

보다시피, 현실의 거울은 실제로 자신의 '영사기'에서 돌아가는 필름을 현실에서 보게 된다는 원칙에 따라 작동한다. 단순히 생각만 하고 슬라이드를 돌려보는 것뿐 아니라, 생각을 글로 적으면 그 효과는 배가된다. 그렇기 때문에 귀찮다고 생각하지 말고 자신의 사념체를 글로 써보라고 조언하는 것이다. 그렇게 하면 문자 그대로 자기 현실을 '환경설정'할 수 있다. 아침에는 어떤 것을 달성하겠다고 설정해두고, 저녁에는 성공한 것과 이뤄낸 것을 확인해보라. 당신이 아침저녁으로 기록한 것은 정신적 틀에 입력되고, 결과적으로 당신의 현실이 될 것이다.

---

[*] 세계 최초이자 러시아 유일의 영화 대학. 1919년에 설립되어 유명한 감독들을 배출한 것으로 잘 알려져 있다.

심상화에 대해서는 거의 확실하게 알겠는데, 자꾸만 의심하는
마음이 들 때는 어떻게 하나요? 슬라이드를 돌려보는
도중에도 자꾸만 이런 생각이 불쑥불쑥 드네요.

의심을 떨쳐내려고 애쓸 필요 없다. 의심하는 마음이 불쑥 고
개를 들었다면, 그런 마음이 잠시 동안은 머릿속을 이리저리 헤집도
록 내버려두라. 시간이 지나고 다시 단호하게 목표를 향해 자신의 주
의를 되돌려놓으면 된다. 마치 그 목표가 이미 이루어진 것처럼 말이
다. '주의'라는 바람개비는 때때로 그렇게 바람에 의해 중심이 흔들
리지만, 중요한 것은 바람개비의 평균적인 물리량이 꾸준히 목표를
향하도록 하는 것이다. 슬라이드를 돌릴 때는 반드시 꾸준하고 용의
주도하게 해야 한다. 그렇게만 한다면 일시적인 의심은 방해가 되지
않을 것이다.

저는 일하지 않고도 독립적이고 여유로우며 안락한 삶을
살겠다는 목표를 가지고 있습니다. 그런데 작가님이
생각하시기에, 그런 목표가 이미 달성된 상황을 반영하는
목표 슬라이드는 어떤 모습이어야 할 것 같은가요? 물론 예금
계좌의 모습 말고요. 저를 할 일 없이 소파에 늘어져 있는
게으름뱅이로 보지는 말아주셨으면 합니다. 저는 성공한
전문가이고 제 이름으로 책도 여러 권 냈어요. 다만 제
전문분야에서 열심히 일하던 과거와는 다르게 이제는(마흔이
되어갈 무렵부터) 조금 지쳤을 뿐이에요.

그저 당신이 생각하는 삶의 축제가 어떤 모습인지 사념 속에서 용의주도하게 돌려보면 된다. 그 축제의 모습을 보여주는 것이 비단 예금 계좌만은 아니지 않은가? 당신이 만들어낸 세계 속에서 가상의 삶을 살라. 나는 이것을 '구름 속에서 목표를 향해 여행하기'라고 부른다. 시간이 지나면 그 축제의 가능성을 열어줄 문이 나타날 것이다.

세계의 거울은 숨 막힐 정도로 환상적인 물건이다. 꿈이 어떻게 현실이 될지 걱정하면서 머리를 싸맬 필요 없다. 거울이 직접 보여줄 테니 말이다. 어려운 것은 딱 하나다. 거울이 보여주는 환상에 빠지지 않도록 자신의 마음을 다잡는 것이다. 현실에서는, 특히 처음에는 당신의 가상 영사기에서 돌아가는 필름과는 전혀 다른 모습이 연출될 수 있다. 그런 상황에 처하면 얼마든지 의심하고, 걱정도 되고, 두려워지기도 할 것이다. 그러면 사람은 당황하여 자신의 필름을 내팽개치고, 급변하는 상황을 초조하게 바라보기 시작한다. 바로 이것이 거울의 환상이다.

하지만 '뻔뻔하다'고 말할 만큼의 태도를 끝까지 유지해야 한다. '포커페이스'가 되어 게임에 임하라. 거울이 나를 조종하고 이리저리 갖고 노는 것이 두렵다 할지라도, 계속해서 뻔뻔하게 자신의 노선을 지키는 것이다. 눈을 휘둥그레 뜨고 눈앞의 화면에 펼쳐지는 악몽을 멍하니 바라보고 있지만 말고, 뻔뻔하게 힐끔힐끔 쳐다보며 나의 영사기에서는 어떤 필름이 돌아가고 있는지 지켜보라.

억지로 봐야만 하는 연극에 빠지도록 자기 자신을 내버려두지 말고, 자신의 연극을 만들라. 거울 속의 장면은 당신의 영화에 상응하는 모습으로 언제든지 당신을 찾아올 것이다. 그렇지 않으면 그 현실이 딱히 어디로 가겠는가? 원칙이 그런데 말이다.

의도는 현재에 선언해야 하죠. 제가 목표하는 것을 이미
손에 넣었다고 생각하면서 말이에요. 자동차를 예로
들어보겠습니다. 차를 가지고 있는 모습을 상상하는 것은
쉬워요. 창밖을 내다봤을 때 제 차가 주차되어 있는 모습이
보인다고 상상하는 겁니다. 집을 나서서 차를 타고, 시동을
건 다음 출발을 하는 거예요. 겨울용 타이어와 같은 차의
부품들을 살 수도 있고요…. 하지만 아직 차를 가지고 있지
않은 현실을 마주할 때는 어떤 태도를 가져야 하나요? '그럼
내 차는 어디에 있다는 말이야?' 하는 마음이 계속해서 저를
괴롭힙니다.

당신이 세계의 거울과 '믿거나 말거나'라는 게임을 하고 있다고
생각하라. 거울은 당신과 게임을 하면서, 당신의 주의가 주변 현실에
서 상영되는 연속극에 쉽게 휘둘린다는 사실을 이용하여 자신이 원
하는 대로 당신을 이리저리 가지고 놀려고 한다.

그러면 이런 일이 일어난다. 당신이 거울을 들여다볼 때, 거울
은 세계가 얼마나 버겁고 불편한지, 여기에서 성공을 거머쥐는 것이
얼마나 힘든지를 당신에게 보여줄 것이다. 쳇바퀴 속 다람쥐처럼 계
속해서 돌아야 하고, 수많은 사건에 휘말리고 통제받으며, 두려워하
거나 의심하거나 긴장하며 살아야 한다는 사실을 받아들이게 하려
들 것이다. 줄에 연결되어 씰룩씰룩 움직이는 꼭두각시 인형처럼 살

아야 한다고 말이다. 그런 환상을 믿는가? 물론 그러기 쉽다. 이것은 일방적인 게임이며, 이 마술극 속의 수동적인 관객이 되겠노라고 당신 자신이 무기력하게 동의해오지 않았는가?

하지만 이제는 직접 환상을 만들어 거울에게 보여주도록 하라. "이번에는 여길 봐. 그리고 내가 시키는 대로 해"라며 거울을 약 올리는 것이다. 상상해보라. 그러면 거울도 그러겠다고 적극적으로 동의할 것이다. 거울은 당신을 바라보며 '믿거나 말거나' 게임을 시작할 것이다. 거울이 당신을 믿든 말든, 그것은 나중의 일이다. 그저 당신이 얼마나 진심으로 거울을 속이려고 하는지가 중요하다. 또한 당신이 문제를 내는 역할을 얼마나 오래 하느냐도 두말할 나위 없이 중요하다. 자칫하면 손에 쥔 패들을 이내 집어던지고 멍하니 화면에 시선을 고정한 채, 또다시 시간을 헛되이 낭비하기 시작할 테니 말이다. 현란한 속임수들을 보이는 그대로 믿어버리는 것이다.

그러나 당신이 최면에 걸린 듯한 멍한 시선을 거울에서 거둬들여 자기 자신에, 그리고 머릿속에서 상영되는 영화 필름에 주의를 돌려놓으면 현실은 점점 모습을 바꾸게 된다. 물론 곧바로 변하지는 않을 것이다. 오히려 타성에 따라 모니터는 이전의 연속극을 계속 방영하면서, 당신의 설정에 절대로 동의하지 않겠다는 듯 버티며 꾸역꾸역 조금씩만 변화할 것이다. 도저히 더 버틸 수 없을 때까지 말이다. 그러므로 당신은 지금 자신이 거울과 무슨 게임을 하고 있는지를, 누가 누구를 속이려고 하는지를 잊지 말아야 한다.

자신의 트랙에서 벗어나지 않도록 꾸준한 태도를 보이면, 머지 않아 당신의 세계의 층에서 예전의 특징들이 사라지고 미래의 신호들이 보이기 시작한다는 사실을 알 수 있을 것이다. 그것이 바로 당신이 뻔뻔한 속임수로써 그려낸 미래의 모습이다. 마치 무대의 배경이 변하는 과정과 비슷하다. 다만 이 변화는 눈치채기 힘들 정도로 천천히 일어날 것이다. 마치 평행세계의 현실이 현재 세계로 끌려오듯 말이다. 당신이 뻔뻔하면 뻔뻔할수록, 그 미래의 모습은 더 자연스러워진다. 그리고 거울은 결국 당신을 완전히 믿어버릴 것이다. 지금까지와는 정반대로, 이제는 당신이 만들어낸 현실을 거울이 고분고분 받아들일 것이다. 이 게임의 일차적인 의미와 전제조건은, 환상을 만들어내는 쪽과 그 환상을 그저 받아들이기만 하는 역할을 정해야 한다는 것이다. 누가 어느 역할을 맡을지는 직접 결정하라.

요약

- 슬라이드를 돌려보는 일이 부담스러운 의무사항이 되어서는 안 된다.
- 용의주도하게 슬라이드를 돌려보는 일이 부담이 되지 않게 하기 위해서는 그것을 습관으로 만들어야 한다.
- 슬라이드에서 결정적인 의미를 가지는 것은 노력이 아니라 집중력이다.
- 슬라이드 기법에는 엄격한 제한이나 규칙이라는 것이 없다. 당신에게 필요하고 편안하다고 느껴지는 방식으로 하면 되고, 또 그것이 올바른 방식이다.
- 당신은 오직 당신의 세계의 층만 통제할 수 있다. 다른 사람의 현실에 정신적인(또는 형이상학적인) 요소를 통해 영향을 미칠 수는 없다.

- 단순히 슬라이드를 상상할 뿐만 아니라 그것을 글로 적을 수도 있다. 그러면 효과가 배가된다.
- 슬라이드를 돌릴 때는 반드시 꾸준하고 용의주도하게 해야 한다. 그러면 일시적인 의심은 방해가 되지 않을 것이다.
- 당신이 생각하는 축제의 모습을, 의도를 가지고 사념 속에서 돌려 보라. 그리고 당신이 만들어낸 세계 속에서 가상의 삶을 살라. 목표를 향하여 '구름 속을 여행하라.'
- 억지로 봐야만 하는 연극에 빠지도록 자기 자신을 내버려두지 말고, 자신의 연극을 만들라.
- 세계와 함께 '믿거나 말거나' 게임을 하라. 직접 환상을 만들어 거울에게 보여주라. "이번에는 여길 봐. 그리고 내가 시키는 대로 해"라며 거울을 약 올리는 것이다.

참고

당신이 사념 속에서 당신의 영화를 고집스럽고 꾸준하게 돌려 본다면, 현실은 언젠가는 그 영화와 일치하는 모습이 된다. 현실은 그 어디로도 갈 수 없다. 그것이 현실의 본성이기 때문이다. 현실은 당신을 쥐락펴락할 수도 있고, 당신의 손아귀에서 놀아날 수도 있다. 문제는 누가 주도권을 쥐느냐다.

2부
기술권[*]

* technosphere: 지질학자이자 환경공학자인 피터 해프^{Peter Haff} 교수가 2014년에 처음 주장한 개념으로, 자연이 만들어낸 영역인 생물권(biosphere)에 빗대어 만들어졌다. 문명을 통해 지구에 생겨난 것들을 뜻한다.

사회의 기생충들

오늘은 최고의 날이다.
머저리들과의 결전의 날이니.
ㅡ록 그룹 타임 머신스[*]

사람들이 왜 트랜서핑을 하며 어려움을 겪는지 이해하기 위해서는 우리 사회가 어떻게 이루어졌는지 자세하게 알아볼 필요가 있다. 그다지 유쾌하지는 않은 진실로부터 시작하기로 하자. 흔한 일은 아니지만, 나는 트랜서핑에 대한 기대가 빗나가 왜인지 모르게 화가 난 사람들로부터 편지를 받곤 한다.

옳은 길을 가시길 바랍니다! 유명세를 타고 사람들이
계속해서 작가님의 책을 찾는 동안 돈을 긁어모을 작정이신
것 같네요.

바로 이런 식으로 말이다. 아주 짧고 간결하다. 이와 비슷한 내용으로 편지를 보낼 때는 이런 형식으로 쓰길 바란다. 첫 부분부터

---

[*] 1969년 결성되어 러시아에서 가장 오랫동안 인기를 유지하고 있는 록 그룹 중 하나.

적대적인 의도가 분명히 보이면서 내용이 두세 줄을 초과하면, 나로서는 그 편지를 끝까지 읽지도 못하고 당연한 곳으로 보낼 수밖에 없기 때문이다. 휴지통 말이다. 그러면 굳이 공들여 편지를 쓴 당신의 노력은 물거품이 되어버린다. 그런데 위 내용처럼 간결하고 본질을 잘 담은 편지라면, 당신이 쏜 화살은 과녁에 정확히 명중하여, 나를 완전히 충격에 빠뜨릴 수 있을 것이다.

애초에 이 주제에 대해서는 그다지 언급을 하고 싶지 않다. 펜듈럼을 따르는 각각의 꼭두각시들이 도발할 때는 그저 무시하면 그만이지만, 그렇게 쉽게 외면할 수만은 없는 현상이 하나 있다. 자그마치 '현상'이다. 그 현상이 몇몇 사람들로 하여금 나(저자)의 노력이 보상을 받을 만한 가치가 없다고 진심으로 믿게 만드는 것 같다. 예컨대 이런 식이다.

제가 트랜서핑을 읽기 시작한 여러 이유 중 하나가 바로, 이 책에는 사심이 없었기 때문입니다. 작가님은 그 어떤 대가도 바라지 않은 채 무료로 책을 나눠줬으니까요. 그런데 지금은 그저 평범한 상업 프로젝트로만 보이네요.

첫 번째로, 나는 책을 무료로 나눠준 적이 없다. 물론 필요하다면 보내줄 수는 있다. 두 번째로, 일을 해도 대가를 받아서는 안 된다고 믿는다면, 당신 자신이 직접 그렇게 일하라. 그것이 더 간단하고 영광스럽지 않은가? 아니면 간사하게 굴며 이리저리 빠져나갈 구멍을 찾겠는가?

솔직히 말하면 우리 모두는 어떤 방법으로든 뭔가를 생산하고 그 대가로 보상을 받는다. 이 편지를 쓴 사람을 찾아가 그가 생산한 것을 달라고 하면, 그는 절대로 그 결과물을 거저 주려고 하지 않을 것이다. 그러나 왜인지는 몰라도, 그런 사람들의 머릿속에 나(저자)는 그래야만 한다는 믿음이 굳게 자리 잡고 있는 듯하다. 단순히 그래야만 하는 것을 넘어서, 나의 노력을 거저 줄 의무가 있다는 식이다. 이것은 기생충들이나 가질 법한 사고방식이다.

이런 편지들을 받으면 기분이 상한다기보다 오히려 놀라움을 금할 수 없다. 불쾌함이 느껴지면서도, 동시에 호기심을 가지고 탐구하게 된다. 정말이지 의학계에서 관심을 가지는 것도 모자라 집중적인 연구가 필요할 정도의 현상이다. 사람의 몸에 붙어사는 기생충의 존재는 모두가 잘 알고 있을 것이다. 하지만 그 밖에도, 상대적으로 덜 알려진 '의식의 기생충'들이 있다. 여기에서 한 걸음 더 나아가 '사회의 기생충'들도 있다. 놀랍지만 아주 소수의 사람만이 사회의 기생충들을 하나의 현상으로 보고 집중적으로 연구한다. 내가 이 분야에 대해 그렇게 해박한 편이 아니기 때문에, 이에 대해 자세히 설명하지는 않고 몇 가지 의견만을 말하고자 한다.

여기에서 흥미롭고 놀라운 사실은 이런 기생충들이 있다는 것이 아니라, 이들의 요구사항이 말로 표현할 수 없을 정도로 어리석다는 것이다. 어떻게 화가, 음악가, 작곡가, 작가, 요리사들에게 '상업 활동에 대해 타락한 집착'을 보인다며 비난할 수가 있는가? 레스토랑의 테이블에서 자리를 박차고 일어나 주방에 있는 셰프에게 "여기서 돈이나 벌고 있냐, 이 개자식아!"라고 욕을 퍼붓겠는가? 아니면 콘서트에서 연주 중인 음악가에게 "돈을 벌고 있군요! 예술을 하라고요!"라고 야유를 보내겠는가?

정작 당신이 레스토랑이나 콘서트까지 찾아온 이유는 무엇인가? 뭔가를 얻기 위해서가 아닌가? 다른 말로, 레스토랑이나 콘서트에 갈 만한 가치가 없었다면 당신은 군이 돈까지 내며 거기에 가지 않았을 것이다. 그런데 기생충들은 다른 사람의 노동에 대가를 지불하는 것을 죽기보다 싫어한다! 그들은 틈날 때마다 다른 사람들로부터 공짜로 뭔가를 뜯어내려고 하는데, 그 시도가 수포로 돌아가면 곧바로 상대방을 탐욕스럽다고 비난하며 화살을 돌린다.

그런 행동을 하는 것은 다름 아닌 유충들이다. 유충들은 구멍에서 기어나와, 잠시 두리번거리다 얼굴을 잔뜩 찡그리며 생각한다. '아이고, 또 사방에서 물건을 팔고 있구만!' 하고 말이다. 요리사는 그에게 먹을거리를, 음악가는 즐길 거리를 주지만 그는 그 상황이 영 탐탁지 않다. 모든 것이 거저 주어졌더라면 전부 간단하고 공평했을 것이다. 실제로 그렇게 되어야 하기도 하고 말이다. 그러면서도 본인의 가게에는 소시지를 진열해놓고 시식회를 연다. "어서 오십쇼! 제 소시지 드셔보셨나요? 당신이 만든 쓰레기와는 비교도 안 되죠?"

분명해 보이는 것들을 설명하기 위해, 일부러 아주 유치할 정도로 과장하여 상황을 설명해보았다. 아주 단순한 보상의 원리조차 이해하지 못하는 사람들이 하는 행동이 바로 이런 것이다.

베스트셀러 작가들이 긁어모으고 있다고 유충들이 생각하는 어마어마한 액수의 돈은 사실 존재하지 않는다. 생각보다 훨씬 더 적다. 오히려 저술 활동에 들어가는 노동의 양과 금전적 보상은 전혀 균형이 맞지 않다고 보는 게 맞다. 이 일을 해보지 않은 사람들은 상상조차 할 수 없을 것이다.

이 벌레들은 트랜서핑 센터(tsurf.ru) 역시 가만두려고 하지 않는다. 누군가가 교육으로 돈을 번다는 사실을 도저히 못 견디는 듯하다. 하지만 트랜서핑 센터는 강의에 대한 수요가 있기 때문에 만들어진 기관이다. 그 말은, 누군가에게는 그 강의가 필요하다는 뜻이다. 그러면 강사들은 그 교육을 무상으로 제공해야 한다는 말인가? 강의를 하는 일은 높은 숙련도와 완전한 노동력을 투입하지 않고서는 불가능하다. 기생충들은 교사들이 일반적인 학교에서 수업을 한다거나 하는 일들이 어떤 가치를 가지는지 모른다. 그들은 다른 사람들의 노동을 가치 있게 여기지 않는다. 정작 본인들도 절대로 지칠 때까지 일을 하려고 하지 않으면서 말이다. 개인적으로 나는 트랜서핑 센터로부터 그 어떤 수익도 취하지 않는다. 센터에서 아무런 강의도 진행하지 않기 때문이다. 강의를 하게 되면 그때는 강의료를 받을 것이다. 아니면 그때 역시 아무런 보상도 받으면 안 된다는 말인가?

그런 의미에서 상업 활동 자체에 나쁜 것이라곤 아무것도 없다. 비즈니스는 비즈니스일 뿐이다. 누구나 자신의 사업에 관한 일이라면 손을 바들바들 떨며 소심하게 굴곤 한다. 하지만 다른 사람의 사업에 대해서는 '탐욕, 사기, 치사한 플레이'라는 꼬리표를 붙이기 위해 호시탐탐 기회를 노린다. 나중에는 채식 위주의 생식과 같은 불편한 주제에 대해 설명하게 될 텐데, 여기에 어떤 상업적 고려가 있을 수 있겠는가? 그것이 인기 있는 주제라도 되는가? 전혀 아니다. 육식이라면 몰라도 말이다!

예전에 읽었던 책의 저자에 대한 신뢰를 잃었다면, 그저 그에게서 쿨하게 등을 돌려 외면하면 그만이다. 그리고 앞으로는 더 이상 그의 활동 소식에 귀를 기울이지도, 관심을 가지지도 않으면 될 일이다. 그런데 당신들(이런 편지들을 쓴 사람들)은 왜 아직도 여기에서 서성이고 있는가? 무엇을 원하는가? 부디 출구를 찾아 나가길 바란다! 그동안 늘 말했다시피, 나는 그 누구에게도 나와 함께할 것을 강요하지 않는다.

사실대로 말하자면, 나의 활동 중 많은 부분은 그 어떤 것으로도 보상받을 수 없다. 일상 속의 구체적인 상황을 알리며 도와달라고 요청하는 독자들에게 일일이 답변하는 일은 아주 많은 시간과 노력을 필요로 한다. 그럼에도 나는 그 어떤 대가도 바라지 않고, 내가 가진 모든 것을 최대한 활용해 도움이 필요한 사람들을 도우려고 한다. 그런데 내가 저술 활동에 대한 보상조차 받지 않는다고 해보자. 그러면 나는 돈을 벌기 위해 다른 일을 구할 수밖에 없을 것이며, 지금 하고 있는 일을 하기 위한 시간은 전혀 남지 않게 될 것이다. 그렇게 모든 것이 끝나고, 지금껏 쌓아온 수고는 허무하게 흩어지는 것이다.

터무니없고 황당한 말처럼 들리지 않는가? 이 벌레들이 요구하는 것이 정상으로 보이는가? 이들 또한 우리 주변에 실재하는 사람들이며, 완전한 책임을 가지고 있다고 사회가 인정하는 사람들이 아닌가? 그렇다면 도대체 이런 현상은 왜 일어나는 것일까?

러시아에서 이런 사회적 기생충 문제가 심각해진 이유는 역사적 특징 때문이다. 중세에도, 농노제가 실시되던 시대에도, 사회주의 체제에서도, 갖은 방식으로 세금을 납부해야 하는 의무가 개별적인 집단의 생산자들 본인이 아니라 집단 농장 전체에 주어졌다. 그래서 누군가는 양심적으로 일을 했지만 하는 일 없이 빈둥거리는 사람들도 있었다. 어차피 집단 농장이 모두를 위해 세금을 냈기 때문이다. 기생충들이 번식하기에 아주 완벽한 조건인 셈이다.

관료주의가 병적인 수준까지 도달했던 제국주의 이후 시기에 볼셰비키*들은 "근본까지 완전히 무너뜨리고 그다음에는…" 하는 식으로 희망을 걸었다. 그리고 모든 것을 무너뜨렸지만, 아무것도 달라지지 않았다. 그 후에는 이전보다 더 공허하고 괴물처럼 무시무시한 관료주의 체제가 성행하게 되었다.

레닌은 혁명을 거친 후에야 모든 것을 시작할 수 있다는 사실을 알아차리고, 어떻게 해야 할지 몰라 초조해하며 머리를 쥐어짜기 시작했다. 무엇보다도 그를 가장 불안하게 만든 것은 위기와 파멸, '아직 목숨이 붙어 있는 반혁명주의자'들의 반대, 아무 생각 없는 사람들이나 낙후된 인프라가 아니라, 여러 가지 법률로 인해 우후죽순으로 생겨나 그 무엇으로도 바로잡을 수 없는 관료주의 체제였다.

독자 여러분 중 많은 수가 사회주의가 붕괴하기 전까지 관료주의를 반대하는 운동이 활발하게 이루어졌다는 사실을 아직 기억하고 있을 것이다. 이제 사람들은 관료주의에 신경 쓰는 대신 부정부패를 척결하려고 한다. 하지만 이번에도 아무것도 달라지지 않고 있다. 모두가 알다시피, 역사가 주는 교훈이 언제 먹힌 적이 있었던가? 분명한 것은, 사회의 기생충을 없애겠다고 고군분투하는 일은 신체의

---

* 구소련 공산당의 별칭. 러시아혁명을 일으켜 러시아 제국을 붕괴시키고 사회주의 국가를 수립했다.

기생충을 없애겠다고 노력하는 것만큼이나 무의미하다는 것이다. 그들이 견딜 수 없을 뿐만 아니라 존재하는 것이 도저히 불가능한 환경을 만들어야 한다.

하지만 역사의 대물림을 고려한다 할지라도, 교육을 잘 받은 현대인들이 정작 본인은 상대방에게 아무 대가도 없이 뭔가를 줄 필요가 없다고 생각하면서 다른 사람은 그들에게 뭔가를 줘야 한다고 순진하게 믿는다는 사실은 아직도 이해하기 어렵고 놀랍기까지 하다. 쉽게 말해 "밀림 속을 아무리 오래 걸어도 아무것도 이해할 수 없는"[*] 것과 같다.

만약 이것이 우리가 원칙적으로 타인을 이해할 수 없다는 뜻이라면, 우리는 서로 다른 행성에서 온 사람들처럼 너무나도 다른 성격을 가지고 있는 것이며, 그렇기 때문에 더욱 거리를 유지해야 할 것이다. 하지만 완전히 다른 종의 생명체가 버젓이 눈앞에서 살아 움직이고 있는데 그것을 단순히 무시해버리는 일은 항상 쉽지만은 않다. 신체의 기생충을 무시해버리면 그것은 몸에 달라붙어 계속해서 에너지를 빨아먹는다. 사회의 기생충도 마찬가지다. 어떤 서류를 발급받기 위해 그것을 발급해주는 담당 공무원을 찾아갔을 때, 그는 서류를 움켜쥔 한 손은 숨겨놓고 뒷돈을 받기 위한 다른 손을 내밀 것이다. 이런 상황에서는 아무리 트랜서핑이라 할지라도 도움이 되지 않는다. 그러나 다행히 몸과 의식의 기생충으로부터 당신을 구해줄 방법은 있다. 바로 생식, 즉 살아 있는 물과 살아 있는 공기를 마시

---

[*] 자연과 교감하는 시베리아의 원주민 사냥꾼 데르수 우잘라Dersu Uzala의 삶에 관한 수필에서 따온 말이다.

는 것이다. 그렇다면 어떻게 해야 사회의 기생충을 떼어놓을 수 있을까? 그 방법은 아직 아무도 모른다. 하지만 함께 찾아보기로 하자.

■ 시스템은 관료주의가 형성되면서 발전하기 시작한다.

친애하는 독자여!

알다시피, 트랜서핑에 관한 책들은 '꽤 자유롭게' 인터넷에서 다운받을 수 있다. 하지만 거저 주어지는 것이란 없다. 중고시장에 올라오는 물건들과 같은 싸구려 모조품을 얻게 되거나 뜻밖에 다른 사람들의 주머니를 불려주기만 할 것이다. 미리 경고를 하나 하려고 한다. 당신이 불법적인 경로를 통해 책을 다운받았다면, 그 책이 완전한 버전인지 나조차도 보장해줄 수 없다. 그런 파일들은 누구든 원하는 내용을 마음대로 덧붙일 수 있으며, 실제로 그런 일들이 일어나고 있다. 출판사로부터 원본을 구매할지, 인터넷에서 돌아다니는 '중고 책'을 주워 읽을지는 당신의 선택과 책임에 달린 문제다. 책이 필요한데 상황이 여의치 않다면 차라리 나에게 메일을 보내길 바란다. 그러면 보내드릴 수 있다. 보상은 필요 없으니 그저 선물로 여기라. 그렇게 할 때 나에게 이득이 되는 것은 딱 한 가지다. 당신이 트랜서핑이라는 이름을 내건 가짜에 속아 넘어가지 않는 것 말이다.

주의의 사로잡힘

전작들이 큰 반향을 일으킨 후 많은 독자들이 메일을 보내왔고, (해외를 포함해서) 기사나 인터뷰에 응해달라는 요청이 쏟아지기 시작했기 때문에 여가 시간이 부족해졌다. 그래서 이번 책을 쓰는 데 꽤 오랜 시간이 걸렸다.

한편으로는 기쁜 일이다. 독자들이 이렇게 큰 관심을 보인다는 것은 전작들이 다루고 있는 주제가 적절한 시기에 적절한 내용으로 선정되었다는 뜻이기 때문이다. 특히 생식을 통해 몸을 정화하고 에너지의 수준을 끌어올려 의식을 자유롭게 한다는 개념이 독자들로부터 큰 지지를 받고 있다. 나는 이전의 버전보다 효과가 훨씬 더 좋은, 새로운 버전의 트랜서핑 책을 쓴 것에 대해 감사하는 마음과 열의에 가득 찬 편지들을 많이 받았다.

솔직히 말해 독자들이 이렇게 열과 성을 다해 이 새로운 개념을 지지해줄 줄은 꿈에도 몰랐다. 적어도 처음에는 이 주제가 아주 특이하고 이상하며, 무엇보다도 인기가 없을 거라고 생각했기 때문이다. 게다가 트랜서핑 철학의 본질을 "쓸모없는 잡동사니들로 더럽히고 있다"고 믿는 독자들로부터 오는 엄청난 압력을 견뎌내야만 했다. 그래도 많은 사람들이 트랜서핑의 새로운 철학을 받아들이기 시작한 것은 물론이고, (이제는) 그 철학으로부터 건전한 방식으로 영감을 받기 시작하고 있다. 아마도 생식이라는 주제가 영혼에 깊은 울림을 주고 어두운 터널의 끝에서 희미하게 빛나는 새로운 빛이 되는 것 같다. 왜 그런지는 이제부터 설명하도록 하겠다. 먼저 다음의 문장을 읽어보길 바란다.

.다겼옮 을음걸발 로으속 독고 한량황 고깊 러으찾 을랑사 한근포 ,고리버져던 이높 늘하 채아낚 를리꼬 의재존 한울우 그 는나 .든거있 려달매 롱대롱대 채 린걸 에리고 이발앞 ?요어쳤미 왜 .야이광치미 는나 ?요세구누 기거 .다린들 가리소 느리거열중 가가군누 ,니보 러둘 를위주 .다였때 을있 고가어걸 틀비틀비 을속숲

깨어났는가? 친애하는 독자여, 당신에게 양해를 구한다. 당신의 주의를 환기하기 위해 이런 전략을 썼다(이것은 내가 예전에 썼던 글의 한 대목을 거꾸로 적은 것이다). 깨어 있지 않다면 내가 하고자 하는 말을 이해하지 못할 것이기 때문이다. 눈치챘을지도 모르겠지만, 꿈에서는 너무나도 황당한 일이 일어나면 주의가 깨어나서 꿈을 꾸는 사람이 자신이 꿈을 꾸고 있다는 사실을 갑자기 깨닫게 되곤 한다. 하지만 중요한 점은 그가 그 사실을 인식한다는 것 자체가 아니라, 더 이상 좀비처럼 존재하지 않고 주변에서 일어나는 일들을 분명하게 보고 이해하기 시작한다는 것이다.

최근 나는 주변에서 이상한 현상을 발견하고 크게 놀란 적이 있다. 이전의 책에서 아주 자세하게 설명한 내용에 대해 다시 질문하는 메일들을 계속 받은 것이다. 문자 그대로 이런 식이다. 책에 질문

이 하나 주어지고, 곧바로 그 질문에 대한 답이 직접적이고 분명하게 제시된다. 그러면 그 책을 읽은 사람은 똑같은 내용에 대해, 묻는 표현만 바꿔서 내게 다시 질문한다.

예전에는 이런 사람들을 그저 부주의할 뿐이라고 여기고 그다지 큰 의미를 부여하지 않았다. 하지만 최근에는 이런 일이 더 자주 일어나며, 이것이 각각의 개별적인 사건이 아니라 어떤 법칙을 따르고 있는 하나의 현상이라는 결론을 내리게 되었다.

마치 독자들의 주의 중 상당 부분이 누군가에, 혹은 뭔가에 의해 사로잡혀 있는 느낌이다. 이것은 에너지 또는 흐름과 같다. 사람이 병을 얻게 되면 대부분의 에너지가 질병과 싸우는 데 투입되어 사용되기 시작한다. 아니면 견디기 힘들 정도의 책임감을 감내해야 할 때 자유에너지의 상당 부분이 그 부담감으로 인해 막혀버리기도 한다.

이전의 책에서 어떤 사람이 분노하거나 불안해하거나 두려워하거나 전신이 마비된 것처럼 자신의 문제에만 머리를 푹 처박고 있을 때, 꿈을 꾸듯이 현실을 보고 실제를 자각하지 못할 때, 펜듈럼에 의해 주의가 사로잡힌다는 말을 한 적이 있다. 그러나 이것을 여러 사람이 겪는 현상으로 설명하지는 않았다. 이제는 이런 일들이 분명한 규칙에 따라 일어나고 있다는 사실을 알게 되었다. 개인적으로 이 현상을 불길한 신호로 보고 있다. 문자 그대로 2~3년 전만 하더라도 분명하게 드러나는 현상이 아니었기 때문이다. 앞으로는 이 현상에 대해 여러 번 분석하게 될 것이므로, 지금은 이 '주의의 사로잡힘' 효과를 보여주는 몇 개의 예시만을 들도록 하겠다.

사회의 기생충들에 대한 포스팅*만 보더라도 이 현상에 대해 잘 알 수 있을 것이다. 나는 어떤 행동에 대해 왜 그렇게 했는지 이유를 설명할 때도 있고, 그렇지 않을 때도 있다. 하지만 나의 분명한 설명을 읽고 나서도 "왜 이 주제에 대한 글을 쓰셨나요?"라고 질문하는 사람들이 있다. 그들은 "기생충 따위는 없어요!"라고 주장한다.

이렇게 트랜서핑의 원칙을 대략적으로 일반화하여 설명하면 환상에 머리부터 깊이 빠져들어 본질을 이해하지 못하게 될 수 있다. 그러면 현실을 통제하기는커녕 그 현실을 적절하게 판단하는 것조차 불가능한 일이 된다.

내가 왜 이렇게 자세하게 설명하고 있을까? 한두 명 정도가 도발해온다면 그저 무시해버리면 그만이지만, 하나의 현상이 되어버린 것을 그저 외면하는 것도 어리석은 짓이다. 적어도 모래 속에 고개를 처박은 채 이 현상을 무시하지 않고, 관찰자의 입장에서 탐구해봐야 한다. 당연히 당신의 세계에도 그런 사람들이 존재할 것이다. 몸의 기생충이든, 의식의 기생충이든, 사회의 식객이든 뭐든 말이다. 그들은 당신이 외면한다고 해서 사라지지 않는다. 몸의 기생충들은 당신의 몸에 달라붙어 숨죽이고 있을 것이다. 당신이 그들의 존재에 대해 잊고 있는 편이 그들의 입장에서는 더 도움이 된다. 반면 의식의 기생충들은 당신이 아무것도 눈치채지 못하는 사이, 순식간에 당신의 의식을 점령할 것이다. 사회의 기생충들은 공무원 사무실이나 그와 비슷한 곳에서 어떤 식으로든 마주치게 되어 있다.

---

* 이 책의 일부 장들은 저자 홈페이지(zelands.ru)에 게재되었던 것들이다.

그러니 다시 한 번 말하지만, 기생충들을 외면하는 게 아니라 유심히 관찰해야 한다. 원한다면 망원경을 꺼내어 살펴봐도 좋다. 몸을 숨기고 우글대고 있는 그들을 어둠에서 밝은 빛으로 끄집어내면, 고통 속에 몸부림칠 것이다. 그들에게 자신의 흉한 모습이 드러나는 것은 마치 죽음과도 같다. 그들의 머리 위로 호프만*의 '망원경'이 드리워지면 기생충의 본질이 전부 드러나며, 그동안 꿈틀거리며 몰래 해왔던 짓들을 더 이상 은밀하게 하지 못하게 된다. 그래서 이 주제에 대해 다뤄보고자 하는 것이다. 이래도 "왜 이 주제에 대해 이야기를 하는 것인가?"라고 다시 질문할 수 있겠는가?

이 책을 출판하면서 또 하나의 흥미로운 사건이 생겼다. 트랜서핑 센터에서 무료 웹 세미나를 열었는데, 뜻밖에도 여기에 많은 사람들이 참가 신청을 한 것이었다. 인원수가 한정되어 있었기 때문에 공지를 한 바로 그날 등록이 마감되었다. 하지만 역시나 뜻밖에도, 실제 웹 세미나에 참석한 사람들은 정원보다 훨씬 적었다. 이런 일이 왜 일어나는지(그럴 거면 등록은 왜 했던 것일까?) 궁금해진 트랜서핑 센터는 참가 신청을 했던 사람들을 대상으로, 그들이 실제로는 참가하지 않은 이유에 대해 설문조사를 진행했다. 그 이유는 아주 사소한 것들이었다. 시간이 없었거나, 늦었거나, 잊어버렸거나, 시간대를 헷갈렸거나,** 시간을 잘못 알았거나, 또는 너무 일찍 접속했다는 사실을 알고 나서 다시 들어오지 않았거나, 이메일을 잘못 입력하여 초대장

---

* 에른스트 호프만Ernest Hoffmann의 단편소설 〈모래 사나이〉에서 주인공이 사용하는 망원경. 주인공 나타니엘은 어린 시절의 끔찍한 기억을 연상시키는 사건들을 겪으며 파멸해가는데, 여기에서 망원경은 주인공의 시력을 강하게 만들면서도 동시에 현실과 다르게 보이도록 만드는 역할을 한다.

** 러시아는 영토가 넓기 때문에 지역마다 시간대가 다르다. 전부 열한 개의 시간대가 사용되고 있다.

을 받지 못했거나 하는 등, 여러 가지 이유가 있었다.

이 말은 대다수의 사람들이 여전히 잠들어 있다는 뜻이다. 다시 말해, 많은 사람들이 문자 그대로 꿈을 꾸듯이 행동하며, 자신의 삶을 통제하는 것이 아니라 삶이 그들에게 일어나고 있는 것이다. 물론 웹 세미나에 참석하기 위해 돈을 냈다면 그들이 반드시 참석했을 것이라고 예상하기는 어렵지 않은 일이다. 하지만 정말로 그만큼 많은 사람들이 돈을 통해서만 주의가 활성화된다는 말인가? 트랜서퍼들 사이에서 그들이 차지하는 비중이 이 정도라면, 평범한 사람들 중에서는 어떻겠는가? 이 '잠들기' 현상의 전파가 점점 더 거세고 빠르게 일어나는 것 같다. 불과 몇 년 전만 하더라도 잠들어 있는 사람이 이렇게 많지는 않았다.

성공을 이루어내기 위해 의식이 깨어난 수준이 최상이어야만 하는 회사의 경영진에서도 상투적인 사실이나 고정관념에 주의가 사로잡혀 있는 사람들을 흔히 볼 수 있다. 예를 들어, 얼마 전 한 광고업체로부터 협력 제안이 들어왔다. 러시아의 한 포털사이트를 통해 내 글을 받아보고 있는 독자들의 데이터베이스를 자신들의 새로운 서비스에 제공해달라는 것이었다. 하지만 작가라고 해도 독자들의 개인정보에 접근할 권한은 없다는 사실을 확인하고 나서(물론 그런 권한이 있다고 하더라도 구독자들에게 통보하지 않고 그들의 제안에 독단적으로 응하지는 않았을 것이다), 그들은 내게 비용을 내면 내 글을 그들의 서비스에 광고해주겠다고 제안했다. 나는 참 당혹스러웠다. 트랜서핑이라는 상품이 사람들을 끌어모아 결과적으로 그들의 회원을 늘려줄 테니, 작가로부터 광고료를 받는 것보다는 그게 훨씬 더 가치 있는 일이라고 생각했기 때문이다.

심지어 더 큰 문제는 다른 데에 있었다. 유료 서비스를 사용할 것을 거절하자 또 이런 제안을 해온 것이다. "그렇다면 작가님의 이름을 비공개로 한다는 조건으로, 작가님이 쓴 글을 무료로 광고해드리겠습니다." 사업가들의 기발한 아이디어란 게 어떤 것인지 이해하겠는가? 그들은 트랜서핑 철학을 소시지, 운동화와 나란히 진열창에 진열해둘 수 있는 것으로 보고 있다. 달리 표현하자면, 나는 그 어떤 추상적인 주제에 대해서든 떠벌릴 수 있지만, 그들은 트랜서핑을 여전히 상품으로 보는 것이다!

여기에서 분명한 사실은, 그들의 주의는 모든 것을 삼켜버릴 정도로 어마어마한 욕심에 사로잡혀 있다는 것이다. 반영이 나에게 더 가까이 다가오도록 거울을 향해 한 걸음 내딛겠다는 의도 대신, 무슨 일이 있어도 그 반영을 잡고 힘으로 끌어당기겠다며 애쓰는 모습이다. 어린아이가 "줘!"라고 외치는 것과 크게 다르지 않은 심리다. 동시에 이것은 자신들이 무료로 광고해주는 일은 절대로 없을 것이라며 온몸이 부들부들 떨릴 정도로 두려워하는 데서 나오는 행동일 것이다. 그들의 주의는 자유롭지 않기 때문에, '받으려는 의도를 주려는 의도로 바꾸면 버리고자 했던 것을 얻게 된다'는 원칙의 의미를 온전히 이해할 수 없다.

반면 나는 이런 문제에 대해 완전히 자유롭기 때문에, 어떤 사람이 내 덕분에 돈을 벌게 된다고 해도 불쾌함에 매일 밤마다 잠을 설쳐가며 뒤척이지 않는다. 얼마든지 그래도 좋다! 내가 구독자들에게 뭔가를 추천한다면, 그것은 그와 관련된 누군가에게 특혜를 주기 위해서가 아니라 그저 구독자들이 신뢰할 만한 좋은 정보를 더 쉽게 찾도록 도와주기 위해서다. 나는 주변 사람들이 무료 광고에 대해 왜 그렇게 걱정하고 예민한지 도무지 이해할 수가 없다.

사로잡힘 효과를 단순화하여 보여주는 또 다른 예시가 있다. 사람들이 모처럼 야외로 소풍을 나오면 가장 먼저 하는 일이 무엇이라고 생각하는가? 차의 문을 활짝 열어놓고 라디오의 볼륨을 최대로 높인다. 참 이상하지만, 도시의 소음으로부터 도피하여 숲의 고요함과 새 소리를 듣는 대신, 똑같은 소음으로 두뇌가 울리도록 만드는 것이다. 혹시 우리 모두가 음악이나 새로운 뉴스의 광팬이라도 되는 걸까?

신문이나 영화, 라디오, TV, 인터넷, 휴대폰이 없이 살았던 천년 전의 사람들과 현대인들을 비교해보라. 완전히 다르다! 이 둘의 가장 큰 차이점은 지식의 정도나 문명화된 수준, 교육이 아니다. 문제는 현대인들은 정보 중독에 빠져 있다는 것이다. 그들은 외부에서 흘러 들어오는 정보 없이는 도저히 견디지 못한다. 주의의 사로잡힘 효과를 만드는 것은 바로 시스템에 의해 만들어진 이 정보의 흐름이다.

당신은 자신이 지금 하고 있는 일에 완전히 집중하고 있다고 생각할지도 모르지만, 사실 당신의 주의 중 활성화되어 있는 부분은 극히 일부에 불과하다. 주의의 상당 부분은 시스템의 정보 네트워크와 보이지 않는 실가닥으로 연결된 채, 마치 은행의 개인 금고처럼 그 외부의 통제력에 스스로를 내어줄 준비를 하고 있다.

또한 그만큼이나 상당한 부분의 주의는 활동이 정지되어 동면 상태에 빠져 있다. 주의의 활동을 막는 것은 다름 아닌 합성식품인

데, 이런 음식들은 정도의 차이는 있겠지만 다른 제품들과 마찬가지로 의식을 왜곡한다.

단순히 죽은 식단, 다시 말해 불에 익힌 음식만으로도 주의의 활동은 줄어들게 되고, 결과적으로 의식도 약해진다. 이 사실은 20세기 초에 아르놀트 에렛*에 의해 처음으로 발견되었다. 하지만 당시 그는 합성식품이 의식에 어떤 영향을 미치는지 예상할 수 없었다.

최근의 현실에서는 두 개의 프로세스가 동시에 일어난다. 그것은 주의의 사로잡힘과 막힘이다. 이 두 프로세스는 시스템이 발전해가는 더 복잡한 메커니즘, 즉 매트릭스에서 떼려야 뗄 수 없는 부분이다.

요약

■ 사람들은 대부분의 시간을 잠을 자며 보낸다. 다시 말해서, 그들은 문자 그대로 '꿈을 꾸듯이' 행동한다. 그들은 삶을 직접 통제하지 못하고, 삶이 그들에게 일어난다.

■ 사람들은 반영이 나에게 더 가까이 다가오도록 거울을 향해 한 걸음 내딛겠다는 의도 대신, 무슨 일이 있어도 그 반영을 잡고 힘으로 끌어당기려고 애쓴다.

■ 현대인들은 정보 중독에 빠져 있다. 그들은 외부로부터 흘러들어오는 정보 없이는 도저히 견디지 못한다.

■ 시스템에 의해 만들어진 정보의 흐름은 '주의의 사로잡힘' 효과를 야기한다.

---

* Arnold Ehret: 독일의 대체의학가로 음식을 통한 질병의 치유에 집중했다.

- 주의 중 활성화되어 있는 부분은 극히 일부에 불과하다. 주의의 상당 부분은 시스템의 정보 네트워크와 보이지 않는 실가닥으로 연결된 채, 마치 은행의 개인 금고처럼 그 외부의 통제력에 스스로를 내어줄 준비를 하고 있다.
- 또한 그만큼이나 상당한 부분의 주의는 활동이 정지되어 동면 상태에 빠져 있다. 주의의 활동을 막는 것은 다름 아닌 합성식품이다.

참고

최근 관찰되고 있는 주의의 사로잡힘 현상은 시스템이 종양처럼 빠르게 커져감에 따라 나타나는 첫 번째 증상이자 신호다. 인간에게 시스템의 발전은 아무 대가 없이 일어나지 않는다. 인간의 능력이 막혀버리거나, 가능성이 훨씬 제한되는 대가를 지불해야만 한다. 책의 첫 장에서 트랜서핑의 기초와 어려운 질문에 대해 다뤄보았으니, 이번에는 이런 어려움이 무엇 때문에 생기는지 살펴보도록 하자.

인공 의식

　기술과 기계가 발전함에 따라 그와 일치하는 인공 의식이 형성된다. 원한다면 이것을 사이보그[*] 의식이라고 불러도 좋다. 인공 의식 없이는 기술과 기계의 발전도 불가능하다. 모든 것은 서로 연결되어 있기 때문이다. 합성식품을 먹으면 사이보그가 되며, 사이보그가 되면 합성식품을 먹게 된다. 인간에게 이 모든 것은 단 하나, 매트릭스의 칸 속으로 들어가는 것을 의미한다. 이제 이것은 더 이상 공상 과학 소설 속의 이야기가 아니다.

　그렇다면 왜 아무도 이 사실에 대해서 이야기하지 않을까? 다시 한 번 말하지만, 이것도 역시나 당연한 이치다. 첫째로 이런 정보를 알려준다는 것은 시스템에 아무런 도움도 되지 않으며, 두 번째로 사람들의 의식은 이미 꽤 심각하게 비활성화되어 있고 주의는 그다지 중요하지 않거나 실존하지 않는 것들에 사로잡힌 상태를 벗어나지 못하고 있기 때문이다.

　이런 프로세스에 반대되는 것은 무엇일까? 많은 사람들은 고대의 은비교 교리나 기법에서 뭔가를 발견할 수 있다는 희망을 가진 채 영적 구도의 길에 오른다. 그런 것들은 어떤 면에서는 지식의 기

---

[*]　신체 일부에 기계 장치를 이식한 존재.

초가 될 수 있겠지만, 수천 년 전에 만들어진 교리들에 특별한 기대를 하는 것은 그다지 가치 있는 일이 아니다. 왜냐하면 그것들은 완전히 다른 사람들이 완전히 다른 조건에서 살았던 시기에 만들어졌기 때문이다.

자기 자신, 즉 자신의 사념과 행동과 주변 현실을 계속해서 지켜보면서 오로지 정신적인 방법을 통해 의식이 깨어난 수준을 한 단계 높이 끌어올릴 수도 있을 것이다. 하지만 끊임없이 자신을 성장시키고 전시 상황(wartime conditions)을 유지하는 것은 상당히 어려운 일이며, 그렇게 하기 위해서는 전사들이나 받는 강도 높은 훈련과 의식적인 노력이 아주 많이 필요하다. 그렇게 할 수 있는 사람들은 극히 일부에 불과하며, 매우 소수의 사람만이 이런 훈련을 견딜 수 있다.

이러한 점을 고려하면, 자연식품 위주의 식습관으로 생활하고 최대한 생식을 실천하는 것은 가장 쉽고 자연스러우면서도 효과적인 방법이라고 할 수 있다. 적어도 주의를 활성화할 수 있다. 이 원칙을 이해하고 직접 실천해본 사람들 모두가 한결같이 주장하듯이, 생식을 하면 활력, 에너지, 건강이 전체적으로 증진됨은 물론 의식도 맑고 분명해진다. 많은 노력을 기울여야 하는 것도 아니다. 그저 이해하고, 시도하기만 하면 된다.

최근 뉴스에서 일종의 강박증으로 인해 고통받는 어린 여자아이에 대한 이야기를 들었다. 그 아이는 자신이 몇 걸음을 걸었는지 세거나 문을 반드시 닫아야 하는 등, 아무 의미 없는 행동을 끊임없이 되풀이해야만 하는 강박 증상을 앓고 있었다. 이것은 의식의 기생충들이 극단적인 수준으로 주의를 꽉 쥐고 있기 때문에 일어나는 현상이다. 의사들은 그녀에게 계속해서 약을 처방했지만 그 무엇도 도움이 되지 않았다. 이런 '치료 행위'로 인해 생길 결말은 하나밖에 없다. 그 아이를 식물인간으로 만들어버리는 것이다. 사실 이 아이를 돕는 방법은 간단하다. 그저 식단을 바꾸기만 하면 된다. 자연의 식물성 식품을 먹고, 신선한 허브의 비중을 늘리는 것이다. 그러면 의식의 기생충들은 알아서 사라질 것이며, 온갖 약품은 물론 정신과 전문의들의 도움도 필요 없게 될 것이다. 하지만 그들은 이런 의견을 듣지 않을 것이기 때문에 내가 도움이 될 수는 없을 것이다. 의사들 역시 주의가 어딘가에 사로잡혀 있기 때문에, 그들은 자신이 무엇을 하고 있는지 모른다. 참 비극적인 상황이 아닐 수 없다.

■ ■ ■

눈안개가 하늘을 뒤덮었다. 그것은 작은 눈송이들을 휘몰아치며 짐승처럼, 아이처럼 울부짖었다. 안개가 낀 것일까, 눈보라가 치는 것일까? 쉽게 말해, 짐승들과 아이들이 잔뜩 화가 나서 눈안개 속으로 반짝이는 불빛을 던져놓은 것 같았다. 부디 신이 이 짐승들과 아이들을 축복하기를.

양자(quantum)만큼이나 작은 당신의 주의를 다시 한 번 기울여주길 바란다. 이제 아주 진지한 문제를 다뤄보겠다. 주의의 사로잡힘 현상은 허투루 볼 일이 아니다. 조금 과장을 보태서 말하자면, 무시무시한 일이라고 할 수 있다. 외계인들이 지구를 침공한 공상과학 소설 속 이야기를 읽고 두려움을 느낀 적이 있는가? 하지만 위험은 (흔히 그렇듯이) 우리의 예상과는 전혀 다른, 뜻밖의 방향에서 다가오곤 한다.

아주 오랜 옛날부터 잘 알려져 있는 사실이 하나 있다. 인간에게 직접적으로 내재되어 있는 것들은 그의 물리적 신체와 의식을 이루며, 그에 따라 개인적인 현실도 만들어진다는 것이다. 하지만 수천 년이 지나고 나니 이 기본적인 원칙은 너무나도 진부한 고정관념이 되어버려, 모두가 자기 자신에게 주의를 기울이지 않게 되었다. 사람들은 이 사실을 빠르게 잊어버리고 자신의 인생을 더 낫게 만들어줄, 무언가 새롭고 비밀스러운 비결을 찾기 위해 애쓰기 시작했다.

실제로 압도적 대다수의 사람들은 자신이 무엇을, 어떻게, 왜 먹는지 질문하지 않고 그저 먹기만 한다. 이 사실이 참 이상하다는 데 당신도 동의하지 않는가? 그들이 가장 큰 관심을 가지는 주제는 그 음식이 맛있는지, 또는 적어도 도움이 되는지 정도다.

물론 이 문제에서 사람들의 의식이 깨어 있는 정도는 저마다 다르다. 예를 들어 파스타, 밀가루, 곡물가루, 마가린, 정제유, 정제 설탕을 집 안에 쌓아두고 사는 할머니를 떠올려보자. 이 할머니에게 가공되지 않은 음식들은 아무짝에도 쓸모가 없다. 아주 기력이 쇠했거나, 지치거나, 몸 어딘가가 불편한 경우라면 어쩔 수 없다. 하지만 많은 사람들이 마흔 살 무렵부터, 심지어 그 이전부터 이런 상태가 되어버린다. 의식 수준이 가장 낮은 상태까지 다다른 것이다. 이런 사람들은 그저 자신이 먹을 수 있는 것을 먹는다. 쥐꼬리만 한 연금이 문제가 아니다. 똑같은 돈으로 훨씬 더 많은 천연 식재료를 살 수 있기 때문이다.

건강한 식단에 대해 더 '앞서 있는' 방송을 TV로 보는 젊은 가정주부의 의식은 그 깨어난 수준이 이보다는 높다. 그녀는 자기 자신이 무엇을 먹으며, 식구들에게 어떤 음식을 먹여야 할지 항상 고민한다. 하지만 TV와 여러 대중매체가 보여주는 방송들 중 상당수는 대기업들의 이익을 반영한다. 그리고 그 대기업들은 대중의 건강이 아닌 다른 것에 더 관심이 있다. 비록 모든 광고가 '자연으로 만든 건강한 음식'이라는 문구를 달고 있더라도 말이다.

가장 많은 사람들이 사용하는 밀가루를 예로 들어보자. 젊은 가정주부의 의식은 밀가루(또는 밀가루로 만들어진 제품)가 황당할 정도로 철저한 합성식품이라는 사실을 알 정도까지 깨어 있지는 않다. 곡물에서 몸에 좋은 영양소는 씨눈과 껍질에 들어 있다. 그런데 밀가루는 이 씨눈과 껍질을 밀에서 분리하여 만든다. 결국 영양소는 모두 버려지고, 대부분 녹말로 이루어진 죽은 부분만 남아 있게 된다. 생명이 없는 이 부분은 애초부터 지방을 보관하는 일종의 나무통 같은 역할을 하도록 자연에 의해 만들어졌다. 따라서 밀가루 제품을 먹는 것은 마트에서 녹말을 사와서 식사 시간에 맛있게 퍼먹는 것과 같다.

호밀빵에 대해서도 환상을 가져서는 안 된다.[*] 사람들은 밀가루가 빨리 부패하는 식품이라는 사실을 잘 모른다. 토코페롤(비타민E), 비타민B군과 그 외 몸에 좋은 영양소들은 공기 중에 노출되면 빠르게 산화한다. 그래서 갓 빻은 신선한 밀가루가 가진 본연의 특성이나 밀도, 수분과 같이 적어도 어떤 측면에서는 그것을 쓸모 있는 음

---

[*] 호밀빵은 섬유소가 많아 건강식품으로 선호되고 있다. 그러나 호밀만으로는 빵의 점성이 부족하여 식감이 거칠고 맛이 떨어지기 때문에 대개는 강력분을 혼합한다.

식으로 만드는 특성은 금방 사라지고 만다. 이것이 밀가루를 파는 사람에게나, 사는 사람에게나 전혀 도움이 되지 않으리라는 것은 뻔한 사실이다. 그래서 밀가루를 표준에 맞는 제품으로 만들기 위해 여기에다 온갖 화학물질을 퍼붓는다. 다시 한 번 말하지만, 이 사실을 아는 사람은 극히 드물다.

게다가 합성 밀가루 제품은 호열성好熱性 효모**를 주로 사용하여 만들어진다. 이런 관행은 상당히 최근인 제2차 세계대전이 일어났을 때 널리 확산되었다. 이러한 효모를 사용하면 천연 효모를 사용했을 때보다 골칫거리가 훨씬 줄어든다. 반죽에 부어버리기만 하면 그 즉시 부풀어 오르기 때문이다. 그런데 효모라는 것이 무엇인가? 사실 효모도 균이다. 그것도 가장 위험한 기생충에 맞먹는 생존력을 가지고 있다. 그런데 호열성 효모의 균은 고열에도 죽지 않는다. 명칭이 '호열성'인 이유도 그 때문이다.

이번에는 당신의 신체 안에 당신이 아닌 다른 존재가 살고 있다고 상상해보라. 당신의 내부 환경을 그 자신에 맞게 바꿔나가기 시작한 균이 바로 그것이다. 우리가 유일하게 알고 있는 사실은, 효모는 공생미생물***(마찬가지로 합성식품인 온갖 요거트가 뜻밖의 인기를 얻도록 해준 미생물상이다. 요거트는 공생미생물을 '회복해준다'고 알려져 있다)의 생존을 방해한다는 것이다. 이것에 대한 연구는 진행되고 있지 않기 때문에, 신체가 쇠퇴하는 쪽으로 변화하고 있다는 사실을 판가름하는 척도는 오직 새로운 질병으로 인해 목숨을 잃는 사망자 수와 제약회사의 수익 정

***** 상온보다 더 높은 온도에서 더 활발한 발효 작용을 일으키는 빵 효모.
***** 다른 생물에 붙어서 공동생활을 하는 미생물.

도뿐이다(진실을 파헤치는 것은 많은 사람들에게 득보다 실이 더 크다).

그렇다면 죽어 있는 합성식품들이 사방에서 기승을 부리는 상황에서 젊은 가정주부는 어떻게 해야 할까?

이번엔 다른 상황을 상상해보자. 당신의 주방에서 엄청난 기적이 일어났다. 제분기가 생긴 것이다(아마도 많은 사람들이 이런 제품이 있다는 사실을 잘 모를 것이다). 당신은 언제든지 곡물을 직접 빻아 가루로 만들 수 있고, 빵에서 온갖 제과 제품까지 원하는 것이라면 뭐든 그 즉시 만들 수 있다. 이제 당신의 맛있는 요리에는 화학제품이 조금도 들어가지 않는다는 사실을 분명하게 알 수 있다. 몸에 좋은 성분들도 그대로 남아 있다. 그리고 밀가루가 실제로 어떻게 생겼는지도 직접 볼 수 있을 것이다. 사실 밀가루는 녹말가루처럼 하얗지 않고, 영양소가 풍부한 씨눈과 껍질의 가루의 색깔 때문에 갈색을 띤다. 바로 이것이 우리의 조상들이 사용했으며, 이제껏 우리가 단 한 번도 본 적이 없던 진짜 밀가루의 모습이다.

사실 천연 효모를 만들어 직접 빵을 굽는 것은 전혀 어려운 일이 아니다. 적어도 평범한 빵 굽기보다는 쉽다. 몸에 더 좋은 음식을 만들고 싶다면 곡물을 직접 재배한 다음 건조시켜서 먹을 수 있는데, 이 또한 그다지 어려운 일이 아니다. 친환경 곡물은 특수한 천연 식재료 마트나 인터넷에서 (적어도 아직까지는) 쉽게 살 수 있다. 요즈음에는 인터넷에서 레시피도 찾을 수 있고, 제분기도 마찬가지다. 식품 제조 업체들의 끝없는 욕심으로부터 당신을 자유롭게 해주는 제분기의 기적을 직접 체험하고 나면, 그것은 당신이 가장 좋아하는 가전제품이 될 것이다. 하지만 그렇게 하기 위해서 젊은 가정주부는 자신의 의식이 깨어난 수준을 한 단계 더 높이 끌어올려야 한다. 이해하겠는가?

- 합성식품을 먹으면 사이보그가 되며, 사이보그가 되면 합성식품을 먹게 된다.
- 사람들의 주의는 그다지 중요하지 않거나 실존하지 않는 것들에게 사로잡힌 상태를 벗어나지 못하고 있다.
- 인간에게 직접적으로 내재되어 있는 것들은 그의 물리적 신체와 의식을 이루며, 그에 따라 개인적인 현실도 만들어진다.
- 압도적 대다수의 사람들이 그들이 무엇을, 어떻게, 왜 먹는지 자신에게 질문하지 않고 그저 먹기만 한다.
- 자연식품 위주의 식습관이나 최대한 생식을 실천하면 적어도 의식의 막힘 현상을 없앨 수 있다. 이런 식습관을 유지하면 활력, 에너지, 건강이 전체적으로 증진됨은 물론 의식도 맑고 분명해진다.

주변을 한번 둘러보라. 잠든 사람, 무력한 사람, 아픈 사람은 체계화된 마트에서 음식을 구해 먹고, 체계화된 병원에서 우롱당하며 맹목적으로 광고에 귀 기울이고 있다…. 인류는 환경이 아니라 음식을 통해 자신을 파멸시킬 정도로 어리석은 상태까지 와버렸다. 자칭 '이성적인 동물'이라는 생명체들이 이렇게 어리석을 줄은 상상조차 하기 힘든 일이었을 것이다.

의도의 상징물

기법 하나를 알려드리고자 한다. 이것은 주의가 사로잡히거나 막혀버린 현재의 환경에서 큰 도움이 되는 기법이다.

어떤 상징물이 필요하다. 작은 인형이든, 기념품이든, 부적이든, 벙어리장갑이든 당신이 공감할 수 있는 물건이면 뭐든 상관없다. 누군가가 준 선물이어도 좋고, 당신이 직접 사거나 만든 물건이어도 좋고, 우연히 눈에 띄어 당신의 관심을 잡아끈 물건일 수도 있다.

이 기법은 매일 아침과 저녁마다 해야 하는 일종의 간단한 '언어적' 의식이다. 그것이 인형이라면, 그 인형을 손에 쥐고 이렇게 말하라. "좋은 아침이야(혹은 잘 자), 나의 인형아. 나는 너를 사랑하고, 너를 보살피고 있어. 그리고 너는 나의 욕망이 이루어지도록 만들어주지." 그다음으로는 당신이 실현하고자 하는 목표에 대한 의도를 선언하라. 예를 들자면 이렇다.

"나의 세계는 나를 사랑하고, 나를 보살피고 있어. 나는 운명의 상대를 만날 것이고(또는 운명의 상대가 나를 찾을 것이고), 좋은 직장에 취직할 것이고, 내가 맡은 프로젝트를 눈부신 성공으로 이끌 것이며, 내 집을 갖게 될 가능성이 열리고, 나의 목표를 찾을 것이고, 불가능한 일도 해낼 거야." 이런 식으로, 당신이 원하는 대로 하면 된다.

하나의 상징물마다 당신이 원하는 것을 하나씩만 불어넣어야 한다. 만약 원하는 것이 여러 개라면 여러 개의 징표가 있어야 하며, 각 징표마다 따로따로 '속삭여줘야' 한다. 의도를 선언할 때는 간결하고 분명하고 구체적으로, 또한 확신을 갖고 현재형이나 현재진행형으로 말해야 한다. 부탁이나 기도처럼 하지 말고, 그 어떤 조건이나 설명도 하지 말고, 정말 선언하듯이 해야 한다. 이 의식을 할 때는 바라지 말고 의도해야 한다. 행동하겠다는 의도를 갖고서, 실제로 행동을 하는 것이다. 뭔가 가지겠다는 의도를 보이면 실제로 그것을 가지게 될 것이다. 만약 의도가 올바르게 형성되었다면, 그것은 이미 내 것이라는 확신과 앎이 주는 독특한 감정을 느끼게 될 것이다.

겉보기에는 단순하고 순수해 보일지라도(심지어는 너무 순진해 보일 수도 있다), 이 인형 기법은 아주 진지한 것이다. 이제 이 의식이 어떤 효과를 내는지, 왜 그런 효과를 내는지 설명해드리겠다. 이 의식에는 두 가지의 기능이 있다. 분명하게 드러나는 첫 번째 기능은 의도의 고리 역할을 한다는 것이다. 최근 현실에서 사람들은 주의의 사로잡힘 효과에 큰 영향을 받는다. 바로 이러한 점으로 인해 목표에 의도를 집중하는 일이 점점 어려워지고 있다. 당신도 얼마나 많은 의도들이 차일피일 미루어지기만 하는지 잘 알 것이며, 차분하게 자리에 앉아 사념을 목표에 집중할 수 있는 약간의 여유도 없을 정도로 급한 일들과 본질에서 벗어난 사건들이 수없이 일어난다는 사실을 이해하고 있을 것이다.

당신이 반드시 매일의 일과에 포함해야 하는 이 의식은, '결과물을 얻고자 한다면 꾸준히 용의주도하게 주의를 고정해두어야 한다'는 사실을 잊지 않게 해주는 올가미 역할을 해준다.

두 번째 기능은 단번에 알아차리기 힘들다. 형이상학적 영역에 있어 그 기능의 효과를 감지하기 힘들기 때문이다. 물질세계 이외에도, 똑같이 객관적으로 존재하지만 눈으로는 볼 수 없는 세계가 있다. 이 세계에는 나나 당신만큼이나 현실적인 기묵적 생명체들이 살고 있다. 우리는 이 세계를 초자연적인 형태로 여기며 간접적으로만 받아들이고 있다. 마찬가지로 이 세계의 생명체들도 우리를 또 다른 차원의 흔적이나 환영이라고 여긴다.

수백만 년 전에 만들어진 지층을 발굴하다 보면 아주 부자연스럽고, 심지어는 지구상의 것이라고는 보기 힘든 화석들이 발견되곤 한다. 그런 것들을 실제로 보게 되면 경외심으로 인한 전율에 그야말로 온몸이 마비될 정도인데, 단순히 '놀라움'이라는 단어로는 그 감정을 제대로 표현할 수 없다고 한다. 눈앞에 있는 그것이 너무나도 비현실적이기 때문이다. 우리는 이런 사물을 인공물(artifact)이라고 부른다. 백과사전에서는 이 단어를 "관찰하는 시기를 기준으로, 자연적인 원인에 의해 일어나거나 생성되는 것이 불가능하거나 어려운 사건, 사물, 또는 그것의 특성"이라고 정의하고 있다. 이것은 관찰되는 과정 속에서 목적이 분명한 개입이 일어났거나, 미처 고려하지 못했던 요인이 있다는 신호다.

이와 마찬가지로, 의도의 불빛이 비춰진 대상도 기적 세계의 존재들에게는 인공물로 받아들여진다. 따라서 그들은 이것을 보자마자 강한 호기심을 느낀다. 하지만 그들은 여전히 우리 주변에 있는 다른 사람들의 세계는 볼 수 없다. 보통 우리는 사물에 대해 의미를 부여하지 않고, 의도를 두지도 않으며 그저 일종의 장치로, 말하자면 노동이나 실내 장식의 도구로 사용하기만 한다. 이런 가운데 물질세계와 기적 세계를 하나로 만드는 유일한 연결고리가 바로 의도와 사랑이다. 물질적 대상에 의도를 불어넣으면 그것은 죽어 있던 물질의 한 조각에서 힘의 대상으로 바뀌어 기적 세계 생명체들의 눈앞에 나타난다. 그들에게 이 사물은 평행세계에 있는 누군가가 분명한 목적을 가지고 개입을 했다는 신호를 나타내는 의도의 인공물이 된다. 여기에 애정까지 담으면, 이 인공물은 찬란한 빛을 내며 꽃이 나비를 유혹하듯 기적 세계의 생명체들을 끌어모으게 된다.

이 생명체들은 독립적인 존재들이며(펜듈럼이 아니다), 전부 각양각색이다. 어떤 것은 크고, 어떤 것은 작으며, 발육이 잘 된 것도 있고 비교적 그렇지 못한 것도 있다. 그들은 우리 세계와 직접 접촉할 수는 없지만 아주 큰 관심을 가지고 있으며, 기회만 된다면 적극적으로 우리 세계에 접근하려고 한다. 나는 이전의 책에서 자신만의 생명체를 만들어낼 수 있다고 쓴 적이 있다. 이런 생명체들은 사념 에너지에 의해 생명이 유지되는 환영들이다. 뿐만 아니라 이 완전한 생명체를 유혹하고 길들여 당신의 동료로 만들 수도 있다. 의도의 상징물이 된 당신의 인형은 그 동료와 당신 사이를 연결해주는 연결고리다. 일종의 전화선과 같다고 할 수 있다. 당신과 상징물 간의 '대화'가 어떤 형태로 이루어지는지는 전혀 중요하지 않다. 그저 당신이 설정한 규칙대로 이루어질 뿐이다. 당신이 유일하게 할 일은 오직 꾸준하고 용의주도하게 주의와 의도와 사랑의 에너지를 보내는 것뿐이다. 이 의식은 아침저녁마다 잠깐씩만 해도 충분하다.

당신이 인형을 가지고 의식을 치르고 나면 마치 나비가 꽃에 이끌리듯이 기적 생명체가 당신의 인형 위에 사뿐히 내려앉는다. 그 생명체는 당신이 비춰준 사랑의 에너지로부터 따뜻한 온기를 받으며, 흥미를 가지고 당신의 의도에 귀 기울인다. 당신이 말하고자 하는 바가 무엇인지, 그 의미를 생명체가 이해하는지 아닌지는 여기에서도 마찬가지로 전혀 중요치 않다. 그것은 그저 귀를 쫑긋 세우고 동화나 노래를 듣듯이 당신의 말을 가만히 듣다가, 다른 곳으로 날아가 메아리치듯 그 이야기를 사방에 퍼뜨린다. "나의 세계는 나를 사랑한다! 나의 세계는 나를 돌봐준다! 나의 꿈아, 우리는 곧 만나게 될 거야!"라고 말이다. 바로 이 메아리가 당신의 의도가 가진 힘을 확연하게 키워주는 중요한 감미료가 된다.

요약

- 물질적 대상에 의도를 불어넣으면 그것은 죽어 있던 물질의 한 조각에서 힘의 대상으로 바뀌어 기적 세계 생명체들의 눈앞에 나타난다.
- 의도의 상징물이 된 당신의 인형은 그 동료와 당신 사이를 연결해주는 연결고리다. 일종의 전화선과 같다고 할 수 있다.
- 의도를 선언할 때는 간결하고 분명하고 구체적으로, 또한 확신을 갖고 현재형이나 현재진행형으로 말해야 한다. 부탁이나 기도처럼 하지 말고, 그 어떤 조건이나 설명도 하지 말고, 정말 선언하듯이 해야 한다.
- 만약 의도가 올바르게 형성되었다면 그것은 이미 내 것이라는 확신과 앎이 주는 독특한 감정을 느끼게 될 것이다.

■ 이 의식은 당신의 주의를 목표에 고정하는 역할을 한다.

참고

이번 책을 비롯해서 내 모든 책은 독립적인 인격을 지닌 생명체들이다. 이 인격들은 나보다 더 힘이 세다. 이 책들은 저절로 써진 것이다. 내가 쓴 것이 아니다. 그들은 내가 아니라 그들 자신이 원하는 방향대로 써진다. 그리고 출판사에도 명령을 하기 시작한다. 편집자들은 나의 책을 교정할 때, 마치 새로운 상사가 부임한 것처럼 업무 방식이 '저절로' 바뀌곤 한다고 말한다.

최근 6개월간, 나는 매달 이젠 이 책의 집필을 끝내야 할 때라고 생각하곤 했다. 그러나 그것은 내 생각일 뿐이었다. 어떤 힘이 나타나 몇 가지 질문을 더 던지더니 스스로 그것들을 해결해갔다. 나는 이 책 자체가 힘의 대상이며, 힘의 상징물임을 확신한다. 나 자신은 이 힘이 내 옷깃을 잡아 원하는 방향으로 이리저리 끌고 다니도록 내맡기는, 고분고분한 대리인일 뿐이다.

무서운 비밀

앞장 '의도의 상징물'은 포스팅으로도 올린 적이 있는 글이었다. 이번 장에서는 주의의 사로잡힘 현상에 대해 이야기를 계속하며 몇 가지 질문에 대한 답변을 드리도록 하겠다.

작가님께서 설명해주신 기법은 샤먼 의식과 조금도 다르지 않습니다. 전에도 그랬지만, 여전히 작가님이 하시는 말씀에는 그 어떤 새로운 사실이 없네요.

애초에 내가 뭔가 새로운 것을 발견했다고 주장한 적이 있었는가? 오히려 트랜서핑을 "이미 많은 사람들이 알고 있고, 많은 책들이 다루고 있는 오래된 지식"이라고 줄곧 설명해왔다. 우리 중 많은 사람들이 아주 오래된 영혼들이니 말이다.

고대의 베다*부터 블라바츠키**까지, 결국 모두가 같은 것에 대해 이야기하고 있다는 사실을 정말로 아직도 모르겠는가? 현대의 저

---

* 고대 인도의 종교와 사상 등 방대한 지식을 담고 있는 문헌이자 브라만교의 성전을 총칭하는 말이다. 분량이 성경의 여섯 배나 되는 것으로 알려져 있다.

** Helena Petrovna Blavatsky: 19세기 최고의 영매로 알려진 인물. 어렸을 때부터 초자연 현상을 겪었다고 알려져 있으며, 세계 각지를 여행하며 비교 종교학, 민족학, 박물학을 연구했고 티베트 밀교, 카발라, 이집트 마술의 행법을 통해 타고난 오컬트 능력을 계발하는 데 힘썼다.

자들까지는 굳이 언급하지 않겠다. 우리 세계에서 새롭다고 말할 수 있는 것은 없다. 이 세계 자체가 이미 충분히 오래되었기 때문이다.

당신에게 무서운 비밀을 하나 알려드리겠다. 절대로 다른 사람에게 말하지 말라! 문제는 어떤 작가가 당신에게 새로운 것을 알려줄 수 있는지가 아니라, 당신이 여러 작가의 책들을 읽으면서 어떤 새로운 점을 직접 발견할 수 있는지다. 읽기 힘든 무거운 철학책도 단순한 동화처럼 읽을 수 있다. 대개의 경우 독서의 산물은 외부에서 흘러들어오는 정보가 아니라, 책을 읽는 동안 당신의 머릿속에서 돌아가는 사념에 따라 달라지기 때문이다.

그러니 질문을 다르게 하길 바란다. "작가님의 책을 읽으면서 저는 새로운 것은 아무것도 발견하지 못했습니다"라고 말이다. 그러면 수정해야 할 점들이 몇 가지 생긴다.

1. 여기서 말한 '새로운 것'이란 전 인류에게 있어 새로운 것인가, 아니면 당신 자신에게 새로운 것인가? 이 둘이 완전히 다른 것이라는 사실은 당신도 잘 알지 않는가?
2. 발견하지 못한 이유는 무엇인가? 당신과 저자 중, 누구의 잘못인가?
3. 책을 읽을 때 무슨 생각을 하고 있었는가? 당신이 아주 똑똑하고, 모르는 것이 없다고 생각하고 있었는가?
4. 책을 읽을 때 당신의 지성은 무엇을 하고 있었는가?

가장 중요한 질문은 마지막 문장이다. 앞서 평범한 현대인이 정보의 생성자보다는 소비자에 더 가깝다는 사실을 언급한 적이 있다. 오늘날 우리 세계에서 정보를 직접 생성하는 사람은 얼마 되지 않는다. 아마 인구의 1퍼센트도 되지 않을 것이다. 나머지는 그저 정보를 소비하기만 한다. 심지어 정보를 만드는 사람들 역시 때로는 정보의 소비자가 되곤 한다. 이것은 어떤 의미를 가지고 있을까?

조금 과장되긴 했지만, 이런 장면을 상상해보길 바란다. 영화관에 인공 두뇌가 삽입된 어떤 유기체가 앉아 있다(우리가 이미 만드는 방법을 터득한 그런 사이보그다). 그것은 팝콘을 섭취하면서 외부에서 소음이나 시각적 자극이 들어오면 그에 대한 반응으로 램프를 깜빡이는 두 가지 단순한 기능을 수행한다. 이 사이보그가 멍하니 앉아 영화만 보며 팝콘을 씹을 때 그 속에서는 두 가지 과정이 일어난다.

첫 번째는 팝콘이 한 구멍으로 투입되어 소화되면서 다른 구멍을 향해 이동하는 과정이다. 두 번째는 팝콘 투입구 근처에 있는 구멍으로 정보가 입력되어, 그에 따라 몸체 내부에서 톱니바퀴들이 돌아가고("아이고, 흐흐흐!" 하고 탐욕스럽게 웃으며 말이다) 외부에서 램프가 깜빡인다. 이 두 가지 과정은 서로 별개인 것처럼 보이지만, 본질적으로는 똑같다. 팝콘과 정보 모두 뭔가를 만들고 개발하는 것이 아니라, 그 어떤 본질적 변화도 없이 그저 입력되거나 출력될 뿐이기 때문이다.

순전히 오락을 위해 영화를 보고 책을 읽는 것이 아무 의미 없는 행동이라고 말하려는 것이 아니다. 의식이 깨어 있기만 하다면 모든 일에는 의미가 있다. 하지만 톱니바퀴의 회전이 단순히 정보를 소비하기 위한 것에 불과하다면, 그 배출구를 통해 나오는 최종 결과물에는 새로울 것도 흥미로울 것도 없다. 그것은 나에게 아무 가치도 없고, 아름다움과도 거리가 멀다.

만약 어떤 사람이 책을 끝까지 읽고 난 다음 그 책에서 새롭게 알게 된 사실이 아무것도 없다고 주장한다면, 그것은 그가 아주 기초적인 소비자라는 확실한 증거다. 그는 정보의 제공자도 아니요, 창조자는 더더욱 아니다. 왜냐하면 다른 사람이 쓴 글을 읽고 새로운 사실을 알아내는 것은 뭔가를 달성하거나 창조하는 것이 아니기 때문이다. 달성과 창조는 오래된 책장들을 넘기면서 직접 새로운 것을 발견하는 일이다. 그러면 전봇대에 대고 영역표시를 하는 것처럼 남을 비판하고 싶다는 모든 바람은 완전히 사라지게 된다. 그때 의도는 전혀 다른 것에 사로잡혀 있으며, 이성은 완전히 다른 체제로 돌아가기 때문이다.

이제 '의도의 상징물' 기법에는 어떤 새로운 사실이 있는지를 살펴보도록 하자. 물론 우상 숭배자들이나 마법사들, 아이들도 이런 식의 기법들을 사용한다. 하지만 겉으로는 그들이 사용하는 기법들과 비슷해 보일지 몰라도, 이 기법은 그 본질적인 특성이 다르다.

그 차이점은 쉽게 말해 이런 것이다. 마법사들은 상징물에 의도를 불어넣어 그것을 부적과 같은 힘의 상징물로 변화시킨다. 그들의 의도는 아주 효과적으로 실현된다. 우상 숭배자들이 가지는 것은 의도라기보다는 요청, 기도, 믿음, 희망, 숭배, 경외심에 가깝다. 분명한 것은 믿음과 경외심에 기반을 두고 있는 기법들은 효력이 훨씬 약하다는 것이다. 반면에 아이들에게는 믿음도, 의도도 없지만 그 대신에 애정이 있다. 아이들은 곰 인형과 장난감들에게 아무것도 묻지 않고, 그 어떤 의미도 부여하지 않고 그저 애정을 준다. '의도의 상징물' 기법에서는 이 두 가지 힘이 다 사용된다. 의도와 사랑 말이다. 더 이상의 설명은 필요치 않을 것 같다.

유일한 문제는 당신이 평범하고 사소한 물건에 애정을 느끼고 사랑을 불어넣을 수 있는지다. 물론 여기에서 말하는 애정이 그 물건 자체에 부여되는 것이 아니라, 그것이 담고 있는 본질에 부여되는 것이라는 사실은 당신도 잘 알고 있을 것이다. 그리고 이것은 겉보기에는 감상적인 행동처럼 보일지 몰라도 오히려 '계산적인 사랑'에 가깝다. 인형을 매개로 대화를 나누었던 그 생명체가 도움을 줄 것이라고 당신 자신도 기대하고 있지 않은가? 하지만 이렇게 완전히 '순수하지만은 않은' 사랑일지라도 충분한 힘을 발휘한다. 흔히 우리는 돌봐야 할 대상이 생기면 그 대상을 진심으로 사랑하게 된다. 실제로 당신도 인형에게 특별한 의미를 부여했기 때문에, 그것을 돌보기 시작할 것이다. 애초에 당신의 인형이 그렇게 착하고 사랑스러운 표정으로, 당신의 동화와 노래를 들으며 도움을 주면서도 그 대가로 일말의 관심 외에는 그 어떤 것도 요구하지 않는데, 어떻게 그것을 사랑하지 않을 수 있다는 말인가?

그러나 다시 한 번 말하지만, 성격이나 가치관에 따라 어떤 사람에게는 이 기법이 잘 맞지 않을 수도 있다. 이 기법이 자신의 안락지대 안에 포함되지 않더라도 괜찮다. 그 사실을 알아차리고 다른 기법을 사용하면 된다.

> 상징물이 저의 의도를 실현해준 다음에, 다시 새로운 목표가
> 생긴다면 원래의 상징물과는 이별을 고하고 새로운 상징물을
> 찾아야 하나요? 아니면 하나의 상징물을 '다회용품'으로
> 사용할 수 있나요?

당신은 메아리가 '일회용'이라고 생각하는가? CD플레이어 한 대당 하나의 CD만 재생할 수 있는가? 물론 이 생명체(상징물)는 하나의 의도를 먼저 실현한 다음에야 다른 의도로 건너갈 수 있다. 왜냐하면 이 기법은 메아리와 같이 작동하기 때문이다. 다른 말로 이 생명체는 TV 프로그램이나 라디오 신호처럼 당신의 의도를 송출하며 기氣의 세계를 날아다니는 반딧불이와 같다. 유일하게 당신이 해야할 일은, 이 생명체와 당신 모두가 혼돈에 빠지지 않도록 분명하고 일관적인 태도를 유지하는 것이다.

목표가 이루어진 후에는 힘의 상징물과 맺은 동맹을 어떻게
해야 하나요? 그냥 그 생명체에게 관심과 애정을 그만
주면 되나요? 하지만 그 생명체는 제 자식과 같은 존재가
아닌가요? 만약 다른 동맹을 만들거나 찾은 상태가 아니라면
어떻게 해야 하나요?

목표를 달성했다면 똑같은 힘의 상징물을 가지고 다른 목표를 설정하면 된다. 그 외의 문제에 대해서는 당신 자신도 잘 알 것이다. 우리는 우리가 길들인 모든 것에 책임을 지게 된다. 예를 들어, 만약 당신의 반려동물이 당신에게 더 이상 '감동을 주지' 않는다면 그 반려동물을 어떻게 해야 할지는 당신의 양심에 따른 문제다. 물론 이 기법의 생명체들은 물질세계의 동물들만큼 분명하게 모습이 드러나진 않는다. 당신이 버린 생명체에게 어떤 일이 생길지는 답변하기 어렵다. 소멸할 수도 있고, 계속해서 자기만의 삶을 살아갈 수도 있다.

이별 후에 각자의 인생을 잘 살아가는 사람들도 있지 않은가? 어떤 일이든 일어날 수 있다. 어쨌거나 결정을 내리는 것은 당신이다. 다만 조언을 하나 하자면, 미래에 큰 책임을 져야 할지도 모르니 동료들을 너무 많이 만들지는 말라.

요약

- 책에서 얻을 수 있는 지식은 상당 부분 그 책의 내용이 아니라, 독자가 그것을 읽으며 새로운 발견을 해내는 능력에 따라 달라진다.
- 다른 사람이 쓴 글에서 새로운 사실을 알아내는 것은 뭔가를 달성하거나 창조하는 것이 아니다. 달성과 창조는 오래된 책장들을 넘기면서 직접 새로운 것을 발견하는 일이다.

추위와 배고픔

나는 이런 질문을 자주 받는다.

이해가 잘 안 됩니다. 겨울에는 어떻게 생식을 할 수 있나요?

그렇다. 겨울에는 춥고 배고플 것이다. 배고프기 때문에 춥고, 춥기 때문에 배가 고플 것이다. 그리고 풀이 자라지 않기 때문에, 절박한 심정으로 눈 속을 헤집고 다니며 먹을 것을 찾아다녀야 할 것이다.

나는 겨울이 한창인데 예상치 못하게 날씨가 갑자기 풀린 날이 문장을 썼다. 마치 봄이 잠시 다녀간 느낌이었다. 튤립과 민들레는 겨울이 이미 끝났다고 생각했는지 작은 싹을 틔웠다. 내가 뜻밖에 겨울이 놀라 달아나게 만들어버린 것 같다. 나조차도 의도하지 않은 일이었다. 아니, 겨울에게 겁을 준 것이 아니라 당황하게 만들었는지도 모르겠다. 다만 확실히 이상하다고 말할 법한 일이 생긴 것이 분명하다.

그해 겨울, 우리 지역에는 보기 드물 정도로 많은 눈이 내렸다. 집에는 보행용 스키도 없었다. 본래 눈이 많이 내리지도 않는 데다, 눈이 온다고 하더라도 금방 녹는 곳이기 때문이다. 그런데 유독 그해

만큼은, 정확히 말하자면 12월 초부터, 나는 매일 아침 삽을 챙겨 문 앞의 눈을 치워야 했다.

결국 나는 눈을 치우는 일에 지쳐버린 나머지 스키를 사겠다고 결심했다. 지인들은 나의 결정을 듣고 놀라는 눈치였지만 나는 확고했다. 문제는 그 지역에 스키를 타는 사람이 거의 없었기 때문에, 스키를 파는 곳을 찾기가 힘들다는 점이었다. 하지만 나는 겨울과의 전쟁을 선포하겠노라고 결심했고, 따라서 반드시 스키를 살 수 있을 거라고 확신했다. 만일 스키를 구하지 못한다면, 트랜서핑이 효과가 없는 것 아니겠는가?

하지만 스키를 찾는 여정은 바로 이 트랜서핑의 원칙을 완전히 깨뜨리는 것으로부터 시작되었다(이런 일이 적잖이 일어나곤 한다. 나 역시 인생의 상당한 시간을 트랜서핑의 원칙과 정반대로 살아왔기 때문이다). 나는 이렇게 생각했다. 이 지역에 스키를 파는 곳이 있다고 해도 그게 근처의 가게는 아닐 것이다. 여기는 도저히 스키를 팔 수 있는 조건이 아니니까 말이다. 스키를 구하려면 상당한 시간이 걸리는 데다 힘도 들 것이다. 아주 멀리 떨어진 특수한 매장을 똑똑하게 찾아내서 방문해야만 할 것이다. 그러기까지 눈 쌓인 빙판길을 힘겹게 지나다니고 허탈과 좌절을 여러 번 경험해야만 할 것이다.

그리고 실제로도 별반 다르지 않았다(내가 주문한 그대로였다). 나는 온 동네를 샅샅이 뒤지고도 스키를 찾지 못했다. 그런데 반쯤 포기한 심정으로 집에서 가장 가까운 곳에 있는 평범한 마트를 찾았을 때였다. 그 가게에 스키가 있는 것이 아닌가. 마치 나를 위해 특별히 마련해둔 것처럼 말이다.

나는 집으로 스키를 가져와서 눈에 잘 띄는 곳에 위협적으로 세워두었다. 다음 날이 되자 비가 내리고 눈이 녹기 시작했다. 약 2주 전의 일이다. 그리고 그런 날씨가 지금까지 이어지고 있다. 심지어 꽃샘추위도 없었다. 가장 바지런한 식물들이 봄이 왔음을 알리며, 길었던 잠에서 깨어나기 시작했다.

그래서 이제 앞으로 어떻게 해야 할지 고민 중이다. 스키를 창고에 꽁꽁 숨겨놓음으로써, 겨울이 돌아오고 어리석은 식물들이 다시 잠들게 해야 할까? 그렇게 추위가 되돌아오면, 이번에는 스케이트를 사볼까? 하키 스틱을 사는 것도 나쁘지 않을 것 같다. 이외에도 무장할 수 있는 도구들은 얼마든지 있다. 하지만 아직은 어째야 좋을지 모르겠다.

일전에 책 발표회 참석차 방문했던 홍콩에서도 이와 비슷한 일이 있었다. 홍콩을 방문하는 시기가 장마철이라는 사실을 알고 있었기 때문에, 나는 미리 커다란 우산을 챙겨왔다. 그런데 정작 그곳에 머물렀던 며칠 동안 비는 한 방울도 내리지 않았다. 홍콩의 행사 관계자들도 놀라움을 금치 못했다. "아니, 이게 무슨 일이죠? 젤란드가 왔다, 뭐 이런 걸까요?" 나는 대답했다. "아니요, 제가 우산을 가져와서 그런 겁니다."

이제 먹을 것을 찾는 문제로 되돌아가자. 사실 겨울에 무엇을 먹어야 할지 아직 잘 모르겠다면, 완전한 생식을 시작할 준비가 안 되었다는 뜻이다. 생식에 대해 완전히 알지 못하는 것이다. 그저 생식과, 그것에 관련한 것들에 대해 더 많은 관심을 가지기만 하면 된다. 오늘날에는 값진 경험을 쌓은 사람들이 기록해둔 정보를 인터넷을 통해서도 찾을 수 있고, 서점에서도 얼마든지 구할 수 있다.

다만 음식, 특히 생식에 대해 TV에서 떠드는 사람들의 말을 다 믿지는 말라고 권하고 싶다. 생식에 대한 토론을 즐기는 사람들은 보통 관련 경험이 전혀 없는 사람들이다. 또한 언론사들은 어떻게든 항상 대기업이나 판매업자들의 이익을 대변하려고 한다. '음식에 대한 가혹한 진실'이 펼쳐지면 "이 TV 방송이 과연 누구에게 도움이 될까?"라는 질문을 자신에게 던져보길 바란다.

극장에서 관객석으로 내려가면 무대에서 펼쳐지는 연극이 얼마나 우스꽝스러운지 알 수 있다. 정보의 생산자들이 '가혹한 진실'로 인해 고통받는 반면에 의학업계는 승기를 거머쥔다. 화장품 회사들의 이익이 줄어들 때는 제약회사들의 인지도가 올라가고, 망해가는 판매업자들이 지금 이 순간 대거 쏟아지고 있다면 똑같은 상황에서 다른 누군가는 이득을 보고 있을 것이다. 이렇게 다양한 조합들이 제각각 손해나 이익을 보고 있다. 대형 펜듈럼의 싸움은 끊임없이 이어진다. 그 싸움은 바로 우리, 즉 구매자와 소비자를 얻기 위해 이루어진다. 우리가 할 일은 이 싸움에 말려들거나 미끼를 덥석 무는 것이 아니라, 서커스 공연을 보고 있다는 사실을 잊지 않은 채 일정한 거리를 두고 지켜보는 것이다.

무엇을 먹어야 할지 어떤 식습관을 유지해야 할지 잘 모르겠다면, 그러면서도 원칙을 지켜야겠다는 생각이 든다면, 한 가지 아주 단순한 행동을 시도해보라. 일반적인 규칙을 어기도록 자기 자신을 허용하는 것이다.

이 목표에 가장 잘 맞는 원칙은 아래와 같다.

1. 당신이 오직 채식만 하는 생활을 하고 싶은지, 그것을 할 수 있는지 확신이 서지 않는다면, 비교적 받아들이기 쉬운 기준을 세워야 한다. 다시 말해 자신의 단계를 고려하여 어느 정도의 예외는 허용하면서, 생식을 위주로 생활하는 것이다.

2. 예외를 허용할 때도 가급적 쉽게 먹을 수 있는 음식이 아니라, 실질적인 측면에서 도움이 되고 영양소가 풍부한 음식을 먹도록 한다.

3. 여기에서 '건강에 좋으며 먹을 만한 가치가 있는 음식'이란 영양소가 풍부하고, 되도록이면 몸을 더럽히지 않고 정화해주는 음식이다.

4. 거부의 원칙이 아니라, 지금 먹고 있는 음식들 중 일부를 건강에 더 좋은 음식들로 대체한다는 원칙으로 실행해야 한다.

5. 가장 중요한 원칙을 반드시 기억해야 한다. 생식으로 식습관을 바꿀 때는 단계적으로 완전한 모습을 찾아가는 방식으로 해야 하며, 강한 의지를 가지고 힘겹게 하거나 감정적으로 내린 결정에 따라 해서는 안 된다.

세 번째 원칙에 대한 설명을 덧붙이고자 한다. 익힌 음식들 중에서도 몸을 더럽히지 않고 정화해주는 음식이 실제로 있기는 하다. 대표적인 음식이 바로 발아식품과 콩과식물이다. 물론 익히지 않고 먹는다면 그 효능은 최대치에 달하지만, 익혀 먹어도 몸에 아주 좋다.

예를 들어 녹두와 병아리콩 싹은 세포부터 여과기관들까지 모든 기관을 정화해준다. 동시에 영양소도 풍부하다. 싹을 기르는 방법은 아주 쉽다. 저녁에 녹두나 병아리콩을 깨끗이 씻어(돌이 섞여 있을 수 있기 때문이다) 물에 담가둔다. 다음 날 아침 체에 받쳐 물을 따라내고 젖은 거즈를 씌워 따뜻한 곳에 두면 그만이다. 저녁이 되면 월계수 잎, 올스파이스, 정향을 넣은 물을 끓인다. 물이 끓으면 하루 동안 약간 싹이 난 녹두나 병아리콩을 넣고 3~5분을 더 끓이면 된다. 그런 다음 물을 따라내고 호박씨유나 잣유를 넣는다. 여기에 소금이나 (토마토가 들어가지 않은) 아지카[*]로 살짝 간을 해도 좋다. 이렇게 하면 영양소는 고기보다 더 풍부하고, 정화 능력은 익히지 않은 발아식물 다음으로 가장 뛰어난 음식이 된다. 녹두와 병아리콩은 동양 식품을 파는 식자재 마트에서 구할 수 있다.

참 신기하게도, 갓 끓인 따뜻한 베지테리언 보르쉬^{**}의 항산화 효과가 살아 있는 물^{***}만큼이나 뛰어나다고 한다. 물론 고기 육수에 끓인 보르쉬를 먹으라고 권하지는 않겠다. 하지만 베지테리언 보르쉬가 너무 싱겁게 느껴진다면 프라이팬에 토마토, 마늘, 그리고 양배추를 넣고 반쯤 익혀서 곁들여 먹어도 좋다. 이 채소들을 푹 익히지는 말아야 한다. 불에 익혔다고 하더라도 마찬가지로 몸에 좋은 음식이다.

몸에 아주 좋지만 우리가 잊고 있는 또 다른 음식이 바로 순무다. 순무는 칼슘, 철분, 칼륨, 인, 마그네슘을 다량으로 함유하고 있으며 비타민C가 레몬보다 풍부하다. 또한 암을 예방하는 효능이 있다.

치아와 뼈를 튼튼하게 만들어주기도 한다. 몸을 정화하고, 위장 기능을 개선한다. 순무는 영양소가 풍부하여 '피라미드 노예들의 음식'이라고 불리기도 했다.

피라미드가 정말로 인간이 '피와 땀을 흘려' 세운 건축물인지는 아무도 알 수 없지만, 고대 이집트는 물론 루스****에서도 감자가 나타나기 이전까지 순무는 사람들의 주식이었다. 이후 인공 문명이 발전하고 어리석음이 확산되면서 가치 있는 음식들이 인간의 기억 저편으로 사라져버렸다. 시장에서 나이가 아주 많은 할머니가 순무를 팔고 있는 것을 보았다면 운이 아주 좋았다고 여기길 바란다. 물론 순무가 이렇게 가치 있는 식품이라는 사실을 아는 사람이 이 세상에서 완전히 사라진 것은 아니지만, 그 숫자는 얼마 되지 않기 때문이다.

한겨울에 몸을 녹여주면서 속을 든든히 채워주는 음식을 먹고 싶다면 찐 순무나(물론 순무를 찾는 데 성공했다면 말이다), 감자와 순무를 반반씩 섞어 찌다가 완전히 익기 5분 전에 뿌리채소를 넣어 먹어보길 바란다. 과일뿐 아니라 채소도 껍질째 먹도록 한다(물론 오렌지나 바나나와 같은 과일은 예외로 두자). 음식을 완전히 소화하는 데 필요한 성분이 껍질에 들어 있기 때문이다. 다만 잊지 말아야 할 사실은, 겨울철의 오래된 감자는 반드시 껍질을 벗겨서 먹어야 한다는 것이다. 몸에 해로운 성분이 껍질에 쌓여 있기 때문이다. 순무는 껍질을 벗기지 않아도 좋다. 하지만 순무와 감자 모두 색이 파랗게 변한 부분은 반드

**** 882년부터 1240년까지 러시아, 우크라이나, 벨라루스 일대에 존재했던 국가. 동유럽의 키예프를 중심으로 형성되었다가 후기에 거의 대부분이 몽골에 의해 점령되었으며, 1240년 수도인 키예프가 함락되며 멸망했다.

시 손질해야 한다.

지금 소개한 음식들은 순수한 생식이 아니라, 예외적으로 허용할 수 있거나 생식을 할 때 곁들일 수 있는 것들이다. 잠시 생식의 원칙을 어기고 싶다는 마음이 들 때, 이 지식을 이용하여 건강에 최소한의 손해만 보면서 최대한 많은 도움을 받으라. 예를 들어, 갓 끓인 죽은 싹이 난 콩이나 감자, 순무로 대체해야 한다. 대체 메뉴로 먹기에 좋은 또 다른 음식이 바로 야생쌀*이다.

물론 쌀은 겉으로 보기에는 식물이지만, 따지고 보면 식물과는 아무 관련이 없다. 한때 야생쌀은 북미 원주민(마야나 아스텍 문명 등)들이 주식으로 먹곤 했는데, 건강에 아주 좋다. 시력과 순발력을 향상시키고 기운을 북돋아주는 효과가 뛰어나다. 활력이 넘치게 만들어주고, 신경계를 튼튼하게 해주며, 단백질이 풍부하다. 굴만큼이나 뛰어난 정력 효과가 있는 탁월한 정력제이기도 하다.

쌀은 품종에 따라 다른 방법으로 요리할 수 있다. 그중에서도 공통적인 방법은 이렇다. 먼저 한 시간 동안 쌀을 물에 불리는데, 모양이 변형되지만 않는다면 밤새 불려도 좋다(유감스럽게도 쌀은 보통 장기보관을 위해 고열 처리 과정을 거치기 때문에 야생쌀을 직접 재배할 수는 없을 것이다). 불린 쌀을 20~25분 동안 찐다(이때 물과 쌀의 비율은 3대 1 정도로 한다). 그다음 헝겊으로 냄비를 감싼 뒤 두 시간가량 놓아둔다. 마지막으로 (글루타메이트**가 첨가되지 않은) 간장 또는 잣유로 풍미를 낸다.

---

* 검은색에 길쭉한 타원형 모양으로 한국식 쌀과는 조금 다르게 생겼다. 지방이 적고 단백질과 식이섬유가 풍부한 것으로 알려져 있다.

** 음식의 맛을 향상시키는 조미료 중 하나로, 단백질에서 추출한 성분으로 만든다.

야생쌀을 찾는 것도 그리 쉽지는 않을 것이다. 순무를 찾기 힘든 이유와 똑같다. 사람들은 대다수의 경우 자기만의 방식을 고집하면서 음식에 있어서는 완전히 무지하기 때문이다. 그들은 아무것도 모르고, 알고 싶어하지 않으며, 그저 먹을 수 있는 것을 먹기만 할 뿐이다. 트랜서핑의 새로운 원칙을 소개하며 살아 있는 자연식품을 먹는 것이 엘리트적 행동이라고 말했던 것도 바로 이런 이유에서다. 식료품점에서 야생쌀을 구하기 어려우면 인터넷에서 찾아보면 된다.

겨울에는 온실 채소와 허브 대신 미역이나 삭힌 양배추로 관심을 돌리는 것이 좋다. 온실 식품은 영양소 측면에서 자연에서 재배된 음식에 한참 못 미친다. 또한 화학물질을 사용하지 않고 재배되었는지도 잘 살펴봐야 한다. 하지만 가끔이라면 슈퍼마켓에서 가볍게 사 먹어도 괜찮다. 크게 해가 되지는 않을 것이다. 다만 유럽연합에 포함되지 않은 나라에서 재배된 채소는 피해야 한다. GMO 식품일지도 모르기 때문이다.

과일은 계절에 맞게, 자연환경에서 재배된 것들을 파는 상점에서 구매하는 것이 좋다. 예를 들어 바나나, 오렌지, 귤, 레몬, 파인애플 등은 그 모양이나 맛과 향이 자연스럽다면 먹어도 특별히 위험할 것이 없다. 천연 바나나는(다른 과일들과 마찬가지로) 보통 검은 반점으로 뒤덮이며 빠르게 상한다.

(표백제를 사용하지 않은 채) 신선하게 얼린 채소와 베리류 과일***은 겨울철에 먹기에 아주 좋은 자연식품이다. 냉동 베리를 사용하여 만

*** 물기가 많은 열매류를 폭넓게 가리킨다. 딸기, 라즈베리, 블랙베리, 블루베리, 크랜베리, 산수유, 아로니아, 커런트 등이 여기에 포함된다.

들 수 있는 훌륭한 음식을 하나 소개하고자 한다. 내가 살아 있는 요거트라고 이름 붙인 음식인데, 슈퍼마켓에서 파는 가짜들과는 달리 영양소가 아주 풍부하다는 점에서 이 이름이 아주 잘 어울린다고 할 수 있다. 살아 있는 요거트를 만드는 레시피는 다음과 같다.

냉동 베리 300~400그램
사과 두세 개
바나나 두세 개
쿠릴 차* 두 큰술 가득
화리나** 다섯 큰술
꿀벌 빵*** 한 큰술
물 두 컵

먼저 냉동 베리(구스베리, 블랙베리, 딸기 등)를 녹인다(베리가 없다면 파인애플 반쪽을 사용해도 좋다). 사과는 씨를 발라내지 않은 채 얇은 편으로 자른다. 쿠릴 차는 바짝 말려놓은 허브인데, 미생물 불균형을 막아주는 최고의 식품 중 하나로 알려져 있다. 미생물 불균형은 사람이 발효 빵과 합성식품, 가공식품을 먹는 결과로 공생미생물이 병들거나

---

* Kuril tea: 장미과의 식물로, 고대부터 신체 보호 기능을 높이기 위해 티베트에서 음용되었다. 쿠릴 차의 추출물은 피부를 해독하고 정화하며 저항력을 높인다.

** farina: 곡식 가루나 꽃가루. 특히 밀이나 녹말이 많은 그 외의 식물로 만든 고운 가루를 가리키며 파스타 등을 만드는 데 사용된다.

*** bee bread: 꽃가루를 사용하여 벌들이 만드는 물질. 항산화물질과 비타민을 다량으로 함유하며 건강에 아주 좋다고 알려져 있다.

죽은 상태가 되는 것을 말한다. 거의 모든 사람들이 미생물 불균형 문제를 겪고 있다고 보면 된다. 이런 상태에서는 아무리 못해도 면역력과 소화기관의 활동성이 떨어진다. 그러면 먹는 음식의 양이 많아도 그중 극히 일부만 흡수되는 문제가 발생한다.

이제 이 모든 재료를 믹서기에 넣고 잘 갈아주면 된다. 살아 있는 요거트에는 몸에 좋은 영양 성분이 아주 많이 들어 있다. 400~500그램만으로도 겨울철 매일 아침마다 먹을 수 있는, 건강하고 든든한 아침식사 대용 음료가 된다. 특히 어린아이들과 운동선수들에게 제격이다.

이 밖에도 아주 효과적으로 간과 신장을 정화해주고, 전반적인 활력을 개선하며, 몸이 필요로 하는 모든 영양소를 공급해주는 건강한 음식이 하나 더 있다.

밀알 200그램
바나나 세 개
밀크시슬유 다섯 큰술

밀알에서 싹을 낸다.**** 배출판이 세밀한 고기 분쇄기에 바나나를 먼저 넣고 그다음 싹이 난 밀알을 넣는다. 밀크시슬유를 넣고 분

**** 넓적한 용기에 밀알을 넣고 깨끗한 물을 부어 씻는다. 이물질들을 물과 함께 따라버린 뒤, 다시 잠길 만큼 물을 붓고 하룻밤 동안 실온에 놓아둔다. 아침이 되면 물을 따라버리고 용기의 뚜껑을 닫아둔다. 저녁 즈음에 싹이 보이기 시작하면 용기를 냉장고로 옮겨 하룻밤 동안 더 둔다. (싹이 보이지 않는다면 잠길 만큼 물을 붓고 같은 과정을 하루 더 반복한다.) 다음 날 아침이면 싹이 1~2밀리미터 정도로 적당히 자라 있을 것이다. (이보다 더 자라도록 두면 안 된다.) 다시 한 번 물로 씻어 불순물을 제거하면 모든 준비가 끝난다.

쇄기로 잘 간다. 이렇게 해서 만든 음식은 몸에 좋을 뿐 아니라 맛도 좋다. 다른 어떤 것도 추가하지 말고 이것만 개별적으로 먹어야 한다.

마지막으로 차 레시피를 하나 더 소개하고자 한다. 겨울의 채소 부족은 미역뿐 아니라 말린 약초 즙으로도 해결할 수 있다.

쿠릴 차 한 큰술 가득

분홍바늘꽃 한 큰술 가득

카르카데*(히비스커스) 한 큰술

찔레 열매 서너 큰술 가득

마가목 또는 산사나무 열매 한 큰술 가득

살아 있는 물 1리터

찔레 열매를 커피 그라인더에 넣고 분쇄한다. 그리고 모든 재료를 한데 섞어서 하루 동안, 못해도 하룻밤 동안 찬물(활성화된 살아 있는 물이라면 더 좋다)에 재워둔다. 다만 이 재료들은 빨리 상하기 때문에 냉장고에 보관해야 한다. 꿀을 넣어서 마시면 아주 맛이 좋다. 프렌치 프레스 방식의, 유리로 된 커피 메이커가 있으면 마시기가 쉬울 것이다. 다만 프레스의 모든 부품이 금속제여야 한다. 그렇지 않으면 여과가 잘 되지 않기 때문이다.

어떤 열매든 실온에서 말려야 한다. 또한 어디에서 어떻게 만들어졌는지 알 수 없는 음식을 사는 것보다 직접 말리는 것이 좋다. 개

---

* karkade: 히비스커스 꽃을 우려낸 차.

인적으로 나는 마트에서 이런 차를 사서 마시는 사람들이 어떻게 그것이 기계로 말려지고 우려졌는지도 모르면서, 어떻게 스스로 비타민C가 풍부한 건강음료를 마신다고 생각할 수 있는지 이해가 안 된다. 그런 생산 과정을 거치고 나서 제품 안에 어떤 영양소가 남아 있을까. 아마 펙틴** 정도이지 않을까 싶다…. 그렇다면 찔레 열매로 시럽을 만들 때, 그 과정에서 완전히 사라진 비타민B를 보충하기 위해 인공 비타민을 다시 첨가하는 것만큼이나 의미가 없는 것 아닌가. 하지만 모든 사람이 그렇게 하고 있다. 그것도 '과학적' 근거를 가지고 아주 진지하게 말이다.

대체로 나는 이렇게 말하고 싶다. 당신이 정보를 가지고 있으며 먹을 것을 어디에서 찾을지 알고 있다면, 결코 굶주릴 일은 없다. 그저 필요한 정보를 알아내겠다는 목표를 세우기만 하면 된다. 그것만으로 충분하다. 부디 성공적인 사냥이 되길!

요약

- 겨울에 무엇을 먹어야 할지 아직 잘 모르겠다면, 완전한 생식을 시작할 준비가 아직 안 되었다는 뜻이다. 서두르지 말고 차근차근 행동하라.
- 생식을 위주로 생활하되, 예외를 허용하는 방법도 좋다.
- 예외를 허용할 때도 그저 쉽게 먹을 수 있는 음식이 아니라, 실질

** 세포를 결합하는 다당류의 하나로 모든 식물의 세포벽에 존재한다. 식품의 응고제, 증점제, 안정제, 고화방지제, 유화제 등으로 사용된다. 과일을 익힐 때 설탕을 넣고 열을 가하면 펙틴이 녹아 나와 잼이 만들어진다.

적인 측면에서 도움이 되고 영양소가 풍부한 음식을 먹어야 한다.

- '건강에 좋으며 먹을 만한 가치가 있는 음식'이란 영양소가 풍부하고, 되도록이면 몸을 더럽히지 않고 정화해주는 음식이다.

- 거부의 원칙이 아니라, 지금 먹고 있는 음식들 중 일부를 건강에 더 좋은 음식들로 대체한다는 원칙으로 실천해야 한다.

- 생식으로 식습관을 바꿀 때는 단계적으로 완전한 모습을 찾아가는 방식으로 해야 하며, 강한 의지를 가지고 힘겹게 하거나 감정적으로 내린 결정에 따라 해서는 안 된다.

참고

대부분 발아식품은 연중 어느 계절이 되었든 생식의 기초가 된다. 발아식품은 우리를 따라다니는 문제들에 대해 항상 해결책이 되어준다.

- 겨울에 무엇을 먹을 것인가?
- 부족한 단백질을 어디에서 보충할 것인가?
- 비타민과 아미노산은 어떻게 보충할 것인가?
- 사방이 온통 화학제품들과 GMO 제품들로 가득 차 있다면 무엇을 먹고 살아야 할 것인가?

발아식품의 싹이 가진 강점은, 아직 싹트지 않은 식품과 비교했을 때 영양소가 훨씬 더 많이 들어 있다는 것이다. 싹이 자라나는 씨앗들은 변형된 유전자를 가지고 있지 않다. 싹에는 이전에는 흡수되지 않았던 영양소가 함유되어 있으며, 특히 동물성 식품으로는 보충할 수 없는 필수적인 영양소가 모두 들어 있다. 창가의 작은 화분에서, 이런 가치를 가진 발아식품을 직접 길러 식재료로 활용할 수 있다.

쥐들과 여우들에 대하여

계속해서 독자들이 보내오는 수많은 질문들을 다뤄보고자 한다. 우선 가장 기본적인 질문부터 보도록 하자. 첫 번째 질문은 "책을 처음 읽을 때는 쾌감과 흥분이 느껴지다가 점점 그 감정이 사라져버리는데 왜 그럴까? 그 이유는 무엇일까?"이다.

독자들이 왜 이런 질문을 하는 것일까? 당신도 곧 그 답을 알게 되겠지만, 그 답은 단순해 보이는 만큼이나 모호하다.

쾌감은 어디로 사라지는 것이며, 왜 이런 현상이 일어날까? 물론 당신이 책을 읽는 그 순간에는 현실을 자각몽처럼 통제할 수 있다고 여기기 때문일 것이다. 하지만 책을 덮고 현실에 몰두하다 보면 현실을 통제하는 것이 생각보다 쉬운 일이 아니라는 사실을 깨닫게 된다. 당신을 통제하려고 드는, 의식이 없는 꿈에 또다시 빠져버리는 것이다. 하나의 꿈(책)에서 장밋빛과는 거리가 먼 다른 꿈(현실)으로 이동한 셈이다.

분명한 답변이 되었는가? 모든 것은 아주 단순하다. 하지만 모호하기도 하다. 분명한 답이었다면 독자들이 이에 대해 질문을 했겠는가. 말로 확실하게 설명한 다음에야 모든 것이 분명해졌을 것이다. 하지만 그 말을 듣기 전까지 어땠는가? 머릿속에 안개가 자욱한 모습이었을 것이다. 그렇지 않은가? 아니라고 생각하는가? 물론 사람마다 다르게 생각할 것이다. 의식이 깨어난 수준과 힘의 수준은 저마다 다르기 때문이다. 중요한 것은 바로 이것이다.

아주 감명 깊고 인상적인 영화를 본 다음 "바로 이거다! 나도 할 수 있겠군! 이제부터 다른 사람이 되어야겠다! 저 사람처럼 되어야지!"라고 강하게 확신했던 순간을 떠올려보라.

하지만 시간이 조금만 지나고 나면 다시 이전의 유치하고 무력한 꿈에 빠져버리고, 앞서 말한 쾌감이 사라지는 것과 다름없이, 자기 자신에게 했던 굳건한 약속도 흔적도 없이 사라지고 만다.

두 번째 근본적인 질문은(사실 이 질문을 1번으로 보는 것이 더 옳을 것이다) "질문이라는 것은 왜 생기는 걸까?"이다. 사실 책에는 모든 답이 명쾌하게 쓰여 있는 것처럼 보일 것이다. 그런데 새로운 질문들이 어딘가에서 끊임없이 튀어나온다.

답은 이렇다. 당신이 실제의 꿈, 즉 당신의 현실을 통제하는 데 실패했기 때문이다. 성공적으로 현실을 통제했다면 질문이랄 것이 생기지 않았을 것이다. 그렇지 않은가?

그러면 왜 실패하는 것일까? 이전의 주제들을 통해 살펴봤다시피, 현대인은 정보의 창작자보다는(이 상황에서는 '창조자'라고 말하는 편이 낫겠다) 소비자에 가깝다. 당신이 정보 수신기라면 다른 사람의 영화를 보고 있는 셈이다. 반대로 정보의 송신기라면 당신의 영화를 만들고 있는 것이다. 무슨 말인지 이해하겠는가? 다른 사람의 영화를 보고 있을 때는 의식이 없는 꿈을 꾸게 된다. 그런데 의식이 없는 꿈을 자각몽으로 바꾸기 위해서는 수신기를 송신기로 바꿔야 한다.

송신기에 해당하는 사람이란, 사회가 인간에게 강요하는 고정관념이나 조건에 휘둘리지 않고, 자기만의 법칙과 원칙을 만들어나가는 대담함을 가진 사람을 말한다. 사실 사회의 법칙은 (자연의 법칙과 달리) 참 변덕스럽다…. 모두에게 해당하는 객관적인 사실은, 당신의 세계는 당신의 세계이고 당신의 꿈은 당신의 꿈일 뿐이라는 것이다. 당신의 의식이 깨어나 있으며 지배자의 의도를 가지고 있다면, 꿈(현실)은 통제 가능한 대상이 된다. 행여 '극복할 수 없는 상황'에 처해 있다고 해도 말이다.

'극복할 수 없는 상황'이라는 단호한 표현에 겁낼 필요 없다. 익숙하지만 믿을 수 없는 사실을 예로 들어보자. 박쥐는 하늘을 날 수 있다. 물론이지 않은가! 그러나 상식과 잘 알려진 역학 원리를 생각해보면 도저히 있을 수 없는 일처럼 보인다. 포유류가 어떻게 하늘을 날 수 있단 말인가! 하지만 이것은 트랜서핑처럼 실제로 일어나는 일이다.

박쥐가 나는 모습을 단 한 번이라도 본 적이 있다면, 그 어떤 것과도 닮지 않았다고 생각하게 될 것이다. 그 모습은 새가 날아가는 모습과도, 벌레가 날아가는 모습과도 다르다. 박쥐의 움직임에는 어딘가 신비스러운 점이 있다. 심지어 지구상의 생명체가 아닌 것처럼 보인다고 말할 수도 있을 것이다. 여기에는 기교가 느껴진다. 박쥐와 새의 비행을 비교해보면 UFO와 헬리콥터의 차이를 보는 것 같다. 갑자기 왜 이런 말을 하는지 궁금한가? 이어지는 내용을 읽어보면 이해할 수 있을 것이다.

가장 중요한 질문은 "어떻게 하면 수신기에서 송신기로 바뀔 수 있을까?"이다. 답은 이렇다. "의식을 해방하여 에너지를 끌어올려야 한다."

　현대인의 의식 중 상당 부분은('주의의 사로잡힘 효과' 장에서 다뤘던 내용이다) 외부에서 들어오는 정보의 흐름에 사로잡혀 있으며, 나머지 의식 중 상당 부분도 역시 죽은 인공 식품과 화학물질, GMO 식품, 전자파와 그 외의 요소들과 같은 기술권의 생산물에 의해 막혀버린다. 따라서 머릿속은 마치 안개가 낀 것처럼 흐리멍덩하고, 생각은 바람에 팔랑거리는 얇은 합판처럼 계속해서 흔들리며, 집중을 하기도 힘들다. 결국 목표를 향해 '자신의 영화'를 송신하는 일이 사실상 불가능해진다.

　이런 요소들은 에너지를 사로잡고 막아버린다. 인간은 시스템의 구성원으로서 공짜로 시스템의 이점을 이용할 수는 없다. 시스템은 그 대가로 인간의 에너지 중 일부를 빼앗아간다. 또 다른 일부 에너지는 인공 환경에 의해 소멸된다. 이 또한 자연의 의식을 가진 인간이 인체에 부자연스러운 인공 환경 속에서 '아무런 대가 없이 그 생산물을 누리며 지낼' 수는 없기 때문이다. 물론 이 외에도 적잖은 에너지가 죽은 인공 식품을 소화하고, 온갖 질병이나 스트레스와 싸우고, 책임과 심리적인 문제라는 무거운 짐을 짊어지고 살아가는 것처럼 지금 당장의 지출 활동을 하는 데 쓰인다. 결과적으로 의식적인 의도에 자양분을 공급하는 역할을 하는 자유에너지는 사실상 남아 있지 않게 된다.

　나이가 들면서 의식이 흐려지고 에너지가 소멸되는 정도는 더욱 심각해진다. 그 결과 생기는 현상을 나는 '낡은 서랍장 현상'이라고 부른다. 당신도 이 현상을 직접 본 적이 있을 것이다. 당신이 어느 정도 나이가 있다면 직접 경험했을 수도 있고, 중년의 지인들에게서 보았을 수도 있다. 예전에는 큰 흥미와 욕구를 느끼며 적극적으로 해냈던 많은 일들이 세월이 흐르고 나면 '간신히' 하거나 전혀 할 수 없는 상태가 되어버리는 현상 말이다.

예컨대 근사하게 식사 준비를 하는 것을 즐겼고, 집 안 장식과 인테리어를 바꾸는 데 큰 흥미를 느꼈고, 청소도 꼼꼼히 그리고 열심히 했으며, 차를 끌고 여기저기 다니면서 자기계발도 소홀히 하지 않던 당신이 더 이상 그렇게 하지 못한다. 완벽을 기하기 위해 보여주던 예전의 노력은 어딘가로 사라지고, 주변이 어떻든 상관하지 않으며 무신경해진다. 테이블 세팅은 그저 '식사를 할 수 있을 정도'로만 하고, 집 안의 가구 배치도 어떻게 되든 상관없다는 식으로 대충 정리만 하고 산다. 매사를 그저 손이 가는 대로만 할 뿐이다.

결과적으로, 예전에는 축제가 열리며 번쩍번쩍 빛이 나던 자리에 이제는 텅 빈 공허함만 남게 된다. 마치 자신의 시대는 전부 다 끝난 것처럼, 항상 먼지만 뿌옇게 뒤집어쓴 채 먼 옛날 자신이 진열했던 기념품들을 보며 화려한 시절을 그리워하는 낡은 서랍장처럼 말이다.

물론 모두가 이런 일을 겪는 것은 아니다. 문화, 지성, 교육의 정도에 따라 사람마다 천차만별일 수 있다. 영혼이 다소 고단할지라도 뚜렷한 가족 문화를 가지고 있고, 집 안의 모든 것이 항상 깨끗하고 잘 정돈되어 있으며 서랍장 위에도 먼지가 쌓여 있지 않다면 말이다. 그러나 반대로, 만약 온 가족이 틈만 나면 '한잔하는' 분위기라면 낡은 서랍장 현상은 매우 분명하게 나타날 것이다.

이해를 돕기 위해 몇 가지 예시를 들어보겠다. 지금 상태의 에너지와 의식을 가지고 물질적 차원의 현실을 통제할 수 없다면, 기법적 측면에서는 할 수 있는 일이 전혀 없다. 낡은 서랍장 현상은 당신도 모르는 순간에 아주 갑작스럽게 찾아온다. 놀랄 틈조차 없을 것이다. 최근 들어 이 두 가지 프로세스 — 에너지와 의식의 사로잡힘과 막힘 효과 — 가 겉으로는 눈에 띄지 않게, 그러면서도 아주 빠른 속도로 진행되는 경향이 있기 때문이다. 당신의 서랍장 위에는 부모님의 서랍장보다 훨씬 더 빠르게 먼지가 쌓이기 시작할 것이다.

이제 오래전부터 모두가 궁금해하던 질문을 해보겠다. 그러면 어떻게 해야 할 것인가? 이쯤에서 누군가에게는 다소 불쾌할 수도 있는 주제를 다시 한 번 언급해야 할 것 같다. 이미 여러 번 반복한 적이 있지만, 트랜서핑을 세 가지 기본 요소로 이루어진 통합적이고 전체적인 교리로 받아들여야 한다. 이 세 가지 요소는 바로 '어떻게 생각하느냐', '어떻게 먹느냐', '어떻게 움직이느냐'이다.

통합적인 교리라는 말은 무슨 뜻일까? 이 말은 하나의 요소라도 제외한다면 '하나마나 한' 것이 된다는 의미다. 그 기법이 완전한 힘을 잃어버린다는 뜻이다.

생각하는 방식은 세계의 거울과 당신이 상호작용하는 방식이다. 다시 말해, 당신이 거울 앞에서 어떤 심상을 만드는지, 반영이 만들어졌을 때 어떻게 반응하는지를 나타낸다.

먹는 방식은 당신의 몸 속으로 직접 투입되는 것, 즉 음식과 정보를 나타낸다.

행동하는 방식은 당신의 삶의 형태를 나타낸다. 당신이 얼마나 활동적인지, 자신의 몸과 에너지를 얼마나 잘 활용하는지가 여기에 해당한다.

고전적인 트랜서핑으로 알려져 있는 첫 번째 요소에 대해서는 다섯 권으로 이루어진 《리얼리티 트랜서핑》 시리즈를 통해 충분히 설명한 바 있다.[*] 하지만 최근 들어 두 번째와 세 번째 요소의 의미가 훨씬 더 커지고 있다. 첫 번째 요소만으로는 완전한 효과를 내기에 부족하기 때문이다.

당신은 그저 '산책을 하듯' 자기 입맛에 따라 현실을 골라잡을 수 없을 것이다. 에너지와 의식이 부족하기 때문이다. 물론 심상화를 한다면 그 결과는 반드시 나타나기 때문에, 어느 정도의 효과는 있을 것이다. 그러나 자각몽을 꾸는 것처럼 현실을 자유자재로 통제하기 위해서는 자유로운 의식과 강력한 에너지가 있어야 한다.

본질은 당신에게서 에너지와 의식을 빼앗으려고 하는 시스템 속에 존재하면서도, 그와 동시에 시스템의 손아귀에서 벗어나는 데에 있다. 이렇게 하기 위해서는 반드시 두 번째와 세 번째 요소가 충족되어야 한다. 그렇지 않다면 명상과 같은 온갖 정신적인 방법들이나 내면의 독백을 멈추려는 시도, 무의식 깊은 곳으로 파고드는 행동 모두 아무런 의미가 없을 것이다. 시스템의 손아귀에서 자유로워지기 위해서는 시스템이 당신에게 강요하는 것들에서 벗어나야 한다.

다시 말해, 시스템의 요구에 완전히 반대되는 방향으로 나아가야 한다. 만약 시스템이 움직임이 적은 생활 습관을 가지라고 한다

---

[*] 국내에서는 《리얼리티 트랜서핑》 1~3권과 《트랜서핑의 비밀》(4, 5권 합본)이라는 제목으로 출간되었다.

면, 정반대로 하면 된다. 운동을 아주 열심히 하기 시작하는 것이다. 시스템이 당신에게 인공 식품을 먹게 한다면, 생식을 시작하면 된다. 시스템이 아무 의미 없는 정보 따위로 당신에게 부담을 지우려고 한다면, 슬쩍 옆으로 비켜서서 '그 자리에 없는' 척하라. 시스템이 잡다한 화학제품과 전자파로 당신을 중독시키려고 한다면, 사는 집부터 화장품까지 모든 것을 친환경 재료로 선택하면 된다. 아주 단순한 원칙이다.

지금 당장 생식을 시작하거나 시골로 이사할 필요는 없다. 가장 단순하고 접근하기 쉬운 일부터 시작하면 된다. 시작하는 것만으로도 당신은 다른 길에 들어서게 되며, 그다음부터는 그 길이 당신을 가야 할 방향으로 인도해줄 것이다.

예를 들어 당신에게 콤플렉스와 공포증 수준의 정신적 문제가 있다면, 당신은 혼자 끙끙 앓으며 자기 분석과 성찰을 하고 심리상담센터나 병원을 전전하면서 허송세월할 수 있다. 그렇게 해서는 아무 결과도 얻지 못할 것이다. 그런데 자연식품을 먹으며 단계적으로 생식을 시작하고, 자신의 물리적 신체와 에너지를 돌보기 시작하기만 한다면 이 모든 콤플렉스는 저절로 사라질 것이다. 어째서일까? 바로 두 번째와 세 번째 요소로 인해 인공 시스템에 빼앗겼던 상당 부분의 에너지와 의식이 해방되기 때문이다. 에너지와 의식이 어떤 임계점을 넘고 나면 나머지 모든 것은 저절로 적정수준을 찾아가기 시작한다. 이 부분에 대해서는 이후에 더 자세하게 살펴볼 것이다.

동의하지 않는 사람도 있을 것이다. 본인은 지금도 트랜서핑을 잘 해내고 있으며, 그 외의 것들에 대해서는 그다지 걱정하지 않는다고 말이다. 물론 아무 문제 없을 수도 있지만, 에너지와 의식이 사로잡히고 막히는 효과로 인해 5~7년 전만큼 효과적이지는 않다고 단언할 수 있다. 우리 모두 예외가 아니다. 현실은 아주 빠르게 변화하므로, 당신이 "잘 되고 있으니 나머지는 중요하지 않다"며 예전의 원칙을 고집하기만 한다면 결국 기차는 떠나가고 말 것이다.

동시에 모든 사람은 필요에 의해 자신의 힘의 크기를 직접 고른다. 마치 차를 사는 것과 같다. 기운이 좋은 차를 원하는 사람이 있는가 하면, 경차만으로 만족하는 사람이 있다. 그러므로 당신이 가지겠노라고 의도한 힘의 크기에 따라 당신이 실제로 갖게 되는 에너지의 크기도 달라진다. 강한 에너지와 의식을 가지겠다는 목표를 세워둔다면, '쾌감이 어딘가로 사라져버리는' 수준의 문제는 생기지 않을 것이다. 어느 날 당신이 이 책을 덮거나 영화관에서 나온 뒤 인생에서 뭔가를 실현하겠다는 생각을 한다면, 당신은 결국엔 성공할 것이다. 항상 그래왔던 것처럼 꿈을 이루기 위한 행동들을 차일피일 미루는 것이 아니라, 바로 시작하여 해낼 수 있을 것이다. 에너지와 의식은 이미 충분하니 말이다(돈 문제에서도 마찬가지다). 게다가, 그렇게 하기 위해서 지금처럼 큰 결심이 필요한 것도 아니다. 그저 아주 쉽게 성공할 것이다.

자신이 판단하기에 따라 힘의 수준을 선택할 수 있다는 명백한 예시가 바로 종의 진화다. 당신도 알다시피, 우리가 아주 익숙하게 받아들이는 동물의 특징이 있다. 어떤 동물은 헤엄치고, 어떤 동물은 뛰어다니거나 기어다니거나 날아다니며, 어떤 동물은 한자리에만 꼼짝않고 서 있다. 아주 익숙하고, 단순하고, 이해하기도 쉽다. 그저 각자가 주어진 대로 사는 것이다. 항상 그래왔고, 앞으로도 그럴 것이다. 하지만 그것이 당연한가? 그렇지 않다!

어린아이 같은 질문을 해보겠다. 왜? 왜 어떤 것은 날아다니는데, 어떤 것은 기어다닐까? 이 질문에 답을 할 수 있는가? 때때로 어린아이 같은 질문을 자신에게 해보면, 주변에서 익숙하게 받아들였지만 사실은 전혀 당연하지 않았던 많은 것들이 보이기 시작한다.

포유류 중 아주 흥미로운 목ᵇ이 있다. 바로 박쥐목인데, 여기에 포함되는 동물들은 앞다리에 날개가 달려 있다. 그중에는 날아다니기만 하는 종뿐만 아니라 뛰거나, 헤엄을 치거나 심지어는 물속에 있다가 날아오르기까지 하는 종도 있다. 상상해보라. 머나먼 옛날, 생명체들이 자신의 선호에 따라 자기 자신을 분류한 것이다. 어떤 동물은 땅에 남아 있기로 했지만, 어떤 동물에겐 그것이 그다지 흥미롭게 여겨지지 않았다. 현실에서(적어도 시간을 길게 잡고 본다면) '극복할 수 없는 상황'이라는 것은 존재하지 않는다. 네 발로 뛰기를 원한다면, 얼마든지 원하는 대로 하라. 날아다니고 싶은가? 그것 또한 문제될 것 없다. 새들만이 할 수 있는 일이라고 보는가? 누가 그렇게 말했는가? 모두가 각자 자유와 힘의 크기를 선택할 수 있다.

심지어 날아다니는 쪽을 선택했다고 하더라도, 동물에 따라서 힘의 크기에 대한 선호도는 각양각색이다. 가장 흥미로운 동물인 박쥐와 날여우*를 비교하여 설명해보겠다.

---

* 박쥐 중에서 가장 몸집이 큰 종으로 알려져 있다. 일반적으로는 '과일박쥐'라고 알려져 있으며, 얼굴이 개나 여우와 비슷해 날여우(flying fox)라고도 불린다.

박쥐는 자연에 의해 만들어진 생명체들 중 가장 완벽하고 신비스러운 동물이다. 슈퍼맨과 배트맨, 극장 속 디바의 모티브가 박쥐인 것도 충분히 그럴 만한 이유가 있어 보인다. 박쥐들은 야행성이고 투시력을 가지고 있다. 과학계에서는 박쥐들이 초음파를 이용해 길을 찾는다고 주장한다. 하지만 이것은 상당히 의심스러운 주장이다. 그 누구도 박쥐에게 초음파로 길을 찾는 능력이 왜 필요한지 알지 못한다(아니면 그저 아는 척하는 것뿐일 수도 있다). 대다수의 박쥐들은 벌레를 먹고 산다. 그리고 날아다닐 때 노래 같은 울음소리를 내는데, 주로 짝짓기를 위해 이런 소리를 낸다. 하지만 박쥐의 주파수는 인간이 들을 수 있는 한계인 20킬로헤르츠보다 더 높이 올라가기도 하기 때문에, 모든 노랫소리가 인간의 귀에 들리는 것은 아니다. 외부 환경이 좋지 않을 때는 겨울잠을 자기도 한다.

날여우는 밤은 물론 낮에도 활동한다. 주로 과일, 꿀, 꽃을 먹고 산다. 날개를 펼치면 그 길이가 1.5미터에 달한다. 날아다니는 동작은 굼뜨지만 영리하다. 이들은 겨울잠을 자지 않는다. 초음파로 길을 찾는 능력 또한 가지고 있지 않다. 무리를 지어 살고, 다른 놈들과 싸우고 시끄러운 소리를 내며, 온갖 방법으로 소란을 피운다.

만약 박쥐와 날여우가 만난다면 대략 이런 대화를 나눌 것이다.

— 나는 날여우야! 너는 누구니?

— 나는 박쥐야.

— 아이고, 불쌍하기도 하지! 너는 참 못생겼구나!

— 거울이나 보고 말하지? 털북숭이 얼굴에, 배불뚝이에다 꼬리는 짤

따란 주제에.

— 이걸 봐, 나는 아름다운 귀를 가지고 있어. 네가 가진 우스꽝스러운 껍데기와는 다르지!

— 대신 나는 초음파를 사용할 수 있다고. 물론 초음파 없이도 어둠 속에서 잘 볼 수 있지만. 왜인지 모르지만 다들 내가 날아다닐 때 초음파로 길을 찾는다고만 생각하는 것 같아. 허튼소리! 마치 지팡이를 든 소경이 버섯을 따러 산으로 들어가는 꼴이지. 초음파는 나방을 잡기 위한 능력이라고. 나방이 얼마나 날쌘 놈들인데!

— 초음파가 왜 필요해?

— 그건 네가 상관할 바 아니야. 신경 끄시지.

— 대단하구나, 귀염둥이야, 대단해! 하지만 중요한 건 그게 아니잖아!

— 물론이지, 내가 누구겠어? 나는 조용하고 겸손한 박쥐지. 우리는 기쁘게 날아다니고 삶을 즐길 줄 안다고. 그런데 너희 이기적인 날여우들은 우르르 몰려다니면서 끝없이 소란을 피우고 너희끼리 싸우잖아. 그렇게 굼뜨고 보잘것없이 태어났으니 화가 많이 난 거겠지?

— 그러는 너는 날아다닐 때 왜 그렇게 기분 나쁘게 찍찍거리니?

— 내가 원하는 대로 날아다닐 수 있다는 사실에 신이 나니까!

— 하지만 날아다니는 건 나도 할 수 있는걸!

— 맞아, 개처럼 날지. 너희는 꼭 날개를 단 개처럼 보여. "숲과 들 위를 자유롭게 날 수 있다면! 나의 이 개 같은 날개로 이 땅을 덮어버릴 텐데!"

— 여기에서 썩 꺼져. 안 그러면 잡아먹어 버릴 테다!

— 안 될걸. 귀엽기는, 네가 채식하는 거 다 알아.

이런 식으로 말이다. 독자 여러분 중에도 날여우 같은 사람이 있고, 박쥐 같은 사람이 있을 것이다. 우리 모두 서로 다른 사람이고, 저마다 필요로 하는 것도, 흥미를 느끼는 것도 다르기 때문이다. 모두가 각자의 자유와 힘의 크기를 선택할 수 있다. 하지만 필요로 하는 것과 흥미를 느끼는 것은 시간이 지나면서 변할 수 있다. 오늘 흥미를 가졌던 것이 내일이 되면 아무런 감흥을 주지 못할 수 있다. 언젠가 당신이 다른 독자를 만난다면, 암호처럼 다음과 같이 서로에게 말하길 바란다.

— 나는 박쥐야!

— 나는 날여우야!

— 나는 쥐야!

— 나는 여우야! 하지만 원한다면 나도 쥐가 될 수 있어.

요약

■ 당신이 책을 읽는 그 순간에는 현실을 자각몽처럼 통제할 수 있다고 생각할 것이다. 하지만 책을 덮고 현실에 몰두하다 보면 현실을 통제하는 것이 생각보다 쉬운 일이 아니라는 사실을 깨닫게 된다.

■ 창조자가 아니라 소비자이고, 송신기가 아니라 수신기에 해당하

는 사람은 현실을 통제할 수 없다.

- 의식이 없는 꿈을 자각몽으로 바꾸기 위해서는 수신기를 송신기로 바꿔야 한다.

- 송신기에 해당하는 사람이란, 사회가 인간에게 강요하는 고정관념이나 조건에 휘둘리지 않고, 자기만의 법칙과 원칙을 만들어나가는 대담함을 가진 사람을 말한다.

- 수신기에서 송신기로 바뀌기 위해서는 의식을 해방하여 에너지를 끌어올려야 한다.

- 현대인의 의식 중 상당 부분은 외부에서 들어오는 정보의 흐름에 사로잡혀 있으며, 나머지 의식의 상당 부분도 죽은 인공 식품과 화학물질, GMO, 전자파와 그 외의 요소들과 같은 인공 환경의 생산물에 의해 막혀버린다.

- 이 요소들은 우리의 에너지를 사로잡고 막아버린다.

- 나이가 들면서 의식이 흐려지고 에너지가 소멸되는 정도는 더욱 심각해진다. 그 결과 '낡은 서랍장 현상'이 생긴다.

- 최근 들어 에너지와 의식의 사로잡힘과 막힘 효과는 겉으로는 눈에 띄지 않게, 그러면서도 아주 빠른 속도로 진행되는 경향을 보이고 있다.

- 트랜서핑을 '어떻게 생각하는가', '어떻게 먹는가', '어떻게 움직이는가'의 세 가지 요소로 이루어져 있는 통합적 교리로 봐야 한다.

- 본질은 당신에게서 에너지와 의식을 빼앗으려고 하는 시스템(매트릭스) 속에 존재하면서도, 그와 동시에 시스템의 손아귀에서 벗어나는 데 있다.

- 오직 시스템이 당신에게 강요하는 것들로부터 벗어났을 때 시스템의 손아귀에서 자유로워질 수 있다.
- 에너지와 의식이 어떤 임계점을 넘어서고 나면, 나머지 모든 것은 저절로 적정수준을 찾아가기 시작한다.
- 모든 사람은 필요에 의해 자신의 힘의 크기를 직접 고른다.

건강한 신체의 건강한 체중

사람들은 자신의 체형에 대해 주로 두 가지로 반응한다. 몸무게가 많이 나가는 사람들은 자기 비판적이고, 탄탄한 체형을 가진 사람들은 자신감을 보인다. 그러면 건강이란 무엇이며, 어떤 모습을 건강하다고 말할 수 있을까? 질문을 더 흥미롭게 만들어보기로 하자. 건강이라는 것이 있기는 할까?

오늘날 절대적으로 건강한 사람들은 극소수에 불과하다. 그런 사람을 찾을 수 있다면 말이다. 인간은 자연이 미처 예상하지도 못했던 것을 자기 자신에게 굳이 실험하려고 하는, 자신의 몸에 대해 아주 예민한 사디스트인 것 같다.

자연은 인간이 자신의 몸 안에 술을 들이붓고, 담배 연기로 병들게 만들고, 음식을 불에 익혀 먹고, 주변을 온통 화학제품과 전자파로 둘러싸는 데다, 원래부터 당연히 지켜나갔어야 하는 활동적인 생활 습관을 따르는 것이 아니라 운동 부족 상태로 살아갈 것이라고는 꿈에도 상상하지 못했을 것이다.

그렇기 때문에, 우리들 대부분은 딱히 아픈 곳이 없더라도 이미 '건강하지 않다'는 측면에서 환자들이다. 우주비행사가 될 수 있을 정도의 체력을 가진 사람일지라도 말이다.

첫 번째 고정관념은, 질병이란 사람이 아플 때를 말하는 것이라는 생각이다. 하지만 인간의 몸은 이미 충분히 많은 양의 자원을 가지고 있기 때문에, 예전처럼 생활하는 것이 이미 불가능하게 된 마지막 단계에서야 질병의 신호를 보낸다. 두 번째 고정관념은 의사나 약품의 도움으로 질병을 치료할 수 있다는 생각이다. 물론 외상으로 인한 질병들은 '고쳐질' 수 있다. 하지만 안타깝게도, 우리는 그 외의 거의 모든 질병들까지 '고치는' 것에 이미 익숙해져버렸다. 다른 말로 표현하자면, 우리는 응급치료 방법을 만성질병에 사용하고 있다.

봄마다 눈에 띄는 아스팔트의 움푹 팬 곳을 단순히 메꿔버린다고 해서 길이 온전해지지 않는 것처럼, 사람의 몸도 여기저기 메꾼다고 건강해지지 않는다. 하지만 의사들이 하는 일이 바로 구멍을 메꾸는 일이다. 병을 제거하는 것이 아니라, 일시적으로 증상을 달래는 것이다. 압력이 커지면 그 압력을 줄이기 위해 약을 먹는다. 기침이 나오면 기침을 달래야 한다! 머리가 아프면 두통을 잠잠하게 해야 한다! 배가 아프다면 그 고통을 억눌러라! 입안으로 온갖 약을 계속해서 털어 넣는다고 해도, 몸이 자신의 주인과 의사들에게 고통스러운 비명을 지르지만 않는다면 그걸로 그만이다.

우리는 어떻게 해야 할까? 우리 세계에 존재하는 자연의 법칙을 모두 어겨버린 자연의 아이인 인간을 완전히 치료하려면 어떻게 해야 할까? 상식을 가진 의사 아무에게나 물어보라. 알약, 물약, 반창고 따위로 병을 치료할 수 있는지 말이다. 절대로 불가능하다! 일시적으로 질병을 궁지로 몰아넣는 것쯤은 가능할지 모른다. 그러나 치

료는 할 수 없다. 그래서 마치 구멍을 메꾸듯 질병도 계속해서 치료
해야만 하는 현실이 되어버린다.

문제를 해결할 수 있는 방법은?

저명한 학자인 파블로프*는 "인체는 자가조절 능력과 자가치유
능력을 가진 체계다"라고 즐겨 말하곤 했다. 몸은 스스로 회복할 수
있다. 하지만 그렇게 하기 위해서는 자연이 설계한 그대로, 몸이 정
상적으로 작동할 수 있는 자연스러운 조건을 만들어야 한다.

가장 중요한 조건은 자연스러운 식습관과 행동이다. 식습관에
대해서는 이미 여러 번 설명한 적이 있다. 이번에는 충분한 신체 운
동의 필요성을 살펴보도록 하겠다. 원칙적으로 운동을 해야 한다는
사실은 누구나 알고 있을 것이다. 아주 익숙한 고정관념이기 때문이
다. 하지만 정확히 무엇을 위해 운동을 해야 하는지에 대해서 생각해
본 사람은 없을 것이다. 의심할 여지조차 없기 때문이다. 하지만 모
든 단순한 사실이 분명한 것은 아니며, 모든 분명한 사실이 단순한
것도 아니다. 이 장에서는 분명하고 쉽게 이해할 수 있도록, 짧고 명
료한 답을 드리기 위해 노력해보겠다.

질병은 몸에 홍수가 난 상태와 같다

질병은 어떤 원인으로 인해 혈액, 림프액, 세포내액의 순환이
교란되었을 때 생긴다. 파블로프가 말한 바와 같이 인체는 자가조절

---

* Ivan Petrovich Pavlov: 러시아의 생리학자. '파블로프의 개' 실험으로 유명하다.

능력을 가진 체계이기 때문에, 제대로 작동하지 않는 부위로 '보수' 자원을 보내려고 한다. 그 자원이 보내지는 과정에서 걸림돌만 없다면 일반적으로 문제들은 해결된다. 하지만 강물(혈관계)의 흐름이 순간적으로 급증한 물의 양을 감당하지 못하면 홍수, 범람, 정체, 즉 '염증'이 발생한다.

말라버린 길, 혈관

움직임이 적은 사람들의 혈관과 모세혈관은 그 발달 정도가 미약하다. 부실하고 위축되어 있다. 여기에 식습관마저 건강하지 않다면 혈관의 벽은 오래된 하수관처럼 더러워진다. 그 결과 강 자체에는 문제가 없지만(혈액은 충분하기 때문이다), 강물은 말라버리게 된다. 힘차게 흐르던 강물이 가느다란 물줄기가 되거나 아예 아무것도 흐르지 않는다. 바로 이런 요인으로 인해 수많은 부정적인 결과가 생긴다.

강의 뱃사공, 근육

심장은 대동맥을 통해서만 피를 빠르게 보낼 수 있다. 그보다 작은 혈관을 통해 피를 보내는 것은 골격근의 수축을 통해 이루어진다. 우리가 골격근을 제2의 심장이라고 부르는 것은 이런 이유에서다. 림프액과 세포내액을 순환시키는 것은 심장이 하는 일이 아니며, 이들의 순환은 강(혈관)의 뱃사공인 골격근의 상태에 따라 달라진다.

사용되지 않는 것은 퇴화한다

그렇다. 이것은 불편한 자연의 섭리이며, 불변의 법칙이다. '현상 유지'라는 것은 없다. 성장과 쇠퇴, 이 둘만 있을 뿐이다. 대략 스무 살 이전까지 인체는 대부분 저절로 성장하지만, 스무 살을 넘어서면 완전히 다른 변화가 일어나기 시작한다. 특별히 노력한다면 계속해서 성장하거나 적어도 체형을 유지할 순 있지만, 그게 아니라면 쇠퇴하게 된다. 근육에 계속해서 압력을 주지 않으면 뱃사공이 약해지고 그 숫자가 줄어드는 이치다. 운동이 부족한 사람의 몸은 무겁고 둔해지거나, 약하고 초췌해진다.

쓸모없는 근육은 없다

자연은 그 어떤 것도 이유 없이 만들지 않는다. 이 세상에 있는 모든 것은 그것이 존재할 이유를 가지고 있다. 우리가 특별히 관심을 기울이지 않는 근육들도 마찬가지다. 하지만 앞서 설명했듯이, 충분히 사용되지 않는 근육은 쇠퇴할 수밖에 없다. 운동 부족은 결국 압력이 고르게 분산되지 않게 만든다(휴식이 부족해도 마찬가지다). 어떤 근육은 자주 사용되는가 하면 다른 근육은 덜 사용되는 것이다(혹은 아예 사용되지 않는다). 한 곳에는 뱃사공이 많은데, 다른 곳에는 뱃사공이 적거나 아예 없는 셈이다. 어떤 곳은 '나일강'인데 다른 곳은 황량한 사막과도 같다. 이것이 정상이라 보는가? 그렇지 않다. 흔한 일인가? 현대인들의 경우, 매우 그렇다.

당신의 '뱃사공'이 안전과 생명 모두를 책임지는 군인이라고 상상해보라. 군인들이 '푹 쉬도록' 내버려두면 안 된다. 전투력을 계속 유지하게 만들어야 한다. 잊지 말라. 규칙적이고 체계적으로 운동을 하되, 부담이 되지 않는 선을 지켜야 한다. 운동이든 휴식이든 적당히만 한다면 아무 문제 없다. 운동을 함으로써 만족감을 느낄 수 있어야 한다. 어딘가 불편하다면, 몸 어딘가가 기본적으로 막혀 있어 순환이 제대로 이루어지지 않고 있으며 정화가 필요하다는 뜻이다. 모든 근육이 빠짐없이 골고루 사용되도록 최대한 다양한 운동을 해야 한다.

당신도 알다시피, 이 세상에서 새로운 사실이라고 할 만한 것은 없다. 모든 이치는 아주 단순하고 분명하다. 여기서 한발 더 나아가, 당신은 이제 확실하게 이해할 수 있게 되었다. 그렇지 않은가? 강물이 다시 흐르기 시작하고 뱃사공들에게 힘이 생기면 병은 자연스레 당신을 떠나고 몸은 아름다워진다는 사실을 말이다. 그때가 되면 몸은 물론 체중도 실제로 건강해질 것이다.

- 오늘날 절대적으로 건강한 사람들은 극소수에 불과하다.

- 인간의 몸은 마지막 단계에서 질병의 신호를 보낸다.

- 우리는 응급치료 방법을 만성질병에 사용하는 데 익숙해져버렸다.

- 인체는 자가조절 능력과 자가치유 능력을 가진 체계다.

- 대다수의 경우, 질병의 근본적인 원인은 내부 환경의 순환이 제대로 이루어지지 않는 것에 있다.

- 운동 부족인 삶의 형태를 따르는 사람들의 모세림프관과 모세혈관 체계는 쇠퇴한다.

- 작은 혈관을 통해 피나 림프액을 보내는 것은 골격근의 수축을 통해 이루어진다. 우리가 골격근을 제2의 심장이라고 부르는 것도 이런 이유에서다.

- '현상 유지'라는 것은 없다. 성장과 쇠퇴, 이 둘만 있을 뿐이다.

- 쓸모없는 근육은 없다.

- 당신의 '뱃사공'은 안전을 넘어, 당신의 생명 자체를 책임지는 군대다.

- 규칙적이고 체계적으로 운동하되, 부담이 되지 않는 선을 지켜야 한다.

- 최대한 다양한 운동을 해야 한다.

인공 환경은 당신으로부터 건강, 에너지, 주의, 의식을 빼앗고 마침내는 자유까지 앗아간다. 참으로 신기한 것은, 우리는 이 모든 과정을 지켜보면서도 이상한 점을 눈치채지 못한다는 사실이다. 예를 들어, 최근 20~30년 동안 인공적인 산물들이 거의 모든 천연 제품들을 아주 빠르고 은밀하게 대체해버렸는데 이 사실을 알아차릴 여유도 없지 않았는가?

트랜서핑의 기본 원칙을 지킬지 말지는 선택의 문제지만, 당신 자신을 제한할 수 있는 것은 기술권이 인간에게 강요하는 것들뿐이며 그런 것들 따위 얼마든지 외면할 수 있다는 사실을 인지하고 있어야 한다. 지식과 의도를 함께 가지고 있다면, 영혼과 육체 모두가 반길, 자연에 가까운 식품이나 옷을 가능태 공간에서 찾을 수 있을 것이다.

오래전부터 잊혀온 기적 같은 물건이 하나 있다. 바로 '푸른 아마'이다. 푸른 아마에 대해서는 할 말이 많지만, 지금은 자세히 다루지 않겠다. 인공 시스템 아래에서는 마치 진귀한 보물이라도 되는 듯 적극적으로 찾아 헤매야 겨우 발견할 수 있을 테니까 말이다. 푸른 아마로 만든 옷은 당신의 몸을 위한 생명의 오아시스다.

트랜서핑 또는 트랙 이탈?

나는 "트랜서핑이 효과가 있어요!"라며 환호하는 메일을 자주 받곤 한다. 하지만 구체적으로 어떤 행동을 했으며, 그로 인해 어떤 결과가 생겼다고 이야기하는 사람은 많지 않다. 의도와 의지를 가지고 직접 현실을 통제하는 것과, 자신의 관심을 끌었던 뭔가가 어떤 기적적인 이유로 우연히 실제 현실이 되는 것을 사람들이 구분하지 못한다는 뜻이다.

당신의 사념과 현실 사이에 우연히 어떤 연결고리가 있다는 사실을 처음으로 알아차리고 그에 대해 놀랐다고 하더라도, 당신이 트랜서핑에 성공했다는 뜻은 아니다. 더 정확히 말하자면, 트랜서핑에 성공한 것은 맞지만, 당신의 의지와는 무관하게 이루어졌다는 뜻이다. 그것은 트랜서핑이 아니라 통제할 수 없는 우연이다. 그저 지켜보고 놀라기만 할 수밖에 없는 현상이라는 의미다.

이 과정을 통제하기 위해서는, 다시 말해 고의적이거나 이미 예상하고 있었던 '놀라운' 일이 현실이 되도록 만들기 위해서는, 앞서 말한 대로 생각의 방식을 고쳐야 하며 수동적인 수신기가 송신기가 되어 의도를 송신하는 모드로 전환할 수 있도록 머릿속에 있는 회로를 '납땜해야' 한다.

아마 당신은 "송신 모드는 얼마나 자주, 얼마나 오랫동안 작동시켜야 하는가?"라고 궁금해할 것이다. 그러나 이것은 끊임없이 변화하는 바다의 흐름 속에서 배의 방향을 유지하려면 노를 얼마나 저어야 하냐고 묻는 것이나 다름없다. 당신이 노를 놓치면 배는 그 즉시 당신의 의지와는 무관한 외부 상황의 흐름에 휩쓸려버릴 것이다. 그리고 당신의 인생은 당신의 현실이 아닌, 다른 누군가의 시나리오와 무대장치에 따라 갈팡질팡하게 된다. 당신의 노가 더 활발한 타인의 손에 들려 있는 것이다. 이치가 그렇다.

따라서 외부 세계를 향해 직접적으로, 또는 배경 모드로 꾸준히 자신의 현실의 장면을 전송해야 한다. 단순히 휴식을 취하고 있을 때도, 산책을 하거나 책을 읽을 때도, 다른 사람의 영화나 라디오 방송을 보거나 들을 때도, 당신 자신의 영화나 라디오 방송은 끊임없이 재생되고 있어야 한다. 얼마든지 원하는 대로 자신의 세계에 직접 색을 칠하라. 당신이 정말로 그렇게 하고 싶다면 말이다. 현실에서 어떤 일이 일어나든 자신의 의지를 되뇌고 있어야 한다. 이 노래처럼 말이다.

오렌지색 하늘, 오렌지색 바다,
오렌지색 수풀, 오렌지색 낙타,
오렌지색 엄마와 오렌지색 친구들에게
오렌지색 노래를 상큼하게 불러요.

이 노래 가사처럼 당신의 세계에서도 경찰들, 공무원들, 회사 사장, 싫어하는 사람들, 찻길, 그 외 모든 문제가 오렌지색이 될 것이다!

얼마나 즐거울지 상상해보라! 당신의 머리 위로 먹구름이 잔뜩 껴 있을지라도 더 높은 곳에는 푸른 하늘이 변함없이 빛나고 있지 않은가. 당신이 원하기만 한다면 그 하늘은 오렌지색으로 빛날 것이다.

이것은 '마법사의 방식'*을 간소화해놓은 것과 같다. 원칙적으로, 입력되는 모든 정보는 당신의 내부 세계에 따라 유사한 결과물을 만들어낸다. 당신이 송신 모드를 가동하고 있다면 '송신기'의 입구로 투입되는 데이터를 분석하는 과정이 이루어지고, 출구에서는 의도의 선언이 출력될 것이다. 다른 사람의 영화를 보면서 정보를 분석하고, 그와 동시에 자신의 영화를 상영하겠다는, 다시 말해 '오렌지빛 세계'를 만들겠노라는 의도를 선언하기만 하면 된다.

다른 사람들에게는 모든 것이 무채색이다. 하지만 나에게만은 모든 것이 오렌지색이다. 다른 사람들의 세계에서 일어나는 문제들은 나의 세계에서 존재하지 않는다. 이 사람들은 살면서 수많은 장애물을 겪곤 하지만 나에게는 그런 일이 일어나지 않는다. 걸작들을 만들어내는 유명인들처럼 나도 뭔가를 할 수 있다. 다른 사람들이 얼마나 아름답든, 강하든, 용감하든, 나는 나만의 장점을 가지고 있다. 나는 나의 세계에서 이러저러한 문제가 일어나도록 내버려두지 않을 것이다. 이것은 나의 세계이니 말이다.

또는 투입되는 모든 정보를 자신의 목표에 맞춰 받아들이는 방법이 있다. 예를 들어, 얼른 집을 가지고 싶다면 '나의 집과 그 속의 나'라는 제목의 가상 방송을 만들어 재생하는 것이다. 현실이나 영

---

* 카를로스 카스타네다의 《돈 후앙의 가르침》 시리즈에 나오는 개념 중 하나다. 이 시리즈에 따르면, 마법사들은 삶에서 불필요한 것들을 모두 걸러내 에너지를 현명하게 재배치한다고 한다.

화, TV 화면 속에서 어떤 집을 본다면 그것이 당신이 구매하고자 하는 집과 비슷한지, 다른지 비교해보라. 그러면서 그 즉시 상상 속에 당신의 집을 그려보는 것이다. 광고나 가게에서 그 집에 어울릴 만한 물건을 우연히 봤다면, 아직은 그저 두고 보기만 할 뿐이라도 그 물건을 사두라. 여행을 할 때는 구석구석 돌아보며 어떤 곳에서 살고 싶은지 상상해보라. 아주 진지하고 단호하게 이 모든 세계를 당신의 꿈으로 색칠하라. 여느 가사 속의 아저씨가 노래하는 "있을 수 없는 일이야"라는 말에는 신경 쓰지 말라. 있을 수 없는 일이라는 것은 그에게나 해당하는 말이다. 당신의 세계에서는 모든 것이 가능하다.

누군가에게는 이런 송신기 모드에 있는 것이 아주 부담스럽고 어려운데다 전혀 필요하지도 않은 일일 수도 있다. 물론 모든 것은 자신이 인생에서 어떤 목표를 가지고 있는지, 그리고 그 목표를 달성하고자 하는 욕망이 얼마나 강한지에 따라 다르다. 너무 부담스럽다면 습관을 들이면 된다. 매일 반복되는 일상이 되면 더 이상 그 일에 부담을 느끼지 않을 것이다. 생각의 방식을 송신 모드로 바꾸기 위해서는 가장 단순한 것부터 시작해야 한다. 트랜서핑에는 아주 강력하면서도 쉬운 '의도 조율의 원칙'이라는 것이 있다. 이 원칙을 되새겨보자.

부정적으로 보이는 사건을 긍정적으로 보려는 의도를 가지고 있다면, 실제로 그 일은 긍정적으로 바뀔 것이다. 반드시 기억하라. 지금 당장은 아무리 상황이 나쁘더라도, 조율의 상태를 유지한다는 조건이 지켜진다면 당신의 앞에는 예상치 못한 좋은 일이 기다리고 있을 것이다. 왜 이런 일이 생길까?

다른 모든 물질의 움직임처럼, 인생 역시 인과관계의 흐름을 따른다. 가능태 공간에서 결과에 해당하는 가능태는 항상 그 원인의 가능태 가까이에 있다. 원인이 결과로 흘러가면서, 가까이에 위치하는 섹터들이 인생트랙에 정렬된다. 그리고 이 인생트랙의 각각의 사건마다 두 개의 갈림길이 있다. 바로 긍정적인 갈래와 부정적인 갈래다. 여러 사건에 처할 때마다 당신은 그 사건에 대해 어떤 태도를 보일지 선택하게 된다. 그 사건을 긍정적으로 받아들이겠다고 선택하면 성공적인 인생트랙을 타게 된다. 하지만 당신이 부정적으로 생각하는 경향이 있다면, 긍정적인 사건에도 불쾌함을 드러내게 될 것이며 그 결과 실패하는 인생트랙을 타게 된다. 어떤 일로 인해 불쾌한 마음이 들었다면 불행이 그 사건을 뒤따른다. 이와 같은 방식으로 '불행은 반드시 여럿이 한꺼번에 몰려오는' 현실이 만들어진다. 사실 불행은 안 좋은 사건의 뒤를 따라오는 것이 아니라, 당신이 그 사건에 대해 보이는 태도를 따라온다. 현실은 당신이 갈림길에서 내리는 선택에 따라 만들어진다. 의도 조율의 원칙은 당신이 항상 성공적인 인생트랙을 타도록 도와줄 것이다.

당신이 이미 오래전부터 알고 있는 내용을 내가 왜 또다시 설명하고 있는지 아는가? 그 이유는, 아는 것과 행동하는 것의 사이에는 엄청난 간극이 있기 때문이다. 의도 조율의 원칙을 잘 알고 있으면서도 실제로 행동에 옮기지는 않고 있다는 사실에 당신도 동의하는가? 아직 일상적인 습관이 되지 않았을 것이다. 그게 아니라면 당신이 편지에서 쓴 것과 같은 수많은 문제들은 일어나지도 않았을 것이니 말이다. 모든 것을 알고 이해하고 있음에도 불구하고, 당신은 여전히 사건과 상황에 부정적으로 반응한다. 바로 이것이 현재 당신의 습관이다. 의식적인 의도의 선언이 아니라, 무의식적인 태도가 당신의 현실을 통제하고 있는 것이다.

의도 조율의 원칙을 사용해야 하는 이유를 더 설명하기에 앞서, 이 장과 직접적인 관련은 없어 보이는 '데자뷔'라는 현상을 먼저 살펴보려 한다. 이것은 어떤 상황이 흘러가는 양상이 예전과 똑같이 반복되는 듯 보이는 경우를 말한다. 데자뷔의 가장 큰 특징은, 데자뷔를 경험하는 사람은 그 일이 똑같이 반복되고 있다는 사실을 거의 확신하고 있으면서도 정확히 그런 상황이 언제 어디에서 일어난 것인지는 도저히 알 수 없다는 것이다. 보통은 과거에 일어났던 사건이 맞는지 헷갈리기 때문에 자신의 기억이 왜곡된 것인지, 현실 자체가 뒤죽박죽된 것인지 구분할 수 없다.

이런 현상이 일어나는 데는 두 가지 원인이 있을 수 있다. 우선 첫 번째 원인은 이렇다. 데자뷔는 비슷한 사건이 꿈에서 일어났기 때문에 발생한다. 사람은 자신이 꿈을 꿨다는 사실을 항상 기억하지는 못한다. 그러나 현실에서 비슷한 조건이나 상황이 반복되면, 막연하지만 그 일이 반복되고 있다는 느낌을 확실하게 받게 된다.

두 번째 원인은 이렇다. 사람은 평생 동안 끊임없이 트랙을 갈아탄다. 마치 서로 다른 두 개의 영화 필름처럼, 이어 붙여진 두 인생 트랙의 과거에는 서로 다른 사건이 일어났을 수 있다. 드문 경우이지만 시나리오가 완전히 달랐을 수도 있다. 이럴 때는 마치 인과관계가 깨진 듯한 느낌마저 받을 수 있다. 하지만 보통 겉으로는 뚜렷하게 모순되는 점이 발견되지 않기 때문에, 이런 경험을 하는 사람은 자신이 헷갈린 것인지 혹은 정말로 비정상적인 현상이 일어난 것인지 알 수 없는 일종의 '혼동'을 겪곤 한다. 그러나 알 수 없는 일이 일어났음을 증명하든, 그렇지 않다고 부정하든, '명백한 증거'를 대면서 현실에 수갑을 채울 수는 없다. 그래서 당사자는 이전의 영화 필름에서 "비슷한 일이 있었던 것 같다"고 말하지만, 필름을 '건너뛰지' 않은 주변 사람들은 "그런 사건은 전혀 없었다"고 말하는 상황이 생겨난다.

이쯤에서 인간의 기억이 어떻게 만들어지는지에 대해 또 다른 의문들이 쏟아진다. 예컨대 가능태 공간에 보관되는 필름들이 연결됨에 따라 기억이 만들어지는 것이라면, 인간은 인생트랙을 계속해서 갈아타면서 만들어지는 필름을 '본다'는 말인가? 아니면 과거에 자신이 지나오지도 않았던 영화 필름들 중의 일부 장면에 접속할 수 있다는 말인가? 여러 가지 질문들로 머릿속이 혼란스러울 것이다.

혼란이라는 것은 인간의 불완전한 심리에 대부분 좌우되는 인생뿐 아니라 물리학 실험실에서도 계속해서 일어난다. 양자역학에서 유명한 하이젠베르크[*]의 불확정성 원리는 현실의 바로 이런 교활한 측면을 적나라하게 보여준다. 현실은 인간이 '자신에게 수갑을 채우도록' 내버려두지 않으며, 우리가 그것을 면밀히 관찰하여 사실이 밝혀지게끔 몰아붙이면 요리조리 몸을 피하며 미꾸라지처럼 빠져나가려고 한다.

---

* Werner Karl Heisenberg: 독일의 물리학자로, 양자역학의 시초가 되는 연구를 했다. 1932년 31세의 젊은 나이로 노벨물리학상을 받았다. 그가 제안한 '불확정성 원리'는 입자의 위치와 운동량을 동시에 정확히 측정할 수 없다는 이론이다. 즉 위치가 정확하게 측정될수록 입자의 운동량의 분산도는 커지게 되고, 반대로 운동량이 정확하게 측정될수록 위치의 분산도는 커지게 된다.

시데르스키Sidersky와 프리발로프Privalov는《새로운 시대를 위한 부활의 눈》(The Eye of Renaissance for a New Age)에서 데자뷔와 비슷한, 현실의 혼란스러운 모습을 보여주는 대표적인 사례를 제시하고 있다. 이 책에서 주인공은 한 인생에서 다른 인생으로 갈아타며 저자가 '이탈'이라고 부르는 현상을 겪게 된다. 시베리아의 한 밀폐된 기업에서 학술연구원으로 일하던 사람이 어느 날 갑자기 모르는 여자를 아내로 두고 있고, 원래의 직업과는 전혀 달라 잘 알지도 못하는 일을 하고 있는 현실 속에서 깨어난다. 이 사람은 자신이 똑같은 육체를 가지고, 똑같은 시간에 완전히 다른 인생을 산다는 느낌을 분명하게 받는다. 비밀 기업의 위치를 정확히 알았던 그는 시베리아로 가보지만, 정작 그곳에서는 아무것도 찾을 수 없었다.

카를로스 카스타네다도 이와 유사한 상황에 대해 언급한 적이 있다. 그는 절벽에서 낭떠러지 아래로 떨어졌는데 뉴욕의 한 아파트에서 깨어났던 적이 있다고 한다. 두 필름이 하나로 이어 붙은 것이다. 원칙적으로는 죽었어야 하지만, 실제로는 한 현실에서 다른 현실로, 즉 자신이 살아 있는 인생트랙으로 넘어갔다.

이 책들에 쓰인 내용의 사실 여부를 따지지는 않겠다. 하지만 시공을 건너 이동한 듯한 놀라운 사례들이 있는 것은 사실이다. 물론 현실은 항상 자신의 모습을 드러내기를 거부하며, 그것이 실제로 일어났던 일인지 아닌지, 어떻게 왜 일어났는지 분명한 답을 주지 않는다. 의심할 나위 없는 유일한 사실은, 지금의 인생트랙과 가깝든 멀든, 다른 인생트랙으로 넘어갈 때의 이탈 현상은 실재한다는 점이다. 사실 이런 현상은 우리의 삶에서 계속해서 일어나고 있다. 갈림길에서 선택을 내릴 때마다 우리는 이탈을 경험한다.

　나 역시 비슷한 현상을 경험한 적이 있다. 오래전에 일어났던 일을 하나 들려드리겠다.

　너는 우리 집에 장갑을 두고 갔지. 사실은 어느 쪽인지 잘 모르겠군. 실수로 두고 간 걸까? 아니면 다시 돌아올 빌미를 만들기 위해 일부러 두고 간 걸까? 우리 사이에 무슨 일이 있었다는 이상한 기분이 드는데, 내가 꿈을 꾼 것인지 아니면 진짜 현실이었는지 확신이 들지 않아.
　전날 우리는 집으로 친한 친구들을 불러 파티를 했어. 담배를 한 대 피우기 위해 너와 함께 발코니에 나갔다가 갑작스럽게 키스를 했던 기억이 나는군. 그것도 아주 열렬하게.
　부끄럽게도 나는 그날 술을 너무 많이 마셔서, 다음 날 일어났을 때 그 일이 꿈인지 생시였는지 알 수 없었지.
　우리가 다시 만났을 때 너는 나를 이상하게 보더군. 하지만 너의 그런 행동만으로는 우리 사이에 실제로 무슨 일이 있었던 건지, 아니면 그저 내 환상일 뿐인지 알 수 없었어.
　나는 네게 혹시 우리 집에 장갑을 두고 갔냐고 물었지. 언제 한 번 들르라고 말야. "그럴까." 너는 대답했지만, 이상하다는 눈빛은 거두지 않았어. 나는 정말이지 아무것도 모르겠더군. 직접 물어볼 수도 없었지. 아무 기억도 나지 않았고, 너 또한 아무 말도 하지 않고 있었으니까. 무슨 일이 있었던 것 같기도 하고, 아닌 것 같기도 하고. 술을 좀 줄여야겠어.

그러다 술이 완전히 깨고 나니 예전보다 더 선명한 장면
하나가 문득 떠올랐어. 우리가 다시 키스를 하고 있었는데, 그
장소가 현관이었던 거지. 우린 둘 다 자제력을 잃은 상태였어.
너는 평소에는 아주 침착하고 차분하지만, 그때만큼은
몹시 흥분한 채 구두를 벗었고, 내 셔츠를 벗기려고 했어….
하지만 그다음은 또 기억이 나질 않더군. 다시 아무 생각도
나지 않아. 세상에. 이게 꿈일까, 생시일까? 아, 역시나 술을
줄여야겠어.

이틀이 지났지. 너는 장갑을 가지러 오지 않더군. 일부러 놔둔
것이 아니라 실수로 두고 갔었다는 뜻이겠지? 아니면 내가
그저 꿈을 꾼 거겠지? 왠지 모르게 너무 황당해. 어째서일까?
이제 네게는 다른 사람이 생겼고, 나 역시 다른 여자를 만나게
되었어. 나는 다른 사람을 만나겠다는 생각조차 한 적이
없는데. 내가 뭐하러 그러겠어?

얼마 안 있으면 출장을 다녀올 예정이야. 출장을 가면 다른
문제들 때문에 이 생각은 나지 않겠지. 데자뷔는 잠시 뒤로
밀려날 거야. 집으로 돌아오니, 네 장갑이 없더군. 이젠 정말로
혼란스러워.

최근에 들어서야 나는 어떻게 이런 일이 일어날 수 있는지 이
해할 수 있었다. 실제로 어떤 일이 일어났고 그 일이 계속 진행될 수
있는 가능성을 가진 한 트랙에서, 그 일의 발단도 결과도 없는 다른
트랙으로 이탈한 것이다. 내가 '아무 일도 일어나지 않았다'고 결정

을 내린 순간 다른 트랙으로 건너뛴 것이다. 하지만 결국 진실을 알아낼 수는 없었다. 다시 말해 장갑이 어떻게, 어디로 사라졌는지는 아직도 알 수가 없다. 또 다른 예시로 최근에 일어났던 일을 소개해 드리겠다.

아주 추운 겨울이었다. 벽난로에 쓸 장작을 찾기 위해 창고에 가려던 참이었다. 휴대폰을 챙겨가야 했다. 출판사에서 연락을 할 거라고 했기 때문이다. 그런데 그 순간, 다른 일에 정신이 팔려 휴대폰에 대해 까맣게 잊어버린 채, 그대로 집을 나섰다. 주머니를 더듬어 휴대폰이 그 안에 있는지 확인했다. 그래, 잘 챙겼군. 여기에 있네. 걸리적거리지 않게 하려면 어디에다 둬야 할까? 아니, 괜히 가져온 것 같다. 장작을 가져오는 동안에는 방해만 될 텐데. 꺼내놓아야겠다. 그러고는 또다시 휴대폰에 대해 잊어버렸다. 그때 옆집 고양이가 마당으로 들어왔다. 나는 고양이의 목덜미를 붙잡아 다른 곳으로 옮겼다. 성가신 녀석이 자꾸 우리 집을 들락날락하곤 했다. 이제 정말로 장작을 챙겨야겠다. 그런데 그때 휴대폰 생각이 났다. 꺼내놓아야지. 주머니를 뒤적여보았다. 그런데 휴대폰이 없다. 그래. 고양이를 뒤쫓는 동안 어디에서 흘렸나 보다. 뭐, 나중에 찾아야겠다. 그러고는 다시 휴대폰에 대해 관심을 껐다. 집으로 돌아오자, 휴대폰이 식탁에 놓여 있었다.

또다시 트랙 이탈이 일어난 것이 분명하다. 나는 분명히 주머니에 휴대폰이 있는 것을 확인했다고 맹세할 수 있다. 그런데 어떻게 그것이 식탁에 놓여 있을 수 있었을까? 아마도 순간적으로 어떤 에너지가 분출되었던 것 같다. '백주 대낮에' 그렇게 분명하게 트랙을 이탈하려면 상당한 에너지가 필요하기 때문이다. 에너지가 보통 사람들보다 높아진 지금은 종종 전자제품들이 이유 없이 고장 나곤 한다. 술은 이미 끊은 지 오래되었기 때문에 내 말을 믿으셔도 좋다.

내가 이런 이야기를 하는 이유를 쉽게 설명해드리겠다. 데자뷔는 통제할 수 없는 현상이며, 의식이 없는 꿈처럼 일어날 뿐이다. 우리가 인생이 뒤바뀔 수도 있는 중요한 갈림길에서 비몽사몽간에 결정을 내리고 아주 사소하고 일상적인 불행에는 굴(oyster)처럼 바보같이 반응하는 동안, 우리의 인생은 통제 불가능한 연속적 전환을 통해 실패하는 인생트랙을 따라 흐르게 된다. 하지만 그 어떤 상황에서도 의도 조율의 원칙을 따르는 습관을 들인다면 현실은 성공적인 파도를 따라 미끄러져 흘러가기 시작할 것이다. 그때 우리는 더 이상 트랙 이탈이 아닌 트랜서핑을 하게 된다.

의도 조율은 가장 적절한 방법으로 현실을 바로잡는다는 점에서 아주 훌륭한 원칙이다. 자기 세상에 색채를 입히기 위해 특별히 노력을 할 필요도 없다. 예를 들어, 모든 일이 잘되고 그것이 흘러가야 할 방향대로 흘러가길 바라지만, 구체적으로 어떤 좋은 방법으로, 어떻게 흘러가야 하는지는 잘 모를 때가 있다. 그렇다 해도 문제될 것은 없다. 답을 찾기 위해 골머리를 썩이지 않아도 된다. 그저 사건의 흐름이 당신이 원하는 바와 다를 때마다 잠에서 깨어나, 의식적으로 불쾌한 기분을 긍정적인 감정으로 전환하는 습관을 들이라. 여러 사건에 반응하는 당신만의 방법이 생길 것이다.

세상에! 이다음에는 어떤 기쁜 일이 일어날지 궁금하군. 오, 아주 놀랍고 기분 좋은 일이 일어날 거야! 한번 지켜봐야지! 우와, 이런 행운이! 좋은 일이 생겼군! 기쁜 일이 생겼어! 상황이 이렇게 훌륭하게 돌아가고 있다니! 얼마나 좋은 기회인가! 그래, 기회다! 나의 세계가 더 큰 불행으로부터 나를 지켜주었구나! 이렇게 기쁜 일이! 아주 훌륭하군! 얼마나 많은 선물과 축하를 받을까!

아주 사소한 일일지라도, 불행한 일이 있을 때나 당신이 생각한 시나리오가 어떤 일로 인해 깨져버렸을 때마다 이런 '상황에 어울리지 않는' 말을 외쳐야 한다(소리를 내든, 속으로만 외치든 상관없다). 날씨가 안 좋더라도, 새치기를 당해도, 길이 막혀도, 그 어떤 문제나 나쁜 일이 생기더라도 기쁨을 느끼는 방법을 터득하라. 이와 같은 일종의 마조히즘은 당신의 세계의 하늘을 서서히 맑게 해줄 것이다. 온갖 불쾌한 상황이 당신에게 어떤 이득을 가져다주는지 생각만 해보면 된다. 실제로도 당신에게 이득을 가져다줄 테니 말이다. 직접 해보면 알게 될 것이다. 의도 조율이 습관이 되고, '나'의 일부가 되도록 처음 몇 번만 노력하면 된다. 그 이후에는 모든 일이 그것이 흘러가야 하는 방향대로 흘러갈 것이다. 바로 이것이 수신기에서 송신기가 되는 첫걸음이다.

■ 의도와 의식을 가지고 현실을 통제하는 것과, 동시에 일어나는 우연한 사건을 헷갈려서는 안 된다.

■ 당신의 사념과 현실 사이에서 우연한 연결성을 찾았다고 해서 당신이 트랜서핑에 성공한 것은 아닐 수 있다.

■ 의도 조율의 원칙을 따르려면 생각의 방식을 바꿔야 한다. 수동적인 수신기를 넘어, 자신의 의도를 방출하는 송신기가 되어야 한다.

■ 외부 세계에 직접적으로, 또는 배경 모드로 꾸준히 자신의 현실의 장면을 전송해야 한다.

■ 당신의 머리 위로 먹구름이 잔뜩 껴 있을지라도 더 높은 곳에는 푸른 하늘이 변함없이 빛나고 있다.

■ 다른 사람의 영화를 보면서 정보를 분석하고 그와 동시에 자신의 영화를 상영하겠다는, 다시 말해 '오렌지빛 세계'를 만들겠노라는 의도를 선언하라.

■ 투입되는 모든 정보를 자신의 목표에 맞춰 받아들이라.

■ 송신 모드로 생각의 방식을 전환하려면 의도 조율의 원칙부터 실천하라.

■ 부정적으로 보이는 사건을 긍정적으로 보려는 의도를 가지고 있다면, 실제로 그 일은 긍정적인 것이 된다.

■ 날씨가 안 좋더라도, 새치기를 당해도, 길이 막혀도, 그 어떤 문제나 나쁜 일이 생기더라도 기쁨을 느끼는 방법을 터득하라.

어린 시절의 각인

앞장에 이어서 의도 조율의 원칙에 대한 이야기를 더 해보고자한다. 우리는 '부정적으로 보이는' 사건이나 상황에다 오렌지색을 칠했다. 사실 우리는 모든(혹은 거의 모든) 불행을 행운으로 바꿀 수 있는힘을 가지고 있다. 이제 사람들에게, 그리고 그들의 행동에도 똑같은원칙을 적용하는 일만 남았다.

지금 우리가 다루고 있는 것은 우리 세계에서 쓸모없는 찌꺼기를 제거하는 기술이다. 만일 당신이 충분히 관심을 기울였다면, 트랜서핑은 문제를 '치료하는' 것이 아니라 문제 자체를 제거하고 엉켜버린 실타래의 매듭을 한 번에 잘라내기 위한 것이라는 사실을 알 것이다. 당신은 문제의 원인을 찾을 필요조차 없다. 그것은 너무 오래걸리는 데다, 그 과정에서 원인을 잘못 짚어낼 수도 있기 때문이다.당신이 앞으로 걸어가야 할 길을 더 평탄하게 만드는 최선의 방법은,문제가 생겨날 만한 요인을 제거하는 것이다. 그러면 지금 겪고 있는문제는 저절로 해결될뿐더러 두 번 다시 반복되지 않는다.

달리 표현하면, 당신이 봐야 할 곳은 과거도 현재도 아니고 '미래 전체'다. 등 뒤에 무엇이 있든 앞만 보고 걸어가면 된다. 당신의도착지는 당신의 의도가 집중하고 있는 그곳일 수밖에 없다. 그런 의미에서 "지금 이 순간을 살라"는 명언이 완전히 옳다고는 할 수 없다.

지금 이 순간에는 그 어떤 힘도 없다. 힘은 우리를 앞서 있는 순간에 있다. 바로 그것이 생시의 꿈의 흐름을 이끈다. 이 주제는 진지하게 다뤄볼 만한 것이기 때문에 나중에 좀더 살펴보기로 하자.

앞서 소개한 노래에서 자기 세계를 오렌지색으로 색칠한 여자아이를 떠올려보면, "그래서 실제로 그런 작업을 어떻게 하라는 말인가?"라는 질문이 떠오를 수 있다. 다행히도 이 작업에는 어떤 재주나 노력도 필요하지 않다. 당신에게 일어나는 상황뿐 아니라 다른 사람의 행동이나 태도에 대해서도, 의도 조율의 원칙을 지키기만 하면 당신의 세계는 알아서 밝은 빛을 내기 시작할 것이다.

의식이 활성화되어 있는 사람이라면 '행동과 태도는 같은 것'이라는 사실을 바로 이해할 것이다. 우리가 어떤 이유로 인해 혹은 아무 이유 없이 타인을 공격하고 제지하며, 누군가의 사소한 실수를 지적하고 큰 실수는 맹렬히 비난하는 데 익숙해진 이유가 바로 여기에 있다. 이것은 저절로 나오는 행동인데, 우리들 중 대다수는 말 그대로 반사적으로 이렇게 반응한다. 뭔가 석연치 않거나 마음에 들지 않으면 머릿속 어딘가에서 '위-잉!' 하는 굉음을 내며 빨간 램프가 켜지고, 글로든 말로든 맹렬한 공격을 퍼붓기 시작하는 것이다.

특히 그 누구도 당신의 목덜미를 낚아채 뒤통수를 한 방 먹일 수 없는 인터넷 공간은 온갖 이유로 트집 잡는 사람들에게 자유로운 평원과 같을 것이다(또는 평원처럼 드넓은 자유일지도 모른다).

상대방이 비난에 동요하지 않는다고 해도, 비난은 좋을 것이 없다. 비난을 받는 사람과 하는 사람 모두에게 말이다. 적어도 그것은 항상 보기 흉하니 말이다.

195

지금 당신의 영혼이 균형을 이루고 있는 상태라면, 누군가가 다른 사람이나 사물에 대고 화를 내며 불쾌함이나 불만족스러움을 드러내고 있는 모습이 객관적으로 어떻게 보이는지 상상해보라. 무척 보기 싫을 것이다. 그 행동이 정당한지 여부를 떠나서 말이다. 그렇다면 이런 질문이 생긴다. 사람들이 보기 흉한 역할을 그렇게 자주 맡게 되는 이유는 무엇일까?

그 이유는, 아주 어릴 때부터 우리의 정신 속에 이런 정보가 각인되기 때문이다. 어떤 어른이 우리에게 확신에 찬 태도로 불같이 화를 내면, 그것은 그들이 옳고 우리가 뭔가 잘못했으며, 우리의 행동이 일반적이지 않다는 뜻이다. 그가 우리보다 더 어른스럽고, 더 높은 위치에 있으며, 더 잘났다는 뜻이다. 반면에 우리는 아주 어리고 보잘것없기 때문에 그들보다 더 아래에 있고 더 못났다는 뜻이다. 이해하는가? 하지만 다른 사람보다 더 낮은 위치에 있고 싶은 사람은 없지 않은가? 아주 어린 시절부터 '누군가 당신에게 화를 내는 것이 아니라 당신이 다른 사람에게 화를 낸다면, 그 말은 당신이 상대방보다 더 옳고 잘났으며 높은 위치에 있다는 뜻'이라는 반응이 머릿속의 틀로 자리 잡은 것이다.

곰곰이 생각해보면, 우리의 이런 반응은 연체동물 수준으로 아주 원초적이다. 대신 그것은 일시적일지라도 당신이 우위에 있다는 착각에 빠지게 하며, 다른 사람들보다 더 높은 위치에 있는 듯한 느낌이 들게 만든다.

하지만 이런 느낌은 착각에 지나지 않으며, 설령 그 상황에서 당신이 우월해 보일지라도 어느 모로 보나 그것은 호감 가는 모습과

거리가 멀다는 사실을 자각해야 한다.

우리의 현실에서 상당한 비중을 차지하는 인터넷을 예로 들어보자. 인터넷 세계에서 자신을 정당화하기 위해 밤낮으로 고민하는 무수한 악플러들이 어떤 모습인지 상상해보라. 앞에서는 쉴 새 없이 짖어대며 꼬리를 꼿꼿하게 치켜세우고, 동시에 뒷발을 들고 소변을 보는 지저분한 똥개의 모습이···. 그들의 말이 옳을 때도 있다고 치자. 하지만 그들의 신조가 무엇인가? 어느 위인의 좌우명과는 달리, 그들에게는 "왔노라, 난장판을 만들었노라, 흔적을 남겼노라" 정도가 전부일 것이다.

문제는 이런 악플러들의 행동은 누구에게 문제가 되며, 어떤 흔적을 남기는가이다. 공격을 받은 사람들에게 문제가 될 것임은 분명하다. 보통 악플러들은 적당한 선에서 멈추는 법이 없기 때문이다. 그렇다면 그가 떠난 자리에는 어떤 흔적이 남는가? 따스한 봄볕이 들어 눈이 녹아내리면 그 아래 감춰져 있던 '난장판'은 모습을 드러내겠지만, 이어서 여름철의 소나기가 보기 싫은 모든 것을 깨끗이 씻어버릴 것이다.

나조차도 어린 시절의 각인을 지워버리고 상황을 더 확실하게 파악하기 위해, 어쩔 수 없이 그 유쾌하지 않은 난장판에 참여해야 할 때가 있다. 하지만 불만을 드러내는 원초적인 반응은 단순히 추하기만 한 것이 아니다. 이런 반응을 부추겨서는 안 되는 세 가지 중요한 이유가 더 있다.

첫 번째는 부메랑 효과 때문이다. 좋은 것이든 나쁜 것이든, 거울을 향해 던진 것은 어떤 형태로든 당신에게 되돌아오게 되어 있다.

여기에서 직접적인 결론을 내릴 수 있다. 돌려받고 싶지 않은 것을 던지지 말아야 한다는 사실이다. 누군가를 비난하면 시간이 흘러 당신도 똑같은 일로 비난받는 처지에 놓인다는 사실을 기억하라. 그런 일은 아주 빈번하게 일어난다. 또 그만큼 자주는 아니지만, 부메랑은 달라진 형태로 돌아오기도 한다. 이 또한 불가피한 것은 마찬가지다. 당신은 남을 비난했던 것과는 다른 행동으로 인해 비난을 받게 될 수 있다. 또는 예전에 어떤 텃밭을 향해 던졌던 돌멩이가 논리적으로 발목을 붙잡아, 당신을 아주 골치 아픈 일에 처하게 만들기도 한다. 주변의 모든 사람이 욕을 퍼붓고 난 다음 부메랑이 그들의 머리 위로 우박처럼 쏟아지고 이 때문에 또다시 투덜거릴 수밖에 없는 상황에서, 납득할 수 없다거나 '도대체 이런 불행은 왜 일어나는 것인가?'라고 의문을 가질 것이 뭐가 있겠는가? 물론 모든 일이 그렇게 치명적이고 천편일률적이지는 않지만, 법칙이 있는 것만은 확실하다. 아무런 악감정도 없어 보였던 어린 시절의 각인은 그렇게 가족 간의 불화부터 범세계적인 전쟁에 이르기까지 수많은 갈등을 낳는다.

두 번째 원인은 거울 효과다. 거울은 당신이 보이는 태도가 누구를 향한 것인지에 대해서는 생각하지 않고, 그게 어떤 태도였는지만을 냉정하게 확인해준다. 당신이 동의하는지 비난을 하는지, 거울에게는 아무래도 상관없다. 그저 당신이 보여주는 모습을 반영할 뿐이기 때문이다. 하지만 비난은 항상 영혼과 마음이 일치한 상태에서 나오는 감정을 담고 있기 때문에, 거울의 반영은 당신의 현실에 더 어두운 그늘을 만든다. 당신이 불만과 불쾌함을 드러내면 당신의 세계는 더 심하게 오염된다. 영사기가 비추는 필름에 담긴 영화가 상영되는 것이다.

마지막으로 세 번째 원인은 당신이 틀릴 수 있다는 데 있다. 누군가를 비판하며 공격할 때, 당신은 틀릴 가능성이 아주 많다. 그 사람이 왜 당신이 원하는 대로 행동하지 않았는지 그 이유에 대한 모든 정보를 당신이 알고 있지 않을 수 있기 때문이다. 당신이 그 사람의 입장에 처했다면 어떻게 했겠는가? 어떤 경우에든 다른 사람의 상황, 조건, 동기를 모두 아는 것은 불가능하다. 몇 가지의 드문 경우를 제외하면 이 세상의 많은 것들은 아주 상대적이다.

이해를 돕기 위해, 너무 멀리 갈 필요도 없이 나의 경우를 사례로 들어보겠다. 나의 경우, 은비교 교리를 떠들다가 뜬금없이 '요리 이야기'를 한다는 비난을 받곤 한다. 물론 대개 부엌일은 남자들이 주로 하는 일이 아니다. 그런 비난을 들어서 기분이 나쁘다는 말이 아니라, 그들이 어떤 입장에서 비난을 하려고 하는지 지켜보고 있노라면 참 이상한 기분이 든다. '남자들'처럼 따지듯이 생각하는 것이 아니라 '금발머리들'처럼(특정 인물을 염두에 두고 말하는 것은 아니다) 단순하게 생각한다면 이건 아무 문제도 아닌데 말이다. 참고로, 복잡한 문제를 해결할 때는 '아무 관련도 없는' 것처럼 보이는 간접적이고 비논리적인 방법들이 오히려 깨달음을 주곤 한다. '남자답지 못한 일'에 관해서라면, 여기에서도 모든 것은 상대적이라고 말할 수 있다.

군대에서는 아무것도 하지 못하는 사람들이 미움을 받곤 한다. 나 역시 엄마나 보모가 챙겨주는 것에 익숙한 사람에게는 별다른 기대를 하지 않았고, 함께 정찰도 다니지 않으려 했다. 지금은 어떤지 모르겠지만 내가 군복무를 하던 시절에는 모든 것을 직접 해야 했다.

물론 요리도 예외가 아니었다. 한겨울에 숲속에서 먹을 것을 구해야 할 때도 있었다. 예를 들어 토끼를 쫓아 칼라시니코프 소총[*]으로 맞추는 것은 쉽지 않을뿐더러 시간도 오래 걸린다. 하지만 아주 잔인한 방법이 하나 있었다. 그것도 아주 남자다운 방법 말이다. 철심이 있는 전화선으로 덫을 만들어, 토끼가 다니는 길 위의 나뭇가지에 걸어둔다. 그러면 밤이 되어 토끼가 그 길로 지나갈 때 덫 안으로 들어오게 되는데, 녀석도 모르게 뒷다리가 덫에 걸리게 되면 즉시 줄이 당겨진다. 아침이 되면 덫 주변의 눈은 온통 빨갛게 물들어 있고, 토끼는 뒷다리의 뼈까지 잘려 죽어 있다. 토끼는 누군가가 녀석을 잡으러 올 때까지 기다리느니, 차라리 극심한 고통을 겪으며 죽는 순간까지 발버둥 치는 쪽을 택한다. 겁이 많은 사람에게 '토끼 같은 영혼'을 가지고 있다고 말하는 것은 잘못된 비유다. 영혼이 가진 힘으로 따지면 토끼는 늑대만큼이나 강하다. 모든 것은 상대적이다.

앞서 말한 모든 이야기의 본질은 어떤 대상 — 국가, 공무원, 축구 선수, 날씨, 직장 동료, 이웃, 친한 친구, 심지어 아이들까지 — 에게 불쾌함을 드러내거나 화를 내는 것은 자신의 세계의 거울에 추한 심상을 만들어 보이는 것과 같으며, 그에 상응하는 현실을 돌려받게 될 것이라는 사실이다. '성공의 파도'에 주파수를 맞출지, '변기통 물탱크'에 주파수를 맞출지는 의식적인(또는 무의식적인) 선택의 문제다.

물론 꼭 필요한 상황에서도 논쟁을 피해야 한다거나, 아무에게도 반격하지 말라거나, 자신이나 다른 사람을 보호하지 말라는 뜻이

---

* 러시아의 무기 설계자인 미하일 칼라시니코프^{Mikhail Kalashnikov}가 발명한 소총. 성능이 뛰어나고 저렴하여 전세계에서 가장 널리 보급된 소총 중의 하나라는 영예를 가지고 있다.

아니다. 중요한 것은 당신의 태도와 행동을 통제하는 것이 무의식적인 각인이 아니라 의식에 따른 의도여야 한다는 사실이다. 사방에서 끊임없이 일어나는 상황의 대부분은 굳이 부정적으로 반응하지 않아도 되는 것들이다. 당신과 직접적인 관련이 없는 일이나 당신에게 개인적으로 그 어떤 나쁜 짓도 하지 않은 사람에게 왜 화를 내는가? 이 세상에서 이미 일어난 일은 바꿀 수 없으며, 마찬가지로 이미 화면에서 상영되고 있는 영화에 대해 당신은 아무 영향도 끼칠 수 없다. 대신 당신의 힘으로 영화 필름을 바꿀 수는 있다. 화면을 향해 달려드는 것과 영사기를 새로 설정하는 것은 완전히 다른 두 가지의 생존 방식이며, 이 또한 당신의 선택에 달린 문제다.

대부분의 경우에 부정적인 감정을 느끼게 만드는 상황은 무시하고, 그런 일에 대해 신경을 곤두세우지 말며, 당신의 세계의 층에서 보고 싶지 않은 것들에 관심을 기울이지 않는 편이 좋다. 주의가 부정적인 상황에 들러붙도록 내버려두는 순간, 그 사건은 당신의 현실로 흘러들어오기 때문이다.

부정적인 일들을 그냥 지나칠 수 없었거나 감정의 덫에 이미 빠져버렸다면, 굳이 그런 자신을 억제하기 위해 애쓸 필요 없다. 헛된 일이기 때문이다. 감정이 아니라 태도를 통제해야 한다는 사실만을 기억하라. 의식을 깨워놓기만 하면 태도는 얼마든지 반전할 수 있다.

예를 들어, 화를 내는 대신에 당신을 화나게 하는 그 사람을 주의 깊게 살펴보고 칭찬해보라. 어떤 공공기관의 공무원 때문에 진이 빠지는가? 다른 시각에서 그를 바라보라. 얼마나 부지런한가! 얼마나 열심히 노력하는가! 길에서 경찰에게 잡혔는가? 아, 얼마나 좋은 경찰인가! 당신에게 사고가 일어나지 않도록 세심하게 신경 써주지 않았는가! 할 일 없는 이웃이 성가시게 했는가? 아, 얼마나 재미있는 사람들인가! 아주 창의적인 사람들이다! 축구 선수들의 경기가 답답한가? 그래도 필드를 열심히 누비지 않는가! 얼마나 멋지고 아름다운가! 몸도 아주 탄탄하다! 직장 동료 때문에 골치가 아픈가? 그가 정신을 차려서 뭔가를 알아낼 수 있도록 도와주라! 당신에게 아주 고마워할 것이다! 모든 것을 열광적으로 칭찬해보라. 부정적인 사건이 일어날 때마다 적어도 거기에서 '웃음기 섞인 친근함'을 찾아낼 수 있을 것이다. 훌륭하다! 아주 매력적이다! 또는 '식인종 엘로치카'*가 표현하듯, "대단하다!" 펜듈럼이 아무리 원한을 품어도 빈손으로 돌아가게 하라.

무슨 일이 생기든, 인내심과 관대함을 베푸는 것이야말로 왕의 품위이지 않은가?

가능태의 흐름을 따라 흘러가는 것에 관하여 짧은 사실 하나를 덧붙이고자 한다. 살다 보면 누군가가 언뜻 참견하거나, 제안이나 조언을 하거나, 혹은 추상적으로 의견을 말할 때도 있을 것이다. 얼핏 보기에는 이 모든 사소한 것들이 아무 의미 없어 보이지만, 사실은 그렇지 않다. 당신과는 달리(당신도 생시의 꿈을 꾸는 것이 아니라면), 주변 사람들은 깊은 꿈을 꾸고 있다는 사실을 자각해야 한다. 그들을 움직이는 것은 꿈이며, 그들은 아주 가끔씩 뭔가를 바꾸려고 애쓰기만 하

---

* 소련의 작가 일리야 일리프Ilya Ilf와 예브게니 페트로프Yevgeny Petrov의 《열두 개의 의자》(The Twelve Chairs)에 등장하는 인물. 아름답고 편협하며, 남편이 버는 돈으로 자신을 치장하는 데만 관심이 있다. 자신의 생각을 표현하는 데 서른 단어밖에 사용할 줄 몰라 식인종의 어휘력보다도 못한 인물로 소개된다. 여기에서 "대단하다"는 말은 엘로치카Ellochka가 자주 사용하는, 몇 안 되는 어휘들 중 하나다.

면서 대부분의 경우 꿈의 흐름에 따라 흘러가는 삶을 살고 있다. 당신이 할 일은 그들처럼 흘러가는 것이 아니라, 그 흐름이 가진 힘을 사용하고 그 과정에서 발견되는 신호들에 주의를 기울이면서 깨어난 의식을 가지고 움직이는 것이다.

이런 신호가 될 수 있는 것이 바로 다른 사람들이 무심코 던진 조언들이다. 특히 의도적으로 한 것이 아니라, 아무 생각 없이 무심결에 한 조언이라는 사실이 분명하다면 더욱 그렇다. 이런 경우, 처음에는 고집을 부리거나 부정하거나 거절하고 싶겠지만, 그런 충동은 억누르는 편이 좋을 것이다. 물론 모든 조언을 즉시 따를 필요는 없지만, 그 조언을 받아들인다고 해서 당신에게 해가 되지는 않을 것이다. 새로운 원칙을 세우라. 여자의 말을 잘 듣고, 여자가 말한 대로 하라. 무슨 말인지 이해하는가? 남자들은 직감보다는 이성에 따라 움직이기 때문에, 그들의 조언이 신호가 되는 경우는 여자들의 말을 들을 때보다 드물다. 남자들의 말은 주의 깊게 듣고서 칭찬해줘야 한다. 아주 훌륭하네! 남자들이 말하는 대로 따를 필요는 없지만, 칭찬은 반드시 해야 한다. 남자들은 상대방이 그들의 말을 듣고 칭찬을 해줄 때 기뻐하며, 그 외의 것들은 크게 신경 쓰지 않는다. 물론 그들이 무의식 중에 말하는 것들도 신호가 될 수 있기 때문에, 일단 관심을 기울이는 것은 나쁘지 않을 것이다. 최적의 길을 따라 움직이는 가능태 흐름의 현명하고 은밀한 조언이 될 수도 있으니 말이다. 주변 사람들이 온통 의식을 잃고 깊은 꿈에 빠져 있을지라도, 당신만은 활기를 잃지 말고, 그 꿈을 흥미로운 여정으로 받아들이라.

마지막으로, 이 모든 원칙이 효과를 내길 바란다면 필요한 순간에 의식을 깨우는 습관을 들여야 한다. 마음에 들지 않는 사건이 일어났고, 그 사건에 대해 부정적인 반응을 보이겠다는 의지가 생길 때마다 자신을 추슬러야 한다. 머릿속에 빨간 불이 들어왔는가? 아하! 관찰 모드를 키라. 그다음에는 어떻게 해야 하는가? 당신도 잘 알고 있을 것이다. 단박에 성공할 수는 없다. 그러나 꾸준히 노력하다가 실수로 꿈에 빠지는 경험을 몇 번 하고 나면 필요한 습관이 생길 것이며, 어릴 적 새겨졌던 무의식적인 각인은 더 이상 당신의 삶을 지배하지 않을 것이다. 당신을 불쾌하게 만드는 원인 자체가 점점 줄어드는 모습을 보게 될 것이고 놀라움을 금치 못하게 될 것이다. 그렇게 당신의 세계는 깨끗해지고, 따뜻한 오렌지빛을 띠기 시작한다.

요약

- 어떤 사건뿐 아니라 다른 사람들의 행동과 태도에 대해서도 의도 조율의 원칙을 적용하면, 당신의 세계는 자연스레 유쾌한 빛을 내게 된다.

- 우리의 정신 속에는 어떤 어른이 우리에게 확신에 찬 태도로 불같이 화를 내면, 그것은 그들이 옳고 우리가 뭔가 잘못했으며 우리의 행동이 일반적이지 않다는 뜻이라는 각인이 아주 어렸을 때부터 새겨진다.

- 누군가 당신에게 화를 내는 것이 아니라 당신이 다른 사람에게 화를 낸다면, 그 말은 당신이 상대방보다 더 옳고 잘났으며 높은 위치에 있다는 뜻이라는 생각이 머릿속의 틀로 자리 잡는다.

- 좋은 것이든 나쁜 것이든, 거울을 향해 던진 것은 어떤 형태로든

당신에게 되돌아오게 되어 있다.

- 당신이 불만과 불쾌함을 드러내면 당신의 세계는 더 심하게 오염된다.

- 누군가를 비판하며 공격할 때, 당신이 틀렸을 가능성이 아주 많다.

- 불쾌함을 드러내거나 화를 내는 것은 세계의 거울에 추한 심상을 만들어 보이는 것과 같으며 그에 상응하는 현실을 돌려받게 된다.

- 이것은 꼭 필요한 상황에서도 논쟁을 피해야 한다거나, 아무에게도 반격하지 말라거나, 자신이나 다른 사람을 보호하지 말라는 뜻이 아니다.

- 당신의 태도와 행동을 통제하는 것은 무의식적인 각인이 아니라 의식에 따른 의도여야 한다.

- 이 세상에서 이미 일어난 일은 바꿀 수 없다. 대신 당신의 힘으로 영화 필름을 바꿀 수는 있다.

- 화면을 향해 달려드는 것과 영사기를 새로 설정하는 것은 두 개의 전혀 다른 생존 방식이다.

- 감정이 아니라 태도를 통제해야 한다.

- 인내심과 관대함이야말로 왕의 품위다.

- 흐름이 가진 힘을 사용하고 그 과정에서 발견되는 신호들에 주의를 기울이라. 여자의 말을 잘 듣고, 여자가 말한 대로 하라.

- 주변 사람들이 온통 의식을 잃고 깊은 꿈에 빠져 있을지라도, 당신만은 활기를 잃지 말고 그 꿈을 흥미로운 여정으로 받아들이라.

- 필요한 순간에 의식을 깨우는 습관을 들여야 한다. 머릿속에 빨간불이 들어왔는가? 아하! 관찰 모드를 키라.

어떤 일에 대해 화가 나거나 짜증이 난다면 잠에 들어 있다는 뜻이다. 화가 났거나 짜증이 났다는 사실을 자각하자마자 꿈에서 깨어날 수 있다. 생시의 꿈이든, 꿈속의 꿈이든 중요치 않다. 에너지가 충분하고 의식이 분명하다면 꿈을 통제할 수 있다.

무지개를 보았다!

이번에는 내가 거의 하지 않는 행동을 해보려고 한다. 독자들의 고민을 담은 편지가 아니라 그들의 성공담을 공유할 것이다. 사실 이런 편지들이 아주 많아서 한데 모으면 두꺼운 책 한 권이 될 것 같다. 당신 역시 다른 독자들이 어떻게 트랜서핑에 성공했는지 궁금할 것이다.

그저 어떤 일을 어떻게 성공시켰는지 구체적으로 알려드리고 싶어서, 이렇게 메일을 보냅니다. 얼마 전《트랜서핑 실전 78일》*을 읽기 시작했습니다. 심한 우울증을 극복하겠다는 욕망을 가지고 있었던 덕분에 트랜서핑은 성공적으로 이루어졌죠. 어쨌거나 투정이나 우울함은 허용할 수 없는 사치니까요.
트랜서핑을 실험해보기 위해 새 직장을 구하겠다는 의도를 설정했습니다. 책에서 소개된 많은 원칙들이 제가 이제까지 이루기 위해 노력해오던 것들과는 엇갈리더군요. 세계가 나에게 오직 좋은 것만 주기를 기대한다든지, 나만의 행복의 별이 있을 거라고 굳게 믿는다든지 하는 것들 말입니다.

---

* 《트랜서핑 타로카드》의 해설서와 동일한 내용이다.

어쨌거나 구직 생활의 끝은 성공적이었습니다. 새로운
직장에서 열심히 일한 지 벌써 석 달이 되어가네요.
모든 것이 아주 훌륭하게 돌아가고 있다고 저의 이성을
설득하기 위해 사용했던 방법을 말씀드리고자 합니다. 버스가
제때 도착한다거나, 일상 속에서 우연히 운 좋게 일어나는
사소한 행운이 아니라, 그 이상의 것들을 이루기 위한
방법이에요.
지금 저는 여러 장면을 복합적으로 영사기에 돌리고
있습니다. 이 장면들은 단순히 흥미로운 직장보다 훨씬 더
큰 변화를 담고 있어요. 그리고 그 변화는 천천히 일어나고
있습니다. 아무래도 아주 규모가 큰 변화이고, 때로는 제가
또다시 너무 심한 자기비판에 빠지거나 정신을 가혹하게
몰아붙이려고 할 때도 있으니까요. 이런 경우 물리적 신체를
돌보거나(찬물과 따뜻한 물을 번갈아가며 하는 샤워, 맛있는 샐러드,
긴 산책, 운동 등) 그저 가까운 지인을 포함한 주변 세계에 대해
주의를 거두기만 해도 도움이 됩니다.
그럼에도, 저를 둘러싼 세계는 제가 이전에 멈춰놓았던
거대한 메커니즘같이 되었다가 최근에 들어서는 완전히
반대의 방향으로 작동하기 시작했습니다. 이 '톱니바퀴'들은
처음에는 삐걱거리는 소리를 내며 천천히 돌아가더니, 이제는
날이 갈수록 점점 더 빨라지고 있어요.
트랙 이탈에 관해 말씀드리려고 합니다. 제게는 10대였을
때 사서 10년째 빼지 않고 항상 끼고 다니던 반지가

있었어요. 그런데 예상치 못하게 그 반지를 잃어버린 겁니다.
평소였다면 실망했겠지만, 그때는 왜인지 모르게 넋이 나간
기분이었어요. 마치 아주 생생한 꿈을 꾸다가 잠에서 깨어나,
그것이 진짜 일어난 일이었는지 혹은 그저 꿈이었을 뿐인지
기억하려고 애쓰는 것 같았어요. 그러다가 정말 이상한 일이
일어났습니다. 제가 선명하게 기억하는 첫 장면은 가방 안에
손을 넣었다가 뺐는데 반지가 제 손가락에 끼워져 있던
모습이었습니다. 심지어 저는 놀라지도 않았습니다. 그냥
반지를 쳐다보고, 한번 쓰다듬어본 다음 잠에 빠진 것처럼
제가 하던 일을 계속했습니다.

신의 소중한 벗이
갑자기 밝은 사람이 되어
슬퍼하지도, 우울해하지도,
더 이상 화를 내지도 않는다면…
확실히 말할 수 있다.
그가 트랜서퍼가 되었다는 사실을!
그에게 말해보라. 하늘이 흐리다고.
그가 대답할 것이다. "돈 쓸 일은 없겠네!"라고.
"여름은 다 갔군, 가을비가 내리네…"라고 말하면
그는 대답 대신 큰소리로 웃을 것이다!
마치 우리 모두를 비꼬듯,
비가 온다면 "크리스마스가 얼마 남지 않았군!"

날이 추워진다면 "곧 추석이군!"

하고 반응할 뿐. 나는 반대하지 않고, 그저 침묵한다….

레스토랑의 셰프가 큰소리친다면 "연봉이 높은가 보군!"

스타킹의 올이 나갔다면 "새 옷을 살 때가 왔군!"

주차장에 빈자리가 없다면

"점심 전까지 할 일이 생겼군!"

월요일이 되었다면

"장밋빛 인생을 위한 첫날이군!"

직장에서 잘렸다면

"울지 마! 운이 좋아 사랑이 시작될지도 몰라!"

개가 당신에게 꼬리를 흔든다면

"개는 확실히 알고 있지! 돈이 나를 찾아오겠군!"

고양이가 다가와 귀를 문지른다면

"확실해! 내 인생은 초콜릿처럼 달콤할 거야!"

모든 사건은 행운이 되고,

주저앉은 집은 새집이 되고,

모든 길은 로마와 바다를 향할지니!

이미 그와는 언쟁을 하지 않은 지 오래….

아직도 그는 새처럼 노래하며

성공의 파도를 미끄러져 간다!

모든 것을, 자신을 변화시키며

멀어지고, 멀어진다….

그를 좇아 달려가지는 말라.

당신의 곁에는 당신의 현실이 있으니!

하늘이 흐릿하여도 걱정할 것 없다.

그만큼 안락한 공간이 어딘가에 있을지니!

여름이 끝나고 가을비가 땅을 적신다….

머지않아 중간고사가 끝날 것이다!

부츠 때문에 발이 아파도, 곧 봄이 올 것이다!

구두가 없다면, 전에 봤던 마음에 드는 구두를 사라!

잔병치레를 한다면, 오래 살 것이다!

아흔이 다 뭔가? 백 세까지 살아야지!

삶은 애초에 성공을 향한 길인 것을!

우리는 살아 있다. 그 말은 즉,

무한대의 행운이 펼쳐질 것이라는 의미!

바로 이것이 트랜서핑 아니겠는가?

몇 년 전 겨울, 밤 산책을 하며 목표를 심상화하고
있었습니다. 저는 미래의 집을 그려보고 있었어요. 제
머릿속에는 이미 존재하는 집입니다. 내부 설계와 분위기까지
완성된 것은 물론이고, 저의 식구들도 모두 '그 안에'
있습니다.
단순히 제 집의 외관이 어떻게 생겼는지, 어느 방향인지
설정했다는 말이 아닙니다. 평온하게 집 안 이곳저곳을
돌아다니다 부엌을 들여다보면 아내가 보이고, 창을
통해 들어오는 햇살이 바닥에서 번지며 맨발을 부드럽게

어루만지고 집 안 전체를 환하게 비추는 집을 머릿속에 이미 만들었어요. 놀랍지요! 이 글을 쓰기만 해도 벌써 '집 안에' 있는 것 같은 느낌입니다!

저는 산책을 끝내며 트랙 이동을 하기로 결심했습니다. 해가 지고 있었어요. 저는 하루 중 이 시간을 아주 좋아합니다. 다른 그 어느 때보다도 세상의 모든 아름다운 것들을 더욱 선명하게 드러내기 때문이죠! 밝지도, 어둡지도 않고, 덥지도, 춥지도 않은 이 시간 말입니다. 해질녘이 되면 이 세상의 완벽한 조화가 느껴져요. 하지만 이 시간은 순식간에 끝나기도 하죠. 몇 분 전만 해도 밝았는데, 조금만 지나고 나면 하늘은 벌써 어둑해집니다. 운이 좋아 그 시간을 감상할 수 있는 날이면 조용히 환희를 느끼곤 해요. 그 일이 있었던 날도 이 시간을 감상하던 중이었습니다. 하지만 이번에는 왜인지 모르게 그 공간 — 소위 말하는 지금 이곳 — 의 '인과관계'가 모조리 깨져버리는 일들이 일어났습니다. 어젯밤 눈이 내려(유럽 사람들의 기준에서) 도로에 눈이 많이 쌓여 있었고, 길을 걸을 때면 발밑을 잘 살펴야 했습니다. 그 눈은 하루 만에 녹았고, 길에는 살얼음이 꼈습니다. 그래도 저의 저녁 산책은 특별한 문제 없이 끝났어요. 벌써 집 근처에 다다랐고, 좁은 길을 건넌 다음 눈을 치워 놓은 인도를 따라 걸어가기만 하면 집에 도착하는 상황이었습니다. 저는 안전한 인도 위로 왼발을 올려놓고, 오른발도 마저 옮기려고 하면서 미끄러지지 않기 위해 도로 경계석에 온

신경을 쏟고 있었습니다. 바로 그 순간 '뭔가'가 보였습니다!
그건 불분명한 형태로 찢겨진 현실의 한 조각이었습니다.
마치 세계지도 속에서 대양 한가운데 있는 섬처럼,
가장자리가 울퉁불퉁하고 선명했습니다.
'세상에!' — 저는 생각했습니다. 게다가 이건 분명 꿈도
아니고, 실제로 일어난 일을 순간적으로 제가 포착한
것이었습니다. 해 질 무렵 특유의 밝기로 인해, 그 장면은
색깔이 있는 꿈에서 볼 수 있는 특별한 기교가 들어가지 않은
고화질의 그림 같았습니다. 하지만 꿈만큼이나 생생했죠.
제가 왜 이 사건에 대해 이야기하려고 마음먹었는지 저조차도
잘 모르겠네요. 아마도 이 일이 다른 사건들에 비해 맑은
밤하늘에 홀로 밝게 빛나는 별처럼 유독 또렷이 기억되고
있고, 그 당시 몇 초 전만 하더라도 그 자리엔 그것이
없었다는 사실을 장담할 수 있기 때문일 겁니다! 아니면 전날
저녁 심상화를 할 때, 비는 한 방울도 내리지 않았는데도
작은 무지개가 머리 위로 떠 있는 모습을 봤기 때문인지도
모르겠습니다. 이 무지개가 떠 있던 10분 동안 몇 명은 그것을
실제로 봤고, 그곳에 항상 떠 있는 것이라고 생각하리라는
기분이 들었습니다. 어딘가로 가고 있던 사람, 슈퍼마켓에서
장을 보던 사람, 잠을 자던 사람, 술을 마시던 사람 등, 별별
사람들이 있었겠지만 어쨌거나 저는 그 순간 무지개를
봤어요! 바로 이것이 '행복'이겠지요!

얼마 전 공부 문제로 아들과 말다툼을 했습니다(아들은 열두 살입니다). 아들은 평소에는 말을 잘 듣는 편이지만, 가끔 말대답을 할 때도 있어요. 아들과 사이가 나빠진 건, 컴퓨터와 SNS 때문에 학교 성적이 좋지 않아서였어요. 결국 싸울 정도로 언성이 높아졌고, 그 벌로 아들에게 그가 버릇없이 군 것에 대해 생일 전까지 매일 사과하라고 했죠. 그러기를 사흘째 반복하자, 제가 전형적인 위선자라는 생각이 들더군요. 그래서 매일 저에게 이렇게 말하도록 벌의 방식을 바꿨습니다. 그가 가장 멋지고, 가장 똑똑하며 수업도 잘 듣고, 부모님 말씀도 잘 들으며, 엄마를 도와 집안일도 잘 하고 모든 일에서 항상 행운이 있을 거라고요.

제가 굳이 개입하지 않아도 아들은 학교 공부를 잘하게 되었죠. 하지만 그것은 특별히 놀랄 만한 일이 아니었습니다. 아이를 질책하고 나면 그런 변화는 흔히 일어나니까요. 그런데 바로 오늘 저녁, 아이를 집으로 데리고 오면서 학교 생활에 대해 이야기를 나눴는데, 학교에 다니는 것이 참 재미있고 친구들도 좋다는 등의 말을 하더군요. 때때로 반에서 여자아이들이 인기 투표를 하는데, 어제 투표에서는 저희 아들이 1등이었다고 합니다. 너무나 감격해서 영혼이 날아오르는 것 같은 기분이에요!

작가님께서 책을 통해 제 인생에서 '저지른' 일들은 이루 다 말로 표현할 수가 없습니다. 매일 감탄할 일들만 일어나고

있으니까요. 저는 작가님의 첫 작품을 2005년 여름에
읽었습니다. 책 한 권을 단숨에 다 읽었죠. 그 이후에도
후속작들을 구매하여 진지하게 읽었습니다. 작가님의
포스팅을 구독 중이기도 하고요.

그리고 제가 얻게 된 지식을 일상에서 적용하기
시작했습니다. 저는 매일 트랜서핑의 원칙에 따라 살려고
노력합니다. 그랬더니 모든 면에서 인생이 변화하더군요.
그것도 좋은 쪽으로요. 게다가 제 인생은 제가 '그렸던' 그
모습 그대로입니다.

예를 하나 들어드리겠습니다. 하루는 '~년에 이룰
목표들'이라는 표를 만들어봤습니다. 열 개의 항목이
나오더군요. 표를 만들던 날, 제 수중에 있던 돈은 목표를
이루기 위해 필요한 돈의 10분의 1 정도뿐이었기 때문에 돈에
대해서는 그냥 전부 잊기로 했습니다. 어쨌든, 저는 이 표를
여러 부 인쇄해서 하나는 집에 있는 책상 앞 벽에 붙여두고,
하나는 가방에 넣고 다니고, 나머지 하나는 다차*에서 잘
보이는 곳에 붙여두었습니다. 그리고 '젤란드 의사선생님'께서
책을 통해 '처방하신' 방법으로 이 목표들을 달성하기 위해
노력하기 시작했습니다.

첫 번째 목표는 차를 사는 것이었습니다. 이미 생각해 둔
모델이 있기 때문에 저는 그 차의 사진, 영상, 시승 후기, 홍보

---

* 구소련 지역에서 볼 수 있는 가족 단위의 간이 별장. 러시아인들은 주말이나 휴일마다 텃밭이 딸린
다차에서 휴식을 즐기는 문화가 있다.

책자, 포럼에서 주로 나오는 이 차에 관한 이야기들 등, 구할
수 있는 모든 정보를 찾았습니다. 근사하게 나온 사진도 잘
보이는 곳에 걸어두고, 외출할 때도 사진을 가지고 다니며
틈틈이 봤고, 어딘가에 가거나 주차장을 지나갈 때면 그
차를 찾았으며, 대리점에 가서 그 차를 구경하고 앉아보고
몰아보기도 했습니다. 그랬더니 이런 '결과'가 생겼습니다.
요새 저는 제 차를 몰고 다닙니다. 여담이지만 기분 좋은 일을
말씀드리겠습니다. 같은 브랜드의 차를 샀는데, 제가 산 차는
더 비싸고 좋은 모델이에요. 이런 경우에는 제게 필요한 것이
무엇인지 더 잘 아는 '저의 세계'가 저를 보살펴준 것이라고
생각합니다. 기분이 참 좋아요. 제가 적었던 열 개의 목표
중 올해에만 벌써 아홉 개가 실현되었어요. 마지막 목표를
이루려는 계획은 이제 막 진행하기 시작했고요.
깜빡할 뻔했네요. 완전히 의식이 깨어난 상태에서 자발적으로
'모든' 알코올음료를 끊기로 결심한 지 1년 반이 되었습니다.
1년 전부터는 생식을 시작했고요. 작가님의 책 덕분에 해낼
수 있었습니다. 그 덕분에 제 건강은 완전히 달라졌습니다.
더 젊어지고, 20킬로그램이나 감량했으며, 더 활기차고
유쾌해지고 인내심도 많아졌습니다.

저는 목표 슬라이드를 돌릴 때 미래의 인생을 상상합니다.
제 인생을 축제로 만들어줄 것들에 대해서요. 저는 성공한
금융인이 된 저의 모습과 화목한 가정을 그려봅니다. 일단

출근을 합니다. 제 사무실은 30층에 있어요. 사무실에 들어가
창가에 있는 의자에 앉죠. 블라인드를 열었을 때 보이는
경치는… 숨 막힐 정도로 멋져요. 비서가 들어와 우편물들을
갖다줍니다. 저는 편지용 칼을 들어요. 아주 편리한 목제
편지칼이에요. 이제 편지를 열어요. 종이가 바스락거리는
소리를 들어보니, 재질이 아주 좋은 종이예요. 편지를 보니
대학교 기념행사 초대장이네요. 그다음에는 회의실로 갑니다.
이런 슬라이드를 돌려보면 저의 내면에서 제가 아주 실력
있는 전문가라는 기분이 강하게 듭니다. 저는 고급인력이에요.
일이 끝나면 아내와 같이 레스토랑에 가거나, 친구와
테니스를 치러 갈 수도 있겠죠. 그 후엔 뉴욕으로 출장을
가기도 하고요.

그다음에는 집에 있는 모습을 슬라이드를 돌려봅니다. 제가
기르는 퍼그가 침대 위로 올라오려고 낑낑대는 소리에
잠에서 깹니다. 녀석은 살집이 좀 있어서 혼자서는 침대에
못 올라오거든요. 저는 일어납니다. 집에서 신선한 빵을 굽는
냄새가 나네요. 창가로 다가가요. 바닥부터 천장까지 길게 나
있는 기다란 창이 있거든요. 창문을 열고 발코니로 나갑니다.
집 앞에는 작은 호수가 있는데, 호숫가에서 아이들이 놀고
있네요.

이런 식입니다. 말하자면 제 슬라이드는 계속해서 변합니다.
물론 이 모든 슬라이드를 다시금 돌리곤 해요. 하지만 오늘
슬라이드 속의 저는 가족들과 유럽 여행을 하고 있고, 다음

날에는 시베리아로 출장을 가며, 그다음 날에는 마린스키 극장[*] 같은 곳에 있습니다. 이런 장면을 상상할 때마다 그것이 제 인생이라는 느낌이 계속 듭니다. 전부 제 것이고, 제 주변에 실재해요. 모든 것이 느껴지고, 들리고, 보여요. 그리고 저는 그 모든 게 좋습니다. 제 안락지대는 훨씬 넓어졌어요. 예전에는 그게 어떻게 가능한지, 어떻게 하면 그 꿈을 이룰 수 있는지 항상 고민할 뿐이었습니다…. 하지만 이제 그런 질문은 생기지 않아요. 그냥 그 질문의 답을 알고 있고, 그걸로 끝이죠. 모든 것은 그것이 일어나야 하는 방향으로 흘러갑니다. 그리고 세계가 마중 나와 저를 맞이해요. 예전의 저였다면 믿지도 않았던 일들이 전부 일어났어요. 하지만 최근에 포럼에서 복합적인 슬라이드를 돌려서는 안 된다는 글을 읽었습니다. 제 인생을 사는 게 아닌 것이 되어버린다고요. 그러면 어떻게 해야 할까요?

당신은 전부 올바르게 하고 있다. 자신을 위한 가상의 현실을 만들어 그 속에서 살면 된다. 그 영화를 체계적으로 돌리면 현실에서도 그런 삶을 살게 될 것이다.

저는 우크라이나에서 왔습니다. 2월에 STB 채널[**]에서

---

[*] 러시아의 상트페테르부르크에 있는 극장. 모스크바에 있는 볼쇼이 극장과 함께 러시아 최고의 극장으로 손꼽힌다.

[**] 우크라이나 TV 네트워크. 현재 우크라이나 전체의 85퍼센트에 해당하는 지역에서 방영되고 있다. 우크라이나에서 가장 인기 있는 TV 채널 중 하나다.

아마추어 요리사 출연 제의가 들어왔습니다(전문 교육을
받지 않고, 전문 요리사로 활동하지 않는 사람이어야 해요). 면접이
진행되었죠. 메뉴는 정했어요(케이크를 만들기로 했죠). 하지만
플레이팅이 문제였어요…. 전 한 번도 제 음식을 장식해본
적이 없었는데, 이 쇼에서는 데코레이팅이 필요하다고
하더군요…. 그래서 인터넷에서 독특한 케이크 장식을
찾아 주문하고 잠에 들었습니다. 다음 날 서둘러 케이크를
만들었는데(남편이 출근 전에 태워주기로 했거든요), 한 번도
해본 적이 없어서 데코레이팅이 전혀 안 되는 거였습니다….
남편은 계속 저를 재촉했고요…. 저는 의도 조율의 원칙을
사용해서(남편에게 방해가 되지 않도록 먼저 출근하라고 하고요) 이런
말을 부엌 전체를 향해 노래하듯이 했습니다. "전부 다 잘 될
거야. 최고의 요리가 나올 거야. 나는 우승자고, 나는 합격할
거야…." 이런 말을요. 결과는 말로 표현할 수 없을 정도로
성공적이었고, 면접에서는 제가 결혼식이나 생일 파티를 위한
케이크를 전문적으로 주문 제작하지 않는지 연거푸 질문하는
거였습니다. 이런 장식이 있는 케이크는 처음 만든다고
말하니 다들 놀라더군요….

저는 방출되는 사념이 분명하면 분명할수록 모든 것이 더
빠르게 이루어진다는 것을 깨달았습니다. 저는 자조적인
생각은 모두 버리고, 아무것도 없는 상태에서 일주일 만에
창업을 했습니다. 제가 오랫동안 꿈꿔오던 스튜디오를

열었어요. 제 상황은 이랬습니다. 땡전 한 푼 없었고, 제가 살던 원룸의 월세조차 내지 못할 때도 있었습니다. '이런 상황에서 무슨 창업이야…'라고 생각했죠. 돈을 벌고 있지도 않았기 때문에, 대출을 받을 수도 없었습니다. 하지만 정신을 가다듬고 성공하는 방향으로 생각하기 시작했습니다.

그리고 말 그대로 그 생각이 저의 현실인 것처럼 살았어요. 수익 그래프를 만들어봤더니, 다른 사람 밑에서 일을 하는 것보다 제 일을 시작하는 것이 이익이 더 클뿐더러 성취감도 생긴다는 사실을 알게 되었죠. 동시에 생각만으로도 기분 좋아지는 장점들을 찾았습니다. 돈을 어디에서 구해야 할지는 잊어버리고, 이 장점들을 최대한 '음미하듯이' 읽어봤습니다. 그러던 어느 날, 제 친구들이 그들의 이름으로 대출을 하여 돈을 빌려주고, 제가 꿈꿔오던 창업을 할 수 있게 도와주겠다고 제안하더군요. 친구들은 적극적으로 도움을 주면서도 그 대가로 아무것도 요구하지 않았습니다. 본전을 채우게 되면 술이나 사라는 정도였습니다. 그리고 실제로 저는 그렇게 했습니다. 창업을 한 지 벌써 1년 반이 되어가네요. 아직도 월세이긴 하지만, 근사한 아파트에서 살고 있습니다. 돈도 잘 벌고 있고요. 대출 하나는 다 갚았습니다. 몇 달 뒤면 다른 두 대출도 전부 다 갚을 겁니다. 이렇게 됐습니다!

작가님의 책은 제 인생을 완전히 바꿔놓았습니다. 제 몸은 자연식품과 불에 익힌 음식을 순식간에 구분해냅니다. 생식 재료로 묵을 만들어 먹고 있는데, 조금 완곡하게 표현하자면 처음에는 맛이 별로였습니다. 하지만! 그 후에는요…
작가님도 책에서 쓰신 것처럼, 이제는 제 손으로 알아서 찾아 먹게 됩니다. 발아식품, 생식 건빵 등을 계속 먹고 있고요. 그 효과는 어마어마합니다! 저는 건강이 무엇인지 단 한 번도 느껴본 적이 없다는 사실을 깨닫고 정말 놀랐습니다. 또한 계속해서 '의도 발생기'와 '물컵'* 기법을 사용하고 있어요. 정말이지 아주 강력한 기법들이더군요. 매번 성공하고 있어요! 이 밖에도 에너지에 도움을 주는 운동을 1년 반 동안 하고 있습니다. 힘과 에너지는 세 배 정도 강해졌고, 지금 당장 모든 것을 뜯어고치고 싶은 마음이에요. 중요한 것은, 뭐든 할 수 있을 정도로 컨디션이 좋고 힘도 충분하며 나태함은 어디론가 사라졌다는 점입니다.

완전히 생식으로만 살아가고 있다고는 못하겠습니다. 때로는 익힌 음식을 먹기도 하지만 채소, 과일, 간이 살짝 된 생선을 그보다 훨씬 자주 먹고 있어요. 저는 마흔여덟 살입니다. 트랜서핑은 저와 제 인생을 바꿔놓았어요. 살이 계속 빠져서 바지 치수도 바뀌었습니다. 에너지는 훨씬 강해졌고요.

---

* 종이에 자신이 바라는 것을 적은 다음 그것을 깨끗한 물이 담긴 컵 아래에 깔아둔다. 양 손바닥을 서로 마주 보게 하고(손바닥을 서로 붙이는 것이 아니라, 어느 정도 공간을 두고 떼어놓는다), 두 손 사이에 강한 에너지 덩어리가 만들어진다고 상상한다. 그러면서 종이에 적어둔 내용을 되새기거나 읽은 뒤, 손으로 컵 주변을 감싸고 에너지를 물 안으로 불어넣은 다음 그 물을 마신다.

컨디션은 늘 최상입니다. 운동도 열심히 하고 있습니다. 가장 놀라운 것은, 사람들 주변에 빛이 나는 것을 보기 시작했다는 사실입니다. 그 빛의 크기와 색깔이 어떤지도 구분할 수 있게 되었습니다. 우리가 선명하게 빛나는 생명체들의 세계에서 살고 있다는 사실이 참 놀랍더군요!

저는 실제로 제 인생에서 많은 것들을 바꿀 수 있었습니다. 예를 들어, 예전에는 돈을 벌기 위해 노력했다면 지금은 돈이 저절로 벌린다고나 할까요. 저는 그저 '내게 필요한 것은 바로 돈'이라는 주문을 하고, 안락지대에 주문서를 가지고 들어와 기다리기만 하면 됩니다. 보통 2~3주만으로 충분한데, 그 시기가 지나면 돈은 저절로 나타납니다. 제가 주문한 돈이 물질화한다고 말할 수 있겠네요. 작가님의 방법을 실전에서 사용하기 시작하고 나서 1년 반 정도가 지나자, 소득이 평균 열 배나 늘었습니다! 만약 안락지대가 더 넓었더라면 시간은 훨씬 더 적게 걸렸을 것이 분명합니다. 제 마음은 이 많은 것들을 '가져도 된다'는 사실을 믿기를 완강하게 거부해서, 처음에는 이 사실을 믿도록 설득해야 했습니다. 2년 전만 하더라도 이 사실을 전혀 믿지 않았겠지만, 지금은 아주 익숙하고 자연스러운 일이 되었어요. 때로는 모든 것이 순탄하지만은 않은 정체기가 오기도 하지만, 저는 그것이 일시적이고 쉽게 극복할 수 있다는 사실을 알고 있어요.

제 경력이 얼마나 발전했는지 자랑하고 싶습니다. 저는 스무 살이고, 모스크바 전문대학에서 건축학을 이수했습니다. 당연히 건설사에 막내 설계사로 입사했죠. 그리고 지금은 설계팀의 부팀장이 되었습니다. 그냥 저 자신을 빌려줬을 뿐이었어요. 솔직히, 처음에는 본능적으로 했지만 그 이후에는 의식을 깨워낸 거죠. 게다가 프레일링 원칙의 효과가 매우 좋았습니다! 사장님이 저를 아주 마음에 들어하십니다. 저라는 꽃이 만개하여 향기를 내는 것 같습니다. 작가님께 감사드려요! 이제 저에게는 틀도, 제약도 없어요!!!!!! 예전에는 제가 앞만 보면서 마차를 끌고 다니는 말이었다면, 지금은 날개가 돋아난 느낌이에요. 근심도 없고 자유로운 사람이 된 거죠…. 마치 아이처럼요!!!!!!! 맞아요! '아이 같다'는 말이 딱 들어맞는 표현이네요. 이 연극이 질렸다고 하더라도 아무 일도 일어나지 않을 겁니다. 새로운 연극을 만들어내면 그만이니까요. 인생에서 영혼의 상태를 지켜보는 것만큼 중요한 일은 없습니다. 그리고 제 영혼은 완벽 그 자체예요.

문자 그대로 인생의 모든 것이 바뀌었어요. 식구, 친구, 지인들과의 관계가 전부 바뀌었죠. 어떻게 된 일인지는 모르겠지만, 느닷없이 당구를 치는 취미가 생겼습니다. 그전까지는 한 번도 쳐본 적이 없는데도요. 신경과민도 사라졌습니다. 그중에서도 가장 큰 변화를 꼽자면 바로,

아내와의 사이입니다. 그것만으로도 이미 무척 감사합니다. 심지어 아내와 저는 함께 창업을 했어요! 저의 중요성뿐 아니라 다른 사람들의 중요성까지 고려하기 시작했더니, 주변 사람들이 저를 대하는 태도가 얼마나 좋아졌는지 몰라요! 대중매체가 주입하려고 하는 무서운 생각들은 더 이상 머릿속으로 흘러들어오지 않습니다. 단순히 제가 TV를 보지 않아서가 아니라, 긍정적인 에너지의 선반에 TV가 설 자리조차 없기 때문이죠. 주변 사람들은 부정적인 사건에 대한 제 반응을 보고는 어리둥절해합니다. 지금 저의 상태를 '무중력 상태'라고 표현할 수 있겠네요. 예전에 전투 조종사였기 때문에, 저는 그것이 어떤 느낌인지 잘 알고 있습니다. 한 달 전 마흔 번째 생일을 맞았는데, '인생이 끝났다'는 느낌이 '모든 것은 이제 시작이다'라는 느낌으로 바뀌었습니다.

작가님께서는 평생 동안 저를 괴롭히던 질문에 대한 답변을 주셨습니다. 그 질문은 바로, "왜 나에게만 모든 것이 정반대로 일어나는가?"였죠. 어떤 일이 일어날 거라고 확신하면 그 사건은 절대로 일어나지 않았습니다. 좋은 사건이든 나쁜 사건이든 말이에요. 황당할 정도입니다. 하루는 제가 재학 중인 커뮤니케이션 대학 자료실에서 어떤 자료를 발견했는데, 저는 그것이 제가 간절히 찾아왔던 자료라고 확신했어요. 잘못될 만한 일은 아무것도 없었죠.

저는 필요한 모든 자료를 외장하드에 저장했어요. 이제 맡겨둔 외장하드를 가지고 오는 일만 남았고, 뭔가 잘못된다 하더라도 자료를 다시 저장하기만 하면 모든 문제가 해결되는 상황이었습니다. 그런데 외장하드를 찾으러 도서관에 가기 하루 전날, 저희 대학에, 그것도 하필 제 외장하드를 맡겨둔 자료실에 불이 났습니다. 그렇게 제 꿈은 사라졌죠. 저는 제 바람이 반대로 이뤄지는 이 '현상'을 적극적으로 활용하기 시작했습니다. 만약 뭔가 필요하면 오히려 성공하지 못할 거라며 저 자신을 설득했고, 주변 사람들까지 설득하면 그 효과는 더 뛰어났습니다. 그러면 모든 일은 반대로 일어나고, 결국 제가 바라던 결과를 얻곤 했죠.

저는 이 기법을 30년째 사용하고 있어요!!! 예외는 거의 없었습니다. 성공 확률은 99.9999퍼센트예요!!!!!!!!!! 하지만 결국 저는 이 법칙이 지겨워졌습니다. 나는 왜 다른 사람들과 다르게 행동해야 하는가! 왜 나는 모든 것을 반대로 생각해야 하는가! 주변 사람들은 좋은 생각을 방사해야 하고 긍정적으로 생각해야 한다고들 말합니다. 아하! 그럴 수만 있다면 얼마나 좋을까요? 제가 뭔가에 대해 긍정적으로 생각하기 시작하면 모든 것은 그 즉시 반대로 일어납니다. 그러다 우연히 (하하) 작가님의 책을 추천받았죠. 저를 둘러싼 세계는 완전히 뒤집어졌고, 모든 것을 이해하게 되었어요. 한 달 만에 저는 생각하는 방법을 고쳤고, 이제 제 의도는 그것이 작동해야 하는 방향대로 작동하고 있습니다.

예전보다 더 좋아지고 있어요! 더 쉽고, 이해도 더 잘 되고, 더 유쾌해졌고요! 저는 제 질문에 대한 답변을 찾았을 뿐 아니라, 제 목표를 향해 나아가는 방법과 펜듈럼으로부터 저 자신을 지키는 방법까지도 알게 되었습니다. 그리고 슬라이드 기법은 정말 위대해요! 모든 것이 효과가 있어요!!!!!

작가님이 알려준 '지식' 덕분에 제게 일어나게 된, 정신이 확 들게 만드는 무한한 기적(이것 말고는 달리 표현할 방법이 없네요)을 말하느라, 안 그래도 바쁜 작가님께 부담을 끼치고 싶지 않습니다. 쉽게 말해 예전의 저는 어두컴컴하고 불쾌한 대도시 속의 삶을 살았던 반면, 시간이 얼마 지나지도 않은 지금은 아름다운 아내와 바다 한가운데 있는 따뜻한 섬에서 살고 있으며 인생의 매 순간이 의미 있고 행복합니다.
작가님께서 표현하시는 것처럼 "영혼은 노래를 부르고 마음은 만족스럽게 손뼉을 치는 상태"인 거죠. 주변 사람들이 얼마나 맹목적인지 발견하고, 또 제가 선물한 '트랜서핑'의 기적을 읽고도 '아무것도' 이해하지 못하는 것을 보고 놀랍기도 하고 슬프기도 합니다…. 그 사람들은 모든 일에 일일이 반응하며 증오심에 가득 찬 채 살아가기를 계속합니다. 하지만 그들의 세계의 층을 선택하는 것은 그들 자신이니, 특별히 기분이 나쁘지는 않습니다.

제가 뭘 하고 있는 걸까요? 제 입장에서는 불쾌할 수 있는 사건이 일어났다고 가정해볼게요. 저는 손뼉을 치고 미소를 지으며(진심으로 웃는 것이 아니라, 억지로 미소를 지을 때도 있어요) 저 자신에게 "모든 것이 제대로 흘러가고 있군. 훌륭해! 모두 OK야! 전부 완벽해!"라고 말합니다. 하지만 나중에는 알 수 없는 '마음속 제스처'를 하곤 합니다. 저조차도 이것이 뭔지 잘 모르겠고, 설명하는 것은 더 어렵네요! 너무 기뻐서 제 속의 뭔가가 확 쥐어짜이는 느낌이에요(마치 어린아이들이 아주 기쁠 때 주먹을 꽉 쥐고 흔드는 것처럼요). 대략 이런 식의 제스처를 하려고 노력하죠. 그러면 실제로 효과가 있어요! 상황이 저에게 유리하게 돌아갈 뿐 아니라, 예상치 못하게 놀라운 기쁜 소식도 들려옵니다! 그러면 저는 "세상에!!!!" 하며 놀라기만 하면 되죠.

작가님의 첫 작품을 읽었을 때, 작가님께서 설명하시는 것들이 아주 익숙하고 이해도 잘 된다는 점에 대해 놀랐습니다. 아마 열네 살이 되기 전이었던 것 같은데, 어릴 적 저는 작가님께서 말씀하신 것들을 전부 할 수 있었습니다. 물론 그렇게 자세히 알진 못했지만, 직감적으로 해낼 수 있었고 모든 것이 효과가 있었어요. 그 후에는 이성과 올바른 방식에 따라 행동해야 하는 일들이 점점 더 많아졌죠. 생생한 경험이 쌓인 '덕분에', 저는 제가 이해한 옳고 그름에 따라 모든 것을 '조금씩' 맞춰나가게 되었습니다. 그 행동의 결과가 나타나기까지 그리 오랜 시간이 걸리지는 않았어요. 저는

과거 한때 제가 달성했던, 중요하고 불변하는 것들이라
여겼던 모든 것을 잃게 되었습니다. 여러 사건을 겪으면서
제가 가졌던 굳은 확신들은 산산이 부서졌죠. 잠시 멈춰서
무엇이 문제인지 생각할 시간을 가지기를 잘 한 것 같습니다.
작가님의 책에 대해서는 우연히 알게 되었지만, 아주 금세
책을 구할 수 있었어요. 어쩌면 그것도 신호였는지 몰라요.
저는 한때 챔피언이었지만 자만심으로 인해 부상을 입어
이제는 걷는 방법부터 다시 배우게 된 운동선수 같아요. 제
어린 시절을 잊지 말아야겠습니다.

트랜서핑 시리즈를 읽게 된 2년쯤 전까지만 해도 해외에서,
그것도 런던에서 살게 되리라고는 꿈도 꾸지 못했습니다.
그리고 사람들이 알프스 다음엔 어떤 산으로 스키를 타러
갈지 고민할 수 있다는 사실을 알게 된 것도 작가님의 책을
읽고 나서였습니다. 그래서 저는 바로 그것을 제 욕망으로
삼기로 결심했습니다. 그때만 해도 저는 그것이 정말
비현실적인 목표라고 생각했지만, 트랜서핑이 정말 효과가
있다면 실제로 그 일이 현실이 될 것이라고 믿었습니다.
그리고 저는 지금 알프스에 스키를 타러 다니고 있어요. 그
말은 트랜서핑이 실제로 효과가 있고, 제 미래를 위해 더
파격적이고 믿기 힘든 목표를 세워도 된다는 뜻이 되겠지요.
불가능이라는 것은 없으며, 우리를 제한하는 것은 결국 우리
자신일 뿐이니까요.

저는 첫 목표로 집을 바꾸겠다는 의도를 설정해두었습니다.
솔직히 말해서 저 자신이 무엇을 원하는지 이해하는 데
어려움이 있었습니다. 2년 전부터 제가 살고 있는 도시 중심에
위치한 방 세 개짜리 아파트의 '슬라이드'를 아주 의욕적으로
'돌려보았지만', 1년 반 정도가 지나면서 제 영혼은 더 넓은
땅을 원한다는 사실을 깨달았습니다. 저는 흙 위에서 살고,
흙 위에서 일하고 싶어요. 되도록 도심에서 조금이라도 더 먼
곳에서요.

그러다 사흘 전, 그렇게 할 수 있는 행운이 그야말로 하늘에서
뚝 떨어졌습니다. 큰 농업용 부지를 아주 저렴한 값에 얻을
수 있는 실제 기회가 생긴 것입니다. 지금 살고 있는 집을
팔면 받을 수 있는 돈으로 충분히 좋은 별장을 지을 수
있게 되었어요. 게다가 그 별장을 짓기 위해 대출을 받거나
지인에게서 돈을 빌릴 필요조차 없었죠. 외진 곳에 있는
방 두 칸짜리 초라한 아파트를 숲과 강이 보이고 도심까지
한 시간이면 갈 수 있는 거리에, 비옥한 농지가 딸린
150제곱킬로미터짜리 별장으로 바꾸게 된 셈이에요. 제 꿈을
이루기 위한 널찍한 땅이 바로 이곳에 있습니다. 여기에서
얼마나 많은 것들을 이룰 수 있을까요!

특별히 말씀드리자면, 이 행운이 저를 덮쳐왔을 때, 저는 너무
뜻밖이라고 생각해서 처음에는 충격을 받았습니다. 그러니까,
물론 이 모든 것을 가지겠다는 의도는 있었지만 지금 당장,
이렇게 쉽게 곧바로 이루어질 줄은 몰랐던 거죠! 그것은 제

인생을 송두리째 바꿔놓았어요! 마음을 좀 가다듬고, 감정을
좀 추스른 다음 이성적으로 생각을 할 시간이 필요했습니다.
저는 구체적으로 자신이 무엇을 원하는지 분명하게 자각했을
때 의도가 현실이 된다는 사실을 깨달았습니다. 그것도
진심으로 그것을 원할 때 말이에요. 도심 속에 있는 방 세
칸짜리 아파트를 얻게 되었다고 해도 저는 행복하지 않았을
겁니다. 그것은 제 목표가 아니었으니까요. 하지만 진심으로
원하던 목표가 무엇인지 자각하자마자 그것을 손에 넣게
되었어요.

영혼은 인생을 살고, 아파했고,
지쳐버렸고, 난데없이 사라졌으며,
자유롭게 되기를 원했다.
높이 날아오르고, 사랑하고, 악惡은 잊어버리고,
웃고, 인생에 기뻐하며,
행복해하며 밝은 빛을 보고자 했다….
하지만 머릿속에 불쑥
이성적인 생각이 들었다.
믿지 마…. 안 돼…. 그럴 순 없어….
땅으로 내려와…. 욕망을 버려….
지옥은 우리에게 이성을 되찾으라고 번번이 말하지만
영혼은 모든 것으로부터 천국을 만들려고 애쓴다….

작가님의 책을 읽기 시작했는데, 도저히 책을 손에서 놓을
수가 없습니다. 저는 다른 사람들이라면 궁금해하지도 않았을
질문들을 포함해, 모든 질문에 대한 답을 찾아 헤매왔습니다.
제가 읽은 모든 것은 그 무엇에게도, 아무에게도 방해가
되지 않으며 오히려 도움이 될 뿐인 조화로운 시스템이
되었습니다. 예전에는 본질을 이해하지 못했거나, 과연
정말로 맞는 말인지 의심했을 법한 많은 사실들을 알게
되었어요.

아주 어렸을 때부터 저는 흔히 어른들이 말하듯, "다른
사람들보다 한발 앞서 가라"는 말을 들어왔습니다. 모두가
"그렇게 하면 안 돼, 이렇게 해야 해. 그러지 않으면 아무것도
이루지 못할 거야"라고 말할 때, 저는 다른 방법들을 찾았죠.
제 또래 아이들이 '가는 길'을 좋아했던 적이 단 한 번도
없었습니다. 책을 읽고서야 저는 그것이 저 자신을 위한
길, '영혼과 마음이 일치하는 길'을 찾기 위함이었음을 알게
되었습니다.

마치 얼굴에서 안경이 벗겨지듯이 세계가 변화하는 것
같았습니다. 저는 저를 둘러싼 세상을 지켜보았고, 마침내
얻게 된 진실의 눈으로 현실을 보게 된 기쁨을 마음껏
누렸습니다. 마치 날개가 돋아난 기분이었어요! 그만큼 큰
변화를 겪게 된 거죠. 그리고 제가 지금까지 무의식적으로
해온 것들이 트랜서핑과 일치한다는 사실을 알게 되었습니다.
저는 이미 일말의 의심도 없이 제 길을 따라, 영혼과

마음이 일치하는 방향을 향해 걸어가고 있었던 것입니다. 제가 평소에 입버릇처럼 말하듯이, 모든 것이 '우스울 정도로 단순한' 일이라는 사실을 알게 되었죠. 사소한 일로 기분이 오락가락하던 습관도 사라졌어요. 버스에서 웬 할머니가 난데없이 제게 성질을 부려도 그저 우스울 뿐입니다. '불가능한' 목표라는 것도 사라졌습니다. 그런 것은 존재하지 않으니까요. 대인관계, 공부, 돈과 관련된 문제들도 사라졌습니다. 전부 그냥 사라졌어요. 이제 저는 진짜가 무엇인지 알게 되었어요. 18년 인생 동안 이토록 진심으로 행복을 느껴본 적이 없습니다. 저는 농장 밖으로 뛰쳐나왔어요. 저는 자유예요! 다시는 그곳으로 돌아가지 않을 겁니다.

친구로부터 합성식품에 대한 내용이 있는 작가님의 책을 빌렸습니다. 작가님이 저라는 또 한 사람에게 어떤 길로 나아가야 할지 알려주셨다는 사실을 알아주셨으면 좋겠어요. 저는 간헐적 단식을 했고, 이미 준비된 몸이었기 때문에 생식을 시작하는 것이 어렵지 않았어요. 단식을 하는 동안 컨디션이 아주 좋았고 에너지도 넘쳤지만, 이런 기분이 더 커질 수 있을 거라고는 상상조차 못하고 있었습니다! 정말이지 약에 취한 듯한 기분인데다, 날아오르고 싶고, 뭔가를 창조하고 싶어지는 기분입니다.
하지만 중요한 것은 그것이 아닙니다. 저는 오랫동안 의식이 깨어난 채 살아왔고, 모든 의도가 현실로 이루어졌기 때문에 단 한 번도 제 건강과 의식에 대해 불만을 가졌던 적이 없습니다. 하지만 예전에는 아침마다 왜인지 모르게 조바심이 느껴졌어요. 그런 감정이 어디에서 나오는지, 그 원인이 무엇인지 알 수 없었습니다. 그런데 지금은 알겠어요. 제 몸이 합성식품에 중독되어 있었던 것입니다. 그 조바심이 사라지자, 다른 모든 것도 감쪽같이 사라졌어요. 예전에는 목표를 세우고 그것을 달성할 수는 있었지만 자꾸 기간을 미뤘기 때문에 힘이 들었습니다. 지금은 미루지 않는 습관이 생겼어요. 조금도 긴장하지 않고, '나는 목표를 향해 가고 있다'는 분명한 의도만 가지고 있으면 되는 거였어요. 모든 것이 단순해졌어요.

저는 실제로 무엇이 문제인지 꿈도 꾸지 못했습니다. 만약 누군가가 제게 식습관이 문제라고 말해줬다면 그 말을 믿지 않았을 거예요. 계속해서 제 성격이나 성장 환경을 탓하려고 했을 겁니다. 식습관처럼 의심조차 할 수 없는 많은 것들이 원인이 될 수 있다는 사실을 깨닫고 나니, 제가 정말로 현실을 바꿀 수 있다는 사실을 알게 되었습니다. 저는 작가님께서 저를 위해 '얼마나' 많은 것들을 해내셨는지 알려드리고 싶어서 이 편지를 썼습니다.

이어서 다른 장에서는 생식으로 인해 자신의 세계가 얼마나 극적으로 바뀌었는지에 대한 후기들을 볼 수 있을 것이다.

3부

생물권

살아 있는 질문들

나는 자연스러운 생활 습관을 주제로 하는 질문들을 독자로부터 많이 받곤 한다. 이번 장에서는 이 주제를 포함한 여러 가지 내용을 다뤄보도록 하겠다.

섹스를 자주 하면 창조에너지가 줄어든다는 말이 사실인가요?
드라이저*의 소설 속 주인공인 화가가 결혼하고 나서 더 이상
그림을 그리지 않게 되었던 것처럼 말이에요.

그렇지 않다. 섹스를 자주 한다고 해서 창조에너지가 줄어드는 것은 아니다. 에너지 자체가 줄어들 일도 없다. 물론 이성적인 선을 벗어나지 않는다면 말이다. 연인 관계는 굉장히 감정적이고 어떤 의미에서는 불균형적인 조건이기 때문에, 여기에 대해서는 주관적인 미신들이 굉장히 많다.

문제는 '자주 한다는 것'이 어느 정도인지를 이해하는 것이다. 섹스뿐 아니라 그 어떤 활동도 적정선을 넘어가는 정도로 한다면 에너지를 빼앗기게 된다. 이 적정선이 어디에 있는지는 사람마다 다르

---

* Theodore Dreiser: 미국의 작가. 1915년 발표한 반자전적 소설 《천재》(The Genius)는 한 재능 있는 화가가 예술에 대한 헌신과 성에 대한 욕망 사이에서 갈등하는 줄거리를 담고 있다.

기 때문에, 이 수준은 본인이 직접 결정해야 한다.

반드시 고려해야 하는 사실이 하나 있다. 에너지는 힘의 흐름과 같기 때문에, 움직임이 있을 때만 나타난다. 다른 말로 하면 에너지는 움직임이 있는 곳에 존재하며, 움직임이 없다면 힘도 없는 것이 된다. 에너지를 잃으면 안 되는 것처럼, 에너지를 쌓아놓아서도 안 된다. 사용되지 않는 것은 서서히 쇠퇴하기 마련이다. 쓸데없는 것이 되기 때문이다. 그것이 자연의 이치다.

카스타네다*의 마법사들이 말하는 것처럼, 임신을 하고
나면 두 연인 모두 아우라에 검은 구멍이 생긴다는 말이
사실인가요?

사실이 아니다. 임신을 하고 나면 육체의 껍데기에 막힘이 생겨 몸 상태가 나빠진다는 증거는 그 어디에서도 찾을 수 없다. 인간이 가장 자연스럽고 원초적인 기능을 사용했다고 해서, 자연이 인간의 몸에 '구멍을 내고' 싶어한다는 말을 정말로 믿는 것인가? 오히려 그 반대에 가깝다. 잘못된 정보를 만들어내지도, 사람들이 하는 말을 곧이곧대로 믿지도 말자.

생식을 시작하면 성적 에너지가 줄어든다는 말이 사실인가요?

---

* 페루 출신의 문화인류학자이자 작가. 중미 야키족 출신의 현지인들과 친교를 쌓으며 샤머니즘에 대한 생생한 정보를 얻었고, 그 결과를 논문자료로 제출하여 격찬을 받았는데 이것이 이후 총 열두 권에 달하는 돈 후앙 시리즈의 시발점이 되었다.

사실이 아니다. 처음에는 줄어들지만 이후에는 늘어난다. 영양가가 풍부한 음식을 다양하게 먹으라. 과도기가 지나가고 나면 모두 정상적인 상태로 돌아올 것이다.

오쇼 라즈니쉬[**]는 왜 섹스는 1년에 한 번으로 적당하고, 인생에서 필수적인 요소가 전혀 아니라고 말한 것일까요?

왜 하필 1년에 한 번이 '적당하고', 두 번이나 세 번은 아니란 말인가? '적당함'의 기준이 무엇인가? 종족 번식을 염두에 두고 말하는 것이라면 이야기는 완전히 달라진다. 그러나 여기에서는 번식 능력이 아니라 섹스를 염두에 두고 말하고 있다. 이 둘은 완전히 다르다.

'인생에서 필수적인 요소는 아니라는' 점에 대해서는 맞는 말이다. 많은 사람들이 섹스 없이 살아가고 있으며, 그것은 그들의 생명 활동에 그 어떤 점에서도 특별한 영향을 주지 않는다. 활발한 성생활을 하는 사람과, 아직 그런 경험을 해보지 않았거나 더 이상 하지 않는 사람 간에 분명하게 드러나는 차이를 구분해낼 수 있는가?

당신이 어떤 에너지를 사용할 수 있는 상태라면, 그것을 사용해도 좋고 사용하지 않아도 좋다. 사용할지 말지를 판단하는 것은 당신의 몫이니 말이다. 그 에너지를 사용하지 않는다면 서서히 줄어들겠지만, 너무 과도하게 사용해도 마찬가지로 줄어들게 된다.

[**] 인도의 신비가, 구루 및 철학자. 1960년대부터 인도를 돌아다니며 대중을 상대로 강연했는데, 이 강의들은 400권이 넘는 책으로 출판되고 30여 개 언어로 번역되는 등 주목을 받았다. 국내에서는 《배꼽》의 저자로 잘 알려져 있다.

그러나 다시 한 번 말하지만, 당신이 그 필요성을 느끼지 못한다면, 다른 에너지의 상태에 아무런 피해를 주지 않으면서도 충분히 이 에너지를 사용하지 않고 살아갈 수도 있다.

작가님께서는 "에너지가 없다면 아무것도 할 수 없다"고 말씀하셨습니다. 의도가 부족할 테니까요. 최근에 명상을 아주 열심히 하고 있는데, 생식을 하더라도 항상 의식이 깨어 있는 상태를 유지할 정도로는 에너지가 부족한 것 같습니다. 그래서 성생활을 제한해보면 어떨까, 그리고 브라흐마*를 믿어보면 어떨까 하는 생각도 들기 시작했습니다. 그런데 문제는 제가 사랑하는 사람이 있다는 겁니다. 그 사람과의 사랑과 영성 사이에서 선택을 하고 싶지 않아요.

신의 선물을 '그곳'과 헷갈려서는 안 된다. 사랑과 섹스, 영적인 삶과 금욕, 자기 절제와 극단적인 절제를 헷갈리는 것이나 마찬가지다. 이 둘은 완전히 다르다. 하나의 에너지를 사용하지 않는다면, 그 에너지는 그저 쇠퇴할 뿐이다. 하지만 이것은 다른 종류의 에너지가 더 채워진다는 말이 결코 아니다.

움직임이 있는 곳에는 에너지가 있다. 산속을 흐르는 강물과 한 자리에 고여 있는 웅덩이를 비교해보라. 에너지는 어느 쪽에 있는가?

---

* 인도 신화에 등장하는 창조의 신. 오늘날에는 인도 내에 사원이 하나만 남아 있을 정도로 그에 대한 독자적인 숭배는 거의 존재하지 않는다. 네 개의 머리, 두 다리와 발, 네 팔과 손, 수염이 있는 성숙한 어른의 모습을 하고 있다.

당신이 어떤 명상을 하고 있는지, 명상을 함으로써 당신이 무엇을 얻는지는 잘 모르겠다. 하지만 한 가지는 확실하게 말할 수 있다. 명상은 내면의 독백을 멈추고 의식 깊은 곳으로 빠져드는 것이며, 그로써 진실이나 그와 비슷한 무엇에 이르려고 노력하는 것이다. 트랜서핑과는 아무 관련이 없다.

명상을 지지하는 사람들이 깨달을 수 있었던 특별한 진리라는 것은 과연 무엇일까? 알다시피, 뭔가를 (그것이 구체적으로 무엇인지는 아무도 모른다) 진정으로 깨닫는 데 성공한 최초이자 마지막 사람은 부처다. 그의 제자들 중에서 큰 성공을 이뤘다는 사람들에 대해서는 들어본 바가 없다. 그렇지 않은가?

목표가 분명한 자신의 의도를 주변 세계로 보내기 위해서는, 내면의 독백을 멈추는 게 아니라 그것을 필요한 방향으로 방출해야 한다. 방출은 움직임이다. 반면에 명상은 정지 상태이며, 하나의 꿈과 그다음의 꿈 사이의 텅 빈 중간지대와 같은 것이다. 우리가 중요하게 생각하는 것은 꿈속에서 누가 당신의 생각을 통제하는가 ― 당신 자신인가 아니면 그 꿈 자체의 요소들인가 ― 이다.

물론 생식은 엘리베이터를 타고 올라가듯 순식간에 당신을 몇 단계 위로 올려줄 테지만, 그렇다고 당신에게 완전한 깨달음을 약속해주지는 못한다.

트랜서핑의 궁극적인 목표는 현실이 의도를 가지고 통제할 수 있는 자각몽처럼 느껴질 정도로 의식을 깨어나게 만드는 것까지다. 이것만으로도 이미 자기통제와 훈련이 필요한 아주 긴 여정이다. 하지만 여기에 자기절제는 필요치 않다. 그 차이를 이해하겠는가?

생식은 어떤 것을 하지 않도록 제한을 두는 것이 아니라 자신의 주파수 영역을 더 확장하는 방법이다. 나아가 깨어난 의식에 도달하는 길을 훨씬 더 쉽게 만들어주는, 근본적으로 다른 생존 방식이다. 그러나 다시 한 번 말하지만, 절대로 곧바로 성공할 수는 없을 것이다.

전자파를 차단하는 데 순지트[*]가 도움이 될까요?

잘 모른다. 순지트가 전자파를 차단한다고 주장하는 생산업체들이 있기는 하다. 심지어 인터넷에서는 순지트 판으로 덮어둔 휴대폰의 전자파가 줄어드는 모습을 전자파 측정기가 보여주는, 속임수 같은 영상도 볼 수 있다. 사실 작은 돌멩이가 전자파를 차단할 수 있는 방법은 없다. 냄비는 전자파를 차단할 수 있지만, 순지트는 그렇지 않다. 나는 전자파 측정기를 가지고 있고, 직접 그 사실을 확인해보려고 하기도 했다. 하지만 유감스럽게도 냄비를 사용하는 것이 불편하여 실제로 실험을 해보지는 못했다.

전자파를 차단하려면, 다시 말해 전자파에 의한 피해를 줄이려면 반드시 가림막이 있어야 한다. 휴대폰에 가림막을 씌우면 조작 자체가 불가능해지기 때문에, 휴대폰의 전자파를 차단하려는 노력은 별 의미가 없을 것이다. 전자파를 차단하는 것보다는 그것과 조화를 이루며 생활해야 한다. 보다 생리적인 방법으로 말이다.

---

[*] shungite: 주로 규산염과 풀러렌Fullerene으로 구성된 암석. 지구상에서 유일하게 러시아 북부의 슝가 지역에서만 채취되어, 지역의 이름을 따서 '순지트'라고 불린다. 대표적인 효능 중 하나로 전자파를 흡수한다고 알려져 있다.

순지트는 전자파를 줄여줄 수 있다. 이론적으로는 말이다. 하지만 전자파가 얼마나 차단되는지에 대해서는 관련 통계자료가 없기 때문에 확언할 수 없으며, 생산업체들도 그 점에 대해서는 입을 열지 않는다. 이것을 확인하기 위해서는 특수한 장비가 필요하다. 그래서 순지트가 전자파를 차단해줄지도 모른다고 그저 맹목적으로 주장하는 수밖에 없는 것이다. 누군가가 제대로 된 실험 환경을 갖춘 상태에서 확인을 해준다면 참 좋을 텐데 말이다.

제 지인 하나는 MRI 촬영실에서 일을 합니다. 일한 지는 꽤 됐어요. 3년 정도요. 하지만 언젠가부터 그녀는 퇴근 후에 아무리 잠을 자도 피로가 풀리지 않는다고 합니다. 그녀는 주말 내내 깊은 잠을 자요. 금요일에는 저녁 9시에 잠자리에 들어 토요일 아침 9시에 일어납니다. 두 시간 정도 돌아다니다가 다시 잠을 자고요. 끝없이 잡니다. 한 달 정도 휴가를 냈지만, 그래도 특별히 달라지지 않았어요. 그녀와 함께 일하는 동료 직원에게도 똑같은 증상이 나타나고 있습니다. 혹시, 전자파 때문에 그러는 것일까요? 아니면 다른 문제가 있는 것일까요? 이직 말고는 이 문제를 해결할 수 있는 다른 방법이 없을까요?

이직을 하는 것이 좋겠다. 건강에 가장 해로운 직업이 바로 전철, 전차, 트롤리버스 기사, 우주비행사, 잠수함 승조원, 비행사들과 같이 전자기기에 둘러싸여 일해야 하는 사람들이다. 전자파는 가장 먼저 인간의 혈액과 생체장(biofield)에 영향을 준다. 전자파에 노출이 되면 마치 술을 마셨을 때처럼 적혈구가 (송이 모양으로) 덩어리지게 된다. 생체장에도 상당한 변형이 일어난다. 휴대폰을 손에서 놓지 못하거나, 오랫동안 컴퓨터를 하는 사람들의 오라가 여기저기 손상되어 있다는 사실이 특수한 기기를 통해 밝혀지기도 했다. 인공 시스템의 '편의'를 누리기 위해 지불해야 하는 대가는 이렇게나 크다.

하지만 거의 모든 사람들은 일반적으로 이 모든 현상에 대해 코웃음을 치며, 아무것도 모른 채 살아간다. 두려워할 것은 없으며, 전부 괜찮다는 태도로 말이다(참고로 집단 전체가 이런 무지함을 가지고 있기 때문에, 사람들은 태평하고 무관심한 태도로 일관하곤 한다). 하지만 그것은 어디까지나 몸이 가진 자원이 고갈되어 쇠퇴 과정이 시작되기 전까지일 뿐이다. 물론 그들은 그런 후에도 계속 이 문제를 대수롭지 않게 여기겠지만 말이다.

하지만 이 문제가 중요하다고 생각하는 사람들에게 무엇을 조언해줄 수 있을까? 전자파로부터 도망칠 수는 없으며, 조화를 이루며 살아가는 방법밖에 없다. 즉 전자파에 견딜 수 있는 신체 상태를 만드는 것이다. 당신의 세계에 당신을 지켜줄 방어 수단이 있을지 누가 알겠는가? 자신에게 필요한 길은 사람마다 다르니 말이다.

트랜서핑 센터의 강의에서는 어떤 것을 배울 수 있나요?
작가님께서는 그 어떤 훈련 없이도 모든 것을 직접 알아낼 수 있다고 하시지 않으셨나요?

그 말을 한 이후 지금까지 오랜 시간이 흘렀다. 현실은 빠르게 변하고, 그건 트랜서핑도 마찬가지다. 변화하는 속도는 점점 빨라지고 있다. 새로운 현실은 그것에 맞는 새로운 트랜서핑 기법이 만들어지는 속도보다 더 빠르게 등장한다. 그런데 새로운 책들이 출간되는 속도는 그에 못 미친다. 센터의 강연을 들으면 현실을 통제할 수 있는 최신 기법에 대해서 배울 기회가 생길 것이다.

물론 추진력을 충분히 가진 사람이라면 훈련이 없어도 괜찮을 것이다. 하지만 모두가 그런 추진력을 가지고 있는 것은 아니고, 많은 사람들의 경우 자발적인 움직임을 시작하기 위해 내면의 자극이 필요하다. 특히 이전 장에서 설명한 것처럼, 에너지와 의식의 사로잡힘 효과가 훨씬 강해진 최근에는 더욱 그렇다. 최근에는 잠들어 있는 사람들이 훨씬 더 많아지고 있다. 인간의 삶은 그가 통제할 수 없는 사건의 만화경(kaleidoscope) 속에 빠져 있으며, 그는 이 사실에 대해 아무 손쓸 도리가 없다. 그런 현실을 바꾸기 위한 에너지도 부족하며, 의식이 깨어나 있지도 않으니 말이다.

그 밖에도, 흔히 일어나는 일이지만 이해하는 것과 행동하는 것 — 실제 문제를 해결하는 데 적용하는 능력 — 사이에는 커다란 간극이 있다. 다들 알다시피, 개들은 모든 것을 이해하지만 말은 할 수 없어서 문제이지 않은가? 하지만 인간의 문제는 다르다. 전부 다 이해하고 말도 할 수 있지만, 행동을 할 수 없다는 게 문제다. 당신은 책을 읽으며 이해하는 방법을 배운다. 트랜서핑 강의에서는 이 지식을 실전에서 활용하는 방법, 즉 행동하는 방법을 배우게 된다.

생식을 시작한 지 벌써 반년이 되어 가는데, 생선이나
양고기 때문에 실패할 때도 있습니다. 양고기를 먹으면 그
즉시 머리가 둔해지는 것 같아요. 운동 능력이 떨어지고,
비정상적으로 살이 빠지고 공격적이 되죠. 성욕도 떨어졌어요.
얼굴에 혈기도 사라졌는데, 비타민B$_{12}$가 부족해서 그런 것
같습니다. 채소에는 비타민B$_{12}$가 아주 적으니까요.

전부 과도기에 나타나는 현상이다. 과도기가 끝나면 모든 것이
정상으로 돌아올 것이다. 그래서 곧바로 완전한 채식 생식으로 넘어
가지는 말라고 권한 것이다. 그렇게 해야 모든 것이 매끄럽고 조화롭
게, 부작용 없이 생식을 시작할 수 있다. 몸이 완전히 정화되고 재정
비되기 위해서는 1년으로는 부족하다.

참고로 비타민B$_{12}$에 대해서는 이미 설명한 적이 있다. 인체가
필요로 하는 비타민B$_{12}$의 양은 아주 적다. 비타민B$_{12}$를 얻을 수 있는
식품은 포도, 청포도, 해초류, 천연 사과식초, 화리나, 꿀벌 빵, 발아
식품 등이다. 또한 창자의 미생물상이 필수적인 비타민을 만든다. 이
를 위해서는 미생물이 건강한 상태여야 하지만, 미생물상은 재건축
되는 데 아주 오랜 시간이 걸린다. 바로 이것이 생식을 단번에 시작
하지 말고 서서히 해야 하는 이유이다.

요약

- 에너지는 움직임이 있는 곳에 존재하며, 움직임이 없다면 에너지
  도 없다.

- 사용하지 않는 것은 쇠퇴한다.
- 생식을 시작하고자 한다면 단계적으로 식단을 바꾸고 영양소가 풍부한 음식으로 골고루 먹어야 한다.
- 과도기가 끝나면 모든 신체 상태는 정상으로 돌아온다.
- 생식은 어떤 것을 하지 않도록 제한을 두는 것이 아니라, 근본적으로 다른 생존 방식이다.
- 생식은 인간을 더 높은 진동수를 가지는 존재로 만들어준다.
- 전자파로부터 도망치는 것은 불가능하다. 전자파와 조화를 이루며 살아가는 방법밖에 없다. 즉 전자파에 견딜 수 있는 신체 상태를 만드는 것이다.

참고

개인적으로 나는 '생식'이라는 말을 그다지 좋아하지 않으며, 최대한 사용하지 않으려고 한다. 생식은 대중매체는 물론 생식주의자 본인들 사이에서도 이미 이미지가 안 좋기 때문이다. 나는 그 누구에게도 지금 당장 생식을 시작하라고 권하지 않는다. 생식을 어떻게 시작하는지에 대해서는 여러 번 자세히 설명한 바 있다. 슈퍼마켓의 합성식품들을 끊었다면 이미 많은 것을 이룬 셈이다. 참고로 생식의 창시자 아르놀트 에렛은 이와 같이 경고했다.

"극단적인 것은 무엇이든 해롭다는 사실을 절대로 잊지 말아야한다. 모든 형태의 극단을 피하라."

나를 사랑한다면 먹어!

어떻게 해야 할지 모르겠습니다. 생식이 최고의 방법이라고
생각해서 시작하고 싶은데 제 남편은 반대하네요. 그는
제가 너무 극단적이고 개인주의적이라고 생각해요. 저더러
이기적이라고 하네요. 저는 남편에게 그 어떤 것도 강요하지
않고, 그가 먹고 싶어하는 것은 전부 먹게 해줘요. 하지만
남편은 저도 똑같은 것을 먹으라고 하네요. "나를 사랑한다면
먹어!"라면서요.

그는 우리 삶에는 좋은 일도 나쁜 일도 있기 때문에, 나중에
어떤 병에 걸렸을 때 그 질병과 어떻게 싸워야 할지 몸이
알아낼 수 있도록 익힌 음식도 먹고 술도 마시라고 합니다.
제가 익히지 않은 음식만을 먹는다면 몸이 약해져서 심하게
아플 수 있다면서요.

저는 그가 먹는 모든 음식이 마음에 안 들어요. 하지만 남편이
이렇게 나오니 그저 참는 수밖에 없습니다. 그는 "당신의 몸이
무엇을 원하는지 어떻게 알지? 그걸 아는 것은 의사들뿐이야.
왜냐하면 그들이 공부하는 것이 그런 것들이니까. 사람들이
의학을 왜 만들었겠어? 약도 먹어야 해. 반드시!"라고 말해요.
하루는 남편이 저에게 이런 말을 했습니다. "선택해. 생식이야,

나야? 생식주의자가 되고 싶다면 이혼해. 당신같이 어리석은
사람과 살고 싶지 않아."

이런 상황에서는 구체적인 조언을 해줄 수 없을 것 같다. 가족
관계는 '개인적인 원칙'을 가지고 참견해서는 안 되는 분야이기 때문
이다. 그런데 당신과 남편 사이의 견해 차이가 본질적으로는 식습관
과 관련된 것이 아닐 수도 있다는 생각을 한 적은 없는가?
　　여기 부텐코Butenko 가족이 쓴 《생식주의자의 요리책》(Raw Food
Cookbook)에 실려 있는 대표적인 사례가 있다.

하루는 요리 수업이 끝난 후 한 여자 수강생이 다가와(그녀의
이름은 웬디였다), 남편이 생식을 시도하지 않는 것은 물론이고
생식에 대한 이야기는 듣지도 않으려고 해서 이혼을 생각
중이라고 했다. 그녀는 생식을 시작한 지 한 달밖에 되지
않았지만 이미 남편을 설득하는 데 지쳐버렸고, 그를
바꾸려는 모든 노력이 헛수고일 뿐이라고 확신했다.
1년이 지난 뒤 나는 웬디의 전 남편인 피터로부터 메일을
받았다. 그는 웬디와 이혼하고 다른 사람과 약혼을 했는데,
둘이 함께 생식을 시작했다고 했다. 피터는 생식에 대해 아주
감탄하며, 나와 내 여동생을 결혼식에 초대하고 싶다고 했다.
그리고 메일의 말미에 덧붙이기를, 아이러니하게도 웬디는
생식을 그만두었다고 했다.

이 훌륭한 책에서 또 한 부분을 소개하고자 한다.

여러 학생들과 많은 대화를 나눠보고 그중 독특한 사례를
소개해보고자 한다.

나: 안녕.

헨리: 안녕.

나: 별일 없어?

헨리: 있지, 어제저녁 내내 방에서 토했어. 잠은 세 시간밖에
못 잤고. 머릿속에 시한폭탄이라도 든 것처럼 계속
째깍거리는 소리가 나는 거 있지.

나: 그랬구나!

헨리: 너는 어때?

나: 충분히 잘 쉰 것 같아.

헨리: 사실 나는 모든 과목에서 뒤처지는 것 같아. 교수님이
하시는 말씀 전부 다 이해해?

나: 응.

헨리: 어제 파티 정말 최고였지!

나: 맞아.

헨리: 요새 컨디션이 참 별로네. 난 이 학교가 정말 싫어. 빨리
방학이나 했으면 좋겠어.

나: 나는 오늘 컨디션이 정말 좋은 것 같은데. 그나저나
물체의 밀도를 구하기 위해서는 단위 부피당 질량이
얼마인지를 알아내면 된다는 게 참 신기하지 않아? 생각해봐.

물의 밀도가 1이라면, 얼음의 밀도는 10분의 1이라니.

말하자면 얼음은 물보다 10분의 1만큼 가벼워서, 빙산은

꼭대기만 보이는 거잖아(물보다 가벼운 10분의 1만큼).

헨리: 그러게, 흥미롭네. 그런 건 어떻게 알았어?

나: 오늘 물리학 시간에 배웠잖아. 기억 안 나?

헨리: 세상에! (그는 떠나기 위해 몸을 돌렸다). 잘 있어.

나: 잘 가.

어떻게 하면 아이들에게 생식을 시작하자고 설득할 수

있을까요? 아이들에게 생식이 필요한 것 같은데, 왜 생식을

해야 하는지 설명하기가 쉽지 않아서 문제예요.

당신이 이해한 그대로를 설명해주면 된다. 아이들도 이해할 것

이다. 심지어 당신보다 더 잘 알 수도 있다. 물론 아이들이 아직 슈퍼

마켓에서 파는 합성식품의 손아귀에 꽉 잡히지 않았다면 말이다. 유

감스럽게도 합성식품은 아주 악랄할 정도로 매혹적이고 마약 같은

중독성을 가지고 있기 때문에, 어딘가에서 천연 식품이 애타게 당신

을 찾는다 해도 그것의 목소리가 당신의 마음까지 온전히 전달될 가

능성은 적다. 동정심이 많은 친척들과, 배려심이라고는 꿈도 못 꿀

친구들 사이의 공격적인 환경에서 자신을 지키는 것은 쉽지 않은 일

이다. 하지만 식습관 문제에서 아이들에게 강요하는 태도는 자제해

야 한다. 당신이 할 수 있는 유일한 방법은 본인의 긍정적인 사례를

알려주는 것 정도다. 딱 거기까지다. 강요(그들을 어떻게 설득할 수 있겠는

가? 차라리 죽이는 편이 쉬울 것이다!) 또는 가까운 지인과의 전쟁은 어떤 형태로든 아무런 결실도 가져다주지 못한다. 그저 상황만 악화시킬 뿐이다.

부텐코의 《생식주의자의 요리책》 중에서 또 한 부분을 소개하 겠다. 아이들이 어떻게 생식을 이해하는지 보여주는 훌륭한 사례다. 어른들은 이 모습을 보면 그저 부럽기만 할 것이다.

하루는 3학년에 '피자 데이'가 있는 날이었다. 아이들 사이에서 크리스마스나 설날에 버금가는 의미를 갖는 날이었다. 친구들과 모여 사과, 귤, 블랙베리, 산딸기, 꿀을 넣어 만든 과일샐러드를 먹고 있을 때 다른 학년의 여학생이 다가와 함께 점심을 먹기 시작했다. 나는 그 여자아이와 함께 있으면 안 좋은 일들만 일어난다는 사실을 이미 경험을 통해 잘 알고 있었다.

그 아이가 말라비틀어진 피자를 내 코앞에 불쑥 내밀며 말했다. "내 피자 봐라! 넌 이런 거 없지? 풀이나 먹게, 네가 무슨 토끼니?"

나는 말했다. "내가 피자를 먹고 싶었다면 피자를 사 먹었겠지. 먹고 싶지 않을 뿐이야."

그녀가 코웃음 치며 물었다. "정말? 왜?"

나는 한숨을 쉬며 말했다. "뭐, 정 알고 싶다면 알려줄게. 밀가루는 농약을 잔뜩 뿌린, 유전자가 조작된 밀로 만들어졌으니까. 그 작업을 할 때 방호복을 입고 방독면을 써야 할 정도로 농약은 아주 독해. 그리고 네 피자 위에 올라간 치즈는 아마 너보다 나이가 많을걸? 딱 봐도 군부대에서 가져온 유통기한이 지난 치즈를 쓴 것 같은데? 토마토는 다 익지도 않은 상태로 따서, 냉장실에 넣어놓고 에틸렌 가스로 억지로 익게 만든 거야. 햄은 호르몬제를 잔뜩 먹고, 보기만 해도 구역질 나는 더러운 곳에서 사육된 가축을 도축해서 만든 거고. 개인적으로 그런 것을 먹고 싶다는 마음은 조금도 없어. 우리 부모님이 알고 지내는 피자 가게 사장님이 있는데, 그 사장님이 말하기를 피자 가게들의 수익이 꽤 쏠쏠한 이유가 싸구려 재료를 사용해서 그런 거래." 나와 같은 테이블에 앉은 여학생들은 입을 딱 벌린 채 굳어버렸다. 그날 저녁, 엄마에게 전화 한 통이 걸려 왔다. 어떤 아줌마가, 도대체 내가 자기 딸에게 무슨 말을 했길래 아이가 밥을 안 먹으려고 하냐며 노발대발했다는 것이었다.

물론 당신에게 상처를 주려고 하는 모든 사람을 내버려두기만 하라는 말이 아니다. 적절한 대응은 반드시 필요하다. 하지만 그렇게 하기 위해서 무엇이 필요하겠는가? 제때에 잠에서 깨어나, 거리를 두고 무대를 바라보며, 침착하고 분명하게 자신의 상태를 자각해야 한다. 현재 무슨 일이 일어나고 있는지 말이다. 즉, 의식이 분명하게 깨어나 있어야 한다는 말이다. 우리 모두는 불쾌한 일을 당했을 때, 적절하게 대처할 말이 떠오른 순간에는 이미 너무 늦어버렸던 경험을 적잖이 해봤을 것이다. 앞서 부텐코 가족의 책에서 인용한 사례들은 생식을 하는 사람이 그렇지 않은 사람들과 비교했을 때 어떤 이점을 가지는지 보여준다. 모든 것이 분명하게 보이며, 분명하게 이해되고, 분명하게 말할 수 있다. 자유롭고, 침착하고, 자기 자신에게 확신을 가진 상태가 된다.

저는 트랜서핑을 읽자마자 곧바로 이해하고 그 내용을 단번에 받아들였습니다. 다만 생식과 살아 있는 물에 대한 내용은 받아들일 수 없어요. 이 두 가지를 시작할 준비가 아직 안 되었거든요. 뭔가 더 있지는 않을지, 어떤 의미가 있을지 계속해서 찾아 헤맸습니다. 여러 가지 교리들을 찾아보던 중, 제 인생에서 크진 않지만 비극적인 일들이 일어났습니다. 그리고 다시 선생님의 책을 읽게 되었지요. 하지만 미처 책 내용을 곱씹어볼 틈도 없이 우연한 계기로 갑작스럽게 몰디브에 가게 되었습니다. 무슨 일이 일어난 건지 저도 잘 모르겠지만, 귀국할 때쯤 저는 완전히 다른 사람이 되었어요! 생식을 한 지 벌써 9개월이 되었는데 아마씨유, 엉겅퀴유, 화리나, 허브 즙을 챙겨 먹고, 천연 화장품을 쓰고, 크림 화장품 대신 식물 즙을 사용하기 시작했어요. 제 모습은 훌륭해요! 나이가 들수록 젊어지고 있다고 아주 만족스럽게 말할 수 있어요.

그런데 참 당황스럽습니다. 제 주변에는 트랜서핑 시리즈를 읽은 사람이 단 한 명도 없으니 말입니다. 사귀던 사람은(그 당시에는 어떻게든 저와 함께하려고 애쓰고 있었어요) 제가 트랜서핑에 흥미를 가지니 똑같이 관심을 가지다가, 금세 책을 돌려주며 그저 '베스트셀러'일 뿐이라고 하더군요. 제 주변에는 생식을 시도해보고 저와 같은 시각을 공유하는 사람이 아무도 없습니다. 저는 다른 사람에게 생식을 강요하지 않고, 왜 어떤 음식은 먹지 않는지 그저 인내심을 가지고 대답해주려고 합니다. 9개월 동안 저는 단백질과 비타민 결핍에 대한 강연과 조언과 훈계를 수두룩하게 들었어요. 하지만 날이 갈수록 저의 모습은 더 좋아지고 있습니다. 그럴수록 모든 사람이 불편해하는 것 같아요. 그 결과, 대인관계와 개인적인 생활이 망가지고, 저를 이해하는 사람은 아무도 없는 삶만 남게 되었어요.

당신이 모든 사람을 불편하게 만드는 것이 아니라, 그 사람들로 인해 당신이 불편해진 것이다. 다른 사람들이 당신을 있는 그대로 보는 것이 아니라, 당신이 그들을 있는 그대로 보지 않는 것이다. 이런 일이 일어났다고 생각하면 된다. 당신은 주변의 모든 사람이 당신의 관심사에 흥미를 가지기를 바라는 것이다. 거울은 처음에 당신이 어떤 것을 원한다는 사실("나는 이걸 가지고 싶어!")을 반영한다("그래, 너는 그걸 가지고 싶구나. 그럼 계속 가지고 싶어하렴").

그다음으로, 당신은 욕망만으로는 아무것도 바꿀 수 없다는 반영을 보게 된다. 계속해서 그것을 원하지만, 그 욕망에는 '왜 다른 사람들은 내가 원하는 것을 원하지 않는가?'라는 질문에서 오는 초조함과 불만이 뒤섞인다. 거울은 이런 당신의 초조함과 불만족감을 냉정하게 반영한다.

이제 당신은 완전히 달라진 장면을 보게 된다. 당신을 향한 공격적인 그림자가 주변 세계에 드리워지는 것이다. 그런데 이 공격을 보낸 사람은 다름 아닌 당신이다. 그다음으로 당신은 외부로부터 오는 공격에 대해 방어적이고 반항적인 반응을 보일 것이다(아주 자연스러운 반응이지만 의식적인 것은 아니다). 당신은 거울 앞에 서서 대항을 하기 시작하지만, 거울 속의 반영은 어떤 모습인가? 당신이 투영한 그 모습과 똑같은 모습일 뿐이다.

나의 세계에서도 트랜서핑에 흥미를 가지는 사람은 아무도 없다. 나는 집에서 '트랜서핑'이라는 단어를 입에서 꺼내지도 않는다. 생식에 관심을 가지는 지인도 없다. 상상이 가는가? 하지만 그렇다고 해서 그 누구와도 사이가 나빠지지 않았다. 왜일까? 나는 아무에게도 나의 세계관을 강요하지 않고, 먼저 캐묻지 않는 이상 생식에 관해서는 한마디도 꺼내지 않기 때문이다.

식습관에도 똑같다. 나는 다른 사람들이 고기와 술을 먹는 테이블에 함께 앉아 있을 때 그 사람들과는 다른 것을 먹고 다른 음료를 마신다. 정말로 다른 사람이 고기를 먹지 않고 술을 마시지 않는 것을 선호한다고 해서, 그것이 그 사람과의 관계를 끊는 이유가 될 수 있다고 보는가?

나는 나처럼, 자신의 지인이나 친구들이 똑같은 시각을 공유하지 않는다고 해도 자신의 원칙을 굳게 따르는 사람들이 많다는 사실을 알고 있다. 그저 트랜서핑의 첫 번째 원칙인 '자신을 있는 그대로, 다른 사람도 있는 그대로 살아가도록 내버려두라'는 원칙을 따르면 된다. 당신이 자신을 있는 그대로 보지 않는다면 다른 사람도 당신을 있는 그대로 받아들이지 않을 것이다. 이해하겠는가?

다른 한편으로, 당신이 육류와 술, 약, 또는 그 외의 마약과 같은 중독성을 가진 음식들(참고로 고기도 중독성이 아주 높은 음식이다)을 먹기를 거부한다면, 당신은 더 높은 주파수로 진동하게 되어 다른 사람들과 공명할 수 없게 되고, 그들과 똑같은 언어로 소통하기 어려워진다. 예를 들어, 어떤 음식을 먹고 속쓰림이 생긴다면 예전에 가까이 지내던 친구들과 공유할 것이 사라지는 것이다. 술을 끊는다면 술친구였던 사람들과 함께 있는 것이 지루해진다.

하지만 당신이 달라짐과 동시에 융통성 있는 태도를 유지하면서 트랜서핑의 첫 번째 원칙을 따른다면, 지인들은 당신의 변한 모습을 그대로 받아들일 것이다. 마찬가지로 당신도 그들의 있는 그대로의 모습을 받아들일 수 있을 것이다. 그들과 당신 사이에는 여전히 다른 공통점이 많이 남아 있을 것이다.

예컨대 한때 나와 함께 술을 즐기던 친구들은 나와의 공통된 관심사가 사라졌다고 하더라도 여전히 나와 친구로 지내고 있다. 하지만 친구들과 내가 먹는 식사에는 근본적인 차이가 있다. 술을 계속 마신 친구들 중에는 이미 이세상 사람이 아닌 친구들도 있고, 아직까지 남아 있는 사람들은 외관이 많이 망가졌고 건강과 생활 방식 자체에서 심각한 문제를 겪고 있다.

당신의 경우, 당신은 첫 번째 원칙을 지키지 않아서 주변 사람들이 멀어졌거나, 아니면 그냥 주변 사람들이 당신에게 조언하기를 포기한 것으로 보인다. 관계가 소원해진 이유가 식습관이 달라진 탓이라면, 그런 사람들과의 관계가 진정으로 당신에게 필요한 관계였는지 생각할 여지가 있다는 뜻이 아니겠는가?

어느 날 지인들에게 매우 인기 있는 한 여성이 강요하지 않는 태도로 자신의 걱정거리를 공유해준 적이 있는데, 이 모습이 참 인상 깊었다.

그녀는 말했다. "아, 내일 파티를 열 건데, 친구들도 올 거고, 음식도 여러 가지 준비해야 하고, 와인과 고기도 사고, 이것도 해야 하고, 저것도 해야 하고, 어쩌고저쩌고…."

나는 그녀를 바라보았다. "너 술도 안 마시고, 고기도 안 먹잖아?"

순간 그녀의 얼굴에 어리둥절하다는 표정이 드리워졌다.

"그게 뭐?"

"그런데 친구들은 어떻게 그래?"

"나는 나고, 친구들은 친구들이지! 그래서 어쩌고저쩌고…."

당신도 알다시피, 이것은 사념을 방출하는 완전히 다른 방법이다. 그녀는 자신이 원하는 것을 친구들도 똑같이 원하든 말든 전혀 개의치 않는다. 그녀는 그저 자신의 세계를 돌보고, 그녀의 세계도 그녀를 돌볼 뿐이다. 그게 전부다. 자신의 기대가 투영된 심상을 거울에 보내기를 그만두라. 그러면 지인들도 당신을 가만히 내버려둘 것이다. 그리고 자신을 돌보면 당신의 주변에도 당신을 보살피는 사람들이 가득할 것이다. 기초적인 프레일링의 원칙이다.

- 슈퍼마켓에서 파는 합성식품은 아주 악랄할 정도로 매혹적이고 마약 같은 중독성을 가지고 있다.
- 식습관 문제에서 강요하는 태도는 절대 금물이다. 당신이 할 수 있는 유일한 방법은 본인의 긍정적인 사례를 알려주는 것 정도다.
- 자신은 자신의 모습 그대로, 다른 사람은 다른 사람의 모습 그대로 살아가도록 허용하라.
- 그 누구와도 논쟁을 하거나 강요하거나 증명하려고 하지 말라. 주변 사람들에게 자신의 신념을 강요하지 말라. 당신과 같은 생각을 가진 사람을 찾으라.

참고

생식이 여러 가지 장점을 가지고 있는 것은 사실이지만, 맹목적으로 접근하지 말고 조심스럽고 조화롭게 대할 것을 추천한다. 나조차도 이 문제에 대해 적당한 거리를 유지하고 있다. 나의 근본적인 원칙은 조화와 일관성이다. 유감스럽게도 생식주의자들 사이에서 "저대로 놔둬. 저러다 제 발등을 찍을 테니"라는 말을 들을 법한 사람들을 종종 보게 되곤 하니 말이다(이 책에서 소개된 사례들이 아니라 일반적인 경우를 말하는 것이다).

삶은 시험관 속의 화학이 아니다

의사들에 따르면 유제품은 아주 중요한 식품이기 때문에,
먹지 않으면 이도 상하고 머리도 빠진다고 합니다. 작가님의
치아와 머리카락 상태도 그런가요?

칼슘의 주된 공급원인 우유와 유제품에 대해 이어져 내려오는
찬송가는, 농부들도 의사들도 아닌(이들은 그저 찬송가를 따라 부를 뿐이다)
유제품 제조업자와 판매업자들이 만들어낸 것에 불과하다. 그저 사
람들이 열광적으로 지갑을 열고 그들의 제품을 꾸준히 사도록 하기
위해 아주 그럴듯한 논리를 찾아야 했을 뿐이다.

제조업자와 판매업자들은 그 어떤 미신도 만들어낼 수 있을 만
큼 강력한 구조체들이다. 어떤 원인으로 인해 유제품 생산과 판매가
갑자기 이득이 없는 일이 된다면, 그들은 그 즉시 새로운 찬송가를
만들어낼 것이 뻔하다. 그들은 모든 사람이 찬송가의 내용을 그대로
믿도록 매우 설득력 있고, 논리적이고, 듣기 좋게 만든다. 엔터테인
먼트 업계의 톱스타들부터 프로듀서까지, 찬송가를 부를 사람도 금
세 섭외할 수 있다. 그 노래를 들은 소비자들은 이렇게 말할 것이다.
"아, 정말 아름답고 과학적인 노래가 새로 나왔구나!"라고 말이다. 그
러면서 즉시 지갑을 챙겨 슈퍼마켓으로 향한다. 알다시피 이런 노래

들은 아주 정교하고 치밀하게 만들어진다. 실제로 그런 일이 일어나고 있다.

찬송가 이외에도 더 무서운, 아주 무시무시한 이야기가 만들어지기도 한다.

세상에, 우리의 맛 좋은 요플레를 아직도 안 드셨나요?
조만간 머리카락이 빠지고, 손톱은 내성 손톱으로 자라서
나중에 뽑아야 할지도 몰라요! 영양소가 듬뿍 들어 있는
우리의 요플레를 많이 먹지 않으면, 소매를 걷어붙인
무시무시한 치과의사가 집게를 들고 나타나 당신을 잡아갈
거예요! 그래도 우리의 건강한 요플레가 필요 없다고 계속
고집을 부린다면, 어떤 일이 생기는지 아세요? 뼈가 전부
사라진답니다! 그러면 아주 초라한 파충류처럼 변해버려,
이 환상적인 요플레 한 통을 손에 들고 있는 건강하고 멋진
사람들에게 둘러싸여 손가락질받고 비웃음받으며 기어다녀야
할지도 몰라요! 정말 그런 걸 원하나요? ("아니요! 아니요!
싫어요!") 그러면 천연 재료로 만들어 건강에도 아주 좋은 우리
요플레를 더 많이 드세요.

이외에도 도움이 되지 않거나, 불편한 의견과 진실을 왜곡하고 신용을 잃게 만들기 위해 '날조된' 거짓 미신이 만들어지기도 한다.

"하루에 사과 한 알이면 의사가 필요 없다." 이 말은 사실이

아니다. 오히려 매일 사과를 하나씩 챙겨 먹으면 의사를 죽이고 싶은 마음이 생길 것이다. 사과를 먹으면 정신이 이상해지고 무시무시한 테러리스트가 되니 말이다! 니코틴 한 방울로 말을 죽일 수 있듯이, 사과 한 알로 의사를 죽일 수 있다. 사과를 먹지 말라. 사과는 몸에 아주 안 좋다!

대략 이런 식이다. 개인적으로 나는 자연을 믿으려고 한다. 자연은 이득을 챙기려고 하지 않고, 찬송가나 쇼 따위도 만들지 않기 때문이다. 자연에서 젖을 먹는 것은 오직 아이들밖에 없다. 자신의 어머니에게서 만들어진 모유는 낯선 것이 아니기 때문이다.

또한 나는 어떤 것을 믿을지 말지를 항상 나의 경험에 기반하여 결정하려고 하는 경향이 있다. 살아 있는 것들을 도축하여 만든 생산물들은 나의 식단에서 서서히 제외되고, 그 자리를 싱싱한 식물들이 대체하기 시작했다. 그러자 '악하고 무시무시한 사람'이 굳이 개입하지 않아도 치아와 관련된 모든 문제가 저절로 해결되었다. 상태가 안 좋은 치아가 몇 개 있기는 했다. 하지만 그 치아들은 아무 고통 없이 저절로 빠졌고, 마치 그 자리에 원래 있었다는 듯 새로운 치아가 자라났다. 생식을 하는 사람들은 이런 현상을 흔히 겪곤 한다. 하지만 극단적인 방법으로 생식을 하는 것이 아니라, 영양소가 풍부한 음식을 다양하게 챙겨 먹는 사람들에게만 해당하는 일이다.

머리카락 역시 젊었을 때처럼 숱이 많고 튼튼하며, 이미 흰머리가 날 때가 된 지 오래인데도 머리가 세지 않았다. 주름은 생길 기미조차 보이지 않는다. 나의 개인적인 특징에 따른 것이 아니다. 오히려 치아 상태가 좋지 않고, 주름이 생기고, 머리카락이 희끗해지며, 노화의 징조가 매우 분명하게 보였던 시기가 있었다. 하지만 그 후 놀랍게도 이런 노화 과정을 멈추게 할 뿐 아니라 거스르도록 만들 수도 있다는 사실을 알게 되었다. 이 사실을 알게 된 것은 싱싱한 채소들을 다양하게 섭취하기 시작한 이후부터다. 알고 보니, 자연의 법칙으로 돌아가면 몸 안에서 재생 능력이 깨어나는 것이었다. 전부는 아니지만, 많은 부분이 재생되어 정상적인 상태를 회복하게 된다.

그러나 다시 한 번 강조하지만, 극단적인 수준까지 가서는 안 된다. 우선 식단은 다양한 음식으로 영양소를 골고루 섭취할 수 있도록 구성해야 하고, 흔히들 시도하는 것처럼 광신도적이어서는 안 된다. 어떤 사람들은 생식의 기적 같은 효과를 얼핏 듣고 혹해서, 그야말로 몇 가지 종류의 음식만으로 살아가려고 한다. 하지만 식습관은 서서히, 자연스럽게 변화해가야 한다. 근본적인 원칙은 일부 음식들을 제한하고 거부하는 것이 아니라, 점진적으로 다른 음식들로 대체하고 변화해가야 한다는 것이다.

치즈, 요거트, 달걀, 버터를 포기할 준비가 아직 되지 않았다면 서두르지 말라. 또한 영양소가 풍부한 음식은 채소와 과일이 아니라 신선한 허브, 곡물의 싹과 해초라는 사실도 기억해야 한다. 비타민, 미네랄과 기타 영양소 함유량으로 따지면 허브는 과실 종류보다 수십 배에서 수백 배나 더 월등하다. 그렇다고 해서 한 종류의 채소만 많이 먹어서도 안 된다. 그다지 맛도 없을뿐더러 힘도 많이 들 것이다.

저는 스물두 살이고, 살아오면서 지금까지 항상 운동을 열심히 했습니다. 요즘은 축구를 하고 피트니스 센터에서 근력 운동도 합니다. 저의 질문은, 생식주의자로서 근육을 키우기 위해 단백질을 어떻게 보충하냐는 것입니다. 저희 엄마는 전문 교육까지 받은 의사이고 다정다감하신 성격인데, 동물성 단백질 없이는 근육을 잘 키울 수 없다고 단호하게 말씀하시네요.

이 질문에 대해서는 이미 여러 번 대답한 적이 있는데, 아직도 이 질문을 계속 받고 있다. 물론 당신의 어머니가 옳다. 어떤 어머니가 자식에게 해가 가는 일을 하겠는가? 소는 송아지에게 고기를 먹이지 않을 것이며, 호랑이도 자기 새끼에게 풀을 먹이려고 하지 않을 것이다. 문제는 '당신이 누구이며, 무엇을 먹어왔으며, 누가 당신을 키웠는가?' 이다.

인간은 왜 익힌 동물성 음식을 끊고 식물성 음식으로 이루어진 생식을 시작하면 눈에 띄게 몸무게가 줄어들까? 특히 식습관을 급격하게 바꿀수록 이런 변화는 더욱 두드러진다.

그 이유는 여기에서 두 가지의 프로세스가 이루어지기 때문이다. 첫 번째로, 생식은 불에 익힌(죽은) 음식처럼 노폐물과 독소를 배출하는 체계를 막는 것이 아니라 반대로 이런 물질들을 활발히 배출한다. 예전에는 불에 의해 생명을 잃은, 완전하지 않으며 거의 독에 가까운 음식들이 몸속으로 들어왔다. 그런데 익힌 음식은 독성을 띠는 성질이 있다. 죽은 것은 죽은 것이기 때문이다. 직접 판단해보라.

생명은 무엇이고, 죽음은 무엇인가?

살아 있는 어떤 생명체든 그것이 죽었을 때와 비교해보라. 왜 인지 모르지만 우리는 살아 있는 것과 시체의 차이를 아주 분명하게 느끼고 이해하는데, 그 차이는 시체나 시들어버린 식물을 눈앞에서 직접 봤을 때 그것이 몹시 강렬한 인상을 불러일으킨다는 데 있다. 죽음은 그처럼 몹시 불쾌한 것인데, 하물며 그것을 먹어야 한다면 입 맛을 돋울 수가 있겠는가? 그렇지 않은가?

하지만 죽은 음식을 식탁까지 가져오게 되면 이런 사실에 대해 곧바로 잊어버리게 된다. 태어났을 때부터 심어진 습관이란 이렇게 무서운 것이다. 사회에 의해 굳어진 고정관념과 정신적 틀은 이런 것 이다. 사람의 시체를 익혔다고 상상해보라. 한 번도 본 적이 없지 않 은가? 불쾌한가? 하지만 그것이 닭의 시체를 익힌 것과 근본적으로 무엇이 다르다는 말인가?

살아 있는 것들과 죽은 것들의 차이를 계속 설명하지는 않겠다. 그냥 생각해보라. 몸에 죽은 음식이 들어온다면, 인체가 그것을 가지 고 무엇을 할 수 있겠는가? 자연은 그것의 창조물이 불로써 음식을 죽일 생각을 할 것이라곤 상상조차 하지 못했을 것이다. 그러나 만일 의 경우를 대비해 많은 양의 보존 자원과 내구성을 생각해두었다. 그 래서 우리는 그 어떤 동물보다도 훨씬 우수하다. 만약 짐승이 인간처 럼 극단적으로 폭식하고 자연의 섭리를 파괴한다면 아마 오래 버티 지 못할 것이다.

인체는 죽은 음식이 들어오더라도 그것을 소화할 수밖에 없다. 다른 선택의 여지가 없기 때문이다. 그래서 무리가 되지만, 어떻게든 겨우겨우 죽은 음식을 받아들인다. 아무튼 버티기 위한 자원도 있고, 극단적인 상황에서 살아남을 준비도 되어 있으니 말이다. 하지만 이런 상황을 영원히 지속할 준비는 되어 있지 않다. 이해하겠는가? 인체는 죽은 음식물을 가공한 뒤 남은 찌꺼기를 계속해서 배출하지 못한다. 죽은 것은 죽은 것이지 않은가. 음식은 단순히 화학원료, 즉 어떤 분자나 어떤 필수적인 영양소를 섞어놓은 혼합물이 아니다. 또한 인체는 원료만 있으면 제품을 찍어낼 수 있는 화학공장이 아니다. 삶은 복합적인 화학반응 그 이상의 것이다.

모든 것은 훨씬 더 복잡하다. 심지어 과학조차도, '삶이란 무엇인가?'라는 질문에 아직 제대로 된 답변을 내놓지 못했지만, 삶이 단순한 화학반응보다 복잡하다는 사실에는 동의한다. 살아 있는 생명체는 살아 있는 음식을 먹어야 한다. 이것은 절대적인 자연의 섭리다. 심지어 살아 있는 모든 생명체 중 유일하게 미네랄로부터 직접 영양소를 얻을 수 있는 식물조차도 살아 있는 미네랄을 먹으며 산다. 죽은 미네랄이 아니다! 집에서 기르는 꽃을 화분에서 꺼낸 뒤, 화분을 오븐에 '구운' 다음, 다시 그 화분에 꽃을 심어보라. 꽃이 시들 것이다. 왜냐하면 죽은 것은 죽은 것이기 때문이다. 꽃에게는 인간처럼 죽은 것을 소화하여 살아 있는 것으로 바꿀 수 있는 자원이 없다.

다시 한 번 말하지만, 삶은 시험관 속의 화학이 아니다. 인간은 죽은 음식을 받아들이는 매 순간마다 자신의 생명에너지 중 일부를 소비하게 된다. 오늘날 과학에 의해 밝혀진 바에 따르면 이 자원은 바로 살아 있는 효모의 에너지다. 하지만 이것 역시 전부가 아니다. 모든 것은 훨씬 더 복잡하다. 효소들도 마찬가지로 단순한 화학적 반응이 아니라, 자체적인 빛과 아우라를 가지는 살아 있는 물질이다. 효소들은 영혼이 빠져나간 몸 안에서도 일정 시간 동안 살아 있을 수 있다. 하지만 물체를 익히면 그 안에 살아 있는 것은 아무것도 남지 않게 된다.

그렇게 인체는 죽은 음식을 가공하면서 생긴 찌꺼기들을 여기 저기 되는대로 쌓아놓을 수밖에 없게 된다. 그의 자원이 이 노폐물을 몸 바깥으로 내보내도록 가만두지 않기 때문이다. 살아 있는 것과 죽은 것, 필요한 것과 불필요한 것, 소화될 수 있는 것과 그렇지 않은 것 등 모든 것이 혈액으로 섞여 들어온다. 다시 한 번 말하지만, 자연은 인간이 이렇게 무분별하게 음식을 먹어댈 것이라고는 상상조차 하지 못했을 것이다. 인체는 이 모든 잡동사니를 몸 곳곳에 쌓아둔다. 이것들은 평생 동안 계속 축적된다. 당신이 일부러 몸을 불리는 운동선수가 아닌 한, 당신의 과체중은 근육 때문이 아니라 이런 축적물들 때문이다.

인간이 생식을 시작하게 되면 자정 메커니즘이 작동하기 시작한다. 배설기관의 자원들이 해방되고 인체가 오랫동안 구석구석에 쌓아둔 노폐물들을 서서히 배출하기 시작하는 것이다. 말 그대로 쇠약해진 입주자들로 인해 더러워지고 오래된 집에서 쓰레기를 치우는 것이다.

이런 방식으로 체중이 줄어드는 원인이 되는 첫 번째 프로세스는 정화 과정이다. 이러한 정화 과정은 수년간 지속되기도 한다. 아주 오랫동안 쓰레기가 축적되어왔으니, 그렇게 쉽게 완전히 배출되지 않는 것이다. 직접 시도해보면 알 수 있을 것이다. 나는 이 정화 과정과 올바른 식습관에 정말 큰 관심을 기울여왔지만, 그동안 열심히 먹었던 음식으로 인해 생긴 노폐물들이 아직도 배출되고 있다는 사실을 여전히 체감하고 있다.

당신도 직접 느끼게 될 것이다. 마치 당신이 오랫동안 쌓아두었던 음식의 영혼이 당신에게서 배출되는 것 같은 느낌 말이다. 예컨대 맥주, 담배, 와인, 감자튀김과 같은 음식들을 오랫동안 먹지 않았는데도, 그 특유의 중독성이 이제야 떨어져 나가는 것이 생생히 느껴진다. 불에 익어 독성이 생긴 음식물의 영혼은, 직접적인 의미로든 간접적인 의미로든, 육체적 수준에서 노폐물을 남길 뿐 아니라 정신적 수준에서도 당신 내면에 새겨지기 때문이다. 하지만 정화 과정을 다 거치고 나면 더 이상 이런 음식들을 '원하지' 않게 된다. 아직도 소시지나 감자튀김 같은 음식들이 먹고 싶다는 생각이 든다면, 이 음식물의 독성이 몸에 남아 있다는 뜻이다.

계속해서, 정화 과정 다음으로 두 번째 프로세스인 대체 과정이 시작된다. 무엇이 무엇으로 대체된다는 말일까? 사람이 먹는 초식동물과 사람 사이에 어떤 차이점이 있는지 생각해보라. 그 차이는 말 그대로 '고기'에 있다. 초식동물들은 먹이 피라미드의 다양한 단계에 분포한다. 소화기관과 살, 뼈는 물론 의식의 수준까지 모든 것이 저마다 다르다.

그렇다면 이번에는 어떤 사람이 다짜고짜 동물성 음식을 끊고 오직 식물성 음식만을, 그것도 예전처럼 익히지 않고 날것의 상태로 먹기 시작한다고 상상해보라. 그 사람에게 어떤 일이 일어날까? 처음에 그의 몸은 아주 강한 충격을 받게 될 것이다. 어떻게 이럴 수 있단 말인가? 그는 어떻게 해야 할지 모른 채 혼란스러워할 것이다. 하지만 이후 정신을 차리고 보면 자신의 모든 것이 재건축되고 있다는 사실을 알게 될 것이다. 자연의 섭리에 따라, 몸이 고쳐져야 하기 때문이다. 먹이 피라미드의 다른 단계로 넘어가야 하는 것이다. 그렇게 되기 위해서는 몸속의 모든 것이 바뀌어야 한다. 체형은 예전과 같을 수도 있지만 그 안의 내용물, 즉 몸을 이루는 재료는 완전히 달라지는 것이다.

이렇게 몸속에서는 정화와 대체라는 두 가지 프로세스가 진행된다. 진정한 재건축이 일어난다는 사실을 분명하게 느끼게 될 것이다. 그 뒤에는 무엇이 따라오겠는가?

요약

■ 많은 경우, 식습관과 관련된 고정관념은 제품의 생산업자와 판매업자들에 의해 만들어진다.

■ 자연은 이득을 챙기려고 하지 않고, 찬송가나 쇼 따위도 만들지 않는다. 자연에서 젖을 먹는 것은 오직 아이들밖에 없다. 자신의 어머니에게서 만들어진 모유는 낯선 것이 아니기 때문이다.

■ 생식을 하면 머릿결도 좋아지고 흰머리도 사라진다. 또한 새로운 이가 자라난다. 다만 그렇게 하기 위해서는 영양소가 풍부한 음식을 골고루 먹어야 한다. 물론 급작스럽게 시작하지 않는다는 가정 하에 말이다.

■ 자연의 섭리로 돌아가면 인체에서는 재생산의 가능성이 열린다.

■ 하지만 식습관은 서서히, 자연스럽게 바꿔가야 한다. 근본적인 원

칙은 일부 음식들을 제한하고 거부하는 것이 아니라, 다른 음식으로 점진적으로 대체하고 변화해가야 한다는 것이다.

- 치즈, 요거트, 달걀, 버터를 포기할 준비가 아직 되지 않았다면 서두르지 말라.
- 또한 영양소가 풍부한 음식은 채소와 과일이 아니라 신선한 허브, 곡물의 싹과 해초라는 사실도 기억해야 한다.
- 음식은 단순한 화학적 원료도 아니고, 분자나 필요한 영양분을 모아놓은 혼합물도 아니다.
- 인체는 원료만 있으면 제품을 찍어낼 수 있는 화학공장이 아니다.
- 삶은 단순한 화학반응의 총체가 아니다.
- 인간은 죽은 음식을 받아들이는 매 순간마다 자신의 생명에너지 중 일부를 소비한다.
- 인체는 죽은 음식을 가공하면서 생긴 찌꺼기들을 여기저기 되는 대로 쌓아놓을 수밖에 없게 된다. 그의 자원이 이 노폐물을 몸 바깥으로 내보내도록 가만두지 않기 때문이다.
- 살아 있는 생명체는 살아 있는 음식을 먹어야 한다.
- 인간이 생식을 시작하게 되면 자정 메커니즘이 작동하기 시작한다.
- 정화 과정은 수년간 지속되기도 한다. 몸속의 쓰레기가 수년 이상 쌓여왔기 때문이다
- 몸의 모든 것은 재건축되기 시작한다.

시스템의 대중매체들은 생식이 심신이 건강하지 않은 사람들이나 하는 기형적이고 괴상한 식문화라고 당신을 설득하려고 들 것이다. 몸 상태가 아주 심각한 지경에 이르러 고통받는 생식주의자(그런 사람들은 아주 많으니 말이다)와 '정상적인 사람들처럼' 먹는 아름답고 멋진 사람을 함께 보여주며, 그들의 모습을 비교할 것이다. 하지만 하지만 육식주의자들과 생식주의자들은 서로 닮아 있다. 한쪽은 무지와 공공연한 거짓말, 과도한 비난과 불명예에 짓눌리고 있고 다른 쪽은 편협하고 강박적인 태도와 광신에 빠져 있다. 실제로 무지함이라는 것은 참 위대한 힘이다!

사회의 원칙

우리는 인체가 살아 있는 식물성 음식을 먹는 식습관을 시작하게 되면 정화와 대체 프로세스를 동반하는 대대적인 복구 과정이 일어난다는 사실을 살펴봤다. 오랫동안 축적되어온 노폐물과 독소 같은 잡동사니들이 배출되면서, 그 자리를 문자 그대로 새로운 재료들과 새로워진 소화기관과 신진대사 체계로 이루어진 새로운 몸이 대신하게 된다.

소화기관과 신진대사가 근본적으로 완전히 달라진다고 말할 수는 없지만, 공생하는 미생물상에 상당한 변화가 일어나고, 익히지 않은 식물성 음식이 완전히 소화되기 시작한다는 사실만으로도 이미 큰 의미가 있다.

존경하는 독자여, 지금 주의를 활성화하고 앞서 말한 것들의 의미를 염두에 두어줄 것을 부탁드린다. 이것이 무엇에 관한 내용인지 정말로 이해하고 있는가? 우리는 흔한 다이어트, 식습관의 표면적인 변화, 유제품과 화식을 허용하는 채식주의에 대해서가 아니라, 분명한 결과가 뒤따르는 먹이 피라미드 속의 단계 이동에 대하여 이야기하고 있다.

포스팅으로 게재되기도 했던 이전 장에서는 이러한 단계 이동이 언급되긴 했지만, 그것이 강조되지는 않았다. 그리고 아무도 내

포스팅에서 '꿈에서나 나타날 법한 특이한 일이 일어났다'는 것을 눈치채지 못한 것 같다. 오히려 많은 사람들이 흥미를 가진 것은 새로 자라난 치아였을 것이다. 하지만 새로운 치아와 같은 것들은 식습관의 변화에서 오는 '부수적인 효과'의 하나에 불과하다. 지금 내가 말하려는 것은 쇠퇴 과정을 되돌릴 수 있다는 점을 비롯한 인체의 기초적인 재생 능력이다. 근본적인 문제는 바로 이것이기 때문이다.

물론 아직은 완전하게 신체의 일부를 재생할 수 있다고 절대적으로 주장할 수 없다. 잘려나간 인간의 수족이 도마뱀처럼 다시 자라났던 사례도 역사상 있긴 했지만 말이다. 하지만 나는 나 자신에게 실제로 일어나고 있는 일들을 지켜보며 큰 희망을 갖고 있기 때문에, 이에 대한 공식 학계의 의견은 나에게 그다지 중요치 않다.

왜인지 모르겠지만, 먹이 피라미드의 다른 단계로 넘어가는 것에 대해서는 그 누구도, 그 어디에서도 분명하게 밝히는 바가 없다. 나 역시 바로 이러한 관점에 대해서 이제까지 아무 입장도 밝히지 않았다. 평범한 사람들을 지나친 충격에 몰아넣지 않고, 관심을 가진 모든 사람을 이 주제에 최대한 부드럽게 유도하기 위해서였다. 하지만 사실을 있는 그대로 말해야 할 때가 온 것 같다.

먹이 피라미드의 새로운 단계에 있는 사람들의 모습은 완전히 다르다. 그들은 다른 세계관, 시각, 에너지, 건강, 지성, 삶의 형태, 궁극적으로는 다른 신체를 가지고 있다. 일반적이지 않은 특권이라고 생각하면 일종의 엘리트 집단인 셈이다. 다른 엘리트 집단들과는 달리, 이 집단에는 원하는 사람이라면 누구나 가입할 수 있다(게다가 사이비 종교와는 다르게, 탈퇴도 원한다면 언제든 가능하다).

하지만 이렇게 독특한 생활 습관을 가지려면 아주 무게 있는 근거가 있어야 한다. 피라미드의 다른 단계에 들어서는 것, 그것도 좀비화돼버린 고정관념이 만연한 우리 사회에서 이런 방식을 취하는 것이 농담은 아니지 않은가? 여기에서 세 개의 납득할 만한 질문이 생긴다.

1. 그것이 주는 이점은 무엇인가?
2. 어떻게 그것이 가능한가?
3. 정말로 가능한 일인가?

첫 번째 질문에 답하기 위해 근본적인 장점을 나열해보겠다. 깨끗하고 건강한 육체, 예리한 지성과 분명한 의식, 훌륭한 체형, 안정적인 심리 상태, 기생충으로부터의 자유, 음식과 다른 물질들에 대한 의존성으로부터의 자유, 심혈관 질환, 암, 당뇨, 관절염, 에이즈, 비만, 알러지, 우울증, 신경 쇠약, 불임, 조기 노화, 스트레스, 만성피로 등과 같은 만성적이고 퇴행적인 질환의 치료와 같은 이점이 있다. 아주 자연스러운 결과이겠지만, 궁극적으로 전반적인 삶의 분위기와 질이 훨씬 더 높아진다. 이 모든 근거가 충분히 무게가 있는지에 대해서는 직접 판단하길 바란다.

생식을 트랜서핑의 한 요소로 본다면, 생시의 꿈인 현실을 통제하기 위해서 가장 필요한 에너지가 더 높아지고, 의식이 더 분명해진다는 점도 확실한 장점이 될 수 있다. 다른 사람들이 보지 못하는 것이 보이고, 다른 사람들이 이해하지 못하는 것을 이해하기 시작할 것이다.

위의 장점들 중 한 가지만 얻게 되더라도, 그것을 가지지 못하는 다른 사람들보다 더 높은 위치에 서게 된다. 공동의 대열에서 벗어나 다른 사람들과 다르게 행동하기 시작한다면 당신만의 강점을 가지게 되기 마련이다. 이 사실은 트랜서핑의 원칙들을 익혀오면서 이미 익숙해졌을 것이다. '나답게 행동하라'는 펜듈럼의 원칙을 기억하는가?

공동의 대열 속에서 걸어가는 사람들은 '모두가 그렇게 생각하고 행동한다면, 그것이 옳은 방식'이라는 원칙을 맹목적으로 따른다. 사회가 유지하려고 하는 원칙이 바로 이것이지만, 이 원칙이 항상 옳기만 한 것만은 결코 아니다.

예컨대 각종 보존, 정제, 화학처리 기술과 같은 식품가공 기술이 개발되고 발전함에 따라 퇴행성 질병이 늘어나고 있다는 사실이 통계적으로 분명하게 드러나고 있다. 그리고 식품가공 기술은 건강이 아니라 맛, 실용성, 유행, 그리고 모두가 하는 방식을 따라야 한다는 원칙에 따라 발전한다.

처음에는 곡물과 쌀에서 껍질과 씨눈을 분리하는 방법이 고안되었지만, 사실 가장 많은 영양 성분은 바로 여기에 들어 있다. 가공된 곡물로 만든 음식은 하얗고 매끄러우며 부드럽다. 어느 날 누군가가 지인의 집을 방문했는데, 식탁에 폭신한 빵과 눈처럼 새하얀 밥이 차려져 있다! 얼마나 먹음직스러운가! 나조차도 군침이 돌 것 같다! 누구나 먹고 싶을 법한 음식들이다. 우리에게 익숙한 음식들이기도 하다. 그렇게 질병이 생기기 시작했다. 새로운 질병이 정작 식품가공 기술의 변화와 관련이 있을 것이라고는 그 누구도 상상할 수 없을 것이다. 거의 그 누구도 말이다. 오늘날까지도 이에 대해 생각하는 사람은 아주 소수에 불과하다. 먹으면 아프다. 아프면 먹는다.

흥미로운 사실은, 정교한 요리법의 중심지인 중세시대 프랑스에서는 파릇파릇한 샐러드 한 접시가 서민의 가장 중요하고 일상적인 음식이었다는 점이다. 평범한 대중은 가장 단순한 형태의 자연식품을 먹었다. 그들에게 있어 요리법은 귀족들의 특권이었다. 요리사들은 귀족들이 먹을 온갖 음식들을 요리하면서도 정작 자신은 부엌에 앉아 여러 가지 채소를 넣어 만든 샐러드 한 접시를 먹었다. 주인의 식탁에 내는 음식에는 향신료나 장식 용도로만 올라가는 그런 채소들이었다.

그 시대에 질병과 온갖 불편함은 귀족들만이 가지는 모습이었다. '고상한' 우울증과 쇠약한 체질로 인해 창백해진 채 침대에서 종일 뒹굴거리는 것까지도 유행으로 여겨졌다. 유행이란 그런 것이다. 반대로 그을린 피부에 건강하고 순박한 모습은 하층민의 특징이었다. 알다시피, 그들에겐 아플 시간도 없는 것이다. 힘도 많이 써야 했고 말이다. 종일 일하는 것이 일상이었고, 노동이 끝나고 나면 적당한 지푸라기 더미 위에 아무렇게나 누워 잠을 자는 일이 허다했다.

하지만 시간이 흐르며 정교한 요리법이 여기저기로 퍼져나가기 시작했다. 이것도 마찬가지로 유행 덕분이었을 것이다. 예컨대 통조림은 나폴레옹이 이끄는 군대에 실용적인 보급품을 나눠주기 위해 고안된 방법이다. 하지만 이후에 기술 진보의 결실 중 하나로 통조림은 유행이 되었다. 사람들이 온갖 통조림 캔이 차려진 밥상에 둘러앉아 식사하는 모습을 상상해보라. 그들이 나누는 대화는 이런 식이다. "오늘은 어떤 통조림 먹었어? 우리는 이거랑 이거 먹었어. 세상에, 통조림을 안 먹는다고? 그러면 다른 사람들보다 뒤처질 텐데!"

처음 음식 보존 기술은 오랫동안 열처리를 거쳐야 하기 때문에 제약이 있었다. 하지만 이후에 여러 가지 방부제와 조미료, 향신료, 첨가제가 개발되었다. 당신은 그런 음식들에 그저 익숙해진 것이 아니다. 그것들은 아주 강한 중독성을 가지고 있으며, 당신을 먹이통에 얽매이게 만든다. 중요한 것은 이것이 생산업자, 판매업자, 소비자 모두에게 편리한 방법이라는 것이다. 모두가 각자의 위치에서 저마다의 이익을 얻고 있다. 그러나 다시 한 번 말하지만, 먹으면 아프고, 아프면 먹는다.

마치 현대인들이 '생각하는 인간'인 호모 사피엔스가 아니라, 자신이 무엇을 먹고 왜 먹는지 전혀 자각도 하지 못하는, '누군가에 의해' 가축화되고 길들고 의도적으로 사육되는 종족이라는 느낌이다. 호모 만쉐투스Homo Mansuetus. '누군가'의 애완 인간. 물론 내가 만든 용어다. 사실 이 '누군가'는 개인이 아니라 시스템, 즉 매트릭스다. 하지만 그렇다 해도 본질은 달라지지 않는다.

시스템이 관심을 가지는 것은 모든 사람이 하나의 대열을 이루어 걸어가는 것이다. 모든 사람이 하나의 먹이통에서 먹이를 먹는 일에 익숙해진다면 이 대열을 통제하기가 더 쉬울 것이다. 그렇지 않겠는가? 또한 모두가 똑같은 가짜 목표를 따르며, 똑같은 문제를 해결하기 위해 애쓰는 삶을 산다면 대열을 통제하기가 더 쉬울 것이다. 아무 대중매체나 선택하여 깊이 들여다보라. 본질적으로는 이런 원초적인 장면이 뚜렷하게 보일 것이다. 한편으로는 모든 화면과 책 표지에서 성공과 소비를 숭배하는 모습을 우리에게 강요하면서, 동시에 우리를 불안하게 만드는 뉴스들로 겁을 주는 것이다. 대열은 이렇게 유지된다.

그렇다면 다른 사람의 성공을 좇기를 멈추고 나 자신만의 성공을 향해 나아가려면, 즉 대열에서 벗어나려면 어떻게 해야 할까? '모두가 그렇게 생각하고, 모두가 그렇게 행동한다면 그것이 옳은 방식'이라는 사회의 원칙을 깨뜨려야 한다.

어떤 의미에서 이런 방법은 다른 사람의 성공에 당신을 현혹시키고, 계속해서 틀 안에 가두며, 집단의 꿈 안에 잠긴 채 입력된 프로그램에 따라 행동하도록 강요하는 사회의 운영체제를 깨뜨리는 것이라고 볼 수 있다. 이런 프로그램에서 자유로워지면 자신의 시스템을 만들 수 있고, 그다음으로는 당신이 시스템을 위해 사는 것이 아니라 그것이 당신만을 위해 움직이도록 할 수 있다. 그렇게 된다면 당신의 성공은 어느 날 알고리즘의 손아귀에서 벗어나지 못한 다른 사람들의 모범이 될 것이다.

요약

- 문자 그대로, 새로운 재료들과, 새로워진 소화기관과 신진대사로 이루어진 새로운 몸이 낡은 몸을 대신하게 된다.
- 우리는 흔한 다이어트, 식습관의 표면적인 변화, 유제품과 화식을 허용하는 채식주의에 대해서가 아니라, 분명한 결과가 뒤따르는 먹이 피라미드 속의 단계 이동에 대하여 이야기하고 있다.
- 이것은 쇠퇴 과정을 되돌릴 수 있다는 점을 비롯한 인체의 기초적인 재생 능력에 관한 것이다.

- 의식은 더 분명해지고, 다른 사람들이 보지 못하는 것이 보이고, 다른 사람들이 이해하지 못하는 것을 이해하기 시작할 것이다.
- 공동의 대열에서 벗어나 다른 사람들과 다르게 행동하기 시작하면 당신만의 강점을 가지게 된다.
- 사회의 원칙은 이렇다. '모두가 그렇게 생각하고 행동한다면, 그것이 옳은 방식이다.'
- 식품가공 기술이 개발되고 발전함에 따라 퇴행성 질병이 늘어나고 있다는 사실이 통계적으로 분명하게 드러나고 있다.
- 이에 대해 생각하는 사람은 아주 소수에 불과하다. 먹으면 아프다. 아프면 먹는다.
- 합성식품은 중독성이 아주 강하며, 당신을 먹이통에 얽매이게 만든다.
- 모두가 각자의 위치에서 저마다의 이익을 얻고 있다. 그러나 다시 한 번 말하지만, 먹으면 아프고, 아프면 먹는다.
- 한때 '생각하는 동물'이라 여겨졌던 인간은 현대에 시스템에 의해 가축화되고 길들고 의도적으로 사육되는 종족이 되었다.
- 시스템이 관심을 가지는 것은 모든 사람이 하나의 대열을 이루어 걸어가는 것이다. 모든 사람이 하나의 먹이통에서 먹이를 먹는 일에 익숙해진다면 이 대열을 통제하기가 더 쉬워진다.
- 다른 사람의 성공을 좇기를 멈추고 나 자신만의 성공을 향해 나아가려면, 즉 대열에서 벗어나려면, '모두가 그렇게 생각하고, 모두가 그렇게 행동한다면 그것이 옳은 방식'이라는 사회의 원칙을 깨뜨려야 한다.

객관적으로 봤을 때, 이와 같은 문제들은 '채식' 자체에 대한 관심이나 다짐 정도로는 해결되지 않는다. 현실을 통제하기 위해서는 먼저 현실의 특성이 어떠한지를 알아야 한다.

살아 있는 것과 죽은 것

이전 장에서 다뤘던 주제를 계속 살펴보겠다. 먹이 피라미드의 새로운 단계로 이동하게 되면, 앞서 말한 것들 이외에도 아주 훌륭한 이점이 많다. 우선 여성들의 경우 생리통, 임신으로 인한 건강 악화, 극심한 출산통 등 실제로 자연의 법칙에 어긋나는 말도 안 되는 문제들이 해결되는 경험을 하게 된다. 이와 관련해서 아르놀트 에렛 박사는 이렇게 밝혔다.

여성의 경우, 치료식 식단 덕분에 신체가 완전히 정화되면 월경이 멈춘다. 성경에서는 이런 현상을 '정화'라고 부르기도 했다. 노폐물이 섞인 불순한 혈액이 매달 배출되는 현상이 멈추는 것이다.
치료식 식단(생식)을 하면서 정화 과정을 거친 나의 환자들은 모두 생리 주기가 두 달, 석 달, 넉 달 정도로 늘어나며 횟수가 줄었다고 말한다. 그러다가 결국 생리를 더 이상 하지 않는다고 한다.
두통과 치통, 입덧과 같은 임신의 대표적인 '불편' 증상들도 겪지 않으며, 출산 시에도 고통이 없고, 다른 아기들과 비교했을 때 보기 드물게 '깨끗한' 아기를 출산하게 되며,

산모에게서는 달콤한 모유가 충분히 만들어진다. 치료식
식단을 지켰던 산모들에게서 이 모든 현상이 나타났다.
그러나 임신이나 모유 수유 시 식단을 갑작스럽게 바꾸지는
않는 것이 좋다. 출산을 앞두고 적어도 2개월에서 3개월 전에
실행해야 한다.

남성의 경우에는 외부의 자극에 대해 심리적인 안정감이 눈에
띄게 강해지는 것을 느낄 수 있을 것이다. 다른 말로 하면 스트레스
에 대한 내구성이 커지는 것이다. 자신감이 안정적으로 변하고, 자존
감이 높아지고, 침착해지고, 특별한 이유 없이 공격성을 띠거나 히스
테리를 부리는 일이 사라진다.

알다시피 누군가와 갈등에 처하는 등, 그 어떤 골치 아픈 상황
에서도 물리적인 힘보다는 침착함과 절제력이 가장 중요한 가치다.
하지만 절제력을 배양하는 것은 근육을 키우는 것보다 어렵다. 이런
자신감을 키워주는 것이 고기 한 덩이가 아니라 신선한 허브라니 참
신기할 따름이다. 신경체계를 안정적으로 만드는 데 가장 효과적인
것은, 그 많은 과일도 채소도 아니고 신선한 허브다. 왜일까? 한번 설
명해보겠다.

생식을 시작하면 신체에 원래는 없었던 힘이 생긴다고 말할 수
는 없다. 생식을 시작하면 새로운 힘이 만들어지는 것이 아니라, 본
래 내재되어 있던 힘이 해방되는 것이다. 마약중독자의 의지와 심리
상태를 건강한 사람의 그것과 비교해보라. 마약중독자의 쾌감과 힘
은 아주 잠시 동안만 솟구친다. 그것은 상당 시간 동안 후퇴하는 상

태, 즉 중독 상태에 빠져 있다. 그런 사람의 에너지는 구멍 난 양동이 안에 담겨 있는 것이나 다름없다. 빠져나가는 만큼 채우기 위해 계속 해서 일정량을 투입해야 하는 것이다. 중독 상태에 빠지게 되면 많은 힘이 사라지고 신경체계는 아주 큰 악영향을 받아 불안정해지고 약해진다.

죽은 음식이 미치는 영향력은 강력한 마약만큼 확실하게 나타나지는 않지만, 본질적으로 그 둘은 완전히 동일하다. 모든 문제는 인체 내에서 여러 가지 방법으로 형성되는 독소에서 비롯된다. 중독을 유발하는 모든 물질은 중독 증세를 없애기 위해 일정한 양을 새로 투입해야 할 때마다 금단 현상을 일으킨다. 계속해서 주입하거나, 마시거나, 피우거나, 먹고 싶어지는 것이다. 이런 물질들 사이에는 그 어떤 차이도 없다. 본질적으로는 전부 똑같기 때문이다.

만약 이것이 사실이라면, 사람들이 독이 퍼져 죽을 때가 된 지 한참이 지났는데도 도대체 왜 아직까지 그렇게 잘 살고 있는지(물론 이것은 상대적이다) 궁금할 것이다. 예를 들어 오랫동안 담배를 피워왔음에도 별다른 후유증이나 급성 질병을 겪지 않는 사람들은 어떻게 된 것일까? 담배 연기 속에는 수백 가지의 독성 물질들이 들어 있지 않은가?

그 이유는, 인체는 미처 배출하지 못한 독소를 캡슐 형태로 만들어 적어도 삶에 필수적인 신체기관에서 멀리 떨어진 몸속 구석구석에 되는대로 쌓아둘 수 있는 능력을 가지고 있기 때문이다. 이런 독소가 들어왔을 때, 인간은 절망감을 느끼는 게 아니라 참 어리석게도 화학 폐기물들을 허겁지겁 몸속에 쌓아두는데, 그러면서도 눈은 다른 먼 곳을 향한다. 하지만 오염물질이 담긴 드럼통이 발트해의 해저에 영원히 묻혀 있을 수는 없지 않은가? 마찬가지로 몸속에 있는 독소 창고의 벽이 허물어지는 시기는 반드시 오기 마련이다. 물론 그 전에도 끊이지 않는 숙취로 인해 모든 것이 제약을 받게 된다.

죽은 음식과 다르게 살아 있는 음식은 독소를 가지고 있지 않다. 살아 있는 것은 살아 있는 것이며, 항상 신선하고 깨끗하다. 모든 살아 있는 식물은 그 어떤 '건강하디 건강한' (익힌) 죽보다 더 깨끗하다. 죽은 식재료는 항상, 어떤 음식에 사용되든 이미 깨끗함을 잃은 상태다. 죽은 것은 죽은 것이기 때문이다. 푸른 이파리는 가장 고차원적인 삶의 형태가 기초적이고 완전한 모습으로 물질화된 것이다. 살아 있는 이파리에는 강력한 가능성, 다시 말해 성장을 위한 프로그램이 준비되어 있다. 반면에 죽은 이파리의 삶은 이미 끝난 상태다. 삶이 끝난 곳에서는 해체와 부패의 과정이 시작된다. 삶과 해체는 두 개의 서로 상반되는 절차이며, 이 둘은 아주 얇팍하지만 어떤 의미에서는 분명한 경계에 의해 구분된다.

거울 앞에 서보면 현실과 반영의 차이를 확실하게 알 수 있을 것이다. 알다시피 여기에는 거울의 평평한 경계면이 있다. 이 경계면을 사이에 두고 한쪽에는 현실이, 반대쪽에는 현실의 반영이 있다. 죽은 물체 앞에 서 있을 때도 삶과 죽음 사이의 경계를 분명하게 구분할 수 있다. 심지어 독특한 인상을 주기도 한다. 하지만 유독 음식에 있어서는 이런 경계를 자각하는 능력이 완전히 사라진다. 사람들은 죽은 음식에 너무나 익숙해진 나머지, 신선한 사과와 익힌 사과의 차이도 인식할 수 없을 정도가 되어버렸다. 아니, 물론 이해는 한다.

성분이 다르고, 맛이 다르니 말이다. 하지만 여기에서 말하는 이해란 경계선이다. 즉, 살아 있는 것과 죽은 것을 근본적으로 구분하는 모종의 경계가 전혀 없다는 것이다.

본질적으로 삶은 회복과 성장의 가능성과 기회가 있음을 뜻한다. 하지만 삶과 죽음의 경계를 지나 죽음 쪽으로 넘어오게 되면, 후퇴와 해체의 프로그램이 발동하기 시작한다. 바로 여기에서 죽은 음식의 기본적인 요소인 독성 폐기물이 배출된다. 다시 한 번 말하지만, 중독이 있으면 반드시 금단 현상도 있기 마련이며, 힘이 누수되고, 의지가 억눌리며, 신경체계가 약해진다. '양동이'의 구멍은 영혼에 구멍이 난 것처럼 계속해서 그 안에 뭔가를 채울 것을 요구하게 된다.

사실, 익힌(죽은) 음식이 자연스러운 것으로 여겨지던 수 세기 동안에는 이런 음식이 인체에 그렇게 파괴적인 영향을 미치지 않았다. 어쨌거나 인체의 보존 자원은 놀라울 정도로 풍부하기 때문이다. 하지만 식품가공 기술이 새로 생기고 발전하면서 날이 갈수록 상황은 더욱 심각해지고 있다.

예컨대 현대 아이들이 가진 심리 상태, 그중에서도 특히 산만함과 주의력 부족은 '인디고 아이들'*이 가진 특성이다. 요즘 아이들, 말하자면 인디고 아이들은 어쩔 수 없다고 생각하는 것이 속 편할

---

* 투시 능력자인 낸시 앤 태프Nancy Ann Tappe가 사용하기 시작한 용어로, 인디고(남색) 오라를 지닌 아이들을 일컫는 말. 기본적으로 과잉 행동 장애와 주의력 결핍 장애를 가지고 있으며 자유롭게 행동하는 것을 좋아한다. 작가는 이러한 현상에 대해 펜듈럼의 그물이 확장됨에 따라 그 반작용으로 독립과 자유에 대한 갈망을 품은 아이들이 나타난 것이라고 설명한다. 이 아이들은 고정관념과 조건화된 틀을 깨고 나오려고 애쓴다.

테지만 그것은 사실과 다르다.

오늘날의 아이들이 아주 어렸을 때부터 특징적으로 보여주는 히스테리컬한 태도는 마트에서 파는 음식에 들어 있는 온갖 화학물질과 합성식품으로 인한 것이다. 죽은 합성식품은 익힌 자연식품보다도 독성이 몇 배 강하다. 지금 당신의 신경체계도 이 아이들과 다르지 않다. 이와 같은 불안한 신경체계를 가진 아이는 바람에 돌아가는 풍향계처럼 잠시도 쉬지 않고 수다를 떤다. 공부가 어렵고, 주의를 집중하거나 한자리에 앉아 있는 것이 힘들다.

한때 우리가 보이스카우트 활동을 하던 시절에는 가만히 앉아서 집중하는 일이 가능했다. 우리 세대라면 걸상이 달린 책상에 팔을 붙이고 앉아 있도록 훈련을 받기까지 했다는 사실을 아직 기억하고 있을 것이다. 그런데 오늘날의 아이들은 왜 그렇게 하지 못할까? 그들의 기분과 에너지가 계속해서 변하기 때문이다. 그 보이스카우트 단원이었던 우리와 지금의 아이들이 다른 것이 무엇이 있다는 말인가? 우리도 한때는 천방지축이었지만, 집중을 하는 것은 그다지 어렵지 않았다.

나는 지금의 아이들이 더 이상 천방지축이 아니라(그렇게 지내는 것이 아이들이 해야 하는 일인데도 불구하고), 오히려 지친 쪽에 가깝다고 보고 있다. 어느 여름날 해변을 따라 걷다가, 저만치 앞에서 캠핑을 하고 있는 것처럼 보이는 한 무리의 아이들을 보게 되었다. 그들은 이제 막 바닷가에 도착해 수영복으로 갈아입고 물속으로 들어가려고 하고 있었다. 나는 정신없는 미치광이들처럼 소리 지르며 뛰어다니고, 날뛰고 방방 뛰는 이 아이들 무리를 뚫고 지나가야 한다는 사실에 마음의 준비를 했다. 하지만 그런 일은 일어나지 않았다. 그들은 점심을 배불리 먹고 나자 은퇴한 노인들처럼 행동하기 시작했다. 보통 아이들이 바다를 보면 매우 흥분하는 것이 일반적인데도 말이다.

물론 아이들마다 다를 수 있으며, 화학첨가물은 어른들에게도 똑같은 영향을 미친다. 하지만 전체적인 그림은 같다. 죽은 합성식품의 중독성과 그로 인한 증상들이 전부 정상적인 것으로 받아들여지고 있다. '모두가 그렇다면, 그렇게 되어야만 한다는 뜻'이라는 사회의 원칙에 따라 이런 현상이 정상적으로 여겨지는 것이다. 하지만 정말로 이렇게 되어야만 하는 것일까?

바보 같은 고정관념은 버리고 단 하나만 생각해보라. 우리의 몸, 당신이 그렇게 사랑해 마지않는 당신의 몸에서 뭔가가 썩고 부패하고 있다면 그것이 정말 정상적인 일이라고 보는가? 왜 그렇게 되어야만 하는가? 다른 모두가 그렇게 살고 있어서인가? 하지만 내가 다른 사람과 같아지기 싫다면 어떻게 해야 할까?

식습관 문제에서 사회의 원칙을 깨뜨리겠다고 결정한다면, 비정상적이지만 놀라울 정도로 기쁜 일들이 일어나기 시작할 것이다. 가령 새 이가 자라난다든지 말이다. 지금까지 돌아가고 있던 쇠퇴 프로그램이 종료되고, 그 대신 새로운 업데이트 프로그램과 성장 프로그램이 시작되면서 일어나는 일이다. '껍데기' 자체가 변화하는 것이다. 하지만 중요한 점은 당신이 중독 증상에서 벗어나고 상당한 힘의 가능성이 펼쳐지도록 하는 것이다. 이것은 계속되는 숙취 상태에서 벗어나지 못하고 있던 사람들에게 큰 이점이다.

- 생식을 시작하면 생리, 임신, 출산과 관련해서 자연의 법칙에 어긋나는 말도 안 되는 문제들이 해결된다.
- 외부의 자극에 대해 심리적인 안정감이 눈에 띄게 강해지고 스트레스에 대한 내구성이 커진다.
- 참 신기하게도, 자신감을 키워주는 것은 고기 한 덩이가 아니라 신선한 허브다.
- 생식을 시작하면 신체에 새로운 힘이 만들어지는 것이 아니라, 본래 내재되어 있던 힘이 해방된다.
- 죽은 음식과 다르게 살아 있는 음식은 독소를 가지고 있지 않다. 살아 있는 것은 살아 있는 것이며, 항상 신선하고 깨끗하다.
- 푸른 이파리는 가장 고차원적인 삶의 형태가 기초적이고 완전한 모습으로 물질화된 것이다. 살아 있는 이파리에는 강력한 가능성, 다시 말해 성장을 위한 프로그램이 준비되어 있다.
- 익힌(죽은) 음식이 자연스러운 것으로 여겨지던 수 세기 동안에는 이런 음식이 인체에 그렇게 파괴적인 영향을 미치지 않았다. 하지만 식품가공 기술이 새로 생기고 발전하면서 날이 갈수록 상황은 더욱 심각해지고 있다.
- 아이들에게서 나타나는 과잉 행동이나 주의력 결핍은 음식 안의 합성물질과 직접적으로 관련되어 있다.
- 죽은 합성식품은 익힌 자연식품보다도 독성이 몇 배 강하다.

과거에 사람들이 괴혈병으로 어리석게 목숨을 잃은 것처럼, 요즘 사람들 역시 인공 식품으로 인해 무엇이 문제인지도 모른 채 어리석은 죽음을 맞는다. 동물들은 어리석게 새로운 서식지를 찾아 떠난다. 추위가 오고, 발굽 달린 짐승들은 떠나가고, 그 뒤를 따라 맹수들도 떠나간다. 인간도 똑같이 맹목적으로 움직인다. 이익을 뒤쫓고, 노동력과 결과물의 가치는 점점 내려간다. 또다시 이익을 좇는다. 값싼 음식을 만들고, 그것을 소비한다. 인간이 원하는 것은 품질이 아니다. 그에게 중요한 것은 이득과 비용이다. 그는 그저 고개를 땅에 푹 처박은 채 '발굽이 달린 짐승들의 발자국이 어디를 향하는지'만을 주시할 뿐이다. 고대의 인간들과 똑같다. 인간은 조금도 영리해지지 않았다.

인공 환경에서 살아남기

스티브 잡스가 사망했을 때 많은 사람들이 아주 강한 인상을 받았다. 물론 나조차도 이 소식을 무덤덤하게 넘길 수 없었다. 항상 그를 천재들 중에서도 특별히 뛰어난 천재이자 인생의 트랜서퍼라고 여겼기 때문이다. 스티브 잡스는 "마음과 직관을 따를 수 있는 용기를 가지라. 다른 모든 것들은 부차적일 뿐이다"라는 명언을 남기기도 했다.

이 밖에 나는 "항상 갈망하라. 늘 우직하게!"라는 말도 좋아한다. 나는 이 말을 "배불러 하지 말고, 어른이 되지 말라. 놀란 채 두 눈을 크게 뜨고 세상을 바라보는 아이의 모습으로 남아 있으라. 그 누구의 말도 듣지 말고 오직 자신의 영혼의 목소리에 귀 기울이며, 자신의 목표를 찾되, 절대로 조바심 내지 말고, 멈추지 말라. 목표는 목적지가 아니라 그것을 향한 여정 자체이기 때문이다"라는 뜻으로 이해했다.

그가 너무나 갑작스럽고 터무니없는 죽음을 맞아야만 했었다는 사실이 참 원통할 뿐이다. 우리는 죽음이 자신의 고객을 VIP나 일반 고객으로 나누지 않으며, 뛰어난 가치에도 위대한 업적에도 감명을 받지 않는다는 점을 늘 새삼스레 깨닫곤 한다. 막대한 부도, 빛나는 지성도 죽음을 막을 수는 없다.

아마도 현실은 그런 것이라고 받아들일 수밖에 없을 것이다. 세상에는 온갖 치명적인 질병들이 있으며, 그런 현실로부터 도망치는 것은 불가능하고, 그 누구에게서 도움을 받을 수 있을 거란 기대를 해서도 안 된다고 말이다. 그러나 사실은 도움을 받을 수 있다. 이미 세상을 떠나 '고故'라는 수식어를 가지고 있는 사람들도 도움을 받을 수 있었고, 아직 '저세상에 갈지 말지' 순서를 기다리는 사람들도 도움을 받을 수 있다. 스스로 자기 자신을 돕기 위해서는(이런 상황에서는 '다른 누군가'에게서 도움을 받을 수는 없을 것이 분명하므로), 문명화된 환경에서 생존의 문제는 야생에서 살 때만큼이나 중요하다는 사실을 받아들여야 한다.

나는 "살아 있는 물, 살아 있는 공기, 살아 있는 음식 등을 만들어서 이것들을 가지고 의식을 치르는 것은 기우로 인한 행동이 아니냐?"는 질문을 종종 받는다. 왜 모든 것이 그렇게 복잡하며, 과연 그럴 만한 가치가 있냐는 의문이다.

사실 이것은 기우도 아니고, 복잡하지도 않다. 그저 습관이 들지 않았을 뿐이다. 나는 집과 작업실에 이온화 기계를 설치해서 살아 있는 공기를 마시고 있다. 주전자 대신 이온정수기*를 두고 살아 있는 물도 마신다. 어려울 것이 뭐가 있는가? 음식은 그보다는 까다롭겠지만, 여기에서는 '왜'라는 질문에 대답해보는 것이 중요하다. 그럴 만한 가치가 있는가, 없는가?

야생에서는 먹이를 구해 요리를 하고, 좋지 않은 날씨와 짐승으

---

* 일반적인 물에 전기적인 힘을 가해서 알칼리성 또는 산성의 물을 생성하는 기기.

로부터 몸을 피하기 위해 계속해서 노력해야 한다. 복잡한 것이 싫다면 바닥에 드러누워 얼어 죽거나, 굶어 죽거나, 짐승에게 잡아먹히면 그만이다. 아주 간단하다. 살아남고 싶다면 이 모든 복잡함을 받아들이고 어떻게든 그것에 적응해야 한다.

문명화된 사회에서는 모든 것이 이미 조리가 되어 제공되는 듯 보일 것이다. 집도 그렇다. 몸에 해로운 자재들로 만들어졌지만, 저렴한 가격에 빠르게 살 곳을 찾을 수 있다. 생필품들도 있다. 온갖 화학물질이 뒤섞여 있는 데다 합성물질이지만, 그래도 간편하다. 더 이상 자신의 발로 직접 뛰어다닐 필요가 없다. 굳이 그럴 필요가 뭐가 있는가? 수백 킬로미터를 쓸데없이 더 달리기 위해 자동차라는 물건이 있지 않은가? 오락과 사교를 위한 가상세계도 있다. 여기에도 물론 전자파라는 것이 있긴 하지만, 전자파가 느껴지는 것도 아니니 별 문제 없을 것이다. 그냥 넘어가자. 음식도 충분하다. 먹고 싶으면 먹고, 먹기 싫다면…. 그런데 먹기 싫어하는 사람도 있을까? 화학성분이니, GMO니, 식품 중독이니 하는 말도 얼핏 들어보긴 했지만… 모든 음식이 너무 맛있고, 마찬가지로 간편하다. 사실 이 '인간 농장'에서는 모든 것이 아주 단순하다. 슈퍼마켓의 바닥에 누워 꼼짝도 하지 않은 채 판매대에 손만 뻗으면 된다.

그런데 이 합성 문명에서 모든 것이 정말로 그렇게 간단하며, 전부 다 '그냥 넘길' 수 있는 것일까? 화학성분, 전자파, GMO는 체감할 수는 없지만 아주 느릿하게, 실제로 우리의 목숨을 앗아간다. 아주 천천히 죽음을 맞이하게 되는 것이다. 이것은 생명이 아니라 죽음을 향한 길이다. 이 모든 '합성 편의시설들'이 거저 주어지는 것이라고 생각한다면 그것은 아주 순진한 태도다. 우리는 안드로이드가 아니지 않은가?

물론 이 모든 것을 그저 외면하기만 할 수도 있다. 불빛을 향해 몸을 던지는 나방처럼 그저 오늘을 즐기기만 하면 되니 말이다. 또 하루가 무의미하게 흘러간다. 뭐, 괜찮다. 그렇게 하루, 또 하루…. 하지만 이런 날들이 얼마나 오래 가겠는가? 나방들은 이런 의문을 제기하지 않는다. 반면에 우리 인간은 너무나 늦었을 때에만 이런 질문을 던진다.

왜인지 모르게 우리는 유명인사의 죽음을 기사로 접할 때마다 강한 인상을 받는다. 특히 운명을 달리한 사람이 인생에서 크나큰 성공을 이룬 사람이라면 더욱 그렇다. 하지만 그늘 속에 가려진 것처럼 항상 그림 밖에 있는, 전체적인 통계를 보고 그만한 인상을 받는 사람은 드물다. 그 통계는 대략 이런 식이다.

러시아에서 한 해 동안 30만 명이 암으로 목숨을 잃는다. 미국에서는 이 숫자가 50만 명에 달한다. 작은 나라의 전체 인구에 맞먹는다. 상상해보라. 매년 한 대국 안에서 나라 하나가 통째로 사라지고 있다. 암으로만 말이다. 매년 이 수치는 높아져만 간다. 최근에는 이 질병이 눈에 띄게 '젊어지는' 추세마저 보이고 있다.

당뇨와 심혈관 질환으로 목숨을 잃은 사망자 수까지 설명하지는 않겠다. 그 숫자는 훨씬 더 크기 때문이다. 그보다 흥미로운 다른 통계를 알려주겠다. 인공 시스템이 가장 발전한 국가인 미국의 경우, 인구 중 3분의 1이 불임을 겪고 있으며, 3분의 1은 고도비만이고, 3분의 1은 항우울제를 복용한다.

〈뉴 사이언티스트〉지의 통계에 따르면 유럽 인구 중 40퍼센트가 이미 심리적으로 건강하지 못한 상태라고 한다. 믿기 어려운가? 하지만 우울증과 같은 질병이 팬데믹에 살짝 못 미치는 규모까지 커졌다는 사실을 감안하면 놀라운 일이 아니다. 알러지, 관절염, 척추 문제 역시 전부 대대적인 전염병이다.

우울증에 대해 설명하자면, 러시아만 보더라도 최근 20년 동안 스스로 목숨을 끊은 사람이 80만 명에 달한다. 다시 말해, 한 해에 평균적으로 4만 명이 질병 때문이 아니라 더는 삶을 버티지 못하겠다는 판단 때문에 세상을 떠난다.

굶어 죽는 사람의 숫자는 하루에 3만 7,000명이다. 5초마다 한 명의 아기가 굶주림으로 목숨을 잃고 있다. 한때 GMO가 굶주림으로부터 인류를 구할 것이라고 호언장담하는 말을 들은 적이 있을 것이다. 하지만 실제로 GMO는 식량난을 해결하지 못했을뿐더러, 나날이 심각해지는 불임 문제를 세계 각지로 퍼트렸다. 또한 식물의 수정을 책임지는 곤충들을 멸종시켰는데, 이는 먹이사슬에 치명적인 영향을 미칠 수 있다.

바로 이것이 널리 알려지지 않은 채 그늘에 가려져 있는 오늘날의 통계다. 이래도 모든 것이 정상이라고 말하겠는가? 심지어 여기에서 중요한 것은 숫자가 아니라, 이 모든 질병이 퇴행성 질병이라는 사실이다. 이것은 신체가 문자 그대로 산산조각 나고 있으며, 비정상적이고 공격적인 환경이 외부에서 밀물처럼 쏟아짐에 따라 퇴화하고 있다는 의미다. 또한 자살을 포함한 이 모든 질병의 근원은 순전히 인공적인 것들이다. 인공 시스템이 널리 도입되기 전까지 인간의 모든 삶의 방식, 특히 식품 기술과 관련하여 이와 비슷한 일은 역사상 단 한 번도 없었다.

그렇다면 합성 문명이라는 환경 속에서 어떻게 해야 살아남을 수 있을 것인가? 생물권(biosphere)과 기술권(technosphere) 중에서 더 위험하고 해로운 것은 어느 쪽일까? 이래도 살아남기 위해 노력을 기울이는 것이 가치가 없어 보이는가?

마지막 질문은 듣기에도 별로 좋지 않고, 어리석어 보이기까지 하다. 말하자면 이런 식이다. 당신이 축사 안에 있으며 눈앞에 먹이통이 보인다면, 당신에게 운명의 시간이 다가오는 것은 시간문제일 뿐이다. 하지만 그렇지 않다면 다른 계획을 위한 질문이 제기된다. 농장에서 완전히 도망치는 것은 싫고, 그 속에 남아서 주는 대로 먹이를 받아먹으면서도 농장에 귀속되지 않고 살아가는 것이 가능한가?

대답은 긍정적이다. 다만 그렇게 하기 위해서는 반드시 알아야 할 것이 있으며, 약간의 노력을 기울여야 한다. 당신은 인공 시스템의 환경 속에서 안전하게 살아가기 위한 원칙을 알아야 한다. 내가 왜 암으로 인한 죽음을 터무니없다고 표현했는지 아는가? 그 이유는 다른 퇴행성 질병들과 마찬가지로 암도 예방할 수 있기 때문이다. 화학성분이든, 전자파든, 외부 환경의 유해한 영향력을 완전히 차단해주지는 못할지라도 적어도 줄여줄 수 있는 수단이 있다.

특히 식단에서 동물성 음식과 합성식품이 주된 비중을 차지하면 신체가 과도하게 산화되어 암이 생길 위험도가 훨씬 커진다. 휴대폰과 컴퓨터에서 나오는 전자파가 그 촉매제로 작용하기도 한다.

이런 경우 어떻게 암을 예방할 수 있을까? 그저 식단을 싱싱한 식물성 음식 위주로 바꾸면 된다. 식습관을 바꿀 마음이 없더라도, 적어도 살아 있는 물과 살아 있는 공기는 모든 사람이 자신을 위해 노력해야 하는 최소한의 것이다. 전혀 힘이 들지도 않고 부담도 되지 않는다. 게다가 쉽기까지 하다. 우리가 반드시 지켜야 하는 위생 수칙이자 안전 수칙 같은 것이다. 위생 수칙과 안전 수칙은 별개라고 누가 그러던가?

요약

- 문명화된 환경에서 생존의 문제는 야생에서 살 때만큼이나 중요하다.

- 화학성분, 전자파, GMO는 체감할 수는 없지만 아주 느릿하게, 실제로 우리의 목숨을 앗아간다. 이것은 생명이 아니라 죽음을 향한 길이다.

- 퇴행성 질병이란 신체가 문자 그대로 산산조각 나고 있으며, 비정상적이고 공격적인 환경이 외부에서 밀물처럼 쏟아짐에 따라 퇴화하고 있다는 의미다.

- 모든 퇴행성 질병의 근원은 순전히 인공적인 것들이다.

- 시스템 속에서 살면서, 그것의 혜택 하나하나를 전부 다 누리면서도 동시에 시스템에 귀속되지 않을 수 있다.

- 그렇게 하기 위해서는 인공 시스템 속에서 안전하게 살아가기 위한 원칙을 알아야 한다. 이 책이 말하려는 바가 바로 그것이다.

参考

 사실 가장 중요하거나 어려운 문제는 '우리가 어디에 있으며 우리 주변에서 무슨 일이 일어나고 있는가?'가 아닐지도 모른다. 우리는 현상의 표면적인 부분만 바라보고 현실의 개별적인 특성을 인식할 뿐이다. 가장 분명하게 드러나면서도 은밀한(참 역설적이다) 특성은, 문명이 인공적인 매트릭스로 변화했다는 것이다.

엄마는 죽을 먹었다

계속하기에 앞서 우리가 어떤 상황에 처해 있는지, 이 상황에서 우리가 무엇을 하고 있으며 어떤 목표를 가지고 있는지 분명하게 인식해야 한다. 트랜서핑의 기본 원칙들만 알고 있는 사람들이 계속 들어오고 있는데, 이곳[*]이 어떤 곳인지 무슨 일이 일어나고 있는지 모두가 아는 것은 아니기 때문에 이 주제에 대해 틈날 때마다 설명해야 할 것 같다.

이 사이트의 구독자 수가 이미 4만 5,000명을 넘었다. 꽤 큰 숫자다. 이만큼의 부수를 발행하는 발간지는 그렇게 많지 않다. 독자들 중에는 연예인, 정치인, 사업가들과 같이 유명한 사람들도 있고, 이제 막 삶을 시작하는 고등학생들과, 마찬가지로 또 다른 새로운 삶을 시작하게 된 중년들도 있다.

구독자 수가 줄어들지 않고 계속해서 늘어나고 있다는 사실을 보면, 우리가 다루는 주제가 충분히 주의를 기울일 만한 것들이라는 점을 알 수 있다. 특별히 말하지만, 이렇게 많은 독자들의 관심을 끄는 것은 꽤 어려운 일이며, 그들의 관심을 계속 붙들어두는 것은 그보다 더 어려운 일이다. 그래도 어쨌거나 나는 2003년 첫 번째 포스

---

[*] 바딤 젤란드의 웹사이트(zelands.ru)

팅을 시작한 이후로 9년째 이 일을 계속해오고 있다.

독자들의 관심을 유지하는 것이 어려운 또 하나의 이유는, 이전의 포스팅에서도 소개한 바와 같이, 에너지와 의식의 사로잡힘과 막힘 효과가 더욱 강해지고 있기 때문이다. 인간의 의식은 개인의 것으로서, 한편으로는 자유롭지만, 그러면서도 자유롭게 날아오르거나 높은 곳에 매달려 있을 수 없기 때문이다. 새에게 잠시 앉아서 쉴, 낮은 가지가 필요한 것처럼 의식에도 지탱점이 필요하다. 문명이 발전하기 시작했던 초기 단계에는 종교가 이런 지탱점으로 작용했다면, 이제는 그 주도권이 시스템, 즉 에너지 정보체의 매트릭스로 은밀하지만 확실하게 이동하고 있다.

새로운 현실이 변화하는 속도는 점점 더 가속화되고 있다. 2003년에는 상황이 완전히 달랐고, 트랜서핑도 달랐다. 편지에서 볼 수 있는 것처럼 많은 사람들이 이 사실을 이미 잘 알고 있다는 사실은 아주 좋은 일이다. 하지만 아직도 "트랜서핑은 효과가 있고, 그 외의 것들은 어떻게 되든 상관없어요"라는 원칙만을 따르며 쾌감을 느끼기만 하는 사람들이 적지 않다. 실제로 고전적인 트랜서핑은 예전만큼 효과가 없다. 최근의 특징을 고려하지 않더라도, 그런 쾌감은 빠르게 사라질 것이며, 당신이 '원한다' 또는 '원하지 않는다'라고 느끼는 마음 따위에는 관심조차 없는 사건들이 줄줄이 일어나는, 여전히 통제 불가능한 현실이 돌아올 것이다.

따라서 인내심을 가지고, 부적절성으로 따지자면 모두 똑같은 질문들에 답변하는 시간을 가져야만 할 것 같다. 이 질문들이 부적절하다고 말하는 이유는 딱 하나다. 누구나 자신이 상식적이고 분별력이 있다고 생각하지만, 사실 에너지와 의식은 이미 시스템으로 인해 상당 부분 막혀 있거나 사로잡혀 있기 때문이다. 현실이 왜곡되어 보인다면 트랜서핑이 무슨 소용이 있겠는가?

스티브 잡스는 인공 시스템의 리더들 중 한 명이지 않았나요?

인류를 위해 편리한 기계를 만드는 것과, 핵폭탄이나 GMO 따위를 발명하는 것은 전혀 다른 일이다. 이 두 가지를 구분해야 한다. 휴대폰과 컴퓨터를 거부하고 싶은가? 맞는 말이다. 이 두 가지도 역시나 시스템의 생산물이다. 하지만 나는 시스템으로부터 벗어나야 한다는 말이 아니라, 의식을 가지고 시스템 속에 존재하며 이 시스템을 활용해야 한다는 말을 하고 있다.

스티브 잡스는 채식을 했는데도 질병이 있었습니다.

어떻게 하면 순화해서 말할 수 있을지 모르겠다. 당신은 참 이상한 사람이다. 고기를 먹지 않으면 암에 안 걸린다고 누가 말했던가?

블라디미르 작가님, 안녕하세요. 아주 오랫동안 작가님의
저서를 읽고 포스팅을 구독하고 있습니다. 트랜서핑은
많은 점에서 제게 도움을 줬지만, 아직도 궁금한 점이
많습니다. 예를 들어, 트랜서핑은 항상 효과가 있는 것이
아니고 선택적으로만 효과를 내는 것 같습니다. 오늘 스티브

잡스의 사망에 대한 포스팅을 읽고 제 생각을 말씀드리고
싶었습니다. TV에서 스티브 잡스의 생애에 대해 아주
많은 방송이 나왔습니다. 예를 들어, 대학교 졸업 이후에
인도에 갔다가 그 후로 불교를 믿기 시작하고 채식주의자가
되었다고요!!!

당신이 스티브 잡스는 '스티브 잡스'라고 제대로 부르면서 나는
'블라디미르'라고 부르는 것을 보니, 당신의 주의가 이미 시스템에
강하게 사로잡혀 있으며 내가 말하고자 하는 본질을 제대로 파악하
지 못하고 있다는 결론을 내릴 수 있을 것 같다. 암을 예방하는 것은
채식주의가 아니라 자연식품을 먹는 생식이다. 이 둘은 완전히 다르
다. 나는 이전에 쓴 글에서 모두가 이 사실을 분명하게 이해할 수 있
도록 흰 바탕 위에 검은 글씨로, 그것도 대문자로 보기 쉽게 표시해
두었다. 그래도 당신은 그 사실을 보지 못하고, 이해도 하지 못하는
것 같다. 바로 이런 이유 때문에 당신에게는 트랜서핑이 '선택적으로
만' 효과를 내는 것으로 보인다.

이런 편지는 한두 개가 아닌데, 그것들을 평범한 산만함으로 치
부해서는 안 될 것 같다. 오늘날 거의 모든 젊은 세대가 주의력 결핍
문제를 겪고 있다. 국가통합시험*이 왜 도입되었는지 아는가? 정책
입안자들이 근시안적이고 어리석어서가 아니다. 이것을 도입하기로
한 것은 아주 합리적인 선택이다. 오늘날의 젊은 세대들 중에서 이성

---

* 러시아에서 진행되는 고등학교 졸업시험이자 대입 진학시험. 한국의 수능과 비슷하다.

적으로 사고하고 명쾌하게 논리를 펼칠 수 있는 사람은 아주 드물기 때문이다. 대다수의 경우는 객관식으로 적절한 답안을 고를 수 있는 정도로만 의식이 깨어 있을 뿐이다.

잠들어 있는 사람들을 데리고 어떻게 시험을 진행할 수 있겠는가? 전부 탈락시킬 게 아니라면, 객관식으로 답안을 고를 수 있게 해 줘야 한다. 분명하고 논리정연하게 답변을 하진 못하겠지만, 잠꼬대하듯 뭔가를 고르는 정도의 간단한 반응은 아직 할 수 있을 테니 말이다. 이것은 과장이 아니며 사실이다.

하지만 주의의 막힘 효과는 문제의 절반에 불과하다. 그 밖에도 정신적인 틀이 이해력의 범위를 축소하여, 현실을 있는 그대로 볼 수 없게 만들고 있다. 비행기를 처음 본 사람들은 그것을 '날아다니는 마차'라고 생각할 뿐 새로운 발명품으로 인식하지 못한다. 증기기관차를 보고는 '쇠로 만든 말'이라고 인식한다. 내가 생식에 대해 설명하면(심지어 채소에 한정되어 있는 것도 아닌데) 내가 채식주의에 대해 말하고 있다고 받아들인다.

대중매체와 통신수단이 발달하면서 정신적인 틀은 의식 속에 더 활발하고 견고하게, 그리고 가장 중요하게도, '집권화되어' 자라나기 시작했다. 마치 테크노그라시* 사회의 정중앙에 설치된 운영체제에 의해 통제받는 것처럼 말이다. 의식은 시스템의 기준에 맞게 정확하게 재단되고 있다. 시스템은 자신에게 도움이 되지 않는 것들을 방송에 내보내지 않는다. 시스템이 원하지 않는 뭔가가 몰래 방송에

---

* technogracy: 과학적, 전문적 지식을 가진 관료 집단이 여러 분야에서 대중을 지배하고 관리하는 사회.

슬쩍 출연한다고 하더라도, 시청자의 의식까지 도달하지 못하거나 왜곡된 형태로 나타나게 된다.

　머지않아 문장의 단어를 일일이 설명해주거나, 알파벳 연습책에 나와 있는 것처럼 "엄마는 액자를 닦았다. 마샤는 죽을 먹었다"라고 써줘야 할지도 모르겠다. 이런 단순한 문장도 오해하는 사람이 있을 것이다. "뭐라고! 엄마가 마샤의 죽을 먹었다고?"라며 말이다. "엄마는 죽을 닦았다. 마샤는 액자를 먹었다"라고 오해한다면 그나마 다행일지도 모르겠다.

　건강한 식습관에 대한 포스팅을 구독하고 싶었다면 작가님의
　포스팅을 구독했을 겁니다. 그래서 이제는 구독을 끊으려고
　해요. 죄송합니다.

　아마도 나에게 상처를 주기 위해 이런 말을 하는 것 같은데, 차라리 창틀과 죽을 구분할 수 있는 사람과 대화를 하는 편이 훨씬 더 쉽고 재미도 있었을 것이다. 그러니 사과를 하고 말고의 문제는 아닌 것 같다. 나는 이미 모두에게 설명하더라도 모두가 그 내용을 이해하는 것은 아니라는 사실에 익숙해진 지 오래다. 나는 어휘와 뜻이 비슷해도 이것이 건강한 식습관에 관한 내용은 전혀 아니라는 사실을 이미 잘 알고 있는 일부 사람들에게만 희망을 걸고 있다. 여기에서 건강은 부차적인 효과일 뿐이지, 그 어떤 경우에도 우리의 목표가 되지는 않는다. 나는 개인적으로 식습관이나 건강 그 자체는 그다지 흥미롭지 않은 주제라고 생각한다.

그래서 나는 이 주제가 인기가 없다는 사실을 분명하게 알고 있다(지금쯤 수업에서 졸던 학생이 잠에서 깨듯, 이제 막 정신을 차린 사람이 "무슨 주제요?"라고 물을지도 모른다). 대중성을 노렸다면 이런 불편한 주제를 다루려고 하지 않았을 것이다. 하지만 나는 현실을 직시하는 데 익숙하다. 내가 평가한 바에 의하면(첫 작이 출간된 지 이미 꽤 오랜 시간이 흘렀기 때문에 이제는 결론을 내릴 수 있을 것 같다), 트랜서핑을 받아들일 수 있는 사람은 5퍼센트에 불과하다. 나머지 95퍼센트는 이 책이 진열된 책장에 가까이 가지도 못한다. 그리고 5퍼센트 중에서도 열 명 중 한 사람만이 최근의 내 글들을 제대로 이해하고 있다. 확실히 독자층은 훨씬 더 좁아졌다. 굳이 왜 이런 말을 꺼내는 것으로 보이는가? 내가 왜 이런 생각을 가지고 있을까?

그 이유는, 또 다른 비관적인 통계를 우연히 보게 되었기 때문이다. 정확한 숫자를 제시하기는 힘들지만, 트랜서핑의 기본 원칙을 접한 사람들 중 모든 내용을 이해하고 자신이 얻은 지식을 실전에 활용할 수 있는 사람은 아주 소수에 불과했다. 대다수의 사람들은 거의 아무것도 이해하지 못했으며, 이 앎은 그들의 삶에 아무런 영향도 미치지 못했다. 마치 아무런 책도 읽지 못했다는 듯한 태도로 일관하는 질문들이 계속 들어오는 것을 보면 더욱 확실하게 알 수 있다. 내가 그 모든 내용을 전부 다시 설명해줘야 한다는 말인가? 하지만 왜 그렇게 해야 하는가? 당신도 '비결'을 다 알지 않는가? 그 이상 무엇을 원하는가?

그냥 평범한 방법을 택할 수도 있다. 트랜서핑의 기본 원칙만 계속 설명하면서, 모두가 듣고 싶어하며 그러잖아도 이해하기 쉬운 내용을 일일이 씹어 조금씩 접시에 내어주는 것 말이다. 하지만 그렇게 한다면 그것은 '언리얼리티 트랜서핑'이 된다. 사람들은 왜 이해할 수 있는 내용을 이해하지 못하고 있을까? 그것은 예전에는 고려되지 않았던 특성이 현실에 있다는 말이 된다. 게다가 이 현실은 그야말로 코앞에서 변하고 있다.

물론 차가워진 앎의 무대 위에서 춤을 추는 것은, 어떤 의미에서는 '모두에게 편하고 멋진 일'이다. 게다가 인기도 있다. 하지만 비현실적이다. 앎은 그 자리에서 방향을 바꾸어, 이해할 수 없었던 것이 분명해지고 납득되는 단계로 뛰어올라야 한다. 실제로도 그렇다. 또 다른 의견을 소개해드리겠다. 앞의 메일과는 완전히 다르다. 앞서 말한 앎의 새로운 단계에서 나온 의견이기 때문이다.

사실 생식 덕분에 트랜서핑이 완전히 다른 무언가가 된 것 같습니다! 예전에는 책을 읽으면서 전부 이해가 되는 것 같으면서도, 귀찮거나 어딘가 좀 이상하다고 여겨지는 부분이 있었지요…. 그런데 지금은 문자 그대로 책의 내용을 온전히 받아들이고 있고, 제가 필요로 하는 사건들을 인생으로 끌어당기고 있어요!

과연 무엇에 관한 내용일까? 건강한 식습관? 아니다. 생식에 대해서도 이런 식으로 말을 할 수는 없다. 눈치챈 사람도 있겠지만, 나는 생식에 관해 광신도적 태도와는 거리가 먼 사람이다. 목표와 수단을 분명히 구분해야 한다. 목표가 체중 감량이나 어떤 질병의 치료라면 완전히 다른 방법을 써야 할 것이고, 그렇게 된다면 이야기도 완전히 달라진다. 어휘도 같고 주제도 비슷하지만 다른 목표를 가지게 되는 것이다. 이해하겠는가? 그에 따라 의미도, 방법도 완전히 달라진다.

당신은 이 책에서 다뤄지는 내용을 다른 어디에서도 읽거나 듣지 못할 것이다. 목표라는 것은 시스템의 틀 안에 써넣을 수 없는 것이기 때문이다. 어디로 향하는지 모르는 공동의 대열에서 벗어나 집단의 꿈에서 자유로워진다. 바로 이것이 목표이며, 내가 말하고자 하는 바이고, 모든 의미를 담고 있다. 그리고 그 수단으로는,

적어도,

하다못해,

먼저,

모든 사람이 받아들이는 것을 사용하기를 멈춰야 한다. 모두가 받아들이며 직접 사용하는 것이야말로 집단의 꿈 속으로 당신을 빠져들게 만들기 때문이다.

인간의 육체와 마음에 직접 닿는 것(음식, 정보, 환경 등)은 똑같이 직접적인 방법으로 그 사람의 의식까지 형성한다. 시스템은 음식, 정보, 외부 환경의 조건 말고는 달리 의식에 영향을 미칠 수 있는 수단이 없다. 따라서 '어떻게 생각하는가'만을 다루는 트랜서핑의 고전적인 측면만 고려할 수는 없다. 트랜서핑이 완전해지기 위해서는 이 밖에도 두 가지 요소가 더 필요하다. 그것이 바로 '어떻게 먹는가?'와 '어떻게 행동하는가?'이다.

오늘날의 정보는 인공 시스템에 유리하도록 심하게 뒤틀려 있

다. 대부분의 정보가 제품 생산업자와 판매업자, 정치와 금융 구조체의 이익, 전체적으로 보자면 인공 시스템의 이익을 완전히 반영하고 있다.

인공 시스템의 목표는 인간을 매트릭스의 칸 속으로 몰아넣고, 그의 개성을 '지워' 규격화된 작은 부속품으로 만드는 것이다. 이 목표를 위해 뻔뻔하고 광범위하게 사용되는 방법이 거짓 정보와 고정관념을 주입하는 것이다. 여기서 부속품은 자유에너지를 가져서는 안 되기 때문에, 아주 건강해서도 안 되고, 자신이 어디에 있는지 알 수 없도록 살짝 '매질'이 필요하기까지 하다.

개인의 목표는 자유, 독립성, 개성, 깨어난 의식, 에너지, 건강을 지키는 것이다. 이 모든 자질을 지킬 수 있는 것은 오직 공동의 대열에서 벗어날 용기를 감행하는 사람들뿐이다. 인공 시스템의 지지자들을 기다리는 것은 모든 사람을 하나의 기준에 맞추는 '규범화'일 뿐이다. 이 말은 허구가 아니다.

어떻게 하면 '규범화'에서 벗어날 수 있을까?

첫 번째이자 가장 중요한 방법은, 사회의 원칙을 깨뜨려 '모두가 그렇게 생각하고 행동한다면, 그것이 옳다는 뜻'이라고 믿기를 멈춰야 한다. 공동의 대열에서 벗어나야 한다. 다른 사람이 거둔 가짜 성공을 좇기를 멈추고 당신만의 성공을 향해 나아가야 한다.

그것이 주는 이점은 무엇인가?

공동의 대열에서 벗어나는 사람은 항상 이점을 갖게 된다.

- 다른 모두가 어디를 향하는지 거리를 두고 볼 수 있다.
- '집게'가 걸린 상태에서 벗어나 사회가 만들어둔 고정관념으로부

터 자유로워진다.

■ 다른 사람들이 볼 수 없는 것, 이해할 수 없는 것들을 당신만은 볼 수 있고 이해할 수 있다.

■ 따라서, 최고가 되려고 노력하기를 멈추고 특별한 존재가 된다.

왜 필요한가?

이제 내게 이 일이 필요한지 아닌지는 각자가 결정하길 바란다. 별다른 장점이나 재능을 가지고 있지 않다면, 대열에서 벗어나 개성 있는 사람이 되는 것 외엔 다른 방법이 없다. 현실이 전체의 규범화를 향해 얼마나 빠르게 변화하고 있는지 살펴보면 5~10년 뒤에는 아주 재미있어질 것임을 알 수 있다. 하지만 대열에서 벗어나 다른 모두를 바라보는 사람들의 삶은 그보다 더 재미있을 것이다.

톨텍* 인디언들은 이것을 '추적하기'라고 부른다. 직장이나 학교에 갔더니 모든 사람이 집단의 꿈을 꾸고 있다고 상상해보라. 모두가 성공을 거머쥐기 위해 고군분투하지만, 그들은 마치 꿈을 꾸고 있는 것처럼 전체를 위한 알고리즘과 직감에 따라 행동한다. 당신도 성공하여 군중에서 돋보이고 싶을 것이다. 그런데 당신도 다른 사람들과 똑같은 의식과 에너지의 수준을 가지고 있고, 대열에 섞여 걸어가는 수많은 부속품 중 하나에 불과하다면, 어떻게 성공할 수 있겠는가? 오늘날에는 모든 사람이 교육을 받고, 모두가 '비결'을 알고 있다. 당신도 그 비결을 안다. 그런데 그것이 뭐 어쨌단 말인가? 당신만

---

* Toltec: 7세기에서 12세기까지 중남미에 존속했던 국가. 마야의 세력이 약해진 7세기에 멕시코 중부 지역에 이주했다가, 12세기경 가뭄으로 세력이 약화되어 멸망했다. 톨텍에서 살아남은 민족들이 아즈텍 제국의 선조가 되었다.

이 가지고 있는 장점이 무엇이란 말인가? 아무 장점도 없다. 당신에게 기회는 아주 적다.

그렇다면 이제 다른 장면을 상상해보라. 당신의 의식은 자유롭고 깨끗하다. 에너지의 수준은 다른 사람들보다 훨씬 더 높다. 당신은 이제 '다른 사람들과는' 전혀 다르게 생각하고 행동한다. 대열에서 벗어났지만, 함께 걸어가기를 멈추지 않는다. 잠이 든 체하고 있지만 사실은 깨어난 상태다. 이제 당신은 주변의 모든 사람이 잠들어 있지만 당신만은 의식이 분명하다는 사실을 완전히 자각하고 있다. 그다음으로 '추적하기'가 시작된다. 생시의 꿈을 통제하는 것이다. 이 꿈에서 당신은 주인이자 지배자다. 이것은 실질적인 이점을 가져다주는 다음 단계의 트랜서핑이다.

하지만 지금 바로 '추적하기'에 대해 설명해드리지는 못할 것 같다. 이유는 하나다. 추적하기는 설명으로 알 수 있는 것이 아니라, 직접 느껴야만 하는 것이기 때문이다. 꿈에서 깨어나는 것처럼 현실에서도 깨어날 수 있는가? 그렇게 하기 위해서는 먼저 의식을 깨끗하게 하고 에너지를 끌어올려야 한다. 여기에서 생식은 주된 방법이 결코 아니며, 그저 여러 가지 요소들 중 하나일 뿐이다. 하지만 추적하기의 첫 단계이기는 하다. '정상적인 정신병자'인 체하지만 알약을 삼키지는 않는 것이다. '다른 사람들처럼' 당신은 '가축 무리' 안에 얌전히 있는 체하며 농장에서 잠을 자지만, 코앞에 들이미는 음식이 아니라 당신의 의지에 따라 식사를 한다.

나의 임무는 앎을 받아들일 준비가 되어 있는 독자들에게 꾸준히 그것을 전달하는 것이다. 거꾸로 말하자면, 이 내용은 모든 독자를 이해시키기 위해 쓰인 것이 결코 아니다.

요약

- 의식은 자유롭게 날아오르거나 높은 곳에 매달려 있을 수 없으며, 새에게 잠시 앉아서 쉴 낮은 가지가 필요한 것처럼 의식에도 지탱점이 필요하다.
- 문명이 발전하기 시작했던 초기 단계에는 종교가 이런 지탱점으로 작용했다면, 이제는 그 주도권이 시스템, 즉 에너지 정보체의 매트릭스로 은밀하지만 확실하게 이동하고 있다.
- 새로운 현실이 변화하는 속도는 점점 더 가속화되고 있다.
- 대중매체와 통신수단이 발달하면서 정신적인 틀은 의식 속에 더 활발하고 견고하게, 그리고 가장 중요하게도, '집권화되어' 자라나기 시작했다.
- 모두가 받아들이며 직접 사용하는 것이야말로 집단의 꿈 속에 당신을 빠져들게 만든다.
- 시스템에는 음식, 정보, 외부 환경의 조건 말고는 달리 의식에 영향을 미칠 수 있는 방법이 없다.
- 대부분의 정보는 제품 생산업자와 판매업자, 정치와 금융 구조체의 이익, 전체적으로 보자면 인공 시스템의 이익을 완전히 반영하고 있다.
- 인공 시스템의 목표는 인간을 매트릭스의 칸 속으로 몰아넣고, 그의 개성을 '지워' 규격화된 작은 부속품으로 만드는 것이다.
- 개인의 목표는 자유, 독립성, 개성, 깨어난 의식, 에너지, 건강을

지키는 것이다.

- 새로워진 트랜서핑의 목표는 어디를 향하는지 모를 공동의 대열에서 벗어나, 집단의 꿈에서 자유로워지는 것이다.

- 그 수단으로는 ― 적어도, 하다못해, 먼저 ― 모든 사람이 받아들이는 것을 사용하기를 멈춰야 한다.

- 사회의 원칙을 깨뜨리고, '모두가 그렇게 생각하고 행동한다면, 그것이 옳다는 뜻'이라고 믿기를 멈춰야 한다.

- 다른 사람이 거둔 가짜 성공을 좇기를 멈추고 당신만의 성공을 향해 나아가야 한다.

참고

인간의 의식에는 계속해서 명령어가 입력된다. "나처럼 행동하라. 주입된 고정관념과 목표를 따르라. 시스템 안에서 생산되는 모든 것을 생산하고, 소비되는 모든 것을 소비하라. 시스템이 주는 것을 갈망하라. 항상 네트워크에 연결되어 있으라. 거미줄의 모든 진동에 반응하라. 결국 모든 사람이 그렇게 하고 있으니 말이다. 모두가 그렇게 생각하고 행동한다면, 그것이 '옳은 방식'이라는 것을 당신도 잘 알고 있지 않은가?" 이런 명령어가 우리 의식 속에 아주 단단히 박음질되어 있다.

살아 있는 소중한 물

이번 장에서는 '살아 있는 물'에 대한 질문에 답변을 드리려고 한다.

작가님께서는 알칼리수를 마시라고 하는데 저자 Z[*]는 완전히 반대의 주장을 가지고 있습니다. 그는 산성수를 마셔야 한다고 합니다.

내가 마시라고 권한 것은 '알칼리수'가 아니라 살아 있는 물이다. 살아 있는 물은 알칼리 토금속[**]의 염[鹽] 때문이 아니라, 산화환원 반응[***]에서 음극 반응을 하기 때문에 염기성을 띠는 것이다. 살아 있는 물은 자유 전자를 공급해주는 항산화물질을 다량으로 함유하고 있다. 반면에 죽은 물은 산화환원 반응에서 양극 반응을 하기 때

---

[*] 알칼리수와 산성수를 용도에 따라 구분해서 음용해야 하는지, 어떤 물이 건강에 더 도움이 되는지에 대해서는 국내는 물론 러시아에서도 아직 논란의 여지가 있다. 저자 Z 역시 이 주제에 관해 의견을 내놓았던 인물로 추정된다.

[**] 土金屬: 주기율표의 2족에 있는 화학 원소. 베릴륨(Be), 마그네슘(Mg), 칼슘(Ca), 스트론튬(Sr), 바륨(Ba), 라듐(Ra) 등 여섯 원소가 여기에 포함된다. 물과 반응했을 때 강한 염기인 수산화염을 만든다.

[***] 전극과 전해질 용액 사이에서 전자가 이동하는 화학 반응을 전극 반응이라고 한다. 이때 전자가 용액에서 전극으로 이동하면 양극 반응(산화), 반대로 전극에서 용액으로 이동하면 음극 반응(환원)이라고 한다. 산화환원 반응은 이 둘을 통틀어 일컫는 말이다.

문에 산성을 띤다. 죽은 물에는 전자가 부족한, 흡혈귀들과 같은 유리기(활성산소)가 아주 많이 포함되어 있다. 살아 있는 물은 몸을 젊게 만들고 '전지를 충전해주며,' 원하는 만큼 얼마든지 마셔도 된다. 그러나 죽은 물은 살균 성분을 가지고 있어, 치료를 목적으로 하는 특수한 프로그램에 따라서만 마신다. 치료는 나의 전문 분야가 아니기 때문에 죽은 물을 만드는 방법을 알려주기는 힘들 것 같다.

이제 질문의 두 번째 부분으로 넘어가도록 하겠다. 저자 Z는 모든 점에서 잘못 알고 있다. 그의 조언을 보면, 모든 식단에 반드시 산성수가 포함되어 있어야 한다. 그걸로도 부족해 그는 레몬 가루까지 섞어서 마시라고 한다. 하지만 저자 Z의 모든 이론은 물에 칼슘염이 많은 지역을 위해 개발되었다(예컨대 큰 강의 하류에 있는 지역이라든지 말이다). 경수硬水의 염분은 혈관벽과 관절에 퇴적물을 만들 수 있다. 산성수는 염분이 쌓이는 과정을 어느 정도 중화할 수도 있다. 하지만 그것은 당신이 경수를 마셨을 때에만 해당한다. 그렇다면 여기에서 질문은, 굳이 경수를 왜 마시겠냐는 것이다. 물을 증류기나 염분 제거 장치에 걸러서 마시는 편이 건강에 훨씬 좋을 텐데 말이다.

개인적으로는 저자 Z의 의견이 권위 있다고 생각하지 않는다. 다른 모든 이유를 뛰어넘는 단 하나의 강력한 이유가 있다. 그는 폴 브래그****와 겐나디 말라호프*****에 대한 혹평을 남겼다. 이것은 좋은

**** Paul Bragg: 미국의 영양학자 및 물리치료사. 디톡스, 다이어트, 단식, 장수, 위생 등에 대해 연구했으며, 3~5주간의 금식을 통해 우리 몸에 쌓여 있는 독소를 제거하는 방법에 대한 책을 쓰기도 했다.

***** Gennady Malakhov: 러시아의 작가이자 건강한 삶의 형태를 유지하는 비전통적인 방법을 대중화한 인물로, 관련 TV 프로그램의 진행자 겸 패널로 참여하고 있다. 간 정화와 올바른 식습관을 주목적으로 하는 '활기'라는 클럽을 창설하여 요가, 체조, 우슈 등의 강연을 진행하기도 했다.

일이 아니다. 말라호프와 브래그는 민족 전체의 건강을 위해 저자 Z가 꿈도 꾸지 못할 정도로 크나큰 업적을 세웠다. 다른 사람의 가르침을 폄하하는 데 몰두해 있는 사람의 말을 믿을 수 있을까? 저자 Z의 이름을 언급하지는 않겠다. 이 주제에 관심이 있는 사람이라면 알 것이다.

증류수를 계속 마셔도 되나요?

그렇다. 하지만 가급적이면 완전히 증류된 물이 아니라, 순지트와 규소를 활성화한 물을 마시는 것이 좋다. 몸 안의 액체는 모두 전해질이기 때문에, 우리가 마시는 물은 미네랄이 약간, 그야말로 살짝 포함된 물이어야 한다. 그런 점으로는 순지트와 규소 중 하나가 들어 있거나, 둘 다 들어간 물이 가장 좋다.

순지트와 규석은 6개월 넘게 사용하면 안 된다는 말이 사실인가요?

그렇다. 순지트와 규석은 못해도 2주일에 한 번 정도는 씻어야 하고, 6개월이 지나면 새로운 것으로 교체해야 한다. 증류수로 세척한다고 해도 돌의 표면에 딱딱한 막이 생기기 때문이다. 일반 가정에서는 증류수를 얻기도 어려울 것이다.

증류기 대신 역삼투압 정수기[*]를 사용해도 되나요?

그렇다. 그 방법이 더 쉽기도 하고, 더 저렴하기도 하다. 물론 증류기를 사용하면 최상의 품질을 가진 물을 마실 수 있기는 하다. 맛만 봐도 그 사실을 알 수 있다. 멤브레인 필터^{**}도 정화 기능이 좋으며 경수의 염분까지 걸러낼 수 있다. 다만 멤브레인 필터로 정수한 물의 구조는 심하게 망가진 상태다. 이런 물은 곧바로 마시지 말고 햇빛, 순지트, 규석, 아쿠아디스크^{***}를 사용하여 구조화하는 과정을 반드시 거쳐야 한다.

물에 기록된 정보는 멤브레인 필터조차도 걸러내지 못한다. 그렇게 얇은 막도 데이터의 '비트'가 이동하는 것을 막지는 못하는 것 같다. 내가 알기로는, 정보는 완전히 사라지는 것이 아니라 '아카이브에 저장된다'(참고로 정보와 구조체는 다른 것이다).

작가님이 살아 있는 물을 만들어내는 방법이 참 흥미롭습니다. 구체적으로 어떤 크기의 어떤 용기를 사용하시나요?

---

* 필터 바깥의 물에 높은 압력을 가하여 촘촘한 필터에 통과시키는 방식의 정수기. 이를 통해 대부분의 중금속, 바이러스, 미생물 등의 성분이 완전히 제거된다. 역삼투압 방식은 현존하는 정수 방법들 중 정화 능력이 가장 탁월한 것으로 알려져 있다.

** 특정 성분을 선별적으로 통과시키는 얇은 액체막이나 고체막. 이 막을 통해 오염된 물 속에 있는 이물질을 선별적으로 걸러낼 수 있다. 역삼투압 정수기에서 사용되는 필터이기도 하다.

*** 원형 디스크 모양의 정수기. 물의 구조화를 통해 불순물을 제거하는 용도로 사용된다.

먼저 물을 증류해야 한다. 이를 위해 나는 튜멘-메디코[*]의 DE-4 증류기를 사용하는데, 가이저 프레스티지[**]의 멤브레인 필터를 사용할 때도 있다(추가적으로 미네랄화를 거치지는 않는다).

25리터 크기의 에나멜 통의 바닥에 돌(규석 1킬로그램 정도와 순지트 1~1.5킬로그램)을 깔아두고 증류수를 붓는다. 통 안에 물을 담아두어야 하는 시간에 대해서는 특별히 신경 쓰지 않아도 좋다. 두어 시간 정도면 충분하다. 먼지가 들어가지 않도록 통을 천으로 덮어두면 좋다. 하지만 또 알아두어야 할 점은, 물을 마시기 전에 반드시 '햇빛을 받게 해야 한다'는 것이다(반드시 직사광선일 필요는 없다). 따라서 막 증류한 물로 통을 채운 직후 바로 천을 덮지 말고, 적어도 한 시간 정도는 통을 열어두어야 한다.

이렇게 하는 이유를 설명해드리겠다. 증류된 직후의 물은(특히 멤브레인 필터로 증류한 경우는) 구조가 망가진 상태다. 더 정확히 말하자면 이 물은 아예 구조화되어 있지 않다. 공업용으로 사용되는 물이며, 천연 미네랄이 없고 햇빛도 받지 않았기 때문에 사람의 생리에는 부적절하다. 이 물을 마셨던 우주비행사들이나 선원들은 질병을 자주 앓았다. 이 물을 몸이 받아들일 수 있는 상태로 만들기 위해서는 햇볕을 쬐어 태양의 구조와 동일하게 만들어야 한다. 순지트와 규석도 부분적으로는 물을 구조화하며, 생리적으로 적합하고 자연 상태에 가까운 물로 만든다.

통에 담긴 물의 아래 부분을 따라낼 필요는 없다. 이미 그 상태

---

[*] Tyumen-Mediko: 러시아 튜멘에 위치한 위생기기 제조업체.

[**] Geyser Prestige: 열가소성, 열경화성 플라스틱 제품 제조업체.

로도 깨끗한 물이기 때문이다. 하지만 규석과 순지트는 2주일에 한 번 정도 흐르는 물에 헹궈줘야 한다. 처음 사용하기 전에는 솔로 깨끗하게 닦아야 한다. 특히 순지트는 꼼꼼히 세척해야 하는데, 신선한 돌을 사용할 때는 미네랄이 아주 많이 나오기 때문에, 규석과 순지트를 처음부터 많이 깔아 두지는 않도록 한다.

다음은 물 활성화[***] 단계로, 살아 있는 물을 만드는 단계다. 개인적으로는 AP-1[****]사의 전동 액티베이터에 꽤 만족하고 있다. 활성화 시간은 표시기의 눈금이 어디에 있는지에 따라 달라지는데, 최소 1분에서 최대 한 시간까지 걸린다. 올바른 시간을 나타내는 가장 중요한 기준은 투명한 통에 담긴, 살아 있는 물에서 알칼리수 맛이 나지 않아야 한다는 점이다. 반면 안쪽에 있는 세라믹 통에 담긴 죽은 물에서도 아무 맛이 나지 않아야 정상이다. 하지만 살짝 톡 쏘는 산성이 느껴지는 냄새가 약간 느껴져야 한다. 살아 있는 물의 가장 이상적인 물리적, 화학적 지표는 산화환원 반응의 경우 -150~-200, pH 농도는 8~8.5이다. 죽은 물은 하루 정도 두었다가 다시 에나멜 통에 붓는다. 산화 반응과 환원 반응 모두 시간이 지나면 중립이 되기 때문이다. 실제로 죽은 물의 특성은 살아 있는 물보다 더 오래 유지된다. 냄새를 맡아 보면 알 수 있을 것이다.

마지막 단계는 최종적으로 물을 구조화하는 단계다. 물을 주전자에 담아 아쿠아디스크에 올려놓고, 막대를 사용하여 반시계 방향으로 세게 젓는다.

[***] 물 분자의 클러스터를 작게 만드는 과정.

[****] 벨라루스 기업으로, 물 활성화 기기만을 전문적으로 생산하여 판매한다.

이렇게 모든 절차가 끝나면 물을 다른 용기에 옮겨 담는다. 만들어진 물을 종일 마시며 활기찬 생명력을 음미해도 좋지만, 어떤 사람들은 이 물을 마시기가 버거울 수도 있다. 실제로 음료를 소화하는 것은 몸의 입장에서 힘든 일이기 때문이다. 유일하게 예외가 될 수 있는 것은 살아 있는 물에 허브를 우려냈을 때다. 착즙 주스라 해도 그것은 음료가 아니라 음식이다. 깨끗한 물은 몸을 정화하고 수분 균형을 유지하기 위해 반드시 필요하다.

커피나 차, 또는 이와 유사한 음료들은 혈액을 진하고 끈적끈적하게 만든다. 이런 음료들을 마시게 되면 잊지 말고 30분 후에 깨끗한 물을 마셔 몸을 깨끗하게 하고 음료를 씻어내길 바란다. 음료 하나 때문에 종일 고통을 받을 수는 없지 않은가. 산속을 흐르는 맑은 물과 같은 몸을 갖기를 바라는가, 아니면 고인 웅덩이 물과 같은 몸을 바라는가?

물을 활성화했더니, 물에서 화학약품 같은 불쾌한 냄새가
납니다.

처음 사용한 물이 깨끗해야 하고, 증류수나 역삼투압 정수기로 정수한 다음에 순지트와 규석을 녹여낸 물이어야 한다. AP-1 액티베이터에서 이 물을 활성화하는 시간은 표시판의 눈금이 어디에 있는지에 따라 달라진다. 눈금이 초록색 부분에 있으면 활성화 시간은 1분 미만이다. 초록색과 노란색의 경계 부분에 있으면 3분 정도다. 바늘이 0을 가리키고 있다면 한 시간 정도까지 활성화하면 된다.

이 밖에도 많은 것들이 내부에 있는 도자기 용기의 전도율에 따라 달라진다. 최근에는 다공질 용기도 사용하기 시작했기 때문에, 미네랄 수치가 아주 낮은 물을 활성화할 때도 바늘은 초록색 부분을 가리킬 수 있다. 따라서 다시 한 번 말하지만, 가장 중요한 기준은 살아 있는 물이 담긴 겉면의 투명한 통에서 그 어떤 냄새도, 알칼리수 맛이 나서도 안 된다는 것이다. 안쪽 세라믹 통에 담긴 죽은 물 역시 아무 맛도 나지 않지만, 산성이 느껴질 듯 말 듯한 냄새가 난다. 어떤 맛이 느껴진다면 활성화를 너무 오래 했다는 뜻이다. 덩어리가 져 있다면 심한 경수가 되었다는 의미다.

또한 통과 전극봉은 시간이 지나면 더러워지기 때문에, 적어도 한 달에 한 번은 세척을 해야 한다. 세척을 하기 위해서는 액티베이터의 플러그를 제거한 다음 평소와 마찬가지로 물을 채우는데, 물만 넣는 것이 아니라 6퍼센트의 농도로 식초를 넣고 30분가량 물에 불린 다음 잘 씻어주면 된다.

액티베이터에 용수湧水를 사용해도 되나요?

용수는 경수다. 액티베이터로 용수를 활성화하면 덩어리가 진, 탁한 용액이 된다. 이 덩어리는 바로 당신의 몸이 반드시 피해야 하는 염분이다. 용수의 유일한 장점은 정보가 없이 깨끗하다는 점이다. 하지만 그것도 오염되지 않은 지역에서 가져온 정말 좋은 용수일 때뿐이다.

교수님 한 분께서, 완전히 살아 있는 물만 마시는 것은 말할
것도 없고 50퍼센트만 섞어 마신다고 해도 몸에 해롭다며
아주 열성적으로 저를 설득하려고 하셨습니다. 그것이 어떤
결과를 가져오는지 아직 모른다고 하시면서요.

"어떤 결과를 낼지 모른다"면 의견을 낼 수도 없는 것 아닌가.
나는 결과를 알기 때문에, 내가 아는 바를 말하는 것이다. 부작용이
없다는 것은 확실하다. 이 물은 살아 있고, 맛도 좋으며, 목이 말라서
찾는 맛이 아니라 항상 마시고 싶은 맛이다.

식품 건조기처럼 인공적으로 구조화하여 '살려낸' 물은 누가
뭐라 해도 생식과는 아무 관련이 없다는 의견이 있습니다.
이에 대해 어떻게 생각하시나요?

나 또한 생식을 하고 있다고 생각하지 않는다. 더 정확히 말하
자면, 나 자신을 생식주의자에 포함하지도 않고, 영적인 지도자나 구
도자로 여기지도 않는다. '생식주의'라는 용어 자체를 그다지 좋아하
지 않기 때문에 거의 사용하지 않는다. 애초에 '자신을 어딘가에 포
함시킨다'는 말은 곧 자신을 가두고 교리를 강요한다는 뜻이다. 나는
교리를 알아내어 설파하려는 것이 아니다. 선택을 강요하는 것이 아
니라, 다른 사람이 선택하도록 정보를 제공하려는 것이다.
물을 조종하는 것은 주의와 시간, 노력을 기울일 가치가 없는
일로 보일 수 있다. 또한 완전히 쓸데없는 짓이며 부담스럽다고 여기

는 사람도 있을 것이다. 실제로도 그렇다. 사실 품질이 나쁜 휘발유는 엔진을 상하게 하는데, 물은 품질이 나쁘다고 해서 인체에 해가 되지는 않는다는 사실을 모두가 알고 있지 않은가. 그 증거를 설명해 보겠다. 구강, 즉 입을 통해 신체로 질이 좋지 않은 물이 들어오면 몸에서 눈에 띄는 반응이 나타나지는 않는다. 거품을 물지도, 경련을 일으키지도 않으며, 연기가 나거나 굉음을 내며 폭발하지 않는다는 것만큼은 확실하다. 따라서 휘발유의 품질에 대해서는 걱정을 해야 하지만 물에 대해서는 그렇게 하지 않아도 된다.

이런 주장에 만족한다면 나도 어찌할 방도가 없다. 다른 선택의 여지가 없으니 말이다. 하지만 일반적인 논리와는 구분되는 또 다른 논리가 있다. 문제는 당신이 그것을 가지고 싶은지, 그렇지 않은지에 있다. 의도는 뭔가를 가지고 행동하려는 결단력이다. 여기에서 모든 것이 시작된다. 아주 단순한 논리다. 의도의 힘은 에너지에 정비례한다. 깨끗한 산 속에 맑은 물이 흐르듯이, 깨끗한 몸에서는 에너지가 순조롭고 자유롭게 흐른다. 깨끗한 혈관과 관절, 그리고 깨끗한 에너지 통로는 마시는 물의 품질에 상당 부분 좌우된다. 따라서 이 모든 것은 기우가 아니며, 가장 중요한 요소에 대한 관심에서 나오는 것이라 보면 된다.

또한 양질의 물을 만드는 과정을 의도의 힘을 단련하는 훈련으로 사용할 수도 있다. 사실상 물의 질은 당신이 그 행동에 불어넣는 의도에 의해 직접적으로 좌우된다. 만일 당신이 어떤 일을 기계적이고 아무 의식이 없이, '귀찮음을 무릅쓰고' 하고 있다면 그 행동에는 아무런 의도도 '들어가지 않는다.'

하지만 이 모든 절차를

의미를 가지고 (왜 이 행동을 하는지 당신도 알고 있지 않은가?)

의식을 가지고 (지금 무엇을 하고 있는지 분명하게 자각하고 있다)

영혼을 가지고 (자기 자신을 위해 노력하는 것이다)

한다면, 당신의 물은 어떠한 힘을 가지게 된다. 이것은 더 이상 단순한 H_2O가 아니라 액체 속에 담긴 의도다. 그리고 그 의도는 배가된 에너지와 함께 반드시 당신에게 돌아올 것이다.

요약

■ 살아 있는 물은 몸을 젊게 만들고 '전지를 충전해주며', 원하는 만큼 얼마든지 마셔도 된다.

■ 경수의 염분은 혈관과 관절에 퇴적물을 만들 수 있다.

■ 몸 안의 액체는 모두 전해질이기 때문에, 우리가 마시는 물은 미네랄이 약간, 그야말로 살짝 포함된 물이어야 한다.

■ 멤브레인 필터로 정수한 물의 구조는 심하게 망가진 상태다. 이런 물은 곧바로 마시지 말고, 햇빛, 순지트, 규석, 아쿠아디스크를 사용하여 구조화하는 과정을 반드시 거쳐야 한다.

■ 규석과 순지트를 처음 사용하기 전에는 솔로 깨끗하게 닦아야 한다. 신선한 돌을 사용할 때는 미네랄이 아주 많이 나오기 때문에, 규석과 순지트를 처음부터 많이 깔아두지는 않도록 한다.

■ 살아 있는 물에서는 냄새도 나지 않고, 알칼리수 맛이 나지 않아야 하며, 덩어리가 생겨서도 안 된다. 덩어리가 있다면 방법이 잘못되었다는 뜻이다.

- 깨끗한 물은 가장 먼저 몸을 정화하고 수분 균형을 유지하기 위해 반드시 필요하다.
- 의도의 힘은 에너지에 정비례한다.
- 깨끗한 산 속에 맑은 물이 흐르듯이, 깨끗한 몸에서는 에너지가 순조롭고 자유롭게 흐른다.
- 깨끗한 혈관과 관절, 그리고 깨끗한 에너지 통로는 마시는 물의 품질에 상당 부분 좌우된다.
- 따라서 이 모든 것은 기우가 아니며, 가장 중요한 요소에 대한 관심에서 나오는 것이라 보면 된다.

참고

의도는 배가된 에너지와 함께 돌아온다. 이 에너지가 어디에서 생기며, 무엇 때문에 의도를 훈련해야 하는지는 다음 장에서 설명하도록 하겠다.

힘을 끌어당기는 법칙

앞서 우리는 살아 있는 물을 만드는 것과 같은 일상적인 과정을 통해 의도를 훈련할 수 있다는 사실을 알아보았다.

살다 보면 기쁜 일들만 있는 것이 아니라 그다지 기분이 좋지만은 않은, 책임감이 뒤따르는 일들과 규칙적인 일들을 해야 할 때도 있다. 그런 일들은 아주 귀찮고, 때로는 부담스럽기까지 하다. 하지만 자신의 게으름을 보고도 눈감는 것 역시 어렵고, 힘겨우며, 비생산적인 태도다. 그렇기 때문에 상황은 더 어려워진다. 그 일을 한다 해도 별 도움이 되지 않을 것임을 알지만, 그렇다고 안 하면 더 피곤해지니까 말이다.

여기에서 질문은, 어떻게 하면 나태함을 없앨 수 있냐는 데 있다. 나태함은 이겨낼 수 있는 것이 아니다. 당신이 정했든 남이 시켰든 간에, 일상의 귀찮은 일들을 '어쩔 수 없다'는 마음으로 하는 동안에는 늘 나태함이 당신의 발목을 잡고 있을 것이다. 단 하나의 해결책은 그 귀찮은 일에 당신의 영혼을 불어넣는 것이다. 그 일을 아주 정성껏 한번 해보라. 자신을 억누르지 않은 선에서 진심을 다해보라. 그럴 가치가 있는 일인 것처럼 연기를 해보는 것도 한 방법이다. 책임(duty)을 열정(passion)으로 바꾸라. 이것을 의식과 의도를 가지고 해내야 한다. 그렇게 한다면 실제로 게으름이 사라질 것이다. 이 비결이 아직 익숙하지 않다면, 직접 실행해보고 눈으로 확인해보길 바란다. 왜 이런 일이 생기는지 설명해보도록 하겠다.

게으름과 나태함은 에너지가 정체되고 막혀 있으며 병목현상이 일어났을 때 발생한다. 움직임이 없다면 에너지도 흐르지 않는다. 에너지가 흐르지 않는다면 행동하고자 하는 욕망도 사라진다. 그렇게 악순환이 이어지는 것이다. 그럼에도 약간의 행동을 시작하면 어떠한 '흐름'이 발생해, 아주 작은 움직임이라 할지라도 모터가 돌아가기 시작한다. 이에 따라 에너지는 '의도'라는 연료를 공급해주고, 이 의도는 움직임을 만든다. 이러한 과정이 순환적으로 이루어지게 된다.

하지만 이것만으로는 부족하다. 자신이 할 일을 책임으로 받아들인다면 의도만 가지고는 부족할 것이다. 따라서 나태함은 사라지지 않고, 일을 하면서도 기쁘지 않으며, 그 결과 역시 나쁠 것이다. 하지만 아주 사소한 일일지라도, 그 일을 자발적으로 열심히 하기 시작한다면 추가적인 에너지가 불쑥 튀어나오게 된다. 이를 위해서는 특별한 노력을 기울여야 한다. 어차피 대충 하거나 자발적으로 하거나, 이 두 가지 선택지밖에 없다. 전자의 경우에느 에너지의 상당 부분이 나태함을 극복하는 데 사용되는 데 반해, 후자의 경우에는 에너지가 저절로 흘러나온다. 이 에너지는 어디에서 나오는 것일까?

이 에너지는 바로 외부의 힘이다. 다른 말로 하면 외부의도다. 〈스타워즈〉 시리즈에서 제다이들이 말하는 바로 그 힘이다. 물론 이 이야기를 한 것은 비단 제다이들뿐만이 아니긴 하지만 말이다. 외부의 힘은 허구가 아니라 실재한다. 과연 외부의 힘이란 무엇일까?

현실을 영사기에서 필름이 돌아가는 것으로 본다면, 힘은 영사기를 돌리는 모터와 같다. 힘이 하는 일은 현실이 멈추지 않고 끊임없이 돌아가도록 하는 것이다. 왜냐하면 정지 상태는 있을 수 없는 일이기 때문이다. 물질과 공간, 힘과 움직임, 그리고 이 움직임의 '부차적 결과'로 생기는 시간…. 이 모든 것은 우리 세계에서 변하지 않는 본질을 이루는 절대적인 요소들이다. 이 모든 것은 나타난 적도, 사라진 적도 없으며 항상 존재해왔다.

모든 사람은 자신의 필름, 즉 자기 세계의 층을 가지고 있다. 사람은 자신의 영사기를 가지고 사고와 행동을 통해 다양한 방법으로 이 필름을 재생한다. 누군가가 의도와 의지를 가지고 자발적으로 열심히, 영혼과 마음의 일치하는 지점에서 큰 영화 속의 작은 영화를 만들어내며 힘의 임무를 이행한다면, 힘은 이 모습을 지켜보다가 즉시 그 사람을 돕기 위해 나선다.

힘이 이런 행동을 하는 데는 '목적'이나 '이유'랄 것이 없다. 그저 이렇게 하는 것이 힘의 특성일 뿐이다. 그래서 내면에 자극을 주면 외부에서 반향이 일어나게 된다.

고대의 마법사들과 무예의 대가들이 제자들에게 훈련과는 아무 상관이 없는 일상적인 일들을 하도록 지시한 것도 이러한 이유에서다. 그저 멍하니 기계적으로 거리를 청소하는 일도 마법 같은 행동이 될 수 있다. 그래서 머릿속에 분명한 깨달음이 떠오를 때까지, 그리고 무엇을 어떻게 하는지 알아낼 때까지 비질을 시키는 것이다.

어떻게 이것이 가능한지 더 자세히 설명하기 위해, 개인적인 사례를 몇 가지를 들려드리겠다.

■ ■ ■

내가 물리학부에서 들었던 교양수업 중에는 소련 공산당 역사도 있었다. 단순히 듣는 정도가 아니라, 자그마치 세 학기에 걸쳐 공부를 해야 했다. 지금이었다면 소련 공산당의 역사가 궁금할지 모르겠지만, 당시에 그것은 내 관심 밖이었다. 하지만 졸업 후 직업 배정을 받을 때 학점은 상당한 영향을 미친다.[*] 게다가 역사는 어떻게든 '모면할' 수 있는 주제가 아니었다. 역사에 대해 뭔가 알고 있거나, 아니면 아예 아무것도 말할 수 없거나 둘 중 하나일 뿐이었다.

하지만 시험보다 더 끔찍한 시간이 있었다. 매주 강의 시간마다 교수님의 질문에 답하는 발표를 해야 했던 것이다. 강의가 진행되는 동안의 분위기는 흡사 중세시대의 사형식을 연상시킬 정도였다. 학생들에게 유일한 바람이 있다면, 그것은 부디 그날은 질문을 받지 않게 해달라는 것이었다. 모두에게 그것은 아주 고통스러운 일이었다. 공부도 힘들었지만 단두대에 올라서는 것은 더 힘든 일이었으니 말이다. 반면에 서커스 쇼의 관객인 동시에 재판장의 빌라도가 된 교수는 아주 만족스러워했다.

나는 이런 상황이 마음에 들지 않았다. 딜레마가 생겼다. 공부도 안 되고, 하고 싶지도 않다. 그렇다고 낙제를 받을 수도 없고, 받고 싶지도 않다. 필요성을 강요당하며 억압받는 상황에 놓인 것 역시

---

[*] 구소련의 모든 대학생은 마지막 학기에 지역을 배정받아 일정 기간 동안 그곳에서 근무해야 했다. 성적이 우수한 학생들은 모스크바나 그 밖의 대도시를 배정받고, 그렇지 않은 학생들은 규모가 작은 도시에서 근무했다.

도저히 견디기 힘들었다. 적어도 나는 그랬다. 군함에 동원된 노예가 된 기분이었기 때문이다. 힘겨운 노동을 한다는 조건으로 목숨만은 살려주지만, 노예라는 이유로 온전한 삶을 살 수도 없는 셈이었다. 참 우울한 책임이었다. 어떻게든 대책을 마련해야 했다.

그래서 나는 마치 이 역사 시간이 가장 좋아하는 과목인 듯한 마음가짐으로 공부하기로 했다. '어쩔 수 없다'는 마음에서 나온 행동이 아니었다. 뭔가 다른 감정이었다. 오히려 '나쁠수록 더 좋다'는 원칙에 가까웠다. 강의실의 맨 앞자리에 앉아 교수에게 시선을 고정한 채 열심히 집중했다. 다른 모든 학생이 지목을 당할까 두려워 떨고 있는 와중에도 고개를 꼿꼿이 세우고, 열의를 가진 채 손을 들고 자원해서 발표했다. "~년도 당 총회에서는 더 막중한 사회주의적 책임에 따라, 생산 계획의 목표량보다 더 많은 트랙터와 콤바인을 만들기로 했었던 사실을 아십니까? 그리고 어떤 5개년 계획 실행 당시 집단농장의 농부들이 국가 저장고에 ~톤의 농산물을 바쳤던 사실은요?"라고 말이다(그렇다, 지금과는 다른 시절도 있었다).

아무도 내게 무슨 일이 일어난 것인지 알지 못했다. 머리가 어떻게 된 건가? 교수는 처음에는 만족스러워했지만, 시간이 지나며 조금씩 긴장하기 시작했다. 하지만 나의 발표를 끊을 엄두도 내지 못했다. 직접 희망하고, 자원해서 답변을 하니 말이다. 완전히 다른 서커스 쇼였으며, 이것을 진지하게 받아들여야 할지 고의로 장난을 치는 것이라고 받아들여야 할지 아무도 알 수 없었다. 머지않아 모두가 나의 '기이한 행동'에 익숙해졌다.

물론 고의로 장난을 치려는 의도는 없었지만, 필요성을 강요받았다는 사실 자체에서 오는 어떤 고의(어느 정도는 소심한 내면의 반항이었다)가 있기는 했다. '정 이렇게 나온다면 나도 어쩔 수 없지'라는 생각에서였다. 내가 실제로 공산당 역사에 관심을 가지게 되었다고 말할 수는 없을 것이다(우리나라의 역사이기는 하지만 말이다). 본질적으로 나는 나 자신을 빌려준 셈이었다. 과목을 공부한 것이 아니라, 필요한 자료들을 꾸준히 읽고 요약하며 매번 강의에 대비해 철저하게 준비했다(교수는 요약해온 자료를 참고하는 정도는 허락해주었다).

나는 놀라운 사실을 발견했다. 나 자신을 완전히 빌려주면, 게으름이 쉽게 극복된다! 어떻게 이것이 가능한지는 알 수 없었지만, 군함에서 하는 강제적인 노동이 모종의 방법으로 인해 흥미로운 창작물이 되었다는 사실만은 분명했다. 더 이상 강요받지 않고 직접 자유의지를 표현하게 된 것이다. 그렇게 된다면 노동은 부담이 되지 않고, 자유는 당신의 손에 있게 된다. 멋진 일이다!

그렇게 중간고사, 기말고사를 보게 되었다. 한 가지 특징이 있다면, 시험 기간에는 아무것도 하지 않았다는 점이었다. 다른 말로, 남들과는 모든 것을 정반대로 한 셈이다. 모든 준비가 되어 있어서가 아니었다. 오히려 나는 그 과목에 대해서 아는 것이 거의 없었다(물론, 뭔가를 알아냈기는 하지만 말이다). 강의를 들으며 알게 된 지식은 강의가 끝나자마자 전부 날아갔다. 관심도 없고, 필요도 없었기 때문이다. 하지만 나는 교수가 너무 지쳐버린 나머지 구술시험*에서까지 나의 선동을 들을 여력이 없다는 것을 알고 있었다. 사실이었다. 그

---

* 러시아에서는 거의 모든 과목의 중간고사와 기말고사가 일대일 구술 형태로 진행된다. 준비된 여러 질문지 중 학생이 하나를 뽑아 답을 하는 방식이다.

래서 내 역사 과목 시험은 짤막하고 신경질적인 대화로 끝나버렸다.

— 그러니까 말이죠. 음… 어…

— 다음 질문!

— 두 번째 질문은 이겁니다…

— 다음, 다음!

— 세 번째 질문에서 제가 말씀드리고자 하는 것은…

— 끝. A!

■ ■ ■

이와 비슷한 일이 군 복무 중에도 있었다. 군대에서는 모든 사회적 문제가 극명하게 드러나기 때문에 아주 좋은 예가 될 만한 사건들이 자주 일어난다.

입대를 한 지 얼마 되지 않았을 때 우리 훈련소에는 이런 규칙이 있었다. 먼저 생활관 앞에 중대별로 전원이 소집된다. "각 중대 생활관으로 뛰어가!" 그리고 마지막으로 도착하는 사람이 모든 계단 청소를 도맡아 하게 된다.

내 생각에 이 규율은 어딘가 이상했다. 나는 군대의 규율에 대해 뭔가 다른 이미지를 가지고 있었다. 가령 전우애나 협력 같은 것 말이다. "목숨을 잃는 한이 있어도 전우만큼은 구해야 한다"는 말은 다 어디로 가버렸단 말인가? 하지만 연대장에게는 신병들을 '해체하여 명령하는' 편이 훨씬 이득이었다. 한 무리에게 전체적으로 명령을 내려 통솔하는 것이 훨씬 어렵기 때문이다. 특히 신병의 의지가 부드러운 점토처럼 유약할 때 최대한 그의 군 생활을 어렵게 만들어야 한다는 원칙을 가지고 있었던 것 같다.

우리 중대의 생활관은 3층이었다. 그리고 생활관의 계단에는 온통 새하얀 타일이 깔려 있었다. 이 타일 위로 검은 군화 40켤레가 미친 듯이 뛰어다니며 밟고 지나간다면 어떻게 될지 상상해보라. 그것도 한두 번이 아니고, 왕복으로 여러 번 말이다. 그렇게 할 때마다 '마지막으로 도착하는 사람이 등신'이 된다.

전체적인 상황이 동일했다. 모두가 똑같은 군함 속의 노역자인 것이다. 나의 내면에서 또다시 대학 시절과 같은 반항심이 깨어났고, 매번 보란 듯이 꼴찌가 되기로 결심했다.

그리고 계단 청소를 최선을 다해서 했다. 아니, 심지어 즐기면서 했다는 말이 더 어울릴 것이다. 빨랫비누, 솔, 걸레, 양동이. 그리고 약간의 — 아주 약간이어야 한다 — 마조히즘까지. 알고 보니 계단이 더러울수록 청소하기는 더 쉬웠다. 그리고 나는 자유로워졌다.

장교들과 부사관들은 나를 보며 극도의 분노를 느꼈다. 내가 굴복하기라도 해야 한다는 것처럼. 하지만 확실한 것은, 나는 고통스러운 대신 만족감을 느끼고 있다는 사실이었다. 그들의 길들이기 방식은 더 이상 효과가 없었다. 저놈을 어떻게 해야 할까? 그들은 새로운 규칙을 만들어야 했다. 더 이상 치열한 구보는 없었고, 계단 청소는 돌아가면서 하기로 했다. 그 후 우리는 다른 훈련소로 이동했다. 그때 나는 내가 무슨 짓을 했는지 확실하게 알지 못했다. 하지만 속으로 생각했다. '시스템을 깨뜨릴 수도 있군.'

또 하나의 독특한 군 생활 에피소드를 들려드리고자 한다. 험난한 지형에서 구보를 하고 있었다. 꽤 오랫동안, 그것도 완전군장을 메고서 말이다. 날씨는 덥고, 먼지도 많았다. 목은 타들어가고, 갈비뼈가 꽉 조이는 느낌이었다. 구체적으로 말하면, 죽을 것 같았다. 그런데 최종 목표지점까지는 아직도 갈 길이 멀었다.

몸이 건장하고 다부진 소대장 하나가 병사들에게 지시를 내리고 있었다. 아니, 지시를 내리는 것이 아니라, 있는 힘껏 조롱하고 있었다. "이 계집애들아! 너희를 모두 사나이로 만들어주겠다!" 우리를 사나이로 '만들면서' 아주 의기양양하게 만족스러워하는 모습이 한눈에도 드러났다. 하지만 정작 그 자신은 장비 하나 없이 운동화를 신고 뛰어다녔다.

나도 다른 병사들처럼 기진맥진한 상태였다. 머릿속에 떠오르는 생각은 단 한 가지뿐이었다. 제발 이 지독한 고문이 얼른 끝나기를 바라는 마음이었다. 동시에 화도 났다. '젠장, 이해가 안 되네.' 웬 소대장 하나가 "사나이로 만들어주겠다"고 한다면, 상황이 정말 좋지 않은 거다.

문득 사무라이들은 '이미 죽은 것처럼 살라'는 원칙을 가지고 있다는 사실이 떠올랐다. 그리고 그들이 어떤 훈련을 받는지도 떠올랐다. 녹초가 될 때까지 뛰다가 팔굽혀펴기를 300번 정도 한다. 다시 뛴다. 다시 팔굽혀펴기. 그다음 또 뛴다. 그러다 멈춘다. 더 이상은 할 수 없기 때문이다. 도저히 불가능하다. 그때 사부가 말한다. "자, 그만 하면 됐다. 아니면 더 해야 할지도. 우리는 전사가 아니던가?" 모두가 외친다. "만세!" 다시 팔굽혀펴기를 300번 한다. 그리고 또 달린다.

하지만 나는 그렇게 할 수 없다. 그럴 힘이 없다. 사무라이들에게는 자신이 전사이고 이미 한 번 죽었다는 생각이 있지 않은가. 그런데 나는 여기에서 뒈질 것 같은데, 소대장 저 새끼는…. 그때 분노가 치솟기 시작했다. 그래, 내가 이미 죽었다고 생각하자. 그리고 더 뛰어보자. 한번 해보자.

그러자 어떤 힘에 사로잡혀 어딘가로 이끌려가는 것 같은 기분이 들었다. 구보가 가볍게 느껴졌을 때 그 느낌을 다시 이해할 수 있었다. 시간이 얼마 지나고 나서 나는 뒤를 돌아보았다. 소대장은 뭔가 잘못되었다는 표정으로 나를 쫓아오려고 했지만 헛수고였다. 1분 전만 해도 그에게 있었던 힘은 이제 완전히 나의 편이 되었다. 물론 나중에 소대장은 분노했다. 겉으로는 아무 일도 일어나지 않았다는 듯 행동했지만 말이다.

■ ■ ■

마지막 사례는 역사 속에서 일어났던 사건이다. 중세시대에 자포리지야[*] 카자크인들은 놀라운 마법의 힘을 가지고 있었다. 카자크인이 적들에게 포로로 잡히면 적들은 그를 고문하여 의지를 꺾어버

---

* 우크라이나 남동부에 위치한 도시. 드니프로 강이 도시를 가로지르고 있다. 우크라이나 남부에서 가장 큰 산업 중심지들 중 하나로, 과거에는 슬라브계 민족이자 군사민족이었던 '카자크인'들이 거주하는 곳이었다.

리려고 했다. 그다음에는 목을 쳤다. 그럴 때 카자크인은 "왜 목을 치느냐! 말뚝을 박아 죽이든지 산 채로 가죽을 벗겨라! 어떻게 되는지 두고 보자!"라고 외쳤다고 한다. 그리고 실제로 적들이 그렇게 했을 때, 카자크인의 영혼은 적의 몸 속으로 들어갔다.

물론 힘을 자기 쪽으로 끌어오는 데 반드시 잔인한 방법만을 사용해야 하는 것은 결코 아니다. 실제로 이렇게 극단적인 상황에 처하는 일은 아주 드물다. 평범한 일상에서도 얼마든지 힘을 얻을 수 있다. 예를 들어, 이 대사를 기억하는가?

"안녕하세요! 여러분, 잠깐 주목하세요. 오늘 유치원에서 아침 식사가 나오지 않을 거예요. (만세!) 이제 곧 우리의 우주선은 화성에 착륙할 거예요. 우주선 숟가락을 들어보세요. 배를 든든히 채우세요. 점심 전까지 우주선은 지구로 돌아오지 않으니까요."*

이 대사의 전반적인 교훈은, 타인이나 자신에 의해 당신이 필요성을 강요받거나 어떤 것을 책임지도록 압박을 받는 상황에 처했을 때, 이러한 외부의 압박을 마음속 깊은 곳의 의도로 바꿔보라는 것이다.

상상해보라. 당신은 노예들의 무리에 섞여 느릿느릿 우울하게 발걸음을 옮기고 있다. 아주 힘겨운 노동을 하는 곳으로 몰이꾼이 이 무리를 몰고 있다. 이제 당신은 꿈에서 깨어나 정신을 차리고, 몰이꾼에게 들러붙어 말한다. "이리 내! 채찍 이리 내라고! 나를 잘못 몰고 있잖아!"라며 말이다. '당신에게 강요하는' 상황을 "내가 할 거야!"

---

* 소련의 인기 있는 코미디 영화 〈행운의 신사들〉에 나오는 대사. 유치원에서 일하는 주인공은 아이들이 밥을 먹지 않으려고 하자, 그들에게 다가가 밝은 목소리로 이런 대사를 한다. 그러자 아이들은 즐거워하며 맛있게 식사를 하기 시작한다.

라며 자신의 자유의지를 표현하는 상황으로 전환하라. 아이들은 종종 이렇게 행동한다. 자신에게 힘이 있음을 느끼는 것이다. 당신이 열정적으로 현실의 모터를 돌리기 시작한다면 머지않아 힘도 당신에게 관심을 기울이고, 당신과 함께하려 들 것이다.

반드시 해야 하는 일이라면, 의도와 의식을 가지고 영혼을 다해 최선을 다하는 것 외엔 다른 방법이 없다. 노력을 기울이면 영혼은 저절로 연결된다. 그리고 영혼이 연결되면 힘도 연결된다. 어떤 일을 하든 대충할 때보다 자발적으로 하면 더 쉽다. 이 사실을 모르는 사람들은 의무를 강요받고, 극복할 수 없는 나태함과 씨름하며 평생을 고통받을 것이다.

힘을 끌어당기는 원칙을 사용하면 단조로움과 나태함을 극복할 수 있다. 가령 살아 있는 물을 만드는 것처럼 아주 단순한 행동일지라도, 의식과 의도를 가지고 영혼을 다해서 한다면 힘이 생기고 그 일을 하기가 쉬워진다. 그러면 그것은 그저 기계적인 행동이 아니라 힘이 들어간 마법 같은 훈련이 된다. 훈련이 습관이 되면, 힘은 항상 당신의 손에 있게 된다. 힘을 가지게 되면 걸작을 만들 수 있다.

요약

- 게으름과 나태함은 에너지가 정체되고 막혀 있으며 병목현상이 일어났을 때 발생한다. 움직임이 없다면 에너지도 흐르지 않는다.
- 나태함을 극복하기 위해서는, 게으름을 느끼게 만드는 그 일을 영혼으로 품으면 된다. 단조로운 일을 할 때는 자신을 완전히 빌려주고, 최대한 자주 하라. 하지만 자신을 강요하지 않는 선에서 진

심을 다해야 한다.

- 당신은 당신 자신을 빌려줄 수 있다. 아예 완전히 빌려주면, 게으름은 쉽게 극복될 것이다!
- '강요받는' 상황을 "내가 할래!"라고 말하며 자유롭게 의지를 표현하는 상황으로 바꾸라.
- 노력을 기울이면 영혼은 저절로 연결된다. 그리고 영혼이 연결되면 힘도 연결된다.
- 당신이 열정적으로 현실의 모터를 돌리기 시작한다면 머지않아 힘도 당신에게 관심을 기울이고, 당신과 함께하려 들 것이다.

'낡은 서랍장' 현상을 기억하는가? 에너지가 부족하다면, 이처럼 힘을 끌어당기는 법칙이 또 다른 원천이 되어줄 것이다.

다른 누군가의 살덩이를 위한 레퀴엠

기쁘지 아니한가?
맛있게 먹을 수 있는 누군가가
어딘가, 또는 당신 곁에
항상 있으니.

이번 장에서는 트랜서핑 시리즈 중 하나인 《현실의 지배자》에서 처음으로 다뤘던 주제에 대한 질문에 명쾌한 답변을 드리도록 하겠다. 나는 먹이 피라미드에서 새로운 단계에 올라서고자 하는 적극적인 의지는 있지만 동물성 단백질 없이도 살 수 있을지, 이것이 건강이나 외모에 부정적인 영향을 미치지는 않을지 우려하는 편지를 많이 받는다.

이런 걱정이 생기는 주된 이유는 거의 모든 영양학자들과 의사들이 "절대로 고기 없이는 살 수 없다"고 입을 모아 주장하기 때문이다. 그들은 인체에 반드시 필요한 영양소들이 고기에 있다고 말한다. 게다가 사회에 의해 멍에라도 쓰인 것처럼, '모두가 먹고 있다면, 그렇게 해야 하는 것일지도 모른다'라는 원칙이 여전히 지켜지고 있는 것은 물론이고 말이다. 실제로 어느 식당에 가든 메뉴를 펼쳐보면 이 사실을 한눈에 알 수 있다. 고기로 만들어지지 않은 것은 음식이 아니라는 사실, 또는 반대로 해서 음식은 고기로 만들어야 한다는 사실 말이다.

하지만 인도를 예로 들어보겠다. 이곳의 인구 중 70퍼센트는 채식주의자다. 그런데 이들이 기력 쇠진 때문에 고통을 받는다는 이야기는 들어보지 못했다. 오히려 인구로 따지면 조만간 중국을 앞설 기세다. 그 말은 여기에서 뭔가 앞뒤가 맞지 않거나, 이런 '육식주의 원칙'에 문제가 있다는 뜻이다.

나의 목표는 사람들이 특정 음식에 대한 편견을 떨쳐내도록 하는 것이 아니다. 그런 것은 나에게 아무런 도움도 되지 않으니 말이다. 내가 할 일은 그저 객관적인 정보를 주는 것이다. 인공 시스템에서 제공되는 모든 정보는 이 시스템을 위한 것이다. 자연식의 모든 개념을 비틀고 왜곡하여, 모든 성상이 눈물을 흘리는 기적마저 만들어낼 기세다.

보다 더 믿을 만한 출처인 대자연, 상식, 그리고 이해할 수 없는 방법으로 사람들에게 잊혀진 아르놀트 에렛, 막시밀리안 비르헤르-베너[*]와 같은 고전들에게서 해답을 찾아보는 편이 좋겠다.

우선은 단백질이 무엇인지부터 알아보도록 하자. 단백질은 돼지고기도, 소고기도, 생선이나 다른 고기도 아니고 거대한 분자, 즉 아미노산으로 이루어진 기다란 사슬이다. 단백질을 근육조직으로 만들기 위해서 인체는 어떻게 할까? 비프스테이크가 있는 그대로 우리 몸의 일부가 될까? 아니다. 외부에서 들어온 단백질 분자를 소화하

---

[*] Maximilian Bircher-Benner: 스위스의 의사로 통귀리에 여러 곡물, 생과일, 건과일, 견과류를 섞어 만든 시리얼인 뮤즐리muesli를 개발한 사람으로 유명하다.

기 위해서는 이것을 아미노산으로 분해한 다음 몸이 섭취할 수 있는 분자로 합성해야 한다.

단백질은 모든 곳에 들어 있다. 그것은 커틀릿에도 있고, 푸른 잎 채소에도 있다. 하지만 동물성 단백질과 달리, 식물에는 단백질뿐 아니라 기초적인 아미노산, 다시 말해 가장 기초적인 건축자재에 해당하는 벽돌들도 모두 들어 있다. 분명한 것은 이런 의미에서 식물들, 특히 허브는 단백질뿐 아니라 단백질의 구성요소인 아미노산을 합성할 수 있는 기초적인 재료들까지 모두 가지고 있는 이상적인 공급원이라는 점이다.

이 사실을 보여주는 명백한 증거를 프라이팬에서 바로 찾을 수 있다. 복합사료에 '풍부하게 들어 있는 단백질'을 먹고 자란 가축의 고기를 익히고 나면 그 덩어리는 익히기 전에 비해 2분의 1에서 3분의 1 크기로 줄어드는데, 자연의 풀과 건초를 먹으며 친환경적 방식으로 길러진 가축의 고기는 크기가 거의 변하지 않는다. 사료에 첨가되는 '완전한 동물성 단백질'을 먹으면 가축의 고기는 늘어나는 것이 아니라 살이 찌고 피부가 늘어진다.

단백질에 관한 일반적인 상식은 모든 것이 뒤바뀌어 있다. 사실 완전하다고 생각해야 하는 단백질은 동물성 단백질이 아니라 바로 식물성 단백질, 더 정확히 말해 아미노산과 미네랄과 비타민이다. 그것들은 단백질을 합성하며 식물에 다량으로 함유되어 있다. 신선한 식물성 음식은 속도는 느릴지 몰라도 자연스럽고 건강하게 근육을 형성한다. 반대로 동물성 단백질은 빠르게 체중이 증가하도록 만든다. 이 불필요한 체중은 프라이팬 위에서 쉽게 녹아버리며 제조업자들의 마음만 흐뭇하게 만든다.

　그래서 제조업자들은 기쁜 마음을 숨기며 소비자들에게 동물성 단백질이 더 좋다고 홍보한다. 가축에게 먹이를 먹이면서 일석이조로 사람에게도 먹이를 주는 셈이다.

　소비자들도 이 사실을 열심히 믿는다. 이미 익숙해진 마음이 특별히 고민할 필요도 없이 '근육을 만들기 위해서는 근육과 똑같은 것을 먹어야 한다', '단백질을 만들기 위해서는 단백질을 먹어야 한다', '지방을 만들기 위해서는 지방을 먹어야 한다', '수유를 하는 산모들은 모유가 잘 돌게 하기 위해 우유를 먹어야 한다'는 원시적인 논리들을 받아들이기 때문이다.

　하지만 이 논리대로라면 소에게도 고기를 먹이고(이미 일어나고 있는 일이기는 하다. 소가 먹는 사료에는 뼛가루와 생선가루를 포함한 온갖 잡다한 것들이 들어가니 말이다), 젖소에게도 우유를 먹여야 한다. 집은 벽으로 이루어져 있으니, 벽돌이 아니라 똑같은 벽으로 집을 지어야 한다는 논리나 다름없다. 또는 '이미 완전한 집'으로 집을 만들어야 한다는 논리가 더 잘 맞을 것이다. 집 한 채를 짓기 위해 얼마나 많은 집이 필요할까? 건설 현장에서 어떤 일이 일어나는지는 중요하지 않다. 그건 건설 인부들이 신경 쓸 일이니 말이다. 우리가 해야 할 일은 건설 현장에 필요한 만큼의 집을 공급하는 것이다. 나머지는 인부들이 다 알아서 할 것이다. 그들이 집을 다시 벽돌 하나하나로 해체해야 한다고 해도 괜찮다. 어쨌든 우리는 '완전한' 재료를 공급해줬으니까.

　동물성 식품에는 눈에 띄지 않는, 그러나 우리 몸에는 꼭 필요한 뭔가가 있기 때문에 꼭 먹어줘야 한다는 미신도 있다. 사실 이것은 미신도 아니다. 무지함이거나, 고의적인 거짓말이다. 식물에는 자연에서 찾을 수 있는 모든 것이 담겨 있다. 신체가 어떤 영양소를 합성할 수 있는지, 어떤 영양소는 합성하지 못하는지 입증하는 신뢰도 높은 과학적 증거가 있었다면 암이나 당뇨병 같은 문제들은 이미 오래전에 해결되었을 것이다. 하지만 아직은 인간에 대한 과학이 임상 단계에 있을 뿐이라는 점을 고려해야 할 것이다. 따라서 특별히 이 사실을 믿을 수는 없다.

우리가 믿을 수 있는 유일한 것은 자연의 섭리와 상식이다. 스위스의 의사인 비르헤르-베너 박사의 개념은 바로 이 원칙에 근거하여 세워졌다. 그의 이론의 근본적인 입장을 간단하게 소개하겠다. 전부 단순하고 분명하다.

우리 모두는 궁극적으로 태양에너지를 먹고 산다. 태양에너지는 가장 기초적인 에너지의 원천이다. 석탄, 석유, 가스 등 그 밖의 모든 것은 부차적이다.

그런데 식물은 이 태양에너지를 직접 소비한다. 식물들은 지구상에서 이런 능력이 있는 유일한 생명체다(우주에너지를 직접 취하게 해준다는 호흡 수행법들까지 다루면 너무 복잡해지므로 여기서는 주제를 좁히기로 한다.)

우리는 식물을 먹으면서 태양에너지를 소비한다. 다른 말로, 식물을 매개로 하여 태양에너지가 우리 몸에 들어오는 것이다. 먹이 피라미드에서 식물보다 한 단계 높은 곳에 위치한 동물들도 식물을 먹고 산다. 그보다 더 높은 단계에 있는 맹수들은 초식동물들의 몸(시체)를 먹는다.

식물을 먹는 사람들은 태양에너지를 직접 받는다. 동물을 먹는 사람들은 이 에너지를 간접적으로 받는다. 그런데 만약 이 가축들이 (물론 가금류도 포함된다) 지금처럼 동물성 단백질을 섭취한다면 3차에 걸쳐 태양에너지를 얻게 되는 셈이다.

식물은 가장 기초적인 음식이다. 식물에는 쉽게 소화되는 식물성 단백질은 물론, 단백질을 합성하는 기본적인 아미노산이 들어 있다.

초식동물의 고기는 2차 공급원이다. 이것은 태양에너지가 공급되는 먹이사슬에서 식물에 이어 두 번째 매개 음식이 된다. 이런 식으로 피라미드의 한 단계에 있는 동물들은 그다음 단계의 동물들의 먹이가 된다. 그리고 가장 높은 단계에 있는 맹수들의 고기가 자연에서 음식으로 쓰이는 경우는 많지 않다. 맹수들의 고기를 소화하려면 애초에 소화기관이 다르게 설계되어 있어야 한다.

하지만 인간은 음식을 '요리하는' 과정을 통해 다른 동물들보다 더 많은 단계를 거치게 된다. 그래서 비흐헤르-베너 박사는 살아 있던 고기를 한 번 죽이고 그다음으로 죽어 있는 고기를 불로 한 번 더 죽이는 이중살해(ecrobiosis)라는 개념을 추가적으로 사용했다.

알다시피, 자신이 곧 죽을 거라는 사실을 이해할 정도로 꽤 고차원적인 의식을 가지고 있는 생명체를 죽이면 그 생명체의 몸에 반드시 어떤 흔적이 남는다. 혈액에서 살 속으로 죽음의 흔적을 남기는 물질이 배출되는 것이다. 물리적, 화학적 측면은 물론이고 에너지, 정보적 측면에서도 이런 일이 일어난다. 결과적으로 태양에너지 공급원으로서 품질로 따졌을 때, 이런 음식은 품질 등급이 더 낮다고 할 수 있다.

다음 단계는 죽은 고기를 다시 한 번 살해하는 단계다. 물론 우리는 태어났을 때부터 이 모든 '과정'을 지켜보고, 이것이 우리가 살기 위해 필수적이고 정상적인 일이라는 데에 익숙하기 때문에 여기에서 특이하다거나 놀라운 점을 찾지 못한다. 그렇지만 자연의 입장에서 봤을 때 이것이 정말로 정상일까? 생각해보라. 자연 그 어디에도 고기를 익히는 모습은 없지 않은가. 동물들은 그렇게 할 수 있다거나 그렇게 해야만 한다는 사실을 전혀 모르지 않는가. 그런데 당신은 그렇게 하고 있다. 이미 그 자체만으로도 죽어 있는 고기를 한 번 더 죽인다. 이것부터가 아주 이상하다. 뭔가 잘못됐다. 어딘가 맞지 않는다.

그렇다면 자연의 아이들이면서도 변태이자 저질인 우리는 과연 누구란 말인가? 아마 아직 그 누구도 이런 관점에서 질문을 제기해본 적이 없을 것이다.

조리된 음식은 3차 공급원이다. 에너지적 관점에서, 이것은 에너지 자원이 계속 약해지고 줄어들게 만드는 과정이다. 살아 있는 것은 살아 있는 것이다. 그리고 죽은 것은 죽은 것이다. 에너지와 힘은 생명이 있는 곳에 있다. 더 센 불을 거칠수록, 음식 안에 남아 있는 에너지 자원은 줄어든다. 조리 과정에서 독성물질이 생성되는 것은 물론이고 말이다. 모든 음식물은 자연 상태에서 가장 완전하다. 그렇다고 익히지 않은 고기를 산해진미로 여기지는 말라. 물론 해산물은 예외다. 바다의 생명은 육지보다 더 자연스럽고 조화를 이루도록 설계되어 있다. 육식어류와 바다 생물들의 고기라 할지라도, 육지의 육식동물들과 비교하면 이들은 식용으로 훨씬 적합하다.

위의 내용을 종합해보자면 다음과 같은 기본적인 결론을 내릴 수 있다.

1. 에너지는 매개 식품을 통해 간접적으로 섭취하기보다 직접적으로 섭취할 때 더 잘 얻을 수 있다.

2. 살아 있는 음식은 죽은 음식보다 모든 면에서 항상 더 좋다.

여기에서는 원칙적으로 새롭다고 할 만한 것이 아무것도 없다. 비흐헤르-베너 박사는 이 모든 것에 이름을 붙였을 뿐이다. 사물은 제대로 된 이름으로 불릴 때 진정한 가치를 드러낸다.

요약

■ 사회는 '음식은 고기로 만들어야 한다'는 원칙을 가지고 있다.

■ 인공 시스템의 모든 정보는 이 시스템을 위한 것이다.

■ 외부에서 들어온 단백질 분자를 소화하기 위해서는 이것을 아미노산으로 분해한 다음 몸이 섭취할 수 있는 분자로 합성해야 한다.

■ 식물들, 특히 허브는 단백질뿐 아니라, 단백질의 구성요소인 아미노산을 합성할 수 있는 기초적인 재료들까지 모두 가지고 있는 이상적인 공급원이다.

■ 신선한 식물성 음식은 속도는 느릴지 몰라도 자연스럽고 건강하게 근육을 형성한다.

■ 우리 모두는 궁극적으로 태양에너지를 먹고 산다.

■ 식물은 이 태양에너지를 직접 소비한다.

■ 우리는 식물을 먹으면서 태양에너지를 소비한다.

■ 식물을 먹는 사람들은 태양에너지를 직접 받는다.

■ 식물은 1차 공급원이다.

- 초식동물의 고기는 2차 공급원이다.
- 조리된 음식은 3차 공급원이다.
- 도축된 동물의 고기에는 죽음의 흔적이 남아 있다.

참고

이것으로 끝이 아니다. 이 밖에도 흥미로운 질문들이 수없이 남아 있다.

"그럼에도 불구하고 사람들은 왜 고기를 선호하는가?"

"먹이 피라미드의 높은 곳과 낮은 곳 중, 어느 곳에 있는 것이 유리한가?"

"생명력은 단백질, 지방, 탄수화물 중 어느 영양소에서 오는가?"

이것들은 결코 시시한 질문이 아니다. 특히 마지막 질문은 더욱 그렇다. 그러니 아예 다음 장으로 넘어가서 살펴보도록 하겠다.

내림나장조

검은 옷을 입은 사람이 내게 와서

공손히 인사하고,

레퀴엠을 의뢰하더니 사라졌네….

이제 나는 밤이나 낮이나

그 검은 사람에게 괴롭힘을 받고 있네….

— 푸시킨, 〈모차르트와 살리에리〉 중에서

　　오늘은 트랜서핑 이론이 본질적으로 추구하는 것에 대해 다뤄보도록 하겠다. 트랜서핑 이론은 복잡한 문제들을 쉽게 해결하기 위한 것이다. 물론 여기에 어렵다고 할 만한 것은 아무것도 없지만, 이제 당신은 일상적이고 분명한 것이 때로는 얼마나 놀랍고 충격적인 것이 될 수 있는지 실감하게 될 것이다. 오래전부터 잘 알고 있었던 사실이지만, 동시에 전혀 알지 못했던 것을 재발견했다는 특이한 느낌에 사로잡힐 것이다. 모든 문제는 '우리 세계에서 가장 모호한 것은 가장 단순한 것'이라는 데 있다. 보통 우리는 그런 것들에 주의를 기울이지 않기 때문이다.

　　첫 번째 질문을 다르게 바꿔보자. 애초에 한 생명체가 다른 생명체를 먹기 시작한 이유는 무엇일까? 상상해보라. 외계에서 지구에

와보니, 오직 식물밖에 없다. 동물계라는 개념 자체가 존재하지 않는다. 이런 일이 가능할까? 충분히 가능하다. 식물이라는 것은 가장 완전한 의식을 가진 존재들이며 오직 미네랄과 물, 태양, 공기만 있어도 생존이 가능하기 때문이다. 또한 이들의 의식은 아주 평화롭고 사랑스럽다. 이들은 아무도 공격하지 않으며 환경을 오염하지도, 서로를 화학성분으로 중독시키지도 않고 핵폭탄을 개발하지도 않는다. 이들이 유일하게 공격성을 보일 때는 생존을 위해 햇빛을 더 많이 받고 더 큰 공간을 확보하려고 애쓸 때뿐이다. 애초에 그것을 공격이라고 여길 수 있다면 말이다. 모든 개체가 그럴 권리가 있지 않겠는가! 살 권리 말이다!

하지만 가장 평화롭고 안락한 사회라 하더라도, 어디에서나 엄격한 변증법의 원칙에 따라 '반사회적인' 개체가 적어도 하나쯤은 있기 마련이다. 게걸스럽고 탐욕스러운 식성을 가지고 있거나, 어딘가 모자란 개체 말이다. 그런 개체의 머릿속엔 어떤 생각이 떠오를까? 다른 놈들처럼 인내심 있게 느릿하고 따분한 화학작용이나 광합성을 하는 대신, 옆에 있는 저놈이나 꿀꺽 삼켜버릴까? 아니면 순진한 '친구'를 꼬드겨서 '따뜻하게 안아준' 다음, 그놈의 즙을 몰래 빨아먹어 버려야겠다.

그렇게 다른 생명체가 생겼다. 그들은 다른 종들에게 빌붙어서, 심지어는 다른 종의 목숨을 대가로 삶을 이어간다. 이들은 똑같은 변증법에 따라 빠르게 번식하고 개체 수를 늘려갔다. 먹이 피라미드에서 식물들보다 높은 단계에 올라섰으며, 이로 인해 특정한 이점을 가지게 되었다. 그들 중 많은 생명체들이 공간 속에서 이동하는 방법을 배웠지만, 그들보다 더 '낮은' 단계에 있는 생명체들 중 대다수는 계속해서 한 자리에 묶여 있게 되었다. 그리고 머지않아 더 뻔뻔하고 게걸스러운 생명체들, 더 높은 단계에 올라서서 식물들을 잡아먹으며 살아가는 종들이 나타나기 시작했다.

이쯤에서 질문이 하나 생긴다. 이 모든 과정이 어떤 의미가 있는가? 먹이 피라미드의 꼭대기가 더 낮다고 해서, 거기까지 올라가는 게 실제로 가치 있는 일일까? 또한 다른 생명체를 먹는 것이 식물들처럼 그 누구의 도움 없이 직접 영양소를 공급하는 것보다 실제로 더 나은 일일까?

얼핏 보기에는 '더 높은 위치에 있을수록 더 강하고, 더 유리한 상황'이라는 답변을 '자연스러운' 답변이라고 생각할 수 있다. 하지만 우리 모두는 궁극적으로 태양에너지를 먹고 산다는 비르헤르-베너의 원칙을 되새겨보자. 이 원칙에 따르면 태양에너지의 공급원에 더 가까이에 있는 생명체는 필요한 매개 식품이 더 적으며, 그렇기 때문에 먹이 피라미드에서 더 유리한 위치에 있다는 말이 된다. 이것이 사실이라면, '누군가가 누군가를 잡아먹는' 경쟁은 왜, 어디에서 나타난 것이란 말인가? 어딘가 앞뒤가 맞질 않는다. 자연의 모순 아닌가?

여기에 대한 답은 질문이 모순적인 만큼이나 단순하다. 어떤 생명체가 다른 생명체를 잡아먹는 이유는 그 방법이 더 낫기 때문(더 배가 부르거나 맛있어서)이 아니라, 더 이상 먹을 수 있는 것이 남아 있지 않기 때문이다. 이 문장을 곱씹어보길 바란다. 다른 무엇도 아닌 바로 이 사실에 피라미드의 최정상을 향한 경주의 의미가 담겨 있다.

'자연에서는 항상, 모든 곳에서 누군가가 다른 누군가를 잡아먹는다'는 사실은 굉장히 자연스럽지 않은가? 하지만 익숙한 고정관념을 벗어던지면 그만큼이나 분명해지는 사실이 또 하나 있다. '누군가가 다른 누군가를 잡아먹는다'는 것은 결코 자연스러운 것이 아니라는 사실이다. 어떤 일이 익숙하다고 해서, 그것이 자연스럽고 정상적인 일이 되는 것은 결코 아니다. 지구는 이런 점에서 몇 안 되는 예외들 중 하나일지 모른다. "머나먼 은하계 어딘가에는…"라며 또 다른 예외를 찾는 것은 의미 없는 일이겠지만 말이다.

어쨌든 지구에서는 실제로 그런 일이 일어나고 있다. 우리의 자연 속에서는 당장 서 있는 자리에서 먹이를 구하는 것이 불가능한 상황이 적잖이 벌어졌고, 지금도 벌어지고 있다. 식물은 기후적으로 좋지 않은 조건에 적응할 수 있는 능력이 더 뛰어나다. 어떤 종은 동면 상태에 들어가기도 한다. 반면에 동물들은 가뭄이나 추위와 같은 상황에서 움직임이 둔해진다. 그렇게 되면 별다른 수가 있겠는가…. 식물이 아닌 생명체는 굶주린 모습으로, 보드라운 발을 척박한 땅에 내디디며 우수에 젖은 채 생각한다. '나에게는 아무도 없고, 왜인지 슬퍼…. 결심했어. 나도 누군가를 찾을 수만 있다면, 뭔가를 찾을 수만 있다면 뭐든지 하겠어….' 그 '누군가'와 '무엇'을 찾으려는 이유는 당신도 알 것이다. 먹기 위해서다. 근처에 식물이 하나도 없다면 뭐든 잡아먹을 것이다. 가장 중요한 본능은 생존 본능이기 때문이다. 다른 방법이 없다.

인간도 똑같다. 인간이 언제 어디에서 등장했는지 어떤 환경에서 살아왔는지 알 수는 없지만, 어느 순간 서식지에서 식물이 사라지는 상황에 처하자 먹이 피라미드의 더 높은 곳으로 올라갈 수밖에 없었다고 추측하는 것은 그다지 어려운 일이 아니다. 이것은 아주 불리한 일이었다. 2차 식품의 질이 좋지 않아서가 아니다. 2차 식품, 즉 동물성 음식은 구하기가 훨씬 더 어렵다. 바로 이 점이 문제다. 식물은 사냥할 필요가 없다. 그것들은 사방에 널려 있으며, 도망가지도 않고, 물거나 뿔로 받지도 않는다. 반면 사냥은 무척 힘이 많이 드는 활동이다. 비단 인간뿐 아니라 모든 생명체가 마찬가지다.

야생의 현실을 잘 모르는 정착민의 눈에는 맹수들이 편안하고 풍족한 삶을 사는 것으로 보일 수도 있다. 세상에나! 그 무엇에게도 위협을 받지 않는다. 원하는 것은 뭐든 제압할 수 있고, 잡아먹을 수 있다. 자신을 먹잇감으로 노리는 존재 따위는 없다. 원하는 만큼 돌아다니고, 먹고, 자유를 만끽한다! 주위에는 온통 느릿한 초식동물들과 멍청한 물고기밖에 없으니 말이다! 전부 네 것이다! 네 먹잇감이다!

하지만 사실은 모든 것이 훨씬 복잡하고, 비극적이기까지 하다. 이것은 모든 것이 단순하다는 환상에 불과하다. 당신이 보는 화면에서는 사자가 황소를 단숨에 쓰러뜨리고, 곰이 낚시에 성공하고, 늑대가 토끼를 잡아채고, 사냥꾼이 기세등등하게 사슴을 쏴 죽이는 장면 등이 나온다. 결말만 보여주고, 그 이전의 모든 과정은 생략한다. 그렇기 때문에 모든 것이 쉽고 단순해 보이는 것이다. 먹이 피라미드에 꼭대기에 있다면, 만물의 왕이자 신이며 모든 것을 손에 넣을 수 있다고 말이다.

사실은 모든 것이 정반대다. 여기에서 모순은, 먹이 피라미드에서 위치가 높으면 높을수록 먹잇감을 구하기는 더 어려워진다는 사실이다. 그리고 반대로 피라미드에서 낮은 위치에 있을수록 먹이를 구하기가 쉬워진다. 이상하지 않은가? 하지만 실제가 그렇다.

현실은 이렇다. 피라미드의 맨 꼭대기에 군림하는 것은 허기다. 문자 그대로, '극단적인 상태'에서 살아남을 수는 있다. 특히 인간이 맨 꼭대기에 올라서게 된 이후로 그랬다. 이것(허기)에 대해서 아는 사람은 아주 드물고, 언급을 하는 사람은 더 적다. 아프리카의 어떤 지역에서 수백만 명이 굶주림으로 목숨을 잃는다면 그것은 비극이라고 여겨진다. 하지만 맹수들이 먹잇감을 찾지 못해 굶어 죽으면 그것은 자연스러운 일이라고 여겨진다. 개체 수 보존의 법칙이라고 말이다.

사자 무리가 몇 개월 동안 아무것도 먹지 않고 버틸 수 있다는 사실을 아는 사람은 적다. 실제로 이런 기간 동안 (동물원이나 서커스에 갇혀 있지 않은) 사자들은 뼈만 앙상하다. 늑대들도 아무것도 사냥하지 않은 채 몇 주를 버틸 수 있다. 거의 항상 기진맥진한 상태로 돌아다니는 북극곰도, 마찬가지로 수개월 동안 먹잇감을 구하지 못할 수 있다. 청어를 먹고 사는 혹등고래들은 반년 동안이나 먹지 못한다! 반면에 피라미드의 가장 아래에 있는 플랑크톤은 언제든지 자신이 원하는 만큼 먹을 수 있다.

지구상의 생명체들이 생존을 위해 이런 어려움을 겪는 이유는 아주 많다. 날씨의 변화, 계절적인 이유, 동물, 새, 물고기의 이동 등, 나열하자면 아주 길다. 하지만 본질은 피라미드의 여러 단계에 있는 모든 생명체가 먹이연쇄에 따라 서로 의존적인 관계에 있다는 데 있다. 위치가 더 높을수록 연쇄는 더 길고 복잡해지며, 더 아래 단계에 있는 생명체들에 대한 의존도가 높다는 뜻이 된다. 또 다른 모순은, 먹이 피라미드의 위쪽에 있는 생명체는 실제로 자연의 왕이 아니라 사실은 상황의 포로이자 '잡아먹을 수 있는' 백성들의 식객이라는 점이다.

인간의 상황도 똑같다. 현대의 문명화된 인간은 야생 환경에서 무력한 존재다. 심지어 문제는 그것 자체가 아니라, 그가 이미 심각하게 의존적인 단계로 자기 자신을 몰아냈다는 데 있다. 인간에게 있어 고기가 아닌 것은 음식이 아니니 말이다.

디스커버리 채널의 한 다큐멘터리에서 이런 실험을 보여준 적이 있다. 도시에서 사는 평범한 지원자들 일곱 명으로 구성된 그룹을 알래스카에 떨궈둔 것이다. 그들의 임무는 이곳에서 최대한 오래 살아남는 것이었다. 그들에게 텐트, 총, 낚시도구, 그리고 그 밖의 필요한 도구들이 주어졌다. 오직 음식만 없을 뿐이었다. 이 밖에도, 참가자들에게 버튼이 달린 무선호출기를 하나씩 지급했다. 그 버튼을 누르면 참가자를 데리러 헬리콥터가 날아왔고, 모든 고생은 그 길로 끝이었다.

이 다큐멘터리가 촬영된 것은 가을 초순에서 중순쯤이었다. 첫날은 꽤 즐겁게 흘러갔다. 숨 막히도록 아름다운 자연에 유쾌한 분위기. 아무 문제 없었다. 그러다 비가 왔다. 모두가 흠뻑 젖었다. 아직 먹을 것을 찾지 못했기 때문에 모두가 빈속으로 잠을 청해야 했다. 하지만 참가자들 중에는 낚시 애호가와 사냥이 취미였던 여성이 있었기 때문에 아직 기회는 충분했다.

아침이 되자, 그들은 말려두기 위해 모닥불 근처에 뒀던 신발이

타버렸다는 사실을 알게 되었다. 그들은 발을 보호하기 위해 적당한 물건을 찾아 발을 싸맸다. 이미 모두가 극심한 허기를 느끼고 있었다. 주변에서 사냥감을 찾아봐도 결국 헛수고였다. 그들을 둘러싼 풍요로운 자연은 왜인지 모르게 이 불청객들에게 그것이 가진 자원을 좀처럼 내보이지 않으려고 하는 것 같았다. 사냥이 취미라던 여성 참가자는 더 먼 곳으로 탐험을 떠나야 할 것 같다고 말하며, 저녁 무렵이 되어 돌아올 때쯤엔 고기를 가져오겠다고 약속했다. 그것도 아주 많이.

좋다. 나머지 참가자들은 힘껏 미끼를 던졌다. 근처에는 그림 같은 강이 흐르고 있었다. 하지만 낚싯대를 드리우고 아무리 기다려도 허탕만 치자 열의는 금세 식어버렸다. 낚시 애호가는 이 강에 물고기가 살지 않는다는 결론을 내렸다. 그러니 고기를 찾는 것 외엔 별다른 수가 없었다.

머지않아 그들은 캠프 근처에 쥐가 산다는 사실을 알게 되었다. 그 쥐를 잡는 것이 그들의 임무가 되었다. 하지만 어떻게 잡는단 말인가? 물론 그들 모두 고학력자이고 똑똑했기 때문에, 어쨌거나 방법을 찾기는 했다. 그것도 아주 기가 막힌 방법을 말이다! 그들은 큰 양동이에 물을 채운 다음, 양동이 가장자리에 긴 막대기를 기대놓았다. 그리고 관이 끼워진 와이어가 양동이를 가로지르도록 올려놓았다. 말하자면 이런 식이었다. 쥐가 막대기를 따라 양동이에 올라서서, 와이어를 따라가게 되면 관에서 미끄러져 물속으로 빠지고⋯ 그들에게 먹을 음식이 생기는 것이다!

참가자들은 아주 진지하게 이 작전을 준비했다. 그리고 기다리기 시작했다. 오랜 기다림이었다. 하지만 그들의 기대와는 달리, 쥐가 양동이 안으로 빠질 기미는 조금도 보이지 않았다. 쥐는 나타나서 평소처럼 침착하게 돌아다녔다. 그랬다···. 또 실패였다.

그러던 중에도 참가자들을 촬영하던 카메라는 강에서 헤엄치는 송어(물고기가 살긴 했던 것이다!)와 수풀 속의 산딸기, 강가에 빼곡하게 자라난 우엉과 그 외에 기억이 나지 않는 여러 가지를 비춰주었다. 괜찮다면, 사실 우엉도 익히면 감자만큼이나 썩 괜찮은 음식이다. 하지만 참가자들은 이런 것에 흥미가 없었다. 그들은 고기를 찾으려고 했다.

마침내 남성 참가자들 중 하나가 숲속에서 다람쥐를 찾는 데성공했는데, 그는 마치 기적을 발견했다는 듯(오예!) 눈을 번뜩이며 다람쥐를 잡았다.* 참가자들은 잠시 고민하다가 다람쥐를 죽여 가죽을 벗기고(방법은 잘 알고 있었다), 평범한 쥐보다는 약간 크지만 자그마했던 고깃덩어리를 꼬챙이에 꿰어 모닥불에 구웠다. 물론 모두가 아주 진지했지만, 이 고기를 여섯 명분으로 나누면 한 사람당 새끼손가락 한 마디 크기밖에 안 된다는 사실은 분명했다. 참가자들 모두 허겁지겁 고기 조각을 삼켰다. 남은 한 명의 참가자(사냥을 하러 떠났던 여성)의 몫은 없었다. 조금만 기다리면 그녀가 고기를 아주 많이 가지고 돌아올 것이니 말이다.

그러던 중에 그녀가 돌아왔다. 화가 난 채 빈손으로 말이다. 그녀가 돌아다녀 보니, 이 저주받은 땅에는 먹을 것이 전혀 없었다! 다

---

* 원문에서는 다람쥐라고 소개되었으나, 실제 다큐멘터리 영상에서는 쥐를 잡은 것으로 나온다.

른 참가자들이 그녀를 쏙 빼고 다람쥐를 잡아먹었다는 사실을 알게 되자, 그녀는 불같이 화를 냈다. 한 팀이 아니었던가! 어떻게 자신을 그렇게 대할 수 있단 말인가! 지긋지긋한 말다툼이 끊이지 않았다.

이 다큐멘터리를 끝까지 보지는 못했다. 하지만 그들이 어떤 결말을 맞이했을지 짐작하는 것은 그다지 어렵지도 않을뿐더러, 별로 중요하지도 않다. 아마 독자 여러분도 그럴 것이다.

요약

- 우리 세계에서 가장 모호한 것은 가장 단순한 것이다. 보통 우리는 그런 것들에 주의를 기울이지 않기 때문이다.
- 태양에너지의 공급원에 더 가까이에 있는 생명체는 필요한 매개 식품이 더 적으며, 그렇기 때문에 먹이 피라미드에서 더 유리한 위치에 있다.
- 어떤 생명체가 다른 생명체를 잡아먹는 이유는 그 방법이 더 낫기(더 배가 부르거나 맛있기) 때문이 아니라, 더 이상 먹을 수 있는 것이 남아 있지 않기 때문이다.
- 피라미드의 맨 꼭대기에 군림하는 것은 허기다.
- 먹이 피라미드의 위쪽에 있는 생명체는 자연의 왕이 아니라 오히려 상황의 포로이자 '잡아먹을 수 있는' 백성들의 식객이다.
- 현대의 문명화된 인간은 이미 심각하게 의존적인 단계로 자기 자신을 몰아내버렸다.

참고로 설명하자면, '내림나장조'는 모차르트가 작품에서 즐겨 사용했던 음조다. 하지만… 여기에서 바이올린이 빠지면 행진곡이 되어버린다. 그 뒤부터는 곡이 더 재미있어진다.

인간 농장

'다른 누군가의 살덩이'에 대한 위령제를 계속하고자 한다. 부디 당신이 여기에 적힌 내용을 허구로 받아들이지 않았으면 한다. 트랜서핑에는 규칙이라는 것이 없으며(규칙은 펜듈럼들이나 가지는 것이다), 법칙이라고 할 만한 것도 거의 없다. 다만 마음과 영혼이 일치하는 지점에서 당신이 따를지 말지 결정하기만 하면 되는 원칙들만 있을 뿐이다.

마찬가지로 나의 임무는 우리 세계 전체를 움켜쥐고 있는 제조업자들과 판매업자들의 분별없는 광고에 대항하여, 누군가의 이익관계를 대변하지 않는 객관적인 정보를 제공하는 것이다.

우리 모두는 주변에 있는 상품들이 생산되는 이유가 그것들이 우리 삶에 반드시 필요해서가 아니라, 제품을 만들고 판매함으로써 모두에게 이득을 가져다주기 때문이라는 사실을 자각하고 있어야 한다. 일차적으로, 사람들이 필요로 하는 것을 생산하고 판매한다. 하지만 완전히 다른 일이 뒤따라 일어나기 시작한다. 바로, 모든 이익을 취하기 위해 갖은 수법을 동원하는 경쟁이 벌어지는 것이다. 우리는 이 경쟁이 끊임없이 일어나는 세계에서 살고 있으며, 당신도 알다시피, 이익을 얻기 위한 수단에 대해 부끄럽게 생각하는 사람은 적다.

그런 의미에서 거짓말과 허위 정보는 아주 효과적인 수단이다.

가령 어떤 식품을 판매하면서 경쟁자들에게 뒤처지지 않기 위해, 그 제품이 매우 몸에 좋을 뿐 아니라 그것을 먹지 않으면 살 수 없다는 미신을 만들어야만 하지 않는가(고기나 우유 없이는 도저히 생존이 불가능하다든지 말이다).

최근 열풍은 '모든 상품을 천연 제품으로' 사용하는 것인데, 여기에는 내 책들이 어느 정도는 영향을 미치기도 했다. 그렇다면 여기에서 질문은, 이런 환경에서 천연 제품과는 아무런 관련이 없는 제품은 어떻게 판매할 수 있냐는 것이다. 답은 아주 간단하다. 그것을 천연 제품이라고 부르기만 하면 된다. (어딘가에서 찾아서 데려온) 아주 건강하고 사랑스러운 아기가 통조림 캔에서 꺼낸 합성식품을 맛있게 먹는 모습을 보여주며, 자막으로 그 이유를 설명해주는 것이다. "천연이니까요!"

보존 처리되어 통조림 캔이나 봉지 안에 '밀봉되고 파묻힌' 데다 유통기한이 1~2년이나 되는 식품이 어떻게 천연 식품일 수 있는지 아는 사람은 내게 설명해주길 바란다. 그것도 되도록 간단하게 말이다. 제조업과 판매업은 새로운 트렌드에 아주 발 빠르게 적응한다. 하지만 그들은 자신이 직접 만든 '동화'를 옛날 일로 만들기 위해 아무 노력도 기울이지 않는다. 재빨리 행동을 바꿔 순진한 소비자들을 속이는 편이 비용이 더 적게 들기 때문이다.

참고로 유통기한은 제품의 '감금' 기간에 비유할 수 있다. 유통기한이 길면 길수록 더 위험한 죄목으로 '수감된' 제품이라는 뜻이다. 아마 독자 여러분 중 일부는 마요네즈 한 통의 유통기한이 냉장 보관 상태에서 3주에 못 미치고, 우유 한 통이 2~3일만 지나면 상하며, 맥주도 일주일만 지나면 색이 탁해지던 시기를 기억하고 있을 것이다. 그런데 이제 많은 사람들이 그런 사실을 기억하지도 못할뿐더러 알지도 못한다.

이런 경쟁은 우리 자신을 상품 제조업자와 판매업자의 이익을 위한 포로이자 인질로 전락하게 만들었다. 상점에서는 실제로 천연인 제품을 찾기가 거의 불가능하다. 마지막으로 남은 최후의 도피처는 농산물과 해산물 정도다(물론 인공적인 환경에서 재배되지 않는 것들 말이다). 물론 이것들도 대부분 깨끗함이나 공정함과는 거리가 멀긴 하지만.

비르헤르-베너 박사의 분류에 따르면, 그 당시에는 없었던 4차 식품을 표에 추가할 수 있을 것이다. 이것은 바로 공장에서 생산된 합성식품이다. 가장 낮은 품질의 음식물이며, 본질적으로 먹이 피라미드의 꼭대기에 있는 사이보그를 위해 만들어진 매트릭스의 음식물인 셈이다.

합성식품의 원리는 아주 쉽고 분명하다. 합성식품의 성격이 강하면 강할수록, 원가는 더 낮아진다. 또한 유통기한이 길면 길수록 상품을 판매하기는 더 쉬워진다.

이쯤에서 질문이 생긴다. 도대체 그들이 무슨 권한으로 우리에게 이런 쓰레기를 먹이는 것일까? 어떻게 합성제품이 도처에 널려 있는 이런 상황이 일어날 수 있다는 말인가? 비단 음식뿐 아니라 모든 제품에 있어서 말이다.

이번에도 아주 단순한 논리다. 소비자의 의식이 문자 그대로 좀비와 같은 낮은 수준에 있다면 그에게 뭐든 팔아먹을 수 있다. 그러면 그 소비자는 그 모든 것이 그의 몸에 좋을 뿐 아니라 살기 위해,

특히 건강을 유지하기 위해 반드시 필요하다고 믿을 것이다.

각각의 개인뿐 아니라 사회 전체의 의식이 깨어난 정도가 훨씬 더 높았다면, 우리는 아직까지 자연 그대로의 우유와 맥주를 마시고, 유전자 조작을 거치지 않은 콩으로 만든 소시지를 먹는 삶을 살고 있었을 것이다. 하지만 우리는 자유롭지 않고, 의식이 없는 개인들이다. 우리는… 거친 표현을 사용하고 싶지는 않으니, 조금 완곡하게 말해보겠다. 우리는 농장에 있기 때문에, 우리에게 주어지는 음식을 먹을 뿐이다. 우리의 상황이 그렇다. 당신이 보기에는 이것이 트랜서핑과 아무런 관련이 없는 것 같은가?

하지만 실제가 그렇다. 우리는 우리에게 주어지는 음식을 먹고 있다. 발전되고 문명화된 사회에서는 '먼저 요리사가 음식을 만들고, 그다음 소비자가 음식을 사게 만든다'는 법칙이 있기 때문이다. 이것이 무슨 뜻인지 설명해드리겠다.

앞서 설명한 것처럼, 처음에는 수요가 있는 제품이 생산되기 시작한다. 예를 들어, 산속 깊은 곳에 장수하는 부족이 살고 있다. 그들이 변함없이 건강하고 맑은 정신을 유지할 수 있는 비결은 바로 신통한 맥주 덕분이다. 이 제품을 도시 사람들을 위해 생산하기 시작하면 어떻겠는가? 문제없다! 곧바로 생산과 판매에 착수하고, 결과는 성공적이다. 하지만 경쟁사들이 똑같은 것을 만들어 팔기 시작했다. 무슨 수로 그들보다 우위에 서겠는가? 시장은 이미 같은 제품으로 넘쳐나고 있다. 그러면 이 제품을 어떻게 성공적으로 판매할 수 있을 것인가?

이 모든 문제는 쉽게 해결된다. 맥주를 합성식품으로 만드는 것이다. 이 맥주는 이제 산속의 부족이 마시는 맥주와는 전혀 다르다. 맥주의 품질은 훨씬 낮고, 유통기한은 더 길다. 그러나 소비자들에게 는 이것이 그 맥주와 똑같은 신통한 묘약이라고 광고한다. 그들은 곧 이곧대로 믿는다. 그들은 아주 굶주려 있으며, 순진하기 때문이다.

특히 제품이 생산된 다음에는 전혀 다른 성격의 절차가 이루어 진다. 갖은 방법을 동원하여 모든 제품을 팔아치우는, 다시 말해 소 비자들에게 떠넘기는 절차 말이다. "우리가 이 제품을 생산하면 당 신은 반드시 사야 한다." 사고 싶지 않다면, 사고 싶다는 마음이 들도 록 아주 끈질기게 당신을 설득할 것이다. 마치 군인 정신처럼, 할 줄 모르면 방법을 알려줄 것이고, 하기 싫다면 하도록 만들 것이다. 어 떻게 알려줄까? 권위 있는 의사들의 의견을 덧붙여(어차피 의사들 입장 에서는 어떤 의견을 내든 상관없다. 그들에게 필요한 것은 건강한 사람이 아니라 환자 이지 않은가?), 이 제품은 어떤 성분을 가지고 있기 때문에 당신의 건강 에 얼마나 좋고 얼마나 필요한지 떠들썩하게 광고할 것이다. 어떻게 당신이 그 제품을 사도록 만들까? 그것도 아주 쉽다. 매장 진열대에 다른 제품을 몽땅 치워버리면 된다. 오직 우리의 합성식품만 진열해 두는 것이다! 농장에서 기르는 최고의 생명체인 바로 당신을 위해서 말이다…. 우리는 당신을 아주 사랑하고, 당신의 건강을 아주 걱정하 고 있으니 말이다!

이 모든 일이 일어나는 이유는 제조업자들과 판매업자들이 나 쁘고 악질적인 사람들이기 때문이 아니다. 사실은 시스템이 그들을 별다른 선택의 여지 없이 그렇게 행동할 수밖에 없도록 만드는 것이 다. 혁명이 자신의 아이들을 살찌우듯, 시스템의 아이들 또한 그것의 권력(올가미) 안에 있을 뿐이다.

　이것의 예시로서 내가 다른 글에서 소개한 적이 있는 사건을 다시 한 번 이야기해 드리겠다.

　1974년 미국 정부는 국가안보와 관련하여 제3국 국민들의 인구를 줄일 것을 과제로 선포했다. 어떻게 이 정책을 실현할 계획이었을까? 헨리 키신저Henry Kissinger 국무장관은 미국 국가안보 보고서에서 군사적 도발 이외에도 식품을 인구 감축을 위한 도구로 사용할 수 있다고 직접적으로 권고했다.

　그들은 처음에는 생물무기를 개발했지만, 이후에는 '평화적인 방법'으로 행동하는 것이 훨씬 더 효과적이라는 사실을 알게 된 것이다. 유전자 조작 기술은 시스템의 천재적인 발명품이며, 인구 감소를 위한 수단인 동시에 개별적인 국가들의 식품 안전을 완전히 무너뜨리는 일석이조의 효과를 낼 수 있다. 유전자 조작을 거친 식물의 씨앗에서는 싹이 트지 않아, 결과적으로 종자은행은 항상 기업들의 손아귀에 있게 되기 때문이다. 아주 이상적인 조종 방식인 셈이다. 전쟁을 할 필요도 없다. 그저 결정적인 타이밍에 자신의 말을 듣지 않는 사람에게 종자 공급을 끊어버리고, 자기 마음대로 하면 된다. 이미 많은 국가들이 이런 방식으로 인해 문자 그대로 무릎을 꿇었다.

　하지만 가장 흥미로운 사실은, 제3국 국가들을 배척하기 위한 미국 정책의 여파가 뜻밖에도 미국 자신에게 돌아왔다는 점이다. 기업들은 이익을 향한 추격전을 계속하며 감당할 수 없을 정도로 많은 GMO 제품들을 생산하기 시작했다. 하지만 이 제품을 누군가에게 팔아넘기기는 해야 하지 않겠는가! 그다음부터는 앞서 말한 법칙이 일어나기 시작한다. 먼저 제품을 생산하고, 그다음 소비자에게 그것을 사라고 강요하는 것이다. 이렇게 강요받는 소비자는 누구일까? 다름 아닌 자국의 국민들이다.

이제 이 쓰레기는 전 세계를 가득 채우고 있다. 이것은 사람을 위한 음식이 아니다. 전 세계에 전염병처럼 퍼져 있는 불임, 비만, 우울증, 각종 질병과 무시무시한 기후 변화는 전부 다 헛소리다. 가장 중요한 것은 이익을 위한 경쟁이다. 다만 의식의 수준이 더 높고 사람들이 자기 자신을 존중하는 나라에서는 적어도 선택의 기회가 있다.

예컨대 스칸디나비아에서는 합성식품을 팔지만 유기농 제품도 있다. 또한 슈퍼마켓에서 당신이 사는 제품이 어떤 종류인지 분명하게 알려준다. 반면에 러시아의 소비자들은 그들이 구매하는 제품이 GMO인지 아닌지 알 권리가 없다. 생각해보라. 이런 권리를 가지지 못한다 해도 법적으로 아무 문제가 없다. 우리는 농장에 있으니 말이다. 사실이 그렇지 않은가?

전 세계가 위기에 빠지고 극심한 침체기를 겪게 되면 이익을 향한 경쟁은 훨씬 치열해진다. 그리고 오늘날 이런 추세는 제품의 품질에서 분명하게 드러나고 있다. 식품만이 아니라 모든 제품에서 말이다. 페인트부터 램프까지, 모든 생필품에는 건강뿐 아니라 인생 전반에 직접적으로 위협을 가하는 싸구려 화학물질들이 첨가된다.

위기의 이런 측면에 대해서는 그 누구도 솔직하고 분명하게 말하지 않는다. 바로 그렇기 때문에 이런 추세가 확산되는 속도는 더 빨라지고 있다. 아무것도 달라지지 않는 것처럼 보이겠지만, 사실은 그렇지 않다. 바로 전날 어떤 제품을 샀고, 오늘 똑같은 제품을 또 샀다고 할지라도, 그 품질은 전혀 다를 수 있다. 경쟁은 경쟁이니 말이다.

결과적으로 제조업자들 또한 자신이 생산한 제품을 소비할 수밖에 없다. '먼저 생산하고, 소비하도록 부추기라'는 원칙은 누구에게나 예외 없이 적용되기 때문이다. 러시아식으로 표현하면 "우물에 침을 뱉거나, 남이 빠질 구멍을 파면 결국 자신에게 돌아오는"셈이다. 그러나 다시 한 번 말하지만, 제조업자들과 판매업자들은 문명화된 사회의 범위를 넘어서는 형체 없는 악이 아니다. 그들도 우리와 다름없이 가정이 있고 아이들을 키우며, 이익을 위한 경쟁의 결과로 인해 똑같이 고통받는 사람들이다. 문제는 시스템 그 자체에 있다. 시스템이 당신을 이용하고 있는 것이며, 당신이 시스템의 결과물을 누리고 있다는 것은 그저 당신의 착각에 불과하다.

시스템의 다양한 모델들은 저마다 다른 방식으로 작동한다. 사회학 모델은 당신에게서 선택의 자유를 빼앗는다. 자본주의 모델은 당신을 노예로 만든다. 반면에 인공 시스템이 작동하는 방식은 아주 흥미롭다. 이 시스템은 당신을 직접적으로 압박하거나 압력을 가하지 않는다. 그것은 구성요소들 — 부속품들 — 이 시스템의 필요에 따라 직접 자신의 모양을 만들고, 시스템에게 이득이 되는 것을 원하도록 만든다.

이 모든 것은 중독의 형태로 드러난다. 모든 합성식품은 의식을 흐리게 하고, 마약과 같이 아주 강한 중독성을 일으킨다. 음식, 정보, 외부 환경 이외에 시스템이 의식에 영향을 미칠 수 있는 다른 방법은 없다. 그렇기 때문에 나는 이런 이야기를 하는 것이다. 나 또한 이 주제를 다루는 것이 그다지 유쾌하지는 않다는 사실을 믿어주길 바란다. 심지어 나와 함께 일하는 동료들은 이것이 아주 무의미한 주제라는 듯이 아예 외면하려고 한다.

하지만 이 모든 것이 무의미한 일이라면 우리는 문자 그대로 축사 안에서 현실을 통제하고 있는 꼴이 될 것이다. 나는 그런 책임을 질 수 없다. 즉, 당신에게 덧없고 순전히 추상적이기만 한 일을 하라고 권할 수는 없다. 트랜서핑은 최대한 현실적이고 복합적인 방법을 사용한다는 점에서 다른 기법들과는 다르다. 깨어난 의식과 의도를 가진 채 장밋빛 안경을 끼고 살 수도, 당신의 세계를 오렌지색 경쾌한 빛깔로 채울 수도 있다. 하지만 구름 위를 떠다니며 공상해서는 안 된다. 하늘을 떠다니는 것은 '사과들'이어야 한다.[*] 당신은 땅위에 발을 딛고 있어야 한다. 그렇지 않으면 트랜서핑은 그저 환상에 지나지 않을 것이다.

요약

- 우리 주변에 있는 상품들이 생산되는 이유는 그것들이 우리 삶에 반드시 필요해서가 아니라, 제품을 만들고 판매함으로써 모두에게 이득을 가져다주기 때문이다.
- 제조업과 판매업은 트렌드를 아주 빠르게 모방하며, "전부 천연이에요!"라는 새로운 열풍에 발 빠르게 적응한다.
- 유통기한은 제품의 '감금' 기간에 비유할 수 있다. 유통기한이 길면 길수록 더 위험한 방법으로 '감금된' 제품이라는 뜻이다.

---

[*] 《트랜서핑의 비밀》의 원제가 '사과가 하늘로 떨어지다'이다.

- 이런 경쟁은 우리 자신을 상품 제조업자와 판매업자의 이익을 위한 포로이자 인질로 전락하게 만들었다.

- 합성식품은 4차 식품이다. 가장 낮은 품질의 음식물이며, 본질적으로 먹이 피라미드의 꼭대기에 있는 사이보그를 위해 만들어진 매트릭스의 음식물인 셈이다.

- 우리는 농장에 있기 때문에 우리에게 주어지는 음식을 먹을 뿐이다. 달리 말해서, 우리가 농장에 있는 이유는 우리에게 주어지는 음식을 먹기 때문이다.

- 인공 시스템에서는 상품의 제조가 먼저고, 그 상품을 구매하라는 강요는 그다음이다.

- 제품이 생산된 다음에는 전혀 다른 성격의 절차, 즉 갖은 방법을 동원하여 모든 제품을 팔아치우는, 다시 말해 소비자들에게 떠넘기는 절차가 시작된다. "우리가 이 제품을 생산하면 당신은 반드시 사야 한다"고 말이다.

- 전 세계에 전염병처럼 퍼져 있는 불임, 비만, 우울증, 각종 질병과 무시무시한 기후 변화는 전부 다 헛소리다. 가장 중요한 것은 이익을 위한 경쟁이다.

- 페인트부터 램프까지, 모든 생필품에는 건강뿐 아니라 인생 전반에 직접적으로 위협을 가하는 싸구려 화학물질들이 첨가된다.

- 시스템은 당신을 이용하고 있으며, 당신이 시스템의 결과물을 누리고 있다는 것은 그저 당신의 착각에 불과하다.

- 인공 시스템은 구성요소들 — 부속품들 — 이 시스템의 필요에 따라 직접 자신의 모양을 만들고, 시스템에게 이득이 되는 것을 원

하도록 만든다.

■ 이 모든 것은 중독의 형태로 드러난다.

참고

　　다음 장에서는 그 누구도 당신에게 말해주지 않았던 불편한 진
실을 알려드리도록 하겠다. 우리는 농담을 하거나 동화를 들으려고
하는 것이 아니니 말이다. 트랜서핑은 집단의 꿈이나 환상 속에 남
아 있는 것이 아니라 현실을 있는 그대로 보고 인식하도록 도와준다.
동시에 당신의 몸과 삶의 형태에 관한 극단적인 실험과 광신에 대해
미리 경고하는 바다. 당신 안의 뭔가를 바꾸고 싶다면 이성적으로,
서서히, 조화롭게 시도하라.

중간계 전투

이전 장에서 우리는 인공적인 매트릭스가 의존성을 이용하여 사람들을 통제한다는 점을 알아보았다. 여기에는 가장 먼저 음식이 사용된다. 중독의 기본이 되는 감각은 자연스러운 육체적 욕구가 아니라, 마약에 중독된 것 같은 허기다. 왜냐하면 3차적 음식(불을 거친 음식들, 그중에서도 특히 동물성 식품)은 중독 상태를 유발하기 때문이다. 그리고 중독 상태를 만드는 모든 것은 사람을 그것에 의존하게 만든다.

그러나 죽은 것은 죽은 것이다. 죽은 음식은 이미 그 자체만으로 독성이 있다. 하지만 죽은 음식이 소화 과정을 거치면 그 독성은 더욱 강해진다. 자연의 섭리를 위배하며 죽은 음식을 신체에서 받아들이는 과정은 오히려 부패에 가깝다(이런 말을 하게 되어 미안하지만, 화장실에서 일을 볼 때 썩은 냄새가 나는 것도 바로 이런 이유에서다).

튀기거나 삶은 고기는 완전한 마약이다. 그래서 모두가 고기를 계속 찾는 것이다. 고기를 먹지 않고는 하루도 버티지 못하는 고기 애호가들도 있다. 지금 당장 누군가의 살을 먹지 못한다면, 누군가를 죽일 수도 있는 사람들 말이다. 또다시 일정량을 섭취해야만 그제야 일시적으로 중독 증상이 잦아들고, 일상생활을 이어갈 수 있다.

독자 여러분의 확실한 이해를 돕기 위해 중독 증상이 무엇인지 다시금 설명해드리겠다. 이것은 독성물질과 대사산물로 인해 인체가 더러워지는 단계가 아니라, 독성물질이 배출되기 시작하는 단계를 말한다. 사람의 몸은 일생 동안 쉬지 않고 계속해서 오염되며, 그 정도는 갈수록 커진다. 마치 화학 폐기물을 이곳저곳에 쌓아두는 것과 같다. 몸은 도저히 이 오염물질을 처리할 수 없고, 그럴 틈도 없기 때문이다. 이것을 처리하기 위해 바로 '플랜B'라는 것이 있다. 바로 폐기물을 캡슐 형태로 저장하는 것이다. 필수적인 신체기관에서 최대한 멀리 떨어진 곳에 문자 그대로 '되는대로' 묻어버리는 것이다. 하지만 몸은 죽은 음식을 소화하는 힘겨운 노동에서 벗어날 때마다 그 즉시 정화 과정을 시작한다. 이때 혈액으로 독소가 배출되는데, 이로 인해 저절로 중독 반응을 느끼도록 자극을 받게 된다. 또다시 일정량을 복용해야 하는 것이다. 그리고 사람은 자연스럽게 그렇게 한다. 그래서 만약을 위해 세워진 계획이긴 하지만, 이 '플랜B'대로 계속해서 살아가는 것이다. 얼핏 보기에는 괜찮아 보일 것이다. 노폐물들이 (아직까지는) 캡슐로 보관되기 때문에, 살 수는 있기 때문이다(이것도 역시 '아직까지는' 말이다). 다만, 일정량을 또 복용하지 않고는 살 수가 없다.

바로 이 중독 현상 때문에 인간이 먹이 피라미드의 꼭대기로 올라설 수 있었고, 그 이후에도 오랫동안 꿋꿋이 자리를 지킬 수 있었다.

이제는 야생 환경이나 지속적으로 음식이 부족한 환경에서 살아남는 것은 더 이상 우리 몸의 과제가 아닌 것 같다. 동물성 식품을 끊을 가능성은 있지만, 중독 증상으로부터 자유로워질 수는 없다. 오늘날에는 수확되는 농산물의 대부분이 직접적인 소비가 아니라, 고기를 얻기 위한 사료를 만드는 데 사용된다.

변함없이 풍부한 식물 다양성의 보고가 되어주는 열대 우림에서도 원주민들은 사냥을 멈추지 않고 있다. 익힌 고기를 한 번이라도 맛봤다면 계속해서 그것이 먹고 싶어지기 때문이다. 게다가 중독은 습관을 만든다. 그 습관은 정신적(사회적) 고정관념을 만든다. 왜, 무엇 때문에 그것이 필요한지 이성적(집단적) 이유가 되어주는 핑곗거리를 만드는 것이다.

게다가 산업적인 식품 기술이 발명되면서 인간은 더욱 지독한 중독에 빠지게 되었다. 화학조미료와 합성식품은 익숙해지도록 만드는, 즉 이끌리도록 만드는 효과가 가장 강하기 때문이다. 이런 먹이에 대한 이끌림이 누구에게 이득을 가져다주는지는 안 봐도 뻔하다. 바로, "우리가 이것을 생산하고 판매한다면, 당신은 반드시 그 제품을 사야 한다"라고 주장하는 이들이다. 그들은 의도적으로, 그리고 완전한 의식을 가지고 음식물에 합성원료를 첨가한다.

이에 대한 예시는 아주 많다. 언젠가 우연히 이런 광경을 볼 기회가 있었다. 컨베이어 벨트를 따라 고기가 지나가고, 수많은 주사기 바늘이 꽂혀 있는, 압착기와 비슷한 기계가 고기를 눌러댔다. 화학물질을 고기에 주입하는 것이었다. 크기와 무게를 늘리고, 빛깔을 더하고, 규격에 맞추기 위한 물질이었을 것이다. 고기는 이미 상당한 양의 화학물질, 항생제, 호르몬제 등, 온갖 쓰레기로 뒤범벅된 상태임은 물론이고 도축 당시의 공포로 인해 독성과 대사산물이 쌓여 있었는데도 그랬다. 알다시피, 이익을 위한 경쟁에서는 하지 말아야 할 일이라는 것이 없다. 넘어서는 안 될 선이라고 할 만한 규범이나 원칙이라는 것이 존재하지 않는다.

중독성은 음식이 조리되는 과정에서 더욱 강해진다. 특히 동물성 식품이 불을 거치지 않은 날것의 상태보다 훨씬 더 먹음직스러워 보일 때 더욱 그렇다. 사실 그것은 그저 보기에만 그럴 뿐이다. 아르놀트 에렛에 따르면, 익힌 음식이 위에 들어가면 독소는 더 이상 배출되지 않는다. 그리고 큰 망치로 위를 한 대 때린 것 같은 효과가 일어난다. 인체는 부담이 가중되었다는 점으로 인해 반* 기절 상태가 된다. 해독 작용이 중단되는 데서 오는 만족감과 더불어, 바로 이 부담감이 포만감으로 잘못 받아들여지는 것이다.

하지만 질문은, 정말로 동물성 식품이 식물성 식품보다 포만감이 크냐는 것이다. 우유의 미신에 대한 진실을 폭로한 것으로 유명한 월터 바이츠* 박사는 이런 예시를 든다. 평생 동안 단 한 번도 우유를 마시지 않았던 아프리카의 흑인 여성은 통계적으로 하루에 350밀리그램의 칼슘을 섭취한다. 미국 여성은 하루에 1,400밀리그램의 칼슘을 섭취한다. 미국에서는 임신 중 칼슘 부족(골다공증)으로 고생하는 여성이 많은 반면, 아프리카에서는 이런 질병을 가진 여성을 찾기가 힘들다.

몸속의 모든 것은 칼슘 함유량 표를 들여다보는 것처럼 그렇게 간단하지 않다. 중요한 것은 식품이 칼슘을 얼마나 함유하는지가 아니라, 그 칼슘이 얼마나 소화될 수 있는지다. 그리고 그것은 많은 요소들에 따라 결정된다. 바이츠 박사는 이 과정을 건설 인부들의 노동에 비유한다. 예를 들어, 하루에 500개의 벽돌을 쌓을 수 있는 벽돌

---

* Walter Veith: 남아공 출신의 동물학자, 영양학자 및 목사.

공이 있다고 하자. 그에게 더 많은 벽돌을 준다고 해서 그의 생산성이 더 높아질까? 벽돌을 트럭에 실어 무더기로 가져다준다고 하더라도, 그가 더 빠르게 벽돌을 쌓을 리는 만무하다.

식품의 칼로리와 영양소에만 집중하는 전통적인 개념은 환상에 불과하다. '음식물을 소화하기 위해 얼마나 많은 칼로리를 소모해야 하는가'와 같은 기본적인 사실을 고려하고 있지 않기 때문이다.

오늘날 고안되어 사용되고 있는 비타민, 미네랄, 미량원소와 다량원소의 하루 기준량도 아주 우스운 자료다. 하루 기준량을 채우기 위해 먹어야 하는 음식을 전부 모아보면, 종일 입안에 음식을 쑤셔 넣어도 모자랄 정도로 어마어마한 양이다. 모든 식품이 어떤 영양소를 더 많이, 어떤 것은 더 적게, 또는 조금씩 포함하고 있다는 사실을 고려하더라도 말이다.

적어도 인체를 증기기관차의 철로에 비유하는 것은 옳지 않다. 물질대사는 시험관 속의 화학이 아니다. 그 안에는 아직도 밝혀지지 않은 특별한 것이 있다. 과학은 스스로 밝혀낼 수 있는 수준에서 모든 것을 설명한다. 하지만 아기들이 모유만 먹고도 어떻게 그렇게 빨리 체중이 늘고 성장하는지 아직도 밝혀내지 못했다. 모유에 얼마나 많은 양의 단백질이 있다고 보는가? 겨우 1퍼센트 정도다! 심지어 아예 음식을 먹지 않는 사람들도 있는데 그들은 어떻게 살아가는 걸까? 비만으로 인해 온 집단이 환자가 되어 고통받고 있는 인류를 과학이 치료할 수 없는 것과 같은 이유로, 우리는 과학을 믿을 수 없다.

그러면 우리가 알고 있는 사실은 무엇일까? 한편으로 신선한 식물성 음식이 주는 장점은 분명하지만, 동물성 식품이 더 영양가가 많고 이에 더하여 불까지 거쳤다면 소화도 더 잘 된다는, 수백 년에 걸쳐 만들어진 고정관념도 있다.

실제로 경험을 통해 생각해본다면, 식물성 식단 위주로 생식을 하기 시작하자마자 소화 불량, 급격한 체중 감소, 컨디션 저하, 강박, 만성 질병 악화와 더불어 전신에 알러지 반응이 생기는 등, 각종 문제를 겪게 된다. 생식과 화식의 지지자들 사이에서 끝나지 않는 이 논란을 해결할 방법은 과연 무엇일까?

해답은 우리가 그것을 찾겠다며 기웃거리는 곳이 아니라 완전히 다른 곳에 있다. 문제는 화식과 생식, 동물성과 식물성 음식 중 어떤 것이 더 소화가 잘 되고 영양소가 많은지가 아니라, 먹이 피라미드에서 인간이 어디에 있느냐, 어떤 종류의 음식이 인체에 적합한가이다.

피라미드의 여러 단계와 먹는 음식물의 종류에 따라 근본적으로 다른 소화 방식이 있다. 그 방식은 창자의 미생물상에 상당 부분 좌우되며, 이것은 다시 피라미드의 단계에 따라 달라진다. 피라미드의 다른 단계로 완전히 이동하기 전까지는 식습관 방법에 대해 섣불리 결론을 내려서는 안 된다. 소에게 고기를 먹이고, 호랑이에게 풀을 먹인 다음 어떤 일이 생길지 결론을 내릴 생각을 한 사람은 아무도 없지 않은가?

하지만 우리는 유독 사람에 관해서만큼은 이렇게 무의미한 결론을 내리곤 한다. 살아 있는 음식과 익힌 음식은 근본적으로 어떻게 다른지, 그리고 피라미드의 여러 단계에 있는 생물체들의 소화 방식은 어떻게 다른지 이해하지 못하기 때문이다. 삶과 죽음 사이의 근본적인 차이 말이다.

애초에 과학조차도 삶이 과연 무엇인지 알아내지 못했는데, 평범한 지성으로 어떻게 그것을 이해할 수 있겠는가? 삶의 '과학적인' 정의가 무엇이든 간에 모든 것은 똑같이 무의미하고 터무니없다. 예컨대 '삶은 단백질로 구성된 신체가 존재하는 것'이라는 정의가 있다. 이 정의에 개념이라던지 의미라는 것이 조금이라도 있어 보이는가? 이와 비슷한 '과학적인' 정의도 똑같다. '섹스는 단백질로 구성된 신체가 성교하는 것'이라는 것처럼 말이다.

이런 맥락에서 사물의 본질을 이해하는 과학적인 방법과 은비교의 방법 사이에는 절대적인 차이가 있다. 이해하거나 설명될 수 없는 것, 머리가 아니라 영혼과 가슴으로 알 수 있는 것들이 있다.

자연은 아무것도 설명해주지 않는다. 그저 무엇이 자연스럽고, 무엇이 자연에 반하는지 보여줄 뿐이다. 영혼이 어디에 있고, 어디에는 조금도 없는지 말이다. 자연은 살아 있는 것들이 살아 있는 음식을 먹어야 한다는 사실을 알고 있다. 살아 있는 것들은 산 채로, 죽은 것들은 죽은 채로 내버려두라는 것이 자연의 섭리다. 그러니 자연과 과학적인 논쟁을 벌이는 것은 참 의미 없는 일이다.

하지만 사물의 본질을 이해하는 데 미약하게나마 가까워질 수 있는 방법이 하나 있긴 하다. 사물들을 제 이름으로 부르는 것이다. 존경하는 독자여, 당신의 인내심을 시험하지 않기 위해 아주 잠깐이지만 이것이 어떤 방법인지 보여드리겠다.

어떠한 식생 방식이 가진 장점이나 그것이 옳다는 근거에 대해 우리는 끝없이 논쟁을 할 수 있다. 혈액형이나 체격에 따른 식습관,

채식주의, 엄격한 채식주의(비건주의), 유대교식, 아유르베다,[*] 마크로비오틱[**] 등 소위 말하는 '올바른' 식습관들은 수도 없이 많다. 이 모든 식습관에서 한 가지 사실을 알 수 있다. 본질적으로 전부 하나같이 네크로비오틱necrobiotics이라는 점이다.

네크로비오틱 — 그리스어 nekros(죽은)와 biosis(삶, 삶의 형태)에서 유래한 — 은 '죽기 직전의 세포 안에서 일어나는 변화'라고 정의 내릴 수 있다. 화식을 하는 인간의 삶은 전부 죽음을 앞둔 일련의 과정, 죽음에 대한 준비, 빨리 죽기 위한 발버둥일 뿐이다.

네크로비오틱 역시 사람이 죽은 음식을 먹을 때 인체가 반드시 적응해야만 하는 또 다른 형태의 독특한 소화 방식이자 물질대사 방식이다. 따라서, 이에 맞게 화식을 소화할 수 있는 독특한 미생물상인 네크로플로라necroflora가 만들어진다.

이와는 반대로 몸속으로 들어오는 거의 모든, 혹은 모든 음식이 살아 있는 음식이라면 근본적으로 다른 소화 방식이자 물질대사 방식인 비타비오틱vitabiotics 과정이 일어난다. 그리고 그 사람의 몸 속에는 본질적으로 다른 미생물상인 비타플로라vitaflora가 만들어진다.

비타플로라와 네크로플로라의 차이는 마치 엘프, 요정과 고블린, 오크의 차이와 같다. 한쪽은 환상적이고 깨끗한 곳에서만 볼 수 있는 마법 같고 순수한 피사체다. 다른 쪽은 흉측하고 지저분한 돌연

---

[*] 고대 인도의 힌두교의 경전에 의해 전승된 전통 의학을 말한다. 초기에는 외과적 의술을 바탕으로 한 민간요법이었으나, 시간이 흐르며 철학 사상과 결합하여 식이, 호흡, 약물, 마사지 등과 결합된 의술로 체계화되었다. 대표적인 아유르베다 요법으로 요가를 들 수 있다.

[**] macrobiotics: 동양의 자연사상과 음양의 원리에 뿌리를 두는 섭생법. 식품을 있는 그대로 섭취해야 한다는 데 근거를 두고 있으며 제철음식, 껍질까지 통째로 먹는 식습관, 유기농 곡류, 채식 등을 중심으로 식사할 것을 권한다.

변이이며 기생충 같고, 악취가 나고, 시체를 먹고 사는 불쾌한 생명체다. 어머니의 모유를 먹으며 스스로 생식을 해나가는 아기와 합성식품인 분유를 먹고 자란 아기들의 기저귀에도 그만큼 큰 차이가 있다.

성인인 '개개인'들에 대해서는 더 이상 말을 하지 않겠다. 겉으로 보기에는 말끔하거나 아름답기까지 한 사람에게 반할 필요 없다. 내면의 본질은, 잠시 숨길 수야 있겠지만 그 어디로도 가지 않으며 바꿀 수도 없으니 말이다. 네크로비오틱은 죽은 음식이 몸속으로 들어가, 내면에 생명이 없고 더러운 상태로 머무르다가, 마찬가지로 생명이 없고 더러운 것이 배출되는 과정이다. 반면에 비타비오틱은 살아 있는 것이 몸속에 들어가고, 생명이 있고 깨끗한 상태로 머물다가 배출되는 과정이다. 현실이 그렇다. 이것은 굳이 설명하지 않아도 되는 사실이다.

설명이 필요한 것은 딱 한 가지다. 바로, 생식을 시작할 때 명현현상이 동반되냐는 것이다(물론 일시적인 현상이다). 네크로플로라가 만들어진 오염된 환경에 살아 있는 음식이 들어가면 그것은 곧바로 그 환경을 정화하기 시작한다. 그런데 네크로플로라는 살아 있는 음식을 소화할 수 없다. 고블린과 오크들은 전혀 다른 음식에 익숙해진 상태이기 때문이다.

살아 있는 음식을 완전히 소화하고 그것이 가진 모든 이점을 활용하기 위해서는 어떻게 해야 할까? 네크로플로라가 있던 자리에 새로운 미생물상, 즉 비타플로라가 자리 잡을 수 있도록 몸속 환경 전부를 깨끗하게 하고, 외부에서 들어온 모든 노폐물을 자신에게서 멀리 쫓아내야 한다. 하지만 이것은 곧바로 이루어지는 일이 아니다. 이런 재구성은《반지의 제왕》시리즈에 나오는 기나긴 중간계 전투와 같다.[*] 고블린과 오크들은 쉽게 물러나지 않을 것이다. 이 변화는 무한대로 길어질 수도 있다. 몸의 상태가 어떤지, 얼마나 오염되어 있는지에 따라 시간이 달라진다. 물론 모든 과정이 별 탈 없이 빠르게 지나가는 경우도 있다.

당신에게 중요한 것은 본질을 이해하는 것이다. 이 모든 과정이 왕국의 권력 교체를 위해 꼭 필요한 중간계 전투라는 사실 말이다. 먹이 피라미드의 단계 이동은 소화기관에서 변성 과정이 더 이상 일어나지 않을 때, 즉 생식에 맞는 물질대사가 일어나는 비타비오틱 과정이 자리 잡았을 때 이루어진다. 바로 이때 인체 속에서 진정한 삶이 시작된다. 새로운 삶이 시작되는 것이다.

미생물상에서 고블린과 오크들이 있던 자리에 이제 엘프와 요정들이 찾아오게 된다. 당신 자신도 엘프나 요정이 된 것 같은 기분이 들 것이다. 당신의 내부 환경 역시 암울하고 축축한 지하가 아니라, 깨끗하고 환상적인 나라가 될 것이다. 아주 신기하고, 기적 같고 오랫동안 잊고 지냈던 것만 같은 기분이라고 표현할 수 있을 것이다. 나이는 쉰이지만 열일곱 살이 된 것처럼 느껴질 것이다.

---

[*] J. R. R. 톨킨의 판타지 장편소설《반지의 제왕》에서 주된 배경으로 등장하는 허구의 공간이다. 중간계 땅은 어둠의 군주와 이에 맞서는 세력이 전쟁을 벌이는 곳인데, 오크가 어둠의 군주의 지배를 받는 반면 엘프는 어둠의 세력에 맞선다.

- 죽은 음식이 소화 과정을 거치면 그 독성은 더욱 강해진다. 이것은 오히려 부패 과정에 가깝다.

- 제조업자들은 소비자가 먹이에 이끌리도록 만들기 위해 의도적으로, 그리고 완전한 의식을 가지고 합성원료를 식품에 넣는다.

- 아르놀트 에렛에 따르면, 익힌 음식이 위에 들어가면 독소는 더 이상 배출되지 않는다.

- 인체가 느끼는 부담감은 해독 작용이 중단되는 데서 오는 만족감과 더불어 포만감으로 잘못 받아들여진다.

- 인체를 증기기관차의 철로에 비유하는 것은 옳지 않다.

- 피라미드의 여러 단계와 먹는 음식물의 종류에 따라 근본적으로 다른 소화 방식이 있다.

- 네크로비오틱은 사람이 죽은 음식을 먹을 때 인체가 반드시 적응해야만 하는 또 다른 형태의 독특한 소화 방식이자 물질대사 방식이다.

- 따라서, 이에 맞게 화식을 소화할 수 있는 독특한 미생물상인 네크로플로라가 만들어진다.

- 몸속으로 들어오는 거의 모든, 혹은 모든 음식이 살아 있는 음식이라면 근본적으로 다른 소화 방식이자 물질대사 방식인 비타비오틱 과정이 일어나고, 비타플로라가 형성된다.

- 살아 있는 음식이 오염된 환경에 들어가면 그것은 곧바로 그 환경을 정화하기 시작한다.

- 소화 과정에서 네크로비오틱 과정이 전부 멈추고, 살아 있는 물질

대사 과정인 비타비오틱 과정이 일어나기 시작하면 먹이 피라미드의 새로운 단계에 들어선 것이다.

여기서 끝이 아니다. 이것은 당신이 곧 알게 될, 가장 중요한 사실에 대한 서론일 뿐이다.

생명의 공식

이전 장에서 우리는 먹이 피라미드의 단계 이동은 소화기관에서 변성 과정이 더 이상 일어나지 않을 때, 즉 생식에 맞는 물질대사가 일어나는 비타비오틱 과정이 자리 잡았을 때 완성된다는 사실을 살펴보았다. 바로 이때 몸속에서 진정한 삶, 즉, 새로운 삶이 시작된다고 말이다.

이것이 새로운 삶인 이유는, 새로운 미생물상이 형성되고 나면 당신의 활력과 의도, 힘이 급격하게 상승하며, 그에 따라 사건의 흐름에 영향력을 미치는 능력도 커지기 때문이다. 이 힘이 어디에서 나오는지 이해하기 위해서는, 오랫동안 잊혔던 아주 기발한 공식 하나를 살펴볼 필요가 있다. 이 공식은 아르놀트 에렛 박사가 20세기 초에 고안했다.

$$L = C - R$$

L은 생명력, C는 미지수, R은 비용이나 부담을 나타낸다.

여기에서 미지수는 인체 활동 메커니즘을 돌리는 에너지다. 살아 있는 신체의 에너지가 어디에서 오는지 아무도 모르기 때문에, 실제로 이 에너지가 얼마나 큰지는 알 수 없다. 삶은 측량할 수 있는 시험관 속의 화학이 아니다. (인체를 그저 '증기기관차의 철로'로 바라보는) 물질적, 화학적 모델은 기본적인 설명 방식에 불과하며, 가장 중요한 설명이 아니라 수많은 설명들 중 하나일 뿐이다. 그 외의 특성들은 미지의 영역에 남아 있다. 인간은 다른 모든 생명체와 마찬가지로 우주에너지의 소비자인 동시에 발생기(generator)다. C는 신체의 힘이자 기氣 에너지이며 영혼의 힘이라고 할 수 있다.

R은 죽은 음식을 소화하고 대사산물을 없애는 데 주로 사용되는 노력이다. 모든 기능이 네크로비오틱에 맞춰져 있는 신체는 사실상 이 작업만 한다. 자정 작용을 하거나, 회복과 성장을 할 시간이 없는 것이다. 네크로비오틱은 비타비오틱과는 달리 아주 천천히, 지저분하고 끈적끈적하게 진행되며 그 과정에서 에너지 소모도 크다. R은 신체가 생존하는 평생 동안 져야 하는 짐과 부담이다. 시간이 흐를수록 몸속의 효소 자원은 줄어들고 배출되지 않은 대사산물은 더 많아지기 때문에, 이 부담은 갈수록 늘어난다.

겉으로 보기에는 단순해 보일지 몰라도, 에렛의 공식은 근본적인 의미를 가지고 있다. 이 공식이 지닌 가치는 아인슈타인의 위대한 이론인 $E=mc^2$에 못지않다. 사실상 이것은 생명의 공식인 셈이다. 동시에 죽음의 공식이기도 하다. R이 C보다 크거나 같아진다면 삶은 끝나게 되니까 말이다.

이 공식은 자동차의 실질적인 성능(효율성)이 엔진 성능에서 모든 에너지 소비량과 저항력을 뺀 값과 같다는 공식과 기술적으로 동일하다. 저항력이 엔진의 성능을 넘어서게 되면 자동차는 멈출 수밖에 없다.

에렛 공식의 근본적인 의미는 다음과 같다. 에너지인 C가 어디에서 오든, 생명력인 L은 궁극적으로 소모량인 R로부터 직접적이고 주된 영향을 받는다. R을 줄이는 편이 C를 높이는 편보다 훨씬 더 쉽기 때문에, 바로 이 에너지 소모에 가장 큰 관심을 기울일 필요가 있다.

신체가 가진 에너지의 크기와 처리 능력, 즉 기 에너지는 아주 복잡하고 힘겨운 수련(훈련)을 통해서 키울 수 있는 것으로 알려져 있다. 이런 훈련은 특별히 C의 크기를 키우는 데 맞춰져 있다. 하지만 에렛의 방정식에 따르면, 이와는 완전히 다르고 더 쉬운 방법을 통해서 에너지를 끌어올릴 수 있다. 그저 몸이 느끼는 부담을 제거하고, 모든 네크로비오틱 절차를 중단하고, 가장 이상적이며 부담이 가장 적은 물질대사 방법인 비타비오틱을 시작하면 되는 것이다. 이것은 증기기관차에서 경주용 카트로 갈아타는 것이나 마찬가지다.

질이 낮은 음식을 먹으면 무기력, 멍함, 만성피로, 비만이 생기고, 전반적인 컨디션은 저조해지며, 의식은 흐릿해진다. 이런 증상은 젊은 나이에도 나타날 수 있지만 그때는 그다지 심각한 문제가 아니다. 그러다 중년에 가까워지면서 교감신경이 파괴되고, 혈액순환에 장애가 생기며 신장, 피부, 호흡기관과 소화기관의 기능이 망가진다. 그러면서 질병이 진행되는 것이다.

이에 반해 살아 있는 음식은 몸에 부담이 되지도 않을뿐더러 신체를 정화하고, 신경체계를 안정시키며, 의식을 분명하게 한다. 가장 흥미로운 사실은 몸에 신체의 일부를 복원할 수 있는 능력이 다시금 생긴다는 것이다. 실제로 몸은 그렇게 할 수 있다!

당신은 아마 인간이 두뇌의 오직 몇 퍼센트만을 사용하고 있다는 사실을 여기저기에서 많이 들어보았을 것이다. 하지만 평균적인 신체에서 활동하는 세포의 양은 전체의 20퍼센트 미만(!)이라는 사실을 아는 사람은 별로 없을 것이다. 나머지 세포들은 (에너지가 필요량에 못 미치는) 저低에너지 상태로 인해 '반쯤 잠이 들어' 있다.

하지만 신체가 피라미드의 새로운 단계에 들어서면 부담인 R이 줄어들고, 에너지 자원은 급격히 늘어나며, 세포들이 활성화된다. 이와 동시에 새로운 단계에 들어서면서 정반대의 상황이 일어나, 피라미드의 예전 단계에 있을 때는 불가능한 일로 여겨졌던 많은 기능과 과정들이 이제는 얼마든지 가능해진다. 새로운 단계에서는 많은 것이 그전과 완전히 반대다.

아르놀트 에렛은 이런 새로운 사실을 발견한 후 자신의 느낌을 이렇게 설명했다.

"이전까지는 경험해보지 못했던, 형언할 수 없을 정도로 완전한 건강, 강한 생명력, 높은 생산성, 지구력, 힘을 얻게 되었으며, 이로 인해 살아 있다는 사실만으로 크나큰 기쁨과 행복을 누릴 수 있게 되었다. 신체적인 느낌뿐이 아니다. 이해력과 기억력이 분명해지면서 정신적으로도 큰 변화가 일어났다. 나는 희망, 안정감, 용기를 얻게 되었으며, 말 그대로 일출을 보는 것 같은 영적인 깨달음과 영감을 얻었다. 모든 신체 능력은 건강하고 원기가 가득했던 젊은 시절을 훨씬 앞설 정도로 빠르게 개선되었다. 알제리에서 튀니지까지 약 1,000킬로미터에 이르는 거리를 자전거로 쉽게 주행했다. 나는 다른 의사들이 이미 사망 판정을 내리고 치료를 포기해버린 '죽은 자'들을 연구하는 박사에 불과했는데 말이다." 그는 이어서 이런 놀라운 사실도 덧붙였다. "앞으로 당신의 두뇌는 아주 놀라운 방법으로 작동하기 시작할 것이다. 이전의 인생은 꿈처럼 보일 것이며, 태어나서 처음으로 당신의 의지가 선명한 의식의 수준으로 끌어올려지는 경험을 하게 될 것이다."

　나 또한 그동안의 경험을 통해 에렛 박사의 말 한마디 한마디에 깊이 공감한다. 한 가지 안타까운 점이 있다면, 내가 가진 어휘력으로는 내가 느끼는 감정을 전부 표현할 수 없다는 사실이다. 또한 내가 왜 피라미드의 다른 단계로 이동하느니 하는 이상한 것들에 대해 이야기하며, 네크로비오틱과 같은 괴상한 개념을 소개하고, '중간계 전투'와 같은 비현실적인 비유를 사용하는지 이해하는 사람은 오직 소수에 불과하다는 사실도 그저 안타까울 뿐이다. 정말로 아주 이상해 보일 것이다. 이 모든 것은 우리가 알고 있는 여러 가지 은비교의 주제들과는 너무 거리가 멀다.

　내가 이런 주제를 다루는 이유는, 매우 이상하게 보이는 트랜서핑의 이 새로운 원칙들이 상상조차 할 수 없을 정도로 큰 힘을 주기 때문이다. 위와 같은 설명 방법을 선택한 것도 이유가 있다. 정신적으로 이미 굳어진 고정관념을 깨뜨리는 것은 아주, 아주 어렵기 때문이다. 상당수의 사람들로 하여금 고정관념을 버리게 하는 것은 도저히 불가능한 일이다. 이것이 건강한 식습관에 대한 이야기가 아니라, 표면에 그대로 드러나 있지만 근본적으로는 완전히 새로운 것에 대한 이야기라는 사실을 잠든 사람에게 이해시키는 것도 참 어려운 일이다. 그러거나 말거나 잠든 사람들은 같은 말만 끈질기게 되풀이한다. "여기에 트랜서핑이 어디에 있어? 트랜서핑에 관한 이야기는 안 보이는데. 건강한 식습관 나부랭이밖에 없고 말이야. 그래서 그게 나한테 무슨 도움이 되는데?"라고 말이다.

하지만 이것은 비교도 안 될 정도의 해방감과 날카로운 지성, 주체할 수 없을 정도로 솟아오르는 에너지, 문자 그대로 '젊은 시절에나 느꼈을 법한' 쾌감을 준다. 감시인의 수수께끼에 대한 대답을 기억하는가? 싸움을 멈추면 자유를 얻게 된다. 하지만 이것은 트랜서핑의 가장 기초적인 측면이자 초보적인 수준이며, 자유를 향한 첫 단계에 불과하다. 또 다른 자유의 단계는 시스템이 당신을 잡고 이리저리 조종하는 꼭두각시의 줄들 중 마지막 줄을 끊어낼 때 비로소 도달하게 된다. 그리고 그 마지막 줄은 음식, 정보와 외부 환경이다. 이 줄의 실체를 깨닫고, 이것을 끊어낸다면 예전에는 꿈도 꾸지 못했던 자유를 얻게 된다.

내가 설명하는 모든 것은 당신과 시스템을 연결하는 줄이 실재한다는 사실을 어떻게든 보여주고 설명하기 위한 시도라고 보면 된다. 그 줄에서 해방되려고 한번 시도해보면, 당신도 내 말을 믿게 될 것이다. 나는 앞서 "50대가 되었는데도 열일곱 살이 된 기분"이라고 말한 적이 있다. 하지만 실제로는 전혀 다르다. 사실은 그보다도 훨씬 더 젊어진 기분이다. 현재 나의 R의 크기는 열일곱 살이었을 때 가졌던 부담과 비교하면 하찮을 정도로 작기 때문이다. 이런 효과는 심상화 하나만으로 얻을 수는 없다. 바로 그렇기 때문에 복합적인 방법으로 트랜서핑을 해야 한다. 어떻게 생각하는지, 어떻게 먹는지, 어떻게 행동하는지를 사용해서 말이다.

에너지는 그 어디로도 사라지지 않는다. 파쿠르[*] 혹은 프리스타일^{**}과 같은 온갖 스릴 넘치는 재주를 넘을 수도 있다. 마약을 하지 않았는데도 자연스러운 쾌감이 느껴진다. 그것도 인생의 태양이 저물어갈 무렵에 말이다. 비단 시스템뿐 아니라, 그보다 더 진지한 뭔가를 부쉈다는 생각이 든다. 그것이 구체적으로 무엇인지는 아직 정확하게 알 수 없지만 말이다. 가장 흥미로운 일은 아직 일어나지 않은 것 같다.

내가 최근에 책으로 써낸 것들이 전부 헛소리에 불과하다는 말을 들으면 나는 깊은 놀라움에 휩싸이게 된다. 당신이 꼭두각시 인형처럼 줄에 매달려 이리저리 조종당하고 있는 현실에 대해 얼마나 더 자세히 설명해야 하며, 어떻게 더 보여줄 수 있단 말인가? 여기에서도 매우 유감이지만, 그런 말을 하는 사람은 이 모든 자유와 주체할 수 없는 에너지가 주는 쾌감을 경험할 수 없을 것이다.

하지만 그 밖에도 새로운 피라미드로 옮겨가는 맛을 알아내어, 내가 느끼는 기분을 똑같이 경험해본 사람들도 후기를 보내주곤 한다. 부디 남은 사람들도 근본적으로 완전히 다른 차원의 현실이 있으며, 완전히 다른 삶의 형태를 가질 방법이 있다는 사실을 알 수 있도록, 여러분 자신의 경험을 담은 메시지를 내게 보내주길 바란다.

당신이 소중히 여기는 꿈이 있다면,

당신의 목표가 이루기 어려운 꿈이라면,

---

* Parkour: 아무런 안전장치 없이 주변의 지형이나 건물, 사물들만을 이용하여 한 지점에서 다른 지점으로 이동하는 곡예 활동.

** Freestyle: 스케이트보드나 롤러스케이트를 타고 묘기를 부리는 것.

다른 사람들도 당신과 똑같은 것을 가지고자 한다면,

자신의 꿈을 이루기 위한 긴 줄에 서 있어야만 한다면,

뛰어난 능력이나 재능이 없다면…

특별하고 독특한 기회가 있음을 자각해야 한다.

오직 당신만이 가진, 특권을 누릴 수 있는 기회,

매트릭스를 깨뜨리고 자유를 쟁취할 기회,

적어도 그것이 가능하다는 사실만큼은 알아야 한다.

요약

- 피라미드의 새로운 단계로 이동하면 활력과 의도, 힘이 급격하게 상승하며, 그에 따라 사건의 흐름에 영향력을 미치는 능력도 커진다.
- 에렛의 공식은 다음과 같다. L(생명력) = C(살아 있는 에너지) − R(부담)
- 인간은 우주에너지의 소비자인 동시에 발생기다.
- C는 신체의 힘이자 기 에너지이며 영혼의 힘이다.
- R은 죽은 음식을 소화하고 대사산물을 없애는 데 주로 사용되는 노력이다.
- 모든 기능이 네크로비오틱에 맞춰져 있는 신체는 사실상 이 작업만 한다.
- R을 줄이는 편이 C를 높이는 편보다 훨씬 더 쉽다.
- 가장 이상적이며 부담이 가장 적은 물질대사 방법은 비타비오틱이다.
- 에너지를 끌어올리는 가장 쉬운 방법은 몸이 느끼는 부담을 제거하고 모든 네크로비오틱 절차를 중단하는 것이다.

- 질이 낮은 음식을 먹으면 무기력, 멍함, 만성피로, 비만이 생기고, 전반적인 컨디션은 저조해지며, 의식은 흐릿해진다.
- 살아 있는 음식은 몸에 부담이 되지도 않을뿐더러 신체를 정화하고, 신경체계를 안정시키며, 의식을 분명하게 한다.

중간계에서 온 편지

친애하는 독자여! 나는 새로운 피라미드 단계로 들어서며 얻게 된 경험을 담은 편지를 아주 많이 받곤 한다. 이 자리에서 모든 편지를 소개해드릴 수는 없을 것이다. 그러면 책이 너무 두꺼워질 테니 말이다. 따라서 이 경험은 각기 다를 수 있다는 점을 보여주기 위해, 가장 특이한 예시만을 골라 소개해드리려고 한다. 또한 가장 중요한 것은 자신의 영혼의 목소리에 귀 기울이고, 자신의 길을 따라 앞으로 나아가야 하는 것이라는 점도 알려드리려고 한다. 그 길을 가장 정확하게 아는 것은 다름 아닌 자기 자신이기 때문이다. 반드시 피해야 할 유일한 것은 광적인 숭배다. 당신이 마음과 영혼의 조화에서 나오는 일관적인 태도를 가지고 살아간다면, 모든 일은 잘 풀릴 것이다. 그리고 오직 당신에게 맞는 방식으로 이루어질 것이다. 누구나 저마다의 개성을 가지고 있기 때문이다.

저의 경험은 이렇습니다. 전통적인 식습관(전통적인 기준을 고려하더라도 몸에 아주 안 좋다고 알려진 식습관)을 25년 동안 유지해왔으며, 알코올중독 초기 증세가 뚜렷했습니다. 그러다 유동적인 식단 변화를 통해 생식에 성공한 지 2년 반이 되었습니다.

1. 생식에 성공한 방법

저는 유동적인 방식으로 생식에 성공했습니다. 본능과 희망에 따라 행동한 것이죠. 그 덕분에 어떤 불편함도 없었습니다. 모든 것을 아내와 함께했으니, 제 경험을 두 배 더 확실한 것으로 생각해도 좋을 듯합니다.

처음에는 담배와 술을 끊고, 그다음으로 고기를 끊었으며, 이어서 생선, 계란, 빵을 끊었습니다. 그다음으로 비건식을 시작했고 이후에 생식을 시작했어요. 그러면서 식단에서 익히지 않은 음식의 비중을 늘리는 동시에 보존 처리된 음식, 설탕과 그 밖의 몸에 해로운 음식들을 끊었습니다. 이렇게 하는 데 2년 반이 걸렸어요. 곧바로 생식으로 넘어갔다면 결국에는 실패했거나, 생식이 아주 어렵게 느껴졌을 거라고 확신합니다. 육체적으로도, 심리적으로도 말이에요. 하지만 천천히, 꾸준히 하면 성공할 수 있습니다!

2. 생식이 가져다준 이점

생식으로 인해 저는 '공장의 부속품' 역할을 벗어던지게 되었습니다. 이렇게 인간을 '한 자리에서 같은 일만 하도록' 만드는 것은 매트릭스로, 이것은 '더 분주하게 움직일수록 더 큰 성공을 이룰 수 있다'는 확신을 주입시킵니다. 바로 이것이 당근과 채찍 전술의 전형이죠. 분주하게 움직이는 성향의 사람들이 있기는 합니다. 이런 사람들이 매트릭스의 갈고리에 걸리는 거죠. 개인적인 경험을 기반으로 말씀드리는 겁니다. 저 또한 이런 소용돌이에 휘말렸던 적이 한두 번이 아니니까요.

그런데 생식을 시작하니 다른 종류의 에너지를 얻게
되었습니다. 평온하고, 균일하며, 잔잔하고, 확신을 주는
에너지였어요. 저는 이 에너지를 건강에너지라고 부릅니다.
건강에너지는 인간이 그 어떤 기력 쇠진이나 좌절감이나
감정의 동요 없이, 자신의 힘을 분명하게 평가하면서 자신이
해야 할 일을 끝까지 완수할 때 나옵니다. 저는 완전한
생식에 성공하기 직전에 이런 에너지를 느꼈습니다. 한
자리에서 공회전만 하다가 갑작스럽게 움직임이 시작된 거죠.
저는 '정체되었던' 일들을 완수하기 시작했고, 과거에 저를
괴롭히던 수많은 상황들로부터 쉽게 벗어나게 되었습니다.
또한 망상이나 터무니없는 생각들이 아니라, 정말로 '의미
있는' 아이디어들이 떠오르기 시작했습니다. 의미 없이
잊혀지지 않고, 실제로 결과물을 가져다주는 그런 아이디어
말입니다. 이런 건강에너지를 통제할 능력은 전통적인
식습관을 따르는 동안에는 얻기가 아주 힘들 것입니다.
보통 사람들은 한평생을 저마다 똑같은 '소시지'가 되어,
악순환에서 벗어나지 못한 채 살아갑니다. 가끔 문제가
무엇인지 이해할 때도 있지만, 정작 그 상황을 바꿀 힘은
없지요. 저는 이제 식습관이 일차적인 역할을 한다는 사실을
알게 되었습니다. 물론 문제는 식습관뿐 아니라 '소비'
자체에 있긴 하지만 말입니다. 가령 매일 TV나 인터넷을
통해 뉴스를 소비하는 사람은 두려움 없이 인생을 살아갈 수

없으며, 자신의 가능성을 객관적으로 판단할 수도 없습니다. 이것 또한 경험을 통해 잘 알게 되었죠. 음식, 책, 영화, 음악, 상품 등, 어떻게든 우리 안으로 들어오는 모든 것을 걸러내야 합니다. 두말할 나위 없이 음식은 여기에서 최우선 순위를 차지하지요.

3. 생식이 주지 못하는 것

펜듈럼은 모든 것에 대해 소위 '인상 깊은' 방식으로 다가가는 모습을 인류에게 보여주기를 좋아합니다. 예를 들어 어떤 할리우드 영화의 주인공이 우울하게 앉아 있다가, 시간이 흐르자 깨달음을 얻고, 의기양양하게 달려가는 장면을 보는 듯하죠…. 이런 영감의 칩이 우리의 머릿속에 이식되고, 우리는 결국 이 주인공과 함께 돌아다니며 살아갑니다. 펜듈럼의 만족을 위해서요.

자연식에는 이런 매트릭스의 '유혹'같이 입이 딱 벌어지는 효과는 없습니다. 적어도 유동적 변화를 통해 생식을 시작한다면 말이죠. 그저 잔잔한 기쁨과 확신감이 있을 뿐이며, 두려움은 거의 없을 것입니다. 삶은 매일 더 개선되고, 더 안정적으로 변합니다. 그리고 예전에 가지고 있었던 문제들은 어디론가 사라지죠. 목표를 향한 길은 더 이상 싸움터가 아니에요. 성과도 나타나기 시작해요. 하지만 이 모든 것은 짜릿한 쾌감이 아니라 아주 잔잔한 기쁨으로 일어납니다. 너무 자연스러워서 눈치도 챌 수 없을 정도죠. 이런 식으로, 적어도 저의 경우에는 생식이 환희, 쾌락,

황홀감을 주지는 못했습니다. 생식으로 인해 저는 지치지
않고 일하는 '공장 부속품' 역할에서 벗어나게 되었습니다.
항상 긍정적이기만 한 상태에 있는 것은 아닙니다. 그러나
말로 표현하거나 직접 보여줄 수는 없는, 더 값진 어떤 것을
얻게 되었어요. 분명 시도해볼 만한 가치가 있는 일입니다.

4. 조언

제약회사들은 수년째 다양한 질병을 치료해주는 약품과
사람들의 컨디션을 조금이나마 높여줄 수 있는 영양제,
항생제 등을 개발하고 있습니다. 이것을 위해 수십억
달러에서 수조 달러어치의 자원이 사용됩니다. 하루는
빅토리아 부텐코가 블렌더에 물과 단맛이 나는 과일, 허브를
넣고 갈아보았다고 해요. 그랬더니 (내가 보기에는) 21세기의
가장 중요한 발명품인 녹색 주스[*]가 완성되었어요. 진정한
건강과 젊음의 묘약이죠.

(온 가족을 포함해서) 제 삶은 질적으로 완전히 달라졌어요. 정말
멋진 일이죠! 저는 이 삶이 아주 마음에 들어요!

---

[*] Green cocktail: 허브, 뿌리채소, 곡물, 녹색 채소를 갈아 만든 음료. 단맛을 내기 위해 과일을 약간 섞
기도 한다. 녹색 주스는 맛도 좋고 건강에도 좋다고 한다. 아침이나 점심에 식사 대용으로 마실 수 있다.

이 모든 것이 시작된 것은 '리얼리티 트랜서핑'이라는 말을
처음 들었던 몇 년 전이었어요. 그전까지 저는 아주 많은
의도를 가지고 있었고, 바로 '이것'이 실제로 효과가 있음을
이미 알고 있었죠. 하지만 솔직히 말해 도저히 이 책에서 나온
방법을 이해할 수 없었습니다. 이런저런 방법을 시도해봤지만
결국 모두 실패했죠.

약 한 달이 흘렀습니다. 누군가 제게 "알코올 소비는 의식이
깨어난 수준에 영향을 미친다"고 하더라고요. 그래서 한번
실험해보기로 했어요. 술을 완전히 끊은 거죠. 심지어
어느 파티에 가든, 술은 입에도 대지 않았어요. 몇 개월이
지나고 나니 뭔가 깨달음을 얻은 느낌이 들었습니다.

드디어 《리얼리티 트랜서핑》 책의 내용을 이해하기 시작한
겁니다. 소리를 집중해서 들을 뿐 아니라, 저절로 들려오기
시작했어요. 그리고 최근작까지 읽고 나니 생식의 효과를
실험해봐야겠다는 굳은 결심이 섰습니다.

작가님께서는 책에서 유동적 식단 변화에 대해 여러 번
설명해주셨죠. 하지만 저는 생식의 효과를 느껴보고 싶다는
마음이 강했기 때문에, 곧바로 생식을 시작했습니다. 그 외에
차와 커피도 끊었습니다. 살아 있는 물만 마셨고요.

결과는 오래 기다릴 필요 없이 바로 나타났습니다. 생식을
시작하기 전에는 에너지가 낮은 수준에 있었습니다.
저녁식사를 마치면 곧바로 눈이 감겨 잠이 들어버릴
정도였죠. 체중이 85킬로그램이나 나갔습니다. 키는

174센티미터였는데 말이지요. 그런데 아주 빠르게 체중이 줄어들기 시작했습니다. 3개월 동안 15킬로그램이 줄어들었고, 날아다니고 싶은 기분이 들었어요. 에너지가 충분한 수준을 넘어섰습니다. 수면 시간은 너덧 시간이면 됐고요. 체조를 하기 시작했고, 산책도 많이 했습니다. 하지만 저는 너무 많은 에너지를 가지게 되었다고 느꼈어요. 이 에너지를 어디에 사용해야 할지 도무지 알 수 없었어요. 지인들 모두 제 체중이 갑작스럽게 빠지니 심각하게 걱정하기 시작했습니다. 직장에서는 다른 사람들과 점심식사를 함께할 수 없었어요. 직장 동료들이 계속해서 제 컵을 힐끔거리며, 저마다 한마디씩 조언을 하려고 했기 때문이죠. 아내와 장모님은 아무것도 요리해줄 필요가 없게 되었습니다. 그래서 자신들이 필요 없는 존재처럼 느껴진다고 하더군요. 저는 새벽 5시가 되면 잠에서 깨어났고, 그 이른 아침에 무엇을 해야 할지 몰랐어요. 푹 자고 일어난 기분이지만, 그렇다고 딱히 할 일은 없었던 거죠. 사건을 바라보는 놀라운 시각이 생기고, 기발한 아이디어와 발상이 떠오르기 시작했습니다. 직장에서는 모든 일을 쉽게 처리했어요. 어려운 상황이 있으면 문제를 다른 각도에서 바라보고, 아주 쉽게 그 문제들을 해결할 수 있었어요.

몸무게가 65킬로그램이 되던 날, 저는 이 모든 절차를 중단하기로 결심했습니다. 제가 처한 환경에서는 이렇게 급격한 변화가 좋지 않다는 사실을 알고 있었기 때문이죠.

이런 변화들은 아직 준비되지 않은 다른 변화들을 끌어올 테니까요. 특히 직장과 관련해서요. 저는 직장을 그만둘 준비가 되어 있지 않았고, 오히려 제 직장이 좋았거든요. 그래서 예전의 식습관으로 완전히 돌아왔습니다. 심지어는 고기도 먹기 시작했고요.

대신 저는 약 3년에 걸쳐 식단을 천천히 바꾸기로 마음먹었습니다. 지금 저는 스물일곱 살이고, 서른 살 정도가 되면 완전히 생식으로만 지내고자 합니다. 생식으로 넘어가는 과도기 식단으로 식사를 한 지 1년 반 정도가 되었네요. 처음에는 신선한 과일과 샐러드를 식단에 포함하는 것부터 단계적으로 시작했습니다. 커피와 차는 절대로 마시지 않았고, 지금도 마시지 않아요. 가끔 파티에 가게 되면 아주 조금 입에 대기는 합니다. 이 정도로도 지금 제 에너지는 충분합니다. 의식이 깨어 있는 상태를 유지할 수 있음은 물론, 하루 동안 필요한 행동들을 모두 할 수 있을 정도로 말이에요. 보통은 알람이 울리기 전에 일어나지만, 완전히 생식으로만 지낼 때처럼 일찍 일어나지는 않습니다.

최근에는 아주 흥미로운 경험을 하게 되었습니다. 고기의 맛을 못 느끼게 된 겁니다. 제게 있어 고기는 완전히 아무 맛도 안 나는 음식이 되었어요. 예전에 즐겨 먹었던 육류 음식을 이제는 받아들일 수 없어요. 아무 맛도 느껴지지 않으니까요. 고기를 채워 익힌 피망 요리보다, 신선한 채소로 만든 샐러드가 더 좋습니다.

저는 꾸준하고 유동적으로 식습관을 바꿔가라고 모두에게
추천하고 있습니다. 시간이 지나면 더 많은 에너지가 생길
것이고, 이 에너지를 어디에 사용할지 알게 되겠지요. 또한
외모도 서서히 바뀌기 대문에 주변 사람들도 그다지 크게
놀라지 않습니다. 참고로 저의 체중은 70킬로그램 정도에서
유지되고 있고, 저는 현재 상태에 아주 만족합니다.

작가님은 단계적인 방법을 통해 생식을 천천히 체계적으로
시작하라고 추천하셨지만, 저는 특별한 체계 없이 곧바로
생식을 시작하고 싶었습니다. 저는 새해를 맞이해 만들어놓은
음식들이 모두 사라진 1월 2일부터 화식 요리를 끊었습니다.
술과 담배는 그렇게 하기 한 달 전에 끊었고요.
지금은 식습관을 유지하는 데 실패를 할 때도 있지만, 그래도
그냥 그대로 내버려둡니다. 만약 너무나 먹고 싶은 음식이
있다면, 그 음식을 먹지 말라고 저 자신을 강요하거나 먹은
다음에 자책감으로 괴로워하지 않아요. 이것이 저의 식단
변화 방식입니다. 실패하는 일도 점점 줄어들고 있어요.
담배를 끊는 것은 힘들었어요. 참 많이 흔들렸고, '제 손잡이가
이리저리 휘둘리는' 기분이었어요. 가장 쉬웠던 것은 술을
끊는 일이었어요. 술이 조금도 생각나지 않았거든요. 술을
마시는 친구들을 만나도 곤란해지지 않고, 모두가 함께
재미있는 시간을 보낼 수 있습니다.
컨디션이 좋아졌다는 점에 대해서는 더 말할 것도 없습니다.

영혼을 구속하던 아주 무거운 속박이 드디어 사라져, 영혼이
하늘 높이 날아다니는 기분이에요. 아주 가벼워진 기분과
해방감이 느껴지고, 에너지는 계속해서 충전되고 있는 것
같아요. 하지만 이것은 아직 시작에 불과해요! 저조차도
아직 완전히 적응하지 못해서 계속 놀라기만 할 뿐이에요.
놀라운 점들에 대해서는 이미 작가님의 거의 모든 포스팅에
나와 있긴 하지만 말입니다. 그래도 읽는 것과 직접 경험하며
느끼는 것은 다르니까요.

7개월 전에 우리 가족 전체가 생식의 길에 들어서기
시작했어요. 아주 행복합니다. 모든 일은 예상치도 못한
사이에 순식간에 일어났어요. 초여름부터 트랜서핑 시리즈에
푹 빠졌는데, 한때는 최근작의 내용을 삐딱하게 바라보기도
했습니다. 한편으로는 작가님을 완전히 신뢰하고 초기
작품들의 내용에 동의하지만, 다른 편으로는 식습관에 대한
이런 괴상한 논리를 가진 사람들을 아주 이상하다고 여겼고
어리석은 짓을 하고 있다며 본질을 깊이 이해하려고 하지
않았거든요.
오랫동안 고민했지만 호기심은 점점 더 커졌고, '한번
직접 해보자'는 마음으로 온라인에서 책을 주문했습니다.
책을 주문한 가장 큰 이유는, 이 시스템을 낱낱이 파헤쳐
시스템에서 벗어나기 위해서였어요. 저는 제 머릿속을 떠나지
않았던 이 책을 배송받자마자 바로 읽기 시작했습니다.

그때는 제 세계관이 그렇게 강하게, 그야말로 단숨에 바뀔 것이라고는 상상조차 하지 못했죠. 생식의 본질과 이론은 과연 충격적이었습니다…. 완전한 그림이 완성된 기분이었고, 모든 퍼즐 조각이 제자리를 찾은 듯한 기분이었어요.

그 당시 저는 과체중에서 벗어나기 위해 오랫동안 노력하고 있었고, 번번이 실패를 겪었습니다. 예전에는 화려하고 늘씬한 스타일의 전형적인 러시아 미인이었는데, 시간이 지나며 몸무게는 100킬로그램에 가까워지고 쿠스토디예프[*] 작품에 나오는 여자들처럼 살집이 붙게 되었어요. 최근에는 젊음을 유지하고 더 건강해지고 싶다는 욕망이 아주 강해지기 시작했습니다. 진정한 생식을 당장 시작하고 싶다는 강한 욕망이 생겼어요.

남편에게 이런 마음을 말했더니 완전히 동의하더군요. 다른 상황은 거의 일어나지 않아요. 한 사람이 '미쳐버릴' 정도로 몰두할 만한 일이 생기면, 저희 부부는 그 일을 함께하곤 한답니다. 다만 아들을 설득하는 것이 더 힘들었어요…. 아들은 열두 살인데, 당시에 키가 164센티미터에 몸무게는 87킬로그램이었습니다. 체중을 줄이기 위해 꾸준히 노력했지만 이렇다 할 변화가 없었어요. 온갖 다이어트와 제약으로 인해 아들의 몸은 더 허약해지고, 어지럼증도 생겼으며 그러잖아도 낮은 자존감은 더욱 낮아졌죠. 저는

---

[*] Boris Kustodiev: 러시아의 화가. 밝고 화사한 색채감을 사용하여 러시아의 전통문화, 축제, 상인들의 일상 등 러시아 사람들의 삶과 정서를 주로 그렸다.

고통스러운 마음으로 운동을 시켰고, 아이는 꾸역꾸역 운동을 했습니다. 같은 문제를 겪고 있는 사람이라면 제 말이 무슨 말인지 이해할 겁니다. 아들은 맛있는 음식을 배부르게 먹는 것을 무척이나 좋아했어요(그건 우리도 마찬가지였지만요). 아들은 저희 부부의 제안에 날카롭게 반응했지만, 저희는 아들을 설득하며 실험 삼아 딱 한 주만 버텨보고, 그가 결정을 하면 그다음부터는 강요하지 않겠다고 약속했습니다.

그렇게 실험이 시작되었죠. 놀랍게도, 예상했던 것처럼 그렇게 어렵지 않았습니다. 7월 초는 생식을 하기에 이상적인 시기였어요. 처음에는 우유와 크림, 레몬즙을 뿌린 생선요리 정도는 먹기로 했습니다. 물론 참 낯설었어요. 평소와 같은 포만감이 없었기 때문에, 계속 먹기만 했어요. 그런데 첫 주만에 식구들의 체중이 한 사람당 5킬로그램씩 줄었어요!!! 아주 갑작스러웠지만 기쁜 일이었죠. 아들은 "알겠어요, 이번 달 말까지 해볼게요. 그 이상은 안 돼요!"라고 말했어요. 우리는 그가 그만두고 싶다면 언제든 그만둘 수 있고, 식사 준비도 예전처럼 해주겠다고 약속했어요. 결론부터 말씀드리면, 결국 그런 날은 오지 않았습니다.

첫 번째 변화가 나타나기까지 그렇게 오래 걸리지는 않았어요. 아침에 일어나는 것이 더 쉽고, 상쾌해지고, 활기가 훨씬 더 강하게 느껴졌어요. 오랫동안 잊고 지내던, 움직이고 싶다는 욕구가 다시 생겼어요. 식구들이 평소에 가지고 있던 위장 장애는 사라지고, 피부가 눈에 띄게 밝아지고

매끄러워졌으며, 점과 사마귀가 사라졌어요. 저는 당뇨병
초기 증상이 사라졌고요. 체취가 줄어들더니, 이제는 완전히
다른 냄새가 납니다. 많은 것들이 변했어요. 첫 달에 우리 세
식구의 체중 변화량을 모두 합하면 31킬로그램이나 됩니다!!!
아들은 그에게 일어나는 변화를 아주 의욕적으로
받아들였지만, 그래도 "목표 체중에 도달하고 나면 예전
식단으로 돌아갈 테니, 그렇게 아시라"고 틈이 날 때마다
저희에게 상기시켰습니다. 우리 부부는 아들에게 그렇게
하라고 말하면서, 동시에 강압적이지는 않은 말투로 생식의
본질을 설명했습니다. 아들은 그 점을 머리에 '새겨두었지요.'
그렇게 7월과 8월이 흘렀습니다. 한번은 한 달 정도 바닷가로
휴가를 다녀왔는데, 그곳은 정말이지 과일 천국이었습니다.
우리 가족은 새로운 방식의 식습관에 꽤 쉽고 무난하게
적응했습니다. 때로는 위기도 있었지만요. 음식 냄새가
저희를 가만두지 않았던 거죠. 마치 예전의 삶의 방식에
무거운 '닻'을 내려놓고 온 느낌이었습니다. 게다가 숙소에서
해변으로 가는 길에는 온통 카페, 식당, 꼬치 전문점들이 아주
많았거든요. 이 냄새가 우리를 너무 '거슬리게' 한 나머지,
우리는 완전히 의식을 깨운 채 딱 한 번의 반칙을 허용하자며
구운 닭고기 요리를 사 먹기도 했어요.
그때의 생각의 흐름을 지켜보는 일은 흥미로웠습니다.
온갖 모순적인 감정의 소용돌이더군요! 한편으로는 예전에
무척이나 좋아했던 음식을 먹으며 당연히 만족감을 느낄

거라 생각했고 또 그렇게 되길 바랐지만, 그러면서도 동시에 이 음식을 먹고 나면 몸에 어떤 변화가 생길지 분명하게 이해하고 있었습니다. 다시 말해 완전히 깨어 있는 의식을 가지고 실험을 하는 셈이었죠. 하지만 저희가 기대했던 만족감은 처음 몇 분 정도만 느껴졌고, 그 이후에는 실망감과 불쾌함의 연속이었습니다. 뱃속에 닭고기가 아니라 돌이 든 기분이었고, 고기를 삼키는 즉시 오랫동안 잊고 있었던 속쓰림, 무기력함, 갈증이 느껴졌습니다. 새로운 식습관에 적응하며 느꼈던 편안함과는 아주 대조적인 기분이었어요. 그 닭요리 덕분에 이후로 온갖 맛있는 냄새를 맡고도 아무렇지 않고 평온하게 지낼 수 있었습니다. 미신이지만, 나중에 더 큰 실수를 하지 않도록 미리 액땜을 한 거나 마찬가지죠.

9월 말이 되어 새 학기가 시작되자, 아들은 완전히 다른 사람이 되어 학교에 갔습니다. 몸무게가 87킬로그램에서 62킬로그램으로 줄었으니까요. 훤칠하고 건강미 넘치는 까무잡잡한 피부에 잘생긴 외모를 가진, 전혀 다른 사람이 되었어요. 학기 첫날 많은 아이들이 아들에게 일어난 변화를 보고 적잖게 충격을 받았다는 사실은 굳이 말씀드리지 않아도 예상하실 수 있겠죠. 같은 학년 학생들 중 몇 명은 아들이 누구인지 몰라볼 정도였다고 합니다! 아들은 자존감도 높아지고, 그로 인해 교우관계도 달라졌습니다. 친구들도 많아지고, 여자아이들에게 인기도 많아지고요. 성적도 올랐고, 특별한 어려움 없이 C학점을 면했죠. 생식은 정말 마법 같아요!

흥미로운 사실은, 바로 이 생식으로 인해 아들의 키와 덩치 모두 빠르게 성장했고, 수염도 자라기 시작했으며, 변성기도 시작되었다는 점입니다. 자연의 섭리에 맞는 성장이 시작된 거죠. 맞아요, 아들은 여전히 시스템의 일부이지만, 생식은 그런 삶에 방해가 되지 않습니다. 그저 아들이 학생 식당에서 점심을 사 먹지 않으면 그만이거든요. 그는 시스템이 무엇인지 완벽하게 알고 있고, 오직 그만이 유일하게 깨어난 사람이지만 대열을 떠나지는 않았으며, 다른 사람들과 대립하려고 하지 않고, 그들에게 생식을 하라고 설득하려고 들지도 않습니다. 왜냐고요? 어차피 다른 사람들은 이해하지 못할 테니까요.

체중 감량에 관해서 말씀드리겠습니다. 저와 아들에게 이것은 아주 심각한 문제였지만, 남편에게는 정도가 덜했습니다. 그의 주된 목표는 건강, 젊음, 원기였지요. 첫 두 달 동안 남편의 체중은 빠르게 줄었는데, 그다음부터는 점점 덜해지더니 이제는 다시 체중이 서서히 늘고 있습니다. 많은 사람들이 이런 현상을 겪는다고 하지요. 영양실조가 오지 않는다는 점은 확실합니다. 불필요한 것들은 사라지고, 건강하고 젊은 몸이 되는 것이지요.

저는 7개월에 걸쳐 40킬로그램을 쉽게 뺐는데, 그러면서도 피부가 처지는 증상이 전혀 없습니다! 서른일곱 살이 되었는데도 피부는 스물다섯 살 때처럼 매끄럽고 탄력 있고 깨끗해요. 놀라울 정도로 몸이 가볍고 활기가 넘칩니다.
심장은 더 가벼워져서, 안정 시 심박수가 전에는 분당
110회였던 반면에 지금은 62~65회로 훨씬 줄었습니다. 내내
달고 살았던 심한 만성피로와 무기력감이 사라지고 지구력이
생겼습니다. 엘리베이터를 타지 않고 계단으로 10층까지 여러
번 오르내리는 것도 쉽게 할 수 있고, 그러면서도 근육통이
온다거나 숨이 차지 않아요! 그동안 저희 식구 모두 독감이나
감기를 수도 없이 앓았기 때문에, 저희는 이 질병이 겨울마다
반드시 거쳐야 하는 관례인 것처럼 여겼습니다. 재미있는
사실은, 기침이 사라졌다는 점이에요! 모든 식구가 늘
가지고 있었던 문제였기에, 기침을 치료하기 위해 애쓰느니
그냥 적응하고 살아가고만 있었지요. 겨울에 따뜻한 음식과
차가 없다면 얼어 죽을 거라고 생각했습니다. 하지만 그런
일은 일어나지 않았어요! 겨울이 되면 먹을 수 있는 음식이
너무 적지는 않을지 걱정했지만, 쓸데없는 고민이었습니다.
발아식품, 과일, 채소, 미역, 견과류, 꿀, 화리나만 해도
충분해요. 유제품과 생선은 이미 오래전에 끊었고, 이 결정은
내면의 느낌에 따라 우리가 직접 내린 것입니다. 익힌 음식을
먹으면 즉시 반응이 오기 시작했고, '화학물질이 들어간' 과일,
채소, 약초는 맛만 봐도 귀신같이 알 수 있어요.
저희는 모두 요가를 하고 있는데, 요가를 해야 해서가 아니라
그것이 마음에 들고 하고 싶기 때문에, 그리고 요가를
함으로써 진정한 기쁨을 느끼기 때문에 하고 있습니다.

본능에 더 예민해진 것이겠지요. 인간관계에도 변화가
생기고 있습니다. 재미있고 개성 있는 사람들을 알게 되었고,
불편했던 사람들은 점점 멀어졌습니다. 트랜서핑을 실전에서
적용하면서 그 결과의 싹이 보이고 있어요. 제 세계가 기꺼이
저를 돌보며 품에 안고 있다는 사실을 자각하고, 그 사실에
익숙해지는 것은 정말이지 놀라운 일이에요. 자신의 세계를
완전히 믿는다는 것은 어려운 일입니다. 비록 우리도 이제
여정을 막 시작했을 뿐이지만, 좋은 점은 '잠에 빠지는' 일이
훨씬 줄었으며, 내면의 관찰자가 훨씬 더 강해졌다는 겁니다.
생식의 '단점'에 대해서 뭔가 말해야 할 것 같네요. '심각한
단점' 중 하나가 TV나 대다수의 영화를 보기가 상당히
불편하다는 점입니다. 다시 말해, 영화관에 다니는 것이
솔직히 지루하고(예외는 거의 없어요), TV 방송은 안 봐도
뻔하고, '전형적인' 것이라는 생각에 우습게만 느껴지고,
차라리 광고가 더 재미있을 정도입니다. 뉴스는 몸이 알아서
거부반응을 보여요. 저희는 예전에도 TV를 그다지 좋아하지
않았는데, 지금은 더욱 그렇습니다. 하지만 TV를 보지 않아
생긴 시간은 산책이나 독서, 요가 등으로 쉽게 채워졌습니다.
소파에 앉아 TV를 통해 다른 사람들을 지켜볼 때보다 자신의
삶을 직접 만들어나가는 것이 훨씬 더 흥미로운 일이죠.
또 어떤 단점이 있을까요? 명현현상이나 건강이 일시적으로
나빠지는 것 정도가 있겠군요. 물론 그런 증상도 있긴
합니다. 머리카락이 갑자기 '빠지고', 피부가 건조해지고,

골연골증이 심해지고, 입술 가장자리가 헐거나 이가 시렸던
적이 있었지요. 하지만 기쁨과 이해심을 가지고 모든 증상을
받아들였습니다. '나의 몸이 재건축되고 있고, 보수되고 있다.
그 과정이 진행되는 것뿐'이라고요. 그랬더니 모든 증상이
사라졌습니다.

아들은 "알겠어요, 열여덟 살까지는 엄마, 아빠와 같이
생식으로 지내보고, 그다음부터는 또 한 번 보죠"라고
말했습니다. "그리고 엄마와 아빠가 정말로 앞으로도 젊고
예쁘거나, 잘생기고 건강한 상태를 유지한다면 저도 생식을
계속할게요"라고 조건을 세웠어요. 세상에! 저희는 이제 다른
모습을 상상조차 할 수 없습니다. 흥미로운 것은 우리의 다른
모습, 즉 이 여정을 시작하지 않은 모습이 담긴 가능태가
가능태 공간의 어딘가에 있을 것이란 점입니다. 그 사실을
얼핏 떠올리기만 하더라도 소름이 돋아요.

오늘 남편과 저는 녹메밀을 사왔습니다. '알렉세이'라는
이름을 가진 젊은 청년에게 미리 전화로 연락을 해서 '암호
문구와 거래 장소'를 정한 후에 만났죠. 그와 연락한 것은
남편이었어요. 그를 만나고 차로 돌아온 남편은 이렇게
말했습니다. "있지, 모든 게 다 평범한 것 같은데 생식을
하는 사람들은 유독 특별한 점이 하나 있어. 눈에서 총기가
느껴지고, 몸에서 빛이 나는 것처럼 보인다는 거야." 그렇게
영적으로 가깝게 느껴지는 사람과 만나는 것은 아주 좋은

경험이었습니다. 우리 우주에서 저희는 혼자가 아니었어요!
저희가 생식을 한 지는 6개월밖에 되지 않았지만, 주변의
모든 것이 바뀐 것 같습니다! 새로운 식습관 방식은
저희의 영혼 안에서 기쁨의 불꽃이 되었고 삶을 늘 축제로
만들어주었습니다. 살면서 '이렇게 큰' 쾌감을 맛볼 수 있을
것이라고는 상상조차 못했어요! 장점을 모두 나열하면
너무 오래 걸릴 테니 몇 가지만 말씀드리겠습니다. 몸이
가벼워지는 낯선 기분이 들고, 활기차고 경쾌한 기분이
들며, 드디어 제때 펜듈럼을 보고 그것을 무시할 수 있게
되었습니다. 트랜서핑 자체도 더 확실해졌고, 성공하는 일이
생기기 시작했습니다. 아직은 어딘가 삐걱거리는 느낌이지만,
그래도 변화가 일어나고 있어요! 다시는 농장으로 돌아가고
싶지 않네요.

전부 다 맞는 말이에요. 저는 1년째 생식을 하고 있어요.
처음에는 가까운 지인들에게 어떤 점에서 이득이고 어떤
점에서 손해인지 설명을 하려고 노력했지만, 대답으로
돌아오는 것은 오직 불쾌하다는 반응과 비난뿐이었습니다.
그러다 시간이 지나면 전부 놓아버리게 되지요. 특히 문들이
저절로 열리기 시작하며 완전히 다른 세계관이 생기고 의식의
수준이 훨씬 더 높아지고 나니 그렇게 되더군요(직접 경험해본
사람들은 제 말을 이해할 겁니다). 그러고 나면 숨이 멎을 정도로
황홀한 자유가 찾아옵니다. 이 모든 것이 효과가 있다는 건

멋진 일이에요. 실제로 이런 현상을 믿을 수 없을 거예요. 직접 경험할 수밖에요. 감히 시도해볼 용기를 내는 사람만이 성공하겠지요. 제가 바로 그런 사람이었습니다.

서서히 생식으로 넘어가고 있는 중입니다(6개월 정도 됐어요). 아침과 저녁은 모든 음식을 생식으로 먹고, 점심은 아직까지 익힌 음식을 먹습니다(하지만 샐러드를 함께 먹어요). 사랑하는 소중한 남편에게 고마울 뿐이에요. 남편은 저의 새로운 원칙을 전혀 반대하지 않고, 오히려 받아들여 주었습니다(때로는 기분 나쁘지 않게 농담을 하기도 해요). 저는 남편에게 그가 평소에 먹는 음식을 요리해줍니다. 저희 둘 다 이 생활에 만족해요. 그 어떤 갈등도 없어요.

그 누구의 강요도 없이 자발적으로 생식을 시작했다면, 극단적이라거나 뜬금없는 부분이랄 게 전혀 없습니다. 저는 생식에 그 어떤 의미도 부여하지 않았고, 저 자신에게 그 어떤 제한도 설정해두지 않았습니다. 그리고 프렌치프라이와 같이 지금의 저 자신을 예전처럼 다시 '오염할 만한' 것을 원하는 마음이 들면(제 미각이 예전의 쾌락을 다시 느끼기를 원하곤 하니까요), 이 음식이 제게 백해무익하다는 사실을 완전히 인지한 상태로 몇 조각을 먹기는 했어요. 저의 지인들도, 제 가족도 제 식생활에 대해 특별히 걱정하지 않고, 어떤 행사로 인해 일가친척이 모두 모이게 되면 제 앞에 샐러드와 견과류가 들어간 음식들을 잔뜩 놓아주곤 합니다.
뭔가를 설명하거나 설득할 필요가 단 한 번도 없었어요.
놀라울 정도로 가벼운 기분이고, 마음은 항상 긍정적입니다.
그리고 다시 한 번 말하지만, 아무런 긴장감이 없어요.

생식에 대해 말씀드릴게요. 생식은 완전한 쾌감이고,
여기에는 그 어떤 기행奇行도 없습니다. 반년 정도 정화 과정을
겪기는 하겠지만 그 이후에는 황홀한 기분을 느낄 수 있을
거예요.

저는 생식을 시작하면서 매사가 이렇게 크게 변하게
될지 몰랐습니다. 제 삶의 모든 측면이 변화할 거라고는
상상조차 하지 못했어요. 저는 아파트에서는 도저히 살
수가 없습니다. 단독주택, 그것도 도심에서 최대한 멀리
떨어진 곳일수록 좋아요. 옷은 천연 재료로 만든 것만 입어야
하고요. 합성제품을 입고 다닐 수 없어서가 아니에요. 입을
수야 있지요. 하지만 무엇 때문에 그러겠어요? 제 몸은
더 예민해졌고, 합성제품을 사용할 때면 기분이 몹시 안
좋은걸요. 처음에는 온갖 크림이나 화장품을 쓸 때마다
불쾌한 기분이 들더니, 그 이후로는 화장품이 전혀 필요
없게 되었습니다. 그런데도 제 피부는 그 어느 때보다도
매끄러워요.
직장에 다니며 경력을 쌓는 일은 너무나도 권태로웠습니다.

저는 마음에 맞는 다른 일을 찾았고, 힘과 에너지는 넘쳐흐를
정도입니다. 심리와 정신 모두 항상 기쁘고 침착한 상태예요.
아주 특이한 침착함이지만요! 삶이라는 것 자체가 몹시
흥분되는 일처럼 느껴져요! 완전한 자유를 얻은 기분이에요!
온갖 제약과 고정관념, 모욕, 비난, 권태, 뭔가를 먹어야
한다는 중독 증상, 자거나 쉬어야 한다는 중독 증상, 살아남기
위해서는 혹독한 추위도 견뎌내야 한다는 강박, 그리고
계속해서 뭔가가 필요하다는 느낌으로부터 자유로워졌어요.
그랬더니, 놀라운 일이 일어났죠! 이 세상 그 어떤 마약도
제가 삶 속에서 느끼는 감정들을 느끼도록 만들어주지는 못할
거예요!
물론, 모든 것이 순탄하지만은 않았어요. 저는 주변 사람들의
의지와 무관하게 그들을 행복하게 만들고 싶다는 마음이
컸고, 결국 모두를 떠나가게 해버린 적도 있었습니다. 그때
깊은 좌절감과 죄책감, 편집증과 정신분열 증세가 생겼고,
풋내기 생식주의자들은 넋이 나간 듯이 저를 바라보곤
했죠…. 지금도 이것들을 모두 약간씩은 가지고 있지만,
예전만큼 심각하지는 않은 편인데다 확신과 침착함을 얻는
경험을 이미 수도 없이 했어요. 하지만 제가 이런 것들을
몰랐고, 시도조차 하지 않았고, 이 길로 들어서지 않았다고
생각하면… 으! 상상조차 하기 싫네요! 돌아갈 길도 없기는
하지만요!

우리는 이제 막 여정을 시작한 셈입니다. 최근작을 읽은 지
두 달이 지났어요. 생식에 관한 부분을 읽으니, 삶이라는
큰 그림을 완성하는 마지막 퍼즐 조각을 찾았다는 기분이
듭니다. 저와 제 식구들(남편과 열두 살배기 아들)은 생식을
시작했지요. 그다지 어렵지 않았어요. 저희는 7년 전 폴
브래그의 책을 읽은 다음부터 음식에 소금 간을 하지 않고
있었거든요. 빵, 소시지, 설탕, 통조림 음식 등, 매트릭스의
주된 음식물들을 끊은 지도 이미 오래되었어요. 올바른
식습관을 유지하기 위해 노력했고, 텃밭에서 채소와 과일을
직접 재배해 먹고, 고기는 목초지에서 길러진 가축의
고기를 사서 먹었어요. 하지만 예전에는 익혀서 먹었어요!!!
생식의 본질에 대해 깊게 생각해본 적이 없었고, 완곡하게
표현하자면, 생식주의자들을 괴짜들이라고 생각했습니다.
그런데 이제는 눈을 뜬 겁니다….
장점은 아주 많아요. 첫 번째로, 저희 세 식구는 두 달 만에
40킬로그램 넘게 뺐고, 그것도 아주 쉽게 해냈습니다. 그
어떤 스트레스도 없었고, 음식량에 제약을 두지도 않았어요.
원하는 만큼 먹되, 모든 것을 생식으로, 건강에 좋은
음식으로 먹었지요. 그러자 입 냄새가 사라지고, 전보다
체취가 덜 불쾌해지고 줄어든 데다, 허리와 관절은 훨씬
편안해졌습니다. 아침에 가볍게 조깅을 하거나 체조를 할
힘도(하고 싶다는 마음도요!!!) 생겼지요. 사마귀가 사라지더니,
피부가 매끄러워지고 탄력이 생겼어요. 속쓰림과 만성피로,

두통도 사라지고요. 그 밖에도 더 많은 변화가 있었습니다. 의식도 달라졌습니다. 사물을 예전과는 다른 시각으로 보게 되고, 매사를 예전과 다르게 인식하고 있어요. 트랜서핑 시리즈를 매번 새로운 기분으로 읽고 있습니다. 마치 누군가가 제 내면의 시각을 바꿔놓은 것 같습니다. 긍정적인 기운이 더 커지고, 좋은 일이 더 자주 일어나며, 세계가 우리를 보살피며 애정을 주고 있다는 사실을 더 분명하게 자각하게 되었습니다.

제 식습관에 대해서 특별히 주변 사람들에게 알리려고 하거나, 강요하거나 광고하려고 하지는 않아요. 다른 사람들에게 알리고 싶고, 기쁨에 겨워 소리치며 제 믿음을 공유하고 싶다는 쾌감에 겨운 욕심은 금방 지나갔습니다. 그저 제 인생에서 기쁘고, 반드시 필요한 일부가 되었을 뿐이죠. 아직 제 주변에서 저희의 생각에 동참하는 사람을 찾지는 못했어요. 그렇지만 저희 외모의 변화와 긍정적인 기운이 백 마디 말보다 더 많은 이야기를 해줄 거라고 생각합니다.

트랜서핑을 실행하는 제 첫걸음은 부분적인 생식이었습니다. 제 남편은 말라호프의 지지자예요. 남편은 마흔 살이었던 20년 전에 건강이 아주 나빠졌고, 치료를 받기 위해 입원을 할지 집에서 지내며 외래 진료를 받을지 결정해야 했습니다. 저희는 결국 후자를 선택했는데, 이때 말라호프의 의견이

도움이 되었습니다. 이후에 '우리가 살고 있는 방식이 맞는
방식일까?'라는 주제에 대해 고민하기 시작했고, 시간이
더 지나고 나니 '우리의 식습관이 올바른 식습관일까?'
고민하기 시작했습니다. 그러다 생식을 시작해야겠다는
필요성을 느끼게 되었어요. 명현현상이나 실패는 없었습니다.
컨디션이 나쁜 적도 없었고요. 익힌 음식을 봐도 먹고 싶다는
생각이 들지 않았습니다. 귀리 묵은 정말이지 환상적인
음식이더군요! 첫입부터 마음에 들었고, 몸에도 잘 맞는 것
같습니다. 지금은 거의 매일 먹어요. 질리지도 않고, 하루에 몇
번이고 먹고 싶은 마음이에요! 살아 있는 죽(living porridge)도
만들어 먹고 있습니다. 알고 보니 참 맛있더군요! 작가님
스타일의 토마토소스도 만들었고, 미역 요리도 먹고 있습니다.
마치 다시 태어나서 세상을 다시 배우는 기분이에요. 몸은
가볍고, 영혼에는 만족감이 느껴집니다. 삶이 흥미로워졌고,
저의 무지함으로 인해 놓치고 있었던 기적들을 매일 겪고
있습니다.

무리하게 생식을 하지만 않는다면 몸은 빠르게 똑똑해지고,
예전에는 안 먹고는 못 배기던 음식에 대한 거부감이 서서히
생기게 됩니다. 평소와 마찬가지로 온 식구를 위해 평범한
음식을 준비하지만, 정작 저 자신은 그 음식을 먹고 싶다는
마음이 들지 않아요. 크리스마스 때 남편이 맛보라고 파이를
줬는데, 파이가 맛이 있다는 생각이 전혀 들지 않았어요.

시간이 지나면서 그 어떤 '미식가'의 레시피에도 견줄 수 있을 정도로 아주 다양한 생식의 세계가 열립니다.

저와 남편은 석 달째 생식을 하고 있습니다. 알고 보니 아주 맛있더라고요. 저는 부텐코의 책을 사서 그녀의 레시피대로 요리하고 있는데 아주 만족합니다. 예전에는 요리를 해야 하니까 했을 뿐이지만, 지금은 열정을 가지고 요리를 해요. 남편은 살을 빼고 당뇨병 약을 끊고 싶어합니다. 그러던 그가 120킬로그램에서 14킬로그램을 감량했어요. 남편은 건설 현장에서 일하기 때문에 종일 서 있어야 합니다. 그의 동료들은 놀라워하며 말해요. "풀만 먹어서 그렇게 보기 좋아졌냐"고요. 저는 날씬한 체형을 가지고 있고 아직 젊은데, 자전거를 타고 20킬로미터를 달리는 내내 행복감을 느끼곤 한답니다.

시스템을 어떻게 완전히 깨뜨릴 수 있는지, 자유로워지고 그 누구의 눈치도 신경 쓰지 않고 자신의 영혼 깊숙한 곳을 바라보는 것이 얼마나 멋진 기분인지 '벌써부터' 체감하고 있습니다.

술과 패스트푸드를 끊은 지는 오래되었습니다. 하지만 그 끔찍한 햄버거나 와인이 미치도록 먹고 싶을 때가 있어요. 그런 느낌이 든다고 해도 엄격한 틀을 만들어 자신을 막지 마세요. 당신은 당신 현실의 주인이니까요. 저는 먹고 싶다는 생각이 아주 강하게 드는 날이면 잠깐 반칙을 허용해서, 이미 오래전에 끊었던 음식을 먹곤 합니다. 그러면서 저 자신에게 말하죠. "착하지, 마음껏 먹으렴. 오늘은 배가 맛있는 것을 많이 먹고 싶은가 보네. 든든히 먹고, 이 '특별한 음식'을 마지막 한 입까지 소화하렴." 다음 날이 되거나 몇 시간이 지나면 이 모든 음식이 아무 도움도 되지 않고, 맛도 의미도 없다는 사실을 알아차리곤 합니다. 그리고 다시 생식을 해요. 음식을 먹을 때마다, 그 음식이 오염된 음식이라는 사실을 몸에게 일러줘야 합니다. 반대로, 빵을 끊은 지 이미 오래됐다면(또는 오랫동안 술과 담배 등을 끊었다면), 다시 그것을 볼 때 입맛이 뚝 떨어질 겁니다. 본질은, 오늘은 의식이 깨어난 채 빵을 먹을지라도 내일이 되면 의식이 깨어난 채 빵을 거부할 수 있게 해야 한다는 겁니다.

저는 2년째 생식을 하고 있는데, 운동을 할 때 속도가 붙었습니다. 저를 따라올 수 있는 사람이 많지 않아요. 성적은 동화에서 나올 법한 얘기처럼 향상되었습니다.

저는 모유 수유를 할 때 생식을 시작했습니다(당시 제 아들은 6개월이었고요). 그 결과 저는 겉보기에도 더 좋아지고, 살도 빠지고, 제 나이보다 열 살은 더 젊어 보여요. 아들은 건강하게 아주 잘 컸고요! 아들이 두 돌이 넘은 지금도 수유를 하고 있는데, 모유가 충분히 나옵니다! 기분도, 에너지도 전부 최상이에요!

저는 처음부터 생식에 성공하지는 못했습니다. 너무 갑작스럽게 시작한 나머지, 두 번째 달에 실패했고, 반년 동안 쉬면서 익힌 음식을 먹었어요. 지금은 두 번째 시도 중인데, 먹고 싶은 음식은 뭐든 먹지만 서서히 제한을 두고 있습니다. 트랜서핑은 정말 놀라운 것입니다. 모든 것이 멋지고, 모든 일이 잘 풀리죠. 만약 뭔가가 잘 풀리지 않는다고 해도 그것은 제가 알아채기도 전에 알아서 지나가버립니다. 영혼이 기뻐하는 수준을 넘어서, 저의 내면이 기쁨으로 가득 차는 기분입니다. 심지어 몸이 완전히 다르게 느껴지고, 저를 돌보고 애정을 주고 있는 막강하고 선한 힘의 기운이 느껴지기 시작했어요.

고기를 끊은 지 벌써 1년 정도가 되어가네요. 가끔은 튀기거나 익힌 생선을 먹기도 해요. 아직 완전히 생식을 하는 것은 아니지만, 최소한 과일과 채소, 허브를 많이 먹으려고 노력하고 있습니다. 아침에는 신선한 과일만 먹고, 점심 전에는 여러 가지 견과류와 말린 과일을 먹습니다. 점심식사 때는 허브와 채소를, 약간의 익힌 음식과 발효하지 않고 만든 빵, 치즈를 먹습니다. 저녁식사도 마찬가지고요. 이렇게 식사하니 몸이 신선한 기쁨을 느낄 수 있도록 재구성되었고,

컨디션은 더 좋아졌습니다. 앞으로는 화식을 끊고 완전히 생식으로만 생활할 계획입니다. 제가 올바르게 하고 있다는 생각이 들어요. 트랜서핑을 알 수 있는 기회를 줘서 고맙다고 저의 세계를 향해 말하고 싶네요.

작년까지만 해도 생식주의자들을 비웃었는데, 이제는 예전의 제가 먹었던 음식들을 생각하면 울고 싶네요.

생식을 하고 나서 시간이 좀 지나니 해독 과정이 시작되었습니다. 사람들은 "네가 너 자신을 망가뜨리고 있는 거야. 참 순진하군"이라며 저를 설득하기 시작했어요. 그런데 이제는 "도대체 무슨 짓을 했길래 이렇게 빛이 나느냐"고 물어보는 사람들도 있습니다. 하하, 그런 사람들에게 무슨 말을 해줄 수 있을까요? 그들의 고정관념을 깨면 안 되는데 말이에요. 잠든 사람에게 그것은 죽음과 같으니까요.

저는 쉰네 살입니다. 2년 정도 전에 생식을 시작했고, 지금은 실패하는 빈도수가 점점 줄어들고 있어요. 작가님께서 설명해주신 모든 느낌을 직접 체험하고 있습니다. 그런 느낌은 제가 익힌 음식에 입을 댈 때마다 곧바로 사라져요. 그래서 정상적인 식습관으로 돌아가는 데 큰 도움이 됩니다. 더 젊어지고, 가벼워지고, 활기가 생기는 느낌이에요. 날아다니는 것 같은, 말로는 표현할 수 없는 느낌이죠. 직접 경험해봐야 알 수 있어요. 작가님께 감사드립니다!

얼마 안 있으면 저희 식구 모두가 생식을 시작한 지 2년이 됩니다. 저희는 차근차근 부드럽게 생식을 시작했어요. 이렇다 할 특별한 어려움도 없었죠. 몸이 정화되는 시기에 약간의 고생 정도라고나 할까요. 몸이 갑자기 고동치며 잠에서 깨어나고, 이런 식습관을 시작한 것에 대해 감사하는 마음으로 가득 차게 된 것 같아요. 몸은 단지 생식을 원했을 뿐이고, 예전의 식습관은 원하지 않았을 뿐인데 말입니다!!! 살아 있는 음식이 벌써 저희 식단의 80퍼센트를 차지해요. 아주 다양한 생식 요리를 찾아냈는데, 알고 보니 참 독특하고 맛있는 음식들이 많더군요! 제 딸은 크게 스트레스를 받지 않고도 1년 동안 40킬로그램을 빼는 데 성공했습니다. 저와 남편도 체중이 줄었고, 더 건강해지고 겉모습도 젊어졌습니다. 또 의사들도 치료하지 못했던 많은 질병들이 사라졌습니다. 그냥 저절로 서서히 사라졌어요! 활기도 넘치고요. 작가님 덕분에 저희는 완전히 다른 현실로 이동했어요!

식습관과 삶의 방식을 바꾸려고 노력한 지 3년이 넘었습니다. 저는 엄청난 변화를 겪고 있어요. 국가에서 지원해주는 건강검진차 병원에서 신체 나이를 나타내는 몇 가지 건강 지표들을 측정했는데, 스무 살 정도가 나왔습니다(제는 조만간 마흔일곱 살이 됩니다). 저는 기운과 활력이 넘치고,

삶에서 특별한 어려움도 없습니다. 그러다 뜻밖에도 갑자기
글을 쓰게 되었습니다. 그것도 산문이나 시를요. 그 밖에도
더 많은 것들을 할 수 있다는 생각이 듭니다. 평소에 업무
스트레스가 아주 많은 일을 하고 있는데도요. 그리고
몸무게가 10킬로그램이나 줄었고, 매우 긍정적인 신체 변화를
겪게 되었습니다. 하지만 이것은 이미 부차적인 효과라고
생각해요. 모든 것이 어려움 없이 서서히 사라질 것이며,
만족감을 선사해줄 것이라는 작가님의 논리를 믿고 있습니다.

아침식사로는 밀싹과 바나나, 점심에는 식초 샐러드,
저녁에는 간장과 레몬즙을 뿌린 생선요리를 먹고 있습니다.
메뉴는 대략 이런 식이에요. 공복감은 점점 더 줄어들고,
눈빛은 더 생생해지고 있습니다. 저의 관심은 슈퍼마켓과
식당에서 과일 가게와 특수화된 식료품점으로 옮겨가고
있어요. 저는 이제까지 눈이 먼 채로 살고 있었습니다! 맛있는
음식이 주변에 이렇게나 많은데 말이에요! 종일 요리를
하며 부엌에서 시간을 보내기도 합니다. 새로운 생식 메뉴를
개발하기 위해서요. 정말이지 놀라운 기분이에요!

그저 놀라울 뿐이에요. 먼저 아침을 먹고 30분 뒤에
출근하는데, 직장에 도착하면 미소가 나오기 시작합니다.
내면에서 그냥 빛이 나와요(겉보기에는 진중한 인상인데 말입니다).
그리고 해방감이 느껴져요. 이것이 도대체 무슨 느낌인지,

무엇으로부터 해방된 건지는 알 수 없습니다. 일을 아주 많이 한 날에도 피곤하지 않습니다. 잠을 청하는 이유는 그저 멍해 보이지 않기 위해서, 그리고 밤에 일어나 있는 것이 익숙하지 않기 때문이죠. 외모도 달라졌습니다. 얼굴에서 산뜻한 바람이 부는 느낌이에요. 스트레스를 견디기도 더 쉬워졌습니다. 작년에 많은 문제들을 겪었는데, 그러면서도 단 한 번도 익모초*나 코르바롤**같은 진정제를 쓸 필요가 없었습니다. 체취도 줄어들고, 데오도란트도 거의 사용하지 않아요. 입었던 옷이나 발에서도 냄새가 나지 않고요. 고기를 먹는 지인이 놀러 올 때는 약간 참아야 합니다. 예전에 먹었던 음식을 갑자기 다시 먹으면 곧바로 몸에서 불쾌한 냄새가 나기 시작해 이틀 정도는 가는 것 같습니다. 생식을 시작하고 두 번째로 맞은 겨울에는 감기도 걸리지 않았습니다. 겨울 한 번을 나면서 적어도 일주일씩 두 번은 침대에서 쉬어야 하긴 했지만요. 코가 계속 막혔거든요. 파스타, 쌀, 밀가루, 감자, 빵을 끊자마자 독감이나 감기와 같은 바이러스가 저를 까맣게 잊은 것 같습니다.

간단히 말씀드릴게요. 생식을 향한 뜻깊은 길을 지나오고 나니, 산책을 하거나 하늘을 바라보는 것 같이 아주 단순한

---

* 익모초는 혈압 강하, 이뇨, 진정, 진통 작용이 있다고 한다. 한방과 마찬가지로 러시아에서도 익모초차, 익모초즙, 익모초주의 형태로 복용한다.

** 뇌에서 신경흥분을 억제하여 진정, 수면, 항경련 효과를 나타내는 '페노바르비탈'이 포함된 약물이다. 불면증, 간질 등의 치료 목적으로 사용된다.

일들만으로도 얼마나 큰 행복을 느낄 수 있는지 깨닫게
되었습니다. 가만히 나무를 지켜보는 것만으로도 이렇게 큰
만족감을 얻을 수 있다는 것은 믿기 어려운 일이에요. 말로
표현할 수 없어요. 직접 경험해보셔야 해요. 숨이 멎을 정도로
진정한 만족감을 느낄 때는 언제인가요? 언제 엔도르핀이
마구 솟구치는 느낌이 드나요? 운명의 상대를 만나 처음으로
사랑을 나눌 때일까요? 하지만 만약 단순히 숲과 호수,
심지어는 새벽길을 감상하는 것만으로도 똑같은 만족감을
느낀다면요? 저는 지금껏 열심히 운동을 해 왔고 좋은 체격을
유지하고 있었는데도, 제가 얼마나 건강에서 거리가 멀었는지
깨닫게 되었습니다. 생식은 정말 가치 있는 일이에요.

훌륭해요! 이렇게 환상적이고, 이렇게 손에 넣기 쉬운
순간들을 오늘날 거의 모든 사람들이 놓치고 있네요. 자신이
정신없는 삶을 살고 있다는 사실을 많은 사람들이 이미
알고 있을 겁니다. 모든 것을 빨리빨리 해야 하고, 연락,
페이스북, 이메일 등 이 모든 것에 시간을 빼앗기며 '마치
인생이 낭비되는 듯한' 기분을요…. 하지만 숲과 계곡, 새,
나비들은 예전이나 지금이나 여전히 같은 자리에 있어요.
자신의 주의를 전혀 다른 곳에 맞추고 있는 것은 오직
현대인들뿐이에요.

자연식은 영혼을 날게 해주고, 새로운 의식의 단계로 이동할

수 있게 해줘요! 트랜서핑은 저절로 이루어지죠. 이것은 확실하게 느낄 수 있는 쾌감이에요!

생식을 시작하면서 몸이 살아났습니다. 고정관념의 틀이 무너졌고, 사물을 여러 가지 측면에서 볼 수 있게 되었습니다!

저는 작은 기적들을 경험하고 있는데, 보다 큰 기적을 만들기 위해서 의도와 의식을 더 키우고 있습니다. 단계적으로 생식을 하기 시작한 지 2년이 되었는데, 이미 그 결과가 나타나고 있습니다. 뾰루지와 여드름이 없어지고, 치아는 깨끗해지고, 체형도 완벽해졌습니다. 제가 원하는 모습 딱 그대로예요. 진심으로 감사합니다!

제 이모는 아이를 낳은 지 1년 반이 되었습니다. 그런데 조카에게 무엇을 먹이는지 아시나요? 통조림 고기와 방부제가 들어간 주스, 마트에서 파는 치즈와 요거트 등, 웬만한 건 다 먹입니다. 그리고 이모는 비타민 영양제를 반드시 먹여야 한다고 생각하는데, 아무리 아니라고 말해줘도 씨알도 안 먹힙니다. 참 말도 안 되는 일이죠. 합성식품을 먹이려고 할 때마다 조카가 울며 떼를 써서, 대신에 작은 양파 조각을 주면 그것을 입에 물고 그제야 만족합니다. 조카는 이제 18개월인데, 아직 스스로 씹을 줄 모르는 데다 "엄마"라는 말 한마디밖에 할 줄 몰라요. 그것이 정상일까요?

제 친척들은 무엇을 먹을까요? 매일 똑같이 마요네즈와
케첩을 곁들인 파스타에 프렌치프라이를 먹고, 똑같은 커피를
마시고, 똑같은 흰 빵을 먹고, 사흘 정도 주기로 익힌 고기를
먹는답니다. 그게 전부예요. 그렇게 먹고서 과연 건강을
유지할 수 있을까요?

인공 식품이 만드는 공복감은 정말로 '나'를 빼앗아가는 것
같습니다. 작가님의 책이 저를 찾아온 지는 꽤 오래됐는데,
마침 그 내용이 제게 정말로 필요하던 시기였어요. 무시한
내용도 있었고 이해하지 못했던 내용도 있었지만, 책을
전부 다 읽고 나니 완전한 쾌감이 느껴졌죠. 몸이 깨끗해진
지금은 생각이 더 깊어지고 분명해졌습니다. 심지어 사람들이
저를 견제하기 시작했어요. 저는 어려운 문제들도 쉽게
해결하니까요.

예전에는 그저 짐작하기만 했거나, 막연히 믿기만 했던
것들을 이제는 정확하게 '알게' 되었습니다. 예를 들어, 저는
제 몸이 늙지 않으며 제가 원하기만 한다면 지금 상태를
그대로 유지할 수 있다고 항상 믿어왔습니다. 저 자신을
괴롭게 만드는 다이어트나, 맹목적인 운동이나, 성형수술
따위가 없더라도요. 그 외에도 딱 제가 생각하던 자연스럽고
쉬운 방법이 있다는 사실을 '알고' 있었어요. 저는 깊은
감명을 받았고, 이제는 사념을 가지고 물질을 변화시키는

것이 가능한 삶을 살고 있습니다. 저는 매일 조금씩 더
젊어지고 있습니다. 제 모습을 보면 주변 사람들뿐 아니라 저
자신도 놀랄 정도죠. 하지만 가장 중요한 것은 생식이에요.
저는 마르가리타처럼 "아, 이런 크림이 또 있을까!"[*]라고
반복할 뿐이에요.

현실적인 은비교

생식에 관한 이야기는 이쯤에서 마무리하도록 하겠다. 먹이 피라미드의 새 단계로 들어서는 생식의 의미, 목표, 이점에 대해서는 이미 충분히 설명드린 것 같다. 이제 마지막으로 아래의 질문에 대한 답변을 드리고자 한다.

1. 왜 어떤 사람들은 성공하지 못하는가?

2. 성공하기 위해서는 어떻게 행동해야 하는가?

다시 한 번 미리 일러두자면, 나는 건강한 식습관을 설파하려고 하는 것이 아니다. 나는 건강한 삶의 방식에 관심이 있지도 않고, 생식 전문가도 아니다. 나는 현실을 통제하는 트랜서핑을 한다. 현실을 통제한다는 것은 여러 방법을 복합적으로 사용해야 하는 기법으로, '어떻게 생각하는가?', '어떻게 먹는가?', '어떻게 움직이는가?'라는 서로 떼려야 뗄 수 없는 세 가지 요소로 구성된다. 여기서 단 한 가지 요소라도 제외하면 트랜서핑은 완전하지 못한 단편적 기법이 되며, 그 효과는 점점 떨어질 것이다. 인간이 단순히 육체나 영혼이나 마음 하나만으로 구성되어 있는 것이 아니라, 이 모든 것이 융합되어 하나로 어우러진 총체인 것과 같은 이치다.

또한 마찬가지로, '소파에 길게 누워' 있거나 '축사 안에서' 하는 트랜서핑은 진짜 트랜서핑이라 할 수 없다. 건강한 삶의 방식도 트랜서핑이 아니다. 생식도 마찬가지다.

유감스럽게도, 어떤 '생식주의자'를 만나고서 '뭔가 이상하다. 이 사람을 봐서는 생식을 해선 안 될 것 같다'는 생각이 들 때가 있다. 실제로 미꾸라지 한 마리로도 웅덩이 전체가 흐려지곤 하지 않는가. 생식의 분명한 이점에도 불구하고 왜 이런 일이 생기는 것일까?

어째서인지 그 누구도, 그 어디에서도 말해주지 않으며, 어쩌면 아무도 모를 모순이 하나 있다. 그 모순은 이런 것이다. 신체 활동의 질이 높아지면 높아질수록 그 신체는 많은 것을 요구한다.

참 신기하게도 몸은 응석을 받아주면 받아줄수록 더 보채는 아이와 같이 행동한다. 혹은 온갖 사치품에 익숙해진 나머지 웬만해서는 비위를 맞추기 어려운 속물 같다. 이런 특성은 무엇 때문에 생기는 것일까?

예를 들어, 운동을 열심히 하기 시작하면 잠깐이라도 운동을 멈추거나 충분히 열심히 하지 않았을 때 금세 체형이 변한다는 사실을 알 수 있다. 근육이나 관절, 척추에 통증이 느껴지기도 하고, 약해지고, 몸이 찌뿌둥하거나 병에 걸리기도 한다. 그러나 운동을 전혀 하지 않았을 때는 그런 일이 전혀 일어나지 않았다. 그저 조용히 따분한 일상을 보내왔고, 딱히 아픈 곳도 없었다.

그러나 식습관을 바꿔서, 내가 보기에는 가장 건강에 좋고 완전한 음식으로 보이는 1차 식품을 주식으로 삼다 보면 비타민이나 미네랄 결핍 증상이 생길 때도 있고, 심지어는 탈모가 오거나 이가 빠지기도 한다. 반면에 방부제가 들어간 음식과 소시지, 파스타를 주로 먹으며 채소라고는 그저 구색을 위해 하루에 양배추 한 장 정도만 먹었을 때는 컨디션이 그럭저럭 괜찮았다.

어떻게 이런 일이 가능할까? 그렇다면 자신의 몸을 돌보고 만족시키려는 노력에는 어떤 의미가 있을까?

비교를 위해 노숙자의 삶과, 건강을 돌보고 아끼며 자신에게 모든 것을 허용해주려 하는 사람의 삶을 상상해보라. 전자는 심지어 칫솔조차 없이 그저 살아지는 대로 살 뿐이다. 욕망도, 요구 사항도 아주 최소한에 불과하다. 그런데 후자의 사람은 얼마나 많은 것을 필요로 하는가! 삶의 방식의 기준이 높으면 높을수록, 그런 삶을 유지하기 위해 필요한 물건들과 상징물들도 그만큼 많아진다.

신체도 마찬가지다. 질이 나쁜 음식을 먹다 보면 몸의 상태는 겨우 버틸 수 있는 상태로 치닫게 된다. 마치 아무것도 듣지 못하고 느끼지 못하게 되는 것과 같고, 아주 무거운 짐을 지워 고역을 치르게 하는 것과 같다. 힘겹게 짐을 지고 있는 일쯤은 이제 아무것도 아니다. 평생을 한결같이 맷돌을 끌어야 하는 노새가 아무런 저항도 하지 않고, 투덜거리지도 않는 것과 똑같다. 노새는 자신의 숙명에 적응했으며, 깊은 잠에 빠져 있으니 말이다. 선택의 여지가 없는 것이다. 마찬가지로 몸도 현실과 타협하고 적응하는 방법 외엔 별다른 수가 없게 된다. 이런 삶을 살다 보면 몸은 빠르게 닳지만, 그 순간부터 인생은 망가지기 시작하고 그저 고분고분히 일상을 반복할 뿐이다. 다행히 몸은 극한의 상황에서도 살아남을 수 있는 능력을 자연으로부터 받기는 했다. 하지만 그런 능력에도 끝은 찾아올 수밖에 없으며, 어디까지나 버틸 수 있을 때까지만 그 능력을 쓸 뿐이다.

이번에는 몸이 그런 짐으로부터 해방되어, 굴레를 벗어던지고 자유로워진 상황을 상상해보라. 장밋빛 인생이 시작되는 것이다! 이제 정화와 부활과 재생의 과정이 시작된다. 몸은 자연의 섭리에 따라 어떻게 살아야 하는지 기억해내고, 그동안 잃어버렸던 모든 것을 되살리고 재생하기 시작한다. 하지만 당신도 알다시피, 이런 장밋빛 인생을 위해서는 다양한 목표들이 훨씬 더 많이 필요하다.

바로 여기에서 과도기에 생길 수 있는 온갖 문제점이 쏟아진다. '구조조정' 과정에서 산더미처럼 쌓인 노폐물들을 어떻게든 배출해야 하는데, 배설기관의 능력은 그것을 감당하지 못하는 것이다. 그 결과 만성질병이 더 심해지고, 신경체계에 문제가 생기며, 컨디션도 악화되어 총체적 난국이 된다. 그런데 몸의 '주인'은 계속해서 실패만 한다. 주인은 자신의 '노새'에게 굴레를 씌워 예전의 삶으로 되돌려놓기 위해 호시탐탐 기회를 엿본다. 그래서 몸은 어려운 환경에 처하기를 반복하고, 스스로를 재구성하기가 아주 어렵다는 사실을 깨닫기 시작한다. 이런 상황에서는 당신이 기대했던 긍정적인 변화가 일어나는 게 아니라, 상태가 악화되기만 할 뿐이다. 몸은 피라미드의 두 단계 사이에서 갈팡질팡한다. 예전처럼 살기는 싫고, 그렇다고 새로운 인생을 살자니 그것 또한 할 수 없다. 이런 상황이 얼마나 갈지는 알 수 없다. 사람에 따라 제각각이다.

이와 같이, 당신의 몸이 실제로 장밋빛 인생을 살기를 바란다면 되는 대로 하는 것이 아니라 정확한 방법을 통해 의식적으로 노력해야 한다. 피라미드의 새로운 단계로 들어서는 것이 장난처럼 보이는가? 그렇지 않다. 장난과는 거리가 한참 멀다. 여기에서는 이 주제에 대한 내용을 더 추가하고 보완하기 위해, 식습관을 바꾸기 위한 주된 원칙을 간단하게 알려드리겠다.

가장 중요한 원칙은 '점진성'이다

식물성 음식만으로 생식을 하는 단계로 곧바로 넘어가게 되면 아주 불편한 일이 생길 수 있다. 명현현상이 일어나기 때문이다. 소화기관이 약해지고, 본래 앓고 있던 만성질병이 더 심해지거나 전에 없던 질병이 생긴다. 또한 급격하게 체중이 줄어들며 두통이나 치통, 알러지 반응이 생길 수 있고, 신경질이나 짜증이 늘고, 컨디션이 저조해지거나 심지어는 우울감이 생기기도 한다. 물론 시간이 지나면 괜찮아진다. 하지만 당신이 기대했던 개선 효과가 일어나는 대신 모든 것이 악화된다. 과도기에 오는 이 증상들은 많은 사람들이 생식을 견디지 못하고 화식으로 다시 돌아가는 근본적인 원인이 된다. 갑작스러운 식단 변화는 모든 면에서 좋지 않다. 식단에서 익히지 않은 식물성 음식을 늘려나갈 때는 스트레스 없이 만족감을 느끼면서 점진적으로 해야 한다.

제한이 아닌 대체를 하라

가급적 몸에 악영향을 미치는 음식을 보다 덜 해로운 음식으로 대체해야 한다. 예를 들어 설탕을 꿀로, 파이와 케이크를 당도 72퍼센트짜리 초콜릿이나 말린 과일로, 훈제 고기를 삶은 고기로, 프라이팬을 찜기로, 기름진 음식을 기름기가 적은 음식으로, 익힌 죽을 싹을 낸 콩이나 곡물, 야생쌀로 바꾸는 것이다. 1등분 밀가루*로 만든 음식과 발효 빵, 온갖 종류의 합성식품은 완전히 제외하고 자신이 원하는 천연 식품으로 대체한다. 이것은 먹는 음식을 제한하는 것이 아니라, 일부 음식들을 몸에 더 좋고 독소는 더 적게 배출하는 음식으로 대체하는 과정이라는 사실에 주목하길 바란다.

오염이 아닌 정화를 해야 한다

음식은 오염보다 정화의 기능을 더 많이 하는 쪽으로 선택해야 한다. 예를 들어 1등분 밀가루로 만든 음식은 기름진 덩어리가 되어 창자와 간이 막히게 하는데 반해, 밀의 외피가 그대로 남아 있는 통밀가루로 만든 음식은 몸을 깨끗하게 만들어준다. 끓인 죽은 몸을 늪지의 고인 물처럼 만들지만, 싹을 낸 콩(팥, 녹두, 병아리콩, 렌틸콩)은 3~5분 정도 익힌다고 하더라도 세포부터 여과 기능까지 모든 면에서 몸을 정화해준다. 야생쌀 또한 익혀 먹어도 과도기에 알맞은 아주 좋은 음식이 될 수 있다.

이 외에도 웬만한 공복 상태보다 몸을 더 깨끗이 정화해주는 음식이 있다. 더 구체적으로 설명하기 위해, 당신이 모를 가능성이 큰 세 가지 레시피를 소개하고자 한다. 알아둘 만한 가치가 있을 것이다.

먼저 엉겅퀴 씨**에 싹을 내야 한다. 엉겅퀴 씨를 약 1~1.5킬

---

* 밀가루는 단백질 함량에 따라 강력분, 중력분, 박력분 등으로 나눌 수 있을 뿐 아니라, 밀의 외피 부분을 제분했을 때 만들어지는 회분(무기질) 함량에 따라 1등분, 2등분, 3등분으로 나누기도 한다. 1등급일수록 회분 함량이 적고 색깔이 백색에 가깝다.

** 우리나라에서는 흔히 '밀크시슬'로 알려진, 흰무늬엉겅퀴의 씨앗을 가리킨다.

로그램 정도 준비해서 깨끗이 씻고, 에나멜 통에 넣은 다음 순지트를 넣어놓았던 물을 그 통에 붓는다. 이른 아침에 하는 것이 좋다. 저녁이 되면 물을 따라내는데, 물 위에 뜬 씨앗은 버리고 나머지는 체에 받쳐서 젖은 거즈를 덮어둔다. 다음 날 아침이나 저녁이 되면 흐르는 물에 씨앗을 깨끗이 씻고 다시 거즈를 덮는다. 만약 염소 처리된 물밖에 없다면 잠시 받아두었다가 사용해야 하는데, 되도록 순지트 물을 사용하는 것이 좋다. 다음 날 아침이 되면 싹이 약간 자라 있을 것이다. 다시 깨끗이 씻어 받침대에 올려놓고 41도로 맞춰둔 건조기에 말린다(또는 오븐의 가장 약불에서 문을 열어두고 익히면 된다).

이와 같이, 정화와 완전함과 가치로 따지면 비슷한 음식을 찾기가 어려울 정도의 식재료가 준비된다. 엉겅퀴는 간세포를 회복시키고 몸에서 독소를 배출해주는 아주 독특한 효능이 있다. 게다가 아주 강력한 항산화제이기도 하다. 엉겅퀴 안에 들어 있는 '플라보노이드'라는 녹색 색소는 젊음의 비타민이자 비타민E로 알려진 토코페롤보다 열 배 더 높은 항산화 효과가 있다. 이 식물에는 아주 다양한 효과를 가진 '실리마린'이라는, 생물학적으로 독특한 활성물질이 들어 있는데, 이런 이유 때문에 엉겅퀴는 매우 특별한 약재가 되기도 한다. 엉겅퀴는 또 다른 말로 '성녀 마리아의 선물'이라고 불린다. 스코틀랜드의 국화이기도 하다. 분명한 것은, 엉겅퀴를 괜히 국화로 만든 것이 아닐 거라는 사실이다. 여기에 싹까지 낸다면 엄청난 음식이 된다!

이제 레시피를 설명하겠다.

1. 열처리가 되지 않은 메밀을 체에 받쳐 흐르는 물에 씻어서 부스러기와 불순물을 제거하고, 순지트를 담가놓았던 물에 세 시간가

량 불린다. 껍질을 벗겨낸 녹메밀과 벗기지 않은 녹메밀을 2대 1의 비율로 섞으면 더 좋다. 정화 효과가 더 커지기 때문이다. 그다음 체나 망에 받쳐두고 젖은 거즈로 덮어둔다. 열두 시간에서 열네 시간쯤 지나면 메밀에 싹이 틀 것이다.

싹이 난 메밀을 씻어 믹서기에 넣고, 손가락 정도의 깊이가 될 때까지 물을 부은 다음 입자가 고와질 때까지 잘 간다. 그다음 엉겅퀴 씨 세 스푼을 커피 그라인더에 넣어 분쇄하여 메밀 물에 섞는다. 여기에 잣유나 메밀유, 엉겅퀴유를 한 티스푼씩 넣고 섞는다. 이렇게 하면 살아 있는 죽이 완성된다.

이 모든 조리 과정은 아주 짧고, 최소한의 시간과 노력만 있으면 된다. 그래도 이 죽의 효과는 엄청나다. 영양소와 효능 모두 최상급 그 이상이다. 게다가 맛도 꽤 괜찮다. 매일이라도 먹을 수 있는 맛이다. 냉장고에 보관하면 사흘 정도까지 먹을 수 있다(엉겅퀴 씨 가루는 죽을 먹기 직전에 추가해야 한다). 특히 완전한 생식 전의 과도기에 먹는 메밀 죽은 몸을 정화하는 데 특효가 있다. 자기 전에 먹으면 밤중에 땀에 푹 젖은 채 깰 수도 있는데, 이것은 아주 좋은 현상이다. 몸이 정화되고 있다는 뜻이기 때문이다. 부디 건강해지길!

2. 아마 씨 반 컵 정도를 커피 그라인더에 넣어 분쇄한다. 앞서와 마찬가지로 엉겅퀴 씨 세 스푼도 잘 갈아둔다. 여기에 물 한 컵과 호박유 한 티스푼을 넣고 섞는다. 취향에 따라 계피와 꿀을 넣어도 좋다. 이 죽도 만드는 방법은 매우 쉽지만 풍부한 영양소를 함유하고 있으며 몸에도 좋다. 기생충들은 이 죽을 도저히 못 견디겠지만, 당신은 마음에 들 것이다.

3. 귀리 묵에도 엉겅퀴 씨 세 스푼이 들어가면 좋다. 싹을 낸 귀리와 밀을 곱게 갈아서 약간의 다른 씨앗 가루, 양념과 함께 묵을 쑬 때 엉겅퀴 씨 가루 세 스푼을 추가하면 된다. 싹을 내는 방법은 앞서 여러 번 설명한 바 있다.

이 세 가지 음식은 아이들도 잘 먹을 것이다(그러나 어린 아기에게 먹일 때는 껍질을 벗기지 않은 메밀은 빼야 한다). 이런 식습관을 가진 아이들은 합성음식을 먹고 자란 아이들보다 성장이 훨씬 빠를 것이다.

엉겅퀴 씨, 메밀, 아마 씨는 천연 식재료를 취급하는 상점이나 인터넷에서 구할 수 있다.

물론 튼튼한 믹서기가 있어야 한다. 성능이 뛰어날수록 더 좋다. 믹서기 성능은 적어도 1킬로와트 이상이어야 한다. 그라인더도 튼튼한 것으로 골라야 한다. 식품 건조기는 가지고 있다면 큰 도움이 되지만, 오븐이 있다면 없어도 된다.

천연 식품

온갖 화학첨가물과 합성식품, GMO로부터 자신을 완전히, 영원히 보호해야 한다. 익힌 음식은 천천히 대체해도 좋지만, 매트릭스의 음식만큼은 최대한 빠르게 끊는 것이 좋다.

그렇다면 어떤 식품이 천연 식품일까? 인공 첨가물이 들어 있지 않은 식품이다. 방부제, 향미증진제, 향료, 식품유화제, 색소, 점도증진제, 인공 향신료 등, '천연'을 빙자한 이 모든 합성 식재료는 인간을 사료통과 세공 작업에 길들이기 위해 만들어진 시스템의 첨가물이다. 시스템이 주는 알약을 고분고분히 삼킨다면 절대로 매트릭스에서 빠져나와 신선한 자유의 공기를 들이마실 수 없을 것이다.

반드시 알아야 할 사실이 하나 더 있다. 우리는 실제로 깔바사,[*] 소시지, 반조리 제품 등에 무엇이 들어가는지 알 수 없다(러시아에서는 그런 것을 알 수 있는 권리가 보장되어 있지 않다). 제조업자들과 판매업자들은 실제로 무엇이 식재료로 사용되는지, 공정 과정에서는 어떤 일이 일어나는지 숨기려고 하거나, 알린다고 하더라도 깨알 같은 글씨로 써서 교묘하게 숨긴다. 대다수의 경우, 시간을 절약하기 위해 자신의 건강, 나아가 인생 전체를 담보로 하는 것보다 자신의 손으로 직접 요리해 먹는 것이 더 이성적일 것이다.

천연 식품에는 '그 어떤' 인공 첨가물도 들어가지 않는다. 소시지에 꼭 유전자 조작 콩이 들어가야 하는가? 아니다. 소시지는 고기로 이루어져 있으면 된다. 정말 소비자들이 인공 첨가물을 필요로 하는가? 아니다. 하지만 소비자들은 아무 생각도 하지 않고, 그저 마트에 가서 그런 제품들을 산다. 시스템의 소비자들 중 대다수는 그들이 무엇을 먹는지에 대해 절대로 깊이 생각하지 않는다. 그저 멍하게 음식을 받아먹고 그걸로 끝이다. 그 후에는 다 같이 멍하게 병을 앓다가 죽는다.

이런 정보에 대해 깊이 생각하고 관심을 가지기 시작한다면, 당신 앞에 새로운 사실들이 수없이 드러나기 시작할 것이다. 예컨대 천연 마요네즈에 무엇이 들어가는지와 같은 것들 말이다. 궁금해할 분들을 위해 아주 오래전 언젠가, 인공 첨가물이 발명되기 이전에 프랑

---

[*] kolbasa: 러시아식으로 만든 소시지를 말한다. 일반적인 소시지보다 짠맛과 풍미가 더 강한 것이 특징이다.

스 프로방스 사람들이 자랑스럽게 여기던 바로 그 천연 마요네즈의 제조법을 소개하도록 하겠다.

식용유 250그램
익히지 않은 계란 노른자 두 개
익힌 겨자씨 한 티스푼
식초 50그램, 소금과 설탕(취향에 따라)

계란은 노른자와 흰자를 분리한다. 분리한 계란 노른자에 익힌 겨자씨와 소금을 넣고 골고루 섞는다. 노른자와 겨자씨를 계속해서 저으면서 식용유를 조금씩 넣는다(반 티스푼씩). 기름이 전부 섞이면 식초와 설탕을 넣는다. 원한다면 계란 노른자는 더 많이 넣고 식초의 양은 줄여도 좋다. 또는 레몬즙을 사용해도 된다.

전통 방식의 마요네즈를 되직하게 만드는 비결은 반드시 식용유를 조금씩 추가하면서 저어야 한다는 것이다. 이런 천연 마요네즈는 평범한 포크, 믹싱볼, 휘핑기를 사용하여 손으로 직접 만들거나, 속도를 늦추는 기능이 있는 믹서기를 사용해서 만들 수 있다. 식용유는 해바라기씨유나 엉겅퀴유를 사용하는 것이 좋고, 당연히 가공되지 않은 엑스트라 버진 오일, 즉 천연 기름을 사용해야 한다. 또한 계란은 양계장 제품이 아닌 농촌이나 일반 가정집, 농장 제품이어야 한다.

보다시피, 여기에는 그 어떤 첨가물이나 눈속임이나 특별한 재료도 들어가지 않는다. 눈속임은 원재료 비용을 줄이거나, 유통기한을 늘리거나, 마진을 더 높이면서 겉으로는 아무 꿍꿍이도 없는 것처럼 시치미를 떼야 할 때나 필요한 것이다. 하지만 모든 것을 양질로 만들어 양심적이고 정직하게 판매한다면, 잔꾀를 부리거나 온갖 기준을 미꾸라지처럼 빠져나갈 필요가 전혀 없어진다.

이와 같이, 오늘날의 환경에서 이런 천연 마요네즈의 제조법은 천 년 전에 만들어진 그 어떤 고서보다도 더 은비교적인 의미를 가진다. 과거에 만들어진 것은 이미 과거의 것이기 때문이다. 지금은 이미 다른 인간이 다른 환경에서 살아가는, 즉 완전히 다른 인공의 현실이 도래했다. 하지만 음식, 정보, 외부 환경의 조건, 삶의 방식이 가진 영향력의 진실에 대해서는 전혀 언급하지 않으면서 이런 현실도 자유자재로 통제할 수 있다며 당신을 설득하려고 드는 현대의 책이 있다면, 확신해도 좋다. 그 책들은 그저 당신이 길을 잃게 만들거나, 결국 손해를 보게 할 '조각난' 진실만 알려줄 거란 사실을 말이다.

요약

- 질이 나쁜 음식을 먹다 보면 몸의 상태는 겨우 버틸 수 있는 상태로 치닫게 된다.
- 이런 삶을 살다 보면 몸은 빠르게 닳지만, 그 순간부터 인생은 망가지기 시작하고 그저 순종적으로 일상을 반복할 뿐이다.
- 몸이 이 짐으로부터 해방되어, 굴레를 벗어던지고 자유로워지면 정화와 부활과 재생의 과정이 시작된다.
- 몸은 자연의 섭리에 따라 어떻게 살아야 하는지 기억해내고, 그동안 잃어버렸던 모든 것을 되살리고 재생하기 시작한다.
- 비타민, 미네랄, 미량요소와 다량요소에 대한 수요가 극단적일 정

도로 높아진다.

- 신체 활동의 질이 높아지면 높아질수록 그 신체는 많은 것을 요구한다.
- 식단에서 익히지 않은 식물성 음식을 늘려나갈 때는 스트레스 없이 만족감을 느끼면서 점진적으로 해야 한다.
- 제한을 하는 것이 아니라 한 음식을 영양소가 풍부하고 독성이 덜한 다른 음식으로 대체해가야 한다.
- 음식은 오염보다 정화의 기능을 더 많이 하는 쪽으로 선택해야 한다.
- 온갖 화학첨가물과 합성식품, GMO로부터 자신을 완전히, 영원히 보호해야 한다.
- 천연 식품은 인공 첨가물이 들어 있지 않은 식품이다.

참고

보다시피, 책은 정보를 매우 밀도 있게 전달하고 있기 때문에 모든 것을 단숨에 소화하기는 어려울 것이다. 그러니 휴식을 위해 잠깐 다른 주제를 살펴보도록 하겠다.

이상한 질문들

친애하는 독자여! 또다시 독자 여러분이 겪었던 골치 아픈 문제들에 대한 답변을 드리기 위해 이 장을 쓴다. 우리 트랜서퍼들의 세계에 항상 화창한 하늘이 떠 있는 것만은 아니고, 우리가 항상 화합을 추구하는 것도 아니고, 나의 목소리가 모두에게 전해지는 것 또한 아니니, 나는 때때로 책망에 가까운 이상한 질문들을 받곤 한다.

왜 책을 쓴 것으로 돈을 버십니까?

실제로, 어떻게 감히 나의 노동을 대가로 보상을 받느냐는 질문들이 온다. 일부 사람들은 내가 그 어떤 보상도 기대하지 않고 내 한 몸을 바쳐, 지팡이를 짚고 헐벗은 발로 세상을 향해 나아가 한 줄기 '지식의 빛'을 전해줄 의무가 있다고 믿어 의심치 않는다. 아니면, 지하철역에 서서 나의 책을 무료로 나눠주기라도 해야 한다고 믿는 것 같다.

알겠다. 그렇다면 정작 나는 무슨 돈으로 먹고살라는 말인가? 그러면서 어떻게 당신의 질문에 답변을 하면서 신작을 낼 수 있을까? 창작 활동을 하기 위해서는 사실 아주 많은 노력이 필요한데, 창작물로 인해 그 어떤 보상도 받을 수 없다면 나는 다른 일을 하며 돈을 벌어야 할 것이다. 그렇게 된다면 글을 쓸 시간은 남아 있지 않게 된다.

특히 은비교와 같이 독자층이 한정되어 있는 분야의 책을 쓰는 작가의 수입은 보이는 것만큼 크지 않다. 게다가 독자들 중 대다수는 실제로 책을 구매하여 읽지 않고 인터넷을 통해 무료로 다운받아 읽는다.

그러니 마음껏 비난해도 좋다. 그런다고 해서 당신을 나무라진 않겠다. 공짜를 얻기 위해 기회를 엿보는 사람들에게 하는 말이다. 계속해서 받기만 하고, 계속해서 손에 넣으려고만 하면서 그 대가로 아무것도 주지 않으려고 한다면, 결국 실제로는 아무것도 손에 넣지 못할 것이다. 세계의 거울 앞에 서서 "줘, 줘, 줘!"라고 같은 말만 되풀이한다면 당신이 원하는 것을 어떻게 얻을 수 있겠는가?

결국 당신의 손에는 아무짝에도 쓸모없는 빈껍데기만 들려 있을 것이다. 그것이 실제로 일어나는 일이다. 예컨대, 나에게 편지를 써서 순진하게 직접적으로 물어보는 사람들도 있다. "작가님의 책을 다운받았는데, 질문이 있습니다…"라고 말이다. 이 문장 뒤에는 책에서 직접적으로 주어지다 못해 강조 효과를 넣어 주의를 환기하고, 여러 번 반복하기까지 한 내용에 대한 질문이 이어진다. 그러다가 어떤 결론이 나오는지 아는가? 이 독자는 책을 읽지도 않았다는 결론이 나온다. 바로 이것이 앞서 말한 빈껍데기다. 받기만 하려는 사람에게 돌아갈 것은 빈껍데기밖에 없다.

나는 당신이 당신 자신을 더 존중했으면 한다. 사람은 누구나 존중받고 싶다는 마음이 있으니 말이다. 거울의 법칙과 에너지 보존의 법칙을 잊지 말라. 당신이 거울 앞에 서서 다른 사람의 노동을 존중하지 않는 모습을 보인다면, 당신 자신의 노동으로는 무엇을 얻을 수 있겠는가? 빈껍데기만 돌아올 것이다. 또한 '다른 사람들은 돈을 잘 버는데, 왜 나는 아무리 해도 돈이 부족할까? 다른 사람들이 나를 이용해서 돈을 버는 게 틀림없어! 내가 돈을 아끼는 편이 낫겠군. 모든 걸 공짜로 받아야겠어!'라는 잘못된 생각을 품게 될 것이다.

전 세계적으로 불법 다운로드를 막기 위한 효과적인 법안들을 도입하려는 시도가 이어지고 있지만, 놀랍게도 이런 법안들은 통과되지 못했다. 공짜 팬들이 너무나 많아진 나머지, 문자 그대로 데모나 항의 시위까지 벌이고 있기 때문이다. 어떻게 공짜를 누릴 권리를 침해할 수 있다는 말인가! 여기에 어떻게 트랜서핑이 있을 수 있겠는가? 그들에게 트랜서핑이 왜 필요하겠는가? 그들은 아직 눈도 뜨지 못한 새끼고양이들처럼 거울 앞에서 발버둥 치며, 현실에서는 오직 자신의 반영을 돌려받을 뿐이라는 사실을 조금도 이해하지 못하고 있다. 아무것도 주지 않았으니 아무것도 받지 못하고, 아무리 부족할지라도 계속해서 그렇게 부족한 상태로 살아갈 것이다.

가령 〈아바타〉, 〈스타워즈〉, 〈반지의 제왕〉 같은 걸작을 만드는 데 얼마나 위대한, 인간의 한계를 뛰어넘을 정도의 노력이 필요했을지 상상해보라. 타인의 노동을 존중하는 마음이 얼마나 부족하면 단돈 100루블(약 1,500원)을 아끼기 위해 이런 영화들을 인터넷에서 무료로 다운받아 보겠는가! 그것도 모자라 공짜로 볼 수 있는 권리를 지키겠다며 항의 시위까지 참가한다니 말이다.

그런 사람들에겐 아무것도 설명할 수 없다. 그래도 나는 노력해보려고 한다. 어쩌면 누군가는 이해할지도 모르니까 말이다. 내 책들이 무료로 유포되고 있다는 사실이 불쾌해서 이런 이야기를 하는 것이 아니다. 다시 한 번 말하지만, 그런 사람들에게 내 책은 아무 의미도 소용도 없을 것이다. 정말로 아무 소용도 없다. 거울의 원칙을 고려하지 않더라도, 객관적인 에너지 보존의 법칙이 있기 때문이다. 이 법칙에 대해서는 나도, 당신도 어찌할 방도가 없다.

트랜서핑 센터는 왜 수강료를 받나요? 그리고 작가님은 왜 이 강의를 광고하시나요?

이것 또한 '어떻게 감히 그럴 수 있는가?'와 같은 질문이다. 왜 모든 것을 공짜로 주지 않는가. 잘 모르는 사람들을 위해 설명해드리겠다. 강의는 아주 어렵고 복잡한 일이다. 이 일을 하는 데는 체력뿐 아니라 정신력도 소모된다. 말 그대로 자신의 일부를 주는 일이다. 그런데도 강의로 인한 수입은 많지 않다. 강의비를 훨씬 높일 수도 없는데, 그 와중에 장비에 들어가는 비용은 만만치 않다. 그래서 수강생들은 강사를 보며 오히려 동지애를 느끼기까지 한다. 이런 상황이기에 센터 프로그램의 참가자들은 지불한 돈에 비해 더 많은 것을 얻는다. 그들이 얻는 것은 무엇일까? 문자 그대로, 강사의 정신력의 일부다. 심지어 그 어떤 매개체도 없이 직접 얻어갈 수 있다. 이것은 글을 통해 전해지는 작가의 정신력의 일부보다 훨씬 더 구체적인 것이다. 이런 노동은 가치가 크다.

광고에 관해 설명해드리겠다. 광고는 때로는 공격적이기도 하고, 때로는 능청스럽거나 거짓이 섞이기도 한다는 사실을 우리 모두 잘 알고 있다. 하지만 광고도 광고 나름이지 않은가. 모든 것을 천편

일률적으로 대해서는 안 된다. 아주 사소할지라도, 당신을 '방목하려는' 곳과 유익한 정보를 주려는 곳, '우리가 어떻게 돈을 버는지 한번 지켜봐'라는 듯한 태도를 가진 곳과 당신을 진짜 도와주려는 곳, 당신을 모래사장 한복판으로 몰아넣고 '모래를 팔려고' 하는 곳과 비슷한 생각을 공유하는 사람들의 모임에 당신을 초대하려는 곳의 차이를 구분할 수 있어야 한다.

트랜서핑 센터는 유료 강의는 물론 무료 강의도 진행하고 있다. 개인적으로 나는 센터에서 단돈 한 푼도 받지 않고 있다. 또한 아무것도 광고하지 않았으며, 그저 누군가에게는 도움이 될 만한 정보를 알려줬을 뿐이다. 통상적으로 '광고'라는 표현은 상업적 목적을 가지고 정보를 준다는 의미를 담고 있다. 그런데 나는 돈을 벌기 위해 뭔가를 광고한 적이 단 한 번도 없으며, 앞으로도 그러지 않을 것이다.

하지만 나의 이런 특징 — 공짜로 정보를 주는 것 — 을 자신의 목표를 이루기 위해 이용하는 약삭빠른 사람들이 있다. 이미 경고한 적도 있고, 다시 한 번 경고하는 바이지만, 당신이 불법적으로 책을 다운받는다면 그 안에 어떤 내용이 들어가 있을지 아무도 모른다. 사람들이 파일에 직접 내용을 추가하고 각주까지 달아두곤 하기 때문이다. 마치 내가 직접 뭔가를 광고한 것처럼 말이다. 아주 지저분한 일이다. 이런 짓을 하는 사람들을 슬쩍 볼 수 있다면 참 흥미로울 것이다. 아마 구더기와 비슷할 것이다. 몸의 기생충이 있고, 사회의 기생충이 있으며, 심지어는 의식의 기생충도 있지만, 책에도 기생충이 생길 것이라고는 꿈에도 상상하지 못했다.

아무튼 이래서는 뭐가 광고이고 뭐가 광고가 아닌지를 구분할 수가 없다. 그러니 이렇게 하기로 하자. 내 책을 보고 싶은데 상황이 여의치 않다면 차라리 내게 메일을 보내주길 바란다. 그러면 전자책을 보내드리겠다. 당신이 책을 사고 안 사고는 내게 중요한 문제가 아니다. 당신이 정직하게 행동한다면 나는 당신을 존중할 것이다. 나는 당신이 그것을 공짜 홍보물이 아니라 '선물'로서 받아들이기를 원한다. 그 차이를 이해하겠는가?

또 이런 질문이 들어올 때도 있다.

트랜서핑이 왜 비즈니스가 된 거죠? 책이 있지 않습니까?
책을 보면 모든 내용을 알 수 있고요. 그런데 강의가 왜 또
필요하지요?

이런 주장은 "쐐기처럼 '세게' 하얀빛이 내려왔네!"*라고 틀린 가사로 노래하며 반사적인 행동을 보이는 것과 같다. 나에게 필요치 않다면 다른 사람에게도 필요하지 않다는 식이다. 에라, 비즈니스 따위!

하지만 당신에게 필요하지 않다면, 당신은 그저 그것을 슬쩍 비켜가면 된다. 왜 다른 사람이 당신의 의견과 필요에 따라 행동해야 하는가? 공급이 있다면, 수요가 있다는 뜻이다. 다시 말해 누군가에게는 그것이 필요하다.

요즘에는 친구들과 지인들이 무리 지어 몰려다니는 모습을 보기가 아주 드물다는 사실에 주목하길 바란다. 예전에는 아이들이나

---

* 러시아의 여가수 올가 보로네츠Olga Voronets의 노래 〈쐐기처럼 네게 하얀빛이 내려왔네〉의 가사.

청년들이 마당에서 삼삼오오 모여 어떤 놀이를 하거나, 대화를 주고 받거나, 아니면 그냥 벤치에 앉아 맥주를 마시는 모습이 심심치 않게 눈에 띄었는데, 요새는 다들 집에서 컴퓨터만 한다. 모두가 가짜 소통을 하며 가짜 친구를 만들 수 있는 가상공간인 인터넷 속으로 떠나버렸다.

하지만 인간은 여전히 사회적 동물이다. 인간에게 필요한 것은 맹목적인 '좋아요'와 '클릭'이 아니라 살아 있는 소통이다. 여기에서 모순은, 당신에게 '가상 친구'가 많으면 많을수록 당신은 더 고독해진다는 사실이다. 이렇게 종일 집에 틀어박혀 가짜 친구들과 함께 마우스를 '클릭'하고 '좋아요'를 누르기를 반복하지만, 한 독자가 이미 표현한 것처럼 어쨌거나 "인생은 흘러간다." 하지만 당신이 처한 문제는 흘러가지 않고 그대로 남아 있다. 바로 이러한 이유로 인해 우울감이 생기며 자살률이 높아지는 것이다.

트랜서핑 센터(tsufr.ru)는 가짜 소통이 아니라 같은 생각을 하는 진짜 동호회로서 도움을 줄 수 있다. 물론 그것이 당신에게 필요한지 아닌지는 당신이 직접 결정할 문제다. 단지 당신이 혼자가 아니라는 사실만 알면 된다. 당신이 가진 문제를 다른 사람들도 똑같이 겪고 있으며, 언제든지 도움을 받을 수 있다. 모든 것이 무료는 아니지만, 전부 진짜임은 확실하다.

개인적으로, 어쨌거나 트랜서핑 센터가 사람들에게 필요하고 의미가 있다는 사실을 무척 기쁘게 생각한다. 감사하다는 후기도 많이 접하고 있다.

에이와의 목소리

이곳저곳, 나뭇가지와 꽃봉오리 사이로,

우리 자매들은 서로를 휘감으며 그네를 탄다.

애들아, 애들아, 빛을 받으며 그네를 타자.

얼른, 얼른. 위로, 아래로. 저녁 햇살이 빛을 쏟아내고,

저녁 바람이 살랑거리는구나.

이슬이 속삭이고 꽃들이 노래한다. 우리는 혀를 움직여,

꽃과 나뭇가지와 노래한다. 별들이 곧 빛을 내며 떠오를 테니

이제는 내려가자. 여기저기, 서로 얽히고 하나가 되어,

우리 자매들은 꿈틀꿈틀 휘감으며 그네를 탄다. 애들아, 얼른!

— 호프만, 《황금 항아리》 중에서

존경하는 독자여!

이전 장에 소개된 '이상한 질문들'을 보고 많은 독자들이 다양한 편지를 보내왔다. 이들의 반응은 크게 다음과 같이 나뉜다. 애정, 감사, 공감, 응원의 편지, 전자책을 보내달라는 요청, 후원 계좌를 알려달라는 요청, 교훈과 조언, 냉정하고 적대적이거나 노골적인 비난 등등. 이 편지들로 아주 근사한 다발을 만들 수 있었다! 독자들께 감사의 말을 전한다.

이미 다뤘던 주제를 다시 꺼내야 할 때면 '내가 왜 또 같은 이야기를 하고 있지?' 하는 의문도 들곤 한다. 대답은 간단하다. 나는 내 일을 하고 있는 것뿐이다. 이런저런 방식으로, 전체와 개인 모두를 위해서. 그만큼 "트랜서핑에 대해서 설명해주세요", "새로운 원칙과 기법을 알려주세요" 같은 요청이 끊이지 않는다. 그래서 나는 바로 그 일을 다양한 방식으로, 매번 포스팅을 올릴 때마다 지금까지 해오고 있다.

그런 부적절한 질문들에 답변하는 것보다 더 흥미로운 일은, 포스팅을 올린 후에 이어지는 반응과 쏟아지는 반향을 보는 것이다. 우리 모두의 펜듈럼이 지루해하지 않도록, 이따금 그것에 활기를 불어넣어야 하지 않겠는가? 아주 흥미로운 정보라고 하더라도, 그것을 점잖게 학술적으로 쓰면 '만년필이 사각거리고 공책의 책장이 바스락거리는' 소리만 들려온다. 아직 잠에 곯아떨어지지 않은 독자들이 받아적는 소리 말이다.

하지만 논란의 여지가 있거나, 중의적이거나, 심지어는 어리석게 보일 수도 있는 문제를 다루면 엄청난 반향이 오곤 한다.

그럴 때 나는 마치 에이와*의 나무 앞에 서서, 나뭇가지에 살고 있는 영혼들과 대화하고 있는 듯한 착각에 빠진다.

이렇게 뜻이 명확하거나 단순한 말을 하면:
— 안녕, 얘들아! 잘 지내?

---

* 영화 〈아바타〉에 등장하는 영혼의 나무이자 생명의 나무. 제임스 캐머런 감독의 시나리오 원작에는 엄마 나무(Mother Tree)로 되어 있다. 저자 주.

그 대답으로 몇 개의 메아리만 들릴 뿐이다.

— 안녀-엉!

— 잘 지내-애!

— 엿먹…

그런데 에이와에게 화음으로 이루어진 하나의 소리를 보내면:

— 나도 너희를 사랑해! 깨물어주고 싶을 정도로! 얘들아, 너희 모두가 사랑받고, 성공하길 바라! 큰 뿔이 달린 멍청한 가축들아! 똑똑하고 영리한 아이들아, 어휴! 소중한 못난이들아! 너희는 결국 건강하고 행복해질 거야!

에이와의 가지에서 수많은 소리가 폭포처럼 한꺼번에 쏟아져 몰려온다.

— 우리는 푸른 하늘과 잎사귀를 좋아해!

— 태양을 보면 기분이 좋아져. 나는 태양에 더 가까워질 거야!

— 잘 지내. 나쁘지 않아!

— 그럭저럭.

— 너도 건강하길 바라.

— 왜 왔어?

— 가서 네 일이나 신경 쓰지?

— 꺼져!

나무의 가장 높은 가지에는 '깨끗한 영혼'들이 살고 있다. 깨끗한 영혼들은 호프만의 소설 속 환상적인 금녹색 뱀들과 비슷하다. 그들은 태양을 향해 뻗어나가며 외친다. "우리는 혀를 움직여, 꽃들과 노래한다!" 그들에게는 삶이 기쁘고, 그로 인해 주변의 모든 것까지 덩달아 기쁜 마음이 들게 한다. 작은 유리종이 딸랑거리는 소리를 내며 주변에 반짝이는 에메랄드 조각을 흩뿌린다.

반면 그 아래에 있는 가지와 뿌리에는 모든 것에 불만과 적대감을 가지고 있는 영혼들이 살고 있다. 그들은 땅을 향해 도토리나 먹다 남은 열매 조각을 던진다. 그들 자신도 기분이 썩 좋지 않지만, 그러면서도 그 사실로 인해 흡족해하는 것 같다. 그들에게는 "나쁘다"라는 말이 오히려 기분을 좋게 한다. 그들은 다른 사람의 기분까지 망치기 위해 계속해서 사방에 나쁜 기운을 전한다.

편지에 담긴 의견들이 전해지는 방식도 이와 마찬가지로, 높은 주파수부터 낮은 주파수까지 다양한 소리를 낸다. 조건 없는 애정을 담은 편지들도 많이 들어온다. 연애편지가 아니라, 말 그대로 발신자가 그 어떤 것도 요구하지 않고, 그 어떤 불평도 하지 않으며, 그저 사랑과 성공과 행복을 기원하는 애정의 편지 말이다. 그 어떤 이유도 없으며, 핑계도 없다. 단지 애정만을 담고 있을 뿐이다. 나는 그런 편지를 쓴 사람들을 깨끗한 영혼들이라고 부르고 싶다. 그들은 이미 거의 에이와의 씨앗이 되어 있으며, 소위 불교 철학에서 말하는 상위의 화신이 될 준비가 되어 있다.

놀라운 사실은, 알고 보면 우리들 사이에 이런 사람들이 꽤 많다는 것이다(객관적으로 생각해보면 나 자신을 그렇게 높이 평가할 수는 없을 것 같다. 이 점에서 나는 아직 갈 길이 멀다).

뿐만 아니라 그 어떤 설명이나 변명도 하지 않고 그저 전자책을 보내달라고 부탁하는 독자들에게도 높은 점수를 드리겠다. 이것은 그 사람이 자신과 주변 세계의 사이에서 균형을 잘 유지하고 있다는 증거이니 말이다.

그 외의 의견들을 평가하거나 해석하지는 않겠다. 누구나 특별한 어려움 없이 직접 판단할 수 있을 테니 말이다. 원칙은 다음과 같다.

우리 모두는 어떻게든 자신을 '거울화'하고 있다. 이 사실은 우리가 외부의 어떤 영향력이나 자극에 대해 반응할 때 분명하게 나타난다. 우리는 영사기에 자신의 예상을 투영하거나, 자신이 잘못한 일에 대해 타인을 탓하거나, 자신이 아픈 것에 대해 다른 사람에게 화살을 돌리기도 한다. 또한 다른 사람의 단점이나 실패에 대해 이야기하는 것을 즐기면서도 누군가가 자신의 약점을 지적하면 불같이 화를 낸다. 자신에게 피해를 주거나 불안하게 만드는 것에 대해 의식적으로든, 무의식적으로든 반응하는 것이다.

존엄성에 있어서도 마찬가지다. 예를 들어, 감정이입과 공감은 조건 없는 사랑이 가장 고등한 형태로 발현된 것이다. "나는 너를 나 자신 못지않게 사랑하고 아껴." 이런 마음 말이다. 이것은 돕고자 하는 바람, 진정한 배려, 고결함, 존중감, 존엄성, 정직함, 관대함이다. 사람, 동물, 식물, 나아가 이 땅의 모든 것을 향한 마음이다. 나는 내 세계를 돌보고, 내 세계는 나를 돌본다. 이런 가치관을 가진 사람이 생각보다 많다.

이처럼 당신도 자신이 어떤 점에서 '빈곤한지', 어떤 점에서 '부자인지' 쉽게 판단할 수 있을 것이다. 그렇게 하기 위해서는 외부로부터 어떤 영향이나 자극이 가해지는 순간, 그 즉시 잠에서 깨어나 자신의 상황을 자각해야 한다. 그러면 당신은 자신이 무엇 때문에 '아픈지', 바로 알아차릴 수 있을 것이며, 이 점에 대해서는 자부심을 느껴도 좋다. 이것은 당신이 늘 지니고 다니는 거울이다. 심리학적으로 분석할 필요도 전혀 없다. 그저 깨어난 의식과 정직함만 있으면 된다.

물론, 이 외에도 자신을 이해하고자 하는 바람과, 강점과 약점 모두를 보고자 하는 준비된 태도가 필요하다. 이것들 또한 앞의 가치들 못지않게 중요하다. 대다수의 사람들은 절대로 거울을 들여다보지 않으려고 하며, 그저 멍하니 무의식적이고 반사적으로 반응할 뿐이기 때문이다. 그들에겐 그렇게 잠든 채 살아가는 삶이 익숙하다. 그것이 편하기 때문이다. 자신의 진정한 모습을 외면하는 편이 더 쉬우니 말이다.

일종의 셀프뷰self-view에 해당하는 '거울을 통해 자신을 바라보기'는 자신을 항상 통제하에 두는 데 도움이 될 것이다. 무엇 때문에 이런 작업이 필요한지 알려드리겠다. 대부분의 현실은 사람이 거울 앞에 서서 그 안에 떠오르는 심상을 보고 반응할 때 만들어진다. 모든 생명체에게는 기본적이고 기초적인 반응 방식이 있다. 뭔가를 접촉한 후에 곧바로 반응하는 방식 말이다. 아주 단순한 생물부터 자칭 '생각하는 동물'이라는 고등 동물까지 모두 이런 방식을 따른다. 굴(oyster)과 같은 이런 반응이, 깨어난 의식의 반응을 항상 압도한다.

당신이 어떤 외부 심상에 대해 반응하자마자, 이 반응은 세계의 거울에 당신이 보내는 자극이 된다. 무엇을 보내든 그것은 곧이곧대로 당신에게 되돌아오며, 심지어는 한술 더 떠서 돌아올 수도 있다.

그러니 외부 거울을 향해 자신의 생각을 보내기에 앞서, 내면의 손거울을 들여다보고, 당신이 무엇을 보내고자 하는지, 그리고 그것이 과연 정말로 필요한 자극인지 판단하는 습관을 들이라.

그렇다고 주황색 제사복을 입은 채 "하레 크리슈나*"를 부르고 종을 흔들며 행진할 필요는 없다. 또한 자신의 감정을 모두 쏟아붓지 않아도 된다. 중요한 점은 '자신의 출입구'를 통제하는 방법을 배우는 것이다. 다시 말해 감정이 아니라 태도를 조절해야 한다. 자신의 반응에서 부정적인 기운을 제거해야 한다. 그러면 당신의 내면 세계도 덩달아 깨끗해지고, 외부 세계는 빛을 내기 시작할 것이다. 눈 깜짝할 새에 에이와의 나뭇가지 중 가장 꼭대기에 올라 있는 자신을 발견하게 될 것이다.

예를 하나 들어드리겠다. 낮은 가지들 중 한 곳에서 다음과 같이 악의에 가득 찬 편지가 내게 도착했다. "도대체 뭘 하고 있는 거죠? '건강' 나부랭이라니. 새로운 기술이나 알려주시죠!" 이 편지를 읽자마자, 이 독자는 '현실을 통제한다'는 것이 무엇인지 조금도 이해하지 못하고 있다는 사실을 분명하게 알 수 있었다. 부메랑의 원칙이나 의도 조율의 원칙과 같은 가장 기초적인 것조차 소화하지 못하는 사람에게 새로운 기술을 알려줘봤자 무슨 의미가 있겠는가? 부정적인 기운으로 가득하다면 이미 '트랜서핑'이라는 도구는 아무짝에도 쓸모가 없다. 하지만 이런 편지를 보내기 전에 손거울로 자신의 모습을 비춰본다면, 당신은 뭔가를 이해하게 될 것이다. 그럼으로

---

* 힌두교에서 비슈누 신의 대표적인 화신인 크리슈나를 믿는 종파를 '하레 크리슈나'라고 한다. 크리슈나의 신성한 이름인 '하레', '크리슈나', '라마'를 구송하는 의식은 이 종파의 가장 유명한 숭배 방식이다.

써, 반드시 어떤 형태로든 돌아올 것이 분명한 부메랑을 피할 수 있을 것이다.

'새로운 기법'을 알고자 하는 사람들을 위해 덧붙이자면, 자신이 오래된 기법들을 잘 알고 있는지 직접 시험해보길 바란다. 자신에게 단순한 질문을 하나 던져보면 된다. *구경꾼과 관찰자의 차이는 무엇인가?* 최근에 열렸던 무료 웹 세미나에 참석했던 독자라면 답을 알 것이다. 물론 잠에서 깨어 있었다면 말이다. 현재 진행되고 있는 12일짜리 온라인 훈련에 참여하는 독자들도 답을 알거나, 당장은 모르더라도 조금만 생각해보면 금세 맞힐 수 있을 것이다. 책을 대충 읽지 않고, 의식을 깨운 채 내용을 충분히 이해하면서 읽은 독자들 역시 이 질문에 답할 수 있다.

사실 이것은 만만한 질문이 아니다. 오늘날의 현실에서 아주 중요한 질문이다. 나는 이 질문의 의미에 이미 독자들의 주의를 여러 번 환기한 적이 있다. 이 책의 내용이 웬 '건강한 식습관'에 관한 것이냐고 따지는 사람들은 이 질문에 대답을 할 수 없을 것이다. 책을 주의 깊게 읽은 독자들을 위해, 답변을 하는 데 도움이 될 만한 형식을 제시해드리겠다.

구경꾼은 ＿＿＿ ＿＿＿ ＿＿＿ 사람이다. (세 단어)

관찰자는 ＿＿＿ ＿＿＿ 사람이다. (두 단어)

제시된 단어 수에 맞게 답을 할 수 있는가? 한 단어로 대답해도 괜찮다. 힌트를 알려드리겠다. '우리 사회에서' 구경꾼은 누구이고, 관찰자는 누구일까?

- 당신도 자신이 어떤 점에서 '빈곤한지', 어떤 점에서 '부자인지' 쉽게 판단할 수 있다. 그렇게 하기 위해서는 외부로부터 어떤 영향이나 자극이 가해지는 순간, 그 즉시 잠에서 깨어나 자신의 상황을 자각해야 한다. 그러면 당신은 자신이 무엇 때문에 '아픈지' 바로 알아차릴 수 있을 것이며, 이 점에 대해서는 자부심을 느껴도 좋다. 이것은 당신이 늘 지니고 다니는 거울이다.

- 외부 심상에 대해 반응을 하자마자, 이 반응은 세계의 거울에 당신이 보내는 자극이 된다. 무엇을 보내든 그것은 곧이곧대로 당신에게 되돌아오며, 심지어는 한술 더 떠서 돌아올 수도 있다.

- 외부 거울을 향해 자신의 생각을 보내기에 앞서, 내면의 손거울을 들여다보고, 당신이 무엇을 보내고자 하는지, 그리고 그것이 과연 정말로 필요한 자극인지 판단하는 습관을 들이라.

참고

아주 독특한 작곡가인 알피야의 음악을 소개하고자 한다. 이와 비슷한 음악은 찾기가 어렵다. 아주 특이하고 독특하면서도, 에이와의 나뭇가지 가장 높은 곳에서 들려오는 매우 아름다운 음악이다. 유튜브에서 AlfiaMusic을 검색해보라.

살아 있는 초콜릿

많은 독자들이 이전 장에서 낸 질문의 답변을 보내왔다. 정답과 오답의 비중은 대략 반반이었다. 썩 괜찮은 비율이다. 이 말은, 상당수 독자들의 의식이 꽤 깨어 있다는 것을 의미한다. 그러나 결코 절반을 넘진 못했다. 이제 정답을 알려드리겠다.

구경꾼은 타인의 영화를 보는 사람이다.
관찰자는 영화를 만드는 사람이다.

경쟁의 우승자는 정답의 의미가 가장 정확하면서도, 한 단어로 잘 요약하여 답변한 나탈리야이다(유감스럽게도 성은 모른다).

구경꾼은 관객이다.
관찰자는 각본가이다.

구경꾼은 극장 한켠으로 밀려나 있는 수동적인 관객이다. 최선의 경우라고 하더라도, 구경꾼은 연극에 완전히 몰입하지 못한 채 그저 무대 옆에서 거리를 두고, 무대에서 상영되는 연극을 바라볼 뿐이다. 하지만 관객석으로 아예 내려가는 것으로는 부족하다. 마찬가지로 아무 행동도 하지 않으면서 뭔가를 알아내기 위해 책만 읽어서도 안 된다. 개들은 '전부 다 이해하지만, 말을 할 수 없다.' 그러나 구경꾼은 '모든 것을 이해하고 말도 할 수 있지만, 행동은 할 수 없다.'

관찰자는 배우이며 연출자이자 관객이다. 다른 말로 창조자이자 창작자인 셈이다. 앞의 장들에서 현대 사회는 정보를 만드는 사람과 그것을 소비하는 사람들로 구분된다고 언급한 적이 있다. 그중 후자가 대다수다. 정보의 소비자들은 TV나 컴퓨터 모니터 앞에 앉아 다른 누군가가 자신의 운명을 개척해가는 모습을 바라보기만 한다.

반면에 정보의 창조자는 수동적인 소비자들과 다르게, 세계의 거울을 향해 자신의 의도를 능동적으로 전송하고 자신의 영화를 돌린다. 관찰자들은 현실에서 자신이 생각해낸 것을 돌려받는다.

앞의 두 장에서 다뤄진 주제와 관련해 또 한마디를 덧붙이고자 한다. 부디 어디로 책값을 송금해야 하는지 질문하지 말아달라. 완전히 '오답'이다. 전자책을 구매하고 싶다면 인터넷에서 검색해보길 바란다.

참고로, 여기에서 어떤 주제를 다루든 우리의 주된 목표는 수동적인 정보 소비자의 껍데기에서 벗어나 능동적인 의도의 발신자가 되는 것이다. 사실, 오늘날의 현실에서 이것은 결코 쉽지 않은 과제다. 《리얼리티 트랜서핑》 1권을 쓰고 있을 때만 하더라도, 10년 뒤에 이 문제가 이렇게나 심각해질 것이라고는 나조차도 상상할 수 없었다. 구경꾼에서 벗어나 관찰자가 되기 위해서는 자신의 주의, 지각, 의식, 에너지를 시스템의 거미줄에서 자유롭게 만들어야 한다. 바로 자연식(꼭 생식이 아니어도 좋다)이 이것을 가능하게 만든다.

예를 들어, 바퀴벌레가 어디로 사라졌는지 생각해본 적이 있는가? 인류는 수 세기 동안 바퀴벌레들과 전쟁을 치러왔지만 이렇다 할 소득이 없었다. 그 어떤 수단으로도 바퀴벌레들을 완전히 박멸할 수는 없었던 것이다. 이들의 생명력은 아주 강하다. 바퀴벌레들은 공룡들이 존재하기도 전에 나타났으며, 지구의 모든 재앙을 버텨왔다. 심지어 전자파도 바퀴벌레에게는 그 어떤 피해도 입히지 못한다. 또한 그들은 전자물리학 실험실에서 극초단파* 안테나가 오작동을 하게 만드는 주범이기도 하다.

그런데 이런 바퀴벌레들이 불과 몇 년 사이에 갑자기… 조용하다. 보이질 않는다. 마치 처음부터 존재하지 않았다는 듯이 말이다. 이제는 바퀴벌레를 보는 일이 정말 드물게 되었다. 정말로 두려운 일이 아닌가? 인공 식품이 '낫을 든 펜듈럼'을 흔들면서 시끄럽고 불길하게 째깍거리는, 금방이라도 폭발할 것 같은 폭탄이 되었다는 사실을 정말로 아직까지 이해하지 못하겠는가? 게다가 이 펜듈럼은 이미 있는 힘껏 사람들의 목을 베고 있다. 매일 수백만 명이 질병으로 목숨을 잃고 있는데, 그 원인이 바로 새로운 식품 기술이다. 또한 건강과 에너지 문제 이외에도, 시스템은 인간의 의식을 게걸스럽게 먹어 치운다. 의식도 마찬가지로 조용히, 보이지 않게 되고 있다. 한 방울, 두 방울씩 새어나가고 있는 것이다.

어느 날 잠에서 깨어나 문득, 심상화를 할 수 있는 능력이 완전히 소실된 자신을 발견하게 될 수도 있다. 그때가 되면 트랜서핑에게

---

* 주파수가 300메가헤르츠~3기가헤르츠 영역에 해당하는 전파.

작별을 고하길. 그런 일이 일어날 수 없다고 보는가? 충분히 가능하다. 하지만 아직은 아무 일도 일어나지 않았다는 듯 웃어넘기고, 지금까지 해오던 지루한 이야기나 계속해보기로 하자.

커피와 초콜릿의 대체품

많은 사람들에게 커피와 초콜릿은 정말 큰 문제다. 끊고 싶지도 않을뿐더러, 대용을 찾을 수도 없으니 말이다. 하지만 이 둘을 끊어야 하는 이유는 무엇일까?

그 이유는, 커피와 초콜릿은 독성이 아주 강하기 때문이다. 이미 생식을 통해 몸이 꽤 깨끗해졌다면 커피나 초콜릿을 먹고 한 시간 이내에 자연스러운 숙취 증상이 나타난다는 사실을 느낄 수 있을 것이다. 카페인이 문제가 아니다.

문제는 커피와 초콜릿이 엄청난 규모의 글로벌사업이라는 데 있다. 알다시피, '엄청난 규모의 사업'이라는 것은 이윤을 얻는 수단이 특별히 논란이 되지 않는다는 뜻이다. 수많은 커피 농장과 카카오 농장에서 화학약품을 사용하고 있다. 독성을 유발하는 것은 바로 이 화학약품이다. 커피와 카카오 씨앗(콩)을 볶거나 초콜릿을 만들어 최종 상품을 만들면서 이 독성은 훨씬 강해진다.

이러한 점에서 차의 독성은 커피나 초콜릿보다 덜한데, 그 이유는 일단 찻잎을 볶지 않는 데다가 최종 상품을 만들 때, 즉 차 한 잔을 우려낼 때 말린 잎의 양이 비교적 적게 들어가기 때문이다. 물론 차 농장에서도 비료와 농약과 살충제가 사용된다. 그렇다고 유기농 커피와 카카오와 차를 사자니 파는 곳을 찾기가 쉽지 않다.

사방에서 화학약품이 숨통을 조여오고 있는 이런 환경에서 당신이 할 수 있는 가장 이상적인 방법은 깨끗한, 살아 있는 물을 마시는 것이다. 그러면 아무 문제 없다. 때로는 소름 끼치게 느껴지기도 한다. 어떻게 사람이 종일 커피만 마실 수 있을까? 차나 탄산수나 팩주스는 입에 달고 마시면서 어떻게 깨끗한 물은 한 방울도 마시지 않을 수 있을까? 혈액은 진득해지고 몸속의 환경은 점점 더 끈적끈적하게 변하는데 말이다. 몸이 어떻게 이런 환경에서도 제 기능을 하는지 그저 놀라울 따름이다.

커피와 차를 끊고 살아 있는 물을 마시기 시작하면 얼마 지나지 않아 '이 모든 걸 왜 먹어왔을까?'라는 의문이 들 것이다. 커피를 마시며 사는 것도 좋지만, 커피 없이 사는 것은 더 좋기 때문이다.

하지만 그래도 아직 흥분제가 필요하고 단 음식을 먹고 싶다면 좋은 대안이 있다. 그것도 몸에 좋은 대안이다. 바로, 자연스러운 조건에서 재배되며 열처리를 거치지 않은, 야생에서 얻은 살아 있는 카카오를 먹는 것이다. 알고 보니 이런 기적이 아직도 자연에 존재하고 있었다.

카카오에는 카페인이 적게 들어 있는 대신 다른 '말도 안 되는 것들'이 들어 있다. 바로 테오브로민*이다. 커피와 달리, 살아 있는 카카오는 신경체계를 교란하지 않고 독성, 내성이나 이외의 부작용이 없다. 장점으로 항우울제, 강한 항산화제, 풍부한 미량요소와 다

---

* 카카오 콩에 들어 있는 대표적인 알칼로이드(질소를 포함하는 염기성의 유기화합물로, 통상적으로 중추신경계를 자극하고 독성이 있다)로, 초콜릿 특유의 쓴맛과 향을 내는 성분이다. 혈액의 흐름, 신장기능, 호흡계를 자극하며 이뇨작용을 한다.

량요소의 공급원이 될 수 있으며, 두뇌활동 촉진, 심혈관계 강화, 신경체계와 수면의 질 향상, 시력과 전체적인 기분과 컨디션 개선 등의 효과를 들 수 있겠다. 만드는 방법은 다음과 같다.

1. 가장 쉬운 방법 카카오 콩을 꿀 약간과 섞어서 먹는다. 다만 잘 씹어 먹어야 하며, 남용해서는 안 된다. 이 초콜릿 역시 흥분제가 될 수 있으므로 적당히 먹어야 한다. 한 번에 1~1.5 스푼, 하루에 40~50그램을 넘겨서는 안 된다. 잠들기 어려워질 수 있으니, 잠자리에 들기 세 시간 이내에는 먹지 않도록 한다. 만일 살아 있는 카카오 근처에 날파리가 꼬이기 시작하면 머지않아 다른 놈들도 미친 듯이 달라붙게 될 것이다. 날파리들을 유혹하는 데는 냄새 하나만으로 충분하기 때문이다.

2. 카카오 드링크 카카오 콩과 잣 깻묵을 5대 5의 비율로 커피 그라인더에 넣고 곱게 간다. 만들어진 분말을 믹서기에 넣고 물과 꿀 약간을 추가한 다음, 믹서기를 고속으로 돌린다. 재료의 비율은 개인의 취향이나 선호에 따라 적당히 하면 된다. 냉장 보관도 가능하며, 마시기 전에 잘 흔들어준다.

3. 카카오버터 차 뜨거운 녹차에 카카오버터 한 티스푼과 꿀 약간을 넣는다. 차는 돈을 아끼지 말고 품질이 좋은 것으로 고른다. 카카오버터는 카카오 콩만큼이나 몸에 좋다. 겨울에 몸을 따뜻하게 데워주는 것을 먹고 싶다면 카카오 차가 제격이다. 커피 한 잔보다도 각성 효과가 강하지만 부작용은 없다.

4. 살아 있는 사탕 카카오 콩과 잣 깻묵을 동일한 비율로 섞어

커피 그라인더에 곱게 간다. 이렇게 만들어진 가루에 잘게 다진 호두와 꿀을 넣는다. 쿠키 도우처럼 반죽해서 여러 가지 모양으로 빚은 다음에 냉장고에 넣는다. 독특한 맛을 내고 싶다면 계피 스틱 한 개와 바닐라빈 한 꼬투리를 가루 내어 넣어도 좋다. 반죽을 되직하게 만들기 위해서 꿀(점성이 너무 높지 않아야 한다)의 비율을 잘 지켜야 한다. 예컨대 카카오 콩과 잣 깻묵이 각각 200그램이고 호두가 100그램이라면, 꿀은 200그램을 넣는 방식으로 말이다. 맛으로 따지자면 이 사탕은 만족 그 이상일 것이다. 다른 간식은 더 이상 찾지 않게 될 것이다.

5. 살아 있는 초콜릿 카카오버터 80~100그램을 강판에 갈아 에나멜 그릇에 넣고, 여기에 꿀 200그램을 넣는다. 41도 이하의 따뜻한 물을 가득 채운 큰 냄비에, 카카오버터와 꿀이 들어 있는 그릇을 넣고 중탕하여 녹인다. 카카오 콩 250그램을 조금씩 나누어 커피 그라인더에 갈고, 이 가루를 버터와 꿀이 들어 있는 그릇에 넣는다. 그라인더는 튼튼한 것을 사용해야 하고, 카카오 콩은 한 번에 수북한 두 스푼 이상 갈지 않도록 한다. 카카오버터와 꿀이 완전히 녹으면 잘게 다진 호두 두 움큼을 넣고 잘 섞는다. 그다음 바닥이 넓은 용기 두세 개에 혼합물을 넣고, 바닥에 평평하게 깐 다음 뚜껑을 덮어 냉장고에 넣는다. 몇 시간이 지나면 초콜릿이 완성된다. 용기 바닥에서 잘 떨어질 것이다.

여기서 잣 깻묵(또는 잣가루)이 무엇인지 잘 모르는 사람도 있을 것이다. 이것은 잣에서 기름을 짜낸 후에 남는 찌꺼기인데, 영양소가 아주 풍부하다. 단백질이 45퍼센트나 되며 아주 맛있기도 하다. 잣깻묵은 천연 식재료 상점이나 인터넷에서 구매할 수 있다.

요약

- 구경꾼은 거리를 두고 사건을 옆에서 바라본다.
- 관찰자는 배우이며 연출자이자 관객이다.
- 주된 목표는 수동적인 정보 소비자의 껍데기에서 벗어나 능동적인 의도의 발신자, 즉 자기 현실의 지배자가 되는 것이다.
- 시스템은 인간의 건강과 에너지뿐 아니라 의식까지도 게걸스럽게 먹어 치운다.
- 커피와 차를 끊고 살아 있는 물을 마시기 시작하면, 커피를 마시며 사는 것도 좋지만 커피 없이 사는 것은 더 좋다는 사실을 깨닫게 된다.

참고

오늘날 거의 모든 젊은 사람들이 이전 세대들은 겪지 못했던 건강 문제를 가지고 있다. 마트에서 파는 합성식품을 먹으며 키운 우리의 아이들은 우리보다 수명이 더 짧을 것이다. 예전에는 상황이 정반대였다. 그러나 이제는 역사상 최초로 아이들이 그들의 부모보다 빨리 죽는 시대가 올 것이다. 과연 그들이 아이를 낳을 수 있기나 할까? 중요한 문제다. 무슨 일이 일어나고 있는지 이해하겠는가?

먹이 피라미드의 새 단계

이제 '현실적인 은비교' 장에서 시작했던 주제를 마무리 짓기로 하자.

영양가 있는 다양한 음식을 먹는 식습관

이미 다뤄진 것처럼, 1차 식품을 주식으로 먹기 시작하면 비타민과 미네랄 결핍 증상이 나타날 수 있다. 이런 결핍이 나타나는 이유는 죽은 동물성 식품에 모든 영양소가 충분하게 들어 있기 때문이 아니라, 영혼이 자신의 몸에서 비타민, 미네랄, 미량원소와 다량원소가 훨씬 더 많이 필요하다고 판단하기 때문이다. 이것이 너무 서둘러 식습관을 갑작스럽게 바꾸지 말아야 하는 또 다른 이유이기도 하다. 몸이 재구성되어 비타플로라를 만들고, 몸에 필요한 모든 요소를 축적하는 데는 시간이 필요하다.

네크로비오틱이 비타비오틱으로 바뀌는 시기에는 다름 아닌 비타민, 미네랄, 미량원소와 다량원소를 모으고 축적하는 과정이 일어난다. 문자 그대로 살과 가죽이 변하는 것이다. 이 축적 과정은 필수 영양소들이 극단의 수준으로 줄어들 때까지 계속된다. 다시 한 번 말하지만, 살아 있는 미생물상이 만들어지기 전까지 자연식품은 완전히 소화되지 않으며, 몸 안의 모든 것이 부족하다고 느껴진다.

과도기가 끝나갈 무렵이면 자연식품이 완전히 소화되기 시작했으며, 죽은 음식은 아예 소화할 수 없게 되었다는 사실을 알 수 있을 것이다. 그때가 되어서야 비로소 네크로비오틱과 비타비오틱의 모든 차이를 완전히 이해할 것이다. 하지만 그러기 전까지는 동물성 음식과 해산물 등 영양소가 풍부한 음식을 의식적으로 먹되, 가급적이면 익히지 않은 상태로 먹는 것이 좋다.

중요한 것은 정화 과정이 오염 과정보다 우세하도록 만드는 것이다. 이런 점에서 익힌 고기 요리에 허브를 아주 많이 곁들여서 먹는 것이 죽을 끓여 먹는 것보다 낫다. 익히지 않은 식물성 식품이 식단에서 차지하는 비중을 서서히 늘려나가도록 하되, 최대한 음식의 가짓수를 다양하게 해야 한다. 신체에는 단백질과 지방과 탄수화물이 필수적이지만, 그에 못지않게 중요한 것이 바로 다량의 비타민과 미네랄이라는 점을 염두에 두어야 한다. 전자의 영양소가 없어도 생명을 유지할 수는 있다. 그것도 꽤 오래 말이다. 그러나 후자의 영양소가 없다면 삶 자체가 불가능하다.

내가 이전에 썼던 글들의 내용을 기억하고 있다면, 당신은 식물마다 저마다 독특한 영양소를 풍부하게 가지고 있으며 당신의 식단이 다채로울수록 몸이 필요로 하는 영양소를 비축하는 속도 — 몸에 살이 오르는 속도 — 도 빨라진다는 사실을 알 것이다.

물론, 모든 음식을 먹을 수는 없을뿐더러 모든 음식을 구하는 것조차 불가능하겠지만, 적어도 생식이 단순히 채소와 과일만 먹는 식습관은 아니라는 사실을 이해해야 한다. 건강한 음식을 만드는 다채로운 레시피들을 적극적으로 찾아보길 바란다.

아이를 돌보는 것처럼 몸에게 음식을 먹이라

몸은 자신에게 필요한 것이 무엇인지 잘 안다는 말이 있다. 이 말은 틀렸다. 몸은 아무것도 모른다. 자연이 부여한 태초의 지식이 인공적인 합성식품의 두꺼운 층 아래에 파묻혀 있기 때문에, 몸은 혼돈과 깊은 잠에 빠진 상태다. 몸은 잉태되었을 때부터 중독과 내성을 유발하는 죽은 음식을 먹어왔다. 몸은 달짝지근한 피망이 아니라 감자튀김이나 햄버거를 달라고 적극적으로 당신에게 요구한다. 당신이 100퍼센트 생식만 하더라도, 죽은 음식의 독성이 전부 사라질 때까지 몸은 당신에게 계속해서 감자튀김과 햄버거를 달라고 조를 것이다.

당신이 자신의 아이에게 음식을 먹이면서, 그 아이가 포동포동하게 살이 올라 보기 좋은 모습이 되기를 바란다고 상상해보라. 이전의 원칙을 생각해보면, 자신의 몸에게 음식을 주는 행위는 의식을 가지고 완전하게 해야 하며, 몸이 원하든 원치 않든 그것이 진짜 필요로 하는 것을 줘야 한다. 그렇게 시간이 흐르면 몸이 알아서 그런 음식을 원하게 될 것이고, 더 나아가 올바른 음식만을 달라고 끈질기게 요구할 것이다. 하지만 그보다 먼저 아이를 훈육하듯이 몸을 길들여야 한다. 마시는 것에 있어서도 똑같다.

의식적으로 깨끗한 물을 마셔야 한다

마찬가지로, 원하든 원하지 않든 해야 하는 일이다. 몸무게에 따라 하루에 적어도 1.5~2리터는 마시도록 한다. 구조화된 물을 마시는 것이 좋고, 살아 있는 물이라면 더 좋다. 물은 식사하기 15분 이전, 또는 식사를 하고 난 뒤에 적어도 한 시간 반에서 두 시간이 지나서 마신다. 깨끗한 물은 갈증을 해소하기 위해서뿐 아니라 몸을 정화하기 위해서도 필요하다. 탄산수나 주스로 설거지를 할 수는 없지 않은가?

수분을 많이 함유한 음식을 먹는 것보다 깨끗한 물을 마시는 것이 몸의 수분 균형을 더 쉽게 유지하는 방법이다. 사막의 원주민들이 식물의 뿌리를 캐내 작게 조각내어 즙을 내가면서 하는 일을 몸에게 시키지 말라.

아주 최근에 놀라운 발견이 하나 있었다. 원인을 알 수는 없지만, 인체는 극단의 위험을 마주하게 된 최후의 순간이 되어서야 갈증의 신호를 보낸다고 한다. 바로 그렇기 때문에 사람은 종일 커피 하나만으로 버티면서 갈증을 느끼지 않을 수 있다. 몸은 단순해서, 아주 적은 물만으로도 만족할 수 있기 때문이다. 하지만 이 말은 물을 충분히 마실 필요가 없다는 뜻이 아니다.

푸드 컴바이닝

단백질과 탄수화물처럼 함께 소화할 수 없는 음식을 한 끼에 동시에 섭취해서는 안 된다. 단백질은 산성에서, 탄수화물은 알칼리성에서 소화된다. 그런데 이 둘을 함께 먹으면 음식물이 소화가 되는 것이 아니라 부패하게 된다. 과일, 채소, 견과류, 곡물과 같이 종류가 서로 다른 음식은 따로 먹어야(combining) 한다. 같은 종류의 음식을 섞어서 먹는 것은 괜찮지만, 그 역시 과해서는 안 된다. 레시피는 최대한 간단해야 한다. 하지만 몸이 충분히 건강한 상태가 아니라면 단일 식품으로만 구성된 생식으로 곧바로 넘어가지 말아야 한다. 오일을 곁들인 샐러드, 다양한 채소를 넣어 만든 살아 있는 비네그레트 Vinaigrette 샐러드, 살아 있는 수프 정도면 충분할 것이다.

단계적 식품 섭취

하루 동안 빠르게 소화되는 음식을 먼저 먹고, 그다음에는 소화되는 데 오래 걸리는 음식을 먹어야 한다. 자동차의 움직임과 똑같은 원리다. 앞의 차들이 천천히 움직이면 길이 막히는 것처럼 말이다. 음식이 소화되는 속도는 과일, 채소, 곡물, 견과류 순이다. 하루 동안 바로 이런 순서대로 음식을 먹어야 한다(견과류와 곡물은 순서를 바꿔도 좋다. 그러나 견과류를 먼저 먹었다면, 적어도 세 시간이 지난 뒤에 곡물을 먹도록 한다). 점심 전에는 과일, 채소 주스, 살아 있는 요거트(여기에서 살아 있는 요거트란 우유가 들어간 요거트가 아니라 앞서 소개한 천연 요거트를 말한다), 그리고 점심식사로 채소와 허브를 먹는다. 저녁에는 견과류, 곡물, 발아식품으로 만든 살아 있는 죽을 먹는다. "해가 진 후나 저녁 6시 이후에는 먹지 말라"는 원칙이 생식에는 해당하지 않는다. 잠자리에 들기 직전까지 원하는 때에 원하는 만큼 먹을 수 있다. 중요한 것은 일관성을 지키는 것이다.

벌새의 신진대사

올리브유, 해바라기유, 옥수수유, 콩기름, 팜유 등과 같이 무거운 식용유는 최대한 피해야 한다. 이것들과 달리 가벼운 식용유는 인체에 과도한 부담을 주지 않고 빠르게 흡수된다. 아마유, 잣유, 호박유, 엉겅퀴유, 아마란스유, 호두유가 여기에 포함된다. 가벼운 식용유는 주방세제 없이 찬물에서도 잘 씻긴다는 특징이 있다.

빅토리아 부텐코는 이런 독특한 비유를 들었다. 가벼운 식용유를 주로 먹는 사람은 신진대사가 벌새와 같다고 한다. 그는 살아 흐르는 에너지를 가지고 있고, 몸 상태가 아주 가볍고 자유롭다고 느낀다. 또한 움직임과 두뇌 회전이 빠르다. 반면에 무거운 식용유, 특히 동물성 기름과 지방을 주로 먹는 사람의 신진대사는 곰과 같다고 한다. 이런 사람은 몸이 무겁고 에너지가 낮으며, 움직임이 축 처져 있고 느릿느릿하다. 그의 의식은 잠들어 있다.

대다수의 중요한 상황에서 유리한 위치를 가지는 쪽은 몸이 가지고 있는 부담이 적고, 몸 상태가 가볍다고 느끼며, 해방감을 가지고 있는 사람이다. 심지어 헤비급 선수들의 경기에서도 신체는 강하지만 신진대사는 벌새와 같은 선수들이 백전백승을 거둔다. 이런 이점이 술집에서 시비가 붙었을 때도 통할 거라고 장담할 수는 없겠지만 말이다.

겨울의 식생활

애초에 겨울은 생식을 시작하기에 불리한 계절이다. 봄이 끝나갈 무렵에 단계적으로 식단을 바꾸기 시작하는 것이 가장 좋다. 하지만 겨울에도 충분히 여러 가지 음식을 찾을 수 있다. 생식은 오직 채소와 과일만 먹는 식생활 방식이 아니기 때문이다.

우선 신선한 허브는 해초로 대체할 수 있다. 온실 재배 식물도 적절한 대안이 될 수 있다. 다만 온실 채소와 과일을 먹을 때는 더 신중한 태도로 여러 가지를 따져봐야 한다. 온실 허브와 채소는 화학약품으로 재배되기 때문에 절대 입에 대서는 안 된다는 의견도 있다. 하지만 꼭 그렇지만은 않다. 화학약품을 쓰는 온실이 많긴 하지만, 최근에는 유기농 비료를 사용하는 온실도 점점 늘어나는 추세다.

중요한 요소가 하나 더 있다. 트랜서핑에는 '당신의 세계는 당신의 주의가 고정되어 있는 것으로 채워진다'는 원칙이 있다. 당신이 "온통 화학약품뿐이군!"이라며 거부하기만 계속한다면 실제로도 그렇게 될 것이다. 자연식품을 찾는 데 의도의 방향을 맞추는 편이 더 낫지 않겠는가? 그런 사람은 오직 그를 위해 특별히 준비된 그만의 것을 발견하게 될 것이다.

판매업자들은 자신이 판매하는 식품에 화학약품이 사용되었는지 항상 아는 것도 아니고, 항상 진실을 말하지도 않는다. 우리가 직접 확인해야 한다. 만약 음식에서 톡 쏘는 듯하고 식품 본연의 것과는 다른 냄새가 난다면 다른 업체의 식품을 찾아야 한다.

어쨌거나 위험을 예방하는 방법이 한 가지 있다. 에나멜 그릇에 물 1.5~2리터를 따르고 레몬 반 조각을 짜 넣은 다음, 조각 전체에서 즙이 우려지도록 물에 넣고 주무른다. 이 레몬 물에 허브를 5분가량 담가뒀다 먹으면 된다. 똑같은 방식으로 겨울철의 비트와 당근도 씻어서 먹을 수 있다. 다만 껍질을 얇게 벗겨낸 다음에 해야 한다. 완전히는 아닐지라도, 몸에 해로운 물질을 어느 정도는 중화할 수 있다.

마찬가지로, 얼린 산딸기로도 그린 칵테일을 만들 수 있다. 사실 얼린 채소에 몇 가지 문제점이 있기는 하다. 얼린 채소는 데쳐서 사용해야 하기 때문에, 데친 후에 살아 있는 영양소가 얼마나 남게 되는지 장담하기 어렵다. 그렇더라도 일부는 남을 것이다. 맛을 보면 그것이 살아 있는 음식인지, 죽은 음식인지 판단할 수 있다. 개인적으로 얼린 채소와 산딸기는 천연성이나 영양소 측면에서 다소 뒤처질 수 있지만, 그래도 이 정도면 살아 있는 음식이라고 봐도 무방한 것 같다.

겨울에는 포만감이 높은 음식에 특별히 주의를 기울여야 하는데, 바로 견과류와 발아곡물이 그렇다. 견과류가 그다지 맛이 없다면 꿀을 약간 넣어 먹어보라. 또는 이런 레시피도 있다. 호두, 잣 깻묵, 살아 있는 카카오를 1대 1대 1의 비율로 섞어 꿀을 약간 넣고 잘 섞는다. 놀랍게도 아주 색다르고 매혹적인 음식을 맛보게 될 것이다.

해초, 화리나, 꿀벌 밥, 청건포도, 쩔레나무와 약초즙은 반드시 챙겨 먹어야 하는 음식이다. 이 음식들은 필수적인 비타민과 미네랄의 중요한 공급원이 되어주기 때문이다.

영양가가 아주 높은 음식으로는 호박 가루, 잣 가루, 아마란스 가루, 잣 깻묵, 잣 두유, 스펠트밀*을 들 수 있다. 이 식품들은 단백질 함유량이 최대 45퍼센트나 되는 등, 영양소에 관한 '최고기록 보유자'들이다. 동물성 식품 중엔 이 정도로 단백질이 많이 들어 있는 것을 찾을 수가 없다. 가루 종류의 식품은 살아 있는 죽에 넣어 먹으면 일종의 단백질 보조제 역할을 해준다. 필요한 정보는 모두 인터넷에

---

* spelt wheat: 밀 품종의 하나로, 중세까지 유럽에서는 주요 작물로 소비되었다. 주로 사료용으로 재배되지만 빵, 건강식품의 재료나 맥주, 증류주의 원료로 사용되기도 한다. 일반 밀보다 섬유소가 풍부하고 포만감이 높으며 열량이 낮다.

서 찾을 수 있을 것이다.

우유의 대체품

우유를 마시는 것은 의미가 없다. 우유는 소화가 잘 되지 않고, 흡수는 더 안 된다. 그보다도 더 의미가 없는 일이 바로 아이에게 다른 동물의 젖을 먹이는 것이다. 조제분유를 먹이는 것은 물론이고 말이다.(부디 불쌍한 어린아이가 질병으로 몸이 허약해질 때까지 분유와 죽을 열심히 먹일 어머니에게서 태어나지 않기를 바란다.)

아이가 생식 습관을 들이게 해주려면 조심스럽게 조금씩, 단계적으로 식단을 바꾸라는 원칙을 철저히 따라야 한다. 처음에는 밀 우유, 스펠트밀 우유, 귀리 우유, 메밀 우유, 호두 우유, 참깨 우유, 잣 우유*부터 시작해서 차츰 발아식물을 넣어 만든 죽과 그린 칵테일, 그린 수프, 미역, 신선한 착즙 주스, 으깬 과일과 산딸기 등을 먹인다. 단, 화리나와 꿀벌 빵을 먹일 때에는 조심해야 한다. 호박 가루, 참깨 가루, 잣 가루를 사서 죽에 넣어 먹이거나, 우유로 만들어 먹여 보라. 그러려면 성능 좋은 믹서기가 필요하다.

마찬가지로, 이유식 역시 발아곡물로 만든 살아 있는 죽으로 대체해야 한다. 동물성 우유는 발아곡물이나 견과류를 갈아 만든 음료로 대체하면 된다. 이 음식들 모두 믹서기로 손쉽게 만들 수 있다.

단계적 변화를 통해 생식을 시작하는 시기에는 발효 유제품, 트

---

* 각각의 곡물들을 깨끗이 씻은 뒤, 물을 일정량 붓고 믹서기에 갈면 우유와 비슷한 느낌의 걸쭉한 음료가 만들어진다.

보록,[**] 치즈, 계란 노른자를 너무 빨리 끊어서는 안 된다. 반드시 스스로 준비가 되었다고 느낄 때 끊어야 한다.

다만 단단한 치즈는 몸에서 소화하는 데 큰 부담이 되는 데다 그 시간도 아주 오래 걸린다. 그보다는 완전히 굳히지 않은, 부드러운 치즈를 먹는 편이 낫다.

곡물을 포함한 모든 식품을 구매할 때, 되도록 동물 사육 과정에서 합성 첨가물을 사용하지 않으며 화학약품으로 토양과 식물을 오염하지 않고 상식이 조금이라도 남아 있는 식품업체를 선택해야 한다. 찾아보면 이런 제조업체도 있다. 당신이 그것을 목표로 설정해 둔다면 분명 찾을 수 있을 것이다.

더 적은 화학약품

물론 인공 문명의 모든 발명품으로부터 자신을 완전하게 보호할 수는 없을 것이다. 하지만 당신의 집을 이루는 건축 자재부터 화장품에 이르기까지, 아주 밀접한 것들에서 해로운 화학물질의 양을 최소화하겠다는 목표를 설정한다면 실제로 그렇게 될 것이다.

천연의 친환경적 자재만으로 집을 지을 수 있겠는가? 당연히 지을 수 있다. 그렇게 할 정도로 돈이 많지 않다는 말은 하지 않길 바란다. 그러기 위해서 트랜서핑이 있지 않은가. 이것은 돈의 문제가 아니라, 당신의 '영사기'에서 재생되는 영화 필름의 문제다.

어느 날 눈을 뜨고 보니, 집 안의 세제와 화장품 등 모든 값싼

[**] Tvorog: 러시아식 코티지 치즈cottage cheese.

생필품을 몽땅 버리고 싶은 마음이 들 수도 있다. 여기에는 충분히 논리적인 이유가 있다. 열심히 닦고 광내기 위한 이런 가루와 액체들은 단순히 집구석 어딘가에 처박혀 있는 물건들이 아니다. 이것들은 독성을 띠는 증발물을 내뿜어 온 집안을 가득 채우는데, 스스로 인지하지는 못하겠지만, 당신은 끊임없이 이런 기체를 들이마시고 있다. 또한 화장품의 화학물질은 피부를 통해 혈액으로 쉽게 침투해 몸 전체를 오염한다. 피부가 '빠르게 개선되는' 효과는 시간이 지나면서 모든 것이 급격하게 악화되는 결과로 바뀐다.

'천연'이라는 문구를 달고 나온 세제와 화장품 중에서 실제로 완전히 친환경적이라고 볼 수 있는 제품은 그렇게 많지 않다. 그 제품에 들어 있는 화학물질의 유해성이 많은지, 적은지의 차이일 뿐이다.

물론 신선한 식물 원료를 사용하여 살아 있는 화장품을 만들 수도 있다. 하지만 신선한 음식과 마찬가지로, 이런 화장품은 오래 보관할 수가 없다.

우리의 머나먼 선조들이 무엇으로 머리를 감았고, 무엇으로 빨래를 했는지 생각하며 극단적인 방법을 사용할 필요까지는 없다. 하지만 '가망 없는 화학약품'들을 제품의 안정성과 친환경성에 주된 관심을 기울이는 업체의 제품들로 바꾸는 정도는 할 수 있지 않은가.

자신을 자신의 모습 그대로,
타인을 타인의 모습 그대로 존재하도록 허용한다

자신을 이해하지 못하고 똑같은 신념을 공유하지 않는다며 세상 모든 사람에게 분노하는 생식주의자의 모습을 본받지 않길 바란다. 주변 사람들이 똑같은 믿음을 가지도록 만들기 위해 그만 애쓰라. 주변 사람들이 당신만의 '진정한 길'에 관해 훈수를 두려고 한다면 눈을 크게 뜨고, 설득되는 듯한 표정을 지으며 그들의 말을 경청하라. 그러면서 당신의 길을 묵묵히 걸어가라. 아무것도 증명하거나 강요하려고 들지 말라. 아이들에게도 똑같다. 그들 자신이 원하지 않는 이상, 당신은 인공 시스템의 영향력으로부터 그들을 보호해줄 수 없다. 또한 당신의 말을 받아들일 준비가 되어 있지 않은 사람이라면 당신이 뭘 해도 그를 설득할 수 없을 것이다. 준비가 된 사람이라면 약간의 암시나 확실한 모범사례만 보여줘도 충분히 바뀔 수 있다. 누구나 저마다의 길이 있고, 당신의 가까운 지인들이 어떤 길을 걸어가야 하는지 결정하는 것은 당신의 몫이 아니다. 여기에서 지인들을 설득하는 유일한 방법은 오직 확실한 모범사례밖에 없다. 다른 방법은 효과가 없을 것이다. 물론 시도는 얼마든지 할 수 있겠지만 말이다.

동지를 찾으라

주변 사람들에게 당신과 똑같은 믿음을 공유하라고 강요하는 대신, '준비된' 동지들을 찾아 그들과 교류하라. 적어도 인터넷에서는 그런 사람들을 언제든지 찾을 수 있다. 자신의 생각과 실수에 대해 고민하며 혼자 머리를 싸매지 말고, 서로 경험을 공유하고 응원하기 위해서는 소통이 필요하다. 새들에게 앉아서 쉴 수 있는 나뭇가지가 필요한 것처럼, 인간의 의식은 현실적인 지지 기반이 없이는 도저히 버틸 수 없도록 만들어져 있다. 때때로 어딘가에 앉아서 쉬지 않는다면 자유롭게 날아다닐 수도 없을 것이다. 바로 그렇기 때문에 같은 생각을 가진 사람들끼리, 영적으로 가깝게 느껴지는 사람들끼리 서로 소통할 수 있고 지지해줄 수 있는 그룹을 만드는 것이다.

다만 다른 사람의 경험을 받아들일 때는 조심해야 한다. 우선, 경험은 사람마다 다를 수밖에 없다. 개인적으로 나는 특정 사람에게 맞춘 조언이 아니라 가장 일반적인 조언을 하려고 노력한다. 다른 사람들의 식습관 방식이나 실전 경험을 분별없이 받아들이지 말고 자신의 영혼, 마음, 몸의 목소리를 들으라. 또한 의식이 깨어난 상태를 유지하면서, 그 사람이 얼마나 적절한 수준의 생식을 하고 있으며 책임감을 가지고 있는지 신중하게 판단해야 한다. 주의 깊게 관찰하면 충분히 알 수 있을 것이다. 어딘가 편집증 같은 경향이 있거나 광적으로 생식에 매달리는 것 같다면 최대한 멀리해야 한다.

목표를 향해 방향을 설정한다

당신이 왜 생식을 하는지, 무엇을 위해 노력하는지, 무엇을 이루고자 하는지 항상 기억하고 인지해야 한다. 그렇지 않다면 의도의 방향을 유지하거나 먹이 피라미드의 새로운 단계에 들어설 수 없을 테니 말이다. 당신이 그 단계에 들어서게 되면 얻게 될 이점들이 당신의 북극성이 되어줄 것이다. 그러니 이런 이점들을 항상 기억해야 한다.

깨끗하고 건강한 몸, 강한 지성과 분명한 의식, 멋진 체형, 안정적인 심리 상태, 기생충들로부터의 자유, 식품 중독이나 그 외의 중독으로부터의 자유, 심혈관 질환, 암, 당뇨, 관절염, 에이즈, 과체중, 알러지, 우울증, 신경 쇠약, 불임, 조기 노화, 스트레스, 만성피로 등과 같은 만성 퇴행성 질병의 예방이나 치료 등이 여기에 포함된다. 당연한 결과겠지만, 마침내 완전한 생식을 할 수 있게 되면 전반적인 활기와 삶의 질이 향상된다.

분명한 사실은, 위의 장점들 중 하나만 얻게 되더라도 그렇지 못한 사람들과 비교한다면 당신이 우위에 서게 된다는 점이다.

자신의 현실을 선언할 수 있어야 한다

식습관 하나만으로 모든 문제가 해결되지는 않는다. '어떻게 생각하는지, 어떻게 먹는지, 어떻게 움직이는지'의 세 요소를 모두 사용하여 통합적으로 접근해야만 완전한 효과를 낼 수 있다. 목표를 항상 기억하고 계속해서 의도를 보내야 한다.

지구상의 수많은 사람들은 쉬지 않고 자신의 신에게 기도한다. 그것도 충분한 의도를 가지고 말이다. 이렇게 사람들은 의식을 놓치거나, 조금 거칠게 표현해서 '돌아버리지 않도록' 하기 위해 자신의 '결합점'과 현실을 고정해둔다. 주의가 종교에 얽매여 있는 것이 아니라면 그것은 계속해서 이데올로기나 어떤 개념, 일, 사회운동 등의 다른 펜듈럼에게 붙잡혀버린다. 성스러운 자리는 바람 잘 날이 없기 때문이다. 그러나 우리가 펜듈럼을 방목해야지, 그들이 우리를 방목하게 해서는 안 된다.

당신과 나의 목표는 되도록 양이 아니라 양치기의 역할을 하는 것이다. 펜듈럼의 손아귀 안에 있는 것이 아니라, 그들 위에 군림하면서 당신의 목표를 위해 그들을 이용하고 그들을 방목해야 한다. 그러기 위해서는 자신의 주의를 통제할 수 있어야 한다. 그렇다. 어떤 플랫폼, 즉 펜듈럼을 의식을 고정해둘 지점으로 활용하라. 신이나 신념을 향해 기도하는 사람은 무의식적으로 기도를 하지만, 똑같은 행동을 의식을 가지고도 할 수 있다. 자신의 의도를 보내거나, 영화를 상영하거나, 자신의 현실을 선언하는 것이다. 생식으로 식사를 준비할 때, 먹을 때, 운동할 때, 이 모든 활동을 아무 생각 없이 기계적으로 하지 말고 당신이 왜 그것을 하는지, 무엇을 이루고자 하는지, 그것이 당신에게 어떤 장점을 가져다줄지 생각하며 영리하게 하라. 최대한 자주 속으로 사념체를 되새기고 의도를 선언하며, 이 작업을 습관으로 만들라. 예컨대 사념체는 이런 식이 될 수 있다.

나는 살아 있는 자연식품을 먹고 있다. 나의 몸은 정화되고 있으며, 에너지는 높아지고 의식은 맑아진다.

모든 노폐물과 독성이 몸에서 배출되고 있다. 내 몸은 산속을 흐르는 강물이다. 나의 안에서는 깨끗한 물이 힘차고 거세게 흐른다.

힘찬 강물은 강력하게 에너지 터빈을 돌린다. 나의 몸은 아름답고, 건강 상태도 훌륭하며 에너지도 강하다. 지성은 번뜩이고 의식은 분명하다.

생식은 나의 몸을 정화해준다. 몸이 정화되면서 의식은 더 맑아진다. 나에게는 맑은 지성과 강한 의식이 있다. 나는 자각몽을 꾸는 것처럼 나의 현실을 통제한다.

나의 몸은 매일매일 깨끗해지고 있다. 깨끗한 몸에는 에너지가 쉽고 자유롭게 흐른다. 나의 에너지는 강력하며, 매일매일 훨씬 더 강력해진다.

생식은 나를 깨끗하게 해주고 필요한 영양소를 모두 공급해준다. 나는 아주 건강하고 올바르게, 완전하게 먹고 있다. 나는 내 몸을 돌보며, 내 몸은 다시 태어나고 있다.

나의 몸은 정화되고 있으며, 나에게는 초능력이 생기고 있다. 나의 에너지와 지성과 의식은 강력하다. 나는 천재다. 힘은 나의 것이고, 힘이 나를 이끌고 있기 때문에 모든 것을 천재적인 방법으로 훌륭하게 해낸다. 그 어떤 문제라도 쉽게 해결할 수 있다. 나는 나의 현실을 통제한다.

나는 살아 있는 음식을 사랑한다. 살아 있는 음식은 나의 몸과 의식을 정화해주고, 기생충들을 멀리 쫓아버리기 때문이다. 또한 매트릭스로부터 나를 해방해주고, 완전한 건강과 강력한 에너지, 확신과 자유를 주기 때문이다. 나의 몸도 살아 있는 음식을 아주 사랑한다. 이 음식은 만들기 쉽고, 건강하며, 깨끗하다. 나는 살아 있는 음식이 살아 있다는 것 자체만으로 그것을 사랑한다.

위의 내용을 단어 그대로 전부 말할 필요는 없다. 당신의 의도를 담은 당신만의 사념체를 만들어 하루 동안 틈이 날 때마다 속으로, 또는 소리 내어 규칙적으로 말하라. 전부 다 말해도 좋고, 일부만 말해도 좋다. 중요한 것은 규칙적으로 하는 것이다. 물 한 잔이나, 당신이 먹으려고 하는 음식 한입에 대해서도 똑같은 내용으로 선언을 할 수 있다. 다만 이 활동을 부담스러운 과제로 만들지는 말아야 한다. 이렇게 함으로써 당신 스스로 만족감을 느낄 수 있어야 한다. 당신의 몸 — 당신의 성전, 마음, 그리고 현실 — 을, 더 나아가 당신의 세계를 직접 만드는 일 아닌가.

모든 것을 당신의 통제하에 두어야 한다. 실제로 모두 그럴 만한 가치가 있는 일들이다. 물론 이렇게 생식을 위한 의도를 의식적으로 내보내기는 쉽지 않다. 당신의 주의는 눈 깜짝할 사이에 시스템에 얽매일 것이기 때문이다. 언론, 사회, 식당, 슈퍼마켓 등, 시스템은 그렇게 할 수 있는 수단들을 아주 많이 가지고 있다. 그렇게 당신은 계속해서 양 떼 무리 안에 갇히고, 펜듈럼의 손아귀로 들어가 다른 사람들처럼 예전의 식습관으로 돌아가게 될지도 모른다. 이제 당신의 기회는 다른 사람들과 똑같아져서, 딱히 평균 이상이라고 할 수조차 없을 것이다.

이런 일이 발생하지 않도록 의식적인 기도를 반복해야 한다. 자신의 현실을 선언하고, 생식의 펜듈럼을 방목하라. 그러면 당신이 선택한 길에서 주의가 벗어나지 않도록 이 펜듈럼이 도와줄 것이다.

에스컬레이터를 따라 움직인다

적당한(게으르지는 않지만 그렇다고 너무 지나치지는 않은) 운동은 몸을 돌보는 데 식습관만큼이나 중요한 요소다. 생식을 하면서 운동량이 적은 생활 습관을 유지한다면 머지않아 체중이 줄어들든 늘어나든 정상 수준을 벗어나게 된다. 움직임은 몸에 아주 중요하다. 움직임이 없으면 성장도 없기 때문이다. 성장이 없으면 쇠퇴 과정이 시작된다.

아래로 움직이는 에스컬레이터를 타고 위로 올라가야 하는 상황이라고 상상해보라. 당신이 서 있거나 걷는 속도가 너무 느리다면 어느새 에스컬레이터의 가장 아랫부분에 도달하게 된다. 한자리에 있어서는 안 된다. 움직임이 없으면 현상 유지는 불가능하다. 성장하거나 후퇴하거나 둘 중 하나일 뿐이다. 다람쥐가 쳇바퀴를 돌리듯 계속해서 달려야 한다는 말이 아니다. 가장 최적의 방법은 에스컬레이터를 타고서 특정한(당신이 원하는) 수준이 될 때까지 몸을 성장시켜둔 다음, 그보다 더 아래로 내려가지 않도록 천천히 걷기를 계속하는 것이다.

재생 프로그램

죽은 음식은 후퇴와 해체의 프로그램을 가동한다. 반대로 살아 있는 음식은 몸 전체에 생명을 불어넣고 재생한다. 하지만 그런 재생 프로그램을 시작하기 위해서는 자극이 필요하다. 식습관 하나만으로 모든 것이 해결되지는 않는다. 정화하고 재생하겠노라는 의도는 목표인 동시에 몸의 재생 프로그램을 시작하는 일차적인 자극이자 도화선이 되어야 한다. 누군가 당신에게 "그건 불가능한 일"이라고 말한다고 하더라도 그 말을 믿지 말라. 피라미드의 새로운 단계에서는 아주 많은 것들이 가능해진다. 그저 단호하게 당신의 의지를 선언하기만 하면 된다. 사념체는 대략 이런 형태일 수 있다.

내 몸 안의 모든 것이 정화되고, 새로워지고, 재생되고 있으며 나는 다시 젊어지고 있다. 노화 과정은 거꾸로 이루어지고 있다.

생식은 내 몸 전체를 정상으로 만들어준다. 모든 필수적인 기능들이 재생되면서 정상으로 돌아오고 있다.

살아 있는 몸에 필요한 것은 살아 있는 음식이다. 살아 있는 음식은 나의 몸 전체를 새롭게 만들며 재생 과정을 시작한다.

이가 빠진 자리에 새로운 이가 자랄 것이다. 모든 혈액체계와 림프체계가 완전히 정화되고, 새로워지면서 다시 태어난다. 척추 디스크도 완전히 재생된다. 나의 척추는 아이처럼 부드럽고 젊고 새롭다. 나의 모든 기관이 완전히 재생된다.

나의 두뇌에는 성장과 발달의 프로그램이 입력되어 있다. 매일 새로운 뉴런이, 그것도 수백만 개의 새로운 뉴런이 만들어진다. 두뇌 반구 사이에는 매일 새로운 연결이 만들어진다. 나는 천재적인 두뇌를 가지고 있으며, 나의 지성은 강하다.

나의 피부는 깨끗해지고 있으며, 매끄러워지고 젊어지고 있다. 나의 피부는 윤기가 나고, 부드럽고 생기 넘치며 탄력이 있다. 나는 젊고 아름답다. 아주 멋져 보인다. 나는 점점 더 아름다워지고 있다.

나의 몸 전체가 다시 태어나고 있다. 나는 젊고 잘생긴(또는 아름다운) 엘프가 되어가고 있다. 나는 젊고, 강하고, 매혹적이다. 나는 젊고 잘생긴(또는 아름다운) 엘프다.

사실 의도 선언은 단순한 섭생 방식으로서의 생식과 트랜서핑 구성요소로서의 생식을 구분하고 경계 짓는 가장 핵심적인 요소다. 목표를 이루지 못했거나 이점을 얻지 못한, 이 책에서 여러 번 언급되었던 생식주의자를 만난 적이 있다면 그것은 그의 의도가 완전히 다른 방향에서 효과를 냈거나 전혀 효과를 내지 못해서, 또는 식습관을 바꾸는 데 완전히 다른 방법을 따라서 그런 것이다. 물론 생식은 그 자체만으로도 아주 많은 이점을 주기는 하지만 말이다.

더 높은 진동수를 가지기 시작한다

1차 식품을 주식으로 먹기 시작하면 자연스럽게 당신의 진동수는 가장 높은 수준에 도달하게 된다. 새가 날아다니는 높이만큼 올라가 땅을 내려다보는 것과 비슷하다. 몸은 정화되고, 에너지는 높아지고, 의식은 맑아진다. 당신 앞에 낯선 현실이 펼쳐질 것이다. 다른 사람들이 보지 못하는 것을 보고, 다른 사람들이 이해하지 못하는 것을 이해하기 시작한다. 이것은 아주 큰 장점이다.

다른 한편으로, 낮은 진동수를 가진 것들 중 일부를 받아들이지 못하게 된다. 예컨대 더 이상 담배를 피우거나 술을 마시지 못할 것이다. 바로 구역질이 나기 때문이다. 그렇지만 때로는 담배를 피우거나, 술을 조금 마셔보거나, 죽은 음식을 조금 먹어보는 것도 당신에게 도움이 될 수 있다. 과거의 식습관으로 다시는 돌아가고 싶지 않다는 사실을 다시금 확인하게 될 테니 말이다.

요약

- 네크로비오틱이 비타비오틱으로 바뀌는 시기에는 다름 아닌 비타민, 미네랄, 미량원소와 다량원소를 모으고 축적하는 과정이 일어난다.
- 살아 있는 미생물상이 만들어지기 전까지 자연식품은 완전히 소

화되지 않으며, 몸 안의 모든 것이 부족하다고 느껴진다.

- 중요한 것은 정화 과정이 오염 과정보다 우세하도록 만드는 것이다.
- 식단에서 익히지 않은 식물성 식품의 비중을 서서히 늘려나가도록 하되, 최대한 음식의 가짓수를 다양하게 해야 한다.
- 죽은 음식의 독성이 몸에서 전부 사라질 때까지 몸은 당신에게 계속해서 예전에 먹던 죽은 음식을 달라고 조를 것이다.
- 당신의 몸에게 음식을 주면서, 자신의 아이가 포동포동하게 살이 올라 보기 좋은 모습이 되기를 바라며 그에게 음식을 준다고 상상하라.
- 자신의 몸에게 음식을 주는 행위는 의식을 가지고 완전하게 해야 하며, 몸이 원하든 원치 않든 그것이 필요로 하는 것을 줘야 한다.
- 몸무게에 따라 하루에 적어도 1.5~2리터의 물을 마시도록 한다.
- 단백질과 탄수화물처럼 함께 먹을 수 없는 음식을 한 끼에 동시에 섭취해서는 안 된다.
- 하루 동안 빠르게 소화되는 음식을 먼저 먹고, 그다음에는 소화되는 데 더 오래 걸리는 음식을 먹어야 한다.
- 무거운 식용유를 아마유, 잣유, 호박유, 엉겅퀴유, 아마란스유, 호두유와 같은 가벼운 식용유로 대체한다.
- 당신이 "온통 화학약품뿐이군!"이라며 거부하기만 계속한다면 실제로도 그렇게 될 것이다.
- 자연식품을 찾는 데 의도의 방향을 맞추라.
- 발아식품, 해초, 화리나, 꿀벌 밥, 청건포도, 찔레나무와 약초즙은 반드시 챙겨 먹어야 하는 음식이다.

- 영양가가 아주 높은 음식으로는 호박 가루, 잣 가루, 아마란스 가루, 잣 깻묵, 잣 두유, 스펠트밀을 들 수 있다.
- 단계적 변화를 통해 생식을 시작하는 시기에는 발효 유제품, 트보록, 치즈, 계란 노른자를 너무 빨리 끊어서는 안 된다.
- 이유식 역시 발아곡물로 만든 살아 있는 죽으로 대체해야 한다.
- 당신의 집을 이루는 건축 자재부터 화장품에 이르기까지, 아주 밀접한 것들에서 해로운 화학물질의 양을 최소화하겠다는 목표를 설정한다면 실제로 그렇게 될 것이다.
- 지인들을 설득하는 유일한 방법은 오직 확실한 모범사례밖에 없다.
- 주변 사람들에게 당신과 똑같은 믿음을 공유하라고 강요하지 말고, '준비된' 동지들을 찾아 그들과 교류하라.
- 다른 사람의 경험을 받아들일 때는 조심해야 한다.
- 생식을 시작할 때는 항상 그것의 이점을 항상 되새기고, 왜 생식을 하는지를 머릿속에 목표로 설정해두라.
- 자신의 의도를 보내고, 영화를 상영하고, 자신의 현실을 선언해야 한다.
- 적당한 운동은 몸을 돌보는 데 식습관만큼이나 중요한 요소다.
- 정화, 재생, 성장을 하겠다는 설정을 하고, 그에 대한 사념체를 선언하라.
- 의도 선언은 단순한 섭생 방식으로서의 생식과 트랜서핑 구성요소로서의 생식을 구분하고 경계 짓는 가장 핵심적인 요소다.

어떻게 생각하고, 어떻게 먹고, 어떻게 움직이는가? 당신의 의식이 분명해지고 에너지가 높아지면 예전에는 꿈도 꾸지 못했던 많은 일들을 할 수 있게 된다. 예를 들어, 나 자신이 트랜서핑의 내용을 따른 적이 없고 새로운 피라미드 단계에 진입한 경험도 없었다면 나는 이 책을 쓰지 못했을 것이다. 내가 평범한 사람이었다면, 창작 활동에서 업적을 이루기에는 나이가 조금 많지 않은가. 이런 책을 쓰기 위해서는 강한 의식과 에너지가 필요하니 말이다.

4부

사회

물림병 환자들과 내면의 조이스틱

이제는 의식 수준에 직접적인 영향을 미칠 수 있으며 매우 광범위하게 확산된 질병에 대해 설명해드리겠다. 이 질병은 은밀한 성격을 가지고 있으며, 이렇다 할 일반적인 증상도 없고 공식 의학계에서 특별히 주목하고 있지도 않기 때문에, 일단 이것을 '물림(bitten)병'이라고 부르겠다. 설명을 읽으면서 이것이 무엇에 관한 내용인지 맞춰보길 바란다.

공통적인 증상

- 물림병에 걸린 사람은 빈 병이나 상자, 포장지, 먹다 남은 음식, 담배꽁초나 이와 비슷한 폐기물 등, 어디에서나 쓰레기를 남긴다.
- 쉬지 않고 욕을 한다.
- 대중교통의 깨끗한 벽, 엘리베이터, 창문을 훼손한다.
- 특히 깨끗한 자연환경이 아직 잘 지켜지고 있는 곳을 더럽혀야 한다는 충동을 강하게 느낀다.
- 운전할 때 겁이 없으며 험하게 운전하기를 일삼는다. 계속해서 경적을 울리고 끼어들기를 한다. 자신에게 편하기만 하다면 아무 곳에나 주차한다.
- 인터넷 공간에서 다른 사람을 냉정하게 평가하며 자신의 존재감

을 뚜렷하게 드러낸다.

- 온갖 방법을 동원하여 주변 사람들에게 자신의 부정적인 기운을 퍼뜨리려고 한다.
- 사회에 의해 주입된 프로그램을 따르거나 본능적인 차원에서 무의식적으로 행동한다.
- 정치 슬로건이나 홍보 문구에 쉽게 휩쓸리며, 기꺼이 그것에 맞게 움직이려고 한다.
- 먹는 것이나 사용하는 것에 별다른 관심이 없다. 즉, 싸구려 음식과 생필품으로도 만족한다.

전파자

유인원이나 그 외 사람과 비슷하게 생긴 종, 유제류,[*] 설치류, 또는 이와 비슷한 동물 세계의 종.

질병의 경과

주로 물림병은 특별한 증상의 발현 없이 일어난다. 하지만 병원균의 혈청군과 그것의 유독성, 감염량[**]의 크기, 특수 면역체와 몸의 면역력 상태에 따라 물림병은 급성, 아급성,[***] 만성, 잠복성, 무증상 등 다양한 형태로 진행될 수 있다.

---

[*] 有蹄類: 발끝에 발굽을 가지고 있는 포유류 종.

[**] 증상을 유발하고 감염을 일으키기 위해 필요한 양.

[***] 급성과 만성 사이의 질병을 말한다. 급성과 만성의 소견이 함께 나타나며, 시간적으로도 이 둘의 중간에 있다.

진단

동물의학 자료, 병리 변화와 실험실 실험 결과를 근거로 하여 진단한다.

감염

분변-구강 전파가 가장 전형적이지만, 비말 전파로도 감염될 수 있다. 가장 많이 확산되어 있는 감염 형태는 접촉성 전염과 물과 음식을 통한 전염이다. 이 밖에도 동물에게서(동물에게 물려서) 감염될 수도 있다. 병원균은 오염된 음식이나 물이나 동물의 사체를 먹은 경우, 혹은 오염된 물에서 수영하거나 성행위를 한 경우에 주로 소화기관, 호흡기관, 비뇨기관과 생식기관의 점막으로 침투한다.

평가

물림병에 걸린 환자들은 부적절한 행동을 하고, 겉으로 보기에는 꽤 정상적으로 보이지만 일반적으로 자각이 없는 상태다. 증상이 발현되었을 때 모순적인 사실은, 환자가 일탈 행동을 하더라도 상식적인 선을 넘지는 않는다는 점이다.

치료

쑥, 쑥국화, 밀짚꽃, 톱풀, 사시나무 뿌리, 오레가노를 동일한 비율로 그릇에 넣고 섞는다. 두세 스푼 가득 떠서 찻주전자에 넣고 끓인 물을 넣은 다음, 15분 동안 중탕하여 데운다(예를 들어 끓는 물을 담은 그릇에 주전자째 넣어두면 된다). 하루에 서너 번 식전에 반 컵씩 먹는다.

아마 당신도 이것이 기생충에 관한 이야기라는 사실을 눈치챘을 것 같다. 반은 비꼬는 말투였지만 내가 생각하는 증상과 치료 방법은 매우 진지하다. 실제로 기생충들은 의식을 흐리게 하는 것부터 시작하여 동기와 행동을 통제하는 수준까지, 당신의 심리 상태에 영향을 미칠 수 있다. 물론 관련된 연구가 그렇게 많이 진행된 것은 아니지만, 이 사실은 심지어 실험을 통해 과학적으로도 증명된 적이 있다. 기생충을 더 가까이 연구하면 어떤 사실이 밝혀질지 참 궁금하다. 그런 일은 일어나지 않을 확률이 높긴 하지만 말이다. 어쨌거나 낯선 사람들에게 어떻게든 자신의 존재를 숨기는 것이 기생충에게는 이득이 되지 않겠는가.

그렇다 하더라도 기생충들은 자신을 완전히 숨길 수는 없다. '물림병'에 걸린 사람들에게는 전형적인 신체적 증상 이외에도, 그들의 행동에서 보여지는 고유의 특성이 있기 때문이다. 예컨대 무의식적으로 쓰레기를 버리고 욕을 하는 버릇은 그 사람에게 기생충이 들러붙어 있다는 사실을 나타낼 가능성이 크다.

일종의 공생 상태가 만들어지는 것인데, 일반적인 공생과 유일하게 다른 점은 이 관계에서 침입자(intruder)만이 이득을 취한다는 데 있다. 숙주는 기생체에게 집, 영양분, 번식할 수 있는 기회까지 모든 것을 한꺼번에 제공한다. 기생충의 최종 목표는 온갖 방법을 동원해 사방으로 증식하는 것이다. 회충을 예로 들면, 이 기생충은 하루에 30만 개의 알을 낳는다. 지구상의 어떤 생명체도 그런 번식력을 가지지는 못한다.

이 낯선 생명체들은 숙주의 반응을 통제하는 등의 방식으로 자신의 목표를 실현한다. 그리고 숙주는 자신의 주변에서 손길이 닿는 모든 것을 무의식적으로 어질러놓는다. 직접적이든 간접적이든, 물질적이든 언어적이든 모든 수단을 총동원해서 말이다.

'물림병 환자'의 행동이 무의식적이라는 특성을 가지는 이유는, 그 자신이 아니라 그 속에 '조이스틱'을 잡고 있는 생명체에 의해 통제를 받기 때문이다. 그래서 환자는 쓰레기를 버리면서도 그 사실을 자각하지 못한다. 욕설을 뱉는 순간에도 그 자신은 그저 대화를 하고 있다고 받아들일 뿐이다. 그에게 있어 자신의 모든 행동은 익숙하고 정상적이며 자연스러운 일이다.

그의 '천성'이 그럴 뿐이다. 옆에서 보기에는 상당히 추하지만, 우리 사회라는 유기체에서는 꼭 있을 수밖에 없는 일부다. '물림병 환자들' 자체가 대다수이며, 항상 그렇듯 그 숫자가 압도적으로 크기 때문이다. 바로 그렇기 때문에 일탈 행동은 하지만 상식적인 선을 넘어가지는 않는다는 기괴한 공식이 만들어진다.

그런데 최근에 들어서 기생충들이 합성 물질로 만든 제품, 옷, 생활용품을 특별히 더 선호한다는 사실이 알려졌다. 화학약품이 더 많이 들어갈수록 기생충들은 그 제품을 더 좋아한다. 이런 애착은 기술권의 제품들이 불러온 결과일 가능성이 크다. 이 제품들은 면역력을 낮추고 몸 전체를 중독시키는데, 바로 이것이 기생충들이 원하는 것이니 말이다. 그러니 오늘날 시장 전체가 싸구려 제품들로 넘쳐나는 것이 아니겠는가?

이런 주제를 다루는 것은 유쾌함과 거리가 멀지만, 몇 가지 사건들을 보면 이 이야기를 안 할 수가 없을 것 같다. 뿐만 아니라, 다름 아닌 바로 이 주제에 대해 질문하는 편지들도 많이 들어온다. 내가 겪은 사례를 하나 이야기해보겠다.

우리 지역에는 오래된 숲이 있다. 수백 년이나 된 나무들의 튼튼한 기둥이 하늘을 찌르듯 우뚝 서 있다. 숲의 외진 구석에는 오래된 아름다운 샘이 있다. 샘물은 훌륭하고, 맛있고, 환상적이다. 사람들이 이 샘에 대해 알게 되자, 그들은 물을 긷기 위해 물통을 들고 숲을 찾아오기 시작했다. 도시 사람들도 많이 왔다. 이 환상적인 샘이 물을 나눠준다는 데 대해 모두가 감사해야 할 것 같았다. 하지만 사실은 그렇지 않았다. 나는 샘 근처에 펼쳐진 장면을 보고 경악할 수밖에 없었다. 샘 주변에 온통 쓰레기가 나뒹굴고 있었던 것이다. 참 많은 일들을 봐왔지만, 이럴 수가….

분명한 것은, 이것이 순전히 의학적인 관심을 유도하는 임상 사례라는 사실이다. 샘을 찾아오는 사람들 중 물림병(이제는 따옴표 없이 이 질병의 이름을 그대로 읽어보길 바란다)에 걸린 사람들의 비중이 그렇게 높은 게 아니고서야 이런 현상을 설명하기는 불가능할 것이다.

'조이스틱을 쥐고 머릿속에 앉아 있는' 생명체들의 숙주는 샘에게 고마워해야 한다는 생각이 전혀 없는 것이다. 오히려 그는 꼭 더럽혀야만 직성이 풀리는 듯하다. 그러면서도 완전히 무의식적인 상태에서 이런 행동을 한다. 이 샘을 찾아올 때도 아무런 의식이 없다. 그저 샘물이 몸에 얼마나 좋은지 얼핏 들었고, 자기 몫의 이익을 챙겨야 한다고 맹목적으로 믿었을 뿐이다. 하지만 물림병 환자는 샘물이 주는 장점을 절대로 받을 수 없을 것이다. 이 물의 가치는 그것이 가진 정보의 자비로움에 있기 때문이다. 그런데 샘물이 이런 사고방식을 가진 물림병 환자의 손에 들어간다면 무슨 자비가 남아 있겠는가?

친애하는 독자여. 나는 당신이 샘 주변에 쓰레기를 버리는 사람이 아닐 거라 확신한다. 이런 주체들은 영적 계발이나 그와 비슷한 주제에 관심을 가지지 않기 때문이다. 오히려 당신은 물림병 환자들과 그 어떤 특성도 공유하고 싶지 않을 것이다. 나는 독자들로부터 어떤 방식으로 구충을 해야 하냐는 질문도 많이 받는다.

모두에게 공통으로 해당하는 대답은 없다. 모두가 저마다 다르고, 저마다 다른 문제들을 가지고 있기 때문이다. 구충 방식도 사람마다 다르며, 장단점도 제각각이다. 과연 자신에게 필요한 것이 무엇인지, 자신에게 맞는 방식은 어떤 것인지 당신은 본능을 통해 직접 더 잘 찾을 수 있을 것이다. 허브를 이용하는 방법도 있고, 생공명* 방법도 있다. 여러 가지 중에서 한 방법을 선택해서 사용하거나, 여러 개를 복합적으로 사용할 수도 있다. 물론 가장 이상적인 방법은 전문가의 상담을 받는 것이다. 나는 모두에게 해당하는 공통적인 조언을 해줄 뿐이니 말이다.

첫 번째 원칙은 복합적인 방법을 선택하는 것이다. 당신이 선택하는 방법은 모든 종류의 기생충들을 한꺼번에 몰아낼 수 있어야 한다. 한 종류의 기생충이 사라져도 다른 종류가 나타날 수 있기 때문이다. 예를 들어, 박테리아는 항생제로 박멸할 수 있지만 그 자리에 곰팡이균 등이 생길 수 있다. 가장 추천하는 방법은 허브를 사용하는 것이다. 늘 그렇듯이, 화학약품은 어떤 것은 치료하면서 다른 어떤

---

* bioresonance: 피부의 전류 반응을 기록하여 질병을 진단하고 치료하는 방법. 인간의 몸속에 있는 수많은 수소 핵은 특정한 전자파를 만들고 있기 때문에, 이 신호를 받아 표시하는 원리다.

것은 기형으로 만들기 때문이다.

두 번째 원칙은 산화환원 반응을 활성화하는 것이다. 기생충들을 단순히 못살게 하는 것만으로는 부족하다. 그것들을 완전히 몰아내야 한다. 여기에서도 약을 삼킬 필요 없이, 적절한 약초들만으로 충분히 해결할 수 있다. 예를 들어, 무화과와 건자두를 100그램씩 섞어 고기 분쇄기로 간 다음 센나[*] 잎 50그램(티백에 들어 있는 잎을 사용해도 좋다)을 섞는다. 그다음 꿀과 호박유(올리브유도 괜찮다)를 마찬가지로 100그램씩 넣어 섞는다. 냉장고에 넣어두고 매일 자기 전 한 티스푼씩 먹는다.

세 번째 원칙은 치료 과정 동안 섬유질이 풍부한 음식을 먹어야 한다는 것이다. 또한 마늘, 양파, 명이나물, 후추, 겨자, 고추냉이, 무, 카네이션, 호박씨, 석류즙, 멜론, 수박과 같이 구충 효과가 있는 음식들로 식단을 구성한다.

네 번째 원칙은 치료 과정을 최소 한 달 반에서 두 달 정도는 지속해야 한다는 것이다. 이 기생충들은 지구상에 존재하는 생명체들 중 가장 번식력이 높고 끈질기다. 당신이 문을 가리키며 나가라고 명령한다고 해서 쉽게 물러서지 않을 것이다. 당신의 몸에는 이제 그들이 버틸 수 없는 환경이 만들어졌다는 사실을 그들에게 납득시키는 수밖에 없다.

다섯 번째 원칙은 기생충들로부터 그들이 좋아하는 메뉴를 빼

---

[*] Senna: 변비약으로 효능이 좋다고 알려져 있다. 하부의 소화기관을 청소하고 자극하기 때문에 단식용으로도 사용되지만 복통, 구토, 멀미 등을 일으키기 때문에 제한적으로 사용된다. 장 속의 기생충을 없애기도 한다.

앗는 것이다. 슈퍼마켓에서 파는 합성 음식과 강력분 제품, 설탕, 발효 빵 등을 계속해서 먹는다면, 그들을 쫓아내겠다면서 오히려 살뜰하게 보살피며 키우는 꼴이 되니 참 모순적이라 할 수 있다. 모든 치료 과정이 물거품이 될 것이다.

당신이 피라미드의 새로운 단계로 이동하겠다는 마음을 먹었다면, 기생충들은 알아서 당신을 떠날 것이다. 그들은 깨끗한 환경과 살아 있는 식물성 음식을 도저히 못 견디기 때문이다. 하지만 당신의 몸이 충분히 깨끗해지고 건강한 면역체계가 자리 잡기 전까지는 꽤 많은 시간이 필요할 것이다. 그러니 해외로 여행을 갔을 때 색다른 경험을 즐기듯이, 드물게 예외를 허용한다고 해도 당신의 몸은 끄떡없을 것이다. 그런 만족감까지 포기하지는 말라.

기생충을 없앨 수 있는 가장 공통적이고 경제적인 방법은 바로 쓴 허브에서 낸 즙을 마시는 것이다. 기본적인 레시피는 앞서 알려드린 바 있다. 허브즙의 쓴맛은 이 '식객'들을 몰아낼 뿐만 아니라 위장기능을 튼튼하게 해준다. 화학약품들과 비교하면 이 쓴맛은 실질적으로 아무런 해가 없다. 그러니 걱정할 필요 없다.

가장 어려운 것은 단세포 기생충과 곰팡이균을 없애는 일이다. 이들은 가장 교활하고 고집스러운 '식객'들이다. 자신을 거의 드러내지 않은 채 조용히 자리를 잡고 있지만, 그 영향력만큼은 아주 파괴적이다. 예를 들어 위궤양, 위염, 속쓰림 등의 주된 원인은 과식보다도 나선형의 세균인 헬리코박터인 경우가 많다. 속쓰림 약의 광고를 그렇게 많이 보게 되는 데는 다 이유가 있다. 위장약에 대한 수요가 무척이나 높은 듯싶다.

다음은 특별히 단세포 기생충들을 없애기 위한 몇 가지 간단한 천연 항생제 레시피다.

람블편모충* 없애기 들국화 뿌리, 창포, 밀짚꽃, 페퍼민트, 오이풀** 뿌리를 동일한 비율로 섞는다. 찻주전자에 두세 스푼을 가득 넣고, 끓는 물을 넣은 다음 15분 동안 중탕하여 데운다. 우러난 물을 식전이나 식후에 상관없이 하루에 한 번 반 컵씩 마신다.

헬리코박터 없애기 금잔화, 톱풀과 물레나물을 동일한 비율로 섞는다. 찻주전자에 두세 스푼 가득 담아 끓는 물을 넣고 잘 섞은 다음, 40분 정도 놓아둔다. 식전 30분에 반 컵씩, 하루에 최소 4회 정도 마신다.

물론 위 두 가지 천연 항생제 모두 그다지 맛은 좋지 않다. 대신 기생충들에게는 고역이라는 사실을 생각하기만 해도 얼마나 기분이 좋은가!

---

* 오염된 물, 채소, 과일을 섭취했을 때, 사람과 사람 사이에 구강-항문 또는 대변-구강 경로를 통해 나타난다. 주 증상은 설사와 지방변이며, 이 밖에 위경련, 복부팽만감, 구토, 피로감 등을 유발하기도 한다.

** 산이나 들에서 자라는 타원형 모양의 검붉은색 꽃. 해열, 설사, 이질, 지혈, 피부병, 상처, 화상, 열상에 좋다.

- 기생충들은 의식을 흐리게 하는 것부터 시작하여 동기와 행동을 통제하는 수준까지, 당신의 심리 상태에 영향을 미칠 수 있다.
- 무의식적으로 쓰레기를 버리고 욕을 하는 버릇은 그 사람에게 기생충이 들러붙어 있다는 사실을 나타낼 가능성이 크다.
- 기생충들은 합성 물질로 만든 제품, 옷, 생활용품을 특별히 선호한다. 화학약품이 더 많이 들어갈수록 기생충들은 그 제품을 더 좋아한다.
- 당신이 선택하는 방법은 모든 종류의 기생충들을 한꺼번에 몰아낼 수 있어야 한다. 한 종류의 기생충이 사라져도 다른 종류가 나타날 수 있기 때문이다.
- 기생충을 소독하는 것으로는 불충분하다. 그것들을 몰아내야 한다. 그러려면 몸을 정화해야 한다.
- 치료 과정 동안 섬유질이 풍부한 음식을 먹어야 한다.
- 식단에 구충 효과가 있는 식물성 식품을 포함하도록 한다.
- 치료 과정은 최소 한 달 반에서 두 달 정도는 지속해야 한다.
- 슈퍼마켓에서 파는 합성 음식은 기생충이 가장 좋아하는 메뉴다.
- 피라미드의 새로운 단계로 들어서기 전까지 기생충이 도저히 견디기 힘든 환경을 몸속에 만들어야 한다.

어느새 우리는 사회 — 우리가 살고 있는 공동체와 환경 — 를 다루는 후반부에 이르렀다. 다음 장은 내가 〈루스키 피오네르〉[*] 지에 최초로 공개한 내용이다. 내용 전체를 진지하게 읽어주기를 간곡히 요청하는 바다. 이 정보는 이해가 아니라, 인식을 위해 쓰였기 때문이다. 어쩌면 어떤 사실은 당신을 놀라게 할 수도 있고, 심지어는 분노하게 만들 수도 있다. 하지만 너무 서둘러 결론을 내리지는 말길 바란다. 여기서 가볍게 언급하고 넘어가는 일부 주제들, 가령 정보 중독이나 SNS에 관해서는 그다음 장에서 더 자세히 다룰 것이다. 생각해봄직한 정보들이니 말이다.

[*] 2008년 2월부터 러시아에서 출간을 시작한 월간지(ruspioner.ru). 기자들이나 기타 유명인이 정치, 경제, 과학, 문학 등, 여러 주제로 자신의 의견이나 시각을 공유하는 글을 기고한다. 푸틴 대통령, 라브로프 외교부장관 등이 칼럼니스트로 등장한 적도 있다.

의식의 퇴행

가랑비가 내리던 어느 가을이었다. 그다지 달갑지 않은 바람에 노랗게 물든 나뭇잎들이 흔들리더니, 이내 부대 연병장의 웅덩이 위로 흩날렸다. 방한복을 입은 군인들이 흠뻑 젖은 채 줄지어 서서, 잔뜩 찡그린 얼굴로 우울하게 소련 국가를 불렀다. 반주도 없었고, 그 누구도 음정에 맞게 부르려는 시도조차 하지 않았기 때문에 그 모습은 흡사 우울한 구연동화를 연상시켰다. 그들이 부르는 노래를 듣고 있자니, 마치 장례 행렬이나 추모식을 보는 것 같았다. 그것을 '노래'라고 부를 수 있다면 말이다.

부대의 사기를 높이고 조국에 대한 애국심을 북돋아주기 위해 이런저런 방법을 고민하던 연대장은 국가를 부르면 좀 나을 것이라는 기대를 좀 걸고 있었던 모양이다. 처음에는(사실 몇 달 동안이나) 차려 자세를 하고 서서 레코드판에서 흘러나오는 국가를 듣기만 했다. 그래서 축음기를 콘센트에 연결하여 이 연병장으로 가지고 나왔고, 비가 오는 날이면 축음기에 우산을 씌워놓아야 했다. 레코드판은 무미건조하게 국가를 재생했고, 횃불을 바라보고 있노라면 흔히들 명해지는 것처럼 그 레코드판 역시 듣는 사람으로 하여금 명상 시간의 무감각 상태에 빠지게 만들었다.

레코드판은 너무 많이 재생된 나머지, 결국 타이밍이 가장 안 좋은 부분에서 오작동하기 시작하여 역사의 모든 웅장함을 절묘하게 일그러뜨리곤 했다. 결국 축음기는 더 이상 사용할 수 없게 되었다. 하지만 금세 연대장의 머릿속에 기발한 아이디어가 떠올랐다. 대열을 맞춰 노래를 부르면 그저 듣기만 하는 것보다 애국심을 고취하기에도 좋고, 훨씬 더 그럴듯해 보이지 않겠는가. 고장 날 걱정도 없다. 결국 우리는 순순히 명령에 따라 국가를 직접 읊조려야 했다. 다만 국가를 제창하는 내내 병든 환자처럼 무기력해 보이는 것이 문제였지만 말이다. 말을 물가로 몰고 갈 순 있어도, 물을 마시게 할 수는 없는 상황이었다. 그래서 얼마 지나지 않아 이 행사를 중단해야만 했다. 본부에서 안타깝게 여겨서인지, 아니면 반대로 모두가 귀찮아졌기 때문인지는 잘 모르겠다.

내가 대열에 섞여 이렇게 이상한 방식으로 '나의 책임을 다하고 있었을 때', 모든 것이 꿈속의 상황인 것 같은 막연한 느낌이 들었다. 한편으로는 이 모든 것이 일어나야 하는 일이고 그럴 운명이라는 생각이 들었지만, 동시에 다른 생각도 들었다. '이걸 왜 할까? 도대체 내가 여기서 뭘 하고 있는 걸까?' "영-과아앙스러운 우리의! 자유우로운 조오국은…"* 사실 우리는 이런 지시가 없더라도 조국을 사랑했고, 우리에게 책임을 묻는지와 무관하게 조국을 지킬 준비가 되어 있었다.

그렇게 '축음기'와 '레코드판' 모두가 교체된 지 수많은 시간이 흘렀다. 하지만 그 주변의 상황이 꿈이었다는 기분은 여전히 그대로

---

* 러시아 국가 후렴의 첫 소절.

남아 있다. 정말 그것은 꿈이었을까? 흔히 아이들이 네 살이 될 때까지는 꿈과 생시를 구분하지 못하며, 현실은 꿈의 연속이라고 생각한다고 한다. 이것이 괜한 일이 아닐 것이라는 생각이 들었다. 또는 반대로, 꿈이 현실의 연속일지도 모른다.

가장 단순한 유기체에서 '이성을 가진 동물인 인간'까지 의식의 진화 과정을 따라가다 보면, 전혀 예상 밖이며 모순적인 법칙 하나를 발견할 수 있다.

쉽게 설명하기 위해 식물부터 시작해보겠다. 식물들은 의식이 있는가? 두말할 필요도 없다. 자신을 자연의 가장 위대한 창조물이라고 여기는 인간은 식물을 얼마든지 자신의 목적을 이루기 위해 이용할 수 있다고 주장하며 자만해왔다. 그러나 최근 진행된 실험에 따르면, 평범한 꽃도 자신을 돌봐주는 사람이 다가오면 기쁨과 유사한 감정을 느낄 수 있고, 규칙적으로 꽃잎을 뜯는 사람이 다가오면 불안감을 느낀다고 한다. 이 모든 결과는 뇌전도계로 기록되었다. 식물이 실제로 어떤 감정을 느끼는지, 정말로 자의식을 가지고 있는지는 알 수 없지만, 그것을 영혼이 없는 대상이라고 여겨서는 결코 안 될 것이다. 꿈을 꾸는 이 아름다운 생명체들은 단지 인간보다 깊은 잠에 빠져 있을 뿐이다. 언젠가 인간 자신이 꿈속에서 달빛 아래를 거닐었던 것처럼 말이다.

반면에 동물들은 식물들보다 조금 더 높은 수준의 의식을 가지고 있다. 하지만 동물들에게도 삶은 선천적으로 갖춰진 프로그램에 의해 본능적으로 움직일 수밖에 없는, 자각하지 못하는 꿈과 같다. 본능의 지혜로움이 부족해서 생존을 위해 특별한 결정을 내려야 할 때마다 의식이 깨어나기는 하지만 말이다. 그러지 않았더라면 진화는 일어나지 않았을 것이다.

본능적인 수준으로부터 의식적인 단계로 깨어나는 능력은 상대적으로 행동이 자유로우며 계속해서 변화하는 외부 환경 속에서 살아가야 하는 야생동물만 가지고 있다. 하지만 농장에 갇혀 길든 동물들의 의식은 어떻게 될까? 이런 동물들의 경우, 외부 세계의 경계는 훨씬 줄어들고, 더 이상 결정을 내릴 필요도 없어지며, 모든 조건은 이미 준비되어 있다. 그저 먹고 자기만 하면 된다. 그러면 의식은 식물과 다름없을 정도로 깊은 잠에 빠지게 된다.

이제 인간의 의식을 살펴보자. 인간의 의식은 야생 환경에서 살아야 했던 시기까지는 계속해서 진화했고, 인류 사회에 문명이 형성되었을 무렵 최고점에 달했다. 그 후 의식이 발달하는 과정은 안정기에 이르렀다. 수 세기에 걸쳐 생활 습관이 거의 그대로였기 때문이다. 그러다 산업혁명의 시대가 도래했다. 이런 환경에서는 의식이 기술의 진보만큼이나 빠르게 발전해야 할 것만 같은 추측이 든다.

하지만 이것은 인간의 마음에 축적된 방대한 지식의 문제가 아니라, 주변 현실 속에서 어느 방향으로 향해야 하는지 냉철하게 판단하고 자신이 어디에 있는지, 지금 무엇을 하고 있는지, 왜 이렇게 하고 있는지 자각하는 능력의 문제다. 즉, 문자 그대로 인간의 분별력 문제인 것이다.

참 모순적이게도, 현대 과학에 대해 해박한 지식을 가지고 있거나 어떤 기계의 버튼을 잘 누른다고 해서, 그것이 의식이 깨어났다는 사실을 보장해주는 것도 그 반대의 경우를 보장해주는 것도 아니다.

기회가 된다면 아주 큰 대도시에서 사람들이 걸어가는 모습을 유심히 살펴보라. 사람들은 자신의 꿈에 깊이 잠긴 채 개미들처럼 길을 따라 발을 구르며 걸어간다. 그들의 모든 행동은 마치 자동화된 기계나 조종장치처럼 프로그램되어 있는 것 같다. 특히 이런 모습은 시외에서 도심을 오가는 버스와 지하철에서 분명하게 드러난다. 집-회사, 회사-집. 예컨대 일본 같은 나라에서는 몇 달 동안 한 고층빌딩 안에서 지내며 밖으로 나가지 않는 사람들도 많다. 하나의 거대한 개미집 안에서 일, 생활, 쇼핑, 유흥을 모두 해결하는 것이다. 이미 여기에서부터 의식과 관련된 모든 부작용이 나타나는 농장이 떠오른다. 농장과 이 고층빌딩의 유일한 차이라면, 인간이 제 발로 이 빌딩 안으로 들어가 그 자신을 가둬버렸다는 사실이다.

이쯤에서 질문이 떠오른다. 우리의 인생이 어쩌다 이 지경이 되었을까? 그것도 이렇게 순식간에! 수백 년이 잔잔하고 느릿하게 지나갔는데, 이렇게 빠르게 발전이 이루어진 것은 백 년 정도에 불과하니 말이다. 과연 이것이 좋은 일일까, 나쁜 일일까?

의식이 완전히 뒤엎어지는 진화 과정, 아니, 이런 퇴행이 일어난 데는 세 가지 요소가 가장 중요한 영향을 미쳤다. 첫 번째는 분업이다. 자연 속의 생계 활동을 생각해보면 쉽게 이해할 수 있을 것이다. 분명한 것은, 한 가지 또는 두세 가지의 일을 한 명이 해야 할 때 의식은 더 넓어진다는 것이다. 반대로 활동의 범위가 확 줄어들면 그에 맞게 의식 또한 좁은 분야에만 파묻히게 된다. 인간은 마치 발에 시선을 고정한 것처럼 살아가며 주변을 둘러볼 기회조차 가지지 못한다. 다른 말로 하면, 나무만 보고 숲은 보지 못하게 되는 것이다.

서로 다른 분야의 두 물리학자가 서로를 이해하지 못하며, 다른 전공을 가진 두 의사가 한 환자에게 각기 다른 진단을 내리는 것이나 다름없다.

본질적으로, 산업화된 사회에서 개인은 지성이 딱히 쓸모가 없는 부속품으로 전락해버린다. 그저 자신이 눌러야 하는 버튼을 누르기만 하면 된다. 기계를 생산하는 것은 물론이고, 신기술을 개발하는 절차마저도 최대한 자동화된다. 원재료를 구해서 음식을 만드는 절차도 '버튼화'되어 있다. 인공적으로 만들어진 대체품을 슈퍼마켓의 매대에서 골라 '물만 부으면' 된다. 슈퍼마켓의 매대와 농장의 먹이가 크게 다르다고 보는가?

두 번째 요소는 음식을 조리하는 인공적인 방법이다. 퇴행성 질병이 늘어나는 추세는 식품의 보존, 정제 기술과 그 외의 온갖 화학 처리 기술과 같은 신기술의 발전상과 통계적으로 완전히 일치한다. 이런 음식으로 사람들이 얻는 것은 질병뿐만이 아니다. 이런 음식은 마약과 같은 아주 강한 중독성, 즉 먹이에 대한 애착을 만든다. 소비자들은 또다시 일정량을 복용해야 한다는 필요성을 계속해서, 항상 느낀다(실수했다. '일정량'이 아니라 '식품'인데 말이다). 개인적인 감정은 없다. 이것은 그저 비즈니스일 뿐이니.

이전 세대들과 비교했을 때, 거의 모든 젊은 사람들이 벌써부터 우울증, 알러지 등과 같이 순전히 인공적인 질병들을 앓고 있다. 역사상 최초로 아이들의 수명이 그들의 부모보다 더 짧을 거라는 사실은 안 봐도 뻔한 일이다. 의학에 큰 기대를 걸 수도 없다. 의학은 인공적인 질병을 어떻게 치료해야 하는지 모른다. 아니, 알아내고자 하는 마음이 없는지도 모른다. 현대 의학과 약학 또한 '자선을 베푸는 분야'가 아니라 냉정한 대규모 사업이니 말이다. 완치된 환자를 누가 필요로 하겠는가? 그들에게서 무엇을 더 뜯어낼 수 있겠는가? 환자들은 계속해서, 항상 아파야 한다. 여기에 이 사업의 모든 본질이 숨겨져 있다.

그다음으로는 어떤 시대가 올지 알 수 없다. GMO를 광범위하게 도입하여 사람들 사이에 불임이 이렇게나 늘었으며 식물의 수정을 책임지는 곤충들이 멸종되어가는 마당에, 가까운 미래에 우리 앞에 펼쳐질 일을 상상하기란 참 어려운 일이다.

T. D. 리센코*가 유전자 연구 반대와 금지를 위한 운동을 주도했을 때, 그는 옳았다! 이 운동을 위해 얼마나 큰 대가를 지불해야 하든, 자연의 실험실에서 무슨 일이 일어나고 있는지 모른다면 그 속으로 들어가지 말라는 아이디어는 분명 옳고 현명한 것이었다.

앞으로는 사람들이 '시험관 속에서 제조되기 시작할' 거라고 상상하는 것은 어렵지 않다. 사람들에게 어떤 일이 일어날지 상상하는 것 또한 별로 어려운 일이 아니다. 합성식품을 먹으면 사이보그가 되며, 사이보그가 되면 합성식품을 먹는다. 인공적으로 만들어진 음식은 다른 모든 마약들과 마찬가지로 가장 직접적인 방법으로 의식을 흐리게 만든다. 그렇다면 어떤 결과가 뒤따르겠는가? 시스템의 필요에 따라 의식은 자로 잰 듯 정확하게 절단되며, 절대로 개인 자신을

---

* Trofim Denisovich Lysenko: 소련의 농업 전문가이자 생물학자이다. 유전학에 반대하는 소련의 운동을 이끌어 '리센코주의'라는 용어가 만들어지기도 했다. 리센코주의는 1930년대부터 1960년대까지 스탈린의 지지를 받았으며, 여기에 입각한 농업 정책이 펼쳐지기도 했다. 그러나 스탈린 사후 리센코는 많은 과학자들의 비판을 받았다. 특히, 그의 연구 성과가 거의 대부분 조작이었다는 평가도 있다.

위해 사용될 수 없게 된다.

마지막으로 우리가 고려해야 하는 세 번째 요소는 정보 중독이다. 신문, 영화, 라디오, TV, 인터넷과 휴대폰이 없었던 천 년 전의 사람과 현대인을 비교해보라. 이 둘은 완전히 다르다! 가장 큰 차이점은 지식이나 문명화된 정도나 교육의 수준이 아니다. 문제는 현대인은 정보의 주삿바늘에 완전히 중독되어 있다는 사실이다. 외부로부터 흘러들어오는 정보가 없다면 도저히 생활이 불가능하다. 그리고 이 흐름은 결국 사회가 아주 깊은 집단의 꿈 속으로 잠식돼버리게 하는 결정적인 요소다.

분명한 것은, 수천 년 전에 살았던 사람들의 의식은 현대 사람들보다 훨씬 더 깨어나 있었다는 사실이다. 영적 구도자들이 지혜를 찾기 위해 수천 년 전에 존재했던 고대 문명에 대한 기록을 뒤적이는 것도 그런 이유에서다. 하지만 당시의 방법은 지금과는 완전히 다른 사람들이 살았기 때문에 가능했던 것이다. 그 말은, 깨달음을 얻기 위한 우리의 길은 그들의 길과 절대로 일치하지 않을 것이라는 뜻이 된다. 우리가 고대 사람들의 지식에 한 발자국이라도 더 가까워지려면 먼저 몸과 의식을 정화해야 한다.

문명이 발전을 위한 인공적인 길로 들어서면서 예전에는 볼 수 없었던 법들이 만들어지기 시작했다. 이제 이런 법들의 효력은 끊임없이 기술권을 매트릭스로 바꾸고 있다. 매트릭스는 인간이 시스템에 자양분을 공급하는 배터리의 역할을 하도록 만드는 어떤 대기업이나 체제를 말한다. 〈매트릭스〉와 〈써로게이트〉[*] 같은 영화들은 허구가 아니라 우리 자신의 가까운 미래다. 심지어 문제는 인간 주변에 있는 기술 제품들이 아니다. 사람들이 공통적인 정보 네트워크(원한다면 SNS라고 불러도 좋다)에 접속하면 그는 시스템의 권한 속에 들어가게 된다. 이미 사람이 시스템을 통제하는 것이 아니라, 시스템이 인간을 완전히 통제하면서 그를 접속 상태로 유지하는 것이다. 온갖 정보망에서는 이 모든 것이 쉽게 이루어진다.

한때 레닌은 "공산주의는 소비에트 권력에 전국의 전력을 더한 것"이라고 밝힌 적이 있다. 앞서 내용들을 고려해보면 이 문장을 다음과 같이 재구성할 수 있다. 매트릭스는 국가 전반에 퍼진 멍청함에 전국의 사이버화를 더한 것이다. 다시 전국의 사이버화는 사회 전반에 걸친 멍청함에 모든 바보를 SNS라는 한 장소에 모은 것을 더한 것이다. 조금 우스꽝스러운 표현이긴 하지만 본질적으로 이것이 사실이다. 이 네트워크가 맡은 주된 임무는 단체로 동면 상태에 빠진 사회의 구성원들에게 통합적으로 명령을 내려 그들이 이 명령을 맹목적으로 수행하도록 만드는 것이다.

이 책의 초반에서도 언급되었던 모순적인 법칙은, 의식의 진화는 되려 인간을 부속품으로 전락하도록 만들어, 그가 한 단계 위가 아닌 원점으로 되돌아오도록 만든다는 것이다.

어떤 일이 일어나고 있는지 이해하겠는가? 참고로, 최근 진화

---

* 한 과학자가 인간과 기계를 결합하여 발명한 로봇 '써로게이트'로 안전이 완전하게 보장되는 사회를 그린 영화. 그러나 써로게이트에 의해 인간이 살해당하면서 사람들은 오히려 인류가 위험에 빠졌다는 사실을 깨닫게 된다.

이론이 퇴행 이론에 비해 인기가 더 많아지고 있어, 그에 따라 유인원이 인간의 조상이 아니라 더 낮은 단계로 퇴화된 생명체라는 가설이 나오고 있는데, 이 역시 충분히 논리적인 것 같다. 하지만 '인간성을 상실하는 것'은 적어도 가까운 미래에 있어서 우리에게 위협이 되지는 않을 것이다. 그러나 사이버화는 충분히 위협이 될 수 있다. 그것도 아주 빠르게 말이다.

어쩌면 보이스카우트 대원들이 소등 후에 소곤거리는 이야기처럼, 종종 언급되곤 하는 무시무시한 세상의 종말론이 실제와는 아무 상관이 없는 것은 아닐까? 지구온난화, 지구냉각화, 홍수, 운석 충돌 등과 같은 이야기들 말이다. 아니다. 그래 보이지는 않는다. 이런 비극적인 결말은 너무 뻔하다. 자고로 결말은 예측하지 못한 상황에서, 예측하지 못했던 방식으로 일어나니 말이다. 마찬가지로 꿈도 난데없이 불쑥 나타난다. 그렇다면 여기에서 질문이 생긴다. 이제는 농장으로부터 탈출 계획을 세울 때가 되지 않았는가?

요약

- 의식이 깨어난 상태는 주변 현실을 냉철하게 바라보고 내가 어디에 있는지, 지금 무엇을 하는지, 왜 그렇게 하는지 자각할 수 있는 능력을 말한다.
- 현대 과학에 대해 해박한 지식을 가지고 있거나 어떤 기계의 버튼을 잘 누른다고 해서, 그것이 의식이 깨어났다는 사실을 보장해주는 것도 그 반대의 경우를 보장해주는 것도 아니다.
- 활동의 범위가 확 줄어들면 그에 맞게 의식 또한 좁은 분야에만

파묻히게 된다.

■ 산업화된 사회에서 개인은 지성이 딱히 쓸모가 없는 부속품으로 전락해버린다.

■ 식품을 생산하고 조리하는 과정에서 나타난 신기술 도입은 퇴행성 질병이 증가하게 만들고 의식도 흐려지게 만들었다.

■ 현대인은 정보의 주삿바늘에 완전히 중독되어 있다. 외부로부터 흘러들어오는 정보가 없다면 도저히 생활이 불가능하다.

■ 결과적으로, 이 흐름은 결국 사회가 아주 깊은 집단의 꿈 속으로 잠식돼버리게 하는 결정적인 요소로 작용한다.

■ 깨달음을 얻기 위한 우리의 길은 수천 년 전에 살았던 사람들의 길과 절대로 일치하지 않을 것이다.

■ 매트릭스는 인간이 시스템에 자양분을 공급하는 배터리의 역할을 하도록 만드는 어떤 대기업이나 체제를 말한다.

■ 공통의 정보 네트워크(원한다면 SNS라고 불러도 좋다)에 접속하는 것은 시스템의 권력 안으로 들어가는 것이다.

■ 의식의 진화는 되려 인간을 부속품으로 전락하도록 만들어, 그가 한 단계 위가 아닌 원점으로 되돌아오도록 만든다.

참고

국가國歌와 관련된 역사는 계속해서 이어지고 있다. 올해 여름(2011년) 한 뉴스 기사에서 이런 내용을 봤다. 도저히 참을 수 없어서 이 책에 그 문장을 그대로 인용한다. 대신, 작성자의 이름과 성만 생략하도록 하겠다. "내년부터 벨고로드와 코스트로마의 학생들은 수

509

업 전에 러시아 연방의 국가를 부르게 된다. 이와 같이 지난 금요일 리페츠크*에서 열린 중앙연방관구 가정정책 관련 회의에서 대통령 전권대표가 밝혔다(지금 그는 더 높은 직책으로 임명되었다). 그는 1학년부터 11학년 학생들 전원이 국가를 부르게 될 것이며, '이것이 아주 좋은 아이디어'로서 다른 지역으로 확산될 좋은 본보기가 될 것이라고 말했다. 이와 같이 이타르타스 통신이 전했다."

---

* 벨고로드 주와 코스트로마 주는 러시아 서부에 위치한 지역이다. 리페츠크 역시 이 두 지역의 근처에 있다.

생명유지 장치 통제하기

참 모순적이게도 시스템의 입장에서는 그것의 부속품들이 완전히 건강해서는 안 되며, 그런 편이 더 이득이다. 에너지와 그에 따른 의도의 힘은 건강에 직접적으로 좌우된다. 부속품의 에너지는 그것이 할당된 기능을 할 정도면 충분하며, 그보다 더 많거나 적어서는 안 된다. 부속품이 너무 건강하거나 너무 허약하다면 자리에서 이탈하여 그 자신이 필요하다고 생각하는 옆길로 샐 수 있기 때문이다. 그런 일이 발생하도록 내버려둬서는 절대로 안 된다. 부속품이 배정받은 매트릭스의 칸 속에 얌전히 있도록 붙잡아두는 것이 시스템이 해야 할 일이다.

반대로 우리의 과제는 자신의 운명을 직접 통제할 수 있도록 충분한 양의 에너지와 의지를 얻는 것이다. 당신은 자신이 독립적인 개인이라고 생각하지만, 실제로는 그저 복잡한 프로그램 모듈 속의 알고리즘 일부에 불과하다고 상상해보라. 당신의 기능은 하나의 전체적인 순환 속에서 단순히 숫자를 세는 정도다. 잠시 대기하라…. 숫자를 세라…. 다시 뒤로 돌아가라…. 숫자를 세라…. 다시 순서가 돌아올 때까지 기다려라…. 이런 식으로 평생을 보낸다.

또는 당신이 컴퓨터 마더보드의 트랜지스터가 되었다고 상상해보라. 이 마더보드는 당신과 똑같은 트랜지스터 수백만 개로 이루어져 있다. 각자가 정해진 자리에서 정해진 기능을 하고 있다. 누군가는 먼지도 쌓이지 않고, 너무 덥지도 않으며, 데이터의 흐름이 그렇게 과도하지도 않은 좋은 자리를 배정받았다. 반면에 누군가는 과열된 프로세서에서 탄광의 인부처럼 몸이 닳을 때까지 일을 해야만 한다. 그 어디로도 도망칠 수 없다. 이 고향 땅에서 어디로 도망가려고 하는가? 운이 좋은 사람은 도심의 화려한 천장 조명 아래나 푹신한 소파 위에서 꿈같은 하루를 보내고 있을 것이다. 당신은 운이 따르지 않았을 뿐이다. 당신은 그저 있어야 할 자리에 있는 것이다.

실제로 당신이 눈에는 절대로 이 상황을 바꿀 수 없을 것처럼 보일 것이다. 쥐꼬리만 한 월급으로 어떻게 집을 가질 수 있을까? 경험도 없고 인맥도 없는 내가 어떻게 고소득 일자리를 가질 수 있을까? 단지 트랜지스터나 알고리즘의 일부에 불과한 내가 어떻게 이 자리를 박차고 나갈 수 있겠는가?

그럼에도 당신은 할 수 있다. 자리에서 일어나, 모두가 매트릭스의 칸 속에 묶인 것처럼 정해진 자리에 틀어박혀 있는, 이 미로 같은 회로와 복잡한 프로그램을 지나쳐 당신만의 여행을 떠나라. 이 거대한 세계 속을 방황하며 아주 먼 곳까지 가야 할지라도, 오직 당신만을 위해 특별히 준비된 듯 당신에게 자유와 행복을 안겨줄 한적한 자리를 찾아 여행을 떠나는 것이다.

하지만 아직 트랜지스터 또는 알고리즘의 일부인 당신은 여행을 떠나기에 앞서 당신 자신이 과연 누구이며, 어디에 있는지 자각을 해야 한다. 그러기 위해서는 자유로운 에너지와 분명한 의식이 필요하다. 매트릭스가 빼앗으려고 하는 것이 바로 이 두 가지다. 시스템은 인간에게 전극을 연결하거나 칩을 주입할 필요가 전혀 없다. 그만큼 효과가 강한 것은 아니지만, 그에 못지않은 결과를 얻을 수 있는 다른 방법이 있으니 말이다. 시스템은 문자 그대로, 그저 그 사람이 있는 공간의 셔터를 내리고 생명유지 장치의 밸브를 살짝 닫아놓아 생명에 너지가 흐르도록 하되, 너무 힘차게 흐르지는 않도록 할 뿐이다.

어떻게 이런 일이 가능할까? 일전에 나는 혈관을 강줄기와 비교한 적이 있다. 인체에서 심혈관계는 각각의 장기와 세포 하나하나에 산소와 영양분을 공급해주고, 제대로 작동하지 않는 기관이 생길 경우 이 부위를 고쳐줄 수리공들을 이동시키는 관개 시스템이다. 관개 시스템 이외에 배수 시스템에 해당하는 림프계도 있다. 림프관은 몸 안에 축적된 대사산물을 배출하기 위한 일종의 하수관 역할을 한다. 신체의 관개 시스템이나 배수 시스템이 고장 나면 정상적인 삶의 순환이 이루어지지 않게 되며, 에너지는 줄어들고 질병에 걸리게 된다.

나이가 들면서 얇은 혈관이나 림프관은 더러워지고 수축하며 괴사한다. 모세혈관망은 '말라붙고', 예전만큼 조밀하지도, 많은 곁가지들로 나뉘어 있지 않게 된다. 그 결과 몸은 말년이 다가올수록 메마른 사막이 되거나 한 자리에 고인 웅덩이가 된다. 어떤 쪽이든 죽음을 의미한다. 하지만 어느 한 곳에서라도 여전히 강물이 흘러가고 있다면 어떻게든 겨우 연명할 수는 있다.

대략 수십 년쯤 전에는 관개 시스템과 배수 시스템이 자연스러운 방법으로 퇴화했다면, 지금은 상황이 완전히 달라졌다. 오늘날에는 혈관과 림프관이 더러워지고 시드는 속도가 인공적인 요소들의 영향으로 인해 훨씬 더 빨라졌다. 인공 식품은 바로 이 혈관과 림프관이 더러워지는 데 직접적인 영향을 미친다. 인체의 '정화시설'이 화학물질과 합성물질을 처리하지 못하기 때문이다. 또한 전자파는 적혈구를 덩어리지게 하여 끈적한 혼합물이 되도록 만든다. 좁아진 모세혈관에 이런 혼합물이 들어가면, 그 모세혈관은 길이 막혀 서서히 죽어가게 된다.

휴대폰을 끼고 대부분의 시간을 보내며 사는 사람의 두뇌는 술을 마시는 것과 똑같은 영향을 받는다. 전자파는 알코올과 마찬가지로 적혈구가 서로 달라붙는 데 영향을 미치기 때문이다. 두꺼운 혈관들은 특별히 큰 피해를 입지 않는다. 물론 혈액의 기능이 훨씬 떨어지기는 하지만 말이다.

하지만 머릿속의 상황은 전혀 다르다. 인간의 두뇌는 수십억 개의 신경세포들로 구성되어 있다. 이런 세포들은 각각 미세혈관에 연결되어 영양분을 공급받는다. 이 미세혈관은 적혈구가 한 줄로 통과할 수밖에 없을 정도로 가늘다. 그런데 이렇게 한 덩어리로 뭉쳐진 적혈구가 미세혈관을 통과하려고 하면 미세혈관의 입구는 막혀버리고, 몇 분 뒤면 신경세포는 사망하여 영원히 복구할 수 없게 된다. 그래서 휴대폰을 한 번 손에 쥐는 것은 술병을 한 번 손에 쥐는 것과 똑같은 결과를 낳는다. 죽은 두뇌세포의 무덤이 급속도로 늘어나는 것이다.

물론 부속품에게 두뇌는 딱히 필요치 않으니, 이런 효과에 대해서는 눈감고 외면해도 좋다. 두뇌의 자원은 충분할뿐더러, 우리는 두뇌의 잠재력 중 극히 일부만을 사용하고 있기 때문에 노년까지는 문제없을 것이다. 마치 현명한 자연이 내구성을 위한 기초 자원을 어느 정도로 마련해놓아야 할지 미리 내다보고는, 바보의 두뇌 중 대부분을 아예 작동하지 않도록 설정해놓은 것 같다. 그렇지 않으면 그 바보는 오래 버티지 못할 것이기 때문이다.

하지만 그 밖에도 또 다른 위험이 있다. 지속적인 전자파 노출로 인해 뇌종양이 생길 수 있다는 점이다. 휴대폰 제조업체들과 통신회사들은 이 사실을 알고 있지만, 그들에게는 이것이 걱정거리가 되지 않는다. 그들의 걱정거리는 수익이기 때문이다. 휴대폰 사용자들은 이 사실을 모르거나, 소위 '무리 속의 안정' 상태에 있다. 모두가 휴대폰을 사용하지 않는가. 모두가 바보일 리는 없지 않은가. 그렇지 않은가?

당신에게 기쁜 소식을 하나 알려드리겠다. 위의 말이 사실일지도 모른다! 인간은 그 자신이 불행에 처했다거나 가축이란 결국 도축되기 위해 사육되고 있을 뿐이라는 사실이 분명해지기 전까지는 불길한 신호에 주의를 기울이지 못하고, 원하는 만큼 오랫동안 마음 편하게 쾌락을 누릴 수 있는 능력을 가지고 있다.

1980년대까지는 모두가 석면이 주재료인 저렴한 건축자재의 발명에 열광했다. 이 광물이 발암물질이라는 전문가들의 경고에는 그 누구도 관심을 기울이지 않았으며, 당시 석면 제조업체들은 어마어마한 수익을 냈다. 그러다 대규모의 종양 발병 사태가 일어났다. 하지만 석면 사업은 수십억 규모의 사업이었기에, 제조업자들은 석면이 '완전히 무해하다'는 사실을 입증하기 위해 안간힘을 쓰며 오랫동안 자신의 이익을 위해 로비했다.

현재 석면 사용을 완전히 금지한 국가는 유럽연합의 국가들

뿐이다. 석면 전쟁은 아직도 끝나지 않았다. 그 이유를 아는가? 아직 끝날 시기가 오지 않았기 때문이다. 문제는 종양이 자라나는 데는 약 35~40년에 이르는 오랜 시간이 필요하다는 점이다. 석면 사용이 최고조에 달했던 시기가 70년대 말에서 80년대 초였던 사실을 감안하면, 종양 발병이 정점을 찍을 시기는 앞으로 도래할 2015년에서 2020년대 즈음일 것이다. 시간은 아직도 흘러가고 있다.

분명한 사실은 휴대폰 네트워크가 대규모로 도입된 결과는 2035년 정도에 나타나기 시작할 것이라는 점이다. 이 결과가 어떤 특성을 가지고 있으며, 그 규모가 얼마나 클지는 아무도 모른다. 가장 무시무시한 사실은 이것이 인류 전체를 대상으로 이루어지는 전 세계적인 실험이라는 점이다. 그리고 전자파는 무엇보다도 유전자 변형을 일으키기 때문에, 이런 분별없는 실험은 현재뿐 아니라 앞으로도, 아직 태어나지 않은 미래 세대도 끌어들일 것이다.

혹자는 내가 일부러 모기를 코끼리만 하게 부풀리고 있다고 생각할지도 모른다. 하지만 예시로 들었던 인공 질병들의 통계에 관한 사실을 잊었더라도, 병역의무자와 전문 운동선수와 같이 서로 극단적인 특성을 가진 두 집단을 상상해보면 이런 그림이 나온다.

전자는 선별되는 데 최소한의 체력 기준만 충족하면 되는 데 반해, 후자의 경우에는 최고의 건강 상태를 가지고 있어야 한다. 오늘날 러시아에서는 병역의무자에 해당하는 청년들 중 30퍼센트가 면제 판정을 받고 있다. 상상해보라. 세 명 중 한 명이 허약체질인 것이다. 내 기억으로는 30년 전만 하더라도 신체검사에서 면제 판정을 받는 사람은 그다지 많지 않았다. 그 당시에는 기준이 훨씬 더 엄격했음에도 말이다. 현재는 선별 기준이 훨씬 낮아졌다. 기준을 낮추지 않는다면 적당한 사람을 도저히 찾을 수 없을 것이다.

반면에 전문 운동선수들은 영양제를 먹는다. 자극제가 없이는 무게를 견디거나 경기에서 우승하는 것이 왜인지 불가능한 일이 되어버렸다. 예컨대 그들은 헤모글로빈 수치를 높이기 위해 철분이 다량으로 함유된 영양제를 복용해야 한다. 그런데 철분 흡수가 더 잘되게 하려면 다른 약도 먹어야 한다. 그런데 그 약은 속쓰림을 유발하기 때문에, 다른 약을 또 먹어야 한다. 이 약물은 숙면을 방해하므로, 불면증을 예방할 수 있는 또 다른 약을 먹는다. 이런 식으로 악순환이 계속된다. 이런 자극제나 영양제가 정말 필요한 것인지에는 누구도 관심을 두지 않는다. 그들이 걱정하는 것은 다른 문제다. 이 약들이 도핑테스트 금지 약물에 포함되는지 아닌지 말이다.

의료계는 위의 모든 사실에 대해 특별히 걱정하지 않는다. 오히려 정반대다. 의료계는 제약계와 더불어 규모가 아주 큰 사업이다. 이 사업에서 필요한 것은 건강한 사람들이 아니라 질병을 가진 환자들이다. 아직도 모두가 건강한가? 그럼 우리가 방법을 찾겠다!

그렇다면 시스템은 어떨까? 정말로 시스템은 자신의 부속품들을 기진맥진하게 만드는 데 관심이 있을까? 물론 그렇지 않다. 이미 말한 것처럼, 시스템의 구성원은 건강하고 에너지가 가득 차 있어야 하지만, 딱 자신이 배정받은 일을 책임지고 수행할 수 있을 정도로만 깨어 있어야 한다. 그 이상이어서도, 이하여서도 안 된다. 특별한 신체적 기능도 필요 없다. 제품 생산은 점점 더 기계화돼가고 있다. 심지어 군사 기술에서도 버튼이나 조이스틱 하나만으로 전쟁을 하는 시대를 향해 가고 있다.

그렇게 정상적으로 기능하도록 만들기 위해 사용되는 것이 바로 생명유지 장치의 산소 주입구다. 전자파와 합성식품은 이 주입구를 닫아버린다. 의학과 제약이 어떻게든 일정 단계에서 유지할 수 있도록 도와주기는 하지만, 더 높이 올라갈 기회까지 주는 것은 아니다. 그 결과 사람이 시스템의 제품, 환경, 원칙을 모두 받아들인다면 그의 건강, 에너지, 깨어난 의식 등은 정해진 칸 안에 갇혀버린다. 말그대로 '더 많지도 적지도 않게' 딱 적당한 정도로만 건강해지는 것이다. 이 칸은 인간이 자신의 운명과 자유를 찾아 떠나지 않도록 가두는 역할을 한다. 설령 그 여행이 매트릭스의 구조체를 아예 벗어나는 게 아니라고 해도 말이다.

이렇게 부속품에게 요구되는 능력은 그다지 크지 않으며, 부속품이 해야 하는 과제는 고작 이런 것들이다.

자신의 자리, 매트릭스 칸 속에 앉아 정해진 대로 버튼을 눌러라. 시스템의 생산물을 만들고 그것이 네게 주는 모든 것을 소비해라. '나처럼 행동하라'는 펜듈럼의 원칙을 따라라. '모두가 그렇게 행동한다면, 그것이 옳다는 뜻'이라는 사회의 원칙을 따라라. 전체의 대열에서 벗어날 생각은 꿈도 꾸지 마라. 무엇보다도 가장 중요한 것은 항상 통신 네트워크에 접속된 상태여야 한다는 점이다. 시스템 안에서 벗어나지 마라. 이를 위해 필요한 장치를 손에서 놓지 마라. 내부로 흘러 들어오는 정보의 흐름에 주의를 기울여라. 거미줄과 함께 공명하고, 그것의 일부가 되기 위해 모두가 하는 '클릭'과 '좋아요'의 합창에 동참해라. 자신의 길을 찾지 마라. 너의 길을 알려줄 테니. 생각을 하며 골머리를 썩이지 마라. 네게 알려주고 보여줄 것이다. 네가 해야 할 일은 가장 기초적인 수준에서 마우스를 클릭하고 '좋아요'를 누르는 방법을 배우고, 적당한 시기에 적당한 자리에서 올바르게 '좋아요'를 누를 수 있도록 필요한 조건반사 행동을 형성하는 것이다. 마우스의 버튼이든, 장바구니든, 투표용지든 말이다. 그리고 때가 되면 수많은 사람들로 이루어진 대열에 참여해서 행진해라…. 방향은 때가 되면 알려줄 것이다. 그저 대기만 하고 있어라, 부속품이여.

요약

- 부속품의 에너지는 그것이 할당된 기능을 할 정도면 충분하며, 그보다 더 많아서도 적어서도 안 된다.
- 시스템은 문자 그대로, 사람이 있는 공간의 셔터를 내리고 생명유지 장치의 밸브를 살짝 닫아놓아 생명에너지가 흐르도록 하되, 너무 힘차게 흐르지는 않도록 한다.
- 신체 부위의 관개 시스템이나 배수 시스템이 고장 나면 정상적인 삶의 순환이 이루어지지 않게 되며, 에너지는 줄어들고 질병에 걸리게 된다.
- 오늘날에는 혈관과 림프관이 더러워지고 시드는 속도가 인공적인 요소들의 영향으로 인해 훨씬 더 빨라졌다.
- 인공 식품은 혈관과 림프관이 더러워지는 데 직접적인 영향을 미친다. 인체의 '정화시설'이 화학물질과 합성물질을 처리하지 못하기 때문이다.

- 전자파는 적혈구를 덩어리지게 하여 끈적한 혼합물이 되도록 만든다.
- 지속적인 전자파 노출은 뇌에 종양을 유발할 수 있다.
- 휴대폰 네트워크가 대규모로 도입된 결과는 2035년 정도에 나타나기 시작할 것이다.
- 생명유지 장치의 산소 주입구는 인간의 능력을 제한하기 위해 조절된다.

참고

아주 괴상해 보이겠지만, 인공 시스템에서(당신이 실제로 시스템과 농장 안에 있다면) 당신의 생명유지 장치의 사용 기간을 결정하는 것은 당신의 권한 밖의 문제다. 누군가 당신의 생명유지 장치의 산소 주입구를 손에 쥐고 있다고 상상해보라. 그것이 당신의 운명을 이리저리 휘두르고 있다. 그런데 정작 이 일을 해야 하는 것은 누구인가? 당신인가, 아니면 알 수 없는 외부의 힘인가?

산소 주입구 열기

생명유지 장치를 자신이 직접 통제하기 위해서는 한 가지 아주 기초적인 일을 해야 한다. 바로, 시스템이 주는 알약을 더 이상 삼키지 않는 것이다.

첫 번째로 GMO, 화학제품, 합성제품, '천연'을 그럴듯하게 흉내 내는 첨가물이 들어간 음식을 끊어야 한다. 천연 식품은 그 어떤 첨가물도 필요로 하지 않는다. 가급적 일상생활에서 화학제품과 합성제품을 최소한으로 줄이도록 노력해야 한다.

두 번째로 휴대폰을 가장 기본적인 기능으로만 사용해야 한다. 전화기의 기능 말이다(혹은 필요하다면 무선통신 기능을 꺼버려야 한다). 그것이 정말로 필요할 때만 손에 쥐고, 최대한 몸에서 멀리, 특히 머리에서 멀리 떨어뜨린다. 두뇌가 직접적으로 노출되는 것을 막는 데 유일하게 효과가 있는 수단은 음향과 마이크가 유선으로 연결된 헤드셋이다. 반드시 선으로 연결되어 있어야 하며, 다른 통신 기술이 사용된 제품이 아니어야 한다.

세 번째로, 외부에서 유입되는 정보와 공통의 거미줄에 연결된 채 주입되는 정보의 복용량을 의식적으로 관리해야 한다. 이에 대해서는 뒤에서 더 자세히 다루도록 하겠다.

위의 내용은 우리에게 연결되어 있는 매트릭스의 전극을 분리해주는 가장 중요한 방법들이다. 하지만 이 방법들만으로는 부족하다. 그 밖에도 시스템에 의해 막혀버린 생명유지 장치의 산소 주입구를 열어두어야 한다. 인체의 관개 시스템과 배수 시스템을 복구하는 것이다.

그렇게 해야만 하는 이유를 다시 한 번 알려드리겠다. 가느다란 혈관과 림프관들은 나이가 들면서 수명을 다하거나 수축한다. 그런데 인공 시스템은 이런 과정의 진행 속도를 훨씬 더 빠르게 만든다. 바로 그렇기 때문에 현대인들이 문자 그대로 20대와 40대 사이 어딘가가 가위로 잘려버린 것 같은 삶을 살게 된다. 당신이 젊다면 아직 경험이 없기 때문에 그 누구도 당신을 필요로 하지 않을 것이다. 당신이 마흔이 넘었다면 이미 단물이 빠졌기 때문에 그 누구도 당신을 필요로 하지 않을 것이다. 이러한 이유로 마흔이 넘으면 이성에게도 인기가 없어지고, 인생의 창조적인 전성기도 이미 지나간 일이 되어버린다. 제대로 된 인생을 아직 시작하지도 못했는데 이미 모든 것이 과거가 되어버렸다. 참 어리석지 않은가?

오늘날 질병들은 급속도로 젊어지고 있다. 왜인지 모르지만 아무도 분명하게 알려주지 않으며, 어쩌면 인식하는 사람조차 적을 한 가지 단순한 진실을 다시 알려드리겠다. 시스템에게 필요한 것은 완전히 건강한 구성원이 아니다. 너무 건강하면 그를 통제할 수 없기 때문이다. 물론 당신은 일을 하면서 자신의 책무를 다해야 한다. 하지만 그러면서도 계속해서 만성질병을 앓아야 하고, 병원에 다니며 약을 먹어야 한다. 시스템의 요구를 만족시키려면 이런 식으로 살아가야만 한다.

알려진 바에 의하면, 질병은 혈액, 림프, 세포내액과 같은 내부 환경의 순환이 깨지는 곳에 발생한다. 이런 질병들 이외에도 내부 순환이 깨지면 과체중, 비만, 셀룰라이트, 조기 노화가 올 수 있고 또는 근질량, 잠재력, 지성, 전반적인 삶의 에너지가 떨어지는 결과도 생길 수 있다. 전체 혈액의 80퍼센트가 모세혈관에 있다는 사실만으로도 충분히 많은 점을 알 수 있다. 생명유지 장치의 산소 주입구는 바로 여기에 있다. 이것은 혈액과 림프의 내부 순환을 활성화해야만 열 수 있다.

그 방법은 이미 오래전부터 잘 알려져 있었다. 운동, 냉수마찰, 냉수와 온수를 번갈아가며 하는 샤워, 사우나 등이다. 하지만 20세기 초에 발견된 가장 좋은 방법은 테레빈유[*] 목욕과 같은 모세관 테라피다. 이 방법은 러시아의 과학자인 알렉산더 잘마노프^{Alexander Zalmanov} 박사에 의해 개발되었다. 덴마크의 아우구스트 크로그^{August Krogh} 박사가 이와 유사한 연구를 하여 노벨상을 받기도 했다.

모세관 테라피의 본질은 혈액과 림프액이 각각 혈관과 림프관을 따라 활발하게 흐르도록 하는 데 있다. 이것은 생명유지 장치의 모든 네트워크를 따라 흐름이 촉진될 수 있도록 도와준다. 이 네트워크가 정상적으로 기능하기 시작하고 그것을 통하는 모든 생명력의 흐름이 복구되면, 인체의 기능은 저절로 회복된다. 여기에는 면역력과 정상적인 신진대사도 포함되는데, 그렇게 되면 그 사람은 병에 걸리지 않고 원기가 충전된 것을 느끼며 훌륭한 외관을 유지할 수 있

---

* turpentine oil: 소나무에서 얻을 수 있는 점유로 미술 원료, 구두약, 의약품 등으로 사용된다.

게 된다.

모세관을 자극하는 데는 소나무(관솔*)의 송진으로 만드는 에센스인 테레빈유(유송진유)가 사용된다. 테레빈유 목욕의 원리는 이렇다. 촉각이 자극되어 모세혈관과 모세 림프관의 활동이 왕성해지고 팽창되며 활동성이 높아진다. 모세관 이외에도 신경섬유의 투과 능력이 향상되어, 자율신경계가 회복되고 정상적으로 기능하기 시작한다. 그 결과, 매트릭스에 의해 막혔던 생명유지 장치의 산소 주입구가 열리는 것이다.

테레빈유 목욕을 준비하는 데는 당연히 인공적인 용액이 아니라 특수한 천연 원료가 사용된다. 바로, 관솔로 만든 양질의 테레빈유가 들어간 흰 유제와 노란 용액이다. 이것은 개발된 지 벌써 100년이 지났음에도 불구하고 아직도 잊히지 않고 사용되고 있다. 실제로 효과가 있기 때문이다. 질병을 치료하기 때문이 아니라, 증상을 유발하는 원인을 제거하기 때문에 효과가 있다. 이것은 자신의 생명유지 장치를 직접 통제하고자 하는 사람이라면 누구나 사용할 수 있는 예방 의학이다.

잘마노프 교수에 의해 발명된 테레빈 목욕의 용액은 그것이 개발되었던 100년 전과 마찬가지로 아직도 약국에서 구입이 가능하다. 내부 순환을 회복하는 데 이보다 더 좋은 방법을 고안해낸 이는 아직 아무도 없다. 시스템화된 제약회사들은 그동안 온갖 노력을 기울여왔음에도, '산소 주입구를 이리 옮겼다 저리 옮겼다' 하지 않고 실

---

* 송진이 엉긴 소나무의 가지나 옹이.

제로 질병을 완치할 수 있는 방법을 없애거나 사람들의 기억 속에서 잊히도록 만드는 것까지는 어려웠던 모양이다.

사실 다른 모든 제품들처럼, 실제로 품질이 뛰어난 테레빈유 용액을 생산하는 회사가 그리 많지는 않다. 하지만 잘마노프의 방법을 자세하게 연구하는 자연치유 연구소가 하나 있다. 이곳의 제품 라인인 '스키포피트'는 현재 출시된 제품들 중에서 최고 중의 하나라고 생각해도 좋을 것이다.

인공 의학 펜듈럼의 세계에서 이 현실적인 예방의학이 은비교인들의 외딴 섬처럼 덩그러니 솟은 채 아직도 유지되고 있다는 사실은 놀랍기까지 하다. 그래서 이 사실에 감탄하며, 또한 당연히 사리사욕 없이 이곳(skipofit.ru)의 제품을 추천하고자 한다.

테레빈유 목욕은 효능에 따라 흰색, 황색, 혼합 목욕 등 세 가지 방법으로 할 수 있다.

흰 용액은 모세혈관의 규칙적인 수축을 유도한다. 이러한 효과 때문에 피부가 약간 따끔거리고 찌르는 듯한 느낌이 들 수 있다. 잠들어 있던 혈관의 기능이 열리고 회복되는 것이다. 혈압 상승 효과가 있다.

노란 용액은 정화 효과가 뛰어나며, 땀의 배출을 촉진하고 모세관을 확장하며 정화해준다. 이에 따라 신체의 노폐물과 독소가 배출된다. 혈압을 낮추는 효과가 있다.

혼합 목욕은 흰 용액과 노란 용액을 뿌려서 하는 목욕의 장점을 모두 가지고 있다. 혈압 상태와 개인의 신체적 특성, 기호에 따라 두 가지 용액 중 하나만 사용할지 둘을 혼합하여 사용할지 적절히 선택하면 된다.

엄격한 원칙은 없지만, 용액에 따라 제공되는 지시사항을 따르는 것이 좋다. 몇 가지 주의사항이 있기는 하지만, 잘마노프 본인은 사용자의 컨디션에 유의하여 불쾌한 증상이 뚜렷하게 나타날 경우 사용을 중단해야 하고, 적당하게 사용하기만 한다면 그 누구도 부작용을 겪지 않을 것이라고 믿었다. 일반적인 목욕 원칙은 이렇다.

욕조에 36~39도의 따뜻한 물을 채운다. 물의 온도는 건강 상태와 컨디션에 따라 적절하게 선택하면 된다. 어딘가 불편한 느낌이 뚜렷하게 느껴진다면 온도가 알맞지 않은 것이다. 건강한 사람이라면 39도가 적당하다.

3~5리터짜리 용기에(양동이 정도면 적당할 것이다) 한 회당 한두 스푼의 흰 용액이나 노란 용액을 약간의 뜨거운 물과 섞어서 넣고, 그 용기에 뜨거운 물을 가득 채워 한 번 더 잘 섞어준 다음 욕조에 붓는다. 양동이로 욕조에서 물을 퍼 올렸다 다시 쏟아 넣기를 반복하며 성분이 충분히 잘 녹고 물과 잘 섞이도록 한다.

목욕 시간은 평균 15분 정도인데, 개인의 컨디션에 따라 더 오래 해도 좋다. 일정 시간이 지나면 땀이 흐르고, 피부가 가볍게 따끔거리거나 찌르는 듯한 느낌이 들기 시작할 것이다. 땀 이외에도 몸에서 노폐물과 독소들이 배출된다. 만약 피부가 너무 심하게 따끔거린다면, 유액의 양을 조금 줄이도록 한다. 아무 느낌도 들지 않는다면, 다음 목욕 때는 유액의 양을 조금 더 늘려야 한다. 오한이 느껴지거나 너무 덥거나, 다른 불편한 증상이 있다면 목욕을 중단해야 한다.

목욕을 할 때 자신의 주의를 사념체에 집중한다면 이 과정의 효과를 훨씬 더 크게 만들 수 있다.

나의 신체는 정화되고, 새로워지고, 회복되고, 성장하고 있다(젊어지고 있다). 나의 몸에서 노폐물과 독소가 배출되고 있다. 깨끗한 몸에서는 에너지가 쉽고 자유롭게 흐른다. 나는 산속을 흐르는 강과 같다. 나는 깨끗하고 거세고 힘찬 강물이다. 강물은 모든 정체 상태를 정상으로 만들고, 몸속의 더러운 것들을 깨끗이 씻어낸다. 모든 노폐물, 독소, 점액과 기생충들이 멀리 씻겨져 내려간다. 나는 깨끗한 강물이다.

나의 혈액체계, 림프체계, 신경체계가 완전히 회복되고 있다. 혈액체계는 관개 시스템이며, 이것은 모든 장기와 세포에 그것들이 필요로 하는 영양분을 공급한다. 림프체계는 배수 시스템이며, 이것은 몸에서 노폐물과 독소와 대사산물을 배출해준다.

나의 신경체계는 내 몸을 통제하는 시스템이다. 이것은 나의 권한 안에 있으며, 나의 명령을 따른다. 신경체계는 안정되고 있다. 나의 평온함과 확신이 점점 더 강해지고 있음이 느껴진다.

꾸벅꾸벅 졸고 있던 혈관 하나하나가 이제는 잠에서 깨어나 에너지를 되찾고 살아나며, 활발하게 움직여 나 자신과 내 주변의 모든 것을 정화해준다. 나의 모든 관개 시스템은 회복되고 성장하고 있다.

나의 미세혈관 하나하나가 잠에서 깨어나, 에너지를 되찾고, 살아나며, 활기를 띠기 시작한다. 이제 나의 신경체계는 아주 건강하고 튼튼하다. 나는 평온하며 나 자신에게 확신을 가지고 있다.

관개 시스템과 배수 시스템, 신경체계는 완전히 회복되고 성장한다. 모든 장기와 세포 하나하나는 그것이 필요한 시기에 최고의 관리를 받고 있다. 영양소와 산소가 제때 공급되며, 대사산물은 제때 배출된다. 이제 모든 생명유지 시스템은 나의 통제하에 있다.

신체가 정화되면서 나의 의식은 깨어난다. 나의 이성은 뚜렷하다. 나는 모든 것을 분명하게 볼 수 있고, 분명하게 이해하며, 분명하게 말할 수 있다. 나는 그 어떤 문제도 쉽게 해결할 수 있다. 나는 나의 현실을 통제한다.

나의 건강은 회복되고 있으며, 그 어느 때보다 건강하다. 몸속에서는 재생 과정, 더 젊어지는 과정이 시작된다. 노화 과정은 거슬러 올라가고 있다. 힘과 에너지가 충만해지는 것이 느껴진다. 나의 외모도 훌륭해 보인다. 뛰어난 건강 상태가 외모에서 드러난다. 나는 나 자체로 완벽하다.

필요에 따라 사념체를 더 짧게 줄이거나, 추가하거나, 수정하거나 새로 만들어도 좋다. 다만 여기에 자신의 문제를 조금이라도 언급해서는 안 된다(예를 들어 "특정 질병이 떠나가고 있다"는 식으로 말이다). 그 어떤 문제도 없고, 그 어떤 질병도 들어가지 않도록 한다. 오직 완성과 성장이라는 방향으로만 뚜렷하게 설정되도록 한다. 달성하고자 하는 모든 것을 속으로 되뇌라.

물론 목욕 자체만으로도 적당한 효과를 낼 수 있지만, 사념체를 함께 사용한다면 효과는 훨씬 더 커진다. 잘 알다시피, 트랜서핑은 '어떻게 생각하는가, 어떻게 먹는가, 어떻게 행동하는가'의 세 가지 요소를 복합적으로 사용할 때 완전한 효과를 내기 때문이다.

이 모든 방법이 아주 효과 있다는 사실은 의심하지 않아도 좋다. 직접 시도해보면 분명하게 알 수 있을 것이다. 목욕을 할 때 사념체를 외는 것이 아주 좋은 이유는, 물이 당신이 선언하는 의도를 저장하는 역할을 하기 때문이다. 목욕은 당신을 따라 사념체를 반복하고, 그것의 효과를 강하게 만드는 일종의 정보 공명기*인 셈이다.

의도를 목표에 맞추라. 목표는 어떤 것이든 상관없지만, 목욕을 할 때의 경우라면 의도의 주된 방향을 건강에 맞추는 것이 가장 적합할 것이다. 건강, 강한 에너지, 분명한 의식만 있다면 나머지는 전부 저절로 따라올 것이다.

만약 목욕을 하면서 어딘가 불편하다면 용액의 양이나 목욕 시간, 물 온도와 같은 몇 가지 요인을 조정해야 한다. 그런 느낌이 드는데도 목욕을 계속하는 것은 좋지 않으며, 중요한 점은 확실한 느낌과 꾸준함이라는 사실을 기억해야 한다.

목욕을 마치고 일어났을 때 어지럽다면, 욕조에 조금 앉아 있다가 일어나면 된다. 그러면 현기증이 금방 가실 것이다.

용액의 비율은 매회마다 반 스푼씩 늘려나가야 한다. 사용량을 측정하기 위해 이전에 목욕할 때 성분을 얼마나 사용했는지 플라스틱 컵에 표시해두면 편리하다. 최대한으로 사용할 수 있는 양은 150~180밀리리터다. 이미 최대한으로 사용하고 있다면, 더 이상 피부가 따끔거리지 않는다고 해도 여기에서 양을 더 늘리지 않도록 한다.

---

* resonator: 복잡한 음 가운데서 한 진동수만의 음을 빼내거나 특정한 진동수의 소리에만 올리도록 만들어진 기구.

혈압이 정상 수준보다 높다면 정상 혈압이 될 때까지 노란 용액을 사용해 목욕을 하는 것이 좋다. 반대로 저혈압이라면 흰 용액을 사용해야 한다. 혼합 목욕은 저혈압인 사람과 고혈압인 사람 모두에게 좋은데, 이때는 흰 용액과 노란 용액을 1대 1의 비율로 섞어서 사용하면 된다.

정상 혈압을 가진 사람이라면 흰 용액과 노란 용액을 번갈아가며 사용하면 된다. 예를 들어 하루는 흰 용액을 사용하고, 다음 날에는 노란 용액을 사용하고, 그다음 날에는 혼합 목욕을 하는 방식으로 한다. 또는 혼합 목욕만 계속해도 좋다. 자신의 컨디션에 따라 더 편하게 느껴지는 방식으로 하면 된다.

목욕을 끝내면 물기를 닦지 말고 순면 재질의 목욕 가운으로 몸을 감싼 다음, 털 양말이나 따뜻한 리넨 양말을 신고 침대에 누워 따뜻한 이불을 덮는다. 그렇게 약 30~40분가량 침대에 누워 쉰다. 이때 땀이 계속 흐르거나 따끔거리는 느낌이 지속될 수 있다. 테레빈 성분의 효과가 지속되는 것이다.

이 시간을 목표 달성의 시간으로 활용할 수도 있다. 예컨대 슬라이드를 돌려보거나, 평소에는 미처 시간이 없어 생각하지 못했던 것들을 떠올려보는 식이다. 어떤 일 때문에 종일 바빠서 단 한 순간도, 단 1분조차도 차분하게 앉아 있거나 잠시 숨을 돌리거나 차분히 생각할 틈이 없다는 사실을 당신도 인정하지 않는가. 자신의 목표에 주의를 집중할 시간이 생겼다는 것만으로도 큰 도움이 될 것이다. 아침에 목욕을 한다면, 그날 하루 동안 이룰 과제를 떠올리라. 그 일은 더 쉽게 실현될 것이다. 저녁이라면, 당신이 이뤄낸 것을 확인하라.

그 성공이 더 확실하게 고정될 것이다. 이 작업으로 인해 당신의 인생에서 더 새로운 일이 일어나거나 결실이 맺어질 것이다.

잠들기 전이라면 이렇게 하다가 그대로 잠에 들어도 좋다. 하지만 생명유지 장치를 작동시키고 다시 활성화하는 데 완전한 효과를 내기 위해서는 아침에 하는 것이 더 좋다. 만일 아침에 목욕을 했다면, 침대에서 일어나 다시 욕실로 가서 큰 대야에 차가운 물을 받아 (일어날 때 힘이 들지 않도록) 욕조 근처에 있는 선반에 둔다(이렇게 하면 대야를 잡기 위해 다시 일어나지 않아도 된다). 물이 차가울수록 더 좋다. 그다음, 몸이 차가워졌다면 몸을 녹이기 위해, 그리고 몸에서 배출된 노폐물을 땀과 함께 씻어내기 위해 따뜻한 물이나 뜨거운 물로(너무 뜨거워서는 안 된다) 샤워를 한다. 노란 용액을 사용했다면 비누로 씻는 것이 좋다. 몸이 따뜻해졌으면 대야에 받아둔 찬물을 몸에 붓고, 이후 샤워기로 찬물을 틀어 추가로 몇 초 동안 몸 전체를 헹궈낸다. 이때 '산소 주입구를 연다'는 말이 무엇인지 완전하게 이해할 수 있을 것이다. 단 한 번도 느껴보지 못했을 정도로 아주 강하게 에너지가 흘러나오는 느낌을 받을 것이다.

다만, 심장이 약하거나 혈압에 문제가 있는 사람이라면 찬물로 샤워할 때 특별히 주의를 기울여야 한다. 처음에는 따뜻한 물을 사용하다가 조금씩 찬물로 바꿔가며 물의 온도차를 점차 넓혀가는 것이다. 지금까지 건강을 심하게 방치하고 있었다면 이제 당신의 좌우명은 확신과 꾸준함이 될 것이다. 다만, 절대로 불편한 느낌이 들 정도까지 무리하지 않도록 한다.

당연한 사실이지만 목욕 전이나 목욕을 할 때, 그리고 목욕을 한 후에는 수분을 충분히 섭취해야 한다. 그냥 물을 마시거나 허브차를 마시면 된다. 머리카락을 적시고 싶지 않다면 샤워캡을 사용해도 좋다(이렇게 자세하게 설명하는 이유는, 단 한 번도 이런 것을 해보지 않아 세세한 부분까지 따져보는 사람들이 있을 것이기 때문이다).

식단에는 슈퍼마켓에서 파는 합성제품이나 약품이 포함되어 있어서는 안 된다. 생명유지 장치의 산소 투입구를 열어놓고, 동시에 그런 움직임에 역행하는 행동을 한다면 아무 의미가 없어진다. 화학제품이나 합성제품, GMO가 포함된 제품을 피하라. 약 없이는 도저히 살 수 없는 건강 상태라면 전문가와 상담을 해야 할 것이다. 먼저 심각한 상태를 벗어난 다음에 이런 회복 절차를 진행해야 한다.

모세관 테라피는 생식, 신체 운동과 더불어 자신의 생명유지 장치를 통제하고 산소 주입구를 항상 자신의 권한 안에 둘 수 있게 해준다. (산소 주입구를 통제하는 것은 누구여야 하는가? 당신인가, 아니면 어떤 외부의 힘이나 시스템인가? 이것이 얼마나 중요한 일인지 이해하겠는가?) 젊을 때 이것을 통제할 수 있다면 멋진 체형을 유지할 수 있으며, 나이가 든 후라면 잃어버린 건강을 되찾을 수 있다.

잘마노프는 이틀이나 사흘에 한 번 목욕을 할 것을 권장했다. 목욕을 하지 않는 날에는 대신 운동을 하는 것도 좋다. 예를 들어 하루는 목욕을 하고, 다음 날에는 운동을 하는 식이다. 사실상 테레빈유 목욕은 혈관을 위한 운동인 셈이다.

이틀(또는 사흘) 간격으로 목욕을 한다면, 30회 정도 테라빈유 목욕을 한 후에(건강 상태에 따라 횟수는 달라질 수 있다), 그다음부터는 주 1회로 변경해도 좋다. 목욕을 시작한 지 한 달 이내에 컨디션과 체형,

외모가 눈에 띄게 개선되기 시작할 것이다. 주변 사람들로부터 어디에서 그렇게 푹 쉬다 왔느냐는 질문을 듣게 될 것이다.

요약

- GMO, 화학제품, 합성제품, '천연'을 그럴듯하게 흉내 내는 첨가물이 들어간 음식을 끊어야 한다.
- 가급적 일상생활에서 화학제품과 합성제품을 최소한으로 줄이도록 노력해야 한다.
- 휴대폰은 가장 기본적인 기능으로만 사용해야 한다. 전화기의 기능 말이다. 최대한 몸에서 멀리하며, 특히 머리에서 떨어져 있게 한다.
- 외부에서 유입되는 정보와 공통의 거미줄에 연결된 채 주입되는 정보의 복용량을 의식적으로 관리해야 한다.
- 인체의 관개 시스템과 배수 시스템을 복구하기 위한 방법에는 테레빈유 목욕, 얼음물 끼얹기, 사우나, 찬물과 뜨거운 물을 번갈아가며 하는 샤워, 운동 등이 있다.
- 모세관 테라피는 생명유지 장치의 모든 네트워크의 흐름을 자극한다.
- 테레빈유 목욕의 원리는 이런 식이다. 촉각이 자극되어 모세혈관과 모세 림프관이 팽창하고 그 활동이 왕성해진다.
- 이것은 누구나 사용할 수 있는 예방의학이다. 질병을 치료하기 때문이 아니라, 증상을 유발하는 원인을 제거하기 때문에 효과가 있다.

- 목욕을 할 때 자신의 주의를 사념체에 집중한다면 이 과정의 효과를 훨씬 더 크게 만들 수 있다.
- 사념체에는 그 어떤 문제도 없고, 그 어떤 질병도 들어가지 않도록 한다. 오직 완성과 성장의 방향을 향해서만 뚜렷하게 설정되도록 한다.
- 목욕은 당신을 따라 사념체를 반복하고, 그것의 효과를 강하게 만드는 일종의 정보 공명기다.
- 지금까지 건강을 심하게 방치하고 있었다면 이제 당신의 좌우명은 확신과 꾸준함이 될 것이다. 다만, 절대로 불편한 느낌이 들 정도까지 무리하지 않도록 한다.
- 목욕 전이나 목욕을 할 때, 그리고 목욕을 한 후에는 수분을 충분히 섭취해야 한다.
- 약 없이는 도저히 살 수 없는 건강 상태라면 전문가와 상담을 해야 한다. 먼저 심각한 상태를 벗어난 다음에 회복 절차를 진행해야 한다.

참고

놀랍다고 생각하는 사람도 있을 수 있다. "매트릭스에서 빠져나오게 해주는 처방이 이렇게 기본적이고 간단하며 사소한 것이라고?"라고 말이다. 정말 놀랍지 않은가? 물론 '머릿속의 칩을 빼서 비활성화하는' 것처럼 독특한 방법이었다면 훨씬 깊은 인상을 줬을 텐데 말이다. 하지만 바로 이것이 실제로 효과가 있는 현실적인 처방이다. 독특함은 할리우드에나 있는 것이다. 만일 누군가가 진짜로 당신의

머릿속에 칩을 삽입할 준비를 하고 있다면 그때 당신은 아무것도 눈
치채지 못할 것이다. 당신이 그 사실을 알게 되었다면, 이미 때는 너
무 늦었다.

개성의 파괴와 획일화

자신의 운명을 직접 통제하기 위해서 필요한 것은 무엇일까? 아주 단순하지만, 그러면서도 손에 넣기가 몹시 어려운 세 가지가 있다.

자유로운 의지

자유로운 의식

자유로운 에너지

이 세 가지를 손에 넣기 힘든 이유는, 이전 장들에서 살펴본 것처럼 시스템(매트릭스)이 다음의 세 가지 요소를 통해 당신이 이것들을 손에 넣지 못하게 방해하고 있기 때문이다.

사로잡힌 주의

흐려진 의식

막힌 에너지

그러나 분명하게 인식하기는 힘들지만 그에 못지않게 강력한 방해요소가 또 하나 있다. 이것을 삶 자체에서 오는 압박(pressing)이라고 하자. 당신이 살아가야만 하는, 있는 그대로의 삶 말이다.

자기 자신과 주변 세계, 그리고 그 속에서 존재하는 자신의 자리를 돌아보면 우리가 계속해서 어떤 압박을 받고 상황과 책임, 환경, 조건, 목표, 가치의 무게를 느끼고 있다는 사실을 어렵지 않게 이해할 수 있다. 삶이 우리를 항상 긴장하도록 만드는 이유는, 외부에서 무게가 지워지기 때문이다. 사실 이 세상에 온 모든 사람은 저마다 개성과 독특함을 부여받은 존재들이다. 하지만 게임의 목표는 하나뿐이고, 게임의 룰은 모두에게 똑같다.

의식이 없는 우울한 꿈 속에서도 똑같은 압박이 느껴질 것이다. 이것은 당신에게 주어진 것이지, 당신이 직접 고른 것이 아니다. 또한 이런 꿈 속에서 살 수밖에 없다는 사실만으로도 당신은 압박을 느낄 것이며, 나아가 당신이 왜 이런 삶을 살아야 하는지, 왜 아무 손쓸 도리도 없는 것인지 이해할 수 없기 때문에 그 압박은 더 크게 느껴진다. 당신은 과거 언젠가 자신이 자유로웠으며, 모든 것을 할 수 있었고, 불가능 따위는 없었다는 잊혀진 감정을 영혼 아주 깊은 곳에서 미약하게 느끼고 있으니 말이다. 그런데 이제 당신은 왜인지 모르게 자유롭지도 않고, 어딘가 부끄러우며, 기회도 몹시 제한되어 있다.

이렇게 괴로운 압박이 생기는 가장 큰 이유는 사람들이 거짓 목표와 거짓 고정관념, 틀에 박힌 성공과 그것을 달성하기 위한 방법을 강요당하기 때문이다. 이 모든 것은 개인의 가치를 받아들이지 않고, 개인을 깨뜨리고, '나'를 꺾어버린다. 하지만 사람들은 의식이 없는 꿈을 꾸고 있기 때문에 자신이 이 모든 기준에 맞춰야 한다고 생각한다.

그러면 문자 그대로 이런 상황이 일어난다. 사람들의 정신에 집게가 걸리는 것이다. 처음에는 자유롭고 편안했던 마음과 의지가 사방에서 잡아당겨져, 빨래집게를 걸어놓은 것처럼 단단히 고정된다. 사람들은 전류가 차단되어 에너지를 공급받지 못하는 상태로 돌아다닌다. 의도의 에너지는 집게에 의해 꽉 막혀서, 흐르지 못하고 한

자리에 정체되며, 움직이지 못하는 상태가 되어버린다. 이런 환경에서 자신의 현실을 통제할 수 있는 능력은 마치 흔적기관처럼 원초적인 수준까지 낮아진다.

집게가 작동하는 알고리즘은 다음과 같다.

1. 당신이 구해야 하는 사탕이나 미끼 같은 장면들을 보여준다 (똑같이 생긴 전형적인 '사탕'들을 계속해서 보여준다).

2. 그 장면에서 당신이 추리해낼 수 있는 결론을 보여준다. "당신도 이 사실을 믿는가? 이 사실에 동의하는가?"

3. 그다음으로, "사탕은 맛있다"는 명료한 설명이 나온다. 하지만 "이 세상에서 그렇게 쉽고 간단하게 주어지는 것은 없다"는 설명도 이어진다. 다시 질문이 나온다. "동의하는가?"

4. "예"라고 대답하면 집게가 채워진다.

여기에 집게가 걸리는 모습을 보여주는 사례가 있다.

좋은 회사는 명예롭고 깔끔해 보이며 연봉이 높은 회사다. 그런 직장을 갖고 싶은가? 물론 그럴 것이다. 좋은 직장에 다니는 사람은 숙련된 고급 인력이거나 인맥이 좋다. 그런데 당신은 경력도 인맥도 없다. 동의하는가? 그 말은, 당신은 좋은 직장을 가질 수 없다는 뜻이 된다. 믿기지 않는가? 당신처럼 좋은 일자리를 갖고자 하는 사람들이 얼마나 많은지 아는가? 심지어 당신 같은 사람들도 아니고, 당신보다 더 좋은 스펙을 가진 사람들 말이다. 인사 담당자들은 최고만을 채용한다. 당신은 최고가 아니다. 동의하는가? 당신은 동의할 것이다. 당신은 그저 좋은 일자리에 대해 꿈만 꿀 수 있을 뿐이다. 시도조차 하지 말라. 그저 주어진 일이나 열심히 하라. 그것도 아주 열심히 하라.

반면에 누군가가 동의하지 않는다는 믿기 힘든 답변을 내놓는다면, 실패할 수밖에 없을 그의 가장 첫 경험이 그의 코를 납작하게 만들어놓는다. 그 결과로 압박을 받게 된 그 사람은 그에게 주어진 장면을 자신의 세계에 투영하며 괴로운 꿈 속에 빠져든다. 찬란한 태양이 비추는 자리를 쟁취하는 것이 어렵기만 한, 공격적이고 매정한 세계가 주변에 온통 펼쳐진다.

실질적으로 현대인은 사회의 기준에 따라 그가 달성해야 하는 모든 것을 향해 피나는 노력을 해야 하는 경쟁에 말려들며, 그에 따라 끊임없이 스트레스를 받는다. 어떻게 이 모든 것을 견디는지 놀라울 정도다. 그런데 이런 압력은 시간이 지날수록 더욱 늘어난다. 왜 그럴까?

예전에는 오늘날과 같이 정보를 동기화하여 관리하는 전 세계적인 시스템이 없었기 때문에, 최근까지만 하더라도 사회의 고정관념이 주는 압력이나 힘이 이 정도로 크지 않았다. 그런데 지금은 모두가 한 거미줄 안에 얽혀 있다. 순진한 정보 교환은 눈 깜짝할 사이에 일어난다. 하지만 가장 중요한 것은 정보 교환이 아니다. 여기에서 핵심적인 역할을 하는 것은 완전히 다른 절차인, 의견 공유다. 온갖 순위, 선거, 선출, 경쟁, TV쇼, 블로그, 포럼, 유튜브, 마지막으로 '좋아요'와 '싫어요'를 누르는 것 등, 이 모든 것이 의견을 공유하고 동기화하는 과정이다.

이 모든 것이 누구에게, 왜 필요한지 아무도 깊이 생각하지 않는다는 사실이 참 신기할 따름이다. 마치 사람들이 사건의 목표나 의미에 대해서는 아무런 의문도 제기하지 않고, 모든 문제에 대해 적극적으로 의견만 공유하도록 시스템이 고의적으로 프로그램한 것 같은 모양새다. 모두가 아주 우스꽝스러운 이 게임에 참여하고 있다. 모든 참가자는 자신의 의지를 자유롭게 표현하며 직접 플레이를 하고 있다는 완전한 환상이 빠져 있다. 외부의 누군가가 이 게임을 통제하고 있으며, 자신이 선언하지도 않은 목표를 좇고 있다는 의심을 그 누구도 하지 않는다. 자신이 '이끌어가는 것'이 아니라 '이끌려지고 있다'는 느낌을 가지는 사람이 아무도 없다.

그렇다면 이 게임의 진짜 목표와 의미는 무엇인가? 가장 불쾌하면서도 지나치기 쉬운 시스템의 특성은, 그것이 환상을 만들고 아무도 눈치채지 못하게 느릿느릿 움직일 수 있다는 점이다. 시스템 안에 속한 인간은 시스템에게 이득이 되는 바로 그것을 원하게 된다. 인간의 의식은 시스템의 필요에 따라 철저하게 재단된다. 어떻게 그것이 가능할까? 규격에 맞지 않은 개인을 다듬어 규격화된 부속품을 만드는 것이다. 그의 세계관, 장점, 단점, 능력, 요구 등, 모든 것이 획일화되어야 한다. 아주 조용히, 은밀하게 말이다. 어떻게 해서든, 모든 것을 자로 잰 것처럼 정확하게 재단해야 한다.

주제를 막론하고, 모든 사람의 의견을 동일하게 만들고, 가치를 획일화하고, 기준과 고정관념을 만드는 것은 바로 이 '좋아요'와 '싫어요'다. 개별적이고 개성 있는 각각의 '나'는 '여론'이라는 싸움 아래 전부 획일화된다. 바로 여기에 이 게임의 의미와 목표가 있다. 모든 것은 아주 단순하다. 의견이 더 잘 동기화될수록 부속품은 더 '동일해진다.' 모두가 하나인 것처럼, 모든 것이 획일화되고 규격화된 모습으로 컨베이어 벨트에서 생산될 것이다. 모든 전체주의 시스템은 바로 이런 원칙으로 작동한다.

그렇다면 탐욕스럽고 위선적이며 '민주주의' 따위의 가식을 두른 인공 시스템이 전체주의 시스템보다 나은 점이 뭐란 말인가? 전혀 없다. 이 둘의 유일한 차이점은, 전체주의 시스템에서는 획일화 과정이 강요에 의해 일어나는 반면에, 인공 시스템에서는 아무도 눈치채지 못하는 사이에 아주 부드럽고 은밀하게 일어난다는 점뿐이다.

정신에 집게를 거는 것은 바로 이렇게 개성을 획일화하는 절차다. "모두가 그렇게 한다면 그것이 옳다는 뜻"이라는 사회의 원칙은 이 모든 절차의 일종의 중심축 역할을 한다. 그리고 참 이상하게도, 여기에서 톱니바퀴 역할을 하는 것은 '아무도 상상조차 하지 못했고 믿지도 않았을' 수단이다. 바로 정보 네트워크에서 이루어지는 순진한 의견 교환 말이다.

이 모든 일이 어떻게 일어나는지 보여주는 생생한 사례들을 당신도 주변에서 쉽게 찾아볼 수 있을 것이다. 이 시스템이 그 자신을 얼마나 천재적으로 만들어놓았는지 놀랄 일만 남았다.

요약

■ 자유로운 사람에게는 자유로운 의지, 자유로운 의식, 자유로운 에너지가 있어야 한다.

■ 이를 억제하기 위한 시스템(매트릭스)의 요소에는 사로잡힌 주의, 흐린 의식, 막힌 에너지가 있다.

■ 또 다른 요소는 삶 자체, 즉 당신이 살아가야만 하는, 있는 그대로

의 삶에서 오는 압박(pressing)이다.

- 삶은 외부에서 무게가 지워지기 때문에 우리를 항상 긴장하도록 만든다.
- 현대인은 사회의 기준에 따라 그가 달성해야 하는 모든 것을 향해 피나는 노력을 해야 하는 경쟁에 말려든다.
- 사람들은 거짓 목표와 거짓 고정관념, 틀에 박힌 성공과 그것을 달성하기 위한 방법을 강요당한다.
- 사람들은 의식이 없는 꿈을 꾸고 있기 때문에 자신이 이 모든 기준에 맞춰야 한다고 생각한다.
- 사람들에게는 사회의 집게가 채워진다. 그들은 전류가 차단되어 에너지를 공급받지 못하는 상태로 돌아다닌다.
- 예전에는 오늘날과 같이 정보를 동기화하여 관리하는 전 세계적인 시스템이 없었기 때문에, 최근까지만 하더라도 사회의 고정관념이 주는 압력이나 힘은 이 정도로 크지 않았다.
- 여기에서 가장 중요한 것은 정보 교환이 아니다. 여기에서 핵심적인 역할을 하는 것은 완전히 다른 절차인, 의견 공유와 동기화다.
- 모든 게임 참가자가 자신의 의지를 자유롭게 표현하며 활동하고 있다는 완전한 환상이 만들어진다.
- 그 누구도 외부의 누군가가 이 게임을 통제하고 있으며, 자신이 선언하지도 않은 목표를 좇고 있다는 의심을 하지 않고 있다.
- 개별적이고 개성 있는 각각의 '나'는 '여론'이라는 싸움 아래 전부 획일화된다.

시스템 속에서는 이렇게 흥미로운 방식으로 '나'를 파괴하고 획일화하는 과정이 일어난다. 이것이 어떤 결과를 초래할지 예측하는 것은 어렵지 않다. '나'가 가려지거나 지워졌을 때, 개성, 더 정확히 말해 '나'의 자리에 남아 있는 무언가는 그것을 둘러싸 제압하려고 하는 꿈 속에서 외롭고 무력한 상태가 되어버린다. 자기계발을 할 수 있는 능력도 빼앗긴다(무의식적인 동의하에 말이다). 그 이후로는 획일화된 개성이 자연스럽게 시스템 펜듈럼의 손아귀에 넘어가게 된다. 인생이 아주 힘들고, 때로는 전혀 통제할 수 없는 이유가 바로 이 때문이다.

고찰을 위한 우화

넓은 들판. 그 들판의 한가운데 헛간이 있다. 헛간 주변에서 개 한 마리가 이리저리 날뛰며 짖는다. 다른 개들이 다가와 그 개에게 으르렁거리며 말한다.

— 왜 여기에서 시끄럽게 짖어대는 거야, 이 개놈아!

— 신경 끄시지! 나는 개라고! 나에게는 짖을 수 있는 권리가 있어!

— 우리도 개야. 하지만 우리는 헛간에 대고 부정적인 기운을 퍼붓지 않아. 우리는 긍정적인 기운을 찾아다니지.

— 그러면 나한테는 왜 짖는 거지?

— 그러는 너는 헛간을 왜 싫어하지? 헛간은 헛간일 뿐이야. 거기다 기운도 아주 긍정적이라고.

— 이런 멍청이들 같으니, 나는 헛간에 대고 짖는 것이 아니라고! 저 뒤에 술을 진탕 마시고 나뒹굴고 있는 다른 개들이 있잖아.

— 너는 네 모습 그대로, 다른 개는 다른 개의 모습 그대로 있도록 허용하는 게 어때?

— 너희도 꺼져버려!

그들이 서로를 향해 계속해서 짖고 있을 때, 다른 한 무리의 개들이 다가왔다.

─ 다들 왜 이렇게 짖고 있는 거야?

개들이 말했다.

─ 이 개가, 자기가 특별하다고 생각해. 자기가 최고라고.

혼자 있던 개는 그 말을 듣고 매우 격분했다!

─ 방금까지만 해도 자신의 있는 모습 그대로 존재하도록 허용하라
  고 짖은 건 너희였잖아….

하지만 먼저 온 무리의 개들이 그들의 말을 끊었다.

─ 사랑하는 친구들. 아무리 짖어도, 너희는 그저 지금 너희 모습 그
  대로일 뿐이야. 바로 개들이지.

이 말을 들은 개들이 어-어-얼마나 짖어댔는지 모른다! 그것도 각자
가 제멋대로 짖어대기에 바빴다.

─ 참고로, 개는 인디언들의 친구라고!

─ 하지만 개들은 늑대의 친척이기도 한걸!

─ 삶은 쉽지 않아. 한 마디로 개 같다고 할 수 있지.

─ 너는 참 개처럼 살았고, 개처럼 뒈질 거야!

─ 다들 성질이 아주 개 같군!

─ 닥쳐, 우리 생각 좀 말하겠다는데 방해하지 마!

─ 나도 의견이 있는데!

─ 친구들, 다 함께 개로서, 의식을 잃지 말자고!

그때 술에 취한 개들이 헛간에서 비틀거리면서 나와 말했다.

─ 이 개들이, 왜 이렇게 짖어대는 거야?

이전 장을 자세하게 설명하기 위해서가 아니라, 독자 여러분이 현실을 측면에서 바라보도록 유도하기 위해 따로 우화를 하나 들려 드려봤다. 현실이 실제로는 어떻든 간에 그것을 유쾌하게 바라보길 바란다.

중요성의 해부학적 구조

규격화와 획일화가 일어날 때는 반드시 고통이 수반된다. 적어도 누군가에게는 그렇다. 물론 저항할 생각조차 하지 않고 먹이만 있다면 자신이 어디에 있든 신경 쓰지 않는 토끼가 제 발로 철창 안에 들어가듯, 시스템 안으로 아무렇지 않게 본능적으로 들어가는 사람들도 있다. 분명 그런 사람들이 대다수일 것이다. 하지만 이 책은 그들을 위한 것이 아니다. 이 책은 뭔가가 이상하다고 본능적으로 직감하는 사람, '나'라는 것이 아무 의미도 없고 아무도 필요로 하지 않으며 누군가가 그것을 완전히 뜯어고치려고 한다는 사실이 탐탁지 않은 사람을 위해 쓰였다.

시스템과 개인 사이의 근본적인 모순은 영혼이 원하는 것은 따로 있는데, 시스템은 그 영혼의 주인에게 전혀 다른 것을 하라고 명령하는 불일치에서 일어난다. 하지만 이런 불일치는 아주 미약하게만 느껴진다. 우리는 우리 자신의 신념과 지향점이 무엇인지, 사회의 고정관념이 얽매려고 하는 것이 무엇인지, 진실은 어디에 있는지를 명확하게 인식하지 못한다. 그 이유는 사회가 고정해버린 바로 이 집게에 정신이 꽉 잡혀 있기 때문이다. 이 집게 때문에 전류가 차단되어버린 것이다.

집게가 채워졌다는 것은 무언가가 당신을 억압하고 있거나, 당신의 '나'와 일치하지 않는 상태를 의미한다. 어떤 무거운 짐이 당신을 짓누르지만, 당신은 이것이 잘못됐다는 사실과 이렇게 살아서는 안 된다는 사실을 아주 어렴풋이 짐작할 뿐이다. 집게가 채워진 전형적인 사례는 다음과 같다.

1. "사랑은 똑똑한 전략을 통해 손에 넣을 수 있다." 이 문장을 천천히 곱씹어보길 바란다. 뭔가 이상하지 않은가? 하지만 이런 유의 책이 수천 권에 달하고, 좋아하는 사람이 생겼다 하면 하려는 일이 바로 이런 것이다.

2. "좋은 직장을 얻는 것은 아주 힘든 일이다." 사실, 실제로 주변을 보면 이 말이 사실임을 알 수 있다. 하지만 그럼에도 뭔가 잘못됐다. 정확히 무엇이 잘못됐다고 생각하는가? 어쨌든 누군가는 이런 좋은 직장을 얻어 팔자 좋게 산다는 것이다. 왜 하필 당신이 아니라 그인가? 선택받은 그 사람이 당신과 무엇이 달라서? 어쩌면 당신이 거짓된 믿음이 쓰인 팻말을 목에 걸고, 마치 그것이 귀중한 보석함이라도 되는 것처럼 여기며 자신의 세계를 향해 계속해서 그 믿음을 송출하고 있어서가 아닐까?

3. "사랑하는 사람을 돌아오게 만들 수 있다." 이런 방법에 대해 다루는 책들도 아주 많다. 다시 한 번 말하지만, 버림받았을 때 당신이 하려는 행동이 바로 이런 것이다. 그런데 정말로 이 말이 사실이라고 믿는가? 아니면 돌아올 것이라 믿고 싶어서, 자기 자신에게 이 말을 믿으라고 억지로 강요하고 있는 것은 아닌가?

당신을 짓누르고 억압하는 모든 요소는 트랜서핑에서 중요성이라고 불리는 용어의 범주에 들어간다. 어떤 것에 의해 압박을 느끼면 당신에게는 그것의 중요성이 저절로 커진다. 중요성은 문자 그대로 집게처럼 자유에너지의 흐름을 차단한다. 그로 인해 당신은 멍한 상태가 되며, 효과적으로 행동할 수 있는 능력을 잃어버리고, 결국 당신이 사건을 통제하는 것이 아니라 사건이 당신을 통제하는 상황이 일어난다.

어떻게 해야 이런 멍한 상태로부터 자유로워질 수 있을까? 주된 원칙은 집게를 없애고, 집혀 있던 자리에서 에너지가 흐르도록 만드는 것이다. 막힘이라는 것은 에너지가 멈춰 있다는 뜻(정체)이며, 먼저 이 정체 상태를 해결한 다음에 에너지를 흔들어 풀어놓아야 하기 때문이다.

트랜서핑에서 중요성은 그것을 인식함으로써 없앨 수 있다. 잠에서 깨어나, 당신을 억압하는 것이 정확히 무엇인지 자각한다면 이미 절반은 해결된 것이다. 중요성을 가진 것들은 당신이 의식하지 못하는 꿈을 꾸며 '옷장 안에 무시무시한 괴물이 숨어 있다'고 믿을 때만 당신을 통제할 수 있다. 그러나 '옷장을 열어젖히고' 중요성을 키우는 사물을 주의 깊게 바라보기 시작한다면, 무시무시한 괴물은 곧바로 우스꽝스러운 털북숭이로 변해버릴 것이다.

집게가 집혀 있던 자리를 풀어놓은 다음에는 정체되어 있던 에너지의 흐름을 회복해야 한다. 그 흐름을 되살리기 위해서는 직접 행동을 하면 된다. 기다리거나 두려워하거나 생각하지 말고, 그냥 행동하면 된다. 이보다 더 효과적인 방법은 없다.

간단히 말해서, 중요성이 막힌 상태를 해결하기 위해서는 중요성을 인식한 다음 행동을 통해 그것을 제거해야 한다. 자기해방의 이 전체적인 알고리즘은 한눈에 봐도 아주 단순하다.

집게를 찾아낸다(나를 억압하는 것).

집게를 뺀다(인식한다).

흐름을 만든다(행동한다).

이 세 단계를 더 자세히 살펴보기로 하자.

어떻게 집게를 찾아낼 것인가?

당신의 정신을 고정하고 자유를 제한하는 집게를 찾으려면 제때 꿈에서 깨어나 자신의 중요성이 어디에 있는지 이해해야 한다. 아주 단순하지만, 보통 사람들은 이렇게 하지 못한다. 어떤 것에 의해 압박을 느낄 때 그들은 마치 꿈을 꾸듯 멍한 상태이며, 도대체 그들을 짓누르는 것이 무엇인지 그저 올려보기만이라도 하기 위해 고개를 들 생각조차 하지 못한다. "그래, 원래 인생은 힘든 거지!"라며 그들은 짐을 진 채 느릿느릿 걸음을 옮긴다. 그래서 잠든 사람에게는 계속해서 짐을 지울 수 있다. 그들은 멈춰 서서 주위를 살펴보고 자신이 들고 있던 필요 없는 짐을 버릴 생각을 하는 대신, "아이고, 무거워라!" 하고 한 번 투덜거린 다음 가던 길을 계속 가기 때문이다.

따라서 어떤 원인으로 인해 억압받는 상황이 발생하는 그 즉시 주의를 깨우는 습관을 들여야 한다. 어떤 일로 인해 걱정되고, 두렵고, 불쾌한 느낌이 드는가? 그렇다면 그 즉시 잠에서 깨어나, 그것이 정확히 무엇인지 인식해야 한다. 머릿속 어딘가에서 빨간 불이 깜빡거릴 것이다. 경고등 말이다. 말 그대로 '상시 대기조'가 출동하는 것이다. 그때 당신은 잠에서 깨어나 주변과 자기 자신을 지켜보기 시작하면서 '무슨 일이 일어나고 있으며, 나를 억압하는 것은 무엇인가? 나는 지금 무엇을 하고 있는가?'라고 자신에게 질문한다.

만약 '빨간 불'을 켜는 것이 습관이 되면, 인생이 훨씬 쉬워질 것이며 이로 인해 당신을 속이려고 하는 단순한 상황을 비롯해 자제력과 맑은 정신을 유지해야 하는 극단적인 상황에 이르기까지 온갖 경우에서 효과적으로 행동할 수 있게 된다.

빨간 불이 깜빡이기 시작한다면(뭔가가 당신을 억압한다는 사실을 인식했다면) 당신에게 지워진 짐이 무엇인지 살펴보고, 그것에 대한 '적합성 검사'를 실시해야 한다. 이 짐이 정말로 당신에게 필요한가? 아니면 없어도 되는 짐인가? 당신의 소중한 지향점과 외부에서 오는 부담, 자신만의 신념과 사실인지 아닌지 믿을 수 없는 고정관념, 진정한 가치와 거짓 가치 등을 구분해야 한다.

그렇게 하기 위해서는, 그 짐이 신념에 부합하는지 확인하면 된다. '고정관념이 나에게서 어떤 것을 요구하는가? 나는 그 요구가 마음에 드는가?'를 생각해보라. 날아다니는 새처럼 높은 곳에서 사건을 바라보고, 그 사건에 대해 당신의 영혼이 뭐라고 말하는지, 반면에 마음 — 여기서는 당신 자신의 마음이 아니라 '사회의 마음' — 은 뭐라고 말하는지 맑은 정신으로 판단해보라.

당신을 억압하려고 하는 고정관념이 내면의 앎과 일치하지 않는다고 느껴진다면, 외부로부터 당신의 신념에 정신적인 틀을 씌우거나, 당신의 '나'를 깨뜨리려고 하는 시도가 일어나고 있다는 뜻이다. 이것은 세포에 바이러스가 침투하는 것과 비슷하다. 바이러스처럼 퍼지는 사회의 고정관념은 질병만큼이나 해롭다.

이런 방식으로 사건을 바라본다면, 당신의 '나'를 깨뜨리려는 시도가 반복해서 일어날 때 정신적인 바이러스를 쉽게 알아챌 수 있을 것이다. 이 메커니즘을 이해하게 된 지금은 일종의 면역력이 생겼다고 볼 수 있다.

어떻게 집게를 제거하는가?

중요성을 비활성화하기 위해서는 그것의 해부학적 구조를 알아야 한다. 이 문제에 대해서는 전작들에서 자세히 살펴본 바 있다. 여기서는 기본적인 사실들만 되짚어보도록 하겠다.

중요성 — 우리의 논의에서는 주로 외적 중요성 — 은 사건(면접), 물건(새 차), 또는 관계(연인)의 의미나 가치가 지나치게 높아진 상황에서 발생한다.

전형적인 특징은 실패할지도 모른다는 불안감이나, 이미 실패를 겪어본 적이 있기 때문에 생기는 걱정을 들 수 있겠다. 어떤 경우에든 내면의 평온함은 깨지고 에너지의 흐름은 막히게 된다.

이것을 제거하는 공통적인 원칙은 사건을 바라보고, 중요성을 인식하고, 태도를 바꾸는 것이다.

중요성을 인식한다는 것이 무슨 뜻일까? 중요성은 그것을 유발하는 대상을 숭상하는 혹은 초조해진 마음으로 바라보게 만든다. 뿐만 아니라 중요성은 당신이 그것 앞에 바짝 엎드려서 고개도 들지 못하기를 바란다. 그러나 당신이 태연하고 무관심하며, 순전히 현미

경을 통해 관찰을 해보고 싶다는 흥미 정도만 가지고 그것을 대한다고 하자. 그 '중요한 일'이 사실은 그다지 중요하지 않다는 것을 깨닫는 데는 이 정도로도 충분하다.

- 지금 내가 두려움을 느끼고 있는가? 나는 내가 얼마나 두려운지 지켜보고 있으며, 마음껏 두려워하도록 내버려두려고 한다. 이것으로 인해 나는 내 두려움을 똑바로 직시하며 앞으로 걸어갈 수 있다.

- 나의 시나리오가 깨지고 있다는 사실이 실망스러운가? 신경질적으로 물을 첨벙거리며 "전부 다 내 마음대로 되어야 해!"라며 떼를 쓰고 싶은가? 나는 사건을 측면에서 바라보고 있으며, 시나리오가 깨지도록 의식적으로 허용하고 있고, 가능태의 흐름에 따라 변하는 모습들을 융통성 있게 따르고 있다.

- 어떤 일의 의미가 너무 커 보이는가? 하지만 나는 그 모든 의미가 외부에서 부여된 것이며, 그저 그렇게 보이는 것뿐이라는 사실을 자각하고 있다. 특별히 의미 있는 일이라는 것은 없다. 알다시피 "모든 현인은 소박하다."* 위대한 일, "대단하다"는 말로 표현될 법한 모든 일에 대해서도 똑같은 태도를 유지하면 된다. 위대한 사람들, 면접관들, 직장 상사들, 엔터테인먼트 업계의 스타들, 장군들, 사장들, 국가의 지도자들은 모두 평범한 한 사람일 뿐이다. 누군가는 건빵 한 조각이 목에 걸려 질식하기도 하고, 누군가는 술에 취해 비행기 탑승을 거절당하기도 하며, 누군가는 바람둥

---

* 소련의 극작가 알렉산드르 오스트롭스키Alexandr Ostrovsky가 쓴 희곡의 제목이다.

이로 밝혀지기도 한다.

하지만 중요성이 왕좌에서 직접 내려오지 않겠다고 버틴다면, 중요성에게 그곳에서 내려와달라고 부탁을 해야 한다. '어떤 것은 중요성을 가지고 있지만, 어떤 것은 가지고 있지 않다'며 순전히 자의적인 결정에 따라 중요도를 정하라는 말이다. 하지만 이것은 대리석 조각상처럼 감정이 메마른 상태가 되어야 한다는 말이 아니다. 무엇이 더 우선순위인지를, 즉 태도를 통제해야 한다는 뜻이다. 그러면 감정과 기분은 자연히 따라올 것이다.

감정과 기분을 통제하는 것은 불가능할뿐더러 그렇게 할 필요도 없다. 공포, 슬픔, 혐오, 불쾌감, 또는 반대로 기쁨, 사랑, 애착, 욕망 등… 이 모든 것을 통제할 수 있는가? 겉으로는 그렇지 않은 체할 뿐이지만 속으로는 그런 감정을 느끼고 있다. 이 감정들은 어디로도 사라지지 않는다. 억지로 긍정주의를 모방하는 것도 효과가 없을 것이다. 그렇다면 어떻게 해야 할까?

마음과 합의를 해야 한다. "성공해도 좋지만, 실패해도 좋다"고 자신에게 말하라. 실제로 실패한다고 하더라도 잘된 일이다.

하지만 어째서 그게 잘된 일인가? 마음은 그 어떤 것도 믿으려고 하지 않기 때문에, 즉시 근거와 결론을 찾으려고 들 것이다. 그에게 의도 조율의 원칙이 있으며, 이것이 실제로 효과가 있다고 설명해주라. 불행을 행운이라고 바꿔서 그것이 사실이라고 흉내 내면 실제로도 그렇게 될 것이라고 말이다. 하지만 여전히 이해가 되지 않는다. 어떻게 이 원칙이 효과를 낼 수 있다는 말인가? 왜 잘된 것인가? 다음과 같이 설명하며 마음을 진정시키라.

- 나에게 그 일이 필요가 없다는 뜻이며, 더 좋은 뭔가가 나를 기다리고 있다(실제로 그런 일이 자주 일어난다).
- 안 좋은 일(끔찍한 일)을 피하는 데 성공했다.
- 또 한 가지 교훈을 얻었으니, 헛된 일이 아니다(인생에서 의미 없는 일이란 것은 없다).
- 이번 일의 대가를 다음 성공에서 얻을 수 있을 것이다(실제로도 그런 일이 자주 일어난다).
- 나의 문이 아니었다(나의 인연이 아니었다). 그러니 나의 운명을 찾으면 된다(나의 것은 나로부터 그 어디로도 도망칠 수 없다).

만약 중요성이 너무 커서 도저히 그 무언가를 버릴 수 없다면, 실패를 미리 받아들이고 의도를 약하게 만든 다음에 그 중요한 일(시험이나 데이트 약속 등)을 하러 가면 된다. "오늘 일이 잘 풀리지 않을 수도 있다"고 말이다. 이런 설정은 의도를 약하게 만들지만, 종종 아주 큰 장애물이 되곤 하는 중요성의 잉여 포텐셜을 제거해준다.

중요성을 없애는 데 너무 집착하다 보면 모든 것에 무관심해지는 이상한 나라로 빨려 들어갈 수도 있다. 이 또한 좋은 일이 아니다. 중요성을 없앤다는 것은 무관심하거나 냉담한 것이 아니라, 의식을 가지고 사건을 지켜보는 것을 의미한다.

어떻게 에너지의 흐름을 만드는가?

중요성이 아직 완전히 사라지지 않았다면, 행동을 통해 남아 있는 중요성이 흩어지도록 만들어야 한다. 불안한 기대감과 나태함은 기회를 억누르고 에너지의 흐름을 막는다. 반대로 행동은 잉여 포텐셜이 흩어지게 하고 에너지가 흐르게 만든다.

억압된 상태에 처해 있고, 괴롭고, 아무것도 하고 싶지 않고, 슬럼프에 빠져 있다면, 그 이유는 에너지가 막혀 있기 때문이라는 사실을 이해해야 한다. 에너지가 다시 흐르도록 만들어야 한다. 그러려면 적어도 어떤 행동이라도 해서 움직임을 다시 시작해야 한다.

그 행동이 중요성의 포텐셜을 만든 사건과는 아무 관련이 없다 해도 좋다. 가장 효과적인 방법은 중요성을 반전하는 것이다. 예를 들어 나팔과 곰 인형을 사라. 곰 인형 세 개를 사면 더 좋다. 곰 인형을 앞에 앉혀놓고 나팔을 불어주라. 열광적인 행사나 화려한 의식을 치르는 것이다. 사무실에 칼 마르크스의 흉상을 놓고 그것에 대고 제사를 지내도 좋다. 어떤 장난감이든 가지고 놀라. 예를 들어, 바닥에서 장난감 차를 타고 노는 것이다. 부-우-웅! 또는 목마를 타고 놀라. 다그닥-다그닥! 이랴, 이랴! VIP급의 장난감들이다. 사장 같은 사람들에게 반드시 필요한 장난감이니 말이다.

만약 어떤 구체적인 어떤 상황에 처해 있고 특정 행동으로 그 문제를 해결할 수 있다면, 무엇이 걱정인가? 그 행동을 하라. 자리에 앉아 미리 두려워하며 머리를 싸매는 것은 아무짝에도 쓸모없으며 의미도 없다. 행동을 해야 한다. 뭐든 해보라. 그것이 정확히 어떤 행동인지는 중요하지 않다. 중요한 것은 행동 그 자체다. 행동을 통해서 에너지의 막힌 부분이 풀리고 흐름이 시작된다. 이 원칙을 모르는 사람은 자리에 가만히 앉아 담배나 태우고 있을 것이다. 반면 흐름을 시작한 사람에게는 모든 일이 쉽고 자연스럽게 풀릴 것이다.

예를 들어, 아주 중요하고 복잡한 일을 해야 하는 상황이라고 하자. 그렇다면 자리에 앉아 그 일을 시작하면 된다. 소개받고자 하는 사람이 있다. 앞뒤 생각하지 말고 그냥 그 사람에게 가서 인사하라. 어떻게 말을 건네고 연락처를 주고받아야 할지 상상하지 말라. 그것은 중요한 문제가 아니다. 흐름이 시작되면, 답은 그 과정에서 저절로 당신을 찾아올 것이다.

제임스 본드 영화를 본 적이 있다면, 그 주인공이 거의 단 한 번도 생각이란 것을 하지 않고 그저 행동에 옮긴다는 사실을 알고 있을 것이다. 그가 맡은 임무는 전부 불가능한 일들뿐이다. "어떻게 그 임무를 완수할 겁니까?"라는 질문을 받으면 그는 이렇게 대답한다. "모릅니다." 하지만 그는 행동을 한다. 그는 그 임무가 과연 완수할 수 있는 일인지, 어떻게 완수할 것인지 고민하지 않는다(어쩌면 아주 약간은 할지도 모르지만). 답은 행동하는 과정에서 저절로 찾아온다. 그는 중요성의 포텐셜에 부담을 느끼지 않고, 그저 흐름을 따라 행동하며, 순식간에 이동하면서 재빠르게 해답을 잡아낸다.

그것이 영화이기 때문에 모든 문제가 쉽게 해결되는 것이 아니다. 똑같은 원칙이 현실에서도 효과를 낸다. 지배자의 절대적인 의도이니 말이다. 지배자는 앞뒤를 따지지 않고, 그저 행동하기 시작하여 자신의 것을 손에 넣는다.

해변의 바위에 부딪히는 파도를 한번 관찰해보라. 지배자의 의도는 바다와 같다. 파도가 해변으로 밀려와 부서지는 것은 피할 수 없는 이치다. 그럼에도 파도는 온 힘을 다해 해변으로 자신의 몸을 던진다. 그러면서도 동요하지 않는다. 당신의 의도도 이렇게 확고해야 한다. "나는 침착하게 나의 것을 가지러 간다. 동요하지도, 갈망하지도, 두려워하지도 않는다. 나는 파도다."

- 집게가 채워졌다는 것은 무언가가 당신을 억압하거나 당신의 '나' 와 일치하지 않는 상태를 의미한다.

- 어떤 것에 의해 압박을 느끼면 당신에게 그것의 중요성은 저절로 커진다.

- 막힘이라는 것은 에너지가 멈춰 있다는 뜻(정체)이며, 먼저 이 정 체 상태를 해결한 다음에 에너지를 흔들어 풀어놓아야 한다.

- 잠에서 깨어나, 당신을 억압하는 것이 정확히 무엇인지 자각한다 면 이미 절반은 해결된 것이다.

- 집게가 집혀 있던 자리를 풀어놓은 다음에는 정체되어 있던 에너 지의 흐름을 회복해야 한다. 그 흐름을 되살리기 위해서는 직접 행동을 하면 된다.

- 자기해방의 알고리즘: 집게를 찾아낸다(무엇이 나를 억압하는지 찾아낸 다), 집게를 뺀다(인식한다), 흐름을 만든다(행동한다).

- 집게를 찾으려면 제때 꿈에서 깨어나 자신의 중요성이 어디에 있 는지 이해해야 한다.

- 어떤 원인으로 인해 억압받는 상황이 발생하는 그 즉시 주의를 깨우는 습관을 들여야 한다. 빨간 불이 깜빡거리게 하라.

- '고정관념이 나에게 어떤 것을 요구하는가? 나는 그 요구가 마음 에 드는가?'라는 질문으로써 그것이 자신의 신념과 일치하는지 확인하라.

- 당신을 억압하려고 하는 고정관념이 내면의 앎과 일치하지 않는 다고 느껴진다면, 외부로부터 당신의 신념에 정신적인 틀을 씌우 거나, 당신의 '나'를 깨뜨리려고 하는 시도가 일어나고 있다는 뜻 이다.
- 첫 번째로는 태도를 통제해야 한다. 감정과 기분은 그다음이다.
- 마음과 합의를 해야 한다. "성공해도 좋지만, 실패해도 좋다."
- 중요성을 없앤다는 것은 무관심하거나 냉담해지는 것이 아니라, 의식을 가지고 사건을 지켜보는 것을 의미한다.
- 에너지의 막힘을 제거하기 위해서는 움직임을 시작해야 한다. 무 슨 일이든 하라.
- 흐름이 시작되면, 답은 그 과정에서 저절로 당신을 찾아온다.

참고

시스템에 의해 채워졌던 집게와 중독에서 해방되면, 당신의 개 성을 깎아내리려고 했던 것들에게 복수할 수 있는 기회가 생긴다. 당 신은 특별하며, 이제는 자유롭기까지 하다. 이것은 훌륭한 특권이다. 이 특권을 이용하라.

정신적 집게

정신적 집게가 채워졌을 때의 몇 가지 전형적인 사례를 살펴보고, 어떻게 하면 이 집게를 빼낼 수 있는지도 알아보기로 하자.

복잡한 문제들

해결 방법: 중요성을 없앤다. — 행동하기 시작한다.

당신이 어떤 종류의 문제를 겪든, 트랜서핑은 심리학과는 달리 그 문제를 분석하고 해결해주지 않는다. 고르디우스의 매듭[*]은 단칼에 잘린다. 목표를 설정하고, '영사기'에 필요한 필름을 삽입하여 자신의 영화를 돌린다. 이것으로 충분하다.

어떻게 해결할 수 있을지, 무엇을 해야 할지 아무것도 알 수 없는 상황이라면 다음의 원칙을 사용해야 한다. 가치 있는 목표를 세워 그 목표를 향해 나아가면 된다. 이런 경우, 문제들은 일이 진행되는 과정에서 알아서 풀린다. 당신이 세운 목표가 문제와는 아무런 관련이 없다 해도 말이다.

어떻게 해결할 수 있을지 모르겠다고 하더라도, 그 문제 때문에

---

[*] Gordian Knot: 풀기 어려운 문제를 뜻하는 표현이다. 고대 국가인 프리기아의 왕 고르디우스는 마차를 제우스 신전에 봉안한 뒤 복잡한 매듭으로 묶어두고, 그 매듭을 푸는 사람이 아시아의 왕이 될 것이라는 신탁을 남긴다. 이에 수많은 영웅들이 매듭을 풀기 위해 나서지만 모두 실패했다. 수백 년이 지나 알렉산더 대왕이 매듭을 칼로 잘라버리고, 그는 실제로 아시아를 정복하게 된다.

골머리를 썩일 필요가 없다. 과거에 어떤 일이 일어났고 지금 어떤 상황인지는 중요하지 않다. 중요한 것은 '미래에 당신이 무엇을 달성하고자 하는가?'이다. 과거를 돌아보면서 현재의 문제를 파고들 필요가 없다. 목표를 설정하고, 그 목표를 달성하기 위해 움직이라. 당신의 주의와 의도는 오직 미래에만 온전히 집중하고 있어야 한다.

빚

해결 방법: 빚에 대해 생각하기를 멈춘다. — 방향을 목표에 맞추고 행동을 시작한다.

빚에 대해 생각하면 그 빚을 갚을 수 없다. '당신이 얼마나 큰 부담을 느끼는지, 지금 얼마나 힘이 드는지, 어떻게 해야 빨리 갚을 수 있을지, 과연 갚을 수 있기는 한 것인지'와 같은 생각이 머릿속을 계속해서 맴돈다면, 이 모든 생각은 당신이 가진 빚이 모습을 바꾸며 계속 나타나고 있는 것이다. 이런 생각이 계속해서 떠오른다면, 현실에서도 변하지 않는 장면만 반복될 뿐이다. '당신은 빚을 지고 있다.' 당신의 머릿속에 떠오르는 심상이 실제의 화면에 나타나는 것이다.

어떻게 하면 그런 현실에서 벗어날 수 있을까? 생각으로 자신을 괴롭히기를 멈추고(집게를 풀고) 행동을 하기 시작하면 된다(흐름을 만들어야 한다). 하지만 생각을 멈추는 것이 말처럼 그리 쉬운 일은 아니지 않은가? 다시 말해, 어떻게든 목표를 세우고 그 목표를 향해 행동하기 시작해야 한다. 물론 그 목표는 당신을 더 행복하게 만드는 효과를 낼 수 있어야 한다. 그렇게 되길 원하는가? 그렇다면 당신의 주의와 의도 모두를 당신이 한결 여유로운 사람이 된 미래와 목표에 맞추라.

이제 당신은 자신이 빚을 가지고 있으며 그 빚을 청산해야 한다는 사실, 또는 그 빚을 탕감받을 방법 따위에 대한 고민에 온통 정신이 팔려 있지 않다. 이제는 완전히 다른 영화가 상영되고 있다. 당신은 독립적인 사람이다. 이 영화 속에서는 당신의 빚에 대한 장면을 그 어디에서도 찾아볼 수 없다. 반대로 당신의 재산에 대한 장면만 있을 뿐이다.

당신의 생각과 행동 모두가 목표를 향하고 있고, 당신이 목표를 이루고 부를 거머쥔 자신의 영화를 용의주도하게, 계속해서, 분명한 목표를 가지고 생각과 행동으로 상영한다면 외부 화면, 즉 실제에서도 당신이 그린 장면이 서서히 나타나 곧 현실이 될 것이다. 머지않아 꼭 그렇게 된다. 현실은 그 어디로도 도망치지 않기 때문이다. 현실의 특성이 그렇다. 당신만 현실의 영향을 받는 것이 아니라, 현실도 당신의 영향을 받는다. 문제는 누가 주도권을 쥐느냐다.

내면의 콤플렉스

해결 방법: 단점과 씨름하기를 그만둔다. — 장점을 키운다.

빚을 해결하는 방법과 똑같다. 당신은 단점으로부터 도망칠 수 없으며, 그것을 뿌리째 뽑아내지도 못한다. 자기 분석과 자기 비판 역시 아무 도움도 되지 않고 의미도 없다. 여기에서도, 만일 뭔가 이해가 되지 않고 일이 잘 풀리지 않는다면 앞서 설명한 원칙을 사용해보라. 목표를 설정하여 그것을 이루기 위해 행동하는 것 말이다.

자신의 장점을 계발하여 그것을 이용하라. 어떤 장점인지는 중요치 않다. 이 방법이 훨씬 더 단순하고 효과적일뿐더러, 영혼도 충만해지는 기분이 들 것이다. 누구나 장점은 가지고 있으며, 그 장점들 중 단연 최고는 당신의 개성이다. 오직 당신만 가지고 있는 장점인 것이다.

사회의 집게는 당신에게 최고가 되어야 한다고 말한다. 하지만 틀에 박힌 전략을 바꿔, 최고가 아니라 유일한 사람이 되도록 자신을 허용해야 한다. 관심을 가지고 살펴보면, 성공을 이룬 사람들 중 대다수는 자신만의 특별한, 오직 그들만이 가지고 있는 장점을 이용했다는 사실을 알 수 있을 것이다.

유일한 문제는 자신의 내면을 들여다보고 자신만이 가진 특별한 점을 찾아봐야 한다는 데 있다. 애초에 모든 책이 다루고 있는 내용이 바로 이것이다. 시스템은 많은 부분에서 당신의 개성을 깎아내렸다. 이제는 그 개성을 되찾을 시간이다.

좋은 직장에 대한 미신

해결 방법: 다른 직장을 찾기를 멈춘다. — 자신의 직장을 찾아본다.

먼저 사회의 고정관념은 '좋은 직장은 모두에게 좋다'고 당신을 속이려고 한다는 사실을 이해할 필요가 있다. 애초에 '좋은 직장'이라는 개념 자체가 시스템의 기준에 따른 것이며, 그것은 가짜 성공이다. 질문을 다르게 설정해야 한다. 좋은 직장이라는 것은 가치 있는 직장을 뜻한다. 당신을 맞이할 가치, 당신의 개성을 품을 가치를 가진 직장인 것이다.

모든 것을 하나의 기준만으로 판단한다면 자신의 길이나 목표에 대해서 어떤 말을 할 수가 있겠는가? 모두가 기술학교를 졸업해 공장에서 일을 하거나 기계를 다루는 일을 해야 할 것이다. 또는 모든 부모가 원하듯이 좋은 교육을 받아(명문대를 졸업해서) 보수가 좋은 직장을 구하면(대기업에 입사하면) 당신의 인생은 성공한 인생이 된다.

사회의 기준은 위로부터 내려온다. 문자 그대로, 사회의 평균선에 맞춰진 재단기가 개개인을 향해 이동하며 개성을 잘라내는 것이다. 하지만 경험을 통해 알 수 있다시피, 진정한 성공을 이루는 사람은 기준을 따르는 사람이 아니라 기준을 깨뜨리는 사람이다. 아주 재미있는 사실은, 그 뒤에는 바로 이 새로운 승자의 개성에 맞춰 전체의 기준이 다시 세워진다는 점이다. 그다음 재단기가 다시 내려온다.

따라서 자신의 정신을 집고 있는 집게를 과감하게 빼버리고, 좋은 직장이 아니라 당신의 직장, 즉 당신의 목표와 당신의 문을 찾아 나서야 한다. 당신의 직장은 당신으로부터 그 어디로도 도망치지 않을 것이다. 그곳은 그 누구도 서로를 밀쳐대며 바글바글 몰려가려고 하지 않고, 오직 당신만을 위한 레드 카펫이 깔려 있다. 이에 대해서는 전작들에서 이미 충분히 설명한 바 있다.

근심과 두려움

해결 방법: 기대하는 상태에서 벗어난다. ― 자신을 지켜보며 앞으로 전진한다.

근심과 두려움은 에너지를 막는 가장 강력한 요인이다. 이런 상황을 벗어나려면 의식만으로는 부족하다. 막힌 상태를 해결할 수 있는 것은 오직 행동밖에 없다. 근심과 두려움은 본질적으로 뭔가를 기대하는 상태로부터 나온다. 이것을 없애는 열쇠는 무슨 수를 써서라도 이 상태에서 벗어나는 데 있다. 가장 쉬운 방법은 앞으로 한 발자국 내딛는 것이다. 공격에 앞서 참호에 바짝 엎드려 있는 것은 참 무서운 일이다. 그러나 공격이 시작되는 순간 두려울 것은 아무것도 없게 된다.

두려움은 오직 그것을 고의로 외면하려고 할 때 힘을 발휘한다. 용감한 사람은 두려움이 없는 사람이 아니라, 두려움을 감추지 않는 사람이다. 두려움을 없애려면 오히려 잠에서 깨어나 자기 자신을 지켜봐야 한다. 얼마나 두려운지, 이 과정이 어떻게 흘러가는지 지켜보는 것이다. 당신이 지금 처음으로 낙하산을 메고 뛰어내리려고 한다고 상상해보라. 아찔한 벼랑 끝에 서 있다 보면 당신은 '몸에서 빠져나와' 발밑이 아니라 자기 자신을 옆에서 바라보게 된다. "아-아-아, 무서워! 으-아-아, 근데 재미있겠다!" 그와 동시에 한 발짝 앞으로 내디디며, 뛰어내린다.

두려움을 마주하고 앞으로 걸어가야 하는 상황에 처하면 새로운 느낌을 경험하게 될 것이다. 그리고 그 느낌이 썩 마음에 들 것이다. 가장 올바른 방법은 어떻게든 '기대하는 상태'에서 벗어나 직접 행동하기 시작하는 것이다. 공포가 느껴져도('이러다 실패하면 어쩌지?') 괜찮다. 그냥 시작하라. 눈에는 공포가 서려 있을지라도 손은 움직이게 하라. 그냥 하면 된다. 필요한 모든 것은 제임스 본드처럼 임무를 수행하는 과정에서 찾아질 것이다. 물론 막무가내가 되어서는 안 된다. 이성적인 범위라는 것이 무엇인지는 당신도 잘 알지 않는가.

두려움을 없앨 수 있는 아주 효과적인 방법이 하나 있다. 다른 감정으로 전환하면 된다. 예를 들어 다툼에 대한 두려움을 분노로, 미지에 대한 두려움을 호기심으로, 부끄러움을 성적 매력으로, 방어심을 투쟁심으로, 실패에 대한 두려움을 흥분으로 바꾸어보라. 스스로 확신이 없고 우유부단하게 여겨진다면, 자신이 흔들리지 않는 지배자의 의도를 가지고 해변으로 달려가는 파도라고 상상하라. 색다른 기분을 느끼게 될 것이다. 효과가 있을 테니 한번 시도해보길 바란다.

하지만 최고의 방법은 당신을 두렵고 걱정스럽게 만드는 것을 당신의 세계로 들여보내지 않는 것이다. 재앙, 사회적 이슈, 범죄, 전쟁, 테러, 자연재해 등, 이 모든 것이 고속철도의 창밖 풍경이 눈앞에서 휙 지나가듯이 나의 주위를 스쳐가게 하라. 나의 침착함은 내가 내 행성의 주인이라는 인식에서 나온다. 이 행성의 날씨를 결정하는 것은 바로 나이며, 다른 그 누구도 아니다. 나는 내 행성의 구름을 쫓아내고 태양의 빛을 켜 무지개를 드리울 것이다.

가짜 목표

해결 방법: 최고가 되기를 멈춘다. — 독특해진다. — 자신의 목표를 찾는다.

앞서 살펴본 것처럼, 개성과 그것이 가지는 독특한 가치는 시끌벅적한 여론 속에서 획일화된다. 의견을 공유하는 과정에서 고정관념과 성공의 기준이 만들어지는 것이다. 여론은 '압도적 다수'에 의해 형성되기 때문에, 주로 이 고기 절단기에서 제2, 제3의 생산품이

나오곤 한다. 무식함과 평범함이 승리하고, '조건에 맞지 않는' 개성은 열외로 분류된 다음 재가공 처리반으로 보내진다.

그러면 문자 그대로 이런 일이 일어난다. 성공을 위한 모든 사람의 경쟁이 선포되는 것이다. 모두가 성공을 쟁취해야 한다. 성공하지 못한 사람은 탈락자이며 패배자다. 그리고 성공의 기준을 온갖 화면과 책 표지에서 대대적으로 보여준다. 원칙에 복종하는 것처럼 보이는 사람이 승자가 된다. "그들처럼 해, 그들보다 더 나은 존재가 되어야 해!"

하지만 순전히 겉보기에만 그럴 뿐이다. 사실 이 게임에는 그 누구도 확실하게 알려주지 않는 우회적인 원칙이 하나 있다. "승자는 압력에 굴복하지 않으며 자신의 개성을 포기하지 않는 사람이다." 진정하고 비상한 성공을 거머쥔 대다수의 사람들은 바로 이러한 방식을 사용했다.

실제로, 모두가 참가하는 경쟁에서는 우회로를 선택하는 방법이 더 쉽고 효과적이며 당신의 영혼도 그것에 만족한다. "그들처럼 해, 그들보다 더 나은 존재가 되어야 해!"라는 규칙을 따른다면 앞서 말한 '나'를 깨뜨리는 과정이 일어난다. 그 이후에는 개성을 나타내는 것이 더 이상 불가능한 일이 되어버리며, 다른 사람을 좇아 '최고'가 되는 것은 매우 어려워진다.

'그 누구보다 나은, 혹은 어제의 나보다 나은' 사람이 되려고 노력해서는 안 된다. 주의의 주된 방향을 자신의 특별한 장점과 가치를 찾아 그것을 계발하는 데 맞춰야 한다. 당신의 영혼은 틀림없이 어떤 점으로 인해 다른 사람들과 다르고 특별하다. 하지만 그것이 구체적으로 무엇인지는 오직 당신만 알 수 있다. 당신의 '나'가 깨지지 않게 주의한다면, 당신의 성공에 맞춘 새로운 기준이 등장할 것이다.

자신의 목표

탐색 방법: 찾는 것을 멈춘다. — 지켜보는 자의 입장이 된다. — 목표가 저절로 나타난다.

자신의 길, 자신의 목표를 찾지 못하겠다면 당신의 주의가 거울에 사로잡혀 있다는 뜻이다. 당신은 다른 사람의 목표가 실현되는 모습을 바라보며 다른 사람의 현실을 자신에게 적용하려고 한다. 결국 그 드라마는 당신의 주의를 삼켜버리고, 당신은 자신의 영화를 만들어야 한다는 사실은 까맣게 잊은 채 다른 사람의 영화를 관람하며 헛되이 세월을 보낸다.

거울에서 주의를 떼어내기 위해서는 남들과는 다른 독특한 방법을 취해야 한다. 탐색하기를 멈추라. 다른 사람의 경험과 현실을 시도해보는 것은 도움이 될 수 있지만, 그것은 그저 이 세계에서 어떤 일들이 일어나는지 최소한의 체험을 해보는 정도로만 도움이 될 뿐이다. 일단 약간의 경험을 하고 나서는 최대한 빠르게 공동의 대열에서 벗어나 자신의 길을 걸어가야 한다. 하지만 어떻게 그렇게 할 수 있을까?

우리 모두에게는 자신의 인생을 축제로 바꿔줄 자기만의 독특한 길이 있다(이 길은 여러 개일 수도 있다). 미래에는 그 어떤 행복도 없다. 행복은 바로 지금 이곳에 있거나, 아니면 또 다른 인생트랙에 있을 뿐이다. 인생은 뭔가를 손에 넣었거나 어딘가에 도착했을 때가 아니라 목표를 향한 과정 — 당신의 존재가 기쁨과 의미로 가득 차는 바로 그 트랙(길) — 에서 축제가 된다. 다른 말로, 목표는 지향점이 아니라 길이다.

이런 현재의 행복감과 미래의 어떤 일에 대한 두근거리는 기대감은 생리학적인 근거가 분명하다. 자유에너지는 목표를 향해 나아가는 과정에서 흘러나오기 때문이다. 이것은 당신의 영혼이 원하는 일을 할 때 나오는 창조에너지다(당신이 하기 싫어하는 일을 할 때는 반대로 에너지가 막힌다). 기쁨이 넘쳐흐르는 쾌감을 만들어내는 것은 바로 이 창조에너지의 흐름이다. 따라서 당신의 목표는 에메랄드 도시를 향한 당신의 길이지, 그 도시에서 당신을 기다리고 있는 어떤 대상이 아니다. 움직임이 있어야 에너지도 있다. 지향점에 도착하면 정지해서 잠깐 숨을 고른 다음, 다시 계속해서 이동해야 한다.

목표를 탐색하는 알고리즘 따위는 없다. 목표를 설정하는 것 자체가 모호하며 불분명한 과제이기 때문이다. "어디로 가야 할지는 모르겠지만 가라. 뭘 원하는지는 모르겠지만 일단 찾으라"는 명령인 셈이다. 이 공식의 단점은 엄청나게 모호하다는 것이다. 하지만 바로 이 단점 안에 열쇠가 들어 있다. 당신이 자신의 목표를 어떻게 찾아야 할지 모르겠다면, 그것은 알아야 할 필요가 없다는 뜻이다. 고르디우스의 매듭은 쉽게 끊어진다. 당신의 목표는 저절로 나타날 것이다.

하지만 그렇게 하기 위해서는 평범한 마음이 습관처럼 하는 일을 그만둬야 한다. 해답을 찾는 일 말이다. 마음은 어디에서 자꾸만 해답을 찾으려고 하는가? 자신이 통제할 수 있는 정보들, 즉 주변 현실의 거울 속에서 찾으려고 한다. 마음은 항상 반영을 이해하고, 거머쥐고, 그다음에야 그것을 가지고 어떻게 할 수 있을지 파악하기 위해 요리조리 돌려보며 유심히 관찰한다. 하지만 당신은 지금의 주변 현실에는 없는 해답을 얻으려고 하는 것이 아닌가? 그 말인즉슨, 자기 세계의 층에 다른 현실을 끌어와야 한다는 뜻이다.

자신의 시야를 넓혀, 단 한 번도 가보지 않은 곳에 가보고, 단 한 번도 본 적이 없는 것을 보라. 자신의 목표에 새로운 정보와 새로운 영감을 불어넣으라. 이것은 마음이 아니라 영혼에게 필요한 일이다. 영혼이 자신의 것을 발견하면 즉시 생기가 돌 것이다.

나는 일부러 그 어떤 구체적인 지침도 주지 않으려고 한다. 왜냐하면 자신의 목표를 찾는 것은 순전히 개인적인 일이며, 여기에는 그 어떤 틀도 있어서는 안 되기 때문이다. 가장 중요한 원칙은, 목표에 대해 고민하지 말고, 그것을 찾으려 들지도 말고, 그저 자신의 감정을 지켜보면서 그것에 주의를 고정하기만 하면 된다는 것이다.

마음은 체계적인 분석가가 아니라 지켜보는 아이의 입장에 있어야 한다. 그런 의미에서 마음은 수동적이어야 한다. 영혼에게 새로운 정보, 새로운 경험, 새로운 영감을 제공하며 그 속에서 영혼이 어떤 경험을 하는지 그저 지켜보는 것이다.

마음의 전원이 켜지는 것은 오직 영혼이 기쁨에 겨워 "이거다, 이건 내 거야!"라고 외칠 때뿐이다. 자신에게 질문을 던져보라. '이것이 나의 인생을 축제로 바꿔줄까?' 그에 대한 해답은 영혼과 마음의 일치에서 나와야 한다. 당신도 알다시피, 목표는 원칙적으로 달성할 수 있는 것이어야 한다. 또한 본래 영혼이 어떤 것을 좋아하는지도 고려해야 한다. 자신에게 그 목표가 맞는지 파악해보기 위한 시간도 필요하다. 만약 의심이 생긴다면, 목표 슬라이드를 심상화하여 자신의 안락지대를 넓혀보라. 이에 대해서도 전작들에서 충분히 설명한 바 있다.

다시 한 번 강조하지만, 자신의 목표를 탐색하는 일이 집게에 걸려 있는 수동적 행동이 아니라 주의 깊은 관찰이 함께하는 적극적 행동으로 대체되어야 한다. 여기에서 마음이 하는 일은 자신의 세계에 새로운 경험과 영감을 더 많이 들여보내는 것 정도다. 마음이 실을 잡고 따라가도록 내버려두라. 어디로 가야 하는지는 그것이 직접 알아낼 것이다.

아직 목표를 못 찾겠다면, 당신의 자존감을 높이고 당신 자신과 당신 인생에 대해 만족감을 느끼게 해주는 것이 무엇인지 살펴보는 것도 좋은 출발점이 될 수 있다. 자신의 체형을 개선하고 에너지를 높이는 작업부터 시작해보라. 이것은 의무이기도 하다. 몸이 허약하고 에너지가 적으며 영혼은 무기력하다면, 창의적인 탐색 단계는 시작할 수조차 없을 것이다.

애초에 목표란 것은 시간이 흐르면 변화하고 바뀐다. 이에 대해 준비가 되어 있어야 한다. 이런 변화가 정상이라는 사실을 염두에 두고 있어야 한다. 누구나 저마다의 길이 있고, 그것이 직접적으로 드러나는 경우는 드물다. 과감한 목표를 세우는 것을 두려워하지 말라. 과감한 목표를 향해 나아가는 길에서 현실적으로 당신을 방해할 수 있는 유일한 것은 외부의 장애물이 아니라, "그 목표를 어떻게 달성할 거야?"라고 물어오며 내면에서 당신을 갉아먹는 질문이다.

해결 방법: 허용할 수 없는 것을 허용한다. — 목표를 향해 분명하게 방향을 맞춘다.

원칙적으로 달성할 수 있는 목표이긴 하지만 그 방법과 수단을 알 수 없다고 해서, 그것이 그 목표를 포기해야 한다는 이유가 될 수는 없다. '어떻게…, 잘 될까…, 만약 실패하면…'과 같은 생각 자체가 현실에서 당신을 방해하는 요인보다 더 큰 장애물이 된다. 내가 신화 속의 '실타래'라는 표현을 괜히 꺼내 쓴 것이 아니다. 어디로 가야 할지, 어디에서 시작할지 모르기 때문에 당신은 앞에 놓인 실을 따라갈 수밖에 없다. 당신의 마음 역시 손을 놓고 지켜보기 모드에 들어설 수밖에 없다. 당신은 바로 이렇게 해야 한다.

마음이 집요하게 목표를 찾아다니는 동안에는 주변의 그 무엇도 당신의 눈에 들어오지 않는다. 그 일에서 마음의 주의를 환기하여, 눈길이 닿는 곳이라면 어디든 갈 수 있게 해야 한다. 주변을 여유롭게 살펴보라.

목표를 달성할 방법과 수단을 찾는 것도 똑같다. 마음은 "이 문제는 답이 없다" 또는 "이 목표는 달성하기가 몹시 어려우니 노력할 가치도 없다"고 주장한다. 마음은 틀과 고정관념을 사용해서 작전을 세우고, 그것을 이행하는 데 익숙하다. 문자 그대로, 학교에서 공부하는 것처럼 단순한 공식을 활용해 방정식 문제를 푸는 것이다. 마음은 원칙적으로 그 어떤 새로운 사실도 발견할 수 없다. 그것이 할 수 있는 일이라곤 똑같은 나무블록들을 조금 다르게 쌓는 것뿐이다. 모든 발견은 실을 따라가는 과정에서 저절로 나온다. 더 정확히 말해서, 우리가 발견을 하는 것이 아니라 새로운 발견이 우리 눈앞에 나타난다. 하지만 이조차도 어디까지나 우리의 마음이 길을 따라나서야만 가능해진다.

따라서 가장 중요한 점은 과제를 해결하는 것이 아니라, 최종 목표로 향하는 길을 바보가 따르도록 만드는 것이다. 그 과정에서 해답이 나타나서 바보가 그것을 얻을 수 있도록 말이다.

자신의 주의와 의도를 목표를 향해 집중하고 있어야 한다. 가상의 현실을 만들어 그 속에서 살아가라. 목표가 실현되고 당신이 원하는 것을 손에 넣는, 아직은 상상에 불과하지만 자신의 것인 영화를 상영하라. 나는 이런 일을 분명한 목표를 가진 채 구름 속에서 여행하기라고 부른다. 아직은 영화가 실제와 일치하지 않더라도 그것은 중요하지 않다. 당신의 실제는 처음에는 사념 속에서, 그다음에는 현실에서 만들어질 것이다.

이 영화를 재생하는 동안 당신의 세계의 층은 목표가 실현되는 가능태 공간의 섹터를 향해 움직인다. 이 움직임을 항상 눈치챌 수 있는 것은 아니며, 그 결과 역시 곧바로 나타나지 않는다. 그러나 머지않아 당신이 꿈도 꾸지 못했던 문(기회)이 열리기 시작한다. 이 기법의 모든 힘은 바로 여기에 있다. 과거, 현재, 또는 다른 사람의 경험에 정신을 팔지 않고 주의와 의도를 목표에 맞추다 보면 방법과 수단은 저절로 나타난다. 목표를 달성하고 어려운 과제를 해결하는 데 이보다 더 강력한 도구는 없다.

이 기법을 적용할 수 있는 흥미로운 방법이 하나 더 있다. 개인적으로, 실질적인 문제를 해결하는 데 트랜서핑의 원칙을 사용할 수 있다고는 미처 생각해보지 못했다. 왜냐하면 그런 종류의 활동을 하지 않은 지 꽤 오래되었기 때문이다. 그런데 알고 보니 이런 방법도 있었다.

많은 과제들(물리, 수학, 화학, 생물학, 공학)은 오래전에 정형화되었고, 알고리즘과 공식을 사용해야 풀린다. 하지만 어느 쪽에서 접근해야 할지 알 수 없는 창의적인 문제들도 있다. 어떻게든 마음을 정상 상태로 만들고 그것에게 '실'이라도 쥐여주기 위해 특수한 문제해결 기법들이 고안되었는데, 이 기법들은 적어도 방향을 제시해주기는 하지만 마음이 종종 "이건 불가능해! 이 문제에는 해답이 없어!"라고 외치며 도저히 해결할 수 없을 것이라고 생각하는 장애물들을 실제로 제거하지는 못한다. 그래서 저명한 석학인 블라디미르 게라시모프Vladimir Gerasimov는 여기에 하나의 단순하고 강력한 원칙을 추가했다. 바로, 허용할 수 없는 것을 허용하는 것이다.

비과학적인 원칙이라고 생각되지 않는가? 하지만 마음은 이런 명분을 필요로 한다. '과학적으로 신뢰받는' 누군가가 불가능하게 여겨지는 일들이 이론뿐 아니라 실제로도 '가능하다'는 수학 공식을 제시해주는 것 말이다. 그렇지 않으면 마음은 허용할 수 없는 일을 허용해도 된다는 사실을 절대로 받아들이지 못한다.

실제로 역사 속의 수많은 기발한 발명품들은 마음이 '흔들리지 않는 굳은 확신'을 뛰어넘었을 때 나올 수 있었다.

예를 들어, 쇠로 만든 배는 물에 뜨지 않을 것이라고 굳게 믿었던 시기가 있었다. 사람들은 쇠가 물에서 가라앉기 때문에 배는 오직 나무로만 만들어야 한다고 믿었다. 그러다 마음은 불가능한 일을 자신의 눈으로 직접 본 뒤에야 실제로는 그것이 가능하다는 사실을 확실히 깨닫게 되었다. 분명 그전까지는 불가능한 일이었는데 말이다! 이제는 고철 덩어리가 하늘을 날기까지 한다.

이와 같이 경험에 빗대어 봤을 때 도저히 해결할 수 없어 보이는 과제일지라도, 또는 어떻게 접근해야 할지 갈피를 잡을 수 없는 과제일지라도, 그것을 해결하기를 곧바로 포기하지 말라. 온갖 장애물과 제약은 당신의 머릿속에만 있을 뿐이라는 사실을 이해해야 한다. "정확히 어디인지는 모르겠지만, 어딘가로 가라"는 목소리를 듣게 된다면, 또는 "무엇인지는 모르겠지만 일단 둘러보면 뭔가 기발한 것을 얻을 수 있다"는 목소리를 듣게 된다면, 일단 그 실을 따라가라. 거기에서 당신이 원하는 것을 찾게 될 것이다.

유일하게 어려운 것은 가능과 불가능의 경계를 넘어서야 하는 첫 단계뿐이다. 존재하지도 않고, 해답도 없으며, 볼 수도 없는 컨닝페이퍼를 들여다보는 일과 비슷하다. 그것을 어떻게 해야 하는가? 불가능한 행동을 해야 한다. 허용할 수 없는 것을 허용해야 한다.

어떻게 그것이 가능한지 생각하지 말고, 최종 목표에만 집중하라. 이것이 원칙이다. "우리가 결과적으로 이루고자 하는 것은 무엇인가?"라는 질문에만 모든 주의를 집중해야 한다. 그리고 최종 결과에 집중한 채 행동을 시작해야 한다. 무엇을 해야 할지, 어떻게 해야 할지는 이 첫 단계에서 크게 중요하지 않다. 행동은 무질서할 수도, 체계적이지 않을 수도 있고, 심지어는 아무 의미가 없을 수도 있다. 중요한 점은 주의와 의도가 이미 쌓여버린 진부한 경험을 흘끔거리지 않고 분명하게 목표를 향해 있어야 한다는 것이다.

비결은 바로 여기에 숨어 있다. 우리의 마음은 예전에 우리가 시도조차 하지 않았던 과제를 해결하는 것이 아니라, 가리개를 쓴 채 앞만 보고 달리는 경주마처럼 목표에 시선을 고정하고 앞으로 돌진한다. 경주마의 가리개는 고정관념과 틀이 당신이 목표를 향해 나아가는 길에서 장애물이 되지 않도록 하기 위해서 반드시 필요하다. 해답은 당신이 목표를 향해 나아가는 과정에서 저절로 나타날 것이다. '해답이 없는' 과제의 해답을 구하는 공식은 다음과 같다.

허용되지 않는 것을 허용한다.

주의와 의도의 방향을 목표에 맞춘다.

행동하기 시작한다.

이 공식에 따른 행동을 구체적인 사례를 들어 설명하고자 한다. 지금이 19세기 초라고 상상해보자. 아주 단순하지만 영원히 꺼지지 않는 빛의 근원을 찾아야 하는 상황이다. 전기가 발명되기 전 불을 밝힐 수 있는 수단은 나뭇가지, 횃불, 가스등, 양초 정도였다. 이 모든 방법이 똑같은 특징이자 단점을 가지고 있었다. 재료가 불에 타며 사라진다는 점이다. 따라서 우리의 과제는 불에 타지만 사라지지는 않는 재료를 구하는 것이다.

당시에는 그것이 불가능한 일처럼 보였을 것이다. 빛을 밝히는 유일한 수단이 불이었으니 말이다. 등잔불은 그 안에서 뭔가가 연소하기 때문에 빛을 낸다. 심지어 별들도 불타기 때문에 빛을 낸다. 그런데 빛을 내면서도 불에 타 없어지지 않는 재료가 정말로 있을까?

허용할 수 없는 것을 허용한다면 가능해진다. 해답은 불활성 가스[*]가 채워진 백열등이다.

이 방법으로 인해 도저히 예상할 수 없었던 기발한 발견이 이루어지고 놀라운 발명품이 만들어지게 되었다. 비록 아직은 아닐지라도, 당신도 천재가 될 수 있다. 이 강력한 도구를 가지게 된 지금, 당신은 다른 사람들이 해답을 찾을 시도조차 하지 않는 문제들을 해결할 수 있다.

이루어지지 않는 사랑

해결 방법: 포기하고, 고통을 버린다. 삶을 쓸데없이 허비하지 않으며 자신의 모습을 유지한다. ― 자신의 짝을 찾는다.

"사랑하는 사람이 떠나갔는데, 어떻게 하면 그가 돌아올 수 있을까?"라는 질문을 나는 자주 받는다. 이미 말한 것처럼, 트랜서핑은 심리학과는 달리 문제를 해결하지 않는다. 심리상담사에게 이런 질문을 한다면(그 상담사의 실력은 평균 정도라고 하자), 당신이 어떤 점에서 틀렸는지, 어떻게 행동했어야 하는지, 어떻게 바뀌어야 당신을 버린 연인이 다시 당신에게 돌아와 사랑을 속삭일지 알려주는 긴 목록을 적어줄 것이다.

'자신을 바꾼다', '자신을 속인다', '올바르게 행동한다', '착한 아이가 되어야 한다', '자신의 성별에 따라 여우 같은 전략을 세울 수 있어야 한다'….

이 모든 것이 '나'를 깨뜨리는 과정을 연상시키지 않는가? 정말

---

* 헬륨, 네온, 아르곤, 질소, 이산화탄소 등 다른 원소와 반응하지 않는 안정된 기체를 말한다. 반응 또는 연소가 일어나지 않는다.

로 자신을 바꾸고 싶은 것은 아니지 않은가? 사랑받을 가치가 있는 사람이 되기 위해 왜 당신의 '나'를 바꿔야 하는가? 그 말은, 당신이 사랑받을 가치가 없는 사람이라는 뜻인가? 그렇다면, 사랑받을 가치가 없는 당신은 대체 어떤 사람이라는 말인가? 당신의 새로운 '나'는 사랑받을 만한 사람이 될 수 있을 것인가? 그리고 사랑을 얻고 싶다고 해서 왜 약삭빠르고 똑똑한 전략을 가지고 있어야만 하는 것인가? 약삭빠르고 똑똑한 사람들만 사랑을 얻을 수 있다고? 만약 내가 필요한 모습대로 당신이 변한다면, 나는 월요일부터 당신을 사랑하기 시작하게 될까?

실제로 이 모든 것은 사회의 집게이자 덫이다. 사랑의 원칙은 전혀 다르다.

사랑은 쟁취하는 것이 아니다. 그것은 갑작스럽게, 설명할 수 없는 방식으로 저절로 나타난다.

사랑을 얻기 위해 변해야 한다면, 뭔가가 잘못되었다는 뜻이다.

사랑은 마치 꽃과 같아서 한 번 시들면 다시 피어날 수 없다.

마지막 원칙은 사랑은 난롯불을 다루듯 계속해서 거기에 장작을 넣고 불이 꺼지지 않도록 지켜봐야 한다는 사실을 알려준다. 사용하고 취할 뿐 아니라, 먼저 베풀 줄도 알아야 한다. 사랑은 사실 엄청난 노력을 필요로 한다. 하지만 지금은 이에 대해 이야기할 때가 아니다.

문제는 당신이 되돌리고자 하는 것이 무엇인지에 있다. 사랑하는 연인인가, 아니면 사랑인가? 이미 떠나간 사람이 돌아오도록 만들 수는 있을 것이다. 하지만 사랑이 이미 떠나갔다면 사람만 돌려놓아서는 안 될 것이다. 과연 당신을 사랑하지 않는 연인을 돌아오게 만들 필요가 있을까? 여기에서 당신이 얻는 이점이 무엇이라는 말인가? 선택의 문제다.

물론 인생에서 쉬운 일은 없으며, 온갖 사건과 예외가 발생한다. 문제는 사랑, 특히 이루어지지 않는 사랑은 이성을 흐리게 만든다는 데 있다. 그것이 이루어지지 않을 사랑이라면, 당신은 곤란한 상황에 빠졌다는 뜻이다. 이런 상황에서는 영혼뿐 아니라 마음을 통해서도 볼 수 있는 능력을 가져야 한다. 무슨 일이 일어나고 있는지 이해해야 하는 것이다.

두 사람이 관계를 형성하면 펜듈럼이 만들어진다. 나쁠 것은 없다. 오히려 펜듈럼은 관계를 안정시키고 이어주는 연결고리 역할을 하니 말이다. 하지만 한 사람이 떠나면, 펜듈럼은 두 사람 몫의 에너지를 빨아들이기 위해 남아 있는 사람을 괴롭히기 시작한다. 그래서 떠나간 연인이 돌아올 것이라고 믿는 이상, 남아 있는 사람은 계속해서 두 사람 몫의 에너지를 펜듈럼에게 바쳐야 할 뿐 아니라, 계속 고통받고 괴로워하기 때문에 그 이상의 것을 바쳐야 수도 있다.

당신의 연인이 떠나갔다면, 펜듈럼이 당신으로부터 에너지를 빨아들이지 않도록 당신도 그 관계를 놓아야 한다. 그러려면 가능성이 있는 다른 사람에게로 주의를 옮겨야 한다. 그렇게 하지 않는다면 당신은 계속해서 고통받을 것이다. 이런 고통은 아무짝에도 쓸모가 없다. 당신의 인생만 갉아먹을 것이다. 당신의 소중한 시간을 낭비하게 만들 뿐이다.

마찬가지로 짝사랑이나 처음부터 받아들여지지 않은 사랑도 아주 파괴적이다. 이런 경우 사랑하는 쪽에게 남는 것은 고통밖에 없다. 짝사랑을 할 때도 마찬가지로, 영혼의 힘과 인생의 에너지를 헛되이 흘려보내서는 안 된다.

적어도 자신의 가치를 잃지 않도록 해야 한다. 누가 뭐라고 해도 짝사랑은 참 굴욕적인 것이니 말이다. 당신은 사랑하는데, 그 사람은 당신을 사랑하지 않는다. 뭔가가 잘못된 것이다. 이것은 비정상적인 일이다. 하지만 정확히 무엇이 비정상적이란 말인가? 집게가 똑같은 대답을 내놓는다. "네가 사랑받을 정도로 충분히 가치가 없어서 그래." 집게가 어떻게 작동하는지 알겠는가?

사실, 당신이 버림받은 상황과 짝사랑을 하는 이유 모두 그저 당신이 자신의 짝을 찾지 못했기 때문이다. 직접 판단해보라. 그 사람이 정말로 당신의 짝이라면 당신을 버리겠는가? 당신의 짝이 맞는데 당신을 사랑하지 않을 수 있겠는가? 당신의 짝은 당신을 사랑하기 위해 만들어진 사람이 아닌가. 세상에는 수많은 사람이 있지만, 열쇠와 자물쇠처럼 서로가 서로에게 꼭 들어맞는 제 짝이 있기 마련이다.

당신과 사랑으로 이어질 수 있는 당신의 짝은 이 세상에서 둘도, 수만 명도 아니고 단 하나뿐이다. 어떤 위대한 존재가 사랑을 만들었다면, 행복한 첫 만남의 확률을 0으로 만들 정도로 잔인하지는 않을 것이다. 당신의 짝은 이 세상 어딘가에서 숨 쉬고 있으며, 어쩌면 당신의 아주 가까운 곳에서 당신을 찾고 있는데, 정작 당신은 다른 곳에서 사랑을 낭비하고 있는 중일 수도 있다. 참 어리석지 않은가?

그러니 누군가와 잘되지 않았다고 해도, 실망할 필요 없다. 자신의 짝을 찾으면 된다. 버림받았다면 기뻐하라. 당신의 인생에서 지지 않아도 될 부담을 덜었다. 이제 당신은 자유로워졌으며 진정한 사랑을 찾을 기회가 생긴 것이다.

보다시피, 주제가 더 진지해졌음에도 문제를 해결하는 방법은 아주 실용적이다. 하지만 고통과 실용을 택하는 것 중 어느 쪽이 좋은지는 당신이 결정할 문제다. 나는 그동안 받아온 수많은 편지를 통해서 얼마나 많은 사람들이 헛되이 고통받고 있는지 잘 알고 있고, 내가 지금 어떤 이야기를 하고 있는지도 잘 알고 있기 때문에, 완전한 확신을 가지고 이 주제를 말할 수 있다.

외로움

해결 방법: 애정을 쟁취하기 위한 싸움을 멈춘다. ― 애정을 발산한다.

관계와 인생을 함께할 수 있는 짝을 찾는 것은 모두는 아니더라도 꽤 많은 사람들이 관심을 가지는 주제다. 인류의 절반이 자신의 반쪽을 찾기 위해 노력하며, 그 반쪽의 입장도 똑같을 것이다. 하지만 선택지가 많음에도 양쪽 모두 똑같은 어려움을 겪는다.

사람들은 이 문제의 원인을 자신이 평범한 '품질 기준'에 맞지 않거나, 그(그녀)가 나의 요구사항에 맞지 않기 때문이라고 생각한다. 이로 인해 자신을 바꾸어야 하고, 계속해서 자신의 짝을 찾아 돌아다녀야 한다는 결론을 내린다. 하지만 정말 자기 자신을 바꾸고 싶은가? 그리고 대체 내 이상형은 어디에 있다는 말인가?

이런 상황이 지겹고, 다른 사람들이 겪는 문제를 똑같이 경험하고 싶지 않다면 세계를 바라보는 시각을 바꿔야 한다. 즉 기준과는 다르게 생각하고, 기준에서 벗어난 행동을 해야 하는 것이다. 자신을 바꾸거나 검색창을 켤 필요가 없다. 오히려 행복을 가져다줄 파랑새를 찾기를 멈춰야 한다. 그 새가 스스로 당신을 찾아와 손바닥 위에 사뿐히 내려앉도록 하는 것이 더 좋다.

먼저, 당신에게 걸려 있는 사회의 집게를 풀고서 달라진 시각으로 주변 현실을 바라봐야 한다. 당신은 '사랑의 기준에 맞는 사람이 되기 위해' 변하거나 더 나아질 의무가 없다. 사랑을 쟁취할 의무도 없다. 사랑은 적진의 요새가 아니니 말이다. 당신이 해야 할 일은 딱 하나다. 당신의 세계의 층으로 당신의 짝을 끌어오는 것 말이다. 그 다음부터는 모든 일이 자연히 알아서 해결될 것이다. 사랑이 직접 당신을 찾아오게 하라. 이를 위해서는 아주 사소한 일 하나만 하면 된다. 당신의 짝이 근처에 있도록, 그리고 서로에게 주의를 기울이도록 만들면 된다.

자신의 세계로 짝을 끌어들이기 위해서는 슬라이드 기법을 활용하면 된다. 당신이 어떤 추상적인 인물, 즉 이상형과 함께하는 슬라이드를 용의주도하게 돌려야 한다. 그러면 특정 순간에 문이 열리고, 그(그녀)가 나타날 것이다. 그 이후의 일은 당신에게 달려 있다. 다만 슬라이드를 돌리면서 창밖에서 백마 탄 기사가 나타나거나, 공주님이 피자를 가져올 때까지 방구석에 틀어박혀 있어서는 안 된다. 당연히 자신의 짝을 만날 기회가 있는 집단에 속해 있어야 한다.

만약 그 집단에 문제가 있거나, 당신이 다른 사람들과 자유롭게 어울릴 수 있을 정도로 사교적인 성격이 아니라면 다른 기법을 사용할 수도 있다(물론 슬라이드를 무시하지 않으면서 말이다).

당신을 내면에서 매력과 애정의 빛이 나오는, 빛나는 존재라고 상상하라(원한다면 '성적 매력'이나 '힘'을 더 추가해도 좋다). 그 의도를 가지고 빛을 발산하라. 자기 자신에게 다음과 같은 사념체를 최대한 자주 선언하라.

나는 아주 매력적인 사람이다. 나에게서 매력과 애정의 빛이 나온다. 사람들은 이 빛을 발견하고 나에게서 호감을 느낀다. 그들은 나와 교류하는 것을 기쁘게 생각한다. 그들은 나의 영역 안에 있는 것을 편하게 느낀다. 나는 아주 매력 있는 사람이다. 나는 애정과 기쁨의 빛을 발산한다. 나는 빛나는 존재다.

사념체는 앞서 설명한 '물컵' 기법과 함께 사용해도 좋다. 시간이 지나면 나방이 불빛에 이끌리듯, 사람들이 당신에게 이끌리고 있음을 알 수 있을 것이다. 사람들은 알 수 없는 빛을 발산하는, 매력적이고 유쾌한 성격에 끌린다.

매력적인 성격을 갖추기 위해서 자신을 바꾸거나 더 개선할 필요는 없다. 프레일링 기법을 사용하기만 하면 된다. 여기에서는 기본적인 원칙만 간단하게 되새기도록 하겠다.

당신이 가장 먼저 현실에서 얻게 되는 것은 내면에 존재하는 것과 자신으로부터 발산되는 것이다. 당신이 거울 앞에 있다고 상상해보라. 거울의 반영에서 적의, 공격심, 비판, 불쾌감을 보고 싶지 않다면 거울 앞에서 그런 심상을 만들지 말아야 한다. 사랑을 받고자 한다면 사랑하라. 도움, 배려, 관심이 필요하다면 사람들을 도와주고, 배려하며, 그들에게 진정한 관심을 기울이라.

먼저 당신이 매력 있는 성격이라고 여기는 사람들에 대해 생각해봐야 한다.

매력적인 사람들과 대화를 할 때는 그들이 당신과 소통하게 되어 기뻐하는 것처럼 보인다. 그들의 주의는 온통 당신에게 고정되어 있다.

매력적인 사람의 옆에 있다 보면 자신의 가치와 특별함을 느끼게 된다. 그 사람만 흥미로운 것이 아니라, 당신도 특별해진다.

매력적인 사람은 유쾌한 축제 같은 분위기를 발산한다. 그런 사람과 함께 있으면 마치 축제에 온 듯한 느낌이 든다.

매력은 선택받은 사람만 가질 수 있는 신의 선물이라고 느껴질 수도 있다. 사실 내면의 빛으로 만들어진 매력은 영혼과 마음이 서로를 사랑할 때 나온다. 다른 말로, 그런 사람은 그 자신과 완전히 일치한 채 살아가며, 그의 내면의 모든 것이 조화와 일치를 이루고 있다. 물론 이런 상태는 모두에게 주어지는 것이 아니며, 이런 조화를 이루는 것 역시 쉬운 일이 아니다.

하지만 내면의 빛을 발산하는 방법은 후천적으로 습득될 수 있다. 당신이 가진 매력의 상당 부분은 당신과 교류하는 사람이 자신만의 독특한 가치를 느끼도록 하는 능력에 있다. 쉬운 원칙을 몇 가지 정하여 그것을 꾸준히, 용의주도하게, 언제 어디서든 연습하라.

성격의 핵심은 자존감에 있다. 즉, 당신이 얼마나 당신 자신을 존중하는지의 문제다. 사람들을 존중하고 그들의 가치를 높이 사면 당신은 그들의 우상이 된다.

사람들이 그들 자신의 가치를 느낄 수 있게끔 행동하라(그들은

"세상에, 이 사람은 내가 어떤 가치가 있다는 사실을 알려줬어"라고 생각할 것이다).

사람들에게 주의와 진정한 관심을 기울이라. 사람들과 말할 때는 상대방에 대해서, 상대방이 관심을 가지는 것에 대해서 이야기하라.

반려동물이 기뻐하며 당신을 맞이하면 기분이 좋은가? 다른 사람을 만날 때 그런 기쁨과 환희를 발산하라.

지금 아주 기쁜 축제가 열렸다는 듯이 사람들과 소통하며, 대화 상대에게 완전히 주의를 기울이라.

사람들에게 영감을 주고 싶은가? 당신이 거울 앞에 서 있다는 사실을 잊지 말라. 이 만남이 당신에게 아주 깊은 영감을 불러일으켰다는 듯이 행동하라.

다른 사람이 하는 일에 대해 그를 비판하지 말라.

다른 사람이 하는 일에 대해 그에게 감사하라.

다른 사람이 하는 일에 대해 그를 칭찬하라.

다른 사람이 하는 일에 대해 그에게 감탄하라.

다른 사람이 하는 일에 주의를 기울이라.

여기에서 '하는 일'이란 말을 '있는 그대로'라는 말로 대체하고, 이 마조히스트적인 문구를 다시 한 번 생각해보라. 실제로 여기에 마조히즘의 특성이 있기는 하지만, 어쩌겠는가. 매력을 발산하는 법을 배우고 싶지 않은가?

다른 사람을 있는 그대로 받아들이며, 그를 비판하지 말라.

다른 사람에게 있는 그대로 감사하라.

다른 사람을 있는 그대로 칭찬하라.

다른 사람에 대해 있는 그대로 감탄하라.

다른 사람에게 있는 그대로 주의를 기울이라.

여기에서는 '받으려는 의도를 주려는 의도로 바꾸면 당신이 거절했던 것을 받게 될 것'이라는 프레일링의 원칙을 가장 염두에 두어야 한다. 당신에게 필요한 것을 먼저 생각하면, 사람들도 당신과 마찬가지로 그들 자신에게 필요한 것을 먼저 생각할 것이다. 결국 그들에게서는 아무것도 얻을 수 없게 된다. 하지만 당신이 그들이 필요로 하는 것을 생각하기 시작한다면, 그 순간 마치 마법이 일어난 것처럼 상대방도 당신이 원하는 것을 주려고 적극적으로 행동할 것이다. 거울은 이렇게 작동한다. 아래의 표에서 왼쪽은 당신이 이루고자 하는 것이며, 오른쪽은 그것을 얻기 위해 어떻게 해야 하는지를 나타낸다.

당신이 원하는 것	당신이 해야 하는 것
매력	상대방에게 매혹된다
재치 있는 말솜씨	주의 깊게 듣는다
관심	관심을 보인다
도움	도움을 준다
이해	이해하려고 노력한다
공감	상대방에게 공감한다
칭찬	상대방을 칭찬한다
존중	상대방을 존중한다
감사	상대방에게 감사한다
호감	호감을 보인다
사랑	사랑을 준다

당신이 거울을 향해 보이는 심상은 그 즉시 반영이 되어 돌아온다. 거울 앞에 무엇이 있는지 이해하지 못하는 사람은 모든 것을 정반대로 한다. 반영을 잡으려고 애쓰고 있기 때문에 결과적으로 아무것도 손에 넣지 못하는 것이다.

사랑에 관해서라면, 어떤 전략이나 전술을 가지고는 상대방이 '당신을 사랑하도록' 만들 수 없을 것이다. 당신이 할 수 있는 일은 그저 사랑하는 것뿐이다. 상호 간의 사랑은 저절로 시작될 수도 있지만, 그렇지 않을 수도 있다. 사랑의 불씨를 더 타오르게 만들기 위해 구체적으로 어떻게 해야 하는지는 아무도 알 수 없다. 우정도 마찬가지다.

사랑에 불을 지필 수 있는 유일한 방법은 두말할 나위 없이 편안하고 기분 좋은 소통이다. 당신의 장점과 단점을 보고 상대방이 흥미를 느낄지 말지는 나중의 문제이며, 가장 먼저 상대방이 관심을 가지는 것은 당신과 소통하면서 그가 받을 수 있는, 자신의 가치가 실현되는 느낌이다. 그런 느낌을 얻게 된다면 그는 당신의 뚜렷한 단점도 눈감아줄 것이며, 당신의 약점도 포용할 것이다. 그렇게 되면 흔히 그렇듯이, 일종의 공동체가 결성될 것이며, 당신조차도 이런 현실에 놀라움을 금치 못할 것이다.

그녀가 그에게서 어떤 매력을 느꼈을까? ― 그가 그녀에게 느낀 것과 똑같은 것을 느꼈다.

그 반대의 경우도 마찬가지다.

그가 그녀에게서 어떤 매력을 느꼈을까? ― 그녀가 그에게서 느낀 것과 똑같은 것을 느꼈다.

이제 마지막 질문이다. 자신의 짝이 아닌 사람을 사랑하는 것이 가능한가? 대답은 "가능하다." 세계는 그렇게 이상하게 만들어져 있다. 당신도 알다시피 사랑은 못돼먹었다. 하지만 잘되지 않았다고 해서 실망하거나 괴로워하지 말라. 펜듈럼에게 에너지를 주지 말고, 자신의 사랑과 인생을 헛되이 낭비하지 말라. 당신 자신의 짝을 찾으면 된다. 당신의 짝도 마찬가지로 당신을 찾고 있을 테니 말이다.

요약

- 어떻게 해결할 수 있을지, 무엇을 해야 할지 아무것도 알 수 없는 상황이라면 다음의 원칙을 사용해야 한다. 가치 있는 목표를 세워 그 목표를 향해 나아가라.

- 과거에 어떤 일이 일어났고 지금 어떤 상황인지는 중요하지 않다. 중요한 것은 '미래에 당신이 무엇을 달성하고자 하는가?'이다.

- 빚에 대해 생각하면 그 빚을 갚을 수 없다. 방향을 목표에 맞추고 행동을 시작해야 한다.

- 당신만 현실의 영향을 받는 것이 아니라, 현실도 당신의 영향을 받는다. 문제는 누가 주도권을 쥐느냐다.

- 사회의 집게는 당신에게 최고가 되어야 한다고 말한다. 하지만 틀에 박힌 전략을 바꿔, 최고가 아니라 유일한 사람이 되도록 자신을 허용해야 한다.

- 경험을 통해 알 수 있다시피, 진정한 성공을 이루는 사람은 기준을 따르는 사람이 아니라 기준을 깨뜨리는 사람이다.

- 근심과 두려움을 없애기 위해서는, 기대하는 상태에서 벗어나 자

신을 지켜보며 앞으로 나아가라.

■ 두려움을 다른 감정으로 전환하면 그 두려움은 사라진다.

■ 당신을 두렵고 걱정스럽게 만드는 정보를 당신의 세계로 들여보내지 말라.

■ 경쟁에서 승리하는 사람만 승자가 되는 것이 아니다. 압력에 굴복하지 않으며 자신의 개성을 포기하지 않는 사람도 승자가 된다.

■ 자신의 목표를 탐색하는 방법: 찾는 것을 멈춘다. — 지켜보는 자의 입장이 된다. — 목표가 저절로 나타난다.

■ 자신의 시야를 넓혀, 단 한 번도 가보지 않은 곳에 가보고, 단 한 번도 본 적이 없는 것을 보라. 자신의 목표에 새로운 정보와 새로운 영감을 불어넣으라.

■ 마음은 체계적인 분석가가 아니라, 지켜보는 아이의 입장에 있어야 한다.

■ 영혼이 기쁨에 겨워 "이거다, 이건 내 거야!"라고 외치면, 자신에게 질문을 던져보라. '이것이 나의 인생을 축제로 바꿔줄까?' 그에 대한 해답은 영혼과 마음의 일치에서 나와야 한다.

■ 아직 목표를 못 찾겠다면, 당신의 자존감을 높이고 당신 자신과 당신의 인생에 대해 만족감을 느끼게 해주는 것이 무엇인지 살펴보는 것도 좋은 출발점이 될 수 있다.

■ 과감한 목표를 세우는 것을 두려워하지 말라.

■ 당신의 실제는 처음에는 사념 속에서, 그다음에는 현실에서 만들어질 것이다.

■ 과거, 현재, 다른 사람의 경험에 정신을 팔지 않고 주의와 의도를

목표에 맞추다 보면 방법과 수단은 저절로 나타난다.

■ '허용할 수 없는 것을 허용하기'는 그것이 어떻게 가능한지 생각하지 않고, 최종 목표에만 온전하게 집중하는 것이다.

■ 마음은 허용할 수 없는 일을 허용한다는 것이 무슨 뜻인지 절대로 알 수 없다.

■ "정확히 어디인지는 모르겠지만, 어딘가로 가라"는 목소리를 듣게 된다면, 또는 "무엇인지는 모르겠지만 일단 둘러보면 뭔가 기발한 것을 얻을 수 있다"는 목소리를 듣게 된다면, 일단은 그 실을 따라가라. 거기에서 당신이 원하는 것을 찾게 될 것이다.

■ 최종 목표에 주의를 집중한 채 행동을 시작해야 한다.

■ '해답이 없는' 과제의 해답을 구하는 공식: 허용되지 않는 것을 허용한다. 주의와 의도의 방향을 목표에 맞춘다. 행동을 시작한다.

■ 비록 아직은 아닐지라도, 당신은 천재가 될 수 있다.

■ 사랑은 쟁취하는 것이 아니다. 그것은 갑작스럽게, 설명할 수 없는 방식으로 저절로 나타난다.

■ 사랑을 얻기 위해 변해야 한다면, 뭔가가 잘못되었다는 뜻이다.

■ 사랑은 마치 꽃과 같아서 한 번 시들면 다시 피어날 수 없다.

■ 사랑은 난롯불을 다루듯 계속해서 돌보고 지켜봐야 한다. 사용하고 취할 뿐 아니라, 먼저 베풀 줄도 알아야 한다.

■ 이미 떠나간 사람이 돌아오도록 만들 수는 있다. 하지만 사랑이 이미 떠나갔다면, 사람만 돌려놓아서는 안 될 것이다.

■ 두 사람이 관계를 형성하면 펜듈럼이 만들어진다.

■ 한 사람이 떠나면, 펜듈럼은 두 사람 몫의 에너지를 빨아들이기

위해 남아 있는 사람을 괴롭히기 시작한다.

- 누군가와 잘되지 않았다고 해서 실망할 필요 없다. 자신의 짝을 찾으면 된다. 버림받았다면 기뻐하라. 당신은 당신의 인생에서 지지 않아도 될 부담을 덜었다.

- 당신은 '사랑의 기준에 맞는 사람이 되기 위해' 변하거나 더 나아질 의무가 없다.

- 당신이 해야 할 일은 딱 하나다. 당신의 세계의 층으로 당신의 짝을 끌어오는 것이다.

- 어떤 추상적인 인물, 즉 이상형과 함께하는 슬라이드를 용의주도하게 돌려야 한다.

- 당신을 내면에서 매력과 애정의 빛이 나오는, 빛나는 존재라고 상상하라. 그 의도를 가지고 빛을 발산하라.

- 매력적인 성격을 갖추기 위해서 자신을 바꾸거나 더 개선할 필요는 없다. 프레일링 기법을 사용하라.

참고

젊었을 때 알았더라면, 늙어서도 할 수 있다면…. 그러나 이제 당신은 지식과 기회를 다 얻었다.

불구자들의 경쟁

이번 장에서는 조금 특수한 주제를 다뤄보도록 하겠다. 바로 생리학과 정신분석학이다. 이 주제가 현실을 통제하는 기법인 트랜서핑과 가장 직접적으로 관련되어 있다는 점과, 앞서 사용한 '집게'라는 용어가 단순히 추상적이기만 한 표현이 아니라 매우 적절한 정의라는 사실을 깨닫게 될 것이다.

시스템이 인체와 의식에 영향을 미치는 방법을 정리해보면 다음과 같은 목록이 된다.

- 합성식품과 죽은 음식(심리와 의식에 직접적인 영향)
- 전자파 스모그(두뇌, 혈액, 생체장에 영향)
- 움직임이 적은 생활 방식(근육, 혈관, 근골격계)
- 환경 오염(전체적인 중독, 의식의 혼탁 현상)
- 유도된 경각심, 강압적인 달리기 경주와 결승선(스트레스)
- 인공적인 오락거리(두뇌, 신경체계)
- 정보의 압력(전반적인 정신 상태)

이런 요소들의 영향으로 생기는 증상은 질병과 사망 통계가 아니라, 일상적인 제품 광고들을 근거로 판단할 수 있다. 가장 비싼 홍보 수단인 TV만 보더라도 그렇다. TV에서는 수요가 가장 많은 제품의 광고부터 방송에 내보낸다. 상품, 서비스와 정보의 스펙트럼이 매우 좁다는 점을 통해 사람들이 어떤 질병을 앓고 있는지, 어디가 불편한지 파악할 수 있다.

■ 복부 팽만감과 소화불량

■ 속쓰림, 무거운 속

■ 과체중

■ 장내 미생물 불균형

■ 면역력 저하

■ 두통

■ 우울증

■ 기력 저하

■ 독감 유행

■ 치통

■ 기생충

■ 시력, 기억력 감퇴

■ 전립선염, 질염, 발기부전

■ 다양한 만성질병

■ 암, 당뇨병, 관절염, 심장과 간과 신장의 기능 저하

■ 허리와 목 통증

위에 나열된 것들 중에서 가장 특징적이고 특별히 주의를 기울여야 하는 질병이 맨 마지막 항목이다. 척추 건강에 관한 책들과 DVD가 베스트셀러 목록에 오르곤 한다. 근골격계 질병의 확산은 오늘날의 고유한 현상이라고 할 수 있다(혹은 인공 문명이라고 표현하는 것이 더 정확할 것이다. 원주민들은 이런 유형의 질병을 앓지 않는다).

이에 대한 단 하나의 원인으로 움직임이 적은 생활 습관을 꼽을 수 있겠지만, 사실은 전혀 그렇지 않다. 알고 보면 이 문제에 대해서 말 그대로 의사들의 숫자만큼 다양한 의견이 존재하기 때문이다. 심지어 더 흥미로운 사실은, 현대 의학은 이 세기의 질병 앞에서 속수무책이라는 것이다. 허리의 통증은 치료되지 않으며, 질병의 진척을 더 늦추는 것만이 최선의 방법이다. 모든 의견을 종합해보면 흥미로운 그림이 완성된다.

여러 전문가의 평가에 따르면, 허리와 목 통증의 원인은 이렇다.

- 전체적인 신체 구조의 불균형(장기의 변화)
- 기능 저하(근육 등 기능의 저하)
- 산화환원 반응과 관련된 질병(예를 들어 창자에 문제가 생기면 척추의 질병을 유발할 수 있다고 한다.)
- 각 근육의 경련성 수축
- 내부 순환의 불균형(혈액과 림프액)
- 분만으로 인한 두개골 외상
- 노화

구체적으로 어떤 부위가 아픈지에 대해서는 의견이 갈린다.

- 척추(뼈, 연골)
- 근육
- 눌린 신경
- 척수

통증을 유발하는 요인이 무엇인지에 대해서도 의견이 분분하다.

- 추간판 탈출증

- 근육 경련

  추간판 탈출증은 또 뭔가?

- 척추의 수핵이 섬유륜 바깥으로 밀려나오는 것

- 파열된 추간판의 잔해(부스러기)

  추간판의 실체에 대해서도 통일된 의견이 없다.

- 흐물흐물하다.

- 젤리 같다.

- 고무 같다.

이 주제에 대해 아주 많은 책을 읽었기 때문에, 나의 말을 믿어도 좋을 것이다. 나 또한 상당히 놀랐다. 척추를 치료한다는 사람들이(책을 쓴 사람들을 포함해서) 우리 몸속 척추골 사이에 무엇이 들어 있는지 본 적도 없고, 만져본 적도 없다고?

그와 마찬가지로, 우리에게 알려진 치료 방법들도 너무나 각양각색이라 의학에 대한 지식이 없는 환자들 본인이 직접 방법을 골라야 할 것 같은 기분이 든다(이제는 정말 불안해지려고 한다.).

- 수술밖에 답이 없다.

- 수술이라고? 절대로 안 된다!

- 물리치료

- 도수치료

- 접골요법

- 안정

- 운동

- 하중 제한

■ 반대로, 하중 증가

　　… 등이 있다.

　　마지막으로, 주의사항은 다음과 같다(이것도 마찬가지로 환자가 직접
선택할 수 있는 모양이다).

■ 반드시 꽉 조이는 보호대를 착용하고 있어야 한다.

■ 꽉 조이는 보호대라고? 절대로 안 된다!

■ 2킬로그램, 3킬로그램, 5킬로그램 또는 10킬로그램 이상의 물건
　을 들지 않도록 한다.

■ 무거운 짐을 드는 것은 절대 금물이다.

■ 반대로, 하중과 운동이 반드시 필요하다.

■ 허리를 숙이지 않는다.

■ 원하는 만큼 허리를 숙여도 좋다.

■ 딱딱한 침대를 사용한다.

■ 푹신한 침대를 사용한다.

■ 절대로 허리를 차갑게 하지 않는다.

■ 반대로, 찬물을 끼얹는 것은 도움이 된다.

　　예를 들어, 척추측만증(척추가 한쪽으로 구부러지는 질병)에 관해 사
람들이 하는 말은 다음과 같다. 척추측만증의 원인은 한쪽의 근육이
다른 쪽보다 더 강하기 때문이라는 권위 있는 의견이 있다(그렇다면 하
키 선수들이나 테니스 선수들은 아예 한쪽으로 구부러진 상태로 걸어다녀야 한다는 말
인지 궁금하다). 이 질병을 어떻게 치료할 수 있을까? 약한 근육을 단련
해야 한다. 예를 들어, 강한 쪽의 근육에는 힘을 주지 말고 약한 쪽의
근육에만 힘을 주는 것이다(그렇지 않으면 강한 근육이 더 강해져서 비대칭이

그대로 유지된다). 이것이 권위 있는 의견이라는데, 그래도 뭔가가 이상하지 않은가?

또 하나의 예시를 들어드리겠다. 잘 알다시피, 여론에 따르면 허리 디스크의 근본적인 문제는 척추 사이에 있는 판(디스크)이 신경을 누르는 것이다. 그러나 최근 일부 의사들이 척추와 신경체계의 해부학적 구조를 보다 주의 깊게 살펴보고('보다 주의 깊게 살펴보았다'는 사실에 주목하라!) 발견한 사실이 있는데, 바로 디스크를 신경 압박의 원인으로 여기지 말아야 한다는 것이다. 해부학적으로 불가능하기 때문이다! 알고 보니, 신경 자체는 애초에 통증을 느낄 수 없다고 한다. 통증 신호를 보내는 것은 신경의 끝에 있는 통각이다.

이 주제에 대해서 아주 길게 이야기할 수도 있지만, 결론부터 말하자면 이렇다. 상반되는 의견과 치료 방법이 이렇게나 많다는 것은 공식적인 의료계조차도 문제의 본질이 무엇인지, 그 문제를 어떻게 해결해야 할지 모른다는 사실을 뜻한다.

이것이 한 시대에 공존하는 의견이 아니었거나, 그렇게 무시무시한 문제가 아니었다면, 그저 웃어넘길 수 있었을 것이다. 그렇지 않은가? 이런 상황이 일어나는 원인(질병이 아니라 의학)에 대해서 의사 본인들도 다음과 같이 말한다.

협소한 의학 전문 분야

인간은 하나의 완전한 존재이지, 의사들이 각자 선택한 전문 분야를 모두 합해놓은 총체가 아니다. 따라서 인체를 하나의 통합적 존재로서 받아들이고 치료해야 한다. 하지만 이런 관점은 의학계에 그다지 도움이 되지 않는다. 의학은 시스템과 마찬가지로 사람을 치료하는 데는 관심이 없기 때문이다. 과학의 일부로서 의학이 관심을 가지는 것은 영원히 계속할 수 있는 임상 실험 차원의 치료 과정 그 자체다. 반면 실습으로서 의학이 관심을 가지는 가장 우선순위의 사항은 비즈니스다.

치료를 위한 증상적 접근

압도적으로 많은 치료 방법들이 질병의 원인이 아니라 증상을 제거하는 데 초점을 맞추고 있다는 사실은 이미 공공연한 비밀이다. 만성질병은 오진의 결과로 일어난다. 만약 진단을 잘못 내렸다면, 치료를 한다고 하더라도 이렇다 할 결과가 생기지 않는다. 흥미로운 것은, 통증은 가장 초기에 나타나는 증상이라는 사실이다. 하지만 이 증상에 질병이라는 이름을 붙이고 그것을 치료하기 시작한다. 그 방법이 아주 막무가내고 무모하다는 점에서 마치 군대와 같다고 할 수 있다. 통증이 느껴진다? 그렇다면 그 통증을 없애야 한다는 식이다.

기계적 접근에 약간 못 미치는, 물리적/화학적 접근

대부분의 의사들은 의대에서 배웠던 것처럼 보수적인 시각과 방법을 가지고 있다. 건강에 관한 과학은 '메커니즘과 구조'에 대한 문제를 다루고 있다. 그것은 특히 허리, 어깨, 목, 허벅지, 엉덩이의 통증이 인체의 기능이나 구조가 망가져서 발생하는 것이라고 주장한다. 정신과 몸의 상호작용에 관해서는 전혀 고려하지 않는다. 실험실에서 연구할 수 없는 것들에는 전부 '비과학적'이라는 딱지가 붙는다. 그런 '비과학적' 항목들의 맨 앞에는 감정이 적혀 있다. 감정은 수치화하여 측정할 수 있는 대상이 아니기 때문이다.

"모든 질병은 신경으로부터 온다"는 말에 모두가 고개를 끄덕이지만, 정작 그 신경이라는 게 뭔지에 대해서는 아무도 관심을 기울이지 않는다. 앞서 우리는 허리와 목 통증의 원인에 대해 살펴보았다. 하지만 이 증상들이 일어나게 만드는 가장 기초적인 원인은 대체 무엇이란 말인가?

미국의 존 사노 박사[*]는 수년간의 연구를 거쳐, 통증을 유발하는 주된 원인은 기능과 구조의 악화가 아니라 억눌린 감정 때문이라는 결론에 도달했다.

현대인은 끊임없이 스트레스를 받는 상태에서 살고 있다. 이것이 현대인에게 습관보다는 살짝 못 미치는, '정상적인' 상태가 되어 버렸다. 스트레스를 유발하는 몇 가지 근본적인 요인은 다음과 같다.

- 직장과 학교에서의 책임
- 출퇴근길
- 금전 문제
- 이직이나 이사
- 동료나 지인들과의 관계
- 직장 경력이나 개인 생활에서의 실패
- 과도한 책임감
- 강한 내적 동기, 최고나 최초가 되어야 한다는 압박감

---

[*] John E. Sarno: 뉴욕대학교 의과대학의 재활의학과 교수로, 수술과 약물에 의존하지 않고 통증을 치료하는 새로운 진단 개념을 고안했다. 국내에는 《통증혁명》이라는 책이 번역되어 있다.

이 순위에서 중요한 위치를 차지하는 것이 바로 책임과 동기다. 이것은 시스템이 한 편으로는 인간을 채찍질하면서 다른 한편으로는 그의 에너지, 의식, 자유를 제한하기 위해, 또는 다른 말로 그의 '감정을 억누르기 위해' 인간에게 가장 흔히 사용하는 집게다. 이런 걱정거리가 치명적일 정도로 많아지게 되면, 존 사노 박사가 긴장성 근육통 증후군(Tension Myositis Syndrome, 약칭 TMS)이라고 정의한 질병으로 발전한다.

감정적 스트레스는 신체적 부담으로 변한다. 감정 에너지는(특히 억눌러진 감정은) 그 어디로도 이동하지 않고 사라지지도 않으며 기능 저하, 즉 근육의 경련 증상으로 나타난다. 이에 따라 척추가 뒤틀리거나 디스크가 생기는 등의 구조적인 문제가 생긴다.

사노 박사에 따르면, 학술계는 TMS에 그다지 주목하지 않고 있다. 증상을 유발하는 원인이 흔적을 남기지 않기 때문이다. 감정은 시험관 속에 담아 무게를 달아보거나 크기를 잴 수 있는 것이 아니다. 주로 실험실에서 이루어지는 의학적 측정으로는 이 질병의 특징을 연구하여 기록할 수 없다.

이 증후군은 단순한 현상으로 일어나는 것이 아니며, 영혼의 고통을 신체의 고통으로 바꿔주는 기능을 한다. 바로 이것이 TMS가 나타나는 첫 번째 원인이다.

인간은 영혼의 고통보다 신체적인 고통을 더 쉽게 견딘다. 우리 몸에서 두뇌는 가장 중요한 신체부위다. 두뇌의 입장에서는 의식적인 상태에서 부정적인 충격을 받으니, 차라리 신체적으로 고통을 겪는 편이 낫다. 주의가 고통에 얽매여 있는 동안에는 억눌린 감정이 의식 속에서 나타나지 않으니 말이다.

TMS의 또 다른 대표적인 특징은 반응이 늦게 나타난다는 점이다. 이 고통은 전혀 예상치 못했던 상황에서 갑작스럽게 나타날 수 있다. 가령 휴가를 떠났을 때라든지 말이다. 직장에서는 보통 심리적인 압박감을 속으로 삭이지만, 쉴 때가 되면 그 감정이 모습을 드러내는 것이다.

이 증상이 나타나는 두 번째 원인은 첫 번째 원인과 비슷하다. 바로, 인간의 의식은 모든 걱정거리를 최대한 멀리, 내면의 깊은 곳인 무의식에 묻어두려고 하기 때문이다.

근심, 분노, 죄책감, 책임감, 낮은 자존감은 의식이 그것을 느끼고 싶어하지 않으며 주변 사람들에게 내비치고 싶어하지도 않기 때문에 무의식 속에 파묻힌다. 하지만 무의식이 이 모든 감정을 담고 있기 버거워지는 순간이 찾아온다. 바로 이때 TMS가 나타난다.

자연에서는 모든 문제가 쉽고 자연스럽게 해결된다. 공포를 느끼면 혈중 아드레날린이 높아지고, 우리는 도망친다. 그러면 공포가 사라진다. 분노를 느끼면 다시 아드레날린이 솟구치고, 우리는 공격한다. 그러면 분노가 사라진다. 그러나 인공 시스템에서는 상황이 다르다. 두뇌와 신경체계는 이런 환경에서 살아남을 수 없다. 미처 여기까지 진화하지 못했기 때문이다. 생리적, 신체적으로는 얼마든지 버틸 수 있다. 하지만 두뇌는 출구를 찾지 못한 감정을 어떻게 다뤄야 할지 전혀 모르기 때문에, 여기에서 원초적인 반응이 나타난다. 이것을 통증이나 질병으로 대체해버리는 것이다.

TMS가 느껴지는 부위는 주로 목 뒤, 허리, 엉덩이 근육이다. 머리와 몸통이 올바른 상태를 유지하고 손이 효율적으로 움직일 수 있도록 책임지는 부위들이다. 시스템은 어디에 집게를 채울지 알고 있다. 자신이 원하는 대로 꼭두각시 인형을 조종하려면 올바른 부위에 집게를 채워놓아야 한다.

이처럼 정신적 집게는 또 다른 결과로 몸의 집게까지 채워지게 만든다. 아주 구체적인 집게와 족쇄가 채워지는 것이다. 이 통증으로 인해 인간은 움직임이 적은 방식의 삶을 살게 된다. 몸이 아프니, 움직이지 않는다! 결국 그 사람은 도움이 될 만한 것을 사냥하기를 그만두고 만다. 신체의 집게는 움직임을 둔하게 만들고, 차나 의자나 소파에 늘어지게 앉아 TV, 휴대폰, 컴퓨터를 멍하니 바라보게 만든다(네트워크에 접속해 있으라, 시스템에 항상 연결된 상태를 유지하라!). 그렇게 악순환이 계속된다.

우울한 미래를 예측하고 싶지는 않지만(비록 우리는 미래를 예측하는 것이 아니라, 의식을 가진 채 그것을 지켜보는 방법에 대해 이야기하고 있기는 하지만 말이다), 분명한 것은 시스템이 그 테두리를 점점 더 옥죄어오고 있다는 사실이다. 공격적인 인공 환경 이외에도, 인간은 계속해서 사회 속에서 긴장을 느끼고, 경쟁과 싸움으로 인한 압박을 느낀다. 그렇게 아주 기괴한 장면이 연출된다. 합성식품으로 에너지가 충전되고, 산소 주입구는 막히고, 손발은 모두 집게가 채워져 움직임은 둔해진다. 그다음에는 불빛이 번쩍거리는 화면을 통해 목표를 보고, 불구자가 된 채 경쟁에 뛰어든다. 이 악순환이 계속 이어지지 않을까?

- 근골격계 질병의 확산은 인공 문명의 전형적인 현상이다.

- 공식적인 의료계조차도 문제의 본질이 무엇인지, 그 문제를 어떻게 해결해야 할지 모른다.

- 인간은 의사들이 각자 선택한 전문 분야를 모두 합해놓은 총체가 아니라 하나의 완전한 존재다.

- 의학은 '메커니즘과 구조'에 대한 문제를 다루고 증상을 치료한다. 정신과 몸의 상호작용에 관해서는 전혀 고려하지 않는다.

- 통증을 유발하는 주된 원인은 기능과 구조의 악화가 아니라 억눌린 감정이다.

- 걱정거리가 치명적일 정도로 많아지면 긴장성 근육통 증후군(TMS)으로 발전한다.

- 감정적 스트레스는 신체적 부담으로 변한다.

- 이에 따라 척추가 뒤틀리거나 디스크가 생기는 등의 구조적인 문제가 생긴다.

- TMS의 또 다른 대표적인 특징은 반응이 늦게 나타난다는 점이다.

- 인간의 의식은 모든 걱정거리를 최대한 멀리, 내면의 깊은 곳인 무의식에 묻어두려고 한다.

- 이 통증으로 인해 인간은 움직임이 적은 방식의 삶을 살게 된다. 결국 그 사람은 도움이 될 만한 것을 사냥하기를 그만두고 만다.

- 정신적 집게는 또 다른 결과로 몸의 집게까지 채워지게 만든다.

- 두뇌와 신경체계는 인공 환경에서 살아남을 수 없다.

　이유는 알 수 없지만, 이런 이상한 상황에 대해 깊이 생각해보는 사람은 적다. 인류의 질병은 진보하고 있지만, 의학의 '아찔한 성공'은 그런 진보와는 별개의 문제인 것 같다. 마치 "최첨단 기술도 있고, 만성적이고 퇴행성인 질병도 있지. 하지만 이 질병은 치료할 수 없는 게 자연의 이치야. 너희가 할 수 있는 것은 아무것도 없어"라고 현실이 말하는 듯하다.

정보 중독

또 하나의 질문이 미제로 남아 있다. 존 사노가 관찰한 바에 따르면, 허리 질병의 전반적인 유행은 30년 전에 시작되어 꾸준히 이어지고 있다. 계산해보면 1980년대 즈음에 이 질병이 확산되기 시작한 셈이다. 예전에는 하나의 질병을 앓는 사람들이 이렇게나 많았던 적이 없다. 도대체 무슨 일이 일어난 것인가? 파괴적인 영향력을 가진 인공 시스템은 그보다 훨씬 전에 발전하기 시작하지 않았는가? 또한 움직임이 적은 삶의 방식도, 지속적인 스트레스도, 걱정거리를 무의식으로 쫓아내는 심리적 기제도 모두 과거부터 존재했다. 그런데 긴장성 근육통 증후군은 왜 하필 30년 전에 나타난 것일까?

사노 박사는 이 질문에 대한 답변을 내놓지 않았다. 하지만 이 수수께끼의 해답은 분명한 것 같다. 표면에 드러나 있기 때문이다. 80년대는 정보 기술과 정보의 소유자, 언론, 네트워크, 통신 기술이 가장 활발하게 발달하기 시작한 시기다.

개인 컴퓨터, CD, DVD, 위성TV, 인터넷, 휴대폰, 그리고 최근의 SNS까지. 이 모든 것이 나타나며 인간의 머리 위로 강력한 정보의 폭포가 쏟아지게 되었다. 문자 그대로 정보 중독이 시작된 것이다.

이전에는 심리적인 문제들을 무의식으로 몰아낼 경우 그럭저럭 버틸 만했던 반면에, 정보의 과도한 부담이 극단적인 수준에 다다른 지금은 무의식의 용량이 충분하지 않다. 이로 인해 신체에도 문제가 생기기 시작했다. 현대인에게 정보의 하중이 과도하게 지워진 나머지, 그의 몸과 의식과 무의식이 인공적인 요소들의 무게를 견디지 못하는 것이다.

왜인지 이 사실에 대해서는 그 어디에서도 분명하고 솔직하게 이야기하지 않는다. 사회의 압도적 다수는 '행복한 무지' 상태(또는 '행복한 망각'일까?)에 있다. 아무것도 보지 못하고, 이해하지 못하며, 의미도 부여하지 않고, 아무 일도 일어나지 않고 있다고 생각한다. 하지만 앞서 말했다시피, 무슨 일이 일어나고 있다.

이런 특징을 잘 보여주는 것이 바로 TV다. 예컨대 디스커버리 채널은 한때 아주 흥미롭고 교육적이었다! 그런데 지금은 어떤가? 뭔가 부서지고 망가지는 것들에만 미친 웬 '바보들'만 보여준다! 애니멀 플래닛 채널은 주로 위험한 동물들만 보여준다. 내셔널 지오그래픽 채널에서는 재앙에 관한 이야기만 나온다. 뉴스도 마찬가지다. 위험하고 무서운 소식들만 전한다. 이 모든 방송을 보고 있노라면 지성의 시대는 저물고 악마와 돌연변이들의 시대가 도래한 것이 아닐까 하는 생각마저 든다.

물론 악마와 돌연변이들이 수십 년 전의 그 어느 때보다도 훨씬 더 많아진 것은 사실이다. 그렇게 된 데는 여러 이유가 있다. 하지만 중요한 점은 그것이 아니다. 문제는 현재의 사람들이 이미 정보를 지칠 정도로 공급받고 있으며, 더 이상 그들을 놀라게 하거나 흥미를 유발하는 것이 매우 어려워졌다는 데 있다. 언론이 잠깐이나마 사람들의 이목을 집중시키기 위해 흥밋거리를 짜내는 것도 이러한 이유에서다. 보이스카우트 캠프에서 단원들이 잠들기 전 속닥거리며 이야기하던 무서운 이야기가 이제는 전 세계를 공포에 몰아넣을 뉴스가 되어버린 것이다.

유감스럽게도, 이 모든 것은 현실적인 재앙의 공격성과 가능성을 증폭하기만 할 뿐이다. 집단의 꿈은 그에 맞는 현실을 만들기 때문이다.

이와 같이 인공 시스템은 우리 시대의 새로운 현상을 만들었다. 바로 정보 중독이다. 하지만 이 또한 극히 일부에 지나지 않는다. 그러잖아도 '먹구름이 짙게 낀 우리의 책'에 과도한 부담을 지우지 않기 위해, 인공 시스템이 인간의 심리에 영향을 미치는 세 가지의 근본적인 요소만 간략하게 소개하도록 하겠다.

1. 두뇌의 변화

인공 환경과 정보 환경에서 두뇌는 성장하지 않고 변화한다. 당연한 말이지만, 좋은 쪽으로 변하는 것은 아니다. 이것은 이미 과학적으로 검증된 사실이다.

영국 왕립 연구소의 바로네스 그린필드Baroness Greenfield 소장은 "인간이 모니터 앞에서 너무 많은 시간을 보내면 그의 두뇌는 생리적인 변화를 거치게 되는데, 이것은 행동과 주의의 문제를 유발할 수밖에 없다. 컴퓨터 게임은 두뇌의 특정 신경 네트워크를 비활성화할 수 있다. 두뇌는 외부 환경의 변화에 적응하는 능력이 있기 때문이다. 바로 이 컴퓨터 게임이 여기에서 말하는 '새로운 환경'의 예시다"라고 밝혔다. 바로네스는 이 문제를 어떻게 해결해야 할지 해답을 찾지 못했으며, 그저 아이들을 컴퓨터에서 최대한 멀리 떨어뜨리고 밖으로 데리고 나가 흙을 밟으며 놀게 하는 수밖에는 없다고 말한다.

하지만 아이들을 무슨 말로 설득할 수 있겠는가?

이 책에는 사이보그나 '온갖 사이버화'에 대한 이야기들이 나온다. 이 모든 것은 공상과학 소설과 평행선상에 놓여 있는 것이 아니라 충분히 현실적인 것들이다. 인간의 두뇌 변이는 창조적 능력을 계발하거나 자신의 현실을 창조하는 능력이 더 커지는 쪽으로 이루어지는 것이 아니라 마우스를 클릭하고, '좋아요'를 누르고, 객관식 답안을 찾고, 레버를 당기거나 버튼을 누르는 것과 같이 기초적인 수준의 능력을 발달시키는 방향으로 이루어진다. 이런 능력이면 시스템의 구성요소가 되기에 충분하다. 그 외의 많은 일들은 이미 컴퓨터와 기계를 통해 순전히 기술적으로 이루어지고 있으니 말이다. 어쩌면 머지않아 컴퓨터와 기계들은 더 이상 인간을 필요로 하지 않을지도 모른다.

2. 의식의 축소

지성과 영혼의 성장을 주제로 삼는다면 의식, 시각, 현실에 대한 이해를 넓히는 것에 대해 이야기를 해야 한다. 그러나 기술권에서는 그 모든 것이 정반대로 이루어진다.

문명이 인공적인 발전의 길로 들어서면 인간의 마음은 더 이상 사물의 근본적인 본질을 보거나 이해하지 못하고, 기술적인 해결책의 미로 속에서 길을 잃게 된다. 모든 장비와 메커니즘이 수백만 개의 부품들과 구성요소들로 이루어진 복잡한 회로로 만들어져 있기 때문이다.

예를 들어, 1971년에 출시된 최초의 마이크로프로세서 인텔 4004에는 2,300개의 트랜지스터가 집적되어 있었다. 1989년에 출시된 인텔 486만 해도 트랜지스터의 개수는 120만 개에 달했으며, 2000

년의 프로세서인 인텔 펜티엄4는 트랜지스터의 개수가 4,200만 개를 넘어섰다. 45나노미터 공정 기술로 생산된 새로운 쿼드코어 프로세서 인텔 코어2 익스트림의 트랜지스터 개수는 3억 2,000만 개이다.

이렇게 회로 기술은 나날이 눈에 띄게 복잡해지고 있다. 누군가는 이것을 프로세서라고 생각하겠지만, 오히려 이것은 완전히 막다른 골목으로 향하는 길에 가깝다. 물론 기술은 얼마든지 복잡해질 수 있다. 다만 그런 후에는 통제하기가 훨씬 어렵고 안정성도 떨어지게 된다. 비행기, 잠수함, 우주선은 아주 복잡한 기계지만, 바로 그렇기 때문에 안정적이지 않다.

누군가가 최신기술로 만들어진 비행기를 타고 싶어한다면, 그것은 의식이 극단적일 정도로 흐려진 조종사가 운전하는 매우 복잡한 구조의 비행기를 타고 싶어한다는 말과도 통한다. 그런데 이 조종사의 두뇌로는 비행기에서 발생할 수 있는 온갖 복잡한 문제를 해결할 수 없다. 어느 날 갑자기 수백만 개의 트랜지스터에 결함이 발견되었다면 어떻게 하겠는가? 어느 날 갑자기 조종사의 '톱니바퀴가 돌아가지 않는다면' 어떻게 하겠는가?

어쨌거나 우리의 '발전된' 문명은 고대의 고인돌들이 어떻게 발명되고 세워졌는지, 어떻게 이렇게 불가사의한 방법으로 외계의 비행물체들이 움직이는지, 정체를 알 수 없는 항아리 두어 개로 날아다니는 '비행 전차 비마나'*가 고대에 어떻게 존재할 수 있었는지 알아

---

* Vimana: 오늘날에는 인도 사원의 본전을 가리키지만, 고대 인도 신화에서는 비마나가 자체 동력을 가진 기계이며 다른 행성까지도 갈 수 있는 신비한 비행물체로 등장한다. 비마나는 수은을 동력으로 비행을 하는 것으로 전해지는데, 정확한 비행 원리는 아직도 밝혀지지 않았다.

내기 위해 머리를 싸매고 있다.

이 말은 우리가 알고 있는 것 외의 또 다른 단순한 기술들이 있으며, 이러한 것들은 순전히 기술적인 해법들의 범위 바깥의 전혀 다른 평면에 존재한다는 뜻이다. 예를 들어 UFO의 움직임은 공기나 물 속에서 기계가 이동하는 것이 아니라 가능태 공간으로 투영을 보내는 것이다. 그렇기 때문에 그 속도가 어마어마하며 매질媒質이나 관성에 의한 제약도 없다.

하지만 과학기술을 신봉하는 인간의 마음은 우리 세계의 물질적 구성요소를 움직이는 메커니즘에 완전히 잠겨 있다. 이처럼 의식이 흐려지고 막혀 있는 상태라면 형이상학적 현실을 보고 어떻게 이해할 수 있겠는가? 복잡한 문제를 작게 미분하여 해결하려는 노력은 한없이 계속될 수 있다. 다만 그럴수록 나무를 보느라 숲 전체를 보지 못하는 꼴이 된다.

최근에 고등학교 수학교과서를 볼 일이 있었다. 알고 보니, 아이들에게 루트와 로그가 세 개, 네 개, 다섯 개 정도 씌워진, 도저히 상상조차 할 수 없을 정도로 복잡한 문제들을 풀게 하고 있었다. 이런 문제들을 풀고 있노라면 로그가 무엇이며 그것이 왜 필요한지조차 잊어버리게 된다.

분명한 것은 학습의 목적이 수학의 본질과 아름다움을 학생에게 가르쳐주기 위함이 아니라 그가 길을 잃게 만들고, 어두운 미로 속에서 헤매게 만들고, 그의 의식을 좁은 틀 안에 가둬버리는 데 있다는 것이다. 국가통합고사가 목표로 하는 것도 바로 이러한 의식의 축소다. 이런 '교육'을 통해 창조적인 사고를 계발하는 것은 도저히 불가능하다.

안타까운 사실은, 사람들이 이 모든 절차를 통제하지 못하게 된 지 이미 오래되었다는 점이다. 이것을 소유하고 통제하는 것은 다름 아닌 시스템이다. '학생들을 가장 위하는 마음 때문에' 이렇게 복잡한 학습법을 만들어내는 교육공무원들 본인도 자신이 무엇을 하고 있는지 자각하지 못한다. 그의 의식도 심각하게 흐려지고 협소해져 있기 때문이다. 시스템은 분명하고 확실하게 알게 해준다. 시스템에게는 부속품, 또는 가장 최선의 경우, 사이보그가 필요하며 창의적인 개개인은 아무짝에도 쓸모가 없음을 말이다.

3. 정보에 대한 의존

모든 중독은 의존을 유발한다. 현대인은 정보의 주삿바늘에 중독되어 있다. 계속 일정량을 주입하지 않으면 금단 현상, 불쾌함, 우울함, 근심을 느끼며 공황 증상까지 나타나기도 한다. 게다가 주입되는 정보는 그 강도도 강해지고, 양도 많아지고 있다. 영화는 이미 그 어떤 감동도 주지 않는다. 그래서 더 큰 타격감을 위해 소리를 키우고, 화면도 3D로 해야 한다. 4D라면 더 좋다. 냄새도 좀 나게 하고, 또 다른 '어처구니없는 것들'도 있으면 더 좋다. 지붕이 들썩거릴 정도의 큰 자극을 위해서라면 말이다.

사람들은 TV 앞에 앉아 리모컨의 버튼을 끊임없이 누르면서, 수백 개의 위성 채널들 중 그들의 관심을 오래 잡아끄는 프로그램이 단 하나도 없다는 사실에 이미 기진맥진해진 상태다. 구경거리가 없다면 인간은 살 수 없을 것이다. 구경거리만큼 인간을 기쁘게 하고, 감동과 영감을 주는 것은 없으니 말이다. 내가 조금 과장하기는 했지만, 아주 조금일 뿐이다. 전부 사실과 다르지 않다.

내가 어렸을 때만 해도 모든 집에 TV가 있지는 않았다. 대신 TV보다 더 좋은 물건이 있었다. 바로 슬라이드 필름 환등기였다. 지금 젊은 세대들은 이것이 무엇에 쓰는 물건인지 잘 모를 것이다. 이것은 일종의 조명기기 같은 것으로, 환등용 슬라이드 필름을 끼우면 한 번에 한 장면씩 확대하여 비추어준다. 동영상이 아니기 때문에 각 장면의 하단에는 짧은 설명이 붙어 있었다. 그리고 필름 통을 직접 돌려야만 다음 장면으로 넘어갔다.

당시에는 온갖 이야기와 유익한 정보들이 담긴 환등용 슬라이드 필름이 많이 출시되었다. 조그맣고 동그란 통에 담겨 있는, 참으로 매력적이고 근사한 물건이었다. 저녁이 되면 온 식구가 모여 창문에 커튼을 치고, 벽에 흰 천을 걸어 놓고 의식을 시작하곤 했다.

이것은 TV 같은 것이 아니다! 이것이 보여주는 장면들은 아주 재미있고, 근사하고, 심지어는 마음을 가라앉혀주기까지 해서, 똑같은 장면을 여러 번 본다고 해도 전혀 질리지 않았다. 마치 나의 모든 일, 이 세상에서 일어나는 모든 일이 '전부 다 잘될 것이며, 그것이 일어나야 할 방향대로 일어날 뿐'이라는 우주의 평온함과 고요함이 느껴지는 듯했다.

아무리 화려한 미디어 제품이라고 하더라도, 이 작고 사랑스러운 환등기에 버금가는 만족감과 고요함과 기쁨을 주지는 못할 것이다.

그러나 이제는 상황이 완전히 달라졌다. TV를 켜는 순간, 야구 방망이로 머리를 맞은 듯한 충격이 온다. 마약과도 같다. 당신의 주의가 그런 것들을 향해 있기 때문에 당연한 결과다. 밖으로 나가면 대형 광고판에 아직 말도 하지 못하는 아기가 휴대폰을 들고 있는 사진을 볼 수 있다. 아기에게 휴대폰을 가지고 놀게 하면 발달 지연이나 이상을 유발할 수 있다는 사실을 모두가 알고 있는데도 말이다. 모두가 잘 알고 있는데, 그저 그뿐이다. 이것이 과연 정상이라 보는가?

휴대폰을 손에 들고 있는 두 살배기 어린아이가 나오는 광고를 사방에서 볼 수 있을 텐데, 그럴 때면 당신의 정신 속에 그런 모습이 바람직하고, 잘된 일이고, 정상적인 일이라는 틀이 형성된다. 비단 휴대폰뿐이 아니다. 이 밖에도 당신에게서 떼어놓을 수 없는 당신의 일부가 광고에 등장한다. 대화를 하는 것, 게임을 하는 것, 음악을 듣는 것, 뉴스를 보는 것, 클릭을 하는 것, 쇼핑을 하는 것, 돈을 지불하는 것, '좋아요'를 누르는 것 등, 이것이 당신이 할 수 있는 전부이자 당신에게 필요한 전부다. 중요한 것은 당신이 통신과 네트워크, 시스템에 접속한 상태에서 자신의 몫을 바치는 것이다.

"아니야, 난 안 믿어"라고 말한다고 하더라도, 이 세상은 이미 뭔가가 잘못되었고, 괜찮지 않고, 비정상적이다. 이렇게 되어서는 안 된다.

요약

■ 통신과 커뮤니케이션 수단이 나타나면서 인간의 머리 위로 강력한 정보의 폭포가 쏟아지게 되었다. 문자 그대로 정보 중독이 시작된 것이다.

■ 정보의 과도한 부담이 극단적인 수준에 다다른 지금은 무의식의 용

량이 충분하지 않다. 이로 인해 신체에도 문제가 생기기 시작한다.

- 인간의 두뇌 변이는 기초적인 수준의 능력을 발달시키는 방향으로 이루어진다.
- 현대인은 더 이상 사물의 근본적인 본질을 보거나 이해하지 못하고, 기술적인 해결책의 미로에서 헤매게 되었다.
- 과학기술을 신봉하는 인간의 마음은 우리 세계의 물질적 구성요소를 움직이는 메커니즘에 완전히 잠겨 있다.
- 기술권에서는 의식의 축소 현상이 일어난다.
- 현대인은 정보의 주삿바늘에 중독되어 있다.

참고

인디고 아이들이 우리의 문명을 구할 수 있을 것인가? 그렇진 않을 것이라고 본다. 인공 식품 하나만으로도 그들의 능력은 완전히 제로가 된다. 바로 그렇게 하기 위해 시스템이 합성식품을 만든 것이다. 시스템 자신을 '깨뜨리는 사람'이 아니라 고분고분한 사이보그를 양성하기 위해서 말이다. 게다가 정보 중독까지 더해졌으니, 기회는 아예 없다.

몸의 집게

인공 요소들의 영향으로 인간에게 문자 그대로 '집게'가 채워진다는 사실을 이야기했다. 인간의 팔과 다리가 꽁꽁 묶인 채 발언권을 잃었다. 정신적 집게는 주의, 의지, 의식, 마음을 차단한다. 몸의 집게는 근육과 에너지를 차단한다. 이 두 집게는 서로에게 간접적으로 영향을 미친다. 몸에 제약이 생김으로써 정신에도 제약이 생기고, 그 반대의 결과도 생긴다. 정신적 집게의 전반적인 특징에 대해서는 이미 앞서 살펴보았다. 이제 몸의 집게를 어떻게 푸는지에 대해서 알아보기로 하자.

무의식과의 합의

먼저 억압된 감정과 걱정거리가 의식에서 무의식으로 내몰려진다는 사실을 되새겨보자. 무의식의 용량이 부족하다면(현대인의 경우 남은 용량이 거의 없는 상태다), 감정과 걱정거리는 긴장성 근육통 증후군(TMS)으로 나타난다. 당신도 기억하겠지만, 뼈나 신경이나 척추가 아픈 것이 아니라 근육에서 통증을 느끼는 것이다. 근육이 눌리게 되면 질병의 사슬이 만들어진다. 내부 순환이 망가지고, 에너지의 흐름이 차단되며, 그동안 흔적도 찾을 수 없었던 다른 질병들이 나타나기 시작한다.

사노 박사는 수년간의 실습 결과 이 증후군을 예방할 수 있는 방법을 찾았다. 놀랍게도, 그 방법은 단순하다. 통증의 원인이 억압된 감정과 걱정이라는 사실을 이해하면 그 통증은 사라진다는 것이다. 마치 TMS의 원인이 밝혀지면 무의식이 더 이상 당신을 이런 식으로 속이지 않겠다고 약속이라도 하는 것 같다.

통증이 항상 곧바로 사라지는 것은 아니다. 며칠 뒤에 사라질 수도 있고, 때로는 한두 달 정도 걸릴 수도 있다. 마치 무의식이 '완전 범죄'를 저지르려다 탄로가 나버려, 이 사실을 숨겨보려고 하는 것 같다. 실제로 이것은 몸에 대한 범죄이지 않은가. 무의식이 몸에게 문제를 떠밀면서, 자신이 무력하다는 사실을 시인하는 꼴이니 말이다. 하지만 '비밀'이 밝혀진 후에는 이런 속임수가 통하지 않는다.

물론 TMS를 유발하는 문제를 인식했다고 해서 그 문제 자체가 사라지는 것은 아니다. 하지만 근육 강직과 관련된 질병과 통증은 완화된다. 자신이 구체적으로 어떤 상황에 처했는지 자각하는 것만으로 통증을 없앨 수 있다. 이 모든 것이 믿기지 않겠지만, '사실'이라는 것은 실로 고집스럽다. 사노 박사가 담당하던 수만 명의 환자들이 TMS에서 완치되었으며, 허리와 목의 통증과 그 외의 질병들을 치료할 수 있었다. 알고 보니 위궤양, 천식, 전립선염, 두통, 습진, 버짐과 일부 다른 질병들도 바로 이렇게 감정을 무의식 속에 묻어두는 메커니즘으로 인하여 생겨났던 것이다.

계속해서 나의 판단을 덧붙여가면서, 이 기법의 본질이 무엇인지 다시 한 번 설명해드리고자 한다.

먼저, 가급적 정신적 집게를 풀어놓아야 한다. TMS의 일차적인 원인은 다름 아닌 정신적 집게이기 때문이다. 구체적으로 당신이 무엇 때문에 화가 나는지 이해해야 한다. 이것을 자각하고, 이전 장에서 살펴본 것과 같이 중요성을 없앤 다음 에너지의 흐름을 되살려 놓아야 한다.

그다음 자신의 무의식과 합의해야 한다. 애초에 무의식이란 무엇인가? 무의식은 깊이 생각하지 않아도 자연스레 나오는 무조건적인 반응과 기능을 담당한다. 예컨대 호흡이나 소화처럼 말이다. 근육의 수축을 담당하는 것 또한 무의식이다. 감정적, 정신적, 신체적 활동 중 힘이 센 것들은 대개 의식보다 아래에 있다. 의식은 그저 물 위에 드러난 빙산의 작은 일부에 불과하다. 하지만 무의식의 용량에도 한계가 있다. 정보가 과다하게 입력되고 사회가 정신적 집게를 계속해서 채우면, 결과적으로 현대인의 무의식 중 남은 용량이 줄어드는 것이다.

무의식은 동물과 같다. 모든 것을 알고 있는 것처럼 보이지만, 완전히 알고 있는 것도 아니고 잘 모를 때도 있다. 의식과 달리 무의식은 꿈을 꾸는 듯한 상태다. 무의식에게 모든 것을 일일이 다 설명할 수는 없는 노릇이지만, 적어도 어떤 것들에 대해서는 무의식과 합의를 이룰 수 있다. 이 합의는 내가 이제 그 문제를 직접 해결하겠다고 밝히는 데 그 의미가 있다. 그러니 무의식은 더 이상 문제를 숨기지 않아도 된다. 그 문제는 의식 자신, 즉 '나' 자신이 밝혀내 해결할 것이니 말이다.

동시에 무의식을 존중하는 태도를 가져야 한다. 실제로 그것은 존중받을 만한 가치가 있다. 목욕을 할 때나 잠에 빠지기 직전에, 이런 식의 사념체를 만들어 틈틈이 반복하라.

　　나의 무의식아, 너는 내 몸의 여왕이다. 내 몸의 모든 것을 통제하는 것은 바로 너다. 나의 무의식아, 나의 여왕아, 너는 내 몸 전체를 정상으로 만든다. 모든 기능은 네 지시에 따라 안정화되고, 완벽한 건강과 강한 에너지가 회복된다. 나의 무의식아, 나의 여왕아, 너는 내 몸 전체를 정상으로 만든다. 나는 모든 면에서 너를 도울 수 있도록 최선을 다할 것이다. 나를 깨끗하게 만들고 필요한 영양소를 공급해주는 살아 있는 천연 식품을 먹을 것이다. 영양가가 풍부한 음식을 다양하게 먹고, 건강한 음식을 먹을 것이다. 몸에 좋은 목욕을 하고, 차가운 물을 끼얹을 것이다. 운동을 하고 나의 몸을 개선할 것이다. 의도도 방출할 것이다. 나의 의도는 완전함을 향해 방향을 맞추고 있다. 나는 그 자체로 완전하다. 나의 무의식아, 나의 여왕아, 네 통제하에 나의 몸은 깨끗해지고, 새로워지며, 회복되고, 개선된다. 나의 무의식아, 너는 내 몸의 여왕이다.

　　이 사념체를 읽고 며칠 뒤, 또는 한두 달이 지나면 고통이 사라지거나 만성질병이 치료될 가능성이 크다. 당신의 발걸음은 자유로워지고, 당신도 그 사실을 느낄 수 있을 것이다. 한 단계 더 자유롭게 해방되는 기분이 들며, 몸이 더 적극적으로 당신의 말을 들으려고 할 것이다. 당신의 컨디션은 훨씬 더 좋아진다. 그 결과 당신의 몸은 오랫동안 잊고 지내던 기분을 기억해낸다. 짐게 없이 사는 삶이 어땠는지 말이다.

무의식과의 합의에만 기대며 신체의 활동성을 무시해서는 안 된다. 움직임이 적은 삶을 사는 사람에게는 집게가 아주 쉽고 강하게 걸린다. 완전한 결과를 내려면 오직 '어떻게 생각하는가', '어떻게 먹는가', '어떻게 행동하는가'의 세 가지 요소를 모두 고려하는 수밖에 없다. 여기에서 움직임은 매우 두드러지는 역할을 한다.

몸의 상태를 에스컬레이터의 움직임에 비유해보자. 약 스무 살까지는 에스컬레이터가 위로 올라가지만, 그 이후에는 반대 방향인 아래로 내려간다. 발전이 없는 곳에는 쇠퇴 과정이 시작된다. 사용되지 않는 부위는 쇠퇴한다.

따라서 좋은 체형을 유지하고 싶다면 매일 운동을 해야 한다. 어떤 종류의 활동을 할지 선택해서(스포츠, 피트니스, 체조 등), 계속해서 '아래로 내려가는 에스컬레이터에서 위를 향해 걸어가라.' 당신이 만족할 만한 높이로 올라갈 때까지 말이다. 그다음 당신이 설정해둔 무게나 강도의 기준을 채우며 같은 속도로 걷기를 계속하라.

운동은 준비 운동(안정 효과), 근력 운동(역동적인 운동), 이완 운동(스트레칭)이라는 세 가지 단계로 진행되어야 한다.

준비 운동은 근육을 안정시키고 힘을 빼게 해주며, 집게와 막힘을 풀어준다. 근력 운동은 근질량을 높이고 근력의 활기를 유지하며, 내부 순환을 회복하고 혈관 상태를 개선하여 몸의 정화를 도와준다. 이완 운동은 인대를 튼튼하게 만들어주고, 운동 기관을 풀어주며 한층 더 높은 자유를 느끼게 해준다. 또한 몸을 유연하고 가볍게 만든다.

운동은 반드시 방금 말한 순서대로 실행해야 한다. 먼저 몸을 풀고, 이어서 역동적인 근력 운동을 한 다음, 마지막에는 스트레칭을 해야 한다.

운동은 최대한 다양하게 하도록 한다. 하지만 TMS는 주로 척추 부근에서 발생하기 때문에, 특히 허리와 목과 어깨의 근육에 특별히 주의를 기울여야 한다. 허리 통증을 완화해주는 기법들을 몇 가지 찾아보고(최근에는 이런 유의 DVD나 책들이 많이 나오고 있다), 그중에서 당신이 보기에 가장 재미있고 적절해 보이는 운동을 선택하면 된다.

시작 단계로 토마스 한나*와 세르게이 부브노프스키**의 방법을 추천한다. 개인적으로는 이 두 가지가 척추 건강과 관련하여 가장 깊이가 있으면서도 쉬운 운동법인 것 같다.

토마스 한나는 존 사노와 마찬가지로 이성과 육체의 관계와 상호작용에 주목했던 몇 안 되는 선구적인 의사들 중 하나였다. TMS와 관련해서 한나 박사는 사노와 비슷한 의견을 가지고 있었다. 다만 용어만 다르게 사용하여 '감각운동 기억상실증'이라고 표현했고, 완전히 다른 치료 방법으로 근육의 이완을 통해 에너지의 막힘을 제거할 것을 제시했다. 한나 박사는 '매일 하는 고양이 자세'라는 이름의 소마틱스 운동 체계를 개발했다. 이 운동 방법은 시간이 오래 걸리지 않으며, 그의 저서에 잘 소개되어 있다.

반대로 세르게이 부브노프스키는 역동적인 근력 운동을 통해

---

* Thomas Hanna: 미국의 철학자이자 심리학자. 자유로운 삶에 깊은 관심을 가지고 있었으며 소마틱스(근육의 움직임을 의식하고 통제함으로써 몸을 회복하는 운동법)의 창시자다. 국내에는 《소마틱스》, 《부드러운 움직임의 길을 찾아》라는 책이 번역되어 있다.

** Sergei Bubnovsky: 러시아의 의사이자 '현대의 운동감각 지도학'이라고 불리는 독특한 운동법의 창시자다. 러시아의 유수 대학 중 하나인 민족우호 대학교의 교수로 재직하며 부브노프스키 센터를 설립하여 활동 중이다.

TMS를 치료하는 데 주된 관심을 기울였다. 마찬가지로 이해하기 쉬운 기법이다. 부브노프스키 박사는 나이를 불문하고 언제든지 근육을 회복할 수 있다고 믿었다. 아쉽게도 현재 세르게이 부브노브스키의 저서를 찾기는 쉽지 않을 것이다.

보시다시피, TMS를 치료하는 기법에는 무의식과의 합의, 이완을 위한 운동, 역동적인 근력 운동 등이 있다. 이 중 하나만 선택해도 좋고 세 가지 모두를 한꺼번에 사용해도 좋다. 나의 견해로, 최선의 결과는 한 가지 방법만 사용하는 것이 아니라 모든 방법을 복합적으로 사용할 때 나오는 것 같다.

다음으로는 참고하기에 좋은, 알고 있으면 나쁘지 않을 몇 가지 기본적인 사실을 짧게 설명해드리도록 하겠다.

인체는 자가회복 능력을 가진 시스템이며, 재생과 성장의 가능성이 잠재되어 있다. 하지만 이것은 오직 기회이자 가능성일 뿐이다. 내 몸은 결코 성장하려는 욕망으로 불타오르지 않은 상태일 수도 있다는 사실을 염두에 두어야 한다. 몸은 최소한 현재 상태를 잘 유지할 수 있는 단계까지 성장한 다음 잠시 멈췄다가, 이후 천천히 쇠퇴하기 시작한다. 따라서 좋은 체형을 유지하기 위해서는 몸에 하중을 지우고, 성장과 완전함에 의도를 맞추어 채찍질해야 한다. 다시 한번 말하지만 '어떻게 생각하는지', '어떻게 먹는지', '어떻게 움직이는지'의 세 요소를 복합적으로 고려해야 한다.

운동을 하지 않는다면 몸은 가장 최소한만 견딜 수 있는 상태에 도달하게 된다. 스스로 짊어지고 있는 부담을 견딜 수 있을 정도로만 말이다. 그 이상도, 그 이하도 아니다. 살아 있는 식물성 음식은 근질량을 지나치게 감소시키지 않는다. 오히려 죽은 음식을 먹으면 노폐물과 독성, 지방과 그 외의 온갖 잡동사니가 몸에 쌓이고 근육은 딱 자기 체중을 끌고 다닐 수 있을 정도로만 성장할 것이다. 운동량이 적은 사람의 무거운 몸은 열심히 일하는 근육이 아니라 이런 잡동사니가 그 대부분을 이룬다.

이미 앞에서 살펴본 것처럼, 운동은 최대한 다양하게, 모든 근육이 골고루 성장하게 하는 것을 목표로 하여 진행해야 한다. 모든 부위의 근육(사공)이 성장하면 심장의 부담도 적어지고, 혈관(강줄기)은 물이 흘러넘치듯 건강해진다.

만약 건강 지표에 문제가 없다면 스쿼트, 팔굽혀펴기, 턱걸이와 같은 일반적인 운동이 큰 도움이 될 것이다. 부브노프스키 박사의 표현을 빌리자면, 이 운동들을 충분히 반복하면 '통풍구가 열릴 것이며' 근육의 수축이나 경련과 같은 주된 문제들을 없앨 수 있다. 다만 흔히 실수하듯 팔을 3분의 1 정도만 굽혔다가 폈다가 하지 말고, 모든 동작에서 팔다리를 완전히 구부렸다가 펴야 한다.

모든 운동에서 가장 주의를 기울여야 하는 단계는 근력 운동이 아니라 스트레칭이다. 근육은 충분히 쉬도록 하는 것이 항상 더 어렵기 때문이다. 우리 모두는 근육을 쓰는 일에 더 익숙하다.

과도하게 노력을 할 필요는 없다. 적당한 노력만 기울이면 된다. 무게는 점진적으로 늘려나가라. 운동을 할 때는 게을러서도 안 되지만, 녹초가 될 정도까지 무리해서도 안 된다. 이 원칙을 기반으로 운동을 지속하라. 또한 만족감을 느낄 수 있을 정도로 해야 한다. 만족감이 없다면, 몸에 노폐물과 독성이 넘쳐나고 있다는 뜻이다. 이런 경우에는 하중을 낮추고 몸을 깨끗하게 하는 것이 먼저다.

운동은 되도록 매일 하도록 한다. 하지만 선호도나 여건에 따라 이틀에 한 번이나 사흘에 한 번 하는 것도 좋다. 중요한 것은 꾸준함이다. 기진맥진해질 때까지 자기 자신을 몰아붙이지 말라. 선택한 운동이 너무 많다면, 며칠에 나눠서 진행해도 좋다. 가령 하루에는 한 종류의 운동을 하고, 이튿날에는 다른 종류의 운동을 하는 식으로 말이다.

움직임과 병행하여 에너지의 흐름에도 주의를 기울이도록 노력하라.

운동을 한 다음에는 양동이에 냉수를 받아 몸 전체에 끼얹고(물은 차가울수록 좋다) 20초 동안 찬물로 샤워를 한다(찬물 샤워는 반드시 몸에 충분히 열이 올랐을 때만 하도록 한다. 몸이 식었다면 먼저 뜨거운 물로 몸을 따뜻하게 만든 후에 해야 한다). 그다음 수건으로 몸을 두르고, 강한 에너지의 흐름이 어떻게 몸을 관통하는지 1분 동안 집중해서 느끼며(샤워 후에는 실제로 그런 현상이 일어난다) 당신의 목표에 해당하는 사념체를 마음속으로 또는 소리 내어 선언하라. 이와 같이 에너지가 상승하는 순간에는 목표를 설정하는 작업이 특히 효과적으로 이루어진다.

운동을 하는 동안에는 이 운동을 통해 무엇을 달성하고 싶은지 생각하라. 짧은 사념체를 틈틈이 반복하라.

나의 모든 근육이 풀어지고 있다. 모든 집게가 풀리고 있다. 나의 몸은 정화되고 있으며, 새로워지고 있고, 회복되고 있고, 성장하고 있다. 나의 여왕, 무의식이 내 몸 전체를 정상으로 만들고 있다. 근육량이 늘어나고 있다. 나는 건강하고 아름다운 몸, 완벽한 건강,

강한 에너지, 강한 지성, 강한 의식을 가지고 있다. 나는 완벽 그 자체다. 나는 자각몽을 꾸듯이 나의 현실을 통제한다. 힘은 나에게 있으며, 힘이 나를 이끌고 있다. 따라서 나는 모든 것을 기발하고 훌륭하게 해낼 수 있다.

내가 제안한 것들을 복합적으로 해낸다면, 당신은 의도하는 것을 반드시 가지게 될 것이다.

정보의 투약

현대인의 의식과 주의는 이미 심각한 수준으로 막혀 있다. 정보 중독이 점점 더 심해지는 환경에서는 머지않아 심상화 능력도 막히게 될 것이다. 인공 시스템은 온갖 방법을 동원하여 우리가 스스로 현실을 창조할 수 있는 기회 자체를 억압하고 없애려고 한다. 부속품은 자신의 것을 만들어서는 안 되니까 말이다. 그는 오직 시스템이 주는 것만을 사용해야 한다. 어느 날 인간이 잠에서 깨어나, 아주 단순한 심상조차 내부의 화면에 그리지 못하는 자기 자신을 발견하게 된다면? 그때 그는 트랜서핑에서 그만 손을 떼야 할 것이다.

사실 우리 문명이 생기기 전에 존재했던 고대의 문명은 상당히 발전되어 있었지만, 그 발전은 기술이나 정보적 측면이 아니라 인간의 가능성 측면에서 이뤄진 것이었다. 심지어 아틀란티스의 멸망은 사람들이 막강한 힘을 가졌으나 그것을 통제할 방법을 몰랐기 때문이라는 시각마저 있다.

지금은 모든 것이 정반대다. 오늘날 모든 힘과 권력은 시스템의 손안에 있다. 시스템의 도구 없이 스스로 뭔가를 할 수 있는 사람은 매우 드물다. 그저 객관식 답안을 찾고, 버튼을 누르고, 마우스를 클릭하고, '좋아요'를 누를 줄밖에 모른다. 머지않아 심상화를 할 줄도 모르게 될 것이다. 이미 많은 사람들이 심상화를 하지 못하게 되었을 뿐더러, 그렇게 하려는 시도조차 하지 않고 있다. 그들에게는 그것이 필요 없는 일이니 말이다.

과장하는 것이 아니다. 심리학자들의 분석에 따르면, 최근 수십 년 동안 새로운 세대는 그전 세대들보다 더 게으르고, 둔해졌으며, 악해졌다. 몇 가지 통계자료와 사실들이 있다.

■ '펩시 세대(페레스트로이카 세대)'의 독특한 특징은 쉽게 설득당하며 그 어떤 광고의 미끼도 덥석 무는 경향이 있다. 또한 모든 선전에 쉽게 휩쓸린다.

■ 그 이후에 나타난 'Z세대'(심리학자 마르크 산도미르스키Mark Sandomirskij가 처음으로 사용한 용어)는 이전 세대의 특성과 더불어 공감 능력의 결여와 공격성이 그 특징이다.

■ 사회학과 심리학의 전문가들은 현재의 아이들에게서 흉악함과 잔혹함, 낮은 정신연령이 두드러지며 조종당하기 쉬운 소비자의 특성이 보인다고 한다.

■ 정신적 문제를 가진 장애아의 비율은 매년 10퍼센트씩 증가하고 있다.

■ 정신장애를 가진 학생 수는 지역과 무관하게 이미 15~30퍼센트에 달한다.

■ 성인 중 10퍼센트는 공황 증상(극심한 불안 발작)을 자주 경험한다.

■ 유럽 인구 중 40퍼센트는 이미 정신적으로 건강하지 못한 것으로

밝혀졌다.

- 미국 인구 전체가 질병을 가지고 있으며, 쇠퇴에 해당하는 모든 징후가 나타나고 있다.

위의 모든 내용은 내가 내린 결론이 아니라, 다양한 공식 출처를 통해 가져온 실제 통계자료임에 주목해주길 바란다. 게다가 공식 출처의 숫자는 보통 실제보다 낮다는 사실도 고려해야 한다. 근사한 인공 시스템의 산물들이 인간의 정신에 바로 이런 영향을 미친다. 물론 이것은 통계자료이자 일반화된 경향에 불과하다. 주변에서 썩 괜찮은 데다 호감형이고, 정중하고, 똑똑한 사람들을 여전히 찾을 수 있을 것이다. 하지만 소위 '압도적 다수'라고 일컬어지는 나머지 회색분자들은 이미 지독한 인상을 심어주고 있다.

이 회색분자들의 '범위 안에' 들지 않으려면, 정보가 주입될 때 의식을 놓지 말아야 한다. 필터링을 하면서 정보를 받아들여야 한다. 모든 것을 그대로 입력시키거나 자신에게 들어오는 모든 정보를 곧 이곧대로 받아들이지 말아야 한다. 이것은 TV를 버리고 휴대폰을 끈 다음 SNS에서 영원히 자취를 감추라는 말이 아니다. 원칙은 정보를 흡수하는 사람이 아니라 관찰자의 입장에 있어야 한다는 것이다.

정보 중독과 의존증은 사람들이 최종적으로 정보의 소비자가 되어, 수동적인 카세트 플레이어로 전락하게 만든다. 그들이 송신기가 되는 것은 이미 불가능한 일이 되어버렸다. 맹목적인 정보의 소비가 시작되는 곳에서 트랜서핑은 끝이 난다.

아마도 누군가는 내가 지금쯤 어떤 것은 하면 안 되고 어떤 것은 되는지, 얼만큼 해야 하는지 나열해주기를 기대할 것이다. 하지만 자신의 방식은 자신이 정해야 한다. 문제는 무엇을 얼마나 할 수 있는지가 아니라, 얼마나 깨어난 의식을 가지고 선택을 하는지에 있다. 중요한 것이라고는 오직 세 가지 기본 원칙을 기억하는 것뿐이다.

- 깨어난 의식(지금 내가 무엇을 하고 있는지, 왜, 무엇 때문에 하고 있는지 자각한다)
- 관찰(머리끝까지 파묻히는 것이 아니라, 옆으로 비켜서서 맑은 정신으로 관찰한다)
- 선택 능력(정보를 흡수하지 않고 선택한다). 무슨 일이 일어나는지, 그 일이 일어나는 순간 나는 무엇을 하고 있는지, 현실은 내가 무엇을 하도록 만드는지, 내가 그것을 해야 하는지 관찰한다.

이 주제에 관해서 더 자세히 설명할 필요는 없을 것 같다. 조금이라도 의식이 깨어나 있으며 맑은 이성을 가진 사람이라면, 모든 것을 스스로 이해할 수 있을 것이다. 반면에 의식과 이성이 남아 있지 않은 사람이라면, 그런 사람에게는 굳이 설명할 필요가 없다. 친애하는 독자여, 내가 이 책에서 이야기하고자 하는 바를 당신이 완벽하게 이해할 것이라고 나는 믿어 의심치 않는다. 그렇지 않다면 아직까지 당신이 이 책을 손에 쥐고 있지도 않을 테니까 말이다.

적분

이 원칙이 의미하는 바는 다음과 같다.

- 과제나 문제의 목표와 의미에 대해서는 잊은 채로 그것의 해결 과정 자체에 몰두하는 것이 아니라, 최종 목표를 항상 염두에 두고 있어야 한다.
- 자잘한 문제나 방법과 수단에 파묻히지 말고 가장 중요한 것, 즉

의미와 목표에 대해 생각해야 한다.

■ 오래된 도시에서 방황하며 좁다란 길로 이루어진 미로 속에서 헤매지 말고, 날아다니는 새의 높이로 올라서서 전체적인 그림을 바라봐야 한다.

다른 말로, 유리창에 부딪히는 파리처럼 몸을 던지는 사람은 미분을 한다. 높이 날아올라 거리를 두고 벽면 전체를 보는 사람은 적분을 한다. 다시 말해, 안으로 들어가게 해줄 틈새를 찾는 것이다.

우리가 어떤 문제의 해결 과정에 깊이 몰입하면서 그 방법과 수단을 찾기 위해 머리를 싸맬 때, 의식은 위축되어 주변을 보지 않고 오직 발아래만 보게 된다. 나무를 보려다가 숲 전체를 못 보는 것이다. 즉 가장 중요한 것을 놓치게 된다.

16세기의 탐험가인 시에르 골라르Sier Golar는 파리에 직접 가본 후에, 지금껏 파리가 아름다운 도시라고 속은 채 살아왔다고 말했다. 무질서하게 늘어서 있는 높은 집들로 인해 도시 자체를 볼 수 없었기 때문이다(사실 이 이야기의 다른 버전도 있다. 그가 파리에 갔을 때 공원과 거리에 수많은 나무들이 자라고 있어 집들을 가리고 있었다는 내용이다).

이처럼 시야가 좁아지면 둔해지거나, 멍해지거나, 당황하게 된다. 방법과 수단을 도저히 찾을 수 없게 되고, 집게는 더 단단하게 고정된다. 이 상태에서 벗어나는 가장 좋은 방법은 날아다니는 새의 높이로 올라가는 것이다.

그것이 어떻게 가능할까? 아주 쉽다. 발밑에 고정된 시각을 전방, 즉 목표로 옮기는 것이다. 트랜서핑은 해답을 찾지 않는다. 해답은 목표를 향한 길에서 저절로 나타난다. 고르디우스의 매듭은 풀리지 않고 단칼에 끊어진다. 이를 위해서는 목표를 설정하고, 그 목표에 자신의 주의와 의도를 고정한 채 앞으로 나아가면 된다. 과거에 어떤 일이 있었는지, 현재에 무슨 일이 일어나고 있는지는 중요치 않다. 주의의 방향을 목표에 두고 앞으로 가라. 문(기회)은 그 길에서 열릴 것이며, 방법과 수단은 저절로 나타나게 되어 있다. 다시 한 번 '미해결' 난제를 해결할 수 있는 공식을 말해보겠다.

허용할 수 없는 것을 허용한다.

주의와 의도의 방향을 목표에 고정한다.

움직이기 시작한다.

모든 비결은 여기에 있다. 당신의 주의가 목표에 고정되어 있다면 의도의 바람이 당신의 의식을 들어올릴 것이며, 의식은 마치 연처럼 높은 곳으로 올라 현실을 제대로 보기 시작한다는 것이다.

흐름 만들기

생리적인 중독이 아니라 정신적인 중독 현상이 실재한다는 말은 곧, 정보를 무제한으로 입력하면 의식이 완전해지는 것이 아니라 오히려 흘러넘쳐서 정보 피로 증세가 나타난다는 뜻이다. 예를 들어 시험 준비를 위해 어떤 과목을 오랫동안 공부하다 보면, 어느 순간 싫증이 나고 더 이상 머리가 정보를 받아들이지 않는다는 사실을 당신도 잘 알고 있을 것이다.

이것은 두 가지 원인에 의해 일어난다. 첫 번째로, '혈관의 부담이 과도하게 커지고' 기억력의 용량이 부족해지기 때문이다. 기억에는 형이상학적 기반뿐 아니라 생리학적 기반도 있다. 즉 두뇌가 특정 뉴런 연결을 만들어야 하는데, 이것은 그렇게 금방 일어나는 일이 아니다. 두 번째로, 용량이 꽉 차게 되면 무의식은 그 이상의 정보가 유입되는 것을 막는다. 이미 입력된 정보를 소화할 여유를 만들기 위해 뚜껑을 닫아 정보가 흘러 들어오는 통로를 차단하는 것이다.

하지만 전체적으로 정보의 압력이 거센 환경 속에서 이런 메커니즘은 정상적으로 기능하지 못한다. 혈관의 '위장은 비대해지며', '음식 주입구'는 계속해서 열린 상태에 있게 된다. 그 결과 병이 생긴다. 정보의 부하, 정체, '소화불량' 현상이 생기는 것이다.

이런 정체 상태를 없애기 위해서는 정보가 단순히 쌓이는 것이 아니라 움직이도록 하기 위해, 흐름을 만들어야 한다. 당신이 어떤 글을 읽거나 말을 들을 때, 그 정보는 그저 당신의 내부에 쌓이기만 한다. 당신이 누군가에게 어떤 말을 하고, 설명하고, 전달할 때, 그 정보는 당신을 통해 자유롭게 흘러간다. 이와 똑같이, 당신이 어떤 과목을 공부할 때 혈관의 부담은 늘어나게 되는데, 여기에는 특정한 한계치가 있다. 하지만 당신이 문제를 풀면 흐름이 생기게 된다. 뚜껑이 닫히거나 과도하게 쌓이는 것이 아니라, 정보가 자유롭게 흘러가는 것이다. 이런 의미에서 공부를 하는 것보다 가르치는 것이 더 쉽고, 문제를 푸는 것이 과목을 공부하는 것보다 더 단순하다고 할 수 있다.

나는 학생 시절에 특별히 열정적으로 이론을 파고들었다. 당시 물리학은 위기에 처해 있었는데(지금도 마찬가지지만), 나는 수학자들만 이해할 수 있고 물리학자들은 이해하지 못하는(실제로 그렇다) 복잡한 수학적 도구들을 공부한다면 우주의 모든 비밀을 밝혀낼 수 있을 것이라고 생각했다.

다시 말해, 나는 정보에 목이 말라 부지런히 흡수하는 학생이었다. 그런다고 해서 정보를 다 '먹어 치울 수는 없다'는 사실을 그때는 몰랐다. 한 학년 위에 나의 친구가 있었는데, 그는 나와 마찬가지로 물리학에 심취해 있었지만 나와는 다르게 아주 게을렀다. C학점을 받고도 가벼운 마음으로 놀러 다녔다. 그가 기숙사 안에서 빈둥거리며 돌아다니는 모습을 쉽게 볼 수 있었고, 얼핏 보기에 그는 공부를 완전히 손에서 놓은 듯했다.

하지만 모두가 신기하게 생각했던 일은, 그가 그 외의 다른 학생들은 풀지 못했던 어려운 문제들의 해답을 구하곤 했다는 것이다. 사실 나 또한 그 누구도 손대지 않으려고 했던 문제들을 풀곤 했지만, 어디까지나 보이지 않는 곳에서 부단히 노력해야 얻을 수 있는 결과였다. 그러나 그는 모든 문제를 쉽게 풀었다.

나에게 이것은 이상하고 도무지 이해할 수 없는 일이었다. 어떻게 이런 일이 가능한 걸까? 아무것도 공부하지 않았으면서 문제는 저렇게 척척 풀어내니 말이다. 물론 태생적으로 재능을 타고난 사람들도 있긴 하지만, 그래도 이론을 공부하지 않고는 이렇게까지 할 수 없을 텐데.

한번은 그가 나의 기숙사 방으로 놀러 온 적이 있었다. 그때 나는 책상에 책을 산더미처럼 쌓아두고 앉아 있었는데, 아마 무척이나 얼빠진 얼굴을 하고 있었던 모양이다. 친구가 나를 보자마자 폭소를 터뜨리더니, 어깨를 툭 치며 "그만해! 가자, 오늘 목요일이잖아!"라고 외쳤던 것을 보면 말이다(우리 기숙사에서 목요일은 '달리는 날'이었다). 나는 우물쭈물하기 시작했다. "아니야, 안 돼⋯." 그러자 그가 나의 책 하나를 낚아채면서 말했다. "이 어려운 책들은 다 뭐야? 우와, 엄청나게 두꺼운데!" 나는 그에게 란다우-리프시츠^{Landau-Lifshitz}의 이론물리학 전집을 공부하겠다는 목표를 세웠다고 설명했다. (학생들 사이에는 이 악몽 같은 과정을 견뎌내는 사람이 제-일 똑똑한 학생이 된다는 믿음이 있었다! 실제로 란다우의 과정은 이해하기에 아주 복잡했다. 왜냐하면 그는 모든 사람이 자신만큼이나 이론물리학을 잘 이해할 것이라고 믿었으며, 그렇기 때문에 설명을 자세하게 하는 수고조차 하지 않았던 천재였기 때문이다.)

나의 친구는 무슨 생각을 했던 것일까! 그는 마치 내가 상상조차 할 수 없을 정도의 헛소리를 했다는 듯이 얼굴을 찡그리며 이해가 가지 않는다는 듯한 표정을 짓기 시작했다. 마침내 그는 '떨리는 목소리'로 덧붙였다. "참 안타깝네!" 그가 다시 장난을 치기 시작했을 때, 나는 왜 그가 나의 목표를 어리석은 놀이라고 생각하는지, 대체 그는 어려운 문제들을 어떻게 푸는 건지 물어보기 시작했다. 그 질문에 대해 그는 간단하게 대답했다. "문제가 풀리니까 풀지."

알고 보니, 그는 우리 모두와는 전혀 다른 방식으로 공부에 임하고 있었다. 우리는 이론을 공부한 후에 그것을 응용하려고 했다. 그러나 그는 정반대로 접근했다. 문제를 먼저 풀어보고, 그 과정에서 이해되지 않는 부분이 있으면 잠시 교과서를 흘긋 보는 정도였다. 그에게 가장 중요한 목표는 구체적인 문제에 대한 해답을 구하는 능력이었으며, 이론은 그저 부차적이고 보조적인 수단이었다. 그는 자신의 혈관에 과도한 부담을 지우지 않았고 항상 흐름을 유지하고 있었기 때문에 공부는 그에게 어려운 일이 아니었다.

졸업을 하고 몇 년이 흐르고, 재건축으로 인해 우리의 물리학부 건물도 무너졌을 때, 나는 그 친구와 버스 정류장에서 우연히 만났다. 그는 여전히 거침없는 모습으로 버스 정류장에 서서 사과를 우적우적 씹어 먹고 있었다. 그에게 이런저런 근황을 물어봤다. 그가 남은 사과 조각을 울타리 너머로 휙 던지며 대답했다. "아, 요즘 박사 논문 쓰고 있어." 나는 멍해졌다. 대학교를 졸업한 지 겨우 몇 년밖에 지나지 않았는데. 물론 놀랄 일은 아니었다. 이제 나는 그가 '시스템을 깨뜨리는 사람'이며, 모든 것을 다른 사람과는 전혀 다른 방식으로 해낸다는 사실을 알고 있다.

여기에서 내릴 수 있는 결론은 이렇다. 과목이나 이론을 통달하고 싶다면 그것을 공부하지 말아야 한다. 문제를 풀고, 구체적으로 응용하라. 모든 이론은 결국 이 목적을 위해 만들어졌으니 말이다. 이론들은 전부 실전 문제를 해결하기 위해 만들어졌다. 우선순위는 구체적인 실전 문제여야 하며, 이론은 그다음 차례다. 지식의 총체를 탐구하는 것이 아니라, 이 지식을 활용하여 풀 수 있는 문제들에 모든 주의를 집중해야 한다. 다른 사람에게 정보를 전달하는 것도 흐름을 만들어낸다. 지금 막 알게 된 이론을 다른 사람에게 가르쳐보라. 이것이 이론을 통달하기 위한 최고의 방법이다.

이 원칙을 사용하면 그 어떤 복잡한 학문도 쉽게 통달할 수 있을 것이다. 지식은 실질적으로 문제를 해결하는 과정, 그 흐름에서 당신을 찾아온다. 게다가 이것은 머리에서 금방 날아갈 낯선 지식이 아니라 바로 당신의 지식이다. 계속해서 당신의 머릿속에 남아 있을 것이다.

- 통증의 원인이 억압된 감정과 걱정이라는 사실을 이해하면 그 통증은 사라진다.

- 가급적 먼저 정신적 집게를 풀어놓아야 한다. TMS의 일차적인 원인은 다름 아닌 정신적 집게이기 때문이다.

- 무의식과의 합의는 이제 문제를 직접 해결하겠다고 밝히는 데 그 의미가 있다.

- 최선의 결과는 한 가지 방법만 사용하는 것이 아니라 '어떻게 생각하는가', '어떻게 먹는가', '어떻게 행동하는가'의 세 가지 요소를 복합적으로 고려할 때 나온다. 여기에서 움직임은 매우 두드러지는 역할을 한다.

- 체조는 준비 운동(안정 효과), 근력 운동(역동적인 운동), 이완 운동(스트레칭)의 세 가지 단계로 진행되어야 한다.

- 운동은 최대한 다양하게 하도록 한다.

- 몸에게는 성장하고 싶다는 마음이 없다. 그것은 최소한 현재 상태를 잘 유지할 수 있는 단계까지 성장한 다음 잠시 멈췄다가, 이후 천천히 쇠퇴하기 시작한다.

- 좋은 체형을 유지하기 위해서는 몸에 하중을 지우고, 성장과 완전함에 의도를 맞추어 몸을 채찍질해야 한다.

- 스쿼트, 팔굽혀펴기, 턱걸이를 충분히 자주 반복하면 '통풍구가 열릴 것이며', 근육의 수축이나 경련과 같은 주된 문제들이 없어질 것이다.

- 모든 운동에서 가장 주의를 기울여야 하는 단계는 근력 운동이

아니라 스트레칭이다.

■ 적당한 노력만 기울이면 된다. 들어올리는 무게는 점진적으로 늘려나가도록 한다.

■ 움직임과 병행하여 에너지의 흐름에도 주의를 기울이도록 노력하라.

■ 운동을 하는 동안에는 이 운동을 통해 무엇을 달성하고 싶은지 생각하라. 짧은 사념체를 틈틈이 반복하라.

■ 운동을 한 다음에는 찬물을 몸에 끼얹고 마사지하라.

■ 회색분자들의 '범위 안에' 들지 않으려면 정보가 주입될 때 의식을 놓지 말아야 하며, 필터링을 하면서 정보를 받아들여야 한다.

■ 원칙은 정보를 흡수하는 사람이 아니라 관찰자의 입장에 있어야 한다는 것이다.

■ 당신의 주의가 목표에 고정되어 있다면 의도의 바람이 당신의 의식을 들어올린다. 그리고 의식은 마치 연처럼 높은 곳으로 올라 현실을 제대로 보기 시작한다.

■ 정체 상태를 없애기 위해서는 정보가 단순히 쌓이는 것이 아니라 움직이도록 하기 위해, 흐름을 만들어야 한다.

■ 과목이나 이론을 통달하고 싶다면 그것을 공부하지 말아야 한다. 문제를 풀고, 구체적으로 응용하라.

■ 지금 막 알게 된 이론을 다른 사람에게 가르쳐보라. 이것이 이론을 통달하기 위한 최고의 방법이다.

정신의 집게와 몸의 집게를 풀면, 목표를 달성하는 데 아무런 문제도 없을 것이다. 자유로워지면 아주 많은 것들이 가능해진다. 당신이 지성의 힘을 발휘하고 창조적 업적을 달성할 기회는 이전에는 도저히 불가능해 보였던 수준까지 높아질 것이다.

수신기와 송신기

트랜서핑에서 목표를 달성하기 위한 기본적인 도구는 목표의 심상화와 과정의 심상화다. 전자는 선언으로, 후자는 확인으로 정의할 수 있다. 선언은 주의와 의도를 목표에 고정하는 것, 사념체와 목표 슬라이드를 돌려보는 것을 의미한다. 확인은 과정이 일어나고 있고, 일이 진행되고 있으며, 나의 모든 일은 잘 풀릴 것이고 문이 열릴 것이라고 계속해서 확인하는 것이다. 실제로 모든 일이 잘 풀리고 있다는 일종의 '자기 응원' 또는 '자기 확신'이라고도 말할 수 있다. 이런 식으로 우리는 의도를 가지고 자신의 영화를 만들어 재생한다.

이 '선언+확인'의 공식은 시스템이 집단의 현실을 통제하는 데도 사용된다. 대중을 향해 요구사항을 던지고, 목표를 향해 조준한 다음 그에 맞는 개념을 찾아내, "우리는 올바른 길을 걸어간다"는 구호를 외치며 '선언'의 깃발을 들고 앞으로 행진하게 만드는 것이다.

보통 사회는 적극적으로 선언에 따라 움직이며 슬로건에 맞게 고분고분하게 흘러간다. 인류의 의식이 가진 특성이 본래 그렇다. 의식은 자유롭게 날아다닐 수 있는 존재가 아니며, 새에게 잠시 앉아서 쉴 가지가 필요한 것처럼 플랫폼이나 중심축이 필요하다. 사람들이 왜 신에게 기도를 드리는가? 용서나 축복을 받으려는 것이 결코 아니다. 뭔가를 믿고, 뭔가에 의지하며, 뭔가를 위해 노력하지 않으면 의식은 나뭇가지에서 떨어진 낙엽과 다름없기 때문이다.

항상 그래왔다. 원시 사회에서도, 전체주의 체제에서도, 민주주의를 기반으로 세워진 사회에서도 말이다. 하지만 인공 시스템(사회 전체를 예로 든다면 말이다)은 독특한 현상이라고 할 수 있으며, 통합된 정보장이 만들어진 덕분에 상황은 눈에 띄게 달라졌다. 그 누구에게도 윤곽이 뚜렷한 목표란 것은 없으며, 이데올로기는 마치 물에 녹아버린 것처럼 불분명하고, 교회도 예전과 같은 영향력을 잃게 되었다. 이런 조건에서 시스템은 무엇으로 버티고 있으며, 어디에 기초를 두고 있을까? 새로운 세대들 속에서 대다수의 사상은 해체된 지 오래고, 정치와 종교적 신념 모두가 사라지지 않았는가.

알고 보니, 인공 시스템에게 이 모든 것은 별다른 의미가 없었다. 경제와 금융을 통해 이미 오래전부터 권력을 만들어 정치적인 영향력을 행사하고 있기 때문이다. 반면에 사상과 종교는 일종의 소비재로 그 역할이 축소되었다. 사실상 사회 전체와 개인의 주된 목표가 바로 소비 아니던가. 따라서 여기에는 그 어떤 반항도 없다. 반면 트랜서핑은 자신의 인생을 개선하고, 자신의 현실을 찾는 것을 목표로 한다. 이런 목표를 달성하기 위해서는 먼저 시스템이 어떻게 만들어져 있는지, 그것이 어떤 대가를 치르게 하는지 이해해야 한다.

시스템은 전체적인 정보의 거미줄을 기반으로 생성되어 있다. 그것의 과제는 개인의 개성을 지우고, 개인의 생각과 목표를 깨뜨려 산산조각 내며, 소란스러운 여론의 용광로에 집어넣어 모든 것을 한데 녹여버리는 것이다. 중요한 점은, 모두를 네트워크 안에 접속하도록 만드는 것, 하나의 '모래사장' 안으로 몰아넣는 것이다. 단순한 개

넘이다. 모든 아이를 끌어들이기 위해 모래사장을 만든 다음, 아무 모래나 쥐여준다. 어떤 모래든 상관없다. 이 모래사장에서는 '사회의 통제'라는 과제가 단번에 해결된다. 예전에는 모두를 분산하여 통제하는 것이 원칙이었다면 지금은 모든 것이 정반대다. 한군데로 몰아넣어 모두를 똑같이 통제하는 것이다.

그것이 구체적으로 어떤 집단의 사람들에게 필요하고 도움이 되는지는 중요치 않다. 가장 먼저 시스템 그 자체에게 필요한 일이니 말이다.

예컨대 SNS는 시스템의 기막힌 발명품이다. SNS 속에서는 '선언+확인'의 공식이 완벽하게 실현되면서 많은 사람들이 집단의 꿈 속으로 몰아넣어진다. 네트워크만 있으면, 꼭두각시의 끈을 쥐고 있는 누군가는 신호(명령)를 보낼 수 있으며 그렇게 되면 더 이상 직접 통제를 할 필요조차 없다. 네트워크가 거대한 확성기처럼 이 신호를 반복하여 선언하며 모든 일을 다 해줄 것이다.

악의 없는 '좋아요'와 '싫어요'를 통해 의견을 교환하는 과정은 통제를 위한 운영 시스템의 코어를 만든다. 이 코어를 중심으로 나머지 모든 것이 회전하기 시작한다. 네트워크의 중심에서는 모든 부속품이 마치 뱅어 떼처럼 동시에 반응하도록, 순간적으로 구석구석까지 퍼질 수 있는 명령을 전달한다. 전체적이고 간접적인 집단의 꿈이 실현되는 것이다. 생각하지 말라. 그저 시키는 대로 마우스를 클릭하고 '좋아요'를 누르라. '좋아요/싫어요'는 본질적으로 매일 이루어지는 훈련이며, 때가 되면 시작될 어떤 중요한 행동의 리허설이다. 여기에서 "통신과 네트워크에 항상 접속해 있으라. 자신의 몫을 다하

라. 항상 시스템 안에 있으라!"는 슬로건이 만들어진다.

SNS는 매트릭스를 생성하기 위해 모든 사람의 의식을 동일하게 만드는 역할을 한다. 부속품들이 전부 똑같은 방식으로 생각하고 행동하면 매트릭스는 저절로 건설된다. 사람들이 어떤 사안에 대해 같은 방향으로 생각하고 행동하기 시작하면 하나의 펜듈럼이 만들어진다. 펜듈럼은 사람들의 집단 위에 군림한다. 그리고 그런 펜듈럼의 위에는 이미 매트릭스가 있다.

생각해보라. 왜 네트워크에서 자신의 계정을 지우면 안 될까? 그 이유는, 모든 네트워크는 시스템에 의해 통제되기 때문이다. 어떤 네트워크에서 당신에 관한 정보를 '삭제하도록' 허용한다고 해도, 정보는 완전히 삭제되지 않는다. 한 번 회원정보가 등록된 이상 시스템에서 그렇게 쉽게 빠져나올 수 없다.

정보 교환의 과정에 접속한 사람들은 그들 자신이 무엇을 할 수 있으며, 인생에서 무엇을 원하는지 더 이상 고민하고 알아내지 못한다. 그들이 무엇을 원할지를 규정하는 것은 시스템 그 자체이며, 기회의 산소 주입구는 이미 닫혀버렸기 때문이다.

매트릭스의 거미줄 안에 엮이는 현상은 단계적으로 일어난다. 먼저 식품 기술로 인해 의식이 흐려진다. 이것이 첫 번째 단계다. 그 다음으로 정보의 파도가 의식을 덮쳐 집게를 걸어두는 것이 두 번째 단계다. 세 번째 단계는 마음의 사이보그화다.

예를 들어, 야생의 동물들은 아직 있는 모습 그대로 살아가는 생명체다. 그들의 의식은 깨어나 있어야 한다. 그래야만 먹이를 구하고 천적으로부터 살아남을 수 있기 때문이다. 그런데 무리 안에 속하게 되면, 그들의 의식 수준은 즉시 땅으로 떨어진다. 동시에 더 평온해진다. 농장에서는 의식이 완전히 사라져버리는 현상마저 나타난다. 이곳에서 의식은 전혀 필요하지 않기 때문이다. 그들은 그냥 먹고 자기만 하면 된다(그저 마우스를 클릭하고 '좋아요'를 누르기만 하면 된다).

사람들이 다른 누군가와 소통을 하고 여가를 즐기며 시간을 보내는 것이 뭐가 그리 대수로운 일이며, 무서울 것은 또 뭐가 있느냐고 생각할지도 모른다. 마음껏 그렇게 하게 내버려둬도 되는데 말이다. 하지만 사실 네트워크에서 만들어지는 것은 우리가 소통하고, 자신을 표현하고, 자아를 실현하고, 삶과 공동체에 관여하고 있다는 환상일 뿐이다. 이 모든 것은 진짜가 아니다. 당신에게 '가짜 친구들'이 많으면 많을수록 당신이 느끼는 외로움은 더 깊어질 것이다. 자아실현에 대해서도 굳이 언급할 필요가 없다. 이런 교류는 상당 부분 아무 도움도 되지 않는다. 무의미한 시간 낭비이자 인생 낭비일 뿐이다.

심지어, 실제로도 많은 사람들이 SNS에서 시간을 보내는 것이 시간 낭비라는 사실을 잘 이해하고 그 점에 동의한다. 하지만 이 늪에서 빠져나오기는 만만치 않다. 정보 중독이 만들어낸 의존성이 당신으로 하여금 그렇게 하도록 가만두지 않기 때문이다. 차라리 담배를 끊기가 더 쉬울 것이다. 그래서 사람들은 자신에게 정당화하고 평계를 댄다. '아니야, 그래도 시간 낭비는 아닐 거야. 그래도 어떤 점에서는 이게 나한테 필요해.'

한편으로 이런 헛된 시간은 악의를 가지고 주어지는 것이 아니며, 거저 주어지는 것도 아니다. 우리는 과도한 정보 공급이 의식을 축소할 수 있다는 점을 앞서 살펴본 적이 있다. 오늘날에는 흥미로운 현상이 나타나고 있다. 바로 클럽식 사고와 클럽 문화이다. 현대인은 정보가 '클립^{clip}'이라는 작은 조각으로 주어졌을 때만 그 정보를 소화하고 전달할 수 있다. 그것보다 덩어리가 큰 정보는 감당하지 못한다. 의식 역시 클럽의 조명이 반짝이는 것처럼 깜빡거리며 꺼졌다 켜지기를 반복할 뿐이다.

관심사도 아주 원초적인 수준에서 벗어나지 않는다. 많은 사람들은 그다지 중요하지 않고 의미가 없는 것들에 대해서 주로 이야기하는데, 그러면서 다들 "대박"이라고 외친다. 어떤 흥미로운 일을 보면 잠시 주춤거리고 멈춰 섰다가, 다시 가던 길을 계속 간다. 실제로 대단하고 의미 있는 일은 더 이상 흥미롭지 않게 되었다. 클럽식 호기심은 사이보그화의 최종 단계에 들어서기 직전에 의식이 죽어가며 내는 작은 소리다. 애초에 클럽식 호기심조차도 이렇게 가쁘게 숨을 몰아쉬고 있는데, 다른 무엇에 대해 흥미를 가질 수 있겠는가?

이 모든 것은 흡사 새 떼를 연상시킨다. 같은 종의 수많은 새들이 한 무리를 이루어, 여기저기에서 시끄럽게 울어대며 북새통을 이룬다. 때로는 모든 새가 마치 한 팀을 이룬 듯이 한꺼번에 날아올라 어딘가로 사라진다. 이후 잠잠해졌다가, 다시 엄청난 개체 수의 새들이 몰려와 다시 시끌벅적해진다. 모두가 똑같은 모습이다. 습성도, 외모도 모두 비슷하다. 아주 드물게는 어떤 갈매기 한 마리가 잠시 생각을 하는 듯하더니, 무리에서 벗어나 뭔가 특별한 자신만의 것을 찾아 나서는 경우도 있다. 그러다 다시 무리로 돌아오려고 한다.

— 혹시, 어떤 사람이 《갈매기의 꿈》이라는 책을 썼다는 거 아세요?

글쎄, 조나단 리빙스턴이라는 갈매기가 시끄럽게 울 수만 있는 줄

알았더니, 뭔가를 창조할 수도 있었어요…!

그 말을 들은 다른 새들은 그저 잠깐 고개를 돌려 그를 흘끗 쳐다보더니, 귀청이 터지도록 고함을 친다.

— 조나단 리빙스턴! 조나단 리빙스턴! 대박이다! 대박이다!

그러고는 이해할 수 없는 소리로 꽥꽥거리기를 계속한다.

SNS에서는 당신이 확인을 통제하는 것이 아니라, 그저 무엇을 확인할지 선택을 할 수 있을 뿐이다. 그것도 제시된 것들 중에서 선택해야만 한다. 게다가 확실히 당신이 직접 목표를 설정하고 선언을 하는 것도 아니다. 물론 당신은 자신의 동영상을 '모두에게 공개'할 수 있지만, 그래봤자 아무 소용이 없다. 결국 당신의 목소리는 수많은 사람들의 외침 속에 파묻혀 힘을 잃을 테니말이다.

당신은 네트워크의 수많은 회원들 중 하나이자 정보의 소비자로서, 소파에 누워서 또는 컴퓨터 앞에 앉아서 다른 사람들이 어떻게 자신의 인생을 만들어가는지 바라보고 있다. 이것은 다른 사람의 영화다. 실질적으로 혜택을 얻는 것은 오직 그 자신의 목표를 위해 네트워크를 사용하는 사람들뿐이다. 예컨대 언론과 상품 제조업자, 판매업자들은 네트워크에 적극적으로 접속하려고 한다. 바로 여기에 소비자들이 있기 때문이다.

하지만 이런 환경에서는 비즈니스를 운영하는 것도 어렵다. 새떼는 새 떼일 뿐이며, 잘 조직된 시장이 아니기 때문이다. 네트워크는 그런 용도로 만들어진 것이 아니라 다른 역할에 치중한다. 바로 대중의 의식을 조종하는 일이다. 또한 네트워크는 구체적인 설립자들에 의해 만들어진 것이 아니라 시스템 자신에 의해, 즉 스스로의 필요와 조건과 원칙에 맞게 생성되었다.

머지않아 전 세계가 아주 깊은 잠에, 완전한 혼수상태에 빠지고 말 것이다. 정보의 거미줄 속에서, 극히 일부의 송신기(창조자)를 제외하고는, 모두가 다른 사람의 방송을 받아들이기만 하는 수신기(소비자)가 되어버리고 있다. 그들이 무의미하게 시간을 보내도록 특정 프로그램에 접속하게 만들어 의식을 조종하는 일은 쉽다. 앞으로 어떻게 될지 상상하기는 어렵지 않다. 사람들은 자신의 개성을 드러내고 자신의 운명을 통제하는 능력을 완전히 상실하게 될 것이다.

친애하는 독자여, 앞서 설명드린 내용 중 많은 것들이 당신이 처음 듣는 이야기는 아닐 것이다. 하지만 자신이 무엇을 하고 있으며 실제로 어떤 일이 일어나고 있는지 이해도, 자각도 못하는 세대가 이미 나타났다.

Z세대는 가상 현실에 접속하여, 그와 더불어 자신의 인생을 컴퓨터 게임으로 바꿔버리는 편을 선호한다. 여기에는 대화도 목표도 없다. 기회 역시 진짜가 아니라 가짜뿐이다.

하지만 어쨌거나 그들도 언젠가는 실제 현실로 돌아와야 한다. 실제 현실에서는 태양 아래의 찬란한 자리를 두고 전쟁이 일어나며, 생존 경쟁도 훨씬 치열하다. 여기에서 비극적인 모순이 일어난다. 욕망과 수요가 밑도 끝도 없이 증가하는 것이다. 차도 가지고 싶고, 집과 좋은 직장도 가지고 싶고, 여행도 하고 싶고. 계속 뭔가를 원한다.

그런데 현실적인 기회가 정말로 없을까? 그것은 어디에 있는가? 주변은 전부 가짜밖에 없다. 머릿속에서 뭔가를 생각해내거나 적어도 낚싯대를 드리워 진짜 물고기를 낚는다든지 하는, 자신의 손으로 뭔가를 해내는 일은 할 줄도 모르고 해본 적도 없다. 바로 이 지점에서 인생이 '덧없이 흘러가며' 모래사장에서 무의미하게 낭비하는 시간으로 전락해버린다.

중요한 것은 이런 상황으로 이득을 보는 쪽은 누구냐는 것이다. 바로 시스템과, 어떻게든 회색분자보다 높은 수준에 올라섰으며 모래사장을 만들어 그곳에 다른 모두를 몰아넣어 방목할 수 있을 정도의 지성과 의식을 가진 개인들이다.

그렇다면 색깔을 잃은 회색분자의 상태에서 어떻게 벗어날 수 있을까? 첫 번째이자 가장 중요한 방법을 다시 한 번 알려드리겠다.

사회의 원칙을 깨뜨리라. '모두가 그렇게 한다면 그것이 옳은 방법'이라는 사실을 더 이상 믿지 말아야 한다. 공동의 대열에서 벗어나라. 다른 사람이 이뤄낸 가짜 성공을 따라가지 말고 자신만의 성공을 좇아야 한다. 공동의 대열에서 벗어난 사람은 항상 이점을 가지게 된다.

- 다른 모두가 어디로 향하고 있는지 옆에서 지켜볼 수 있다.
- 사회의 집게와 고정관념에서 벗어난다.
- 다른 사람들이 보지 못하는 것을 보고, 이해하지 못하는 것을 이해할 수 있다.
- 그 결과, 최초나 최고가 되려고 애쓰는 것이 아니라 특별한 존재가 된다.

정보 복용. 이에 대해서는 이미 설명한 적이 있다. 한 가지 뉘앙스가 더 있다. 대부분의 소비자들처럼 책을 전혀 읽지 않고 그저 영화, TV, 동영상만 본다면 심상화하는 능력은 점차 사라질 것이다. 당신이 어떤 내용을 읽거나 들으면 당신의 내부 화면에는 그와 관련된 형상이 만들어진다. 그런데 외부 화면에만 빠져 있으면, 이런 내부 화면의 필요성은 줄어든다. 사용되지 않는 것은 쇠퇴하기 마련이다. 따라서 책을 읽거나 오디오북을 듣는 것을 게을리하지 말아야 한다(그러나 트랜서핑과 같은 내용은 오디오북으로 듣는 것보다는 종이책으로 읽어야 한다. 적어도 처음 접하는 경우라면 말이다. 오디오북을 들을 때는 많은 의미가 흐려진다).

자신의 목표를 위해 SNS를 사용하라. SNS가 당신을 이용하고 있는가? 이제는 당신이 그것을 이용할 때다. 그것이 당신의 아이디어를 실현하는 데 도움이 되거나, 적어도 의식을 가진 상태로 상황을 지켜보기 위해서라도 말이다. 그저 SNS에서 돋보이기만 하는 것은 아무짝에도 도움이 되지 않으며 의미도 없다. 당신이 할 일은 자신의 게임을 이끌어가며 직접 통제를 하는 것이지, 다른 사람의 통제하에 들어가 누군가의 졸병이 되거나 놀잇감이 되는 것이 아니다.

지켜보는 자의 모드로 들어가라. 정보의 흡수자가 아니라 지켜보는 자가 되어야 한다. SNS에 접속해 있을 때 정보의 바닷속으로 완전히 잠기지 말고, 어떤 일이 일어나고 있는지 의식을 가지고 거리를 둔 채 지켜보라. 공동의 대열에서 벗어나는 것은 SNS를 영원히 떠나라거나 TV를 그만 보라는 뜻이 결코 아니다. 외부의 정보로부터 자신을 완전히 격리할 경우, 어느 날 눈을 떴을 때 처음 보는 낯선 세계만 주변에 펼쳐질 수도 있다. 대열에서 벗어난다는 것은 우선 의식과 맑은 정신을 가지고 곁에서 지켜볼 수 있는 상태가 되라는 말이다. 트랜서핑을 잘 알고 있다면, 이것이 무슨 말인지 이해할 수 있을 것이다.

송출 모드로 전환하라. 정보의 소비자가 아니라 창조자가 되어야 한다. 네트워크에 접속해 있다면, 이 네트워크를 향해 자신의 영화를 송출하라. 다른 사람의 영화는 이미 충분히 봤다. 당신의 영화는 휴대폰에 나오는 당신의 클립이 아니라 당신의 자아실현, 당신의 능력, 창조, 당신의 임무다. 당신의 창작물이 그에 걸맞은 평가를 곧바로 받지 못한다고 해도, 그것은 새 떼들의 평가이니 속상해하지 말라. 진정한 평가는 나중에 받게 되거나, 다른 분야나 다른 관객들 사이에서 얻게 될 것이다. 중요한 원칙은 어디에 있든, 어떤 분야에서 활동하든, 수신기가 아니라 송신기가 되어야 한다는 것이다. 당신의 본질과 존재의 방법이 송출이라면, 언제가 되었든 반드시 성공이 손에 들어올 것이다. 송신기는 하나이고 수신기는 수십억 명이라는 점에서 당신은 분명히 성공할 수 있다.

동지들과 교류하라. 당신처럼 대열에서 벗어난 사람들과 교류해야 한다. 그들은 고만고만한 대열이나 새 떼와는 다르다. 그들은 숫자가 아주 적지만, 분명한 강점과 힘을 소유하고 있다. 같은 생각을 가진 사람들 속에서 당신은 응원과 지지를 얻게 될 것이며, 나아가 어디서든 비슷한 사람들을 찾아낼 수 있을 것이다.

자신의 내면에서 발판을 찾으라. 합성식품에 대한 의존을 끊고 정보 중독에서 벗어나라. 자신의 몸과 에너지를 단련하라. 높은 에너지와 뚜렷한 의식을 가진, 자유롭고 건강한 사람은 자신의 중심축을 쉽게 찾는다. 그런 사람은 신을 닮은 모습으로 만들어졌기 때문이다. 빈말이 아니다. 자신의 세계를 만들어가는 과정 속에서 중심축과 힘 모두를 가지게 되며, 자신의 길로 인도받게 될 것이다.

- '선언+확인'의 공식은 개인의 현실을 통제하는 데도 쓰이지만, 집단의 현실을 통제하는 데도 쓰인다.

- 경제와 금융은 이미 오래전부터 권력을 생성하여 정치적인 영향력을 행사해왔다. 반면에 사상과 종교는 일종의 소비재로 전락했다.

- 시스템은 전체적인 정보의 거미줄을 기반으로 생성되어 있다. 그것의 과제는 개성을 지우고, 개인의 생각과 목표를 깨뜨려 산산조각 내며, 소란스러운 여론의 용광로에 집어넣어 모든 것을 한데 녹여버리는 것이다.

- 예전에는 모두를 분산하여 통제하는 원칙이었다면 지금은 모든 것이 정반대다. 한군데로 몰아넣어 모두를 똑같이 통제하는 것이다.

- 악의 없는 '좋아요'와 '싫어요'를 통해 의견을 교환하는 과정은 통제를 위한 운영 시스템의 코어를 만든다.

- SNS는 매트릭스를 생성하기 위해 모든 사람의 의식을 동일하게 만드는 역할을 한다.

- 부속품들이 전부 똑같은 방식으로 생각하고 행동하면 매트릭스는 저절로 건설된다.

- 현대인은 정보가 '클립'이라는 작은 조각으로 주어졌을 때만 그 정보를 소화하고 전달할 수 있다. 그것보다 덩어리가 큰 정보는 감당하지 못한다. 의식 역시 클럽의 조명이 반짝이는 것처럼 깜빡거리며 꺼졌다 켜지기를 반복할 뿐이다.

- 정보의 거미줄 속에서, 극히 일부의 송신기(창조자)를 제외하고는, 모두가 다른 사람의 방송을 받아들이기만 하는 수신기(소비자)가

되어버리고 있다.

- 인생은 '덧없이 흘러가며' 모래사장에서 무의미하게 낭비하는 시간으로 전락해버린다.

- 사회의 원칙을 깨뜨리라. '모두가 그렇게 한다면 그것이 옳은 방법'이라는 사실을 더 이상 믿지 말아야 한다. 공동의 대열에서 벗어나라. 다른 사람이 이뤄낸 가짜 성공을 따라가지 말고 자신만의 성공을 좇아야 한다.

- 대부분의 소비자들처럼 책을 전혀 읽지 않고 그저 영화, TV, 동영상만 본다면 심상화 능력은 점차 사라진다.

- SNS가 당신의 아이디어를 실현하는 데 도움이 된다면, 자신의 목표를 위해 SNS를 이용하라. 적어도 의식을 가진 상태로 상황을 지켜본다는 목표를 가지고 SNS를 이용해야 한다.

- 지켜보는 자의 모드로 들어가라. 정보의 흡수자가 아니라 지켜보는 자가 되어야 한다.

- 정보의 소비자가 아니라 창조자가 되어야 한다. 어디에 있든, 어떤 분야에서 활동하든 수신기가 아니라 송신기가 되어야 한다.

- 같은 생각을 가진 사람들 속에서 당신은 응원과 지지를 얻게 될 것이다. 합성식품에 대한 의존을 끊고, 정보 중독에서 벗어나고, 자신의 몸과 에너지를 단련하면 중심축과 힘 모두를 가지게 될 것이다.

'의견 공유하기' 게임에 참여하는 것에 대해 말하자면, 반드시 그 게임을 떠나야만 하는 것은 아니다. 그 안에 있는 것이 당신에게 만족감을 준다면 말이다. 하지만 시스템의 모든 활동과 마찬가지로, 게임을 할 때는 이 게임의 목표와 의미가 무엇인지 염두에 둔 채 의식이 깨어 있어야 한다. 이제 당신은 게임과 목표와 의미를 알고 있다. 바로 의견과 자질을 모두 똑같이 만들고 기준과 고정관념을 형성하는 것이다. 그 과정에서 각 개인의 특별한 '나'는 '여론'이라는 북새통 속에서 모두 똑같아진다.

또한 부디 SNS에서 나를 찾지 않기를 바란다. SNS에는 나의 '가짜'들만 있을지도 모른다. 흥미로운 사실은 이런 '바딤 젤란드'들이 사람들을 모아 설교를 하고, 사람들은 그의 말을 적극적으로 믿고 그대로 행동한다는 사실이다. 모두 좋은 꿈 꾸길!

공책 두 권

당신의 현실에는 '영사기' 속에서 돌아가는 영화가 재생된다. 당신이 그린 것을 영화로 보는 것이다. 유일한 문제는 모두가 이 일을 정반대로 하고 있다는 것이다. 모두가 현실에서 보는 것을 그린다. 그 차이를 이해하겠는가?

부자들은 아침에 눈을 뜨면 호화로운 장면를 본다. 침대에서 아침식사를 하고, 아름다운 경치가 펼쳐지는 발코니로 나가 생각한다. '오늘은 요트를 타보면 좋겠군. 아니면 알프스에 다녀와볼까?' 이렇게 그는 자신의 현실을 확인한다.

반면에 가난한 사람은 자신의 문제에 대해서 생각하느라 바쁘다. 그를 둘러싼 모든 것이 싫지만 계속해서 그것들에 대해 생각한다. 그 외의 다른 점은 보이지 않기 때문이다. 그는 지갑을 들여다보고는 이달 말까지 버티기 위해 포기해야 하는 것들을 따져본다. 그 역시 자신의 현실을 확인한다. 자신의 영화를 돌린다.

두 사람 모두 눈앞에 펼쳐진 현실을 생각 속에 그려본다. 그리고 이것은 계속해서 그들의 현실이 되어 나타난다. 그러나 그들 자신이 이런 영화 필름을 머릿속에 끼워 넣은 것은 아니다. 그저 부자에게는 운이 따랐고, 가난한 사람에게는 그렇지 못한 상황이 흘러갔을 뿐이다. 하지만 두 사람 모두 생존 원칙은 똑같다. 그들은 보이는 것에 대해 노래 부르며, 노래 부른 내용을 계속해서 보게 된다.

그러나 부자든 가난한 사람이든, 모든 것은 한순간에 뒤바뀔 수 있다. 인생이라는 영화 속에서는 나쁜 일이든 좋은 일이든, 뭐든지 일어날 수 있다. 문제는 영혼이 그 다채로운 상황들을 얼마나 진심으로 받아들이는지에 있다.

만약 부자가 자신의 영화 속 장면에서 불길한 징조를 봤으며, 그 징조가 그의 영혼 깊은 곳을 울려 파산에 대한 공포가 자리 잡았다고 하자. 그러면 어떤 일이 벌어지겠는가? 그는 무의식적으로 부정적인 시나리오를 가진 영화 필름을 영사기에 삽입할 것이며, 그 영사기는 부정적인 필름을 재생하기 시작할 것이다. 결국 불길한 예감은 현실이 되어 나타난다.

반대로 가난한 사람이 자신의 상황이 개선되고 있음을 눈치챘다면, 이것은 그에게 영감을 주고 그에게는 밝은 미래가 펼쳐진다. 그는 터널의 끝에서 한 줄기 빛을 보기 시작하고는 자신에게 빈곤에서 벗어날 능력이 있음을 믿기 시작한다. 그러면 실제로 그의 현실은 빠르게 변한다. 영사기가 이미 긍정적인 시나리오를 재생하고 있으니 말이다.

여기에서 어떤 결론을 내릴 수 있을까? 상황을 통제하는 것은 사람들이라는 것이다. 우울한 사건은 인간을 무릎 꿇게 만들 수 있으며, 그의 머릿속에 부정적인 영화 필름을 끼워 넣을 수 있다. 성공의 경우도 마찬가지다. 성공과 실패는 그 사람의 의지와 무관하게 외부에서 흘러들어오는 것이 아니다. 이런 일이 일어나는 이유는 사람이 자기 영사기의 주인이 아니기 때문이다. 우리는 영사기에 삽입되는 필름을 자신의 의지와 무관하게 무의식적으로 재생한다.

사람들은 생각을 통제하는 데 익숙하지 않다. 행동을 통제하는 방법은 알고 있지만, 생각을 통제하는 방법은 모른다. 어떤 구체적인 것에 대해 생각하도록 만드는 것보다 어떤 행동을 하게 만드는 것이 더 쉽지 않은가? 당신이 어떤 목표를 가지고 어딘가로 가고 있었는데, 맞은편에서 갑자기 누군가가 다가와 당신의 팔을 낚아채곤 그의 머릿속에 문득 떠오른 어떤 지점으로 당신을 끌고 간다고 상상해보라. 그런데 당신은 아무 의지 없이 고분고분하게 그를 따라간다. 비현실적이라고 보는가? 하지만 바로 이것이 당신의 생각에게 일어나고 있는 일이다.

자기 영사기의 주인이 되라. 당신이 보고 있는 것이 아니라, 보고자 하는 것을 재생하라. 자기 생각의 흐름을 통제하면 현실을 통제할 수 있다. 주변을 둘러보면 대다수의 사람들이 현실의 무의식적인 꿈 속을 헤매고 있는 모습을 볼 수 있다. 그들은 마치 외부 어딘가에서 송출되는 TV 방송의 수신기 같다. 다른 사람의 영화를 보고 있는 것이다. 당신은 송신기가 되어 자신의 영화를 재생해야 한다.

현실은 곧바로 바뀌지 않는다. 일단은 관성에 따라 이전의 우울한 드라마가 계속 재생될 것이다. 그러나 당신이 꾸준하게, 충분히 오랫동안 의도를 보내면 지금까지 보던 드라마에서 새로운 프로그램의 윤곽이 나타나고 마침내 새로운 현실이 예전의 현실을 완전히 대체하게 된다.

생각은 이렇게 물질화된다. 당신이 반드시 지켜야만 하는 유일한 조건은, 사념체가 물질화되도록 충분히 오랫동안 용의주도하게 그것에 주의를 집중해야 한다는 것이다.

다만 필요한 영화 필름을 영사기로 꾸준히 재생하는 문제는 최근에 들어서 그 의미가 훨씬 더 중요해지고 있다. 현대의 아이들이 ADHD 증후군을 앓게 된 것은 괜한 일이 아니다. 그들은 한자리에 앉아 짧은 클립 영상 한 개 정도를 보는 데도 집중하지 못한다.

궤도 안에 있는 우주비행사들에 관해 무시무시한 연구결과가 발표된 적이 있다. 우주에서의 기억은 놀랍게도 그 유효기간이 매우 짧으며, 최근에 자신이 했던 행동은 물론이고 근시일 내에 할 계획조차도 기억하기가 아주 어렵다는 사실이었다. 러시아 우주비행사들 사이에는 "가장 뭉툭한 연필이 가장 예리한 기억보다 낫다"는 속담이 있다. 그들은 문자 그대로 그들의 모든 행동을 공책에 기록해야 한다.

이런 현상이 일어나는 이유에 대해서 확실하게 말하기는 어렵다. 어쩌면 기억의 메커니즘이 직접적으로 관련되어 있는 지구의 정신권*에서 멀어짐으로 인해 영향을 받는 것일 수도 있다. 과거 사건의 기억은 우리의 머릿속이 아니라 가능태 공간에 저장되지 않는가. 두뇌는 그저 주소를 따라 이 저장소에 접속할 뿐이다.

집단의 의식이 흐려지고 정보 중독이 발생하는 환경에서도 이와 비슷한 상황이 일어난다. 무질서한 생각의 흐름을 안정시키고 그 흐름을 자신이 선택한 방향으로 흐르게 만드는 것은 만만치 않은 일이다.

---

* noosphere: 정신(noo)과 시공간(sphere)을 결합한 용어. 대기권처럼 지구를 둘러싸고 있는 거대한 구름과 같은 것으로, 인간의 우뇌가 발산한 무의식으로 이루어져 있다.

이 문제를 해결하기 위해서 단순하면서도 효과적인 기법 하나를 제시하고자 한다. 공책 두 권을 준비한다. 하나는 아침용, 하나는 저녁용이다. 아침마다 공책에 당신의 선언을 기록하라. 당신이 달성하고자 하는 것을 긍정적이고 확신하는 형태로 적는 것이다. 마치 당신이 그 목표를 이미 이루었거나, 반드시 이루어질 것이라는 듯이 말이다. 저녁에는 공책에 그것을 확인해주는 내용을 기록하면 된다. 하루 동안 목표를 향해 어떤 발전이 있었는지 적으라.

이 방법을 통해 당신은 아침에는 선언을(목표에 대한 선언), 저녁에는 확인(절차의 심상화)을 하게 된다. 당신이 어떤 것을 이루기 위해 노력하고 있는지, 어떤 것을 가지고자 하는지에 대한 사념을 만드는 것이다. 이것은 사건이 전개되는 시나리오가 아니라, 최종적인 결과가 어떤지를 묘사하는 작업이다. 알다시피 시나리오는 문이 열리는 과정에서 당신이 아니라 외부의도와 가능태의 흐름에 따라 결정된다.

저녁의 확인 공책은 목표를 향해 당신이 한 발짝 더 가까이 다가서도록 만드는 사건들과 당신이 달성한 내용, 즉 모든 긍정적인 순간을 기록하는 일종의 항해일지다. 이것은 당신이 선언한 사념체가 제대로 이루어졌는지 확인하고, 그것을 확실하게 고정하는 역할을 한다.

이 작업을 할 때는 다음의 원칙을 따라야 한다.

■ 확인은 반드시 선별하여 기록하도록 한다. 필요한 것만 골라 적어야 한다.
■ 선언은 반드시 목표를 지향하고 있어야 한다. 필요한 것을 정확히 적어야 한다.

- 과거, 현재와 타인의 경험을 흘끔거리지 않고 분명하게 목표의 방향만을 가리키도록 해야 한다.

이렇게 당신은 자기 세계의 윤곽을 만들고, 주의의 빛을 쏘아 당신의 세계에 반드시 있어야 하는 것들을 전부 골라낼 수 있다. 당신 자신의 영화를 송출하라. 당신이 보는 것을 그리지 말고, 보고자 하는 장면을 그리라.

자신의 생각과 지향점을 적으면 영혼과 마음 모두가 동시에 잠에서 깨어나 작동하기 시작한다. 반드시 매번 새로운 것을 발견하지 않아도 좋다. 내용만 약간 달리한 채 같은 영화를 매일 재생해도 좋다. 자기 세계의 장면을 반복하고 확인한다면 결국 자신의 영화를 재생하게 될 것이다.

매일 아침, 저녁으로 몇 분 동안 주의를 집중하여 이 기법을 사용하기 시작하면, 머지않아 당신의 생각이 안정되고 있으며 의도는 현실이 되어가고 있다는 사실을 믿게 될 것이다.

요약

- 당신이 그린 장면은 현실에서 영화가 되어 나타난다. 하지만 사람들은 이 일을 정반대로 한다. 모두가 현실에서 보는 것을 그린다.
- 사람은 자기 영사기의 주인이 아니다. 우리는 영사기에 삽입되는 필름을 자신의 의지와 무관하게 무의식적으로 재생한다.
- 자기 영사기의 주인이 되라. 당신이 보고 있는 것이 아니라, 보고자 하는 것을 재생하라.
- 사념체가 물질화되도록 충분히 오랫동안 용의주도하게 그것에

자신의 주의를 집중해야 한다.

- 아침에는 선언(목표에 대한 선언)을, 저녁에는 확인(절차의 심상화)을 하라.

- 선언은 사건이 전개되는 시나리오가 아니라, 최종적인 결과가 어떤지 묘사하는 작업이다.

- 시나리오는 문이 열리는 과정에서 당신이 아니라 외부의도와 가능태의 흐름에 따라 결정된다.

- 확인 작업은 목표를 향해 당신이 한 발짝 더 가까이 다가서도록 만드는 사건들과 당신이 달성한 내용, 즉 모든 긍정적인 순간을 기록하는 일종의 항해일지가 된다.

- 과거, 현재와 타인의 경험을 흘끔거리지 않고 분명하게 목표의 방향만을 가리키도록 해야 한다.

- 자기 세계의 장면을 반복하고 확인한다면 결국 자신의 영화를 재생하게 될 것이다.

참고

이 외에도, 하루를 보내는 동안 기회가 있을 때마다 자신의 사념체를 선언하라. 마치 기도를 하듯이 사념체를 배경 모드로 계속 선언할 수 있도록, 항상 그것을 염두에 두고 있으라. 어쩌면 살아 있는 라디오 방송국이 되어, 당신이 선택하여 고정해둔 프로그램을 하루에서 며칠 동안 의도적으로 송출하며 시간을 보내야 할 수도 있다. 하지만 결과적으로 당신이 송출한 프로그램에 상응하는 세계의 층이 반드시 당신을 찾아올 것이다.

이중거울의 현실

당신도 알다시피, 선언과 확인만으로는 부족하다. 형이상학적인 측면뿐 아니라 현실적인 방법도 사용해야 한다. 실제로 당신은 그 어떤 세계도 만들 수 있다. 그러나 나는 당신이 소파에 가만히 누운 상태로도 그렇게 할 수 있다고 말한 적은 없다.

이중거울의 한쪽에는 물질세계가 있고, 다른 쪽에는 가능태 공간이 놓여 있다. 당신 세계의 층은 이 두 요소로 만들어져 있다. 사람들은 보통 의식이 실재에 종속되어 있거나, 반대로 실재가 의식에 종속되어 있다고 착각하여 극단적인 방법을 취하는 실수를 범하곤 한다. 그러나 의식과 실재가 동시에 존재하는 경우만 있을 뿐이다.

여기에서 질문이 생길 것이다. 그렇다면 이 둘 중 더 중요한 것은 무엇인가? 물론 생각이 실제 현실에 특정한 영향력을 미치는 것은 사실이지만, 일상적인 경험에 빗대어 봤을 때 결정적인 영향을 미치는 것은 물질세계에서의 구체적인 행동이다. 하지만 여기에서 약간의 수학을 해보면, 얼마나 놀라운 모순이 생기는지 알게 될 것이다.

한 사람이 탄생하는 순간을 예로 들어보자(잉태의 순간에 더 가까울 것이다). 우리 세계의 이중적인 특성을 고려하면, 이 사람의 세계의 층은 출발선에 있을 때 고르게 균형이 잡혀 있다. 즉 50퍼센트는 실재에, 나머지 50퍼센트는 의식에 기반을 두고 있다. 영혼까지 고려하면서 왜 의식이 50퍼센트나 차지하느냐고 따지려고 하지 말자. 여기서는 그저 이원성의 기초적인 원칙만을 고려할 것이다.

이 사람의 인생이 시작된다. 그는 거울에서 반영을 본다. 그가 속한 현실을 보는 것이다. 그리고 어떤 태도를 보인다. 그 결과 현실이 변한다. 이 변화로 인해 그 사람은 또 다른 태도를 보이고, 다시 현실이 바뀐다. 인생이 끝날 때까지 이런 주기가 반복된다. 커다란 거울 앞에서 손거울을 들고 서 있노라면 무한대로 계속되는 거울의 반영을 보게 된다. 먼저 거울을 보고, 태도를 보여주고, 반영을 보고, 다시 태도를 보여주고, 반영을 보고….

이 원칙에 입각해보면, 이와 같은 인생의 조각들마다 일부 세계의 층은 그 사람의 행동에 의해, 다른 일부는 그의 사념에 의해 생성된다고 추측해볼 수 있다. 출발선에서는 비율이 50대 50이었다면, 그다음 반영에서는 사념에 기반을 두는 그 절반이 다시 2분의 1이 되는 것이다. 그다음 절반도 다시 2분의 1이 되고, 이런 식으로 계속해서 이어진다. 그 결과 무한히 이어지는 계산식이 만들어진다.

$$50+25+12.5+6.25+3.125+1.5625+0.78125+0.390625+\cdots\cdots$$

이 계산식의 답은 99.9999999999999……퍼센트인데, 소수점 아래 열 자릿수 다음으로도 9가 무한히 이어진다. 상상해보라. 이것이 어떤 의미인가? 당신의 세계의 층은 100퍼센트에 가까운 확률로 당신이 평생 동안 하는 생각에 의해 생성된다는 뜻이다. 자, 형이상학의 승리다!

하지만 너무 서둘러 결론을 내리지는 말라. 반쪽이 사념에 의해 만들어지고, 다른 반쪽은 행동에 의해 만들어지지 않는가. 그렇다면 사념 쪽에 대한 공식을 만들어보도록 하자. 거울을 보고, 행동하고, 보고, 행동하고, 보고, 행동하고…. 이렇게 무한대로 반복되면서 똑같이 99,9999999999999……퍼센트라는 결과가 도출된다. 이것은 또다시, 세계의 층 중 100퍼센트가 실재 환경에서의 행동에 의해 형성된다는 말이 된다. 그렇다면 도대체 진실은 무엇이란 말인가?

진실은 물질세계와 형이상학적 세계의 중간값이 아니라, 그 둘이 중첩된 경계면에 있다. 우리 세계의 미묘하지만 확실하게 실재하는 특성은 이 끝없이 펼쳐지는 999 속 어딘가에 있다. 나머지 모든 것 ─ 환상 ─ 은 다양한 현실의 가면일 뿐이다. 기초 과학은 확실한 속성을 캐내려고 노력하지만, 이 계산식에는 끝이 없기 때문에 완전한 탐구란 불가능하다. 이 세상에서 100퍼센트의 확률로 이루어지는 것은 아무것도 없다. 오직 100퍼센트에 가까운 확률만이 있을 뿐이다.

그렇다면 우리는 이 모순을 가지고 어떻게 해야 할까? 먼저 과학이 반대하는 것을 하면 된다. 물질 현실과 형이상학적 현실이라는 두 가지 측면이 동시에, 동등한 비율로 존재한다는 사실을 받아들이는 것이다. 100퍼센트에서 살짝 못 미치게 만드는 그 작디작은 부분은 어디에 있는 것일까? 이것은 이중거울의 반대 면들이 닿는 경계선, 즉 물질 현실이 마치 꿈처럼 일그러지는 곳에 있다.

사람이 현실의 어떤 쪽을 선택하든, 그는 반영이 만들어내는 환상의 권력에서 벗어나지 못한다. 실리주의자는 문제를 해결하면서도, 거울에 비친 자신의 모습을 향해 덤비는 새끼 고양이처럼 자신이 자기 생각이 만들어낸 반영과 싸우고 있다는 사실을 볼 줄 모른다. 그는 원인, 즉 자신의 심상에 주의를 기울이지 않은 채 결과와 씨름

할 뿐이다. 반면에 이상주의자는 형이상학적인 부분에 집중하며 주변의 그 어떤 것도 눈치채지 못하고 구름 속을 떠다닐 뿐이다. 실리주의자와 이상주의자 모두 거울이 만들어내는 악순환의 고리를 따라 움직인다.

이 악순환은 인간이 자신의 주의를 반영에서 심상으로 옮길 때 끊어진다. 심상은 실제에 대한 그 사람의 태도, 즉 반영이다. 그 반영이 어떠한 것이든, 의도를 가지고 그것에 대한 태도를 생성하면 그에 맞는 현실을 만들게 된다. 하지만 물질 환경에 대해서도 잊어서는 안 된다. 예를 들어 슬라이드를 돌려본 결과 문이 열렸다면, 그 문으로 들어가야 한다. 즉 구름 속에서 떠도는 것이 아니라 그 문을 통해 움직여야 한다. 다른 말로, 세계를 향해 사념체를 보내는 동시에 굳은 땅 위로도 발걸음을 내디뎌야 하는 것이다.

그저 세 가지 단순한 사실을 인식하기만 하면 된다. 첫 번째로 현실은 다른 게 아니라 당신의 사념이 가진 심상이 뒤늦게 반영되는 것이라는 사실, 두 번째로 거울에는 당신의 주의가 고정된 것이 비친다는 사실, 세 번째로 당신이 필요로 하는 것에 집중하면 그것을 현실에서 얻게 된다는 사실이다. 다만 거울은 일정 시간이 지나서야 반응한다는 사실을 기억해야 한다. 이 모든 것에 대해서는 전작들에서 자세히 설명한 바 있다.

이처럼 현실을 통제하기 위해서 가장 이상적인 것은 당신이 이 세계에 완전히 용해되어 있으면서도 동시에 그 현실로부터 거리를 두고 있다는 '개별성'을 느끼고 있는 상태다. 이중거울의 경계면에 있을 때, 현실은 '초현실'이 되고 '초현실'은 현실이 된다. 바로 이 지점을 찾아 자기 자신과 주변을 지켜보고, 거울의 늦은 반응 속도에 맞추어 자기 세계와의 관계를 느끼려고 해보라. 바로 그것이 당신의 세계다.

- 세계를 향해 사념체를 보내면서 굳은 땅 위로 발걸음을 내디디라.
- 선언과 확인만으로는 부족하다. 형이상학적인 측면뿐 아니라 구체적인 행동도 해야 한다.

건강과 에너지와 깨어난 의식을 유지하기 위해서 티베트로 떠나야 할 필요는 없다. 시스템 안에 있으면서도 동시에 시스템 밖으로 나가는 것은 얼마든지 가능하다. 하나의 지붕 아래 생물권과 기술권은 완전히 조화롭게 공존할 수 있다. 컴퓨터가 있는 통나무집, 전기 제분기와 수제 빵이 있는 아파트, 전통 난로가 있는 친환경 주택 등, 인공 세계에서도 얼마든지 당신만의 오아시스 같은 생물권을 만들 수 있다.

의도의 송출

친애하는 독자여. 당신의 영화가 휴대폰에 있는 당신의 영상 클립들과 어떻게 다른지 인식하기를 바란다. 간단한 문제지만 결코 분명하게 답을 알 수 있는 것은 아니다. 그래서 마지막으로 이 주제를 다뤄보기로 했다.

'정신적 집게' 장에서 우리는 중요성의 정체 상태가 행동을 통해 풀릴 수 있다는 사실을 살펴보았다. 한자리에 우두커니 앉아 기다리며 두려워하지 말고, 흐름을 시작하기 위해 무엇이든 해야 한다고 말이다. 가장 빠르고 효과적인 행동은 주변에서 무슨 일이 일어나는지 흘끔거리지 말고 자신의 의도와 자신의 영화를 송출하는 것이다.

평소에 당신은 자신에게 이미 일어나버려 현실에서 재생되고 있는 영화를 수동적으로 관찰하곤 한다. 더 정확히 말하면 당신 앞에 '켜져서', '재생되고' 있는 영화를 보는 것이다. 당신은 그것이 반드시 봐야 하는 것인 양 받아들인다. 현실의 모니터를 바라보면서 그 안에서 일어나는 모든 것을 생각을 통해 반복한다. 그렇다. 그렇기 때문에 상황은 더 악화된다. 지금까지 그랬던 대로 계속 그럴 것이다. 이런저런 일들이 일어나고, 불길한 예감이 현실이 되는 것 말이다.

거의 모든 사람들이 바로 이런 식으로 반응한다. 우리들 중 대다수의 본성이나 의식이 송신기가 아니라 수신기의 수준에 있기 때

문이다. 극히 예외적인 사람들을 빼고는 우리 문명이 기원했던 그 순
간부터 항상 그래왔다.

창조자이자 창작자, 송신기였던 사람들은 우리의 '신'이었고,
우리 자신은 항상 소비자이자 요구하는 사람이자 수신기였다. 우리
의 심리는 외부에서 흘러들어오는 정보에 완전하게 연결되어 있다.
머릿속으로 먼저 생각하여 그것을 모니터에 띄우지 못하고, 모니터
에 떠 있는 것이 우리 머릿속으로 들어오는 것이다. 우리는 그저 보
이는 것을 그릴 뿐이다.

하지만 이제는 완전히 다른 방식으로 반응한다고 상상해보라.
뭔가가 당신을 화나게 만드는가? 그러면 머릿속에서 빨간 불이 깜빡
일 것이다. 잠에서 깨어나 '지켜보기' 모드를 키라. 그다음 상황과 환
경을 우울하게 지켜보는 상태에서 자신의 영화를 능동적으로 송출
하는 상태로 전환하라.

당신은 '이런저런 일들'이 일어나버리는 모습을 보게 될 것이
다. 하지만 더 이상 그것은 당신의 걱정거리가 아니다. 당신에게 별
감흥을 주지도 않고, 이리저리 휘둘릴 정도로 영향력이 크지도 않다.
이제 당신에게 모든 것은 정반대로 이루어진다. 실제는 화면이다. 영
화는 이 화면에서 재생된다. 그리고 현실은 당신의 머릿속에 있다.
당신은 의도를 가지고 자신의 영사기에 완전히 다른, 당신에게 필요
한 영화 필름을 끼워 넣고 그것을 재생하기 시작한다. 당신은 자기 자
신에게 말한다. "아니야, 이런저런 일이 일어나는 것이 아니라, 정확히
이 일과 저 일이 일어나야 해." 외부와 내면의 필름이 일치하지 않을
때 당신은 송신기가 된다. 그리고 외부에서 재생되는 영화는 당신 내

면에 있는 영화와 같은 모습으로 서서히 변화하기 시작한다.

주변에서 일어나는 일에 의미를 부여해서는 안 된다. 거리를 둔 채 그 사건들을 지켜보며 자신을 통과해 지나가도록 내버려두되, 그 시나리오에 끼어들어선 안 된다. 그러면 실제는 당신이 마치 다른 차원에 실존하는 존재나 유령이 된 것처럼 당신을 통과하여 지나간다. 외부 시나리오는 외부 시나리오일 뿐이며, 당신의 의도는 당신의 의도일 뿐이다. 실제의 화면에서 어떤 일이 일어나든 당신은 집요하고 꾸준하게 자신의 시나리오, 자신의 영화를 전송해야 한다. 이렇게 당신은 외부 사건에 얽매이지 않고 자신만의 독립적인 시나리오를 전송하게 된다.

물론 물질 현실은 자각몽 속에서만큼 유연하게 변하지 않는다. 하지만 사건의 흐름에 대한 당신의 영향력은 훨씬 증가한다. 이제 당신은 현실의 물질적인 특성과 형이상학적 특성을 모두 사용하여 현실에 영향을 미치고 있기 때문이다.

당신이 지켜야 하는 유일한 조건은, 이런 기법을 위해서는 에너지가 충분히 높은 수준에 도달해야 하고 의식이 분명해야 한다는 점이다. 또한 어려운 상황에도 흔들리지 않고 꾸준하게 자신의 의도를 전송하기 위해, 강한 영혼의 힘도 가지고 있어야 한다. 이것은 이미 트랜서핑의 다음 단계다. 이 새로운 단계에 도달하기 위해서 '어떻게 생각하느냐, 어떻게 먹느냐, 어떻게 움직이느냐'와 같은 통합적인 접근법이 만들어진 것이다.

시스템에 의해 에너지가 차단되어 평범한 수준에 있는 사람에게는 거울에서 주의를 떼어내 자신을 수신기에서 송신기로 전환할 수 있는 힘이 거의 없다. 그는 에너지가 낮고, 의식이 흐려진 상태이며, 송출의 원칙에 대해 완전히 무지하기 때문이다. 그러나 사실은 자신이 보고 있는 영화를 만드는 것이 아니라, 보고자 하는 영화를 만들어야 한다.

당신 스스로 송신기가 되고자 한다는 목표를 세운다면 모든 것이 이루어질 것이다. 이제 당신은 그 방법을 알게 되었다. 당신의 몸과 의식이 깨끗해지고 강력한 에너지가 흐르게 된다면, 장애물이 극복되고 당신의 내면과 현실 모두가 달라질 것이다. 이제 당신은 정확한 목표를 가지고 내면에서 만든 영화를 재생하게 될 것이다.

요약

- 가장 빠르고 효과적인 행동은 주변에서 무슨 일이 일어나는지 흘끔거리지 말고 자신의 의도와 자신의 영화를 송출하는 것이다.
- 뭔가가 당신을 화나게 만드는가? 그러면 머릿속에서 빨간 불이 깜빡일 것이다. 잠에서 깨어나 '지켜보기' 모드를 키라.
- 그다음 상황과 환경을 우울하게 지켜보는 상태에서 자신의 영화를 능동적으로 송출하는 상태로 전환하라.
- 실제는 화면이다. 영화는 이 화면에서 재생된다. 그리고 현실은 당신의 머릿속에 있다.
- 실제의 화면에서 어떤 일이 일어나든 당신은 집요하고 꾸준하게 자신의 시나리오, 자신의 영화를 전송해야 한다.
- 이제 당신은 외부 사건에 얽매이지 않고 자신만의 독립적인 시나리오를 전송하게 된다.

힘의 해방

책이 막바지에 다다르고 있다. 아마 당신은 이제껏 표면에 드러나 있었지만 분명하게 보이지 않았던 많은 것들에 눈을 떴을 것이다. 당신 앞에 놓인 현실은 낯선 모습이었지만, 지금부터는 이전과는 다른 눈으로 이 현실을 보게 될 것이다. 이것은 당신의 큰 강점이다. 하지만 어디까지나 당신이 중독으로부터 자유로워지는 길에 들어서고 사회의 집게를 벗어던지겠다는 의도를 가질 때만 그렇다.

마지막 장인 이번 장에서 짧게 결론을 내리도록 하겠다.

왜 생식을 하는 모든 사람이 꽃을 피우지는 못하는가?

인체는 자가치유 능력을 가진 체계이기 때문에 자신의 문제를 직접 해결할 수 있다. 유일하게 필요한 일은 치유를 하기 위한 조건을 갖추고 의도를 선언하는 것이다.

생식 하나만으로는 부족하다. 강의 물줄기(혈관과 림프관)는 깨끗하지만 가늘다. 사공(근육)은 부담이 없지만 힘이 약하다. 움직임이 있어야 한다.

움직임 하나만으로는 부족하다. 식단이 영양소를 골고루 포함하고 있어야 하며 생리에 맞아야 한다. 그렇지 않으면 중독과 고갈이 일어난다.

또한 의도 하나만으로는 부족하다. 앞의 두 요소가 없다면 충분한 힘을 발휘할 수 없기 때문이다.

식습관, 움직임, 의도. 이 세 요소를 모두 갖춘다면, 모든 것이 정상적인 상태로 회복된다.

트랜서핑은 왜 모든 사람에게 효과가 있지 않은가? 왜 항상 사건이 일어나야 하는 방향으로 흘러가지 않는가?

현대인은 에너지가 막히고 의식이 흐려진 상태다. 신체는 노폐물로 막혀 있다. 에너지도 약하다. 생명유지 장치의 산소 주입구마저 닫혀 있다. 무의식에는 정보가 과도하게 쌓여 있다. 음식과 정보에 중독되어 있다. 정신과 몸에는 집게가 걸려 있다.

부담 + 막힌 주입구 + 집게 + 중독 = 인간의 에너지는 차단된다.

이 외에도, 사람은 거울이 만들어낸 환상의 권력 안에서 벗어나지 못하고 있다. 그는 창조자가 아니라 소비자다. 송신기가 아니라 수신기다. 이런 환경에서 트랜서핑이 효과를 낸다면 오히려 그것이 더 놀라운 일일 것이다. 하지만 여기에는 어마어마한 가능성도 있다. 이 가능성을 펼친다면 현실의 힘이 개방될 것이다. 이 힘을 열기 위한 열쇠는 모든 요소를 하나로 모으는 것이다.

어떻게 생각하느냐 + 어떻게 먹느냐 + 어떻게 움직이느냐

선언 + 확인 + 행동

의도의 송신

자신의 영화

당신의 산소 주입구를 열고 부담, 중독, 집게로부터 해방되면 당신의 힘은 훨씬 더 강해진다. 수신기에서 송신기가 되면 당신의 가능성은 무한해지며, 이것을 제한할 수 있는 것은 오직 당신의 의도뿐이다. 당신은 당신 자신을 위해 그 어떤 세계도 만들 수 있다.

■ ■ ■

이렇게 시스템은 깨지고 먹구름은 물러간다. 친애하는 독자여, 이제 이 책의 '들어가는 말'로 돌아가, 처음에는 이해가 가지 않았던 부분들을 다시 읽어보길 바란다. 도입부를 다시 읽다 보면 책에서 비췄던 현실의 모든 경계면이 만들어낸 만화경이 하나로 모여 퍼즐이 완성되고, 당신의 눈앞에는 선명한 그림이 펼쳐질 것이다. 마음이 있다면, 이 책 전체를 다시 한 번 읽어보라. 마치 홀로그램처럼 이전에는 단 한 번도 보지 못했던 완전히 새로운 점들을 발견하게 될 것이다.

마지막으로, 아이러니한 초현실주의 형식의 단편소설* 하나를 소개해드리고자 한다. 사실 실제 이야기와 허구는 종이 한 장 차이기 때문이다. 당신의 세계에 무지개가 드리워지고 태양이 빛나기를. 성공을 기원한다!

---

* 훗날의 여사제 시리즈, 특히 《여사제 잇파트》의 출발점이 되어준 글인 듯하다. 한 단편소설 모음집에 실려 크로아티아어로 먼저 공개된 바 있고, 구 유고슬라비아의 작가들을 대상으로 한 공모전에도 출품된 적 있는 글을 여기에 다시 실었다고 한다.

오렌지빌 축제

마침내 나는 7년 전《리얼리티 트랜서핑》을 쓰기 시작했던 곳으로 돌아왔다. 나의 세계는 나를 알아보지 못했고 적대감만 가득했다.

집 안에 있다 보니 창밖으로 교활한 나무들과 음흉한 하늘이 보인다.
— 우리를 봐봐. 이 예쁜 초록색을!
— 나를 봐봐. 참 푸르지!
밖으로 나가니 나를 기다리던 나무들과 하늘은 재빨리 몸을 숨겼다. 그러다 나를 향해 비를 퍼붓고 바람을 몰아치기 시작했다. 나는 허겁지겁 집으로 들어왔다. 그런데 날씨가 금세 다시 화창해지는 것이 아닌가. 나무들은 다시 파릇파릇해지고, 하늘은 그 어느 때보다도 눈부시게 빛났다.

불안한 마음으로 주위를 살피며 다시 조심스럽게 집 밖으로 나왔다. 그런데 이게 웬일인가! 나무들과 하늘은 다시 나를 향해 비바람을 퍼부었다. 나는 생각한다. '알겠다. — 근처에 바다가 있었지. 바다가 나를 화나게 만들려고 하는군. 직접 바다를 찾아가서 눈을 똑바로 쳐다보고 내가 바다에 대해 어떻게 생각하는지 전부 털어놔야겠어.'
나는 깊은 숲 속으로 들어간다. 내가 좀처럼 물러서지 않으려고 한다

670

는 사실을 알게 된 하늘이 맑게 갠다. 그런데 그때 나무들이 나를 둘러싼다. 한눈에도 나에게 적대적인 모습이다. 그들은 허리에 손을 얹은 채 떡하니 내 앞을 가로막고 서 있다.

— 할 말이 뭐야?

내가 할 말이 뭐가 있겠는가? 그들의 틈을 비집고 지나가려고 하지만, 나무들은 한사코 나를 보내주지 않는다.

내가 말을 꺼낸다.

— 이봐, 좋게 좋게 가자고. 안 그러면…

그들이 대답한다.

— 안 그러면 우리가 네 놈을 비료로 쓰겠지.

결국 어쩔 수 없이 나무의 가지를 부러뜨리자, 그들은 그제야 나를 놓아주었다. 이제 됐다!

《리얼리티 트랜서핑》 시리즈에도 등장한 적이 있는 오솔길을 따라 앞으로 계속 걸어가고 있자니 맞은편에서 꼬리가 아주 불량스럽게 생긴 고양이 한 마리가 다가온다.

고양이가 묻는다.

— 어이, 생선 있어?

상상이 가는가? 나는 당황하여 입이 떡 벌어진다.

— 무슨 생선?

그때 암고양이 한 마리가 나타나 길을 막는다.

— 모른 척하기는. 생선 내놔! 아니면 네 면상을 잔뜩 할퀴어줄 테니.

내가 말한다.

— 알겠어, 알겠어, 얘들아. 그러면 바다에 좀 다녀오게 길을 비켜줄
래? 생선을 잡아올 테니.

고양이들이 못마땅하다는 듯이 대답한다.

— 알겠어. 금방 와야 해. 그리고 빈손으로 돌아올 생각은 꿈도 꾸지
마. 우린 네가 어디에 있는지 단번에 알 수 있으니까.

그런데 바다는 나를 쳐다보려고도 하지 않았다. 아니면 내가 왔다는
사실을 눈치채지 못한 체하려고 했던 것뿐이거나. 어떻게 이럴 수 있
다는 말인가? 내가 돌아왔는데 말이다! 그러거나 말거나, 파도는 계
속해서 냉담하게 몰려오며 어떤 식으로도 반응을 하지 않았다. 나는
생각한다. '아, 내가 바다를 놀라게 해줘야겠다. 절벽에서 갑작스럽
게 뛰어내려 소리를 지르며 바닷속으로 떨어져야지.' 그리고 그대로
실행에 옮겼다. 하지만 바다는 놀라지 않았다. 오히려 나에게 계속해
서 파도를 퍼부어, 자신으로부터 나를 멀리 밀어내려고 했다.

나는 말한다.

— 에이, 그러라지. 고양이들에게 줄 물고기나 잡아야겠다.

바다가 말한다.

— 그러던가.

그때 사나운 가자미 한 마리가 나의 다리를 꽉 물고 바다 깊은 곳으
로 끌고 가기 시작했다.

나는 가자미에게 외친다.

— 이 지독한 놈이! 저리 가!

하지만 가자미는 나를 놓지 않고, 계속해서 나를 끌고 가며 매서운 눈을 치켜뜨고 나를 쳐다봤다. 나는 가자미의 눈에 한 방 먹이고 겨우 도망쳤다.

나는 씩씩거리며 바닷가로 기어나왔다.
— 다들 나한테 왜 이러는 거야!
바다는 심술궂은 모습으로 코웃음을 치며 나의 발밑으로 파도를 몰아치게 했다. 그러자 이번에는 갈매기들이 미치광이들처럼 흥분한 채 나의 머리 위를 날아다니는 것이 아닌가.
나는 분노에 차 투덜거린다.
— 망할! 되게 시끄럽네!
갈매기들은 그런 나보다 더 길길이 날뛴다.
— 넌 뭐야!
그들은 나의 머리 위를 빙빙 돌기 시작하며 더 심한 욕을 하려고 했다.
나는 절망적으로 그들에게 비굴하게 외친다.
— 너희는 내 세계가 나를 돌보고 있다는 사실을 알긴 아는 거야?
갈매기들이 계속해서 나의 주변을 날아다니며 외친다.
— 닥쳐! 우리가 네 세계다!
나는 어디에서 나왔는지 모를 파리채를 갈매기들에게 휘둘렀다(어쨌거나 세계가 정말로 나를 보살피고 있긴 했나 보다). 그 와중에도 바다는 계속해서 나에게 거센 파도를 보내고 있었다.
그때 문득 아이디어가 떠올랐다. 모두가 나를 알아보게 만들려면 손을 써야 했다. 나는 모래 위에 급하게 "나잖아!"라고 휘갈겨 썼다. 어떤 일이 일어났는지 상상할 수 있겠는가? 바다는 그 즉시 잠잠해지더니 뒤로 물러났고, 갈매기들은 잠자코 날아갔다. 하지만 그러기 전에 갈매기들은 마치 이해했다는 듯 머리를 치켜들고는 부리를 벌리고 말했다.

— 아-아!

그러고는 날아가는 것이었다.

사나운 가자미 역시 물속에서 머리를 쑥 내밀더니 멍든 눈으로 나에게 윙크를 보냈다. 어쩌면 그것은 나의 착각일 수도 있다. 물고기들은 윙크를 못하지 않는가…. 하지만 어쨌거나 내 눈에는 가자미가 윙크를 하는 것처럼 보였다.

나는 집으로 향했다. 다만 불량배 고양이들을 피하기 위해 다른 오솔길을 따라 걸어갔다. 그래도 하늘은 나를 거들떠보려고도 하지 않았다. 그때 느닷없이 비까지 내리기 시작했다. 그런데 평소와는 달리 비가 위에서 내리는 것이 아니라, 아래에서 올라오는 것이었다. 웅덩이에서 물이 모여 빗방울이 생기더니 수풀을 따라 구르고 이파리에서 떨어져 위로 올라오면서 바지 속으로 스며드는 것이 아닌가. 하늘이 나를 조롱하는 것이 분명했다.

나는 폴짝폴짝 뛰면서 비를 피하려고 애쓰며 소리친다.

— 이봐, 하늘! 어디 잡히기만 해봐!

하지만 하늘은 아무 반응도 보이지 않았다. 그저 계속해서 나를 비웃듯이 거꾸로 뒤집힌 비를 퍼붓기 시작했다. 구름도 거의 없었는데 말이다. 애초에 물방울이 아래에서 솟구치는데, 구름이 왜 필요하겠는가? 나는 생각한다. '심술궂기도 하네. 비도, 구름도 붙잡히지 않고. 어쩌면 프레일링의 원칙을 이용해서 받겠다는 의도를 주겠다는 의도로 대신하면 어떨까?'

나는 소리치기 시작한다.

— 하늘아! 나 잡아봐라!

이번에도 아무 반응이 없다.

— 나 여기 있잖아!

아무리 봐도, 하늘은 나를 알아보지 못하는 것 같았다. 내가 7년 전에 멈춰버린 이 세계는 이미 다른 세상이 되어 내가 누구인지 모르는 듯 보였다. 바다, 갈매기, 고양이들과는 어떻게든 합의를 볼 수 있었다. 하지만 유독 하늘만은 나를 받아들이려고 하지 않았다. 그것은 아주 높이 있지 않은가. 이곳을 떠날 때 깜빡하고 하늘을 미처 가져가지 못했던 것이다.

나는 당황하여 허둥지둥 집으로 왔다. 집으로 오는 길에 나는 '어떻게 하면 하늘이 나를 알아보도록 만들 수 있을까?' 하고 생각했다. 그때 나의 세계가 또 하나의 놀라운 일을 일으켰다. 숲에서 난데없이 오렌지색 장화를 신은 노란 잠수함이 나타나더니, 그러지 않아도 놀라운 모습에 발까지 구르며 레드 제플린의 〈천국으로 가는 계단〉(Stairway to Heaven)을 부르기 시작하는 것이 아닌가. 보아하니 노래가 끝난 것 같다. 나의 세계에서 모든 것이 뒤죽박죽된 것 같았다.

나는 잠수함을 뚫어지게 쳐다본다.

— 이봐, 너 뭐야?

— 수영하러 가려고! 여기 물 따뜻해?

나는 엉뚱한 대답을 내놓는다.

—아니야, 나는 괜찮아. 괜찮을 거야….

잠수함이 중얼거리기 시작한다.

— 그래! 그래! 아주 우아하고 세련된 날씨네! 훌륭해!

'어떻게 날씨에 대해서 저렇게 날씨와 안 어울리는 말을 할 수 있을까….' 이런 생각이 머릿속에서 맴돌았다. '아니면 뒤집힌 비에 대해서 말하려는 것일까? 그것이 나 때문이라는 사실을 눈치채지 못하는 것 같다! 주제를 바꿔야겠다.'

나는 바보 같은 질문을 한다.

— 그런데 왜 오렌지색 장화를 신고 있는 거지?

— 오늘은 오렌지 축제가 열리는 날이거든! 정말 몰랐던 거야? 이런
　　날에 너처럼 온통 검은 옷만 입는 것은 무례한 짓이라고.

나 자신의 모습을 보니, 놀랍게도 내가 연미복을 입고 있었던 것이 아닌가. 세상에! 기적은 이제 막 시작되고 있는 것처럼 보였다. 내가 미쳐가고 있는 것일까?

잠수함이 마치 나의 생각을 읽었다는 듯 재잘거린다.

— 미치면 안 돼. 미치면 일어날 수 없잖아! 내가 무슨 말을 하는 거
　　야? 오렌지 축제가 열리는 날에는 모든 것이 가능한데 말이야!

— 그게 무슨 말이야?

— 어떻게 모를 수가 있어? 너의 세계를 네가 원하는 색깔로 칠하는 것은 너 자신이잖아! 가능과 불가능을 가르는 것도 너 자신이지.

나는 잠수함을 따라 말한다.

— 훌륭해! 오렌지색 장화를 신으면 온 세상이 즉시 네 말대로 하게 된다고 생각하는 거야?

— 아이고, 아이고! 이런, 이런! 신발을 벗고 오리발을 신었어야 하는데 깜빡했네! 내가 오늘 왜 이렇게 산만할까! 바쁘다, 바빠! 나간다!

노란 잠수함은 장화 신은 발을 총총거리며 급하게 자리를 뜨더니 빠르게 시야에서 벗어났다. 오직 멀리서 들려오는 잠수함의 노랫소리만이 모든 것이 환상이 아니었음을 알려주고 있었다. "반짝이는 건 모두 금이라고 믿는 소녀, 그녀는 천국으로 가는 계단을 사려고 하네… 빰빰, 빰빰…"*

그때 문득 생각이 떠올랐다. 그거다! 나는 창고에 놓아둔 기다란 사다리를 떠올리고는 황급히 집으로 달려갔다.

나는 얼른 사다리를 챙겼다. 당신은 내가 사다리를 어디에 쓰려고 하는지 이미 눈치챘을 것이다. 벽에 기대어놓았던 사다리를 가지고 나

---

* 〈천국으로 가는 계단〉의 도입부 가사.

오려고 하자, 그것은 나오기 싫은 기색을 보였다.

— 멈춰! 달까지 닿는 환상적인 꿈을 꾸고 있었는데! 너 때문에 깼잖아!

나는 사다리에게 말한다.

— 자, 가자! 하늘로 올라가는 사다리가 되어줘!

— 아, 그럼 알겠어. 나는 키가 아주 크거든! 별까지도 닿을 수 있을걸!

내가 말한다.

— 잠깐. 눈에 띄기 위해서 오렌지색으로 된 뭔가를 걸쳐야 해. 그리
고 하늘에게 불러줄 노래를 만들어야 해. 하늘이 나를 알아보도록
하려면 말이야.

유감스럽게도, 집에 내가 말한 것과 비슷한 사물이라고는 당근밖에
없었다. 나는 생각한다. '어쩔 수 없지. 이걸로 하자.' 그렇게 사다리
를 타고 올라가며 즉석에서 노래를 만들어 큰 소리로 열심히 불렀다.
당근을 지휘봉 삼아 열심히 휘두르면서.

　　　나는 유쾌하고 영광스러운 새!

　　　하늘 높이 난다네-에-에!

　　　자유롭고 행복한 나!

　　　하늘아, 네게 부른다네.

　　　이것은 나의 아름다운 노래-에-에!

　　　장엄하고 느릿하지!

　　　나는 나의 세계를 전부

　　　환상적인 오렌지색으로 색칠할 거라네!

　　　모두에게 따뜻하고 기쁜 곳이 되도로-오-옥!

우리는 춤추며 즐길 것이라네.

오렌지색 하늘 아래서!

태양은 우리의 머리 위로 빛날 것이라네-에-에!

아주 밝고 행복한 빛으로-오-오!

만세-에-에!

당근을 휘두르며 이렇게 노래 부르고 있자니, 갑자기 누군가가 진지한 목소리로 귓가에 대고 말하는 것이 들린다.

— 왜- 이렇게 시-끄럽게 떠-드는 거야. 나비들이 전부 놀라서 도망
　가잖아.

고기를 돌려보니 웬 암소 한 마리가 곤충 채집망을 들고 나의 머리 위에서 날고 있었다. 암소는 작은 날개를 빠르게 파닥거리며 비난하듯이 나를 노려보고 있었다. 전혀 예상할 수 없었던 풍경에 나는 이렇게 질문하는 것 외엔 별다른 수가 없었다.

— 존경하는 암소 씨, 왜 이렇게 오렌지색이죠?

그것 말고도 그 암소에 대해서 놀라운 것이 한두 가지가 아니었는데 말이다.

— 축제에 서둘러 가고 있는 거 안 보여? 얼른 나비를 잡아야 하는데.

— 나비를 잡아서 뭘 하시려고요?

— 하늘에 띄워 아름다운 패션쇼를 만들려고.

왜인지 모르게 저 암소가 패션쇼의 뜻을 모르는 것 아닌가 하는 생각이 들었지만 그것은 아무래도 중요하지 않았다.

— 그러는 너는 무슨 쇼를 하고 있는 거니?

— 네, 저의 세계로 돌아왔는데, 하늘이 저를 못 알아봐요. 제 목소리
  가 들리지 않나 봐요. 어떻게 해야 제 목소리가 들리게 할 수 있을
  지 도무지 모르겠어요.

암소는 잠시 깊이 생각하더니 대답한다.

— 알겠어, 내가 알려주지.

— 정말요?! 오, 정말 잘됐어요! 오, 너무 기뻐요!

나는 그 자리에서 뛰다가 사다리에서 떨어질 뻔했다.

암소가 당근을 힐끔거리며 묻는다.

— 그 대가로 나는 뭘 얻게 되는 거지?

— 오, 저의 사례는 아주 즙이 많고 맛있을 거예요!

— 이렇게 하면 돼. 현자 오슬리치*를 찾아가 그에게 물어봐. 그는 모
  르는 것이 없어.

— 어디에 가면 그를 찾을 수 있나요?

— 바다의 가장 깊은 곳으로 가봐. 그곳에서 찾을 수 있을 거야. 하지
  만 오렌지색으로 된 아무 옷이라도 걸치는 것을 잊지 마. 이래 봬
  도 축제잖아.

나는 당근을 내밀며 말한다.

— 알겠어요. 감사의 뜻으로 이걸 드릴게요.

— 땡큐 베리 머치!

암소가 말하고는 맛있게 당근을 우적우적 씹으며 날아갔다.

---

* 이런 이름의 물고기가 있다. 저자 주.

나는 사다리에게 고맙다고 인사를 한 다음(사다리는 여전히 무척 뿌듯해하며 어깨가 하늘 높이 올라가 있었다), 당근 외의 다른 오렌지색 물건을 찾을 수 있을지 살펴보기 위해 서둘러 집으로 달려갔다.

다행히 오래된 서랍장이 나를 도와주기 위해 다가와서 말한다.

— 있지, 내가 이 안에 큼직하고 예쁜 오렌지색 넥타이를 간직하고
　　있었는데, 마침 이런 일이 생겼네.

나는 기뻐하며 말한다.

— 오, 얼른 이리 줘!

나는 넥타이를 맸다. 연미복에 그다지 어울리지도 않는 데다 허리 아래까지 길게 내려왔음에도, 그것을 메자마자 제법 화려하고 축제에 어울리는 모습이 되었다. 다만 여전히 문제가 하나 있었다. 어떻게든 바다 한가운데로 가야 하는데, 배가 없었던 것이다. 하지만 나는 고민할 틈도 없이 욕조로 다가가 그것에 대고 말했다.

— 나와 함께 가자. 내 배가 되어줘.

욕조는 의욕에 넘치는 목소리로 대답한다.

— 알겠어. 근데 우리 어디 가?

— 현자 오슬리치에게 갈 거야. 갈 수 있겠어?

— 그거야 식은 죽 먹기지.

그렇게 나는 연미복을 입고, 오렌지색 넥타이를 매고, 욕조를 질질 끌고 바닷가로 갔다. 물론 갈매기들은 놀라운 듯이 부리를 벌린 채 나를 뚫어지게 쳐다봤다.

그들 중 하나가 외친다.

— 오, 세상에, 이런 끔찍한 일이! 너희 이런 일을 본 적이 있어?

다른 갈매기들이 머리를 흔들며 말한다.

— 아니, 본 적 없어.

나는 욕조를 바다에 띄우고, 노를 찾을 수 없어 챙겨온 냄비 뚜껑으로 열심히 물길을 젓기 시작했다. 그런데 그곳에는 이미 노란 잠수함이 오리발을 신은 발로 신나게 발장구를 치며 수영을 하고 있었다.

잠수함이 외친다.

— 바다에서 목욕하게? 훌륭해!

— 아니, 현자 오슬리치에게 가려고. 그런데 갈 수 있을지 잘 모르겠어. 깊고 깊은 바닷속에 산다고 하던데.

잠수함이 말한다.

— 자, 내 닻을 잡아.

나는 닻을 잡고 "혁명은 승리하리라!"라고 외치며 바닷속으로 들어갔다. 갈매기들은 공포에 떨며 날개로 눈을 가렸다. 무슨 일이 일어나는 것인가?

바다 깊은 곳으로 내려갔더니, 현자 오슬리치가 넓은 책상에 앉아 뭔가를 끄적이고 있었고, 그의 등 뒤로 온갖 두꺼운 책이 꽂혀 있는 커다란 서고가 보였다. 나는 생각했다. '아주 현명하군! 정말로 도움을 받을 수 있을 것 같아.'

— 현명한 자들 중에서도 가장 위대하신…

내가 운을 떼자, 오슬리치가 나의 말을 끊는다.

— 뭐라고 꼴깍대는 거야! 익사하려고! 전부 알고 있네. 지금 당장 집
　으로 돌아가 종이 연에 자네의 상황을 자세히 적어 그 연을 띄우
　게. 전부 잘되도록, 자네에게 오렌지색 자전거를 주겠네. 얼른 가
　게. 집으로 가면 그 자전거가 있을 게야. 넥타이 좀 제대로 하고.

그러자 바다가 나를 부드럽게 감싸 안더니 바닷가로 데려다주었다.
갈매기들은 모든 일이 잘 끝났다는 사실을 알고 기뻐하며 날개를 파
닥여 박수를 치기 시작했다. 나는 그들에게 정중하게 몸을 숙여 인사
했다. 어떻게 왔는지 모르겠지만, 고양이들도 바닷가로 와서 함께 박
수를 치더니 욕조를 돌려놓는 것을 도와주겠다고 제안하는 것이었
다. 그렇게 우리의 성대한 축하 파티는 집으로 가는 길까지 계속됐
다. 가장 앞에는 노란 잠수함이 오리발을 신은 발을 구르며 퀸의 〈우
리가 챔피언〉(We are the champions)을 불렀다. 고양이들은 열심히 욕조
를 끌었다. 갈매기들도 예의를 갖추기 위해 걸어가기로 했다. 암소는
우리의 머리 위에서, 나비들로 아주 화려하게 장식한 의상을 입고 날
아갔다. 오렌지 축제는 영광으로 끝이 났다!

당신은 아마 이것이 전부 지어낸 이야기라고 생각할 것이다. 하지만
그렇지 않다. 정말-정말이다. 웃지 말라. 나는 지금 진지하다. 이제
"나야!"라고 큼지막하게 써놓은 연을 날리러 갈 것이다. 부디 하늘이
나를 알아봤으면 한다.

나는 오렌지색 자전거를 타고(해가 이미 뉘엿뉘엿 지기 시작해 하늘이 오렌지색으로 물들었다. 이 색이 마음에 들었음이 틀림없다), 연을 날리기 위해 출발했다.

나는 오렌지색 자전거를 타고 가고 있고, 연은 나를 따라 하늘 높이 날고 있다.
나를 하늘을 향해 고개를 높이 쳐들고 외친다.
— 어때?
드디어 하늘이 반응을 보인다.
— 이 멍청아!
오렌지색 자전거를 탄 채 "나야!"라는 글씨가 쓰인 연을 날리는 멍청이에게 이 밖에 무슨 말을 더 할 수 있겠는가?

상관없다. 중요한 것은 하늘이 나를 알아봤다는 사실이니까. 그리고 이제는 비를 거두고, 뒤집힌 무지개를 띄워 미소를 보냈으니까. 이제 나는 어딜 가든 하늘과 함께 가려고 한다.

바딤 젤란드 저작 목록

1. Reality Transurfing Stage 1 (2004) —《리얼리티 트랜서핑 1》(정신세계사, 2009)

2. Reality Transurfing Stage 2 (2004) —《리얼리티 트랜서핑 2》(정신세계사, 2009)

3. Reality Transurfing Stage 3 (2004) —《리얼리티 트랜서핑 3》(정신세계사, 2009)

4. Reality Transurfing Stage 4 (2006) —《트랜서핑의 비밀》(합본, 정신세계사, 2010)

5. Reality Transurfing Stage 5 (2006) —《트랜서핑의 비밀》(합본, 정신세계사, 2010)

6. Ruler of Reality (2008) —《트랜서핑 현실의 지배자》(정신세계사, 2021)

7. Transurfing Feedback 1 (2008) — 국내 미출간 (독자와의 문답 모음)

8. Transurfing Feedback 2 (2008) — 국내 미출간 (독자와의 문답 모음)

9. Practice Course in 78 Days (2008) — 아래 타로카드 세트의 해설서와 동일함.

10. Space of Variations Tarot Deck (2009) —《트랜서핑 타로카드》(정신세계사, 2009)

11. Hacking the Technogenic System (2012) — 본서 (정신세계사, 2021)

12. Projector of Separate Reality (2014) — 국내 미출간 (트랜서퍼를 위한 다이어리)

13. Pure Food (2015) — 국내 미출간 (트랜서퍼를 위한 요리책)

14. Priestess Tafti (2018) —《여사제 타프티》(정신세계사, 2018)

15. Priestess Itfat (2018) —《여사제 잇파트》(정신세계사, 2019)

16. What Tafti Didn't Told (2019) —《타프티가 말해주지 않은 것》(정신세계사, 2022)

• 각 원서의 출판 연도는 초판 발행일 또는 해당 내용이 처음 공개된 때를 기준으로 했습니다. 해외 번역서들은 물론이고 러시아 내에서도 여러 판본(개정판, 편집판, 통합판, 기념판 등)이 존재하고 있어 혼동하기 쉬우니, 위 목록을 참고해주시기 바랍니다. 트랜서핑 시리즈를 사랑해주시는 모든 독자분께 진심으로 감사드립니다.